Rolf-Jürgen Ahlers (Hrsg.) und 25 Mitautoren

Das Handbuch der Bildverarbeitung

Methoden – Programme – Anwendungen

39 Edition expert

Das Handbuch der Bildverarbeitung

Methoden – Programme – Anwendungen

Dr.-Ing. Rolf-Jürgen Ahlers (Hrsg.)

Dr.-Ing. Karl-Hermann Breyer
Dr.-Ing. P. Brückner
Dipl.-Math. Axel L. Diehm
Dr. Max Dressler
Dr. Albert Frischknecht
Prof. Dr. rer. nat. P. Gemmar
Dipl.-Ing. R. Godding
Michael Gray
Dr. Rüdiger Grunwald
Prof. Dr. Gerd Häusler
Dipl.-Inform. G. Hofele
Dr. Klaus-P. Koch
Dr. B. Lang

Prof. Dr.-Ing. habil. Reimar Lenz
Prof. Dr.-Ing. habil. Gerhard Linß
Dipl.-Ing. R. Malz
Dipl.-Ing. U. Nehse
Dr. L. Richner
Dr. Harald Schmalfuß
Dipl.-Ing. Peter Schwarzmann
Dr. Peter Seitz
Prof. Dr. H. J. Tiziani
Dipl.-Wirtsch.-Inf. D. Volk
Dr.-Ing. Henning Wolf
Dr. R. Zumbrunn

Mit 252 Bildern, 7 Tabellen und 452 Literaturstellen sowie CD-ROM mit Programmen und beispielhaften Bildern

Enthält:
1 CD-ROM

Die Deutsche Bibliothek – CIP-Einheitsaufnahme

Das **Handbuch der Bildverarbeitung** [Medienkombination] : Methoden – Programme – Anwendungen / Rolf Jürgen Ahlers und 25 Mitautoren. – Renningen-Malmsheim : expert-Verl.
(Edition expertsoft ; 39)
ISBN 3-8169-0675-3

Buch. Mit 7 Tabellen. – 2000

CD-ROM. 2000

ISBN 3-8169-0675-3

Bei der Erstellung des Buches wurde mit großer Sorgfalt vorgegangen; trotzdem können Fehler nicht vollständig ausgeschlossen werden. Verlag und Autoren können für fehlerhafte Angaben und deren Folgen weder eine juristische Verantwortung noch irgendeine Haftung übernehmen. Für Verbesserungsvorschläge und Hinweise auf Fehler sind Verlag und Autoren dankbar.

© 2000 by expert verlag, 71272 Renningen
Alle Rechte vorbehalten
Printed in Germany

Das Werk einschließlich aller seiner Teile ist urheberrechtlich geschützt. Jede Verwertung außerhalb der engen Grenzen des Urheberrechtsgesetzes ist ohne Zustimmung des Verlags unzulässig und strafbar. Dies gilt insbesondere für Vervielfältigungen, Übersetzungen, Mikroverfilmungen und die Einspeicherung und Verarbeitung in elektronischen Systemen.

Vorwort

Bildverarbeitung ist zu einem Schlüsselwort geworden, wenn es um die komplexe Auswertung optischer, aber auch nicht-optischer Informationen (Bilder) geht. Wir sind geneigt, den Begriff Bildverarbeitung als feststehend zu betrachten und suggerieren damit, daß es *die* Bildverarbeitung als wohldefinierte Einheit gibt. Dies ist nicht der Fall, wie einige Beispiele belegen.

In der Medizintechnik unterstützen bildverarbeitende Methoden den Arzt bei der Diagnose von Zellpräparaten und Röntgenbildern. Sie versetzen uns somit in die Lage, auch dort Einblick zu nehmen, wo dieser uns bisher verschlossen war. Ein interessantes Beispiel hierfür ist die Auswertung von Ultraschallbildern. Schon im Mutterleib kann das heranwachsende Kind über diese Methode „gesehen" werden.

In der Fotogrammetrie, bei der Analyse von Luftbildern, begegnen wir ihnen ebenso, wie in unserer alltäglichen Umgebung, wenn beim Einkauf automatisch Preisschilder gelesen werden, der Straßenverkehr per Bildverarbeitung überwacht und unsere Bankbuchung ohne menschliches Zutun vorgenommen wird.
In der Militärtechnik sind sie geeignet, Objekte (z.B. Flugzeuge) zu identifizieren. Mit ihrer Hilfe werden Fahrzeuge durch schwieriges Gelände manövriert; ebenfalls wieder ohne Einwirkung des Menschen.
Maschinen werden mit ihrer Hilfe auch in menschenfeindlichen Umgebungen bewegt und verrichten ihre Tätigkeit in durch die Bildverarbeitung kontrollierter Weise.
Diese beschriebenen Anwendungen bedingen verschiedene Systemlösungen mit unterschiedlichem Automatisierungsgrad und Preis/Leistungsverhältnis.

Der *industrielle Einsatz* bewirkt einen enormen Kostendruck bei gleichzeitig hohen Erwartungen hinsichtlich der Leistungsfähigkeit. Sei es bei der Automatisierung visueller Prüfvorgänge (Sichtprüfung), bei der opto-elektronischen Meßtechnik oder gar der Bewegungssteuerung bzw. -regelung von Transport- und Handhabungssystemen.

Es stellt sich somit die Frage, welches die Gründe dafür sind, daß bildverarbeitende Methode einen so universellen Einsatz gefunden haben, aber auch, welche Grenzen ihrem Einsatz gesteckt sind.

Das vorliegende Handbuch der Bildverarbeitung beschränkt sich nicht auf einen Bereich. Es wird mit ihm der Versuch unternommen, umfassend dieses interdisziplinäre Thema zu behandeln.

In den ersten Abschnitten wird die Basis geschaffen für das Verständnis hinsichtlich bildverarbeitender Methoden und ihres Einsatzes. Es werden die Grundlagen der Bildverarbeitung zusammengefaßt, um einerseits wichtige Randbedingungen und Leistungsmerkmale aufzuzeigen und andererseits deutlich zu machen, daß die Systemvielfalt dessen, was mit Bildverarbeitung beschrieben wird, sehr groß ist und somit den Einsatz in unterschiedlichen Anwendungsbereichen zuläßt.
Über die Beschreibung optischer Systeme und ihrer Eigenschaften werden die Möglichkeiten und Grenzen aufgezeigt, die sich hinsichtlich der Wandlung optischer Informationen, – in unserem Kontext sind dies Bilder –, ergeben. Es wird deutlich, wie sich die Bildinformation, von ihrer analog-optischen Form ausgehend, verändert in eine digitale, die über die Stufen Bildaufnahme, -vorverarbeitung, -speicherung, -auswertung bis hin zur Entscheidungsfindung führt.
Gleichzeitig werden auch sog. nicht-optische Methoden aufgezeigt, über die ebenfalls bildhafte Informationen zu erzielen sind, seien sie über berührende, akustische oder gar Röntgen-Wandler erhalten.

In den nachfolgenden Kapiteln wird die rasante Entwicklung der Systemtechnik aufgezeigt. Die Gerätetechnik (Hardware) ist zunächst getrennt von der Programmtechnik (Software) vorgestellt. In der Weiterführung des Themas wird jedoch deutlich, daß bei den modernen Systementwicklungen keine deutliche Abgrenzung mehr möglich – und auch nicht notwendig – ist. Das, was früher noch mit der trennenden Beschreibung Programm und elektrische Schaltung festgehalten wurde, stellt sich heute als eine mehr und mehr sich auflösende Grenzziehung dar. Was ist ein programmierbarer Chip anderes als eine in Silizium gegossene Möglichkeit, Programme mit hoher Leistungsfähigkeit umzusetzen?
Systemeigenschaften wie Flexibilität und Modularität in bezug auf die Anwendung folgen daraus. Auch der System-Nutzer profitiert davon. Bedienerfreundliche System-Oberflächen erlauben einen einfachen – meist gestaffelten – Zugang zum Bildverarbeitungssystem, der sich mit zunehmender Systemkenntnis vertiefen läßt.
Auch die technischen Schnittstellen spielen eine große Rolle, insbesondere dann, wenn es um den Einsatz in einer rechnergestützten Fertigung (CIM) geht. Es ist deshalb zu beachten, wie und in welchem Umfang auf Standards zurückgegriffen werden kann, bzw. in welchem Maße Eigenentwicklungen notwendig sind. Zu den entsprechenden Standards wird in Kapitel 4 Stellung genommen.
Dabei wird deutlich, daß Standards nicht nur segensreich sind. Die Standardisierung, die überwiegend an der Fernsehtechnik sich orientierte, kann Hemmschuh und Förderer zugleich sein. D.h., daß Entwicklungen einerseits hinter den Erwartungen zurückbleiben (ein Beispiel hierfür stellen die Bildwandler dar), die Standardisierung andererseits neue Bauelemente zur Folge hat, die u.a. sinnvoll in Systemen zur Industriellen Bildverarbeitung einsetzbar sind (z.B. die weitgehende Digitalisierung von Fernsehgeräten).
Ein zweiter Aspekt hierzu ist die prüfgerechte Produktgestaltung. Häufig versagen bildverarbeitende Methoden, weil die zu analysierenden Produkte bzw. Prozesse nicht bildverarbeitungsgerecht, man kann auch sagen prüfgerecht, sind.

Es ist deshalb sinnvoll, sich an dieser Stelle mit diesem Thema eingehend zu beschäftigen.

Wer die Entwicklung eines Menschen vom Baby oder Kleinkind zum Erwachsenen aufmerksam verfolgt, wird sich oft fragen, warum die Prozesse des Lernens und allgemeinen Entwickelns an den Aufgabenstellungen der Umgebung nicht auch in einem technischen System ablaufen können. Neuronale Netzwerke und wissensbasierte Systeme (Expertensysteme) sind deshalb ebenfalls Thema des systemtechnisch orientierten Teiles. Es werden übersichtartig Informationen zum Stand der Technik gegeben, um einen ersten Eindruck über die zu erwartenden Systemeigenschaften zu erhalten.

Anhand ausgewählter Beispiele werden in Kapitel 5 Anwendungsgebiete unterschiedlichster Art wiedergegeben. Mit ihnen ist für den Leser die Voraussetzung gegeben, weiterführende Anwendungen zu bewerten und sogar Eigenentwicklungen vorzubereiten.

Die Aufteilung der Anwendungsbeispiele ist willkürlich, sie erfolgt beispielsweise für den industriellen Bereich unter Berücksichtigung der Schwerpunkte:

– Opto-elektronische Meßtechnik,
– Automatisierung visueller Prüfvorgänge und
– Steuerung von Bewegungs- und Handhabungsvorgängen.

Die opto-elektronische Meßtechnik befaßt sich mit stark eingrenzbaren – jedoch nicht minder komplexen – Aufgabenstellungen. Diese sind durch Standard-Geometrien, z.B. Geraden, Kreise, Ellipsen, wie sie auch in der konventionellen Fertigungsmeßtechnik behandelt werden, vorgegeben. Im Vordergrund steht ihre Auswertung und Verknüpfung zu den erwarteten Meßwerten, wobei die Meßorte meist feststehen. Anders sieht es bei den visuellen Prüfaufgaben aus. Ein Kratzer an einer Oberfläche, ein Ausbruch oder eine Delle sind meist nur schwer quantitativ vorgebbar; auch qualitativ meist nicht eindeutig, da einer subjektiven Bewertung unterliegend. Zur objektiven Bewertung ist es folglich notwendig, eindeutige Fehlerangaben – z.B. in Form von Grenzmustern – zu machen, um eindeutige Voraussetzungen für die Anwendung der Bildverarbeitung zu schaffen. Ohne diese Voraussetzungen ist eine Automatisierung dieser Prüfvorgänge schwer erzielbar.

Wir hoffen, mit diesem Handbuch eine Grundlage für all diejenigen geschaffen zu haben, die sich mit der Bildverarbeitung intensiver befassen wollen.

Für Anregungen, Hinweise und Kritiken sind wir den Leserinnen und Lesern dankbar.

Dr.-Ing. R.-J. Ahlers

Danksagung

Der Begriff Bildverarbeitung durchdringt mehr und mehr den Alltagsbereich. Aus keiner Publikation, sei sie technisch, wirtschaftlich oder allgemeiner Art sind Themen, die die Bildverarbeitung betreffen, mehr wegzudenken. Die letzten etwa zwanzig Jahre haben gezeigt, daß eine neue Technologie entstanden ist, die ihre praktische Umsetzung in erstaunlicher Weise erfahren hat.

Der expert verlag hat sich zum Ziel gesetzt, in loser Folge Bücher zu veröffentlichen, die sich diesem interessanten Themengebiet widmen. Es wird der Versuch unternommen historische mit aktuellen Informationen zu verbinden, um so dem Leser die Möglichkeit einer umfangreichen Darstellung zu bieten.

Das vorliegende Buch bietet eine Übersicht über Verfahren, Methoden und Anwendungen, die einen wesentlichen Einfluß bezüglich der Diskussion hatten und haben, in welcher Richtung und mit welcher Zielsetzung Bildverarbeitung zu entwickeln und einzusetzen ist. (Es war ursprünglich als Loseblattwerk angelegt, erscheint jetzt aber aus redaktionellen Gründen als *Handbuch*. Die vorgesehenen Ergänzungen werden in eine spätere 2. Auflage eingebracht.)

Ein solches Buch entsteht nur in der engen Zusammenarbeit zwischen den Autoren und dem Verlag. Es sei deshalb an dieser Stelle dem expert verlag für den unermüdlichen Einsatz der Mitarbeiterinnen und Mitarbeiter, gedankt, die zur Fertigstellung dieses Buches beigetragen haben. Stellvertretend für sie alle sei namentlich Herr Dr. Krais genannt. Der Dank ist auch an alle Autoren zu richten, die sich neben ihrer hauptberuflichen Tätigkeit bereitgefunden haben, einen Beitrag zu leisten.

Last but not least gilt der Dank Herrn Prof. Linß und seinen Mitarbeiterinnen und Mitarbeitern, die ein Bildverarbeitungsprogramm zur Verfügung gestellt haben, das in Form einer Compact Disc (CD) diesem Buch beigefügt ist. Für den Leser ist damit die Voraussetzung gegeben, auch praktischen Einblick in die Arbeitsweise bildbearbeitender Verfahren zu erhalten. Ergänzend zu den Bildverarbeitungssoftware hat die Firma A-Tec, Stuttgart, Bildmaterialien zur Verfügung gestellt, die ebenfalls auf der CD zu finden sind. Auch hierfür recht herzlichen Dank.

Möge dieses Buch der Anfang einer erfolgreichen Serie werden, die sich einem hochaktuellen Thema widmet, das noch viel Auswirkungen in der Zukunft zeitigen wird.

Weinheim, im Oktober 1999　　　　　　　　　　　　　　　Dr.-Ing. R.-J. Ahlers

Inhaltsverzeichnis

Vorwort		**I**
Vorbemerkung zum Grundwerk		**V**
1	**Grundlagen der Bildverarbeitung**	**2**
1.1	Optische Grundlagen	3
1.2	Beleuchtungsprinzipien	17
1.2.1	Kenngrößen	18
1.2.2	Lichtquellen	21
1.3	Bildwandlung	2
1.3.1	Festkörper-Bildwandler zur Bildaufnahme	2
1.3.1.1	Historische Entwicklung	3
1.3.1.2	Prinzipien von Festkörper-Bildwandlern	4
1.3.1.2.1	Standardisierungen	4
1.3.1.2.2	Festkörper-Bildwandler	5
1.3.1.2.2.1	Selbstabtastende Fotodioden (SSPD)	5
1.3.1.2.2.2	Ladungsgekoppelte Fotodioden (CCPD)	6
1.3.1.2.2.3	Ladungsinjektionswandler (CID)	6
1.3.1.2.2.4	Ladungsgekoppelte Wandler (CCD)	6
1.3.1.3	Ausführungsformen	6
1.3.1.3.1	Zwischenzeilen-Transfer	6
1.3.1.3.2	Flächen-Transfer	7
1.3.1.3.3	Matrix-Transfer	8
1.3.1.4	Spezielle Eigenschaften	8
1.3.1.4.1	Elektronischer Verschluß	8
1.3.1.4.2	Progressives Auslesen	9
1.3.1.4.3	Asynchrones Auslesen	9
1.3.1.4.4	Elektronische Fensterwahl	9
1.3.1.4.5	Elektronische Empfindlichkeitssteuerung	10
1.3.1.4.6	Elektronisches Löschen	11
1.3.1.4.7	Stroboskop-Beleuchtung	11
1.3.1.5	Sonderentwicklungen	12
1.3.1.5.1	Mechanisch verschiebbare Bildwandler	12
1.3.1.5.1.1	Makroskopische Verschiebungen des Bildwandlers	12
1.3.1.5.1.2	Mikroskopische Verschiebung des Bildwandlers	12
1.3.1.5.2	Standbildaufzeichnung (Still Video) hoher Auflösung	13
1.3.1.5.2.2	Hochauflösender Bildwandler	13
1.3.1.5.3	Kundenspezifische Bildwandler	13

1.3.2	Vom Halbleiter-Bildsensor zum "sehenden" Chip	2
1.3.2.1	Physikalische Grundlagen: Detektion von Licht mit Halbleitern	3
1.3.2.2	Typen von Halbleiter-Bildsensoren	7
1.3.2.2.1	Photodioden-(MOS) Array	7
1.3.2.2.2	Das CCD-Prinzip des Ladungstransfers	10
1.3.2.2.3	Frame-Transfer CCDs	13
1.3.2.2.4	Interline-Transfer CCDs	13
1.3.2.2.5	Frame-Interline-Transfer CCDs	15
1.3.2.3	Trends in der modernen Bildsensorik	17
1.3.2.4	Photo-ASICs: Monolithische Integration von photosensitiven, analogen und digitalen Elementen	21
1.3.2.5.	Halbleiter-Bildsensoren für jedermann dank PC-Software und Multi-Project Chips	23
1.3.2.6	Die Zukunft der Bildsensorik und Bildverarbeitung: Sehende Chips?	26
1.3.3	Gewinnung von Bilddaten mit CCD-Sensoren für die Videometrie	2
1.3.3.1	Frame Transfer- oder Interline Transfer-Bildwandler ?	2
1.3.3.2	Geometrische Abmessungen und Genauigkeit und thermische Stabilität	5
1.3.3.3	Grenzen der Auflösung	8
1.3.3.4	Farbwiedergabe	9
1.3.3.5	Empfindlichkeit, Linearität, Rauschen und Blooming	11
1.3.3.6	Rechnerschnittstelle, Skalierungsfaktoren, A/D-Wandlung und Zeilen-Jitter	12
2.1.1	Faseroptische Komponenten für adaptive Beleuchtungs- und Abbildungseinrichtungen	2
2.1.1.1	Lichttransport in Lichtleitern	4
2.1.1.2	Lichtquellen für faseroptische Systeme	5
2.1.1.2.1	Leuchtkörper	5
2.1.1.2.2	Einkopplung	6
2.1.1.2.3	Steuerung der Lichtintensität	6
2.1.1.2.4	Ausführungsformen	7
2.1.1.3	Faseroptische Komponenten	8
2.1.1.3.1	Beleuchtungs-Lichtleiter	8
2.1.1.3.2	Querschnittswandler	9
2.1.1.3.3	Glasfaser-Ringlicht	10
2.1.1.3.4	4-Punkt Ringlicht	11
2.1.1.3.5	Ringlichtprojektor	12
2.1.1.3.5	Ringlichtprojektor mit Diffusor	14
2.1.1.4	Optimierung der optischen Eigenschaften	14
2.1.1.4.1	Farbfilter	14
2.1.1.4.2	Polarisatoren	14
2.1.1.5	Endoskope	15
2.1.1.6	Beispiele	17

2.1.2	Flexible, programmgesteuerte Objektbeleuchtung für die dreidimensionale Bildverarbeitung	2
2.1.2.1	Optische Merkmalsextraktion mit programmierten Leuchtdichtefunktionen	4
2.1.2.1.1	Mehrkanal-Beleuchtungssysteme	4
2.1.2.2	Dreidimensional-Topografie mit strukturierter und codierter Beleuchtung	17
2.1.3	3D-Bildaufnahme mit programmierbaren optischen Liniengittern	2
2.1.3.1	Der codierte Lichtansatz	3
2.1.3.2	Anwendungsbeispiel	5
2.1.4	Mikrooptische Komponenten für neue Technologien	2
2.1.4.1	Einführung	2
2.1.4.2	Spezifische Eigenschaften mikrooptischer Komponenten	3
2.1.4.2.1	Spezifische Eigenschaften von Mikrolinsen	3
2.1.4.2.2	Spezifische Eigenschaften von Mikrolinsen-Arrays	4
2.1.4.2.3	Charakteristische Parameter von Mikrolinsen	4
2.1.4.2.4	Brennweiten refraktiver Mikrolinsen	6
2.1.4.2.5	Charakteristische Parameter von Arrays	7
2.1.4.3	Typen mikrooptischer Arrays	8
2.1.4.3.1	Übersicht	8
2.1.4.3.2	Dünnschicht-Arrays	9
2.1.4.4	Herstellung	10
2.1.4.4.1	Übersicht	10
2.1.4.4.2	Erreichte Parameter	10
2.1.4.4.3	Techniken mit gekreuzten Bearbeitungsrichtungen	12
2.1.4.5	Replikation	14
2.1.4.6	Anwendungen	15
2.1.4.6.1	Bildverarbeitung	15
2.1.4.6.2	Datenverarbeitung und Telekommunikation	17
2.1.4.6.3	Optische Meßtechnik / Sensorik	17
2.1.4.6.4	Strahlformung und Laser-Materialbearbeitung	17
2.3.2	Paralleler Bildverarbeitungsrechner auf Transputerbasis mit schneller Pipeline-Kopplung	2
2.3.2.1	Anforderungen an einen Parallelrechner	2
2.3.2.1.1	Rechenleistung	2
2.3.2.1.2	Kommunikationsleistung	2
2.3.2.1.2.1	Algorithmische Kommunikation	3
2.3.2.1.2.2	Laden und Entladen von Daten	4
2.3.2.1.2.3	Systemkommunikation	5
2.3.2.2	Ein paralleler Bildverarbeitungsrechner	6
2.3.2.2.1	Definition eines schnellen Pipelinebus	7
2.3.2.2.2	Hardware-Modulinterface des schnellen Pipelinebusses	8
2.3.2.2.3	Laden und Entladen von Daten mit Markierungseinheit	9
2.3.2.3	Implementierung von Algorithmen auf dem System	9

2.3.2.3.1	Lokale, lineare Bildfilterung	9
2.3.2.3.2	Schnelle Fouriertransformation	10
3.2.1	Ein objektorientiertes Systemkonzept für die Ikonik	2
3.2.1.1	Einleitung	2
3.2.1.2	Modell für strukturierte Bildoperationen (SBO)	4
3.2.1.2.1	Beschreibungselement Nachbarschaft (BN)	5
3.2.1.2.2	Beschreibungselement Parameter (BQ)	9
3.2.1.2.3	Beschreibungselement Ablaufsteuerung (BS)	10
3.2.1.2.4	Beschreibungselement Operator (B¦)	12
3.2.1.2.5	Beschreibungselemente Eingabe (BE) und Ausgabe (BA)	13
3.2.1.3	Struktur und Aufbau des IKS	13
3.2.1.3.1	Datenobjekte	16
3.2.1.3.2	Operatorobjekte	21
3.2.1.3.3	SBO-Objekte	25
3.2.1.3.3.1	Technische Realisierung in C++	29
3.2.1.3.4	Peripherieobjekte	32
3.2.1.3.4.1	Darstellungsarten von Objekten	34
3.2.1.3.4.2	Kommunikation zwischen den beteiligten Objektklassen	35
3.2.1.3.4.3	Technische Realisierung in C++	36
3.2.2	Konzeption und Realisierung paralleler Bildverarbeitung	2
3.2.2.1	Aspekte zur parallelen Bildverarbeitung	3
3.2.2.2	Operationsmodell und Verarbeitungskonzept für die Ikonik	6
3.2.2.3	Systemkonzept für geometrieparallele Verarbeitung	10
3.2.2.3.1	Konzeption der Parallelverarbeitung	11
3.2.2.3.2	Ikonische Verarbeitungsstruktur	12
3.2.2.3.2.1	Festlegung der Verarbeitungsschicht	12
3.2.2.3.2.2	Definition der Datenstrukturen	13
3.2.2.3.2.3	Organisation der Datenstrukturen	14
3.2.2.3.3	Implementierung des SBO-Beschreibungsschemas	16
3.2.2.3.4	Organisation des Verarbeitungsablaufs	18
3.2.2.4	Multitransputersystem für geometrie-parallele Verarbeitung	19
3.2.2.4.1	Systemarchitektur	19
3.2.2.4.2	Systemorganisation und -verwaltung	22
3.2.2.4.2.1	Die Systemkomponenten und ihre Verwaltung	22
3.2.2.4.2.2	Systemkommunikation	23
3.2.2.4.2.3	Systemsteuerung	26
3.2.2.4.3	Benutzerschnittstelle TRACI	26
3.2.2.5	Anwendungsbeispiel für ein paralleles SBO-Verfahren	27
4.1.1	Geräte und Programme	2
4.1.1.2	Gerätetechnik	4
4.1.1.2.1	Bildverarbeitungsgeräte	6
4.1.1.2.2	Bildverarbeitungskomponenten	10
4.1.1.2.2.1	Prozessoren	10
4.1.1.2.2.2	Bildspeicher	12
4.1.1.2.2.2	Weitere Baugruppen	13

4.1.1.3	Hardwarenahe Software	14
4.1.1.4	Programme für die Bildverarbeitung	16
5.1.1.1	Geometrische Kalibrierung und Orientierung digitaler Bildaufnahmesysteme	2
5.1.1.1.1	Einführung	2
5.1.1.1.2	Begriffsdefinitionen	2
5.1.1.1.2.1	Kamerakalibrierung	2
5.1.1.1.2.2	Kameraorientierung	3
5.1.1.1.2.3	Systemkalibrierung	3
5.1.1.1.3	Einfluß innerer und äußerer Effekte auf die geometrische Leistungsfähigkeit	3
5.1.1.1.3.1	Innere Effekte	3
5.1.1.1.3.1.1	Optisches System	4
5.1.1.1.3.1.2	Elemente zur Auflösungserhöhung	4
5.1.1.1.3.1.3	Sensor zur Signalübertragung	5
5.1.1.1.3.2	Äußere Effekte	5
5.1.1.1.4	Modell der Abbildung mit optischen Systemen	5
5.1.1.1.5	Kameramodelle	6
5.1.1.1.5.1	Kamerakonstante und Hauptpunktlage	8
5.1.1.1.5.2	Verzeichnung und Affinität	8
5.1.1.1.5.2.1	Radialsymmetrische Verzeichnung	8
5.1.1.1.5.2.2	Radial- asymmetrische und tangentiale Verzeichnung	10
5.1.1.1.5.2.3	Affinität und Nichtorthogonalität	11
5.1.1.1.5.2.4	Weitere Parameter	12
5.1.1.1.6	Ansätze zur Kalibrierung und Orientierung	12
5.1.1.1.6.1	Labormethoden	12
5.1.1.1.6.2	Einsatz der Bündelausgleichung zur Bestimmung von Kameraparametern	13
5.1.1.1.6.2.1	Kalibrierung unter ausschließlicher Nutzung der Bildinformation	13
5.1.1.1.6.2.2	Kalibrierung und Orientierung mit Hilfe zusätzlicher Objektinformation	16
5.1.1.1.6.2.3	Systemkalibrierung.	18
5.1.1.1.6.3	Sonstige Verfahren.	18
5.1.1.2	Digitale Bildverarbeitung und mechanische Antastung in der Koordinatenmeßtechnik	2
5.1.1.2.1	Optisch-mechanischer Kombinationstastkopf für Portalmeßgeräte	2
5.1.1.2.1.1	Gesamtsystem OMC	2
5.1.1.2.1.2	Komponenten des optisch-mechanischen Kombinationstastsystems	4
5.1.1.2.1.2.1	Mechanisches Tastsystem	5
5.1.1.2.1.2.2	Optisches Tastsystem	5
5.1.1.2.1.3	Bildverarbeitungssystem	7
5.1.1.2.2	Meßverfahren der optischen Antastung	8
5.1.1.2.3	Kalibrierung und Bedienung	9

5.1.1.2.4	Anwendungsbereiche der optisch-mechanischen Meßverfahren	11
5.1.1.2.4.1	Überblick	11
5.1.1.2.4.2	Kunststoffteilemessung	14
5.1.1.2.4.3	Werkzeugmessung	14
5.1.1.3	Optische Methoden der 3-D-Meßtechnik und Bildvorverarbeitung	2 / 2
5.1.1.3.1	Einführung	2
5.1.1.3.2	Optische 3-D-Meßmethoden	2
5.1.1.3.3	Inkohärente Verfahren in der 3-D-Meßtechnik	3
5.1.1.3.4	Kohärente 3-D-Meßverfahren	14
5.1.1.3.5	Zweiwellenlängen-Heterodyn-Interferometer	20
5.1.1.3.6	Zusammenfassung und Ausblick	22
5.1.2.1	Industrielle Oberflächenprüfung mit Laserscan- oder Halbleiter-Kamera-Systemen	2
5.1.2.1.1	Sensorik	2
	Gerätetechnik	8
5.1.2.1.2	Technischer Vergleich der Hauptsystemkomponenten	14
5.1.2.1.2.1	Lichtquellen	14
5.1.2.1.2.2	Sensorik	15
5.1.2.1.2.3	Auswertung	16
5.1.2.2	Dreidimensionale Datenerfassung und -verarbeitung für die Automatisierung visueller Prüfvorgänge	2
5.1.2.2.1	Triangulation mit großer Tiefenauflösung	3
5.1.2.2.2	Liniensensor mit hoher Auflösung und großem Meßbereich	4
5.1.2.2.3	Fokussuche	6
5.1.2.2.4	3D-Abtastung durch Shearing Interferometrie	6
5.1.2.2.5	Objektlokalisation mit Abstandsdaten	9
5.1.2.3	Automatische Inspektion mit Zeilenkamerasystemen	2
5.1.2.3.1	Aufbau und Wirkungsweise von Zeilenkameras	2
5.1.2.3.1.1	Sensoren	2
5.1.2.3.1.1.1	Standard (Faksimile-Sensoren)	3
5.1.2.3.1.1.2	Sonderformen	6
5.1.2.3.1.2	Verstärker- und Steuereinheit	7
5.1.2.3.1.3	Kamerakörper	7
5.1.2.3.1.3.1	Befestigung und Justage zum Objekt	7
5.1.2.3.1.3.2	Objektive	8
5.1.2.3.1.3.2.1	Objektivtypen	8
5.1.2.3.1.3.2.2	Mechanischer Anschluß, Abdichtung	9
5.1.2.3.2	Auflösung, Rauschen und spektrale Empfindlichkeit	9
5.1.2.3.2.1	Auflösungsbegrenzende Faktoren	9
5.1.2.3.2.1.1	Pixelgröße	9
5.1.2.3.2.1.2	Wellenlänge und Öffnungsverhältnis	10
5.1.2.3.2.1.3	Elektrische Modulationsübertragung	10

5.1.2.3.2.1.4	Das TDI-Konzept	10
5.1.2.3.2.2	Spektrale Empfindlichkeit	11
5.1.2.3.2.2.1	Standard(Si)-Empfindlichkeit VIS/NIR	11
5.1.2.3.2.2.2	Sonderformen für UV und IR	11
5.1.2.3.3	Meßtechnik mit Zeilenkameras	12
5.1.2.3.3.1	Perspektive und Beleuchtung	12
5.1.2.3.3.1.1	Arten der Perspektive, Entzerrung	12
5.1.2.3.3.1.2	Verzeichnung	14
5.1.2.3.3.1.3	Durchlicht, Auflicht	14
5.1.2.3.3.1.4	Kohärente, inkohärente Beleuchtung	15
5.1.2.3.3.2	Positionsmessungen	16
5.1.2.3.3.2.1	Position einer Kante	17
5.1.2.3.3.2.2	Breitenmessung	18
5.1.2.3.3.2.2.1	mit einer Kamera (Auflösung, Perspektive)	18
5.1.2.3.3.2.2.2	mit 2 Kameras (= 2 Kantenmessungen)	21
5.1.2.3.3.2.3	Positionsmessung einer Lichtmarke	21
5.1.2.3.3.3	Abstandsmessung	22
5.1.2.3.3.3.1	(Laser-) Triangulation	22
5.1.2.3.3.3.2	Dicke, Neigung, Profil, Volumen	23
5.1.2.3.3.5	Textur-Darstellung und -Analyse	25
5.1.2.3.3.5.1	Schwellenoperationen	25
5.1.2.3.3.5.2	Grauwertoperationen	25
5.1.2.3.3.6	(Laser-) Strahlprofilmessung	25
5.1.2.3.4	PC-Interface, Treibersoftware, Signalprozessor	26
5.1.2.3.4.1	SK 9150 PC-Interfacekarte	26
5.1.2.3.4.2	SK 9160 PC-Interface mit Shadingkorr. und Fenster	27
5.1.2.3.4.3	SK 9152 Video-Schnittstellenkarte	27
5.1.2.3.4.4	SK 9150.XOS Treibersoftware	27
5.1.2.3.4.5	SK 9030 Signalprozessorkarte	28
5.1.2.3.5	Bildnachweis	28
5.4.2	System zur dreidimensionalen Geometrieerfassung: 3D-Sensor SHAPE (Surface Height and Profile Evaluation)	2
5.4.2.1	Digitale Phasenmessung	2
5.4.2.2	Phasenmessungen mit Streifen unterschiedlicher Perioden	6

6. Literaturverzeichnis

7. Glossar

8. Sachregister

9. Formelzeichen

Software

Kapitel 1

Grundlagen der Bildverarbeitung

R.-J. Ahlers

1 Grundlagen der Bildverarbeitung
R.-J. Ahlers

Es ist sicher ein nahezu endloses Unterfangen, die Grundlagen der Bildverarbeitung in allgemeinster Form zu beschreiben. Gilt es doch, sämtliche Facetten aufzuzeigen, die alle unter dem Begriff Bildverarbeitung subsummiert werden. Je nach Zielrichtung gibt es weder *die Grundlagen* noch diejenigen der Bildverarbeitung.

Zunächst sollen einige grundlegende Informationen in diesem Kapitel wiedergegeben werden, die den Einstieg in das Thema erleichtern. Es orientiert sich an der Darstellung von Bild 1.1.1, das die wesentlichen Komponenten aufzeigt, die einer näheren Betrachtung zu unterziehen sind.

Optische Einrichtungen, wie z.B. abbildende Objektive, Beleuchtungssysteme, sind für eine möglichst exakte Abbildung der zu erfassenden Objekte notwendig. Deshalb soll mit den optischen Methoden begonnen werden. Daran schließt sich die optoelektronische Wandlung an, gefolgt von der Bildauswertung und der Entscheidungsfindung.

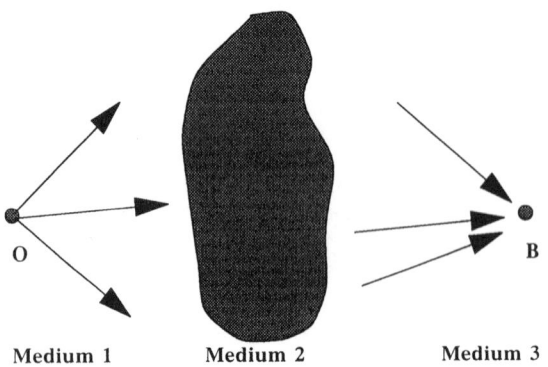

Bild 1.1.1: Prinzip eines optischen Abbildungssystems

1.1 Optische Grundlagen

Grundkenntnisse über optische Systeme (Linsen, Blenden, Filter usw.) sind unerläßlich, um Auswirkungen der optischen Abbildung auf die erzielbare und notwendige Bildqualität des Bildverarbeitungssystems abschätzen zu können. Was nützt es uns, wenn wir ein teures, hochauflösendes digitales System besitzten, die optische Information aber ungenügend hoch aufgelöst, vielleicht sogar mit Abbildungsfehlern versehen, dem Wandler zur Verfügung steht? Andererseits kann häufig mit Hilfe abbildender Systeme die optische Information so aufbereitet werden, daß eine nachfolgende digitale Auswertung in vereinfachter Form vor sich gehen kann.

Nachfolgend sollen Grundkenntnisse und anwendungsspezifische Aspekte behandelt werden, die den Umgang mit der Optik erleichtern sollen. Der interessierte Leser sei auf die umfangreiche Literatur, z.B. [Batchelor et al. 1985, Hecht 1980, Gonzales 1987, Born 1980, Schröder 1977], verwiesen.

Zur Vereinfachung wird dort, wo keine gesonderten Hinweise erfolgen, von der Paraxial-Näherung ausgegangen, d.h. von Lichtstrahlen, die sich nahe der optischen Achse befinden.

Bewegt sich ein Lichtstrahl durch ein Medium mit dem Brechungsindex n, so ist damit einerseits seine Fortpflanzungsgeschwindigkeit v im Verhältnis zur Vakuum-Lichtgeschwindigkeit ($c = 3 \cdot 10^8$ m/s) durch die Gleichung

$$n = \frac{c}{v} \qquad (1)$$

festgelegt. Andererseits kann innerhalb eines homogenen Mediums davon ausgegangen werden, daß sich das Licht geradlinig ausbreitet, bis es auf eine Grenzschicht trifft, in der sich der Brechungsindex ändert (Bild 1.1.2). Bedingt durch die optische Dichte an der Grenzschicht wird der Strahl entweder zum Einfallslot hin

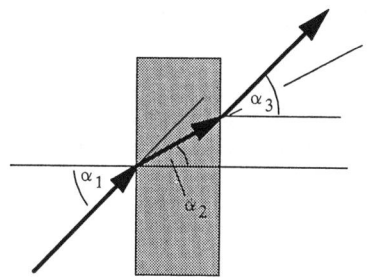

Medium 1   Medium 2   Medium 3

Bild 1.1.2: Brechung von Lichtstrahlen an Grenzflächen unterschiedlicher Brechungsindizies

($n2 > n1$) oder vom Einfallslot weg ($n2 < n1$) gebrochen. Für die Einfalls- bzw. Austrittswinkel gilt dann:

$$n1 \cdot \sin \alpha 1 = n2 \cdot \sin \alpha 2 \qquad (2)$$

Neben der Brechung spielt jedoch auch die Reflexion von Lichtstrahlen an Grenzflächen eine große Rolle (Bild 1.1.3). Abhängig von der Geometrie der Oberfläche und den Leitfähigkeitseigenschaften wird das einfallende Licht reflektiert. Im Fall eines idealen Spiegels sind Einfalls- und Reflexionswinkel gleich. Nimmt die Rauheit der Oberfläche zu, wird das reflektierte Licht in Raumbereiche gelenkt, die vom Winkel $\alpha 1 = \alpha 2$ abweichen.

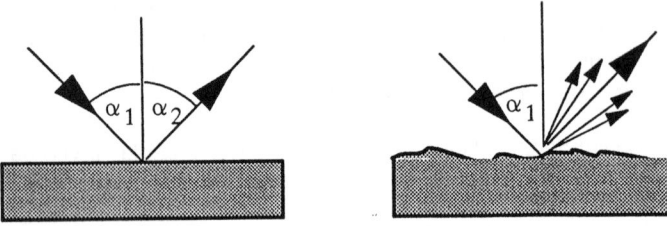

Bild 1.1.3: Reflexion von Lichtstrahlen an Grenzflächen:
(a) bei glatter und (b) bei rauher Oberflächenstruktur

Bis hierher hatten wir noch keinen Gebrauch von den Polarisationseigenschaften des einfallenden Lichtstrahls gemacht. Im allgemeinen Fall ist eine Lichtwelle jedoch in zwei senkrecht zueinander stehende Komponenten aufzuteilen, die beide senkrecht zur Ausbreitungsrichtung des Lichtstrahls liegen.
Abhängig von den Brechungseigenschaften der Grenzschichten, der Leitfähigkeit und spektralen Besonderheiten (Wellenlängenselektivität der Grenzschicht; Dispersion) ergeben sich sehr starke Unterschiede zwischen transmittierten und reflektierten Strahlen.

Im allgemeinen kann das Grenzschichtverhalten durch die Reflexionskoeffizienten rll und r⊥ beschrieben werden. Sie geben das Verhalten des elektrischen Lichtvektors bei parallelem (rll) und senkrechtem (r⊥) Lichteinfall wieder.

Im einfachsten Fall, dem senkrechten Eintreffen des Lichtstrahls auf eine isotrope Grenzfläche, liegt keine Richtungsabhängigkeit der Lichtkomponenten vor (beide liegen parallel zur Grenzschicht). Besitzt dieses Dielektrikum einen Brechungsindex n_D, so berechnet sich der Reflexionskoeffizent r zu:

$$r = n - n_D / n + n_D \qquad (3)$$

n stellt dabei den Brechungsindex des umgebenden Mediums dar.

Ergibt sich ein schräger Lichteinfall, so ist neben der o.g. Materialabhängigkeit zusätzlich noch die Abhängigkeit in Bezug zum Einfallswinkel zu sehen. So kann es beispielsweise zur Totalreflexion ab einem sogenannten kritschen Winkel kommen, der sich nur bei einer der beiden Komponenten des einfallenden Lichtes auswirkt. Das durchgelassene (transmittierte) bzw. reflektierte Licht ist polarisiert und kann über Polarisationsfiiter analysiert werden (Bild 1.1.4). Praktische Anwendungen liegen im Unterdrücken störender Reflexionen an metallischen Oberflächen.

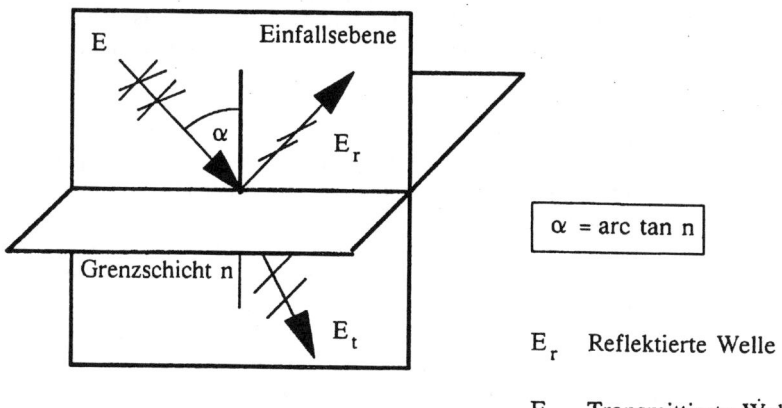

Bild 1.1.4: Auswirkung von Grenzschichten auf die Polarisationseigenschaften

Ausgehend vom Reflexionskoeffizienten r kann die entsprechende Reflektivität R bzw. die Transmission T ermittelt werden. Sie charakterisieren die mittlere Lichtleistung im reflektierten bzw. transmittierten Licht im Verhältnis zur gesamten einfallenden mittleren Leistung (Poynting-Vektor).

Allgemein gilt:

$$R=|r|^2 \tag{4}$$

Mit der Voraussetzung der Energie-Erhaltung läßt sich zeigen, daß

$$R+T=1 \tag{5}$$

gilt. Die Kenntnis der Reflektivität genügt, um die Transmission zu ermitteln – und umgekehrt. Am Beispiel einer Grenzfläche mit dem Brechungsindex n_D =1.5 in Luft (n=1) liefert die Rechnung

$$R = 0{,}04 \tag{5a}$$
woraus folgt: $T = 0{,}96 \tag{5b}$

d.h. 4 % des einfallenden Lichtes werden reflektiert, 96 % passieren die Grenzschicht. Dies bedeutet, daß i.a. mit 4 % Lichtverlust an einer Glas-Luft-Grenzschicht zu rechnen ist. Brechungs- und Reflexionseigenschaften lassen sich durch Ableitung aus den Maxwell-Gleichungen exakt bestimmen [Born 1980, Hecht 1980]; uns genügen an dieser Stelle jedoch die bisher getroffenen Aussagen, um Linsen, Spiegel, Blenden und aus ihnen abgeleitete optische Systeme zu beschreiben und in ihren Eigenschaften zu bewerten.

Das Bild 1.1.1 zeigt die Übertragung eines Objektpunktes O mit von ihm ausgehenden divergenten Lichtstrahlen in ein homogenes Lichtbündel, das sich im Bildpunkt B vereint. Es ergibt sich somit die Frage, wie das abbildende Medium „2" gestaltet sein muß, um die geforderte Abbildung zu erzielen.

Der einfachste Fall hierfür ist charakterisiert durch eine dünne Linse (Bild 1.1.5), bei der sich der austretende Lichtstrahl in gleicher Höhe zur optischen Achse befindet wie der einfallende. Die Lichtbrechung an der Austritts- und Eintrittsfläche kann folglich in einer Ebene zusammengeführt werden, so daß eine einfache Darstellung des Verlaufs der Lichtstrahlen gegeben ist (Bild 1.1.5), der sich prinzipiell nur noch auf diese Ebene bezieht. Ensprechend schematisch kann dann auch die Darstellung einer konvexen bzw. konkaven Linse erfolgen (Bild 1.1.6).

Bevor auf einzelne Abbildungsgleichungen eingegangen wird, soll noch die Vorzeichenkonventionen Erwähnung finden, wie sie auch in entsprechenden Normen festgehalten ist [Hecht 1980, Schröder 1977, Klein 1988].

1. In den wiedergegebenen Bildern verläuft die positive Lichtrichtung von links nach rechts.
2. Positive Strecken werden von links nach rechts ermittelt, ebenfalls mit positiven Vorzeichen sind nach oben gerichtete Strecken zu betrachten.

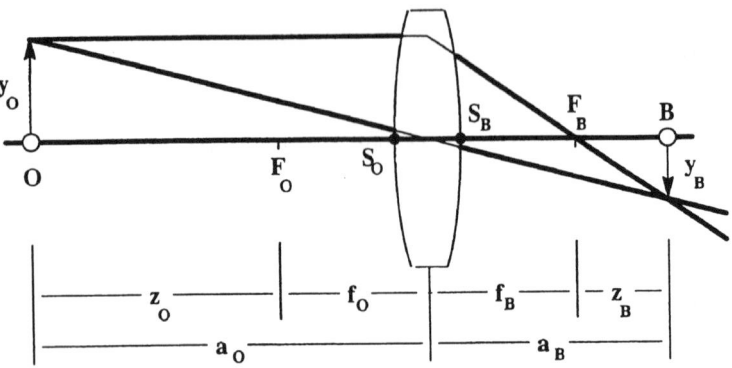

Bild 1.1.5: Strahlenverlauf an einer dünnen Linse

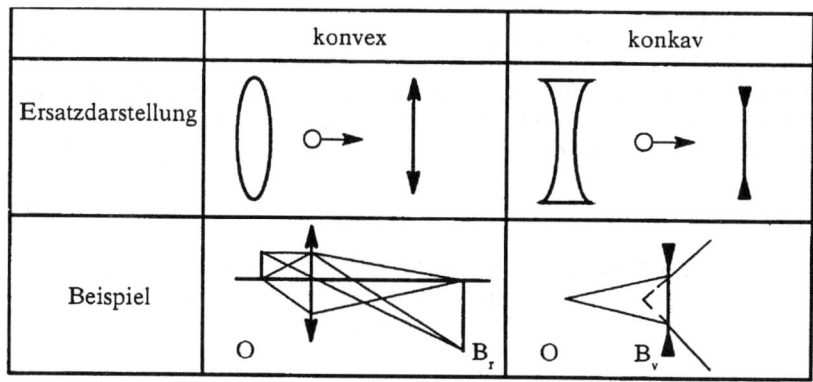

B_r ... Reelles Bild B_v ... Virtuelles Bild

Bild 1.1.6: Graphische Ersatzdarstellung von Linsenformen

3. Erfolgt die Drehung einer Bezugsstrecke entgegen dem Uhrzeigersinn, so ist für den Winkel ein positives Vorzeichen gültig.

Diese hier nur grob wiedergegebene Konvention hat zur Folge, daß die resultierenden Größen der nachfolgenden Gleichungen auch Richtungseigenschaften besitzen.

Aus der geometrischen Betrachtung des Bildes 1.1.5 ergibt sich für eine dünne Linse:

$$f_B / a_B - f_o / a_o = 1 \tag{6a}$$

Unter der Voraussetzung gleicher Medien links und rechts der Linse, d.h. no = nB = n und somit fa = fo = f, ergibt sich die allgemein bekannte Gleichung:

$$1 / a_B - 1 / a_o = \frac{1}{f} \tag{6b}$$

Die Vergrößerung ß läßt sich zu

$$ß = y_B / y_o \tag{7}$$

bestimmen. Mit der getroffenen Vorzeichen-Konvention heißt das, daß bei negativem Abbildungsmaßstab das Bild „auf dem Kopf steht".

Werden die Objekt- und Gegenstandsweiten mit ao und aB, einbezogen, ergibt sich

$$ß = \frac{a_B}{a_o} \cdot \frac{n_B}{n_o} \; ; \; \text{für } n_B \neq n_o \tag{7a}$$

$$\beta = \frac{a_B}{a_o} \quad ; \text{ für } n_B = n_o \tag{7b}$$

Häufig ist von Interesse, zu erfahren, wie sich der Abbildungsmaßstab bei kleinen Objektverschiebungen auswirkt. Wird die Gleichung (7 b) nach dem Objektabstand differenziert, so ergibt sich:

$$\Delta a_B = \beta^2 \cdot \Delta a_o \tag{8}$$

Dieser Zusammenhang ist sehr wichtig für meßtechnische Anwendungen. Zeigt er doch, daß die Vergrößerung *quadratisch* bewertet die Objektverschiebung in Richtung der optischen Achse in eine Bildverschiebung überführt.

Die dünne Linse ist eine Idealisierung in dem Sinne, daß die Gesamtbrechung auf eine Mittelebene bezogen wird und somit einfache Beziehungen für die optische Abbildung hergeleitet werden können. Betrachten wir dicke Linsen oder gar ganze optische Systeme, die aus unterschiedlichen Linsentypen aufgebaut sind, so werden die Verhältnisse komplizierter. Dennoch gibt es Möglichkeiten, charakteristische Ebenen, die Hauptebenen, festzulegen, um mit ihnen ebenso umzugehen wie mit der Bezugsebene einer dünnen Linse (Bild 1.1.7).

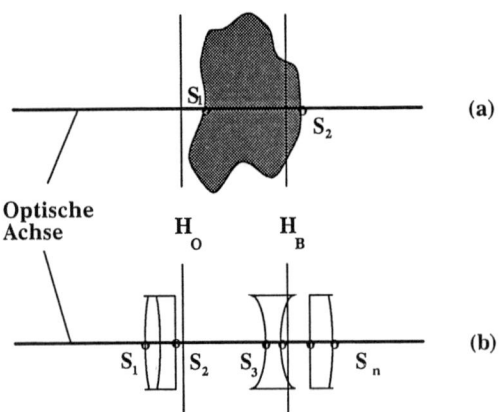

Bild 1.1.7: Charakterisierung eines optischen Systems durch die Lage der Hauptebenen, die Scheitelpunkte und die optische Achse

Die vordersten und hintersten optischen Elemente des Abbildungssystems schneiden die optische Achse in den Scheitelpunkten So bzw. SB und kennzeichnen die äußeren Abmessungen des optischen Systems. Ho und HB kennzeichnen die entsprechenden berechneten Hauptebenen.

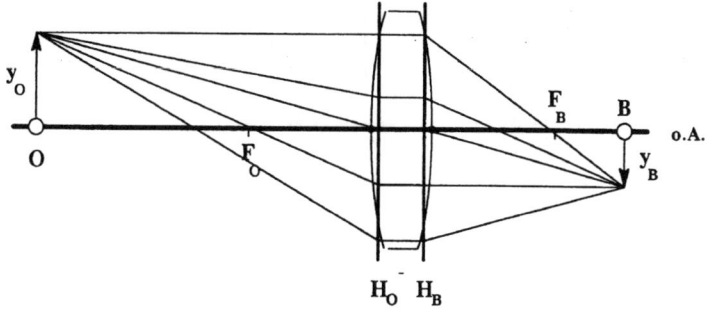

Bild 1.1.8: Hauptebenen für eine bikonvexe Linse

Die Hauptebenen haben die folgenden Eigenschaften (Bild 1.1.8):

1. Das Objekt-Strahlenbündel wird an der ihm zugeordneten Hauptebene Ho gebrochen; entsprechendes gilt für den Bildraum.
2. Zwischen den Hauptebenen verlaufen die Lichtstrahlen parallel, d.h. die austretenden Lichtstrahlen verlassen das optische System in gleicher Höhe wie sie eingetreten sind.
3. Ein durch die Hauptpunkte (Schnittpunkte der Hauptebenen mit der optischen Achse) laufender Lichtstrahl erfährt keine Richtungsänderung.
4. Sind die Medien links und rechts des optischen Systems ungleich, so sind die Hauptpunkte durch die Knotenpunkte zu ersetzen.

Bisher wurden Linsen allgemein als lichtbrechende Medien betrachtet, ohne räumliche Begrenzungen mit einzubeziehen. Diese Berücksichtigung soll nachfolgend anhand von Blenden geschehen, die in den Strahlengang eingeführt werden. Die einfachste Form stellt hierbei die Fassung einer Linse dar, da sie das in die Linse fallende Lichtbündel räumlich begrenzt.

Nicht alle vom Objektpunkt ausgehenden Lichtstrahlen vermögen die Linse zu erreichen. Nur die Lichtstrahlen, die die Blende passieren, werden auch abgebildet. Somit wirkt diese Blende in ihren geometrischen Abmessungen als Eintrittspupille (EP). Zu ihr konjugiert, also als Abbild vorliegend, ist die Austrittspupille (AP). Im vorliegenden Fall des Bildes 1.1.9 sind beide gleich, d.h. EP = AP.

Begrenzen wir den Bereich des Objektes, von dem aus Lichtstrahlen zur Abbildung gelangen, ebenfalls durch eine Blende, in diesem Fall Eintrittsluke (EL) genannt, so wird klar, daß nur innerhalb dieser Luke liegende Objektpunkte zur Abbildung gelangen. Die Eintrittsluke führt zu einer entsprechenden Begrenzung im Bildraum, die durch ihr Bild, die Austrittsluke (AL), gegeben ist. Eintritts- und Austrittsluke sind ebenfalls zueinander konjugiert.

Allgemein kann festgehalten werden, daß die im Strahlengang vorhandene Aperturblende als Pupille wirkt, während die Feldblende die Lukenfunktion erfüllt. Lu-

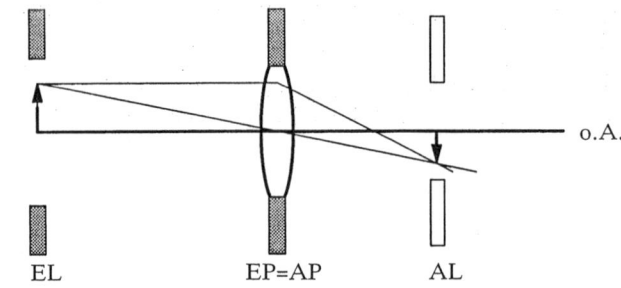

■ Körperlich vorhandene Blende
☐ Durch Abbildung entstandene Blende (konjugiert)

Bild 1.1.9: Wirkung von Blenden in einem optischen System

ken und Pupillen fallen niemals in einem Strahlengang zusammen. Luken haben die Funktion der Lichtfeldbegrenzung, während über die Pupillen die Helligkeit der Abbildung eingestellt werden kann. Ragen optisch begrenzende Elemente zwischen Luke und Pupille in einen Strahlengang, so bewirken sie eine unscharfe Abbildung, die sich dem eigentlichen Bild störend überlagert. Dieser störende Effekt wird als Vignettierung bezeichnet (vgl. Bild 1.1.10).

Zur Kennzeichnung der Begrenzung von Lichtstrahlen kann die Blendenzahl k bzw. die numerische Apertur N.A. herangezogen werden. Aus Bild 1.1.11 sind diese Parameter berechenbar.

Die Blendenzahl k ermittelt sich zu:

$$k = \frac{f}{D} \tag{9}$$

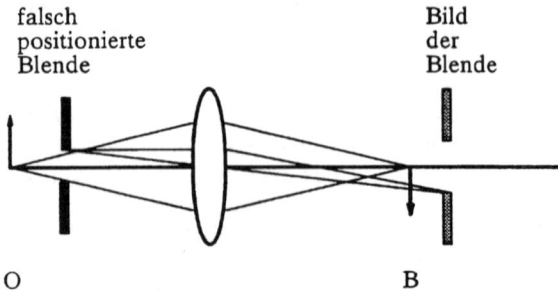

Bild 1.1.10: Auswirkung von Vignettierung auf die Abbildung

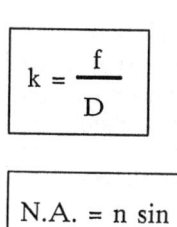

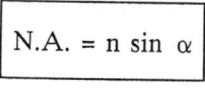

n ... Brechungsindex

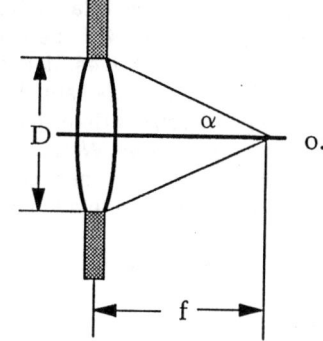

Bild 1.1.11: Bündelbegrenzung bei optischen Systemen

Die numerische Apertur N.A. ergibt sich allgemein aus dem Öffnungswinkel zu:

$$N.A. = n \cdot \sin \alpha \qquad (10)$$

Dies gilt sowohl für die Betrachtung auf der Objekt- als auch auf der Bildseite, so daß zwischen objekt- und bildseitiger numerischer Apertur unterschieden werden kann. Im Falle des Mediums Luft (n = 1) vereinfacht sich die Beziehung zu

$$N.A. = \sin \alpha$$

Für meßtechnische Anwendungen spielt die Schärfentiefe S.T. eines optischen Systems eine wesentliche Rolle. Sie beschreibt den Einfluß einer Objektverschiebung auf die Abbildungsschärfe. Bei gegebenen Bildwandlern und den dort vorliegenden festen Bildpunkt-Geometrien (Bild 1.1.12), die die zulässige maximale Unschärfe charakterisieren, kann somit auf die zulässige Objektverschiebung geschlossen werden.

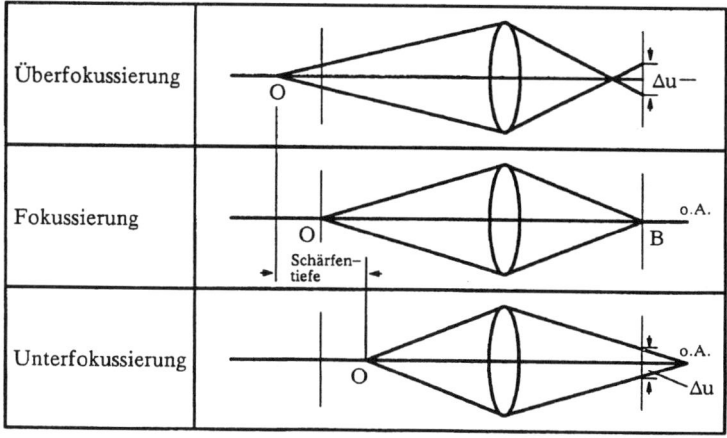

Bild 1.1.12: Definition der Schärfentiefe

Ausgehend von Bild 1.1.12 wird zunächst klar, daß bei einer Objektverschiebung entlang der optischen Achse sich das Bild ebenfalls verschiebt. Halten wir die Beobachtungsebene fest, so bedeutet dies, daß am Beobachtungort eine unscharfe Abbildung erfolgt. Diese Unschärfe kann durch den Unschärfebereich Δu, charakterisiert werden. Es ist folglich der Bereich der Objektverschiebung festzuhalten, bei dem Δu einen vorgegebenen Wert nicht überschreitet. Bei der Fotografie wird hierbei die Filmkörnigkeit herangezogen, bei der industriellen Bildverarbeitung ist dieser Wert durch die erwartete Auflösung des Wandlers gegeben.

Rechnerisch ergibt sich die Schärfentiefe zu

$$S.T. = a \cdot f^2 \left[\frac{1}{f^2 + \Delta u \cdot k \cdot (a + f)} - \frac{1}{f^2 + \Delta u \cdot k \cdot (a + f)} \right] \tag{11}$$

Aus Gleichung (11) ist ersichtlich, daß neben den festen Eigenschaften des Systems, in diesem Fall a, f und Δu, noch ein Parameter existiert, der verändert werden kann. Dies ist die Blendenzahl k. In Bild 1.1.13 ist grafisch die Abhängigkeit der Schärfentiefe von k bzw. dem Blendendurchmesser D bei gegebener Brennweite f dargestellt. Die Schärfentiefe ist somit durch Wahl optischer Parameter einstellbar, i.a. jedoch nur in engen Grenzen.

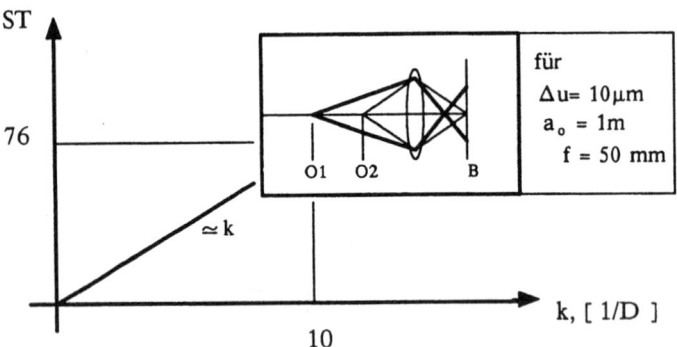

Bild 1.1.13: Abhängigkeit der Schärfentiefe von der Blendzeit k bzw. dem Blendendurchmesser D

Am Beispiel des telezentrischen Strahlengangs wird nachfolgend vertieft auf diese Möglichkeiten eingegangen.

Zwei wesentliche Eigenschaften sind bei meßtechnischen Aufgabenstellung hinsichtlich der einzusetzenden optischen Systeme zu beachten. Erstens ergibt sich bei einer allgemeinen optischen Abbildung eine Änderung der Vergrößerung bei einer Verschiebung des Objektes in Richtung der optischen Achse (vgl. Gleichung 8). Zweitens ergeben sich störende Reflexionen bei der Beleuchtung des Objektes und der Fokussierung auf Objektkanten, wenn das Objekt nicht zweidimensional vorliegt, sondern eine Ausdehnung entlang der optischen Achse aufweist. In beiden Fällen bietet der telezentrische Strahlengang Abhilfe (Bild 1.1.14/1). Es handelt sich hierbei um eine kollimierte Form der Abbildung mit der Beschränkung, daß die abbildenden Linsen (Aperturen) größer als das abzubildende Objekt sein müssen. (Dies ist in dem genannten Beispiel bedingt durch die Blende in der hinteren Brennebene, die es nur nahezu parallelen Lichtstrahlen im Objektraum gestattet, im Bildraum eine optische Abbildung zu erzeugen). Eine Defokussierung im Objektraum führt zum „Verschmieren" der Objektkanten im Bild. Dieser Effekt verändert jedoch nicht die Kantenposition (Bild 1.1.14/2), so daß diese mit hoher Genauigkeit reproduziert werden kann.

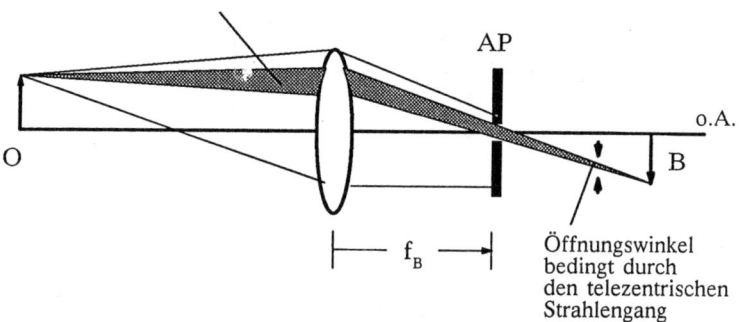

Bild 1.1.14/1: Telezentrischen Strahlengang

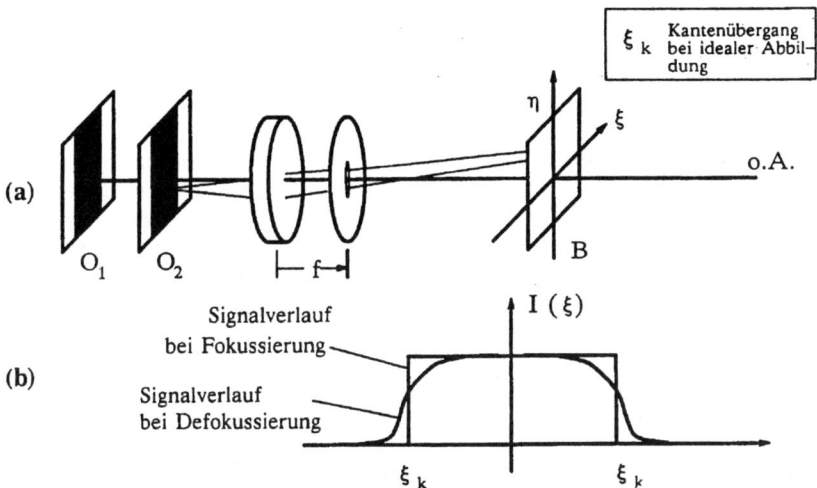

Bild 1.1.14/2: Ermittlung der Kantenposition eines Objektes im telezentrischen Strahlengang (a) optische Abbildung bei unterschiedlichen Objektabständen, (b) zugehörige Signalverläufe

1-13

Bei inkohärenter Beleuchtung liegt der Kantenort eines Objektes bei 50 % des Intensitätshubs (Bild 1.1.14/2b).

Können sowohl Bewegungen im Orts- als auch im Bildraum auftreten, d.h. befindet sich der Bildwandler des Bildverarbeitungssystems in keiner festen Position zur abbildenden Optik, so muß ein etwas geänderter Strahlengang gewählt werden (Bild 1.1.14/3).

Hierbei ist die Vergrößerung des Gesamtsystems gekennzeichnet durch das Brennweitenverhältnis von Bild- zu Objektraum.

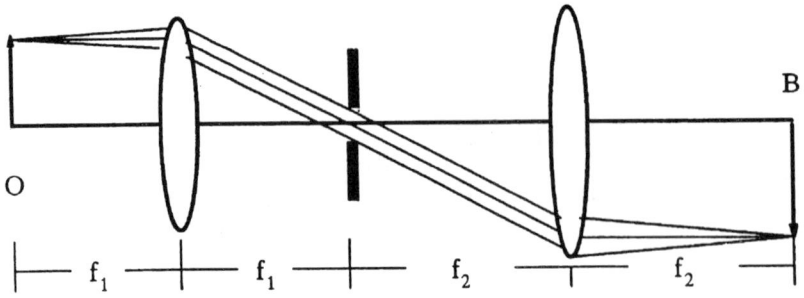

Bild 1.1.14/3: Telezentrischer Strahlengang bei sowohl objekt- als auch bildseitigen Bewegungsmöglichkeiten

Nun zurück zu den Grenzschichten und den daraus ableitbaren optischen Filterfunktionen. Aus Bild 1.1.4 kann auf die Eigenschaften des reflektierten bzw. transmittierten Lichtes rückgeschlossen werden. Je nach Eigenschaft der Grenzschicht bieten sich dabei unterschiedliche Möglichkeiten an, Filterfunktionen zu realisieren.
Die einfachste Möglichkeit besteht darin, die Grenzschicht wellenlängenselektiv auszuwählen. D.h., daß das eingestrahlte Spektrum so gefiltert wird, daß nur noch bestimmte Wellenlängen eines Wellenlängenbandes durchgelassen werden (Bandpaßverhalten), bzw. unterhalb oder oberhalb einer Grenzwellenlänge eine Begrenzung erfolgt (Hoch- oder Tiefpaßverhalten). In Bild 1.1.15 sind Beispiele solcher Filter wiedergegeben.

Die Wirkung kann individuell genutzt werden. So ist es beispielsweise möglich, farbige Objektstrukturen durch Einsatz entsprechender Filter voneinander zu trennen, so daß nur noch die gemischten Farbanteile verbleiben (Bild 1.1.15). Die daraus resultierenden neuen Bildformationen lassen sich dann viel einfacher interpretieren. Farbfilter können unterschiedlich realisiert werden. Einmal ist es möglich, durch direkte Farbabsorption in der Grenzschicht entsprechende Farbanteile auszufiltern.

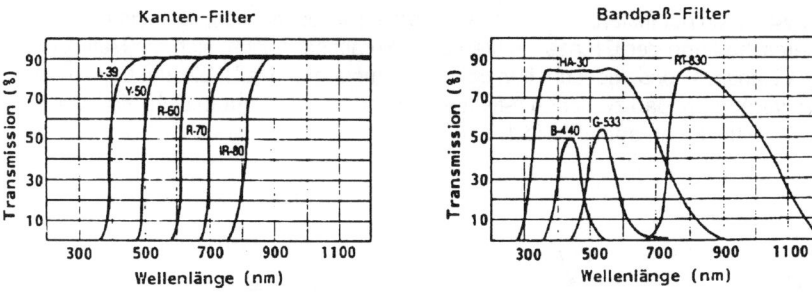

Bild 1.1.15: Wellenlängenselektive Filter (Quelle: Newport Corp.)

Zum anderen kann durch interferentielle Eigenschaften eine Verstärkung bzw. Unterdrückung bestimmter Wellenlängen erfolgen. Vertreter hierfür sind dielektrische Filter.

Wirkt die Grenzschicht polarisierend, so besteht hierdurch die Möglichkeit, auch daraus entsprechende Filter aufzubauen. Im Grunde genommen sind zirkulare und lineare Polarisation zu unterscheiden, doch auch an dieser Stelle sollen vereinfachende Betrachtungen ausreichen (Bild 1.1.16/1). Fällt unpolarisiertes Licht auf den Polarisationsfilter, so soll dieser von den zwei senkrecht zueinander stehenden Lichtrichtungen nur eine ungehindert passieren lassen. Je nach Einstellung des Filters kann eine bestimmte Komponente des einfallenden Lichtes herausgefiltert werden.

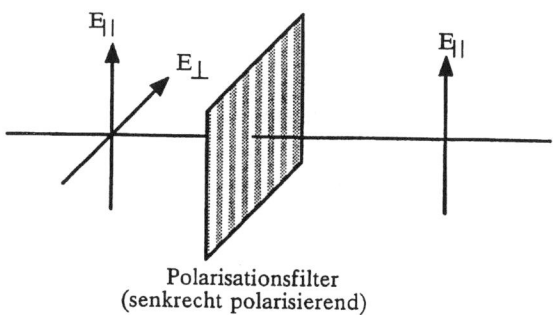

Bild 1.1.16/1: Polarisationsfiler und ihre Wirkung

Anwendungsfälle sind z.B. dort gegeben, wo Oberflächen polarisierende Eigenschaften besitzen, die durch Polarisationsfilter nachzuweisen sind [Müller 1990].

Prinzipiell gibt es verschiedene Möglichkeiten zur Realisierung entsprechender Polarisationsfilter. Zum einen kann die Grenzschicht aufgrund ihrer Materialeigenschaften polarisierend wirken. Andererseits ist es möglich, daß durch die geometrische Lage der Grenzschichten zum einfallenden Licht sich die Reflexions- und Transmissionseigenschaften der Lichtkomponenten (z.B. E∥ oder E⊥) so deutlich verändern, daß zwischen reflektiertem und transmittiertem Licht eine eindeutige Polarisierung erfolgt (Bild 1.1.16/2).

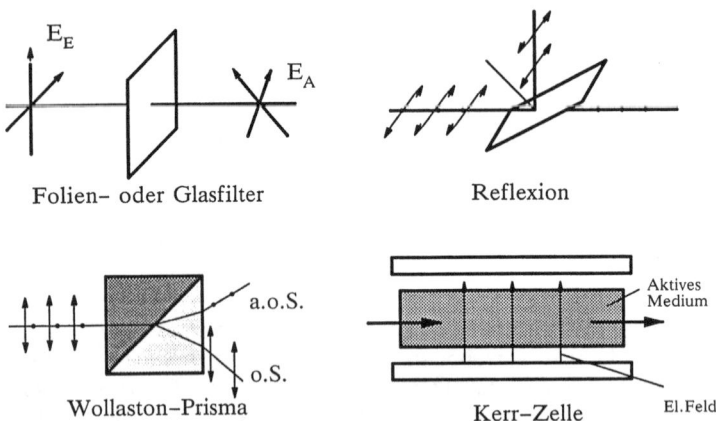

Bild 1.1.16/2: Beispiele für optisch polarisierende Elemente

Viele Leser mag die Vielfalt der Informationen über optische Methoden im Zusammenhang mit der industriellen Bildverarbeitung überraschen; und einige werden sich fragen, wie sie den Bezug zur Praxis herleiten können. Dieser ist sicherlich aus der Erfahrung mit dem Einsatz bildverarbeitender Systeme gegeben, wo häufig sehr komplexe Lösungswege angedacht oder gar realisiert wurden. Einfachere Lösungen wurden immer dann gefunden, wenn die Vorteile der analogen Optik erkannt und genutzt wurden. Deshalb nachfolgend zwei Beispiele:

Der Brechungsindex kennzeichnet die Brechungseigenschaften eines Mediums, d.h. die Winkeländerung an der Grenzschicht, die ein Lichtstrahl beim Durchgang von einem Medium in ein anderes erfährt. Ein Glaskörper (z.B. eine Getränkeflasche), der Lufteinschlüsse oder durch den Herstellprozeß bedingte Zonen unterschiedlicher Dichte (und damit unterschiedliche Brechungsindizes) enthält, muß nun so beleuchtet werden, daß nach der Gleichung (2) das den Glaskörper durchdringende Licht beim Auftreten der o.g. Fehlstellen (Lufteinschlüsse oder Dichteänderungen) so stark abgelenkt wird, daß es im Bildwandler eine deutliche Kontraständerung bewirkt. Das zweite Beispiel betrifft die Bestimmung der Dichte von Lösungen, z.B. Zucker in Wasser. Nehmen wir das Bild 1.1.2 zur Verdeutlichung. Im Übergang des Mediums 2 zum Medium 3 spielen die jeweiligen Brechungsindizes n_2 und n_3 eine wesentliche Rolle. Je größer n_2 im Verhältnis zu n_3 ist, desto größer wird der Winkel α_3. Der Grenzfall besteht dann, wenn $\alpha_3 = 90$ Grad beträgt. In diesem Fall tritt kein Licht mehr in das Medium 3 ein, es liegt

Totalreflexion vor. Das gesamte Licht wird in das Medium 2 reflektiert. Schwankt nun n_3 in Abhängigkeit von der Konzentration der Lösung im Medium 3, so kann aus der Winkellage 3 direkt auf diese Konzentration geschlossen werden. Wieder wird deutlich, daß keine große komplexe Systemlösung notwendig ist, es müssen vielmehr die optischen Eigenschaften so genutzt werden, daß eine Adaption an die Aufgabenstellung und somit eine gezielte Lösung erreicht werden kann.

1.2 Beleuchtungsprinzipien

Der Mensch ist sicher nicht das Maß aller Dinge. Doch in der Beleuchtungstechnik hat er sich mit den Eigenschaften seines Auges in der Normung durchgesetzt. Dies gilt besonders dann, wenn wir uns auf die Begriffe der Strahlungs- und Lichtmessung beziehen.

Formelzeichen	Lichttechnische Größen		Strahlungsphysikalische Größen	
	Bezeichnung	Einheit	Bezeichnung	Einheit
Q	Lichtmenge	lm s	Strahlungsenergie	Ws
$\Phi = \dfrac{dQ}{dt}$	Lichtstrom	lm	Strahlungsleistung (Strahlungsfluß)	W
$I = \dfrac{d\Phi}{d\Omega_s}$	Lichtstärke	cd=lm/sr	Strahlstärke	W/sr
$M = \dfrac{d\Phi}{dA_s}$	Spezifische Lichtausstrahlung	lm/m^2	Spezifische Ausstrahlung	W/m^2
$L = \dfrac{dI}{dA_s \cos\alpha}$	Leuchtdichte	cd/m^2	Strahldichte	W/m^2 sr
$E = \dfrac{d\Phi}{dA_E}$	Beleuchtungsstärke	lm/m^2 = lx	Bestrahlungsstärke	W/m^2
$H = \int E\, dt$	Belichtung	lx s	Bestrahlung	Ws/m^2

S ... senderseitige Größen   E ... empfängerseitige Größen

Tabelle 1.1:   Lichttechnische und stahlungsphysikalische Größen

Es ist nämlich durchaus ein Unterschied zu machen zwischen der Art, wie unser menschliches Auge die elektromagnetische Strahlung des Lichtes wahrnimmt, und wie dieselbe Strahlung von einem technischen Detektor erfaßt wird. Es wird deshalb zwischen Lichttechnischen Größen, die auf das menschliche Auge bezogen sind, und Strahlungsphysikalischen Größen die keine spezifische spektrale Empfindlichkeitskurve vorschreiben und somit neutral definiert sind, unterschieden (Tabelle 1.1).

Darüber hinaus ist eine weitere Unterscheidung zu beachten. Betrachten wir die von einer Lichtquelle ausgesandte Strahlung, so gibt es zwei Fälle der Betrachtungsweise. Erstens den Fall, daß in Richtung der Lichtquelle beobachtet auf diese Strahlung Bezug genommen wird. Zweitens, daß diese Strahlung in Bezug auf eine Fläche betrachtet wird, auf die das ausgestrahlte Licht auftrifft. Es ist deshalb angezeigt, sender- und empfängerseitige Größen zu beschreiben [Schröder 1977, Handbuch 1975].

1.2.1 Kenngrößen

Die nachfolgende Darstellung bezieht sich auf das international festgelegte Einheitensystem (SI). Nur dort, wo von diesem abgewichen wird, erfolgt ein entsprechender Hinweis.
Die Strahlungsenergie Q charakterisiert die in einem Strahlungsprozeß übertragene Gesamtenergie. Sie gilt für den Sender (Emitter) ebenso wie für den Empfänger (Detektor). Die Strahlungsleistung Φ ergibt sich als abgeleitete Größe über die Beziehung

$$\Phi = dQ/dt \tag{12}$$

Sie charakterisiert die zeitliche Änderung der Strahlungsenergie und wird deshalb auch als Strahlungsfluß bezeichnet. Neben den zeitlichen Gesichtspunkten spielen auch die räumlichen eine wesentliche Rolle. Es hat sich deshalb in Analogie zu den Winkeln innerhalb einer Ebene der Begriff des Raumwinkels Ω eingeführt, der die räumliche Ausdehnung von Lichtbündeln beschreibt (Bild 1.2.1). Zu seiner Berechnung wird die Oberfläche F einer Kugel herangezogen und in Bezug zum Quadrat des vorliegenden Radius R gesetzt. Es ergibt sich die Beziehung

$$\Omega = F/R^2 \tag{13}$$

Da die Oberfläche einer Kugel sich zu $4\pi R^2$ ergibt, bedeutet diese Konvention, daß eine Ausdehnung über die gesamte Kugeloberfläche einem Raumwinkel von 4π entspricht (vgl. Gleichung 13). Für den ebenen Winkel in der Planimetrie wurde der Begriff des Radian, abgekürzt rad als Einheit eingeführt. In Analogie hierzu wird in der Stereometrie die Einheit Steradian, abgekürzt sr, festgelegt. Somit entspricht die Vollkugel einem Raumwinkel von 4π sr.

Raumwinkel

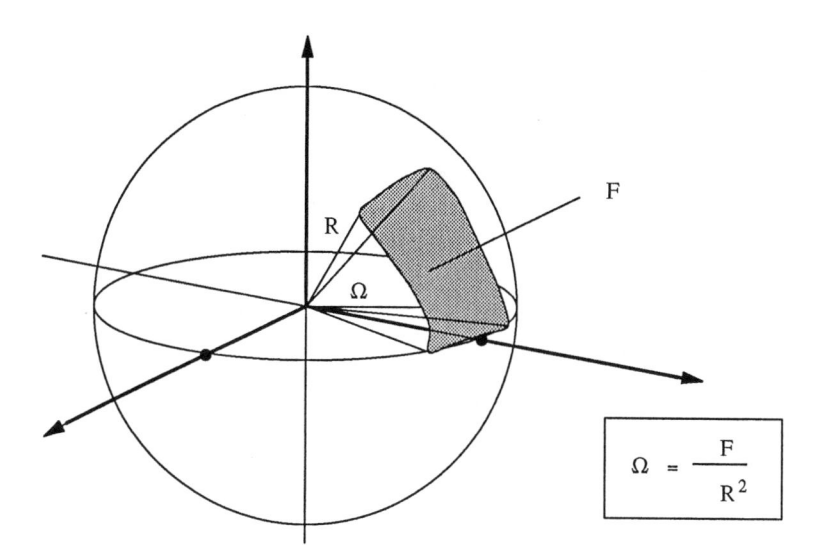

$$\Omega = \frac{F}{R^2}$$

Bild 1.2.1: Definition eines Raumwinkels

Häufig ist eine direkte Bestimmung der äquivalenten Kugelfläche nicht ohne weiteres möglich, so daß sich für diese Fälle unterschiedliche alternative Berechnungen bzw. Näherungen ergeben. Ist beispielsweise der Öffnungswinkel des zuortbaren Kugelsektors bekannt, unter dem dieser gesehen wird, so läßt sich der Raumwinkel gemäß

$$\Omega = 2\pi (1 - \cos \sigma) \text{ [sr]} \tag{14a}$$

berechnen. σ stellt den halben Öffnungswinkel des zugeordneten Kreiskegels dar. Handelt es sich um kleine Raumwinkel, so kann die betrachtete Fläche auf der Kugel als eben angenähert werden. Hieraus ergibt sich dann die Beziehung

$$\Omega \simeq F_{eben} / R^2 \text{ [sr]} \tag{14b}$$

Die Strahlstärke I läßt sich mit Hilfe des Raumwinkels zu

$$I = d\Phi/d\Omega \tag{15}$$

definieren.

Nicht nur die Ausbreitung in Raumrichtung ist interessant. Es muß auch berücksichtigt werden, wie eine in den Strahlenverlauf eingebrachte Fläche beleuchtet wird (Bild 1.2.2).

$F = F_{beo}$ $F = F_{beo} \cdot \cos \alpha$

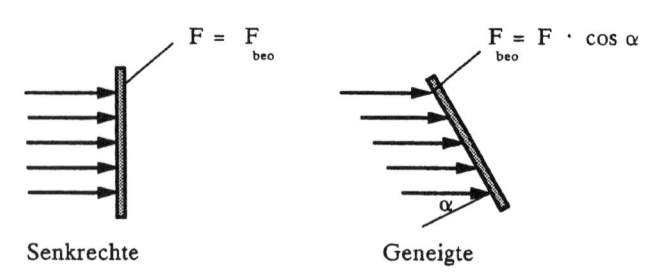

Senkrechte   Geneigte

Einstrahlung

F_{beo} ... Wirksame Fläche
F ... Fläche eines Objektes

Bild 1.2.2:
Geometrische Beziehungen bei der Beleuchtung von Oberflächen

Hierfür sind zwei Kriterien ausschlaggebend: die Lichtausbreitungsrichtung und die Normalenrichtung der betrachteten Fläche. Bilden die Lichtausbreitungsrichtung und die Flächennormale einen Winkel α miteinander, so berechnet sich die beobachtete oder auch projizierte Fläche nach der Beziehung

$$F_{beo} = F \cdot \cos \alpha \tag{16}$$

Mit ihrer Hilfe läßt sich die Größe M, spezifische Ausstrahlung genannt, folgendermaßen definieren

$$M = d\Phi/dF; \quad [W/m^2] \tag{17}$$

Sie charakterisiert die je Flächeneinheit sich in den Raum ausbreitende Strahlungsleistung.
Mit Hilfe der Strahlstärke I und der projizierten Fläche läßt sich die Strahldichte L bestimmen. Sie ergibt sich zu

$$L = dI/dF; \quad [W/m^2 \cdot sr] \tag{18}$$

Die Größen M, I und L stellen senderseitige Größen dar. Es ist folglich notwendig, auch noch die empfängerseitigen festzulegen. Hierzu gehört zunächst die Bestrahlungsstärke E. Sie charakterisiert die je Flächeneinheit einfallende Lichtleistung. Die Definition ergibt sich aus

$$E = d\Phi/dF_E : \quad [W/m^2] \tag{19}$$

Bezüglich eines Empfängers interessiert ebenfalls die auf seine Fläche F_E eingestrahlte Energie H, d.h. die über ein Zeitintervall dt integrierte Lichtleistung. Daraus ergibt sich

$$H = \int E \cdot dt ; \quad [Ws/m^2] \tag{20}$$

H wird als Bestrahlung bezeichnet.

Mit diesen Definitionen sind die strahlungsphysikalischen Größen beschrieben. Die differentiellen Beschreibungen können immer dann umgangen werden, wenn für die betrachtete Strahlungsleistung eine gleichmäßige Verteilung hinsichtlich der Fläche, des Raumwinkels oder der Zeit vorliegt. Da die nachfolgend beschriebenen lichttechnischen Größen durch gleiche Buchstaben bezeichnet werden, soll die Unterscheidung durch Indizierung erfolgen. Für die lichttechnischen Größen wird deshalb der Index I gewählt.

Begonnen wird mit der Definition der Lichtstärke I_l, deren Einheit Candela (cd) oder Lumen je Steradian (lm/sr) ist. Erste Definitionen, die heute keine Gültigkeit mehr besitzen, gingen von der „Internationalen Kerze" bzw. der „Hefner-Kerze" aus. Die heute übliche Beschreibung bezieht sich auf die Abstrahlung eines schwarzen Strahlers mit der Oberfläche 1/60 cm². Gemessen wird senkrecht zu dieser Oberfläche, wobei der Strahler auf eine Temperatur von 2045° K gebracht wird, die der Erstarrungstemperatur des reinen Platins entspricht. Unter diesen Bedingungen beträgt die Lichtstärke 1 cd. Sinnvoll ist diese Angabe der Lichtstärke nur dann, wenn von einer punktförmigen Lichtquelle ausgegangen werden kann, bzw. der Beobachtungsabstand so groß gewählt wird, daß die Punktnäherung wieder gilt. Ausgehend von der Lichtstärke erhalten wir den Lichtstrom Φ_l. Seine Einheit stellt das Lumen (lm) dar. D.h., daß eine Lichtquelle, die gleichmäßig mit einer Lichtstärke von 1 cd in einen Raumwinkel von 1 sr strahlt, einen Lichtstrom von 1 lm in den Raum sendet. Die Lichtmenge Q_l kennzeichnet die Energie, die spezifische Lichtausstrahlung M_l die auf die Flächeneinheit bezogene Lichtleistung und die Leuchtdichte L_l die ausgesandte Leistung je Raumwinkel und projizierter Flächeneinheit. M_l, I_l und L_l sind senderseitige Größen. Die zugehörigen empfängerseitigen sind die Beleuchtungsstärke E_l und die Belichtung H_l. Die Tabelle 1.1 gibt die o.g. Kenngrößen in zusammengefaßter Form wieder. Aus ihr wird die Äquivalenz zwischen den strahlungsphysikalischen und lichttechnischen Größen deutlich.

1.2.2 Lichtquellen

Betrachten wir Lichtquellen und ihre Eigenschaften, so sind wir geneigt, sie zunächst im Zusammenhang mit den Fähigkeiten des menschlichen Auges zu sehen. Doch unser Auge ist nur in der Lage, einen schmalen Bereich des gesamten Wellenspektrums aufzunehmen, der von etwa 380 nm bis 750 nm reicht. Technische Wandler besitzen dagegen Eigenschaften, die sie befähigen, auch im Ultravioletten (UV) oder im Infraroten (IR) „zu sehen"
Eine Lichtquelle erscheint für uns Menschen dann als weiß, wenn sie spektrale Komponenten besitzt, die der Augenempfindlichkeitskurve entsprechen. In diesem Abschnitt sollen die Lichtquellen in ihren technischen Eigenschaften beschrieben werden.
Lichtquellen formen die ihnen zugeführten, meist elektrischen Energien mit einem bestimmten Wirkungsgrad in Strahlungsenergie um. Je nach Art der Strah-

lungserzeugung wird eine Aufteilung in Temperatur- und Lumineszenzstrahler vorgenommen. Die Temperaturstrahler sind dadurch gekennzeichnet, daß die ihnen zugeführte elektrische Energie zunächst in Wärmeenergie gewandelt wird. Die Wärme wiederum regt die Atome und Gitter zu Schwingungen an, wodurch als Sekundäreffekt eine Abstrahlung erfolgt (Bild 1.2.2.1). Die wichtigsten Vertreter sind Glühlampen, bei denen durch Wahl der Wendelgeometrien und Wendelmaterialien unterschiedliche Strahlungseigenschaften erzielt werden können.

Lumineszenzstrahler setzen dagegen die ihnen zugeführte Energie direkt um, so daß keine starke Wärmeentwicklung auftritt. Wichtige Vertreter für diese Form der Lichtquellen sind Laser, Leuchtdioden, Gasentladungslampen und Leuchtstoffröhren. Durch die Form der Strahlungserzeugung und die damit verbundenen Vorgänge ist es möglich, die Lichtquellen in Dauer- bzw. Pulsbetrieb einzusetzen. Dauerbetrieb bedeutet dabei das zeitlich kontinuierliche Abstrahlen, während Impulsbetrieb eine zeitliche getaktete (Blitzlicht) Form darstellt.

Wichtige Kenngrößen neben den bereits in Kapitel 1.2 genannten, sind die Lichtausbeute η:

$$\eta = \Phi/P \tag{21}$$

die Farbtemperatur und die Lebensdauer.

Die Lichtausbeute setzt den erzeugten Strahlungsfluß bzw. die Strahlungsleistung ins Verhältnis zur tatsächlichen, der Lichtquelle zugeführten Leistung. Die Farbtemperatur charakterisiert die Eigenschaft einer Lichtquelle im Vergleich zu der des Schwarzen Strahlers [Hecht 1980]. Sie ist die Temperatur des Schwarzen Strahlers, die den gleichen Farbeindruck besitzt wie die zu vergleichenden Lichtquellen (Bild 1.2.2.2).

Die Lebensdauer gibt an, wie lange, im statistischen Mittel gesehen, eine Lichtquelle unter vorgegebenen Normal-Einsatzbedingungen (Nennwerte) in der Lage ist, den Betrieb aufrechtzuerhalten.

Wird die Lampe über diesen Nenndaten betrieben, verkürzt sich die Lebensdauer, darunter verlängert sie sich. Doch sind hierbei enge Grenzen gesetzt. Bei zu starker Leistungseinbringung in eine Glühlampe wird der Glühfaden direkt zerstört. Bei zu geringer Leistungseinbringung führen physikalische Effekte zur Trübung des Glaskolbens und zur Veränderung der spektralen Eigenschaften. Es ist deshalb für viele Anwendungen nicht zu umgehen, fest vorgegebene Werte einzuhalten, um die Strahlungseigenschaften konstant zu halten. Unterschiedliche Möglichkeiten bieten sich an: Steuer- und regelbare Lichtquellen, bei denen entweder elektronisch oder optisch über Blenden eine individuelle oder auch fest vorgegebene Einstellung erfolgen kann (vgl. Kapitel 2.1).

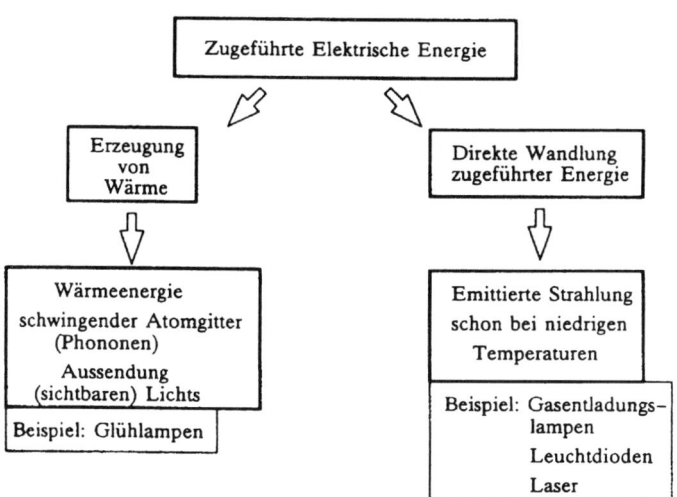

```
                    ┌─────────────────────────────┐
                    │ Zugeführte Elektrische Energie │
                    └─────────────────────────────┘
                         ↙              ↘
     ┌──────────────┐                    ┌──────────────────────┐
     │  Erzeugung   │                    │   Direkte Wandlung   │
     │     von      │                    │  zugeführter Energie │
     │    Wärme     │                    └──────────────────────┘
     └──────────────┘                              ↓
             ↓
┌──────────────────────────┐          ┌──────────────────────────┐
│      Wärmeenergie        │          │   Emittierte Strahlung   │
│  schwingender Atomgitter │          │     schon bei niedrigen  │
│       (Phononen)         │          │       Temperaturen       │
│       Aussendung         │          ├──────────────────────────┤
│    (sichtbaren) Lichts   │          │ Beispiel: Gasentladungs- │
├──────────────────────────┤          │              lampen      │
│   Beispiel: Glühlampen   │          │         Leuchtdioden     │
└──────────────────────────┘          │            Laser         │
                                      └──────────────────────────┘
```

Bild 1.2.2.1: Wirkungsweise von Temperatur- (a) und Lumineszenzstrahlern (b)

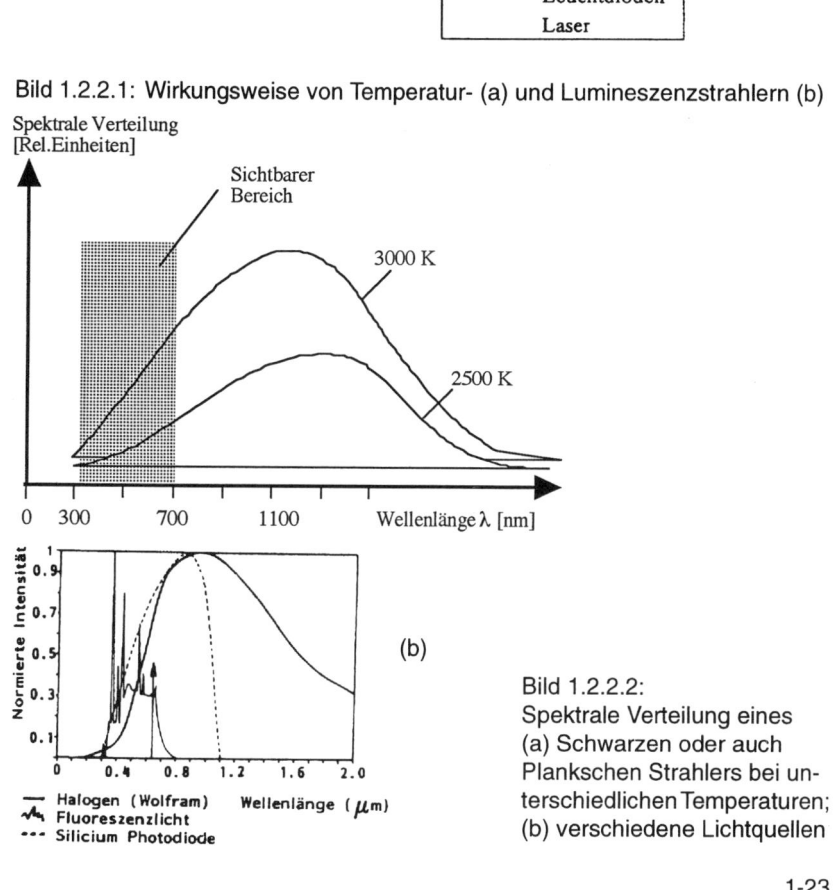

Spektrale Verteilung
[Rel.Einheiten]

(Diagramm: Sichtbarer Bereich; Kurven bei 3000 K und 2500 K; Wellenlänge λ [nm]: 0, 300, 700, 1100)

(b) Normierte Intensität vs. Wellenlänge (μm): 0, 0.4, 0.8, 1.2, 1.6, 2.0
— Halogen (Wolfram)
⋀ Fluoreszenzlicht
--- Silicium Photodiode

Bild 1.2.2.2:
Spektrale Verteilung eines
(a) Schwarzen oder auch
Planckschen Strahlers bei unterschiedlichen Temperaturen;
(b) verschiedene Lichtquellen

Kapitel 1.3

Bildwandlung

R.-J. Ahlers

1.3 Bildwandlung
R.-J. Ahlers

Einleitung

Als die Fernsehtechnik sich zu entwickeln begann, stand im Vordergrund das Ziel, ein Bild zu übertragen, zu empfangen und in einer Bildfolge wiederzugeben. Aufgrund der unterschiedlichen nationalen Entwicklungen zeichneten sich unterschiedliche Standards ab, die zu verschiedenen zeitlichen Signalfolgen führten. In den USA wurde die Bildfolge zu 60 Halb- bzw. 30 Vollbildern festgelegt, in Europa zu 50 Halb- bzw. 25 Vollbildern. Diese Folge orientiert sich an dem menschlichen Wahrnehmungsvermögen, d.h. der Eigenschaft, daß mehr als 50 Bilder pro Sekunde dem Menschen als flimmerfreie Bildfolge erscheinen.

Diese Festlegung ist natürlich vernünftig im Sinne des Fernsehens, stellt mit Sicherheit aber eine Einschränkung für z.b. industrielle Anwendungen und die dort notwendigen Eigenschaften der Bildaufnahme dar. Bei diesen Anwendungen ist die Aufnahme eines Bildes zu einem genau festgelegten Zeitpunkt notwendig. Das ausgewertete Bild muß möglichst präzise und reproduzierbar Informationen über seinen Inhalt liefern, und es ist nicht notwendig, dies im Fernsehstandard zu tun, obwohl auch heute noch die meisten Wandler-Realisierungen sich daran orientieren.

Der Beitrag liefert Informationen zu der Entwicklung von Festkörper-Bildwandlern. Es wird ein Überblick über die für unterschiedliche Anwendungen geforderten Eigenschaften gegeben.

1.3.1 Festkörper-Bildwandler zur Bildaufnahme

Nachfolgend wird kurz auf die historische Entwicklung eingegangen, um einen Überblick über Alternativen zu geben, wie sie bisher ihre Realisierung erfahren haben. Daß dabei unterschiedliche Anwendungen im Vordergrund standen, geht aus den spezifischen Umsetzungen in die entsprechenden Schaltungen (Hardware) hervor.

Zu Beginn der sechziger Jahre wurden die ersten Bildwandler auf Festkörper-Basis entwickelt. Sie waren zunächst gedacht als Ergänzung zu den bis dahin bekannten und eingesetzten Bildröhren. Die besonderen Eigenschaften dieser neuen Wandler, wie z.B. integrierter Aufbau, hohe Miniaturisierung, Unempfindlichkeit gegenüber mechanischen Bewegungen und exakte geometrische Ausführung der einzelnen Bildpunkte bis hin zu ausgedehnten regelmäßigen Anordnungen (arrays) führten schnell zu der Einschätzung, daß hier eine direkte Konkurrenz zu den Bildröhren entsteht. Dabei wurde jedoch übersehen, daß neben diesen Eigenschaften für Anwendungen auch andere erforderlich sind, die nur sehr eingeschränkt von den Festkörper-Bildwandlern erfüllt werden. Hierzu zählt beispielsweise die große Vielfalt an spektralen Empfindlichkeitskurven.

1.3.1.1 Historische Entwicklung

Die Bildaufnahme-Röhren stellten bis Ende der fünfziger Jahre die einzige Möglichkeit dar, Bilder aufzunehmen und in ein elektrisches Äquivalent, einen elektrischen Strom oder eine Spannung, zu wandeln. Die eigentliche lichtempfindliche Schicht bestand aus vielen kleinen unregelmäßigen Kondensatoren, die sich aufgrund des einfallenden Lichtes umluden. Durch einen Elektronenstrahl zur Abtastung dieser Schicht ergab sich die opto-elektronische Wandlung. Mit dem ersten Multidioden-Vidikon gelang es, die unregelmäßige Anordnung von Kapazitäten durch entsprechende regelmäßige zu ersetzen. Ein erster Schritt in Richtung Festkörper-Bildwandler, da hierdurch ein Halbleiter-Prozeß in die Praxis Einzug hielt, der als Voraussetzung für die neue Generation der Bildwandler angesehen werden kann.

Der nächste konsequente Schritt bestand in der Erzeugung von lichtempfindlichen Elementen auf Halbleiter-Basis in Dünnfilm-Technologie. Hierbei wurden Fotowiderstände bzw. Fotodioden eingesetzt, zunächst jedoch ohne die notwendige Ladungsspeicherung, wie sie für die Weiterbearbeitung notwendig ist. Die ersten Bildwandler mit Fototransistoren folgten. Und 1965 war man schließlich soweit, Bildwandler herzustellen, die die entsprechende Ladungsspeicherung integrierten.

Die reine Wandlung und Speicherung opto-elektronischer Informationen reichte immer noch nicht aus, um zu einem für die Praxis tauglichen Wandler-System zu gelangen. Neue Möglichkeiten zur Ladungsverschiebung mußten folgen. Ende der sechziger Jahre standen auch diese in Form von Eimerketten-Schaltungen (Bucket Brigade Devices, BBD) zur Verfügung. Hiermit war endlich erreicht, daß die gewandelten Ladungspakete vom Ort der Wandlung an den Ausgang des Wandlersystems weitergeleitet werden konnten; von dort aus mußte dann die rein elektronische Weiterverarbeitung erfolgen. Doch auch die Eimerketten-Schaltungen stellten nur eine Übergangslösung in dieser sich rasant entwickelnden Technologie der Bilderzeugung dar. Neue Verfahren folgten.

Die ersten ladungsgekoppelten Schaltungen (Charge Coupled Devices, CCD), die bereits einen gewissen Standard repräsentierten, bahnten sich zu Beginn der siebziger Jahre ihren Weg. Technologien wie CID, SSPD, CCPD folgten. Heute ist die Vielzahl der vorliegenden Bildwandler nahezu unübersehbar.

Etwas Übersicht kann erhalten werden, indem auf die Halbleiter-Technologien und ihre Eigenschaften eingegangen wird [Batchelor 1995, Ahlers 1992, Tseng].

1.3.1.2 Prinzipien von Festkörper-Bildwandlern

Festkörper-Bildwandler haben in vielen Bereichen die Bildwandler-Röhren aufgrund ihrer herausragenden Eigenschaften verdrängt. Aus diesem Grunde wird nachfolgend ausschließlich auf Festkörper-Bildwandler eingegangen. Dies heißt jedoch nicht, daß die Röhre als Bildwandler nicht mehr zum tragen kommt. Im Gegenteil. Sie besitzt beispielsweise eine enorme Vielfalt an spektralen Eigenschaften, die von den Festkörper-Wandlern nicht oder nur ungenügend erreichbar ist (Tabelle 1.3.1).

1.3.1.2.1 Standardisierungen

Die Zeitsignale zur Bildaufnahme und -weiterleitung sind aufgrund der Anlehnung an die Fernsehtechnik standardisiert. Egal ob nach europäischer CCIR- oder nach der amerikanischen NTSC-Norm, immer wird ein Gesamtbild aus zwei ineinandergeschobenen Halbbildern erzeugt. Dieses Zeilensprungverfahren war für die Fernsehtechnik notwendig, für die Anwendung zu Bildverarbeitungsaufgaben ist sie jedoch meist hinderlich.

Nach der CCIR-Vereinbarung werden 25 Vollbilder pro Sekunde synchron, d.h. mit einem starren Zeittakt, aufgenommen. Bei einer Zeilenzahl pro Vollbild von 625 Zeilen, einem Bildformat von 4:3 und der Tatsache, daß mit einer Taktrate von 9,75 MHz die einzelnen Bildpunkte wiedergegeben werden, bedeutet dies einen Zeitbedarf von 64 Mikrosekunden je Zeile. Für den einzelnen Bildpunkt ergibt sich das Zeitraster zu etwas mehr als 102 Nanosekunden. Um eine eindeutige Synchronisation der Bildwandlung zu erreichen, müssen noch entsprechende Signale (Schwarzschulter) eingeschoben werden, die dann allerdings die effektive Zahl an erzeugbaren Bildpunkten reduzieren. Somit stehen beispielsweise von den o.a. 625 Zeilen nur 512 für die Bildinformation zur Verfügung (Bild 1.3.1).

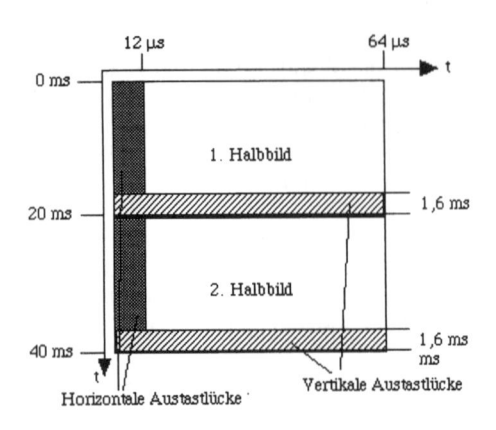

Bild 1.3.1: Fernsehstandard zur Bildaufnahme

Es wird deutlich, daß diese Standardisierung einen Kompromiß darstellt, bei dem viele nutzbare Informationen verloren gehen. Dies läßt sich auch in der Argumentation umkehren: eine Abkehr von der Norm ließe je Zeiteinheit mehr Bilddaten zu.

1.3.1.2.2 Festkörper-Bildwandler

Festkörper-Bildwandler existieren in verschiedenen Ausführungsformen, die sich im wesentlichen durch ihre technologische Realisierung unterscheiden. Im Prinzip kann eine Aufteilung in die vier Bildwandler-Typen (Bild 1.3.2)

- Selbstabtastende Fotodioden (Self Scanned Photodiodes, SSPD),
- Ladungsgekoppelte Fotodioden (Charge Coupled Photodiodes, CCPD),
- Ladungsinjektionswandler (Charge Injection Devices, CID) und
- Ladungsgekoppelte Wandler (Charge Coupled Devices, CCD)

erfolgen. Ihre Eigenschaften sind nicht nur von dem genannten prinzipiellen Aufbau abhängig sondern auch von der halbleitertechnischen Realisierung. Somit ergeben sich Beschreibungen, die nur mit Einschränkung Allgemeingültigkeit besitzen.

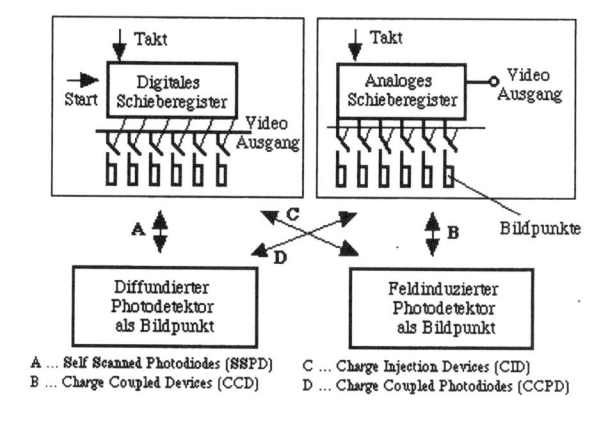

Bild 1.3.2: Prinzipien der Halbleiter-Bildwandler

1.3.1.2.2.1 Selbstabtastende Fotodioden (SSPD)

Diese Bildwandler nutzen als lichtempfindliches Element diffundierte Fotodetektoren. Dies sind einzelne Fotodioden, die über ein digitales Schieberegister ausgelesen werden. Das digitale Schieberegister erlaubt dabei ein direktes Auslesen der Bildinformation durch einen elektronisch ausgelösten Schalter. Wird der Schalter betätigt, so gelangt die zugehörige Bildinformation an den Video-Ausgang des Bildwandlers.

1.3.1.2.2.2 Ladungsgekoppelte Fotodioden (CCPD)

Diese Bildwandler sind den selbstabtastenden Fotodioden vergleichbar, mit dem Unterschied, daß hierbei das Auslesen der opto-elektronisch gewandelten Information über ein analoges Schieberegister erfolgt. Im Gegensatz zu dem digitalen werden durch den Ausleseimpuls alle Bildpunktdaten in das analoge Schieberegister, einer Art Zwischenspeicher, übertragen und an die Video-Ausgangsleitung übergeben.

1.3.1.2.2.3 Ladungsinjektionswandler (CID)

Als Basis-Element dient dem Ladungsinjektionswandler ein feldinduzierter Fotodetektor (MOS-Technologie). Das Auslesen der Bildinformation erfolgt wieder mit Hilfe eines digitalen Schieberegisters, so daß jeder einzelne Bildpunkt adressiert werden kann.

1.3.1.2.2.4 Ladungsgekoppelte Wandler (CCD)

Am weitesten verbreitet, da sie auch im Hobby-Bereich überwiegend eingesetzt werden, sind die ladungsgekoppelten Wandler, häufig auch nur noch als CCD-Wandler bezeichnet. Ihnen ist das lichtempfindliche Element in Form eines feldinduzierten Fotodetektors und des analogen Schieberegisters gemein.

1.3.1.3 Ausführungsformen

Neben der Wahl der reinen Wandlerprinzipien besteht auch noch die Möglichkeit, die entsprechenden Ausführungsformen, wie z.B.
- Flächen-Transfer (Frame Transfer, FT),
- Matrix-Transfer (MT) und
- Zwischenzeilen-Transfer (Inter Line Transfer, ILT)

zu unterscheiden (Tabelle 1.3.2). Hierbei handelt es sich um die Art der räumlichen Anordnung der einzelnen Bildelemente, ihre Zwischenspeicherung und Auslesung mit Hilfe entsprechender Schaltungen [N.N. 1987].

1.3.1.3.1 Zwischenzeilen-Transfer

Dieser Typ des Bildwandlers besitzt spaltenförmig angeordnete Bildelemente. Jede einzelne Spalte ist über eine Transfer-Schaltung mit dem entsprechenden Transport-Register verbunden, das durch einen anliegenden Zeittakt ausgelesen wird (Bild 1.3.3). Als Besonderheit gilt, daß die Anzahl der einzelnen Speicherzellen (CCD-Elemente) nur halb so groß ist, wie die in der jeweiligen Zeile vorhandenen Bildelemente. D.h., daß zu jedem Transport-Register zwei der zu den einzelnen Halbbildern gehörigen Bildpunkte zugeordnet sind.

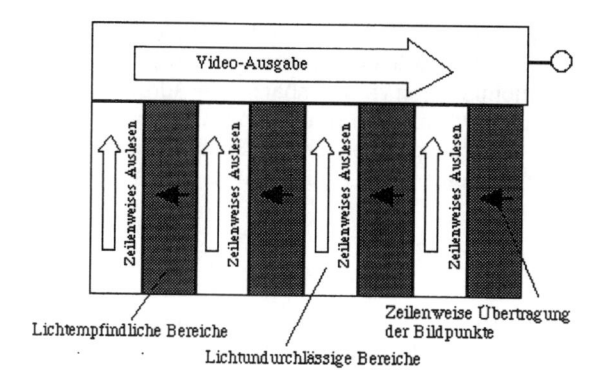

Bild 1.3.3: Prinzip des Zwischenzeilen-Transfers (Inteline-Transfer)

1.3.1.3.2 Flächen-Transfer

Dieser Bildwandler nimmt eine strikte räumliche Trennung zwischen dem Ort der Bildwandlung und des Weitertransportes vor. Im lichtempfindlichen Teil wir die optische Information gewandelt, nach dem entsprechenden Transfer-Impuls erfolgt die komplette Übertragung der Ladungspakete des Bildes in den Speicherbereich (Bild 1.3.4).

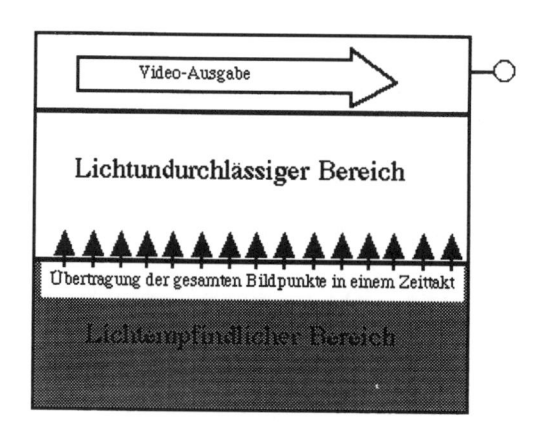

Bild 1.3.3: Prinzip des Flächen-Transfers (Frame-Transfer)

1.3-7

1.3.1.3.3 Matrix-Transfer

Das Matrix-Transfer-Prinzip, häufig auch als XY-Prinzip bezeichnet, basiert auf der Idee, jeden einzelnen Bildpunkt frei wählbar zu adressieren (Bild 1.3.5). Die matrixförmige Auslesung der Information ist vergleichbar mit der Adressierbarkeit von Standard-Halbleiterspeichern (RAM), weshalb ein hohes Potential an individueller Realisierbarkeit dieser Wandlertypen gegeben ist. So ist es möglich, gleiche Halbleiter-Technologien zu benutzen, wie sie bei CMOS-RAMs eingesetzt werden.

1.3.1.4 Spezielle Eigenschaften

Neben den genannten Grundprinzipien spielen natürlich auch solche Eigenschaften eine Rolle, die sich entweder durch spezielle Elektronikschaltungen ergeben, hierzu zählen elektronische Verschlüsse oder das synchrone bzw. asynchrone Auslesen der Bildinformation, bzw. solche, die auf besondere Einsatzfälle zugeschnitten sind, wie z.B. den Einsatz von Blitzlicht [Ahlers 1989, Lenz 1989, Seitz 1989, N.N. 1987, Kramer 1995].

1.3.1.4.1 Elektronischer Verschluß

Der elektronische Verschluß (electronic shutter) stellt eine sehr interessante Möglichkeit dar, Bewegungsunschärfen bei der Bildaufnahme zu vermeiden. Im Prinzip handelt es sich dabei um eine elektronische Beschaltung des Bildwandlers, die eine gezielte Beeinflussung der Integrationszeit der Bildpunkte während der Bildaufnahme erlaubt.

Die erzeugten Ladungspakete sind abhängig von der Lichtintensität und der Zeit, in der Licht auf den Bildwandler fällt. Wird die Aufnahmezeit verkürzt, so wird auch nur innerhalb dieser Zeit ein Objekt aufgenommen. Es kann sich folglich bewegen, ohne daß, bei geschickter Wahl der Aufnahmezeit, eine Unschärfe auftritt. Allerdings bedeutet dies, daß, um den Wandler zur Sättigung zu bringen, mehr Licht in den Wandler gelangen muß; woraus eine Verstärkung der Beleuchtung des Objektes folgt.

Auch bei dem elektronischen Verschluß ist auf eine exakte zeitliche Abfolge der Signale zu achten. In den meisten Fällen ist die Beeinflussung der Aufnahmezeit so vorgenommen, daß sie am Ende eines Halbbildes erfolgt. Die aufgenommene Information wird danach auf den Video-Ausgang gegeben.

Gängig Verschlußzeiten liegen zwischen 10 Mikrosekunden und der vollen Aufnahmezeit von 20 Millisekunden bei der europäischen Norm.

1.3.1.4.2 Progressives Auslesen

In Anlehnung an die Fernseh-Norm erfolgt das Auslesen eines Bildes mit Hilfe des Zeilensprungverfahrens. Da hierbei zwei Halbbilder ineinandergeschoben wiedergegeben werden, ist es notwendig, diese Bildinformationen zur nachfolgenden Auswertung wieder zusammenzufassen.

Bildwandler, die mit dem progressiven Auslesen (progressive scanning) ausgerüstet sind, bieten die Bilder ohne den Zeilensprung am Wandlerausgang an. Es wird folglich nicht mehr zwischen geraden und ungeraden Bildzeilen unterschieden, die Informationen werden Zeile für Zeile ausgelesen.

Aufgrund dieses individuellen Ausleseverfahrens besteht keine Standardisierung, weder in Europa noch in den USA. Die Signale sind über eine entsprechend spezifische Bildverarbeitungskarte aufnehm- und weiterverarbeitbar.

1.3.1.4.3 Asynchrones Auslesen

Das asynchrone Auslesen (Asynchronous Scanning or Reset) der Bildinformation dient dem zielgerichteten Aufnehmen von Bildern zu wählbaren Zeitpunkten.

Im synchronen Auslese-Modus werden Bilder in einer festen Reihenfolge aufgenommen und an die Verarbeitungselektronik weitergeleitet. Beim europäischen Standard CCIR mit 40 Millisekunden pro Vollbild. Ist es jedoch notwendig, ein neues Auslesen zu einem beliebigen Zeitpunkt vorzugeben, so muß dies über einen entsprechenden Signalanschluß, den Rücksetzimpuls für asynchrones Auslesen, ausgelöst werden.

Ohne einen Rücksetz-Impuls erfolgt das Auslesen standardkonform wie beim synchronen Verfahren oder beim progressiven Auslesen. Liegt das asynchrone Signal an, so wird das aktuelle Einlesen der Bildinformation von dem lichtempfindlichen Bereich des Wandlers zum Video-Ausgang unterbrochen, eine Beeinflussung des Belichtungsverhaltens, wie es beim elektronischen Verschluß der Fall ist, erfolgt nicht. Es wird somit deutlich, daß diese Rücksetzfunktion mit Vorsicht einzusetzen ist, da der aktuell ausgelesene Bildinhalt das Ergebnis der vorausgegangenen Belichtung ist, die durch dieses Rücksetzen beeinflußt wurde.

1.3.1.4.4 Elektronische Fensterwahl

Das standardisierte Auslesen der Bildinformation mit z.B. 50 Halbbildern pro Sekunde stellt eine synchrone Vorgehensweise dar. Egal wieviel Bildinformation eines Gesamtbildes genutzt wird, immer muß das Zeitfenster von 20 ms zugrunde gelegt werden. Wird nun angestrebt, ein individuelles Auslesen interessierender Bereiche im Bild mit erhöhter Geschwindigkeit durchzuführen so muß auf entsprechende Sonderentwicklungen zurückgegriffen werden.

Mit Hilfe der elektronischen Fensterwahl (electronic windowing) ist diese Möglichkeit gegeben. Mit dem synchronen Auslesemodus liefert ein solcher Bildwandler ein kontinuierliches Bildsignal jedoch im progressiven Auslesemodus, d.h. ohne Zeilensprungverfahren. Wird die Fensterfunktion ausgelöst, so bedeutet dies ein gezieltes Übertragen von Bildinformationen ausschließlich aus diesem gewählten Bildbereich heraus. Alle anderen Bildinformationen werden übergangen. Da der gewählte Bereich kleiner ist als das Gesamtbild des Wandlers wird die Auslesezeit um eben diesen Faktor verkleinert, die Bildaufnahme entsprechend beschleunigt.

Es kann davon ausgegangen werden, daß auf diese Weise über 50 Ausschnittbilder pro Sekunde erzeugbar sind. Um die Information auch auswerten zu können, ist eine entsprechende Schaltung notwendig, die das Einlesen dieser schnellen Folge von Bildinformationen erlaubt.

1.3.1.4.5 Elektronische Empfindlichkeitssteuerung

Viele Anwendungen finden in Umgebungen statt, in denen nur sehr wenig Licht zur Verfügung steht. Es wird deshalb eine Lösung gesucht, mit Hilfe deren auch unter diesen ungünstigen Bedingungen noch ein qualitativ ausreichendes Bild erzeugt werden kann.

Mit dem sog. Low-Level-Mode ist diese Funktionalität gegeben. Im Gegensatz zur normalen Funktion eines Bildwandlers, kontinuierlich Bilder aufzunehmen, wobei nach jedem Bildzyklus eine Löschung des vorausgegangenen Bildes erfolgt, bedeutet dieser Mode ein Integrieren der optischen Information. Diese Phase wird solange aufrecht erhalten, bis das Signal zur Bildübernahme erfolgt.

Es handelt sich somit um ein Einlesen einer optischen Information, die über mehrere Bildwechsel hinweg gewonnen wurde, ohne daß zwischendurch eine Löschung der Information einzelner Bilder erfolgte. Nach dem Anlegen des Leseimpulses wird jedoch die gesamte Information nach der Übertragung auf den Video-Ausgang gelöscht.

Das Ergebnis dieser Integration ist eine um den Faktor der Bildanzahl vergrößerte Lichtempfindlichkeit. So bedeutet beispielsweise die Nutzung von 20 aufeinanderfolgenden Bildern, daß eine 20fache Empfindlichkeit gegenüber der Normalfunktion vorliegt. Das Objekt darf sich jedoch während dieser Integrationsphase nicht bewegen.

Neben der Möglichkeit, den Wandler insgesamt integrieren zu lassen, gibt es auch neuere Entwicklungen, bei denen jeder einzelne Bildpunkt eines Bildwandlers gezielt hinsichtlich der Empfindlichkeit beeinflußt werden kann. Auf diese Weise ist eine individuelle Beeinflussung der Bildaufnahme, z.B. bei spektroskopischen Aufnahmen, gegeben. Bildpunkte, die sehr wenig Licht erhalten, integrieren, solche, die ausreichend beleuchtet werden, erneuern stets die Information.

1.3.1.4.6 Elektronisches Löschen

Nach einem Bildwechsel beginnt im normalen Betriebszustand ein Wandler mit der neuerlichen Aufnahme der optischen Information, d.h. der Erzeugung von zur Intensität des einfallenden Lichtes proportionalen Anzahl von Ladungsträgern. In einigen Anwendungsfällen ist es notwendig, diese Ladungsträger gezielt zu einem vorgegebenen Zeitpunkt zu löschen. Hierfür steht bei einigen Bildwandlern eine Löschfunktion (sensor dump) zur Verfügung, mit der die Ladungspakete bei Anliegen einer Spannung vollständig gelöscht werden. Nach diesem Löschimpuls befinden sich keine Ladungsträger mehr in den einzelnen Bildpunkten.

1.3.1.4.7 Stroboskop-Beleuchtung

Die Beleuchtung spielt eine wesentliche Rolle bei der Aufnahme optischer Bilder. Die einfachste Form besteht in einer kontinuierlichen Beleuchtung mit Hilfe einer Glühlampe. Die kontinuierliche Beleuchtung setzt voraus, wie bereits weiter oben beschrieben, daß während der Aufnahme das Objekt sich nicht bewegen darf, um keine Bewegungsunschärfe zu verursachen.

Möchte man dennoch auch in der Bewegung Bilder aufnehmen, so bietet sich die unter dem Kapitel 2.4.1 aufgezeigte Lösung in Form des elektronischen Verschlusses an.

Eine weitere Möglichkeit bietet der Einsatz von Blitzlicht oder Stroboskop-Beleuchtung. Hierbei ist darauf zu achten, daß die Bildaufnahme, d.h. der Zeitpunkt des Blitzes, so gewählt wird, daß er zunächst mit der Bildaufnahme des Wandlers synchronisiert abläuft, andererseits der Blitz nicht zu einem Zeitpunkt ausgelöst wird, zu dem der spezielle Wandler nicht zur Bildaufnahme bereit ist, da er gerade eine andere Funktion, z.B. das Weiterleiten des Bildinhaltes, ausführt. Zusätzlich ist darauf zu achten, daß das Umgebungslicht keinen direkten Einfluß auf die Sättigung des Wandlers hat. Ist beispielsweise schon vor dem Einsatz des Blitzlichtes eine ausreichende Menge an Ladungsträgern durch dieses Umgebungslicht erzeugt, so kann der Stroboskop-Einsatz nur sehr schlechte Ergebnisse herbeiführen.

Für diesen Fall bietet das elektronische Löschen, wie in Kapitel 2.4.6 beschrieben, eine gute Unterstützung. In diesem Fall kann der Bildinhalt vor dem Blitzlicht gezielt gelöscht werden, so daß auch eine starke Umgebungsbeleuchtung keinen Einfluß auf die Aufnahme eines bewegten Objektes hat.

Es ist folglich darauf zu achten, daß der Blitz vor dem Ladungstransfer stattfindet, der die Bildinformation an den Video-Ausgang des Wandlers weiterleitet. Das Zeitverhalten stellt den kritischen Faktor bei dem Blitzlicht-Einsatz dar, den es für den jeweiligen Wandlertyp unbedingt einzuhalten gilt.

1.3.1.5 Sonderentwicklungen

Für viele Anwendungen reicht die standardisierte Form der Bildwandlung nicht aus. Ist eine höherAuflösung gefordert oder eine beschleunigteAufnahme bis hin zu mehreren tausend Bildern pro Sekunde, so sind die gängigen Bildwandler überfordert. Einziger Ausweg sind Sonderentwicklungen, die diesem jeweiligen Spezialeffekt Rechnung tragen.

1.3.1.5.1 Mechanisch verschiebbare Bildwandler

Eine Steigerung derAuflösung wird normalerweise dadurch angestrebt, daß Bildwandler mit erhöhter Bildpunktzahl, z.B. 1024 x 1024 Bildpunkte, entwickelt werden. Die Probleme, die bei der Herstellung auftreten, bedingen einen hohen Preis der einzelnen Produkte. Hinzu kommt, daß die Bildaufnahme nicht mehr mit einer standardisierten Schaltungstechnik erfolgen kann, Spezialelektronik wird notwendig.

Nachfolgend sollen aus der Vielzahl der Entwicklungen zwei Beispiele genannt werden, die eine erhöhte Auflösung aus Standard-Bildwandlern erzielen.

1.3.1.5.1.1 Makroskopische Verschiebungen des Bildwandlers

Diese Entwicklung wurde von der Firma ROLLEI vorgenommen. Ein Bildwandler, in diesem Fall ein CCD-Chip, wird auf einen in seiner horizontalen und vertikalen Achse verschiebbaren mechanischen Träger aufgebracht. Das über die Optik projizierte Bild ist wesentlich größer als die Fläche des Bildwandlers. Um die gesamte optische Information aufzunehmen, erfolgt die gezielte Verschiebung des Wandlers in der Bildebene. Durch diese mechanische Verschiebung, die automatisch vorgenommen werden kann, ist ein Bild in mehr als 4000 Einzelbildpunkte digitalisierbar.

Für fotogrammetrische Zwecke, bei denen auch kleinste Abbildungsfehler vermieden werden müssen, wird zusätzlich zur Bildaufnahme ein Gitter projiziert (Reseau-Gitter), das eine nachträgliche Kompensation von Abbildungsfehlern erlaubt.

1.3.1.5.1.2 Mikroskopische Verschiebung des Bildwandlers

Die häufig bei Bildwandlern anzutreffende nachteilige Eigenschaft, daß die einzelnen Bildpunkte nicht vollständig über der Wandlerfläche lichtempfindlich sind, kann auch vorteilhaft eingesetzt werden. Dies zeigt die Entwicklung der Firma KONTRON. Mit Hilfe einer Verschiebung des Bildwandlers in einer Richtung um den Bruchteil eines Bildpunktes wird dieser "blinde Fleck" umgangen. Der lichtempfindliche Teil des Wandlers wird seitlich verschoben, so daß die optische Information flächendeckend erfaßbar wird [Lenz 1989].

1.3.1.5.2 Standbildaufzeichnung (Still Video) hoher Auflösung

Es gibt viele Anwendungen, bei denen die Aufnahmezeit nur eine untergeordnete Rolle spielt. Die Bildaufnahme ist in Sekunden oder gar Minuten vollziehbar, jedoch auch hier wird eine hohe Auflösung vorausgesetzt. Nachfolgen auch hierzu zwei Beispiele.

1.3.1.5.2.1 Bewegter Zeilensensor

Dieser für Fotostudios zur digitalen Fotografie von der Firma ROLLEI entwickelte Bildwandler ist prinzipiell dem in Kapitel 1.3.1.5.1.1 vergleichbar. Mit der Ausnahme, daß nicht ein Flächen- sondern ein Zeilen-Bildwandler mechanisch bewegt wird.

Der bewegte Zeilenwandler tastet das projizierte Bild ab und erzeugt nach drei aufeinanderfolgenden Abtastungen ein farbiges hochaufgelöstes Bild des aufzunehmenden Objektes. Die Aufnahmezeit beträgt einige Minuten, so daß nur ruhende Objekte aufgenommen werden können.

1.3.1.5.2.2 Hochauflösender Bildwandler

Einen anderen Weg beschreitet die Firma LEAF SYSTEMS, INC. Ebenfalls entwickelt für den Einsatz im Bereich der Digital-Fotografie liegt hier ein Bildwandler vor, der 2048 x 2048 Bildpunkte aufzulösen vermag. Da die Aufnahme der Bilddaten nicht normgerecht erfolgt, ist eine Spezialelektronik notwendig, die rechnergesteuert die Bildaufnahme durchführt. Ein Grauwertbild ist direkt aufnehmbar mit der o.a. Auflösung, die Erfassung von Farbbildern erfolgt mit Hilfe von Farbfiltern, die vor dem Bildwandler eingesetzt werden. Drei nacheinander aufgenommene Einzelbilder, mit den Farbfiltern rot, blau und grün – das erstspricht dem RGB-Standard der Fernsehnorm für die Farbbildwiedergabe –, ergeben zusammengefaßt die entsprechenden Farbdarstellungen.

1.3.1.5.3 Kundenspezifische Bildwandler

Die Halbleiter-Technik für Bildwandler hat einen solch hohen Entwicklungsstand erreicht, daß es nicht mehr utopisch ist, von einem kundenspezifischen Bildwandler zu sprechen. Im Rahmen von nationalen und internationalen Forschungsprojekten wurden in den letzten Jahren Ergebnisse erzielt, die es ermöglichen, spezifische Forderungen in ein entsprechendes Chip-Design einzubringen. Eine Entwicklung, die viele industrielle bzw. medizinische Anwendungen eröffnen wird, die bisher nur mit Einschränkung von den verfügbaren Wandlern erfüllt werden konnten[Seitz 1989, Kramer 1995].

Kapitel 1.3.2

Vom Halbleiter-Bildsensor zum "sehenden" Chip

P. Seitz

1.3.2 Vom Halbleiter-Bildsensor zum "sehenden" Chip
P. Seitz

Halbleiter-Bildsensoren sind nach wie vor die wichtigsten Lieferanten von Bildern, welche mit der modernen Bildverarbeitung so erfolgreich verarbeitet werden können. Die Fortschritte der Halbleiterindustrie und der breite Einsatz von Halbleiter-Bildsensoren in der Unterhaltungselektronik machen es heute möglich, Bildsensoren mit außergewöhnlichen Eigenschaften zu günstigen Preisen zu produzieren. Besonders dank der CCD-Technologie sind dabei Sensoren mit bis zu 25 Millionen von Bildpunkten und ein Ausleserauschen von weniger einem Elektron bei Raumtemperatur möglich geworden. Diese Entwicklungen finden immer mehr Anwendungen in der industriellen Automatisierung und der optischen Meßtechnik (siehe dazu auch den Beitrag von R. Lenz in diesem Handbuch).

Sichtbares Licht vermag in Halbleitern bewegliche Ladungsträger zu erzeugen. Deren Anzahl ist direkt ein lineares Maß für die lokale optische Bildhelligkeit. Mit geeigneten Speicher- und Auslese-Elementen lassen sich deshalb zweidimensionale Bildsensoren entwerfen, deren Architektur ihre Eigenschaften bestimmt. Neben den MOS-Arrays sind heute vor allem die CCDs die dominierende Technologie, die in Form von Frame-Transfer, Interline-Transfer und Frame-Interline-Transfer CCDs realisiert werden.

Die Entwicklungstendenzen in der modernen Halbleiter-Bildsensorik gehen in Richtung höherer Auflösung (bis zu 5120x5120 Bildpunkte sind kommerziell schon erhältlich und an 8192x8192 Bildpunkten wird bei den Bildsensorherstellern gearbeitet), kleinerem Rauschen (weniger als 0.5 Elektronen sind realisierbar), größerer Dynamik (91 dB und mehr für Video-Bildsensoren bei Zimmmertemperatur), hohen Datenraten (mehrere Hundert Millionen Bildpunkte pro Sekunde mit parallelen Auslesekanälen), sowie geringeren Kosten dank reduzierter Geometrie (die heutige Generation von Video-Bildsensoren integriert eine halbe Million Bildpunkte in einem 1/3" Sensor auf einer Fläche von 3.6 x 4.8 mm²). In wenigen Jahren werden die Halbleiterbildsensoren auch den fotografischen Film verdrängt haben und die Grundlage der elektronischen Fotografie bilden.

Von größter Wichtigkeit für die Bildverarbeitung der Zukunft kann eine noch junge Entwicklungsrichtung in der Bildsensorik sein, die darauf beruht, daß Halbleiterprozesse natürlicherweise die gleichzeitige Integration von photosensitiven, analogen und digitalen Bauelementen gestatten. Auf diese Weise können Bildsensoren mit „intelligenten" Bildpunkten und integrierter Vorverarbeitungselektronik versehen werden, die wichtige Teile der Bildverarbeitung bereits direkt auf dem Bildsensor-Chip vornehmen können. Man kann damit nicht nur äußerst leistungsfähige (parallel und rauscharm mit minimalem Stromverbrauch arbeitende) Sensoren realisieren, sondern es ist denkbar, daß in naher Zukunft für spezielle Aufgaben „sehende" Chips fabriziert werden, welche die Bilderfassung und die ganze Bildverarbeitung auf einem einzigen integrierten Schaltkreis vereinigen.

Diese Entwicklungen sind heute einer breiten Öffentlichkeit zugänglich: Preisgünstige PC- und Workstation-basierte Entwurfs- und Simulations-Programme sind erhältlich, womit jedermann mit Elektronik-Kenntnissen eigene Sensoren und Verarbeitungselektronik entwerfen kann. Dank Multi-Projekt Wafer Services können diese Entwürfe dann in Silizum realisiert werden, wobei die komplette Herstellung von einem Dutzend Prototypen ICs nur etwa DM 5000,– kostet.

Offensichtlich ist die Bildsensorik daran, ihre passive Rolle als reiner Lieferant von Bildern für die digitale Bildverarbeitung zu verlieren, indem es möglich geworden ist, auf modernen Halbleiter-Bildsensoren eine breite Palette von analoger und digitaler Verarbeitungs-Elektronik mitzuintegrieren. Nicht nur gewinnen damit die Bildverarbeitungs-Konzepte des aktiven Maschinensehens („active vision") eine neue, große Bedeutung, es zeichnet sich auch ein Weg ab, wie mit „sehenden" Chips dem Anwender die Möglichkeit gegeben wird, kostengünstige Bilderfassungs und – Verarbeitungssysteme für seine Zwecke zu entwerfen, zu optimieren und fertigen zu lassen.

1.3.2.1 Physikalische Grundlagen: Detektion von Licht mit Halbleitern

Grundlage der modernen Elektronik und Bildsensorik sind Halbleitermaterialien wie Silizium, Germanium oder Gallium-Arsenid [Bleicher 1986]. Solche Halbleiter sind Festkörper mit der Eigenschaft, daß die meisten ihrer Elektronen unter Normalbedingungen (Raumtemperatur) an die Atome im Kristall gebunden sind, d.h. sich nicht frei bewegen lassen. Rein hergestellte Halbleiter leiten also im Gegensatz zu Metallen den elektrischen Strom nur sehr schlecht. Falls dem Halbleiter nun aber genügend Energie zur Verfügung gestellt wird, so kann das Elektron seinem Kristallatom entrissen werden, womit es frei beweglich wird und zum Stromfluß beitragen kann. Das Atom, dem ein negativ geladenes Elektron entrissen worden ist, weist jetzt nicht nur eine positive (Mangel-)Ladung auf, sondern es ist auch möglich, daß dieses Atom einem seiner Nachbarn seinerseits ein Elektron entreißt, womit es so aussieht, als ob diese positive Ladung gewandert ist. Tatsächlich verhält sich diese wie ein richtiges, positiv geladenes Teilchen, dem man den Namen „Loch" gegeben hat. Richtigerweise muß man also beim Halbleiter davon sprechen, daß bei genügender Energiezufuhr Ladungsträgerpaare (Elektronen-Loch-Paare) erzeugt werden.
Diese Energie kann beispielsweise in Form von Wärmeenergie zugeführt werden, d.h. ein Halbleiter leitet mit zunehmender Temperatur den Strom immer besser, wieder im Gegensatz zu einem Metall, dessen Widerstand mit steigender Temperatur zunimmt. Für die Bildsensorik von größerem Nutzen ist aber die En-

ergiezuführung in Form von Licht mit genügend hoher Energie (genügend tiefer Wellenlänge). Falls also ein auftreffendes Photon – ein Lichtteilchen – so viel Energie aufweist, daß es im Halbleiter ein Ladungsträgerpaar zu erzeugen vermag, so kann die Anzahl der erzeugten Ladungsträgerpaare direkt als Nachweis für die Zahl der eingestrahlten Photonen (der lokalen Helligkeit) verwendet werden.

Die minimale Energie, welche für das Generieren eines Ladungsträgerpaares nötig ist, kann – je nach Halbleiter – im Ultravioletten, im sichtbaren oder im infraroten Bereich liegen. Bei Silizium beträgt sie etwa 1.14 eV (Elektronenvolt), der Energie, die einer Wellenlänge von rund 1100 nm entspricht. Nachdem der sichtbare Wellenlängebereich zwischen 400 und 700 nm liegt, ist also Silizium ausgezeichnet dazu geeignet, um sichtbares Licht und nahes Infrarot detektieren zu können.

Die Effizienz, mit der in einem Halbleiter ein Photon in ein Ladungsträgerpaar umgewandelt wird, kann mit der sogenannten Quantenausbeute (engl. quantum efficiency) angegeben werden. Diese Zahl gibt an, wieviel Prozent der einfallenden Photonen in ein Elektron-Loch-Paar verwandelt werden. Ein praktisches Beispiel für die spektrale Quantenausbeute eines Silizium-Bildsensors vom CCD-Typ ist in Bild 1.3.2.1 gezeigt [Hughes 1984]. Im sichtbaren Bereich von 400 bis 700 nm liegt die Quantenausbeute zwischen 35 % und erstaunlichen 80 %. Bild 1.3.2.1 macht deutlich, daß ein Silizium-Bildsensor in einem wesentlich breiteren

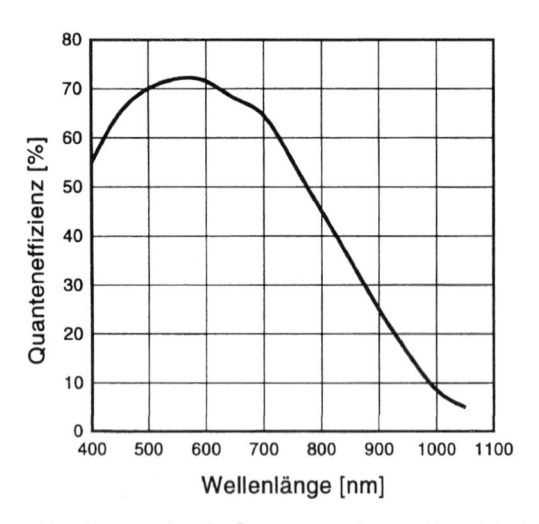

Bild 1.3.2.1: Absolute spektrale Quantenausbeute (Anzahl elektrisch nachweisbarer Ladungsträger pro einfallendes Photon einer gewissen Wellenlänge) für ein von hinten beleuchtetes Frame-Transfer CCD des Typs RCA SID-504. Das menschliche Auge ist nur im Bereich von 400 bis 700 nm empfindlich, mit einem Maximum bei etwa 550 nm

Spektralbereich als der Mensch elektromagnetische Strahlung detektieren kann. Die Quantenausbeute nimmt sowohl gegen kürzere Wellenlängen (für blaues Licht) als auch gegen längere Wellenlängen (für infrarotes Licht) ab. Dieses Verhalten liegt in den Absorptionseigenschaften der Halbleitermaterialien begründet: Je länger die Wellenlänge des einfallenden Lichtes ist, desto tiefer kann das Licht eindringen, bevor es Ladungsträgerpaare generiert. Dies hat die folgenden Konsequenzen für Halbleiter-Bildsensoren: Da die Oberfläche eines Halbleiters immer mit zusätzlichen Schichten (z.B. Oberflächenpassivierung oder Kontaktbahnen) bedeckt ist, wird bei kleinen Wellenlängen das Photon bereits in diesen obersten Schichten absorbiert, so daß gar kein detektierbares Licht mehr in den Halbleiter selbst eindringen kann. Deshalb werden Halbleiter-Bildsensoren im Blauen schnell unempfindlich. Andrerseits wird die Eindringtiefe gegen infrarotes Licht so groß, daß diese Photonen Elektronen-Loch-Paare so weit im Inneren des Halbleiters erzeugen, daß es schwierig wird, diese Ladung einzusammeln, bevor die Ladungsträgerpaare wieder rekombinieren. Aus diesem Grund nimmt die Quantenausbeute im Infraroten mit der Wellenlänge ab, bis sie bei der Minimalenergie für die Erzeugung eines Elektronen-Loch-Paares praktisch Null wird; bei dieser Grenzenergie wird das Halbleitermaterial nämlich durchsichtig.

Oft wird von den Kameraherstellern ein zusätzliches Infrarot-Sperrfilter vor den Halbleiter-Bildsensor aus Silizium montiert, um die Empfindlichkeit im Infraroten weiter zu reduzieren. Der Grund dafür liegt wieder in der großen Eindringtiefe von infrarotem Licht in Silizium; die Ladungsträgerpaare, die tief im Halbleiter erzeugt werden, können nämlich noch beachtliche Distanzen (Dutzende von Mikrometern) durch Diffusion zurücklegen, bevor sie vom aktiven Teil des Bildsensors in der Nähe der Sensoroberfläche eingefangen werden. Da die Größe eines Bildpunktes in einem Halbleiter-Bildsensor typischerweise etwa 10 µm beträgt, kann ein Bild im nahen Infraroten mit einem Silizium-Bildsensor nur sehr verschmiert, d.h. örtlich schlecht aufgelöst aufgenommen werden. Deshalb verzichetet man mit dem Zusatz des Infrarot-Sperrfilters lieber auf den Infrarot-Anteil im Bild.

Für alle Halbleiter gilt, daß der Umwandlungsprozeß von Licht in Ladungsträgerpaare äußerst linear ist. In einem typischen Halbleiter dehnt sich der Bereich der hohen Linearität über mehr als 6 Dekaden aus. Dies ist mit ein Grund, weshalb sich Halbleiter-Bildsensoren speziell für Meßzwecke hervorragend eignen.

Um nun mit einem Halbleiter tatsächlich Licht nachweisen zu können, genügt es nicht, Elektronen-Loch-Paare zu erzeugen. Falls sich nämlich das Elektron und das Loch zu nahe kommen, kann das Loch (das Gitteratom, dem ein Elektron fehlt) das Elektron wieder einfangen, man spricht dabei von Ladungsträgerrekombination. Die Energie, die zur Erzeugung des Ladungsträgerpaares benötigt worden ist, wird dabei natürlich wieder frei, unter Umständen in Form von Licht. Genau das wird in LEDs und Laserdioden für die direkte Umwandlung von elektrischer Leistung in (sichtbares) Licht ausgenützt. Obwohl auch das Lieblingsmaterial der Elektronik, das Silizium, auf diese Weise Licht abgeben kann [Wolfenbuttel 1991], ist es viel wahrscheinlicher, daß die Energie bei der Ladungsträgerrekombination in Form von Wärme frei wird. Trotzdem kann es bei sehr empfindlichen Bildsensoren vorkommen, daß die zusätzlichen elektronischen Schaltungen auf dem IC noch soviel Licht abstrahlen, daß das aufgenommene Bild einen störenden Untergrund aufweist, der nur durch Abschaltung der Elektronik (der integrierten Lichtquellen) vermieden werden kann [Janesick 1987].

Für den Ladungsnachweis – und damit die Lichtdetektion – ist es unumgänglich, die vom einfallenden Licht erzeugten Ladungsträgerpaare voneinander zu trennen, damit sie nicht rekombinieren können. Dies geschieht mit einem elektrischen Feld, das die positiven Löcher und die negativen Elektronen in verschiedene Richtungen, zu verschiedenen Sammelstellen treibt. In praktischen Halbleitermaterialien sind sowohl die Trennung als auch die Sammlung der Ladungsträger praktisch verlustfrei. Bleiben die eingesammelten Ladungsträger aber über längere Zeit gespeichert, so wird ihre Anzahl durch den sogenannten Dunkelstrom verändert: Wie oben besprochen erfolgt auch rein aufgrund der Wämeenergiezufuhr durch die von Null verschiedene Umgebungstemperatur eine Erzeugung von Elektron-Loch-Paaren. Dieser Effekt bewirkt eine exponielle Temperaturabhängigkeit für den Dunkelstrom. Wegen diesem exponentiellen Verhalten kann die Dunkelstromdichte durch Kühlung sehr stark reduziert werden. Eine Faustregel besagt, daß sich der Dunkelstrom, nicht allzu weit von der Raumtemperatur entfernt, durch Kühlung um etwa 8 °C jeweils halbieren läßt. Typische Werte für die Dunkelstromdichte liegen bei 0.1–1 nA/cm² bei Raumtemperatur, wobei aber auch schon tiefere Werte erreicht worden sind [Steuens 1991]. Für einen Bildsensor mit einer typischen Bildpunktgröße von 10 x 10 µm² bedeutet dies einen Dunkelstrom von typischerweise mehreren Hundert Elektronen pro Sekunde in einem Bildpunkt bei Raumtemperatur. Bei Kühlung dieses Halbleiter-Bildsensors auf etwa -100 °C (z.B. für astronomische Langzeitbeobachtungen) reduziert sich der Dunkelstrom auf weniger als ein Elektron pro Stunde in einem Bildpunkt.

Schließlich muß die gesammelte elektrische Ladung nachgewiesen werden, um zu einem Maß für die Menge von lokal eingefallenem Licht zu kommen. Die empfindlichste Methode für diese Ladungsmessung besteht darin, daß man die nachzuweisende Ladung Q auf eine Kapazität C bringt, so daß auf diese Weise eine Spannungsmessung mit dem Wert $V = Q/C$ direkt ein Maß für die photogenerierte Ladung liefert. Diese Spannungsmessung ist die eigentliche physikalische Beschränkung der Genauigkeit, mit der das auf den Halbleiter eingefallene Licht nachgewiesen werden kann: Gegeben durch das unvermeidliche, thermisch bedingte Rauschen der verwendeten MOSFET-Transistoren ist das Rauschen (der mittlere Fehler) ΔQ bei der Bestimmung der photogenerierten Ladung durch folgende Proportionalität gegeben:

$$\Delta Q \cong C \sqrt{\frac{4kTB}{g}} \tag{1}$$

wobei B die Bandbreite der Ausgangsstufe bezeichnet, g die Transconductance des Verstärkers und C seine Eingangskapazität [Carnes 1972]. T bedeutet die

Temperatur und k steht für die Boltzmannkonstante (k = 1.38 x 10–23 [J/K]). Für minimales Rauschen sollten also die Temperatur und die Auslesegeschwindigkeit (die Bandbreite B) reduziert werden; einen größeren, weil linearen Effekt hat aber die Reduktion der Meßkapazität: Aus diesem Grund ist es ein großes Bestreben der Entwerfer von Bildsensoren, die Meßkapazität möglichst klein zu halten. Wie im nächsten Abschnitt besprochen werden wird, weisen deshalb moderne CCD-Bildsensoren Meßkapazitäten von weniger als 10 fF (Femto-Farad) auf [Kuriyama 1991].

1.3.2.2 Typen von Halbleiter-Bildsensoren

In einer elektronischen (Video-) Kamera wird die aufzunehmende Szene durch ein Objektiv auf den Halbleiter-Bildsensor abgebildet. Im Halbleiter werden – wie besprochen – Ladungsträgerpaare vom einfallenden Licht erzeugt, deren Anzahl über einen weiten Bereich proportional der einfallenden Lichtintensität sind. Damit kann man im Halbleitermaterial ein Ladungsmuster erzeugen, das ein direktes Abbild der Szenenhelligkeit ist. Das Problem für einen Bildsensor besteht nun darin, dieses Ladungsmuster zu bewahren, indem die Ladungen in vielen sogenannten Bildpunkten (engl. Pixels) lokal gesammelt werden. Aus den in den Pixeln gespeicherten Ladungsmengen wird schließlich das Bild- (Video-)Signal erzeugt, indem die Pixel sequentiell ausgelesen werden, und ihre Ladung in eine dazu proportionale Spannung umgewandelt wird. Die eine wichtige Aufgabe eines Pixels ist es, die vom einfallenden Licht erzeugten Ladungsträgerpaare voneinander zu trennen, bevor sie rekombinieren und nicht mehr nachweisbar sind. Dies geschieht mit Hilfe eines elektrischen Feldes, das unter jedem Pixel wirken muß. Je nach Bildsensor sind deshalb die Pixel entweder als MOS-Kapazität (Metall-Oxid-Halbleiter Struktur) oder als p-n-Photodioden ausgebildet. Bei beiden Realisierungen steht das gewünschte elektrische Feld für die Ladungsträger-Trennung zur Verfügung, sowohl innerhalb einer vorgespannten Kapazität als auch in einem p-n-Übergang. Weil ein p-n-Übergang ebenfalls eine Kapazität darstellt, ist für beide Arten von Pixeln auch bereits die Möglichkeit gegeben, die elektrische Ladung (statisch) zu speichern, welche durch Trennung der Ladungsträgerpaare als eigentliche Meßgröße gesammelt werden muß. Die Pixel-Kapazitäten werden nun je nach Art des Bildsensors auf verschiedene Weise ausgelesen, wie in den folgenden Abschnitten für die wichtigsten Sensortypen beschrieben wird:

1.3.2.2.1 Photodioden-(MOS) Array

Wie der Name dieses Sensortyps bereits aussagt, besteht ein Photodiodenarray (auch MOS-Sensor genannt) aus einer zweidimensionalen Anordnung von Photodioden (p-n-Übergängen), welche jede über einen eigenen MOS-Transistorschalter individuell ausgelesen werden kann. Bild 1.3.2.2 zeigt schematisch die Architektur eines solchen Halbleiter-Bildsensors in seiner einfachsten Realisierung. Ein großer Vorteil dieses Sensortyps ist der wahlfreie Zugriff zu einzelnen

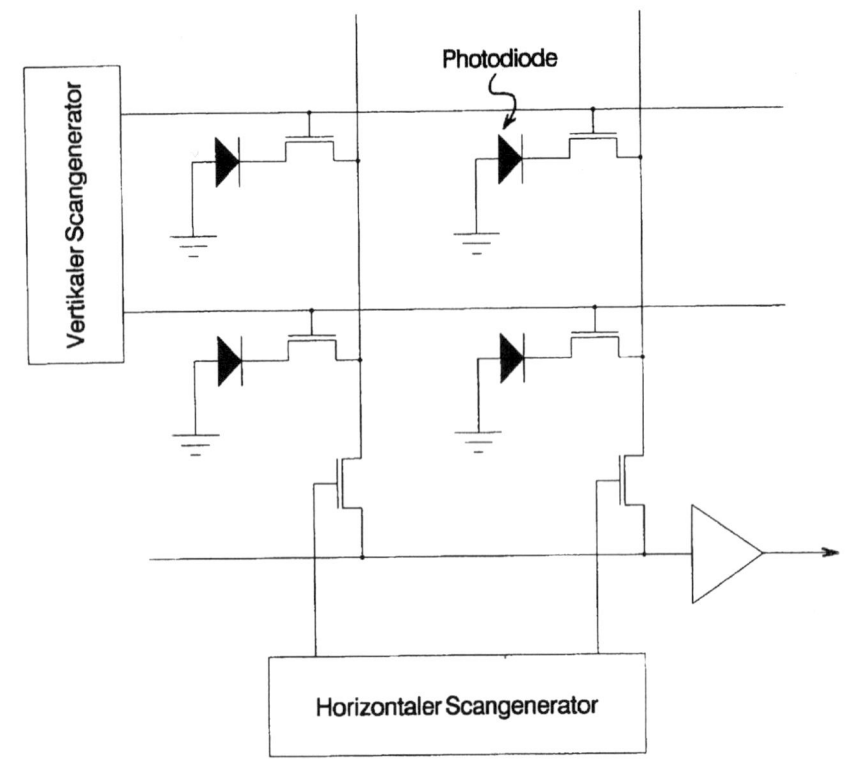

Bild 1.3.2.2: Blockschaltbild eines MOS-Bildsensors, der aus Photodioden besteht, welche mit MOS-Transistoren einzeln adressierbar sind. Auffällig ist der lange Signalpfad mit großer Kapazität, der beim Auslesen eines Pixels wirkt

Pixeln. Im Gegensatz zu vielen anderen Sensoren (z.B. den meist verwendeten CCDs) muß ein Bild nicht komplett und sequentiell abgetastet werden, sondern interessante Bildbereiche können mit großer Geschwindigkeit und in beliebiger Reihenfolge ausgelesen werden. Bild 1.3.2.3a zeigt den Prinzipaufbau und die Halbleiter-Realisierung eines einzelnen Bildpunktes, bestehend aus einer Photodiode (mit natürlicher, „eingebauter"' Kapazität zur Speicherung der photogenerierten Ladung) und einem MOS-Schalter. Ein weiterer Vorteil des MOS-Sensors wird dabei sichtbar, nämlich, daß er keine ungewöhnlichen elektronischen oder technologischen Komponenten enthält und deshalb mit einem Standard Halbleiter-Prozeß ohne Modifikationen gefertigt werden kann [Hughes 1984]. Betrieben wird ein Bildpunkt eines solchen Bildsensors so, daß die Diode rückwärts vorgespannt wird, wobei die eingebaute Kapazität maximal geladen wird. Durch das einfallende Licht werden Ladunsträgerpaare erzeugt, welche die Diodenkapazi-

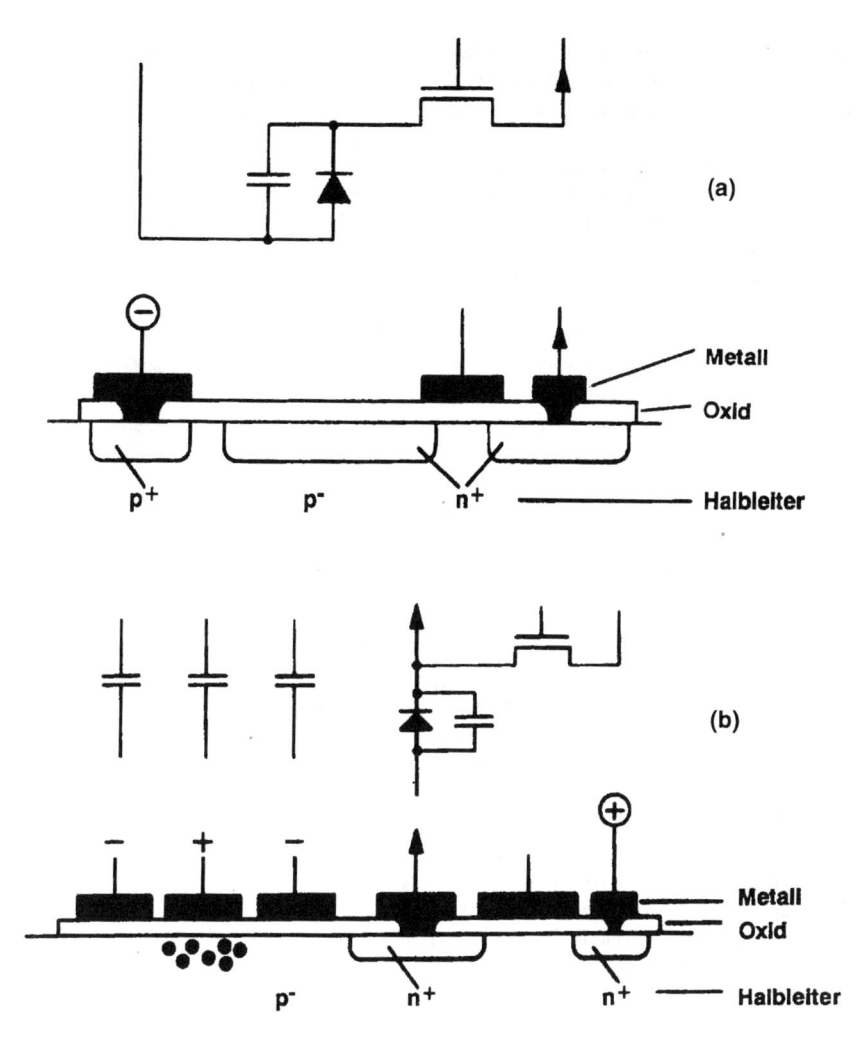

Bild 1.3.2.3: Vergleich der Prinzipschaltbilder (oben) und Halbleiterrealisierungen (unten) von MOS-Bildsensor mit CCD-Bildsensor

(a) MOS-Pixel, bestehend aus einer Photodiode (mit paralleler Kapazität der Raumladungszone) und einem MOS-Transistor zum Adressieren und Auslesen der photogenerierten Ladung.

(b) CCD-Pixel mit Ausgangsverstärker, bestehend aus MOS-Kapazitäten zum Sammeln und Verschieben der photogenerierten Ladung und einer „Floating Diffusion" mit Reset-Transistor zum Signalnachweis. In einem Bildsensor werden viele CCD-Pixel benötigt, aber nur einer (oder wenige) der hier gezeigten Ausgangsverstärker.

1.3.2-9

tät je nach Lichtintensität mehr oder weniger stark entladen. Zu einem geeigneten Zeitpunkt wird die Restladung auf der Diodenkapazität gemessen, womit man ein Maß für die lokal eingefallene Lichtmenge (die lokale Bildhelligkeit) erhält. Der Betrieb des MOS-Sensors ist deshalb so einfach, weil diese Messung gleichzeitig mit dem Wiederaufladen der Diodenkapazität geschieht: Die Ladung, welche benötigt wird, um die Diode wieder auf den alten Wert vorzuspannen, ist nämlich gerade die photogenerierte Ladung, welche man ja eigentlich bestimmen will.

Trotz dieser Vorteile hat der MOS-Sensor zwei schwerwiegende Nachteile, die ihn für den praktischen Einsatz oft nur zur zweiten Wahl machen: Wie in Bild 1.3.2.2 ersichtlich ist, muß das Signal eines Bildpunktes über eine gemeinsame Leitung ausgelesen werden. Notwendigerweise muß diese Leitung deshalb eine gewisse Ausdehnung und damit eine relativ große Kapazität haben. Wie wir aber mit der Beziehung (1) bereits gesehen haben, nimmt das Bildpunktrauschen linear mit der Kapazität zu. Deshalb zeigen MOS-Sensoren einen hohen Rauschpegel, der aus prinzipiellen Gründen nicht unter einen gewissen Wert verkleinert werden kann. Idealerweise müßte nämlich die Ausgangskapazität denselben kleinen Kapazitätswert aufweisen wie die Bildpunkte selber. Während dies bei MOS-Sensoren von der Architektur her nicht möglich ist, kann dies bei der gleich zu besprechenden CCD-Technologie praktisch realisiert werden.
Ein anderes, technologisch begründetes Problem ist die Nicht-Uniformität der einzelnen Bildpunkte. Durch örtliche Schwankungen des MOS-Transistor-Verhaltens zeigen die einzelnen Bildpunkte verschiedene Empfindlichkeiten. Dies äußert sich in einem störenden Muster (engl. „fixed pattern noise"), welches dem eigentlichen Bild überlagert scheint. Obwohl man diese Probleme durch verbesserte Technologie und geeignete Schaltungstechnik in den Griff bekommen kann [Ohba 1986], hat sich der MOS-Bildsensor gegenüber den CCD-Bildsensoren außer in Spezialanwendungen nicht durchsetzen können. Neue Pixelarchitekturen, sogenannten Active-Pixel-Sensoren (APS), bei denen jedes Pixel seinen eigenen Verstärkertransistor und eventuell noch weitere elektronische Schaltungen erhält, könnten in der Zukunft die Bevorzugung der CCD-Technologie reduzieren und zu breiteren Auswahlmöglichkeiten beim Typ von Bildsensor für eine bestimmte Anwendung führen [Fossum 1992].

1.3.2.2.2 Das CCD-Prinzip des Ladungstransfers

Wie schon erwähnt worden ist, kann sich in einem Halbleiter elektrische Ladung praktisch verlustfrei bewegen. Diese Eigenschaft ist mit der Erfindung der CCDs (Charge Coupled Devices) ausgenützt worden [Boyle 1970], indem die photogenerierte Ladung nicht über eine lange Leitung (mit großer Kapazität) der Meßelektronik zugeführt wird, sondern nahe an der Halbleiter-Oberfläche entlang verschoben wird. Bild 1.3.2.3b zeigt die Prinzipschaltung und die Halbleiterrealisierung eines CCDs, bei denen es sich im wesentlichen um MOS-Kapazitäten handelt. In Bild 1.3.2.4 ist das Prinzip des CCD-Ladungstransportes am Beispiel eines 3-Phasen-CCDs illustriert: Das Halbleitermaterial ist durch eine dünne Oxidschicht (ca. 50 nm dick) von Metallkontakten getrennt, so daß einzelne MOS (Metal-Oxide-Semiconductor)-Kapazitäten entstehen. Je drei dieser MOS-Kapazitäten definieren einen Bildpunkt, unter dem photogenerierte Ladung gesammelt werden kann. In diesem Beispiel werden die photogenerierten Elektronen-Loch-Paare durch das angelegte Feld in der vorgespannten MOS-Kapazität so getrennt, daß die Elektronen an die Oberfläche gezogen und gesammelt werden und die Löcher ins Halbleiter-Material getrieben werden, wo sie für den Ladungsnachweis nicht mehr verfügbar sind. Pro Bildpunkt wird nur eine Elektrode auf positivem Potential gehalten, die beiden anderen weisen ein Potential auf, das demjenigen im Halbleiter ähnlich ist. Das bedeutet jedoch nicht, daß die Elektronen aus diesem Gebiet nicht gesammelt werden können: Einerseits können die Ladungsträger rein aufgrund der thermischen Bewegung über mehrere Mikrometer wegdiffundieren, und andrerseits gibt es in praktischen CCDs immer elektrische Randfelder (engl. fringing fields), welche die Elektronen beschleunigt unter die positiv vorgespannte Elektrode treiben. Unter dieser Elektrode werden also die photogenerierten Elektronen während der Belichtung wie in einem Potentialtopf gespeichert.

Um die Elektronen für die Messung zu bewegen, legt man eine Reihe von Spannungspulsen so an die Elektroden, daß der Potentialtopf zuerst breiter wird (Bild 1.3.2.4b), und dann die erste Elektrode auf Ruhepotential gelegt wir (Bild 1.3.2.4c). Auf diese Weise wandert der Potentialtopf mit seiner Ladung nahe an der Oberfläche des CCDs entlang.

Praktische CCDs, wie sie etwa in Videokameras und Camcorder verwendet werden, sind mit mindestens zwei Verbesserungen versehen: Zum ersten werden nicht wie in Bild 1.3.2.3b gezeigt nebeneinanderliegende Elektroden verwendet, sondern teilweise überlappende Elektroden, damit die Feldverteilung im CCD-Inneren günstiger wird. Falls die Elektroden aus Metall wären, könnte so ja gar kein Licht ins Sensorinnere eindringen, weshalb diese Elektroden aus teilweise lichtdurchlässigem und trotzdem elektrisch leitendem Polysilizium gefertigt werden. Leider wird dabei viel blaues Licht absorbiert, weshalb einige CCD-Sensoren auf nur etwa 10 µm verdünnt und dann von hinten beleuchtet werden [Hughes 1984]. Zweitens ist der Ladungstransport an der Halbleiter-Oxid Oberfläche nicht ideal, die Transfereffizienz ist tiefer als im Halbleiterinneren. Deshalb vergräbt man den Ladungstransfer-Kanal in sogenannten „buried channel CCDs" im Halbleiterinneren, indem der Halbleiter vor dem Aufbringen des Oxids und der Elektroden geeignet behandelt (dotiert) wird. Beim Verschieben der Ladung von Elektrode zu Elektrode kann so der Transferverlust von etwa 0.01 % auf bis zu 0.0001 % pro Transfer reduziert werden.

Durch den praktisch verlustlosen Transport der photogenerierten Ladung kann man beim CCD mit sehr kleinen Meßkapazitäten auskommen, wodurch das physikalisch bedingte Rauschen auf ein Minimum reduziert wird. Allerdings wird die Reduzierung des Rauschens beim CCD mit dem sequentiellen Auslesen der Bildinformation erkauft; man hat also im CCD nicht mehr freien Zugang zu einem beliebigen Pixel wie beim MOS-Sensor. Falls der Ladungstransport schnell genug erfolgt, ist dies aber für reine Fernsehanwendungen kein Nachteil, denn ein

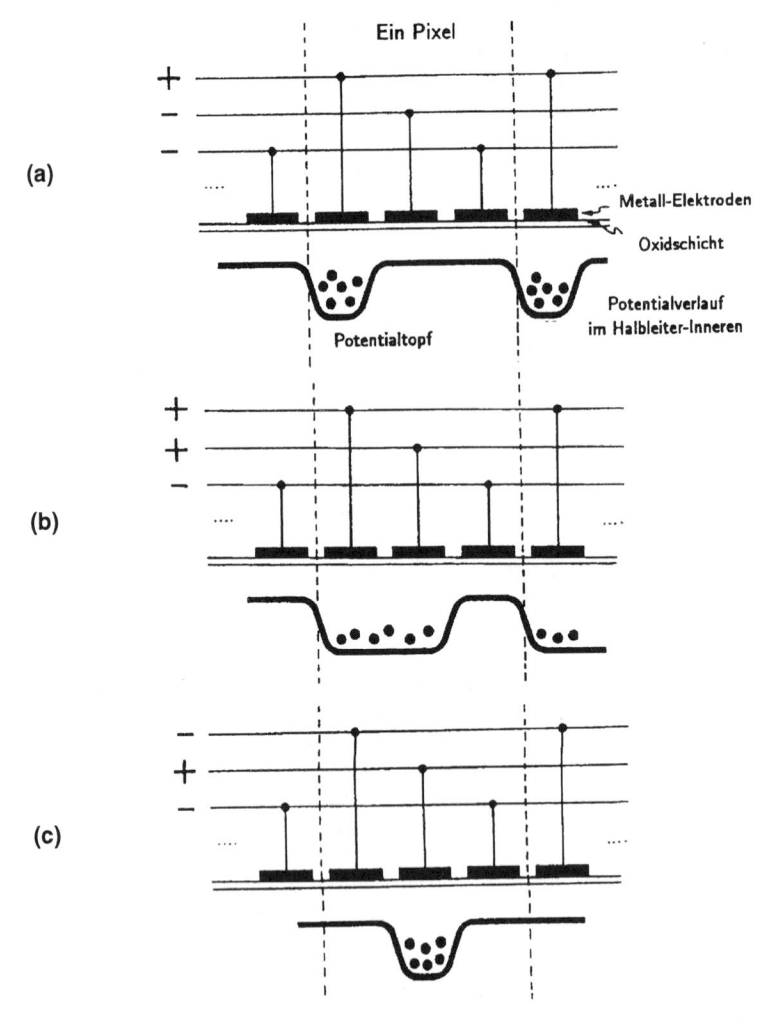

Bild 1.3.2.4: Ladungstransferprinzip bei CCD-Bildsensoren mit Drei-Phasen-Ansteuerung

Je drei Elektroden bilden ein Pixel, worin die photogenerierte Ladung in einem „Potentialtopf" gesammelt werden und durch Anlegen geeigneter Spannungen an die Elektroden seitwärts verschoben werden kann. (a) Die gesammelten Ladungsträger (in einem p-Substrat wie hier illustriert sind dies Elektronen) werden in einem schmalen Potentialtopf gehalten, der durch Anlegen von positiver Spannung an nur jeweils eine der drei Pixel-Elektroden entsteht. (b) Durch Anlegen von positiver Spannung an zwei Elektroden verbreitert sich die Ladungsverteilung . (c) Der Potentialtopf wird wieder schmaler gemacht, wodurch sich die Elektronen seitwärts (hier nach rechts) zum Ort positivsten Potentials im Halbleiter-Innern bewegen. Damit hat sich die photogenerierte Ladung um eine Elektrodenbreite nach rechts bewegt.

Videosignal besteht sowieso aus sequentiell ausgelesener Bildinformation. Je nach Anwendungsart kann das CCD-Prinzip des Ladungstransports auf verschiedene Art in einem Bildsensor realisiert werden. Diese verschiedenen CCD Bildsensoren werden im folgenden einzeln vorgestellt.

1.3.2.2.3 Frame-Transfer CCDs

Der älteste, weil am einfachsten zu realisierende CCD-Bildsensor ist der sogenannte Frame-Transfer CCD (FT-CCD). Dabei handelt es sich um eine Reihe von elektrisch voneinander getrennten vertikalen CCD-Kanälen, über denen horizontale Elektroden angeordnet sind. Auf diese Weise kann man das gesamte Ladungsbild nach unten schieben. Am unteren Ende der Kolonnen befindet sich ein horizontales CCD-Register, mit dem jeweils eine Linie aus den Kolonnen horizontal auf den Ausgangsverstärker verschoben werden kann. Diese einfache Bildsensor-Architektur leidet darunter, daß während dem Auslesen der Bildinformation die einzelnen Bildpunkte ja nach wie vor lichtempfindlich sind, und deshalb ein (meist mechanischer) Verschluß eingesetzt werden muß. Während dies für astronomische Anwendungen kein Problem darstellt und auch heute noch so realisiert wird, ist dies für Videoanwendungen mit 50–60 Halbbildern pro Sekunde unhaltbar. Aus diesem Grund haben CCD-Bildsensoren für Videoanwendungen zwei Speicherbereiche für ein Ladungsbild, so wie in Bild 1.3.2.5 schematisch dargestellt: Nur der obere der beiden Speicherbereiche ist lichtempfindlich, der untere wird durch eine Metallschicht abgedeckt. Auf diese Weise kann das von einer optischen Szene erzeugte Ladungsbild nach der Aufnahme rasch nach unten in das sogenannte B-Register geschoben werden, von wo aus das Auslesen ohne Nachbelichten erfolgen kann. Der FT-CCD hat den Vorteil, daß durch das Anlegen von geeigneten Spannungsmustern an den Elektroden der Ort (und im Prinzip auch die Fläche) der einzelnen Bildpunkte dynamisch geändert werden können. Aus diesem Grund muß ein FT-CCD für die Videotechnik nur soviel Bildpunkte wie ein Videohalbbild enthalten (bestehend aus 263 Zeilen) und nicht die volle Bildpunktzahl. Zusätzlich könnte man das Ladungsbild während der Aufnahme verschieben, um z.B. einem bewegten Objekt elektronisch nachzuführen. Diese Möglichkeiten sind aber bisher kaum ausgenützt worden.

1.3.2.2.4 Interline-Transfer CCDs

Ein offensichtlicher Nachteil des FT-CCD ist die Tatsache, daß der CCD nach wie vor lichtempfindlich bleibt, während das ganze Bild nach unten in den Speicherbereich geschoben wird. Diese Zeit beträgt etwa 1 Millisekunde, so daß das Bild dabei deutlich nachbelichtet werden und unerwünschte vertikal verschmierte Szeneninformation enthalten kann. Aus diesem Grund wurde der Interline-Transfer CCD (IT-CCD) erfunden, der spezielle, abgedeckte vertikale Transfer-Kanäle enthält, in denen die Ladung ungestört nach unten verschoben werden kann, wie in Bild 1.3.2.6 illustriert. Die – notwendigerweise kleineren – Bildpunkt-Kapazitäten werden nach der Belichtung seitwärts in den Transfer-Kanal geleert, wobei

1.3.2-13

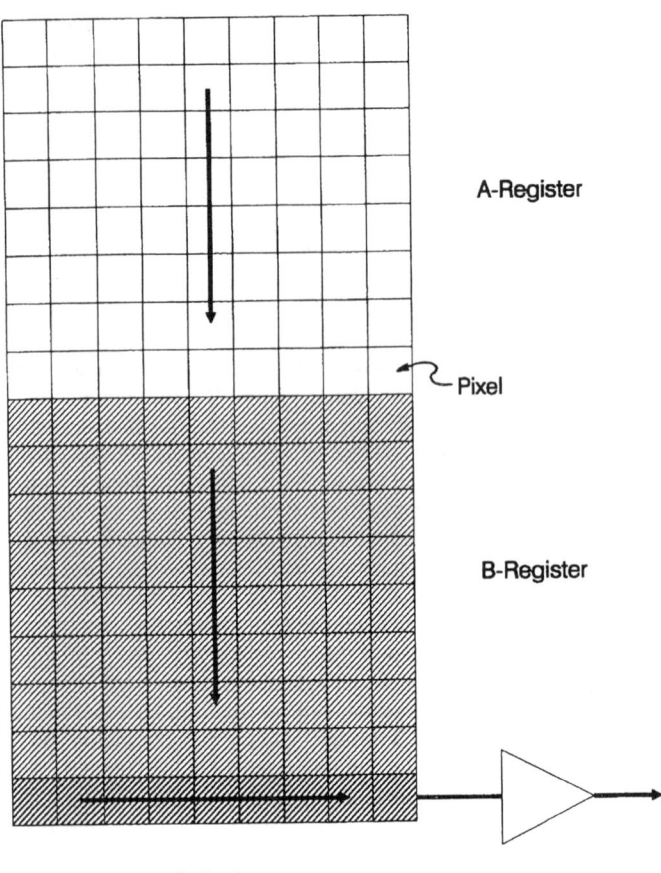

Bild 1.3.2.5: Prinzip eines Frame-Transfer CCDs, bestehend aus drei Bereichen, dem A-, B- und C-Register

Vom A-Register, wo die Belichtung der Szene und damit die Erzeugung des Ladungsbildes erfolgt, wird das Ladungsbild rasch (in einigen 100 Mikrosekunden) nach unten ins abgedeckte B-Register geschoben, damit keine Nachbelichtung mehr stattfinden kann. Zeilenweise wird das Bild dann vom B-Register ins C-Register geschoben, von wo aus das seitliche Auslesen in den Verstärker vorgenommen wird.

das Bildsignal bereits vom einfallenden Licht geschützt ist. Leider verliert man auf diese Weise mehr als die Hälfte an lichtempfindlicher Sensoroberfläche an den vertikalen Transferkanal, weshalb IT-CCDs deutlich unempfindlicher als FT-CCDs sind. Trotzdem werden die meisten Videokameras der Unterhaltungselektronik mit IT-CCDs gebaut, die heute typischerweise eine halbe Million Pixel enthalten.

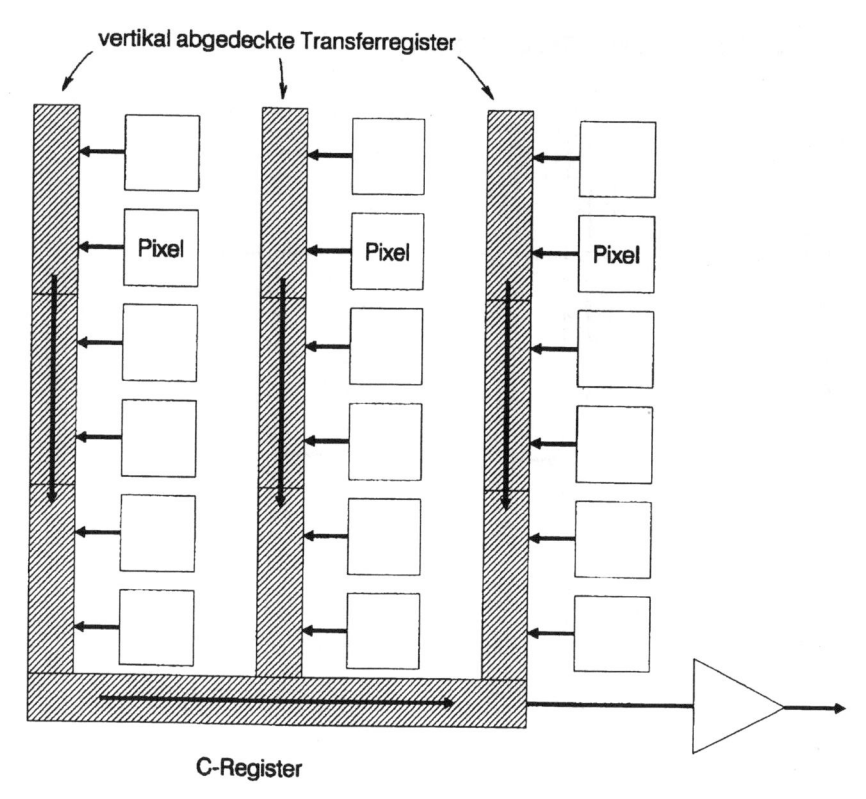

Bild 1.3.2.6: Prinzip eines Interline-Transfer CCDs
Bei diesem Prinzip werden spezielle, abgedeckte Transferregister zum vertikalen Ladungstransfer verwendet. Damit kann die Nachbelichtung beim vertikalen Verschieben ins C-Register verkleinert werden.

1.3.2.2.5 Frame-Interline-Transfer CCDs

Für höchste Ansprüche, z.B. bei Fernseh-Studiokameras und speziell auch für HDTV-Anwendungen, genügen IT-CCDs bereits nicht mehr, da die vertikalen Transferkanäle seitlich noch so viel Streulicht erhalten, daß das Ladungsbild doch noch einen Rest von vertikal verschmierter Szeneninformation enthält. Deshalb verwenden die modernsten Bildsensoren eine Kombination aus FT-CCD und IT-CCD, indem die vertikalen Transferkanäle der IT-CCDs ihre Information sehr rasch nach unten in einen abgedeckten Zwischenspeicher wie beim FT-CCD leeren. Diese Art, der in Bild 1.3.2.7 illustrierten Halbleiter-Bildsensoren wird als Frame-Interline-Transfer CCD (FIT-CCD) bezeichnet, und sie stellen die neueste Entwicklung auf dem Gebiet der CCD-Bildsensoren dar. Nachdem sowohl die IT-CCDs als auch FIT-CCDs nur kleine photosensitive Flächen (kleine aktive Bildpunkte) enthalten, wird heute

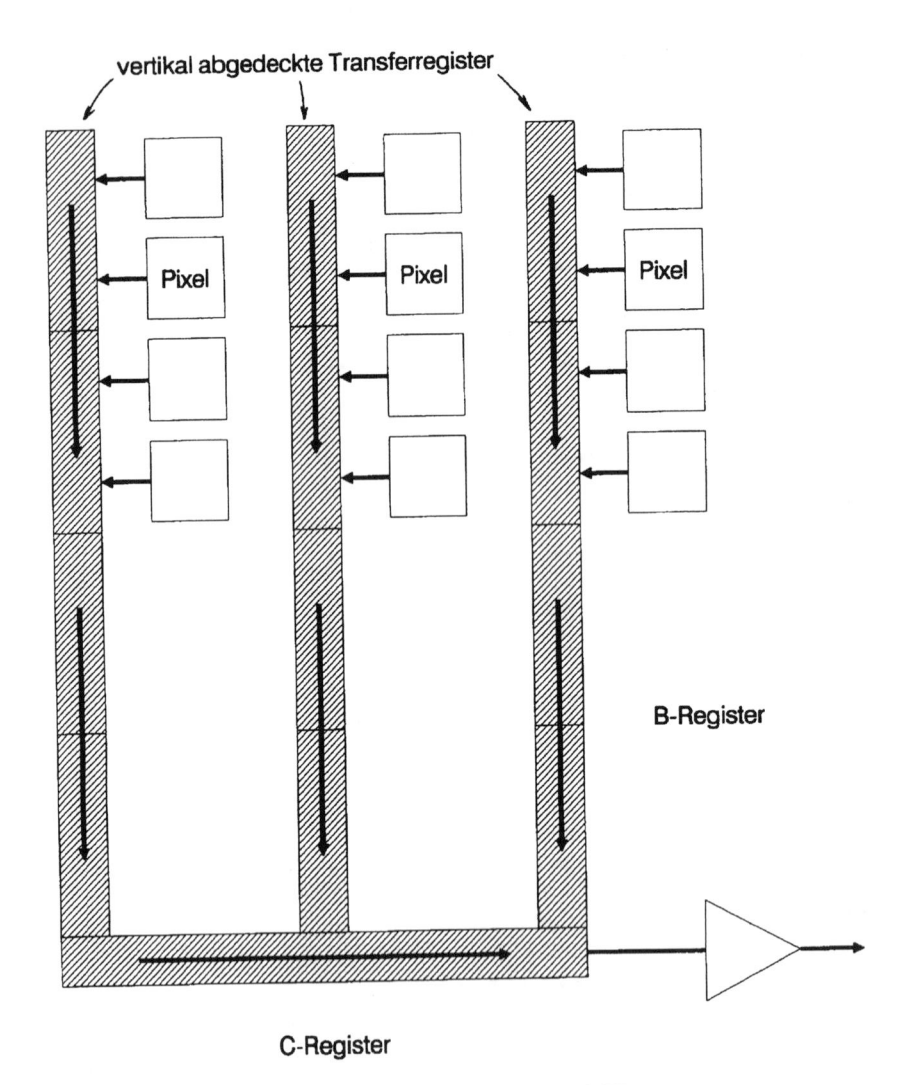

Bild 1.3.2.7: Prinzip eines Frame-Interline-Transfer CCDs
Dabei handelt es sich um eine Kombination von Interline-Transfer und Frame-Transfer CCD, wobei ein abgedecktes B-Register und abgedeckte vertikale Transferregister eingesetzt werden, um die Nachbelichtung des Bildes zu minimieren.

versucht, durch das Aufbringen von Mikrolinsen die effektive photosensitive Fläche zu vergrößern [Hoyo 1991]. Es gelingt heute so, diese Fläche und damit die Lichtempfindlichkeit des Halbleiter-Bildsensors etwa zu verdoppeln.

1.3.2.3 Trends in der modernen Bildsensorik

Die raschen Fortschritte, die auf allen Gebieten der Halbleiter-Herstellung gemacht werden – speziell auch in der Produktion von Speicherbausteinen immer größerer Speicherkapazität – werden die Bildsensorik weiterhin stark beeinflussen. Zusätzlicher Druck wird von der kommenden HDTV-Technologie (hochauflösendes Fernsehen) und nicht zuletzt auch durch neue Einsichten in der Bildverarbeitung und im Maschinen-Sehen (computer vision) ausgeübt. Fortschritte in der Halbleiter-Bildsensorik sind deshalb in naher Zukunft vor allem auf folgenden Gebieten zu erwarten:

Auflösung:
Die Anzahl der Bildpunkte auf einem Bildsensor ist in den 25 Jahren seit der Erfindung des CCDs in gewaltigem Maß gestiegen, wie in Bild 1.3.2.8 illustriert. Bereits sind CCDs mit einer Bildpunktzahl von 5120x5120 Pixel kommerziell erhältlich (DALSA, Inc., Ontario, Canada). Diese Auflösung übertrifft schon bei weitem diejenige von photographischem Film im 24x36 mm Kleinbildformat, die etwa 2000x3000 Pixeln entspricht. Bereits wird auch schon an CCDs gearbeitet, welche die beeindruckende Zahl von 8192x8192 Bildpunkte enthalten sollen (Loral Fairchild Milpitas, CA). Es wird also nur eine Frage der Zeit sein, bis die Massen-

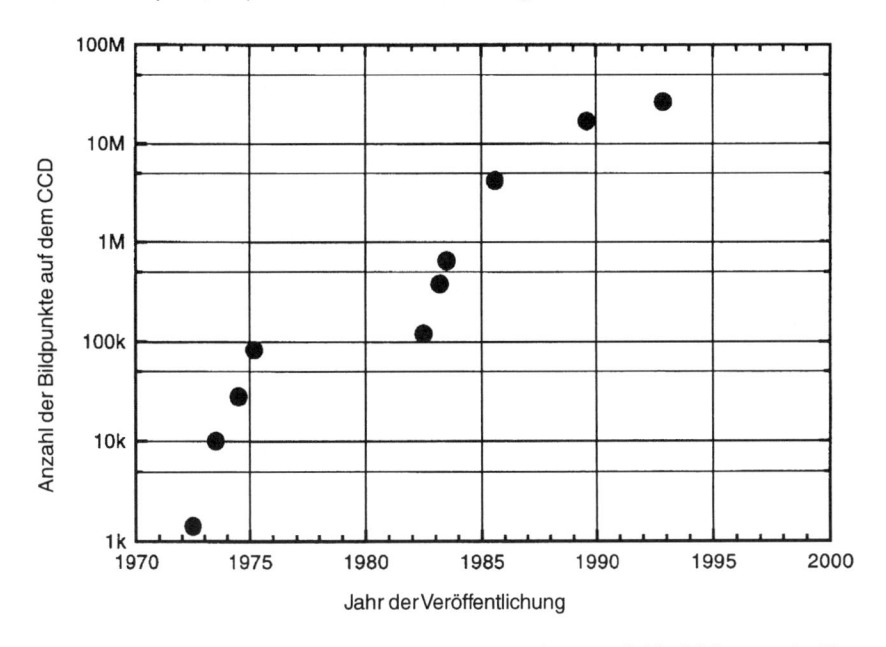

Bild 1.3.2.8: Maximale Anzahl von Bildpunkten auf einem CCD-Bildsensor in Abhängigkeit des Veröffentlichungsdatums der Arbeit, in welcher der entsprechende Rekord beschrieben wurde

produktion so hochauflösender Halbleiterbildsensoren zu einem weitgehenden und kostengünstigen Ersatz von konventionellem Kleinbildfilm durch die elektronische Photographie führen wird. Damit wird gleichzeitig eine Steigerung der Lichtempfindlichkeit, eine hohe Linearität für Meßzwecke und eine weitreichende Eingriffs- und Gestaltungsmöglichkeit im digitalen Bild möglich sein.

Die geometrische Auflösung einer CCD-Kamera kann aber nicht nur durch die Anzahl Bildpunkte auf dem CCD-Chip erhöht werden. Durch eine Relativ-Verschiebung des CCD-Chips und der abgebildeten Szene kann die Auflösung durch Mikro- oder Makroscanning wesentlich erhöht werden. In der Praxis ist dies gezeigt worden durch piezoelektrische Verschiebung eines CCD-Chips mit kleinen Pixeln, siehe den ausführlichen Artikel von R. Lenz in diesem Handbuch oder die frühe Arbeit in [Yoshida 1985]. Eine Alternative ist die Verschiebung des Bildes gegenüber dem fixen CCD-Chip durch Kippen einer planparallelen Glasplatte [Brunner 1991]. Schließlich ist es auch möglich, mit der sogenannten Reseau-Technik den CCD-Chip jeweils um eine Kantenlänge zu verschieben und so ein Bild ausschnittsweise zusammenzusetzen [Riechmann 1989].

Eine weitere, immer häufiger angewandte Methode, um die geometrische Auflösung für bekannte Objekte in der optischen Meßtechnik zu vergrößern, ist die Subpixel-Technik [Raynor 1990]. Dabei wird das Bild pixelsynchron aus der CCD-Kamera ausgelesen und mit geeigneten Algorithmen der digitalen Signalverarbeitung [Seitz 1989] die Position eines Objektes (z.B. einer Kante) auf Bruchteile des Bildpunktabstandes bestimmt. Experimentell ist so eine Auflösung von 1/160 des Bildpunktabstandes erreicht worden, wobei die Reproduzierbarkeit noch höher lag [Riechmann 1989]. Auf diese Weise könnte – nach entsprechender Korrektur der Linsenfehler – mit Standard Video-Bildsensoren ein dynamischer Meßbereich von mehr als 1:100'000 erreicht werden.

Signaldynamik und Rauschen:
Je nach Pixelgröße und verwendeter CCD-Technologie können in der Bildpunktkapazität eines buried-channel CCD zwischen 10'000 Ladungsträgern (IL-CCD mit kleinen Pixeln) und 500'000 Ladungsträgern (FT-CCD mit großen Pixeln) gespeichert werden. Das Dunkelrauschen der heute für Videozwecke eingesetzten CCDs liegt für kleine Pixel bei etwa 50 Elektronen r.m.s., so daß ein dynamischer Bereich (Maximal speicherbare Anzahl Ladungsträger durch Ladungsträger-Rauschsignal) von etwa 60 dB resultiert. Durch Vergrößern der Speicherkapazität immer kleinerer Bildpunkte und durch gleichzeitige Verbesserung der Ausgangsverstärker gelingt es heute, CCD-Bildsensoren herzustellen, die einen dynamischen Bereich von über 70 dB aufweisen. Als Beispiel sei der in Referenz [Kuriyama 1991] vorgestellte 1/3" CCD-Sensor zitiert, der ein Verstärkerrauschen von nur noch 20 Elektronen r.m.s. aufweist, bei einer Speicherkapazität eines einzelnen Bildpunktes (9.6 x 7.5 µm²) von etwa 100'000 Elektronen. Damit erreicht dieser neue IL-CCD einen dynamischen Bereich von 74 dB.

Mit einem neuartigen Verstärkertransistor, welcher bei Raumtemperatur und Videofrequenzen ein Rauschen von weniger als einem Elektron zeigt, ist auch schon die erstaunliche Zahl von 94 dB für den dynamischen Bereich gezeigt worden [Matsunaga 1991]. Um diese hohen dynamischen Bereiche auch ausnützen zu können, ist sowohl eine entsprechend gute analoge Kamera-Elektronik nötig, als auch ein digitaler Bildspeicher, der eine Auflösung von 14 bits und mehr aufweist.

Durch Kühlung und langsameres Auslesen des CCDs kann das Rauschen auch für große Pixelkapazitäten reduziert werden; typische, in der Praxis mit FT-CCDs erreichbare Werte liegen bei etwa 5 Elektronen r.m.s. [Janesick 1990]. Damit kann für spezielle Zwecke ein dynamischer Bereich von deutlich über 100 dB erreicht werden. Diese untere Grenze ist gegeben durch das natürliche thermische Rauschen im MOS-Ausgangstransistor des CCDs wie in Beziehung (1) quantifiziert. Vor kurzem ist aber gezeigt worden, daß diese Grenze mit einem CCD-Trick unterschritten werden kann, und ein weiterer Gewinn von 20 dB möglich ist [Janesick 1990]: Nachdem das Rauschen im wesentlichen durch den MOSFET verursacht ist und die Messung der photogenerierten Ladung an sich verlustfrei ist, könnte man die Messung einfach mehrmals wiederholen und das Resultat mitteln. Tatsächlich funktioniert dieser Trick mit CCDs hervorragend; durch Hin- und Herschieben der Ladung auf die immer wieder neu vorgespannte Meßkapazität und Mitteln der Meßresultate ist ein experimentelles Rauschen von weniger als 0.5 Elektronen r.m.s. festgestellt worden. Besonders für astronomische Anwendungen ist dies eine wertvolle Erweiterung der CCD-Technologie.

Auslesegeschwindigkeit:
Obwohl es im Prinzip möglich ist, den Auslesetakt bei CCDs auf mehrere Hundert Millionen Bildpunkte pro Sekunde zu steigern [Lattes 1991], wird die Auslesegeschwindigkeit eines CCDs aus praktischen Gründen nicht wesentlich über etwa 50 MHz erhöht. Gleichzeitig nimmt aber auch die Anzahl Pixel auf einem Bildsensor stetig zu. Das führt zum Problem, daß die Bilder gar nicht mehr schnell genug ausgelesen werden können: Ein 4096x4096-Sensor etwa, der mit 30 MHz ausgelesen wird, erreicht so eine Bildrate von nur 1.8 Bildern pro Sekunde. Verglichen mit dem Videostandard von 50 Halbbildern pro Sekunde in Europa oder 60 Halbbildern pro Sekunde in Amerika und Japan, ist das sehr wenig. Eine bedeutende Zahl von praktischen Anwendungen in der automatischen Sichtprüfung und Fertigungstechnik (CIM) möchten nämlich bereits heute mit Taktraten von 50–100 Bildern pro Sekunde arbeiten. Steigt die Anzahl der Bildpunkte auf einem Sensor weiter, sinkt die Bildrate entsprechend noch tiefer.
Aus diesem Grund sind bereits erste CCDs vorgestellt worden, welche mit mehr als einem Ausgang arbeiten: Bei dieser sogenannten „multi-tap" Technik werden mehrere Zeilen des Bildes parallel ausgelesen. Bei HDTV-Sensoren genügen noch zwei Zeilen die mit je 37 MHz ausgelesen werden [18], es sind aber schon CCD Bildsensoren auf dem Markt, die bis zu 16 Zeilen parallel auslesen können, wobei diese Zahl natürlich leicht nach oben erweitert werden kann. Als Beispiel, was dies für Konsequenzen haben kann, mag folgende Rechnung dienen: Nehmen wir an, daß ein hochauflösender CCD-Sensor aus 2000x2000 Pixeln besteht, mit 32 parallelen Ausgangskanälen, welche alle mit 30 MHz ausgelesen

werden. Damit wäre die erstaunliche Bildrate von 240 Bildern pro Sekunde möglich, mit einer Auflösung, die sich mit derjenigen von einem 24x36 mm Kleinbildfilm messen kann.

Reduktion von Sensorfläche und Preis:
Bestimmend für den Preis eines integrierten Schaltkreises in Massenfertigung ist die Fläche an Silizium, die vom Chip eingenommen wird. Das Bestreben geht deshalb dahin, die Flächen der Bildpunkte und damit des ganzen Chips bei gleichbleibenden elektro-optischen Eigenschaften zu reduzieren. Die Entwicklung für die Standard-Videotechnik ging von 1" CCDs (9.6 x 12.8 mm²) über 2/3" CCDs (6.6 x 8.8 mm²) und 1/2" CCDs (4.8 x 6.4 mm²) zu den heutigen 1/3" CCDs (3.6 x 4.8 mm²), wie etwa in [Kuriyama 1991] und [Hoyo 1991] beschrieben. Dazu müssen die Bildpunkte immer kleiner gemacht werden, und wie in Bild 1.3.2.9 gezeigt, sind die Pixeldimensionen in den letzten 25 Jahren um den Faktor 7 auf den heutigen Rekordwert von nur 5.1 µm reduziert worden [Bosiers 1994].

CCDs als universelle Ladungsdetektoren:
Ursprünglich wurde die CCD-Technologie nicht für die Bildsensorik erfunden, sondern in erster Linie für günstige und effiziente Speicherbausteine in der Computertechnik. Dies natürlich deshalb, weil elektrische Ladung so schnell und beinahe verlustlos transportiert werden kann. Genau diese Eigenschaft macht aber

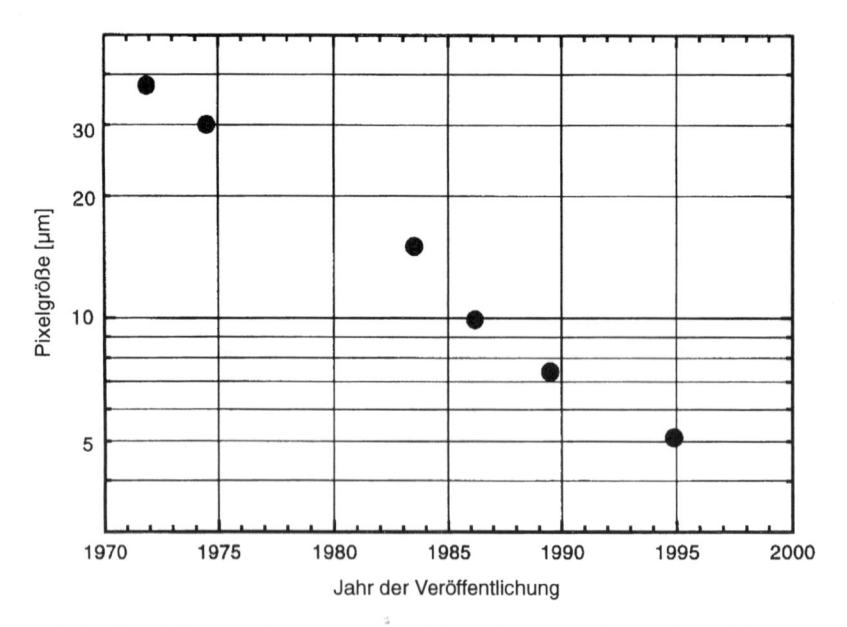

Bild 1.3.2.9: Minimale Dimension von Bildpunkten auf einem CCD-Bildsensor in Abhängigkeit des Veröffentlichungsdatums der Arbeit

CCDs auch so attraktiv für alle Meßzwecke, bei denen durch einen physikalischen Detektionsprozeß elektrische Ladung (in einer oder zwei Dimensionen) generiert wird und dann gemessen werden muß. Aus diesem Grund werden CCDs beispielsweise für die empfindliche Messung von elektromagnetischer Strahlung über einen weiten Spektralbereich eingesetzt: In Referenz [Janesick 1987] ist beschrieben, wie ein von hinten beleuchteter, auf weniger als 10 µm verdünnter CCD im durchgehenden Wellenlängebereich von 0.1 nm bis 1100 nm empfindlich gemacht werden konnte, indem auf der Rückseite eine 1 nm dünne Platin-Schicht (ein sogenanntes flash gate) aufgebracht wurde. Dieser CCD-Bildsensor ist damit gleichzeitig für weiche Röntgenstrahlung, fernes und nahes UV, sichtbares Licht und nahes Infrarot empfindlich.

Es ist auch möglich, den Wellenlängenbereich, in dem ein CCD-Bildsensor empfindlich ist, noch weiter auszudehnen: Vom Infraroten, wo mit Schottky-Barrieren Metall-Silizid-CCDs gearbeitet wird (bis zu einer Wellenlänge von 10 µm), bis in das Gebiet der mittelharten Röntgenstrahlung (Wellenlängen von 0.01 nm und weniger), wo die Energie eines Photons (Röntgenquants) so groß ist, daß damit Tausende von Elektronen-Loch-Paaren erzeugt werden können. So ist eines der Ziele gegenwärtiger Forschungsaktivitäten, den konventionellen Röntgenfilm durch Halbleiter-Bildsensoren zu ersetzen, die praktisch jedes Röntgenphoton detektieren und damit die Strahlendosis für den Patienten deutlich reduzieren könnten. Auf ähnliche Weise können Halbleiter-Sensoren auch für die Detektion von Elementarteilchen in der Kern- und Teilchenphysik genutzt werden.

1.3.2.4 Photo-ASICs: Monolithische Integration von photosensitiven, analogen und digitalen Elementen

Wie schon im ersten Teil dieser Arbeit erwähnt, sind Halbleiter – und im besonderen das meistverwendete Silizium – dazu geeignet, einfallendes Licht in Ladungsträger zu verwandeln und gleichzeitig die Möglichkeit zu bieten, analoge und digitale elektronische Schaltelemente integrieren zu können. Damit kann ein komplettes optisches Meßsystem, bestehend aus Photosensor, analoger Signal-Verstärkung und digitaler Signal-Verarbeitung, monolithisch (d.h. im selben Halbleitermaterial) integriert werden, siehe z.B.[Aubert 1981]. Solche Arbeiten sind nicht nur mit speziell optimierten Halbleiter-Prozessen ausgeführt worden, sondern es hat sich gezeigt, daß auch unveränderte Standard-Prozesse dafür geeignet sind, wie sie von der Industrie für reine analoge oder digitale Schaltungen angeboten werden.
In [Kramer 1992] wurde ein einfacher CMOS-Prozeß untersucht, der für die Herstellung von leistungsarmen Uhrenchips und anderen digitalen ICs optimiert ist. Dabei wurde gefunden, daß dieser Standard-Prozeß neben den interessanten elektronischen Eigenschaften hervorragende elektro-optische Eigenschaften aufweist: Eine Quantenausbeute vergleichbar mit derjenigen des in Bild 1.3.2.1 gezeigten ausgezeichneten CCDs ist gemessen worden. Durch Integration und Charakterisierung einer 900 µm langen positionsempfindlichen Diode (PSD) [Bleicher 1986] konnte gezeigt werden, daß die Schichthomogenität sehr gut ist; Nicht-

linearitäten von PSD-Messungen von nur etwa 0.2 % wurden festgestellt, beinahe so gut wie von den besten, für diesen Zweck gezüchteten Halbleiter-Prozessen ausgewiesen.
Ein praktisches Beispiel für die simultane Integration von photosensitiver, analoger und digitaler Elektronik ist die in [Renshan 1990] vorgestellte Ein-Chip Videokamera. Dabei handelt es sich um einen MOS-Bildsensor mit 312 x 287 Bildpunkten, wie in Abschnitt 1.3.2.2.1. dieser Arbeit beschrieben, bei dem die gesamte Erzeugung des Videosignales (Verstärkung, Synchronisation, Videosignal nach CCIR, u.s.w.) mit auf demselben, 9x9 mm^2 großen Chip integriert ist. Es wird nur noch eine Versorgungsspannung von 5 V, ein 6 MHz Taktsignal und ein billiges Objektiv benötigt, um eine komplette Videokamera realisieren zu können. In größeren Stückzahlen sind so Preise von deutlich unter 100 DM für eine Videokamera möglich. In [Kramer 1993] ist gezeigt worden, daß durch die freie Wahl der Geometrie von Sensorelementen mathematische Operationen rein optisch durchgeführt werden können, die sonst einen großen Rechenaufwand erfordern. In dieser Arbeit ist eine Tiefen-Kamera beschrieben, die mit Videogeschwindigkeit (50 Halbbilder pro Sekunde) Tiefenbilder (3-D Szenen) ausmißt und als Standard CCIR Videosignal zur Verfügung stellen kann. Diese außerordentlich hohe Meßrate wird durch den Einsatz eines speziellen Bildsensors erreicht, der nur einfache Elektronik und keinerlei Computer benötigt. Viele andere, optisch erfaßbare Eigenschaften von Szenen sind in der Literatur beschrieben worden, wobei oft versucht wird, diese Größen mit geeigneten Photo-ASICs auf einem Chip kostengünstig und äußerst leistungsfähig zu lösen:

– Die Bestimmung von Bewegungsfeldern und die Bewegungsdetektion für verschiedenste Anwendungen [Koch 1991].
– Das Erkennen von Diskontinuitäten in Szenen und die Interpolation von Oberflächen durch den Einsatz von lokal vernetzten Bildsensor-Pixeln [Koch 1989].
– Das Erfassen und Verarbeiten von Stereo-Bildfolgen, wobei eine Verarbeitungsleistung von 6000 Stereo-Bildpaaren (mit je 48 x 48 Pixeln) bei nur 10 mW Leistungsbedarf auf einem Chip erreicht worden sind [Hakkarainen 1991].
– Das Berechnen von globalen Werten aus Bildern, wie etwa verschiedenen Momenten, womit die Lage und die Orientierung eines Objektes und seine äußere Gestalt von einem einzigen Chip erfaßt und berechnet werden können [Standley 1991].
– Die Vorverarbeitung von Bildern durch die Einführung von analogen und digitalen Prozessoren für jedes einzelne Pixel (smart pixel) eines Bildsensors, so daß mit einigen mW elektrischer Leistung die Bilderfassung und die Bildverarbeitung mit mehreren Hundert Millionen Operationen pro Sekunde möglich sind [Fossum 1989].
– Die robuste Objekterkennung mit parallelen neuronalen „Feature Extractors", welche auf dem Bildsensor mit integriert sind [Tanner 1991].

Diese Arbeiten sind Versuche, konventionelle Bildsensoren durch die monolithische Kombination mit analoger und digitaler Bildverarbeitungs-Elektronik zu leistungsfähigen und kostengünstigen Ein-Chip Bildverarbeitungssystemen zu machen. Daneben werden aber auch Anstrengungen unternommen, alternative Bildsensor-Mechanismen zu entwickeln, um physikalische Effekte für einen effizienteren und vielseitigeren Bilderfassungsprozeß ausnützen zu können. Es ist beispielsweise möglich, die spektrale Empfindlichkeit von Photosensoren elektrisch stark zu beeinflussen [Wolfenbuttel 1990], um so Farbpixel ohne Filter zu erhalten. Andrerseits ist auch gezeigt worden, daß mit neuen photosensitiven Schaltungen Bildsensoren mit großem dynamischen Bereich (weit über 100 dB) [Huang 1991] und elektrisch beeinflußbarem, nichtlinearen (z.b. logarithmisches) Empfindlichkeitsverhalten realisierbar werden können (Dals Inc., Canada).

1.3.2.5. Halbleiter-Bildsensoren für jedermann dank PC-Software und Multi-Project Chips

Traditionellerweise war es den großen Halbleiterherstellern und Universitäten mit entsprechenden Halbleiterlabors vorbehalten, Ideen für neue Bildsensoren zu realisieren, um diese auf ihre Eignung in bestimmten Problemkreisen optimieren zu können. Vor diesem Hintergrund ist es nicht weiter erstaunlich, daß sich die Entwicklung von neuen Bildsensortypen, Detektionsprinzipien und integrierten optischen Meß-Systemen mit „sehenden Chips" nicht besonders fruchtbar entwickelt hat: Da nur in Massen produzierte integrierte Schaltungen den Aufwand in Design und Herstellung lohnten, hat man sich vor allem auf universell einsetzbare Bildsensoren mit wenig on-chip Signalverarbeitung konzentriert, wie sie auch heute noch für die Erfassung optischer Daten in der Unterhaltungselektronik und für Videoanwendungen hauptsächlich eingesetzt werden.

Mit dem Aufkommen von Personal Computern (PCs) anfang der achtziger Jahre hat sich die Situation grundlegend geändert, indem jedermann in die Lage gekommen ist, erstaunlich viel Rechenleistung und leistungsfähigste graphische Benützeroberflächen zu erwerben. Durch diesen Massenmarkt in der Computer-Hardware hat sich auch die Softwareindustrie angepaßt, und es sind jetzt Softwarepakete für die verschiedensten Zwecke erhältlich, die noch vor ein paar Jahren das Zehn- bis Hundertfache des heutigen Preises gekostet haben. Das gilt insbesondere auch für die Entwurfs- und Simulations-Werkzeuge, wie sie für die Entwicklung von integrierten Schaltungen nötig sind. Für weniger als 2000 DM kann man sich heute ein vollständiges Entwurfsprogramm für einen PC kaufen, womit voll kundenspezifische Designs von photosensitiven, analogen und digitalen Bauelementen auf einer integrierten Schaltung möglich sind (Tanner Res. Inc., USA). Anspruchsvollere Programmpakete für Workstations sind ab einigen tausend DM erhältlich, z.B. (KICBOX, Braunschweig), wobei bereits einige Simulationswerkzeuge wie etwa das bekannte SPICE enthalten sind. Während solche Simulationswerkzeuge für Analog- und Digitalschaltungen weit fortgeschritten sind, fehlt allerdings heute noch das entsprechende Angebot für die Sensorik, da der kundenspezifische Entwurf von Bildsensoren noch ein sehr junges Gebiet ist.

Mit diesen Entwurfs-Werkzeugen ist heute jedermann mit Elektronik-Erfahrung in der Lage, ein eigenes integriertes Bildsensor-System für seine Anwendung maßgeschneidert zu entwickeln. Ein Beispiel dazu ist in Bild 1.3.2.10 gezeigt, wo mit

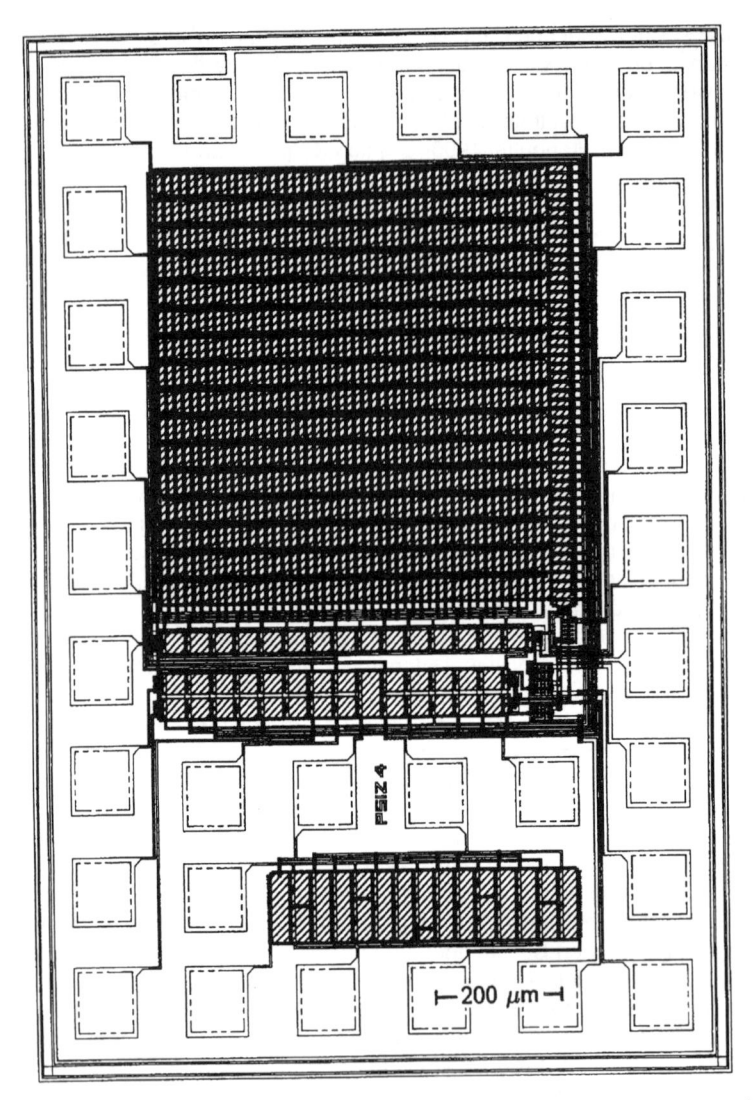

Bild 1.3.2.10: Beispiel eines kundenspezifischen CCD-Bildsensors mit Oberflächenkanal (surface-channel) CCD in CMOS-Technologie mit Einlagen-Metall und Einlagen-Polysilizium

Ein solcher einfacher und kostengünstiger CMOS-Prozeß mit CCD Ladungstransfereffizienz von 99.8 % ist gut geeignet, um kleine (hier 16 x 16 Pixel umfassende) Bildsensoren für spezielle Anwendungen zu realisieren, die in diesem Beispiel mit einem analogen (im Ladungsbereich wirkenden) FIR-Filter und einer neuartigen „Ladungsweiche" mit Ladungs-Summierer kombiniert werden konnten.

einem einfachen CMOS-Prozeß (nur eine Metall-Lage und eine Poly-Silizium Lage) ein surface channel CCD Bildsensor und zusätzliche analoge Bauelemente auf demselben 1.6 x 1.2 mm² großen Chip realisiert worden sind: Dabei handelt es sich um zwei Ausgangsverstärker, ein FIR-Filter, das analog im Ladungsbereich wirkt [Barbe 1980], sowie eine neuartige Ladungsweiche mit integrierter Ladungs-Summation.

Ein solcher einfacher und billiger CMOS-Prozeß ist eigentlich gar nicht dafür gemacht, um CCD-Elemente damit herzustellen; es ist jedoch eine Ladungstransfereffizienz von 99.8 % gemessen worden [Kramer 1992], die für einige praktische Anwendungen durchaus genügt und die Integration von neuartigen Bauelementen mit interessanten Eigenschaften möglich macht.

Das Design in Bild 1.3.2.10 hat übrigens die Definition von 8 verschiedenen Masken benötigt, um die gewünschte Funktionalität mit dem verwendeten CMOS-Prozeß (Faselec AG, Zürich) erreichen zu können.

Es besteht bereits schon ein breites Angebot von Standard-Zellen für die Digital- und Analogtechnik (Logik-Gatter, Operationsverstärker, RAM und ROM-Zellen, u.s.w.), wobei diese Bibliotheken zum Teil sogar prozeßunabhängig aufgebaut sind, d.h. nicht von einem speziellen Fabrikanten abhängen. Allerdings gilt für die Bildsensorik auch hier wieder, daß noch praktisch keine Standard-Pixels mit bekannten Leistungsdaten angeboten werden, sondern es ist oft der Erfahrung und Phantasie des Entwicklers überlassen, welche photosensitiven Strukturen er für einen Bildsensor verwendet. Dies ist für jemanden von Nachteil, der zum ersten Mal einen Bildsensor entwerfen muß, hat aber den großen Vorteil, daß man viele frische Ideen verwirklichen kann und daß diese Ideen noch wirklich neu sein können.

Gleichzeitig mit der Entwicklung von günstigen Software-Werkzeugen ist die Fabrikation von integrierten Halbleiter-Schaltungen einem breiten Interessentenkreis zugänglich gemacht worden, indem sogenannte Multi-Projekt Wafer Services (MPWSs) angeboten werden, bei denen verschiedene integrierte Schaltungen in demselben Fabrikationslos gleichzeitig hergestellt werden. Da so die Herstellungskosten unter den verschiedenen Entwicklern aufgeteilt werden können, fallen für das einzelne IC-Projekt relativ niedrige Kosten an, welche die Prototypen-Entwicklung und Fabrikation von integrierten Schaltungen sehr kostengünstig machen: Typische MPWS-Pauschalpreise für die Herstellung von einem Dutzend ICs in CMOS-Technologie ab Entwurfsdaten auf Diskette betragen etwa 5000 DM bei einer Chipfläche von einigen Quadratmillimetern.

Je nach Spezifikation (Rauschdaten, Leistungsaufnahme, Anzahl Metall- und Polysilizium-Lagen, u.s.w.) eignet sich der eine oder der andere der vielen angebotenen MPWS-Prozesse, z.B. (AMS, Österreich; ES2 Deutschland; GMD, Deutschland; Orbit Semiconductor Inc, USA) besser für eine bestimmte Anwendung. Speziell für die Bildsensorik mit CCDs zugeschnittene MPWS-Prozesse gibt es allerdings noch sehr wenige, z.B. (Orbit Semiconductor Inc, USA).

1.3.2.6 Die Zukunft der Bildsensorik und Bildverarbeitung: Sehende Chips?

Schon immer waren die erstaunlichen Fähigkeiten des menschlichen Sehsystems Motivation für die Entwicklung noch besserer Algorithmen für das Maschinensehen, das aber trotz aller Anstrengungen nach wie vor weit hinter den Leistungen des menschlichen Sehens zurücksteht. Einer der Gründe für die Fähigkeiten natürlicher Sehsysteme liegt in der engen Kopplung der Bildsensorik und der Bildverarbeitung. Tatsächlich ist das menschliche Auge beispielsweise eine Ausstülpung des Gehirns und damit bereits ein voll integrierter Teil des Bildverarbeitungs-Systems. Traditionellerweise ist aber beim Maschinensehen aus technischen Gründen die Datenaufnahme (meist eine Video-Kamera) streng getrennt von der Datenverarbeitung (ein digitaler Computer). Erst durch die Möglichkeiten der Photo-ASICs, der monolithischen Integration von Bildsensor, analoger und digitaler Signalverarbeitung auf demselben Chip, besteht für das Maschinensehen die Möglichkeit, die Lektionen der Natur bezüglich Sehstrategien in technische Realisierungen umzusetzen: Man spricht bei solchen integrierten Sehsystemen bereits von sehenden Chips [Koch 1991], Retina-CCDs [Debusschere 1990] oder Silizium-Retinas (Mahowald).

Was kann nun in der Praxis von diesen Entwicklungen sehender Chips tatsächlich erwartet werden? Wie realistisch ist die Annahme, daß in der Zukunft ein Anwender für jede seiner Problemstellungen seinen eigenen, angepaßten sehenden Chip entwirft, fabrizieren läßt und einsetzt?

Die Bildsensoren für die moderne Videotechnik (CCIR, NTSC, HDTV, u.s.w.) werden mit speziell auf jeden Sensortyp zugeschnittenen und hochgezüchteten Halbleiter-Prozessen in großen Stückzahlen hergestellt. Damit können sehr kleine Pixeldimensionen erreicht werden, hohe Uniformität, kleines Rauschen, große Signaldynamik, kleines Übersprechen der Pixel (crosstalk), hohe Auslesegeschwindigkeit bei minimaler elektrischer Leistungsaufnahme und große Pixelzahlen. Diese Bildsensoren sind bezüglich tiefem Preis bei großer Leistungsfähigkeit niemals von sehenden Chips zu schlagen, die mit Standard-Halbleiterprozessen gefertigt worden sind.

Gleichzeitig muß auch betont werden, daß optimierte und eventuell Laser-getrimmte, diskret integrierte Bauelemente (Operationsverstärker, A/D- und D/A-Wandler, Logarithmierer, RAMs, DSPs, Mikroprozessoren, u.s.w.) meist viel leistungsfähiger sind als die Bauelemente, die simultan mit einem Bildsensor integriert werden können: Bezüglich Präzision, Offsetströmen, Schnelligkeit und Rauschen sind die simultan integrierten Bauelemente den industriell erhältlichen Komponenten deutlich unterlegen.

Die große Stärke der sehenden Chips liegt in der Freiheit, die einem beim Systementwurf gegeben ist: Die Geometrie der Sensoren kann beliebig gewählt werden, die Anzahl der Verstärker und bildverarbeitenden Prozessoren ist nur durch den Platz auf dem Chip limitiert (es ist ja bereits gezeigt worden, daß jedem Pixel eines Bildsensors seine eigene Signalverarbeitung gegeben werden kann [Fossum 1989], die elektrische Verlustleistung kann minimiert werden, indem nur wenige Treiberstufen nötig sind, die Signalverarbeitung kann überall dort analog (und damit schnell und oft sehr einfach) erfolgen, wo nicht sehr große Präzision nötig ist, u.s.w. Durch diese große Parallelität der Signalverarbeitung und der physikalischen Kopplung mit der Bildaufnahme kann nicht nur eine große Rechenleistung in der On-Chip-Verarbeitung der Bilder erreicht werden, sondern es wird auch auf einfache Art möglich, Rückkopplungs-Mechanismen einzubauen, mit denen die Bildaufnahme von Resultaten der Bildverarbeitungs-Algorithmen direkt beeinflußt wird. Dieser Trend, Active Vision genannt [Schenker 1990], läßt das Maschinensehen dem Vorbild der natürlichen Sehsysteme immer näher kommen, und die zunächst anmaßend erscheinende Bezeichnung solcher Systeme als sehende Chips oder Retinas aus Silizium ist immer mehr gerechtfertigt. Bereits heute ermöglichen kundenspezifische Bildsensoren die Realisierung von neuartigen Mikrosystemen für vielfältige Anwendungen in der optischen Meßtechnik, siehe z.B. [Seitz 1995].

Es ist somit offensichtlich, daß Halbleiter-Bildsensoren universell in der elektronischen Fotografie, in Multimedia-Anwendungen, dem aktiven Maschinensehen und der optischen Meßtechnik eingesetzt werden können. Die Bildsensorik ist so bereits heute zu einer Schlüsseltechnologie der modernen Kommunikations- und Meßtechnik geworden, und sie wird zukünftig noch mehr unser Leben auf vielfältige Art und Weise vereinfachen und bereichern.

Kapitel 1.3.3

Gewinnung von Bilddaten mit CCD-Sensoren für die Videometrie

R. Lenz

1.3.3 Gewinnung von Bilddaten mit CCD-Sensoren für die Videometrie
R. Lenz

Dieser Abschnitt behandelt praktische und theoretische Aspekte der Bildgewinnung mit Halbleiter-Flächensensoren. Das Funktionsprinzip der beiden meisteingesetzten Sensoren mit gekoppeltem Ladungstransport, die sogen. „Interline Transfer" und „Frame Transfer" CCDs (charge coupled devices), wird nochmals aus anderer Sichtweise erklärt und die Eigenschaften der Signalübertragung in Ort und Zeit hergeleitet. Typische Werte gängiger Bildfeldgrößen, Abmessungen der Detektorflächen, ihr Abstand und die Genauigkeit des Sensorelement (Sel)-Rasters werden angegeben. Zwischen Genauigkeit und zwei verschiedenen Aspekten der Auflösung wird unterschieden. Dies führt zu einer theoretisch erreichbaren Auflösung, die ein Vielfaches der durch das Abtasttheorem und die Anzahl der Sels gegebenen Grenze beträgt. Die drei am häufigsten zur Gewinnung von Farbinformation verwendeten Methoden werden mit ihren jeweiligen Vor- und Nachteilen einander gegenübergestellt. Es zeigt sich, daß nahezu idealen Eigenschaften von CCD Sensoren in Hinblick auf Stabiltität, Rauschen und geometrischer Genauigkeit oft stark beeinträchtigt werden durch die analoge Rechner-Schnittstelle, ein leicht zu behebendes aber dennoch häufig anzutreffendes, rein technisches Problem.

1.3.3.1 Frame Transfer- oder Interline Transfer-Bildwandler?

Ein Halbleiter-Flächensensor (hier kurz: CCD-Sensor) besteht aus vielen regelmäßig angeordneten Sensorelementen. Im folgenden wird ein rechtwinkliges Sel-Raster mit den Periodenlängen s_x und s_y in x- und y-Richtung vorausgesetzt. Jedes Sensorelement weise eine lichtempfindliche Detektorfläche mit den angenommenen Abmessungen l_x mal l_y auf, innerhalb der die auftreffenden Photonen in Elektronen umgewandelt und zu Ladungspaketen zusammengefaßt werden. Diese auch Aperturen genannte Detektorflächen sind jeweils umgeben von elektronischen Schaltkreisen, die dem Ladungstransport zum Ausgang der Sensors dienen. Je nach der Methode des Bildauslesens werden die Sensoren in drei Klassen unterteilt:

a) *Charge injection devices* (CID), die einen wahlfreien Sel-Zugriff gestatten. Ihr wichtigster Nachteil ist das ungünstige Signal/Rausch-Verhältnis (S/N). Da der wahlfreie Zugriff für Fernsehsysteme nicht erforderlich ist, sind diese Sensoren von geringerem kommerziellen Interesse und werden hier nicht weiter behandelt. Sie kommen hauptsächlich in Hochgeschwindigkeitsanwendungen zum Einsatz, bei denen die Bildwiederholrate (50Hz in Europa mit der CCIR-Norm und 60Hz in den USA und Japan mit der RS170 Norm) der beiden im folgenden beschriebenen Sensortypen nicht ausreichend ist.

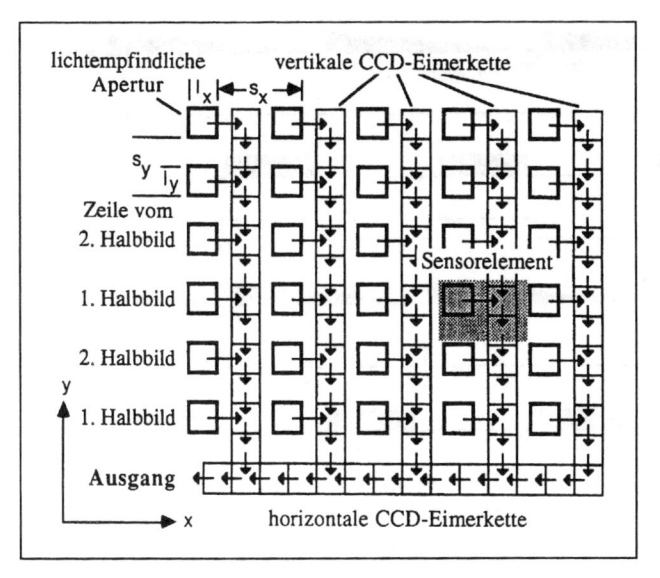

Bild 1.3.3.1: Aufbau eines Interline Transfer Sensors

Zur Gewinnung eines elektrischen Signal nach Fernsehnorm wird das aus allen Sels bestehende Fernseh-Vollbild (engl.: TV frame) mit dem Zeilensprungverfahren in zwei Halbbilder (TV fields) unterteilt, die nacheinander ausgelesen werden. Das erste Halbbild besteht aus den ungeradzahligen Zeilen (1,3,5...479 aktive Zeilen (RS170-Norm) und 1,3,5...575 (CCIR-Norm)), das zweite Halbbild aus den geradzahligen Zeilen. Nach einer Lichtintegrationszeit vom 40ms (CCIR) / 33.3ms (RS170), die der Akkumulation der Photoelektronen in Kondensatoren unterhalb der Aperturen dient, werden alle Ladungspakete des zum Auslesen anstehenden Halbbilds, gleichzeitig in die danebenliegenden Transportkondensatoren geschoben (nach rechts weisende Pfeile). Letztere bilden optisch abgedeckte, vertikale CCD Eimerketten, die die horizontale Eimerkette im Zeilentakt alle 64µs (CCIR) / 63.5 (RS 170) parallel laden (Pfeile nach unten). Die horizontale Eimerkette bewirkt die zweite Stufe der parallel/seriell Wandlung durch rasches getaktetes Verschieben der Ladungspakete zum Ausgang des Sensors (Pfeile nach links). Die geschieht mit der Kamera-Taktfrequenz f_s, die abhängig von der Zahl der Ladungspakete bzw. der Sels pro Zeile i. allg. zwischen 7 und 15MHz liegt.

b) *Interline Transfer* (IT) Sensoren. Dieser Sensortyp wird in fast allen Konsumerkameras eingesetzt. Er wird vorwiegend in Japan produziert und hat die Vidikon-Röhre in weiten Bereichen verdrängt. Sein Aufbau (Bild 1.3.3.1) ist erheblich komplizierter als der von

c) *Frame Transfer* (FT) Sensoren, die überwiegend in den USA und Europa produziert werden. Im Gegensatz zu IT Sensoren werden hier dieselben Kondensatoren für den Ladungstransport wie für die Ladungsakkumulation verwendet (Bild 1.3.3.5).

Einige der wichtigsten Eigenschaften von IT und FT Sensoren ergeben sich unmittelbar aus ihrem Aufbau.

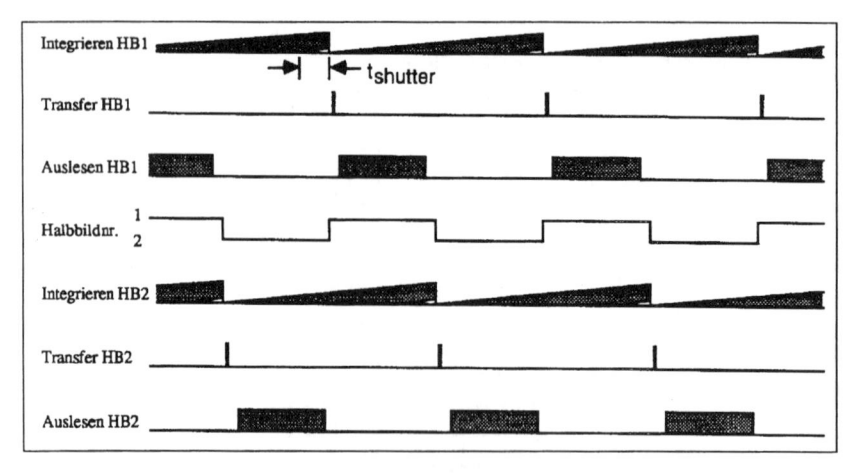

Bild 1.3.3.3: TV Halb- und Vollbild Timing von IT-Sensoren
Die kleinen weißen Dreiecke deuten die Lichtintegrationszeiten im Shutter Mode an. Die Gesamtzeit für das Auslesen eines Halbbildes beträgt 20.0ms (CCIR) / 16.7ms (RS170). Damit überlappen die Lichtintegrationsintervalle für zwei aufeinanderfolgende Halbbilder einander zu 50% (siehe auch Bild 1.3.3.4).

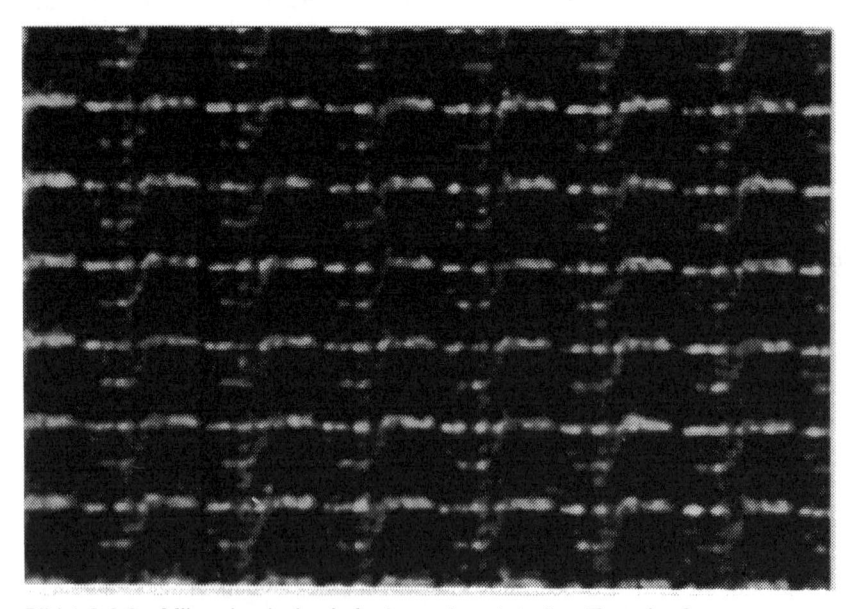

Bild 1.3.3.2: Mikroskopische Aufnahme eines Interline-Transfer Sensors
Deutlich erkennbar sind die lichtempfindlichen Aperturen (schwarz), die nur einen relativ kleinen Teil der Sensoroberfläche bedecken.

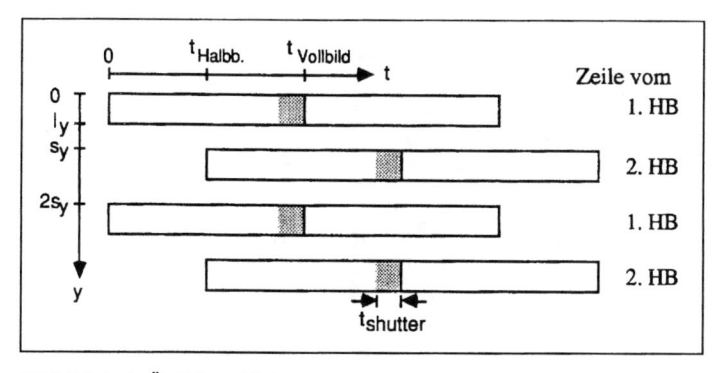

Bild 1.3.3.4: Örtlich-zeitliche Integrationsintervalle von IT-Sensoren (y- und t-Achse) Zwischen zwei Halbbildern ergibt sich eine zeitliche Überlappung von 50 % und eine örtliche Lücke von $s_x - l_x$ und $s_y - l_y$ in x- bzw. y-Richtung. Typischerweise ist $l_x \gg s_x/2$ und $l_y \gg s_y/2$. IT-Sensoren mit elektronischem Verschluß weisen keine zeitliche Überlappung auf. Die Akkumulationskondensatoren werden kurz vor dem Umladen in die vertikalen Eimerketten noch einmal entladen. Die restliche Zeit $t_{shutter}$ bis zum Auslesen ist dann die effektive Lichtintegrationszeit (bis hinunter zu 1/10000 sec).

Aus der Analyse in den Bildunterschriften 1.3.3.1 bis 1.3.3.6 lassen sich folgende Eigenschaften herleiten:
IT Sensoren haben getrennte Sels und benötigen Platz für die vertikalen Eimerketten. Dies führt zu relativ großen horizontalen und vertikalen „blinden" Lücken mit ungefähr der halben Zellgröße. Dadurch wird die Lichtempfindlichkeit auf ein Viertel der eines FT Sensors reduziert, die Anfälligkeit für Moiré-Störungen erhöht (Aliasing, Heruntermischen hoher Ortsfrequenzen in das Basisband durch Abtastung), aber in gleichem Maße auch das prinzipielle Auflösungsvermögen gesteigert (Erklärung folgt in Abschnitt 1.3.3.3). Im Gegensatz zu FT Sensoren tritt keine vertikale Bildverwischung auf. Aufgrund der zeitlichen Überlappung der Halbbilder bleibt die volle Vertikalauflösung auch bei asynchroner Blitzbeleuchtung erhalten, eine bei industrieller Qualitätskontrolle oft eingesetzte Technik zum „Einfrieren" bewegter Objekte. In der gleichen Situation ergibt sich bei FT Sensoren nur ein gültiges Halbbild oder aber sogar wertlose Information, wenn der Blitz in die Zeit des vertikalen Frame Transfers fallen sollte.

1.3.3.2 Geometrische Abmessungen und Genauigkeit und thermische Stabilität

Die meisten CCD Sensoren weisen die gleiche aktive Bildfeldgröße wie TV Vidikonröhren mit 2/3 Zoll Durchmesser auf und werden daher als 2/3" Sensoren bezeichnet. Die tatsächliche Bildfeldgröße mit einem standardisierten Seitenverhältnis von 4:3 ist wesentlich kleiner, nämlich ≈ 8.8 mm mal 6.6 mm. Für Konsumeranwendungen geht der Trend zu 1/2" Sensoren, die billigere Objektive mit noch weniger Glas benötigen. Üblicherweise befindet sich der Sensorchip auf einem Keramikträger mit den Abmessungen ≈ 30 mm mal 20 mm, ähnlich einem gewöhnlichen integrierten Schaltkreis.

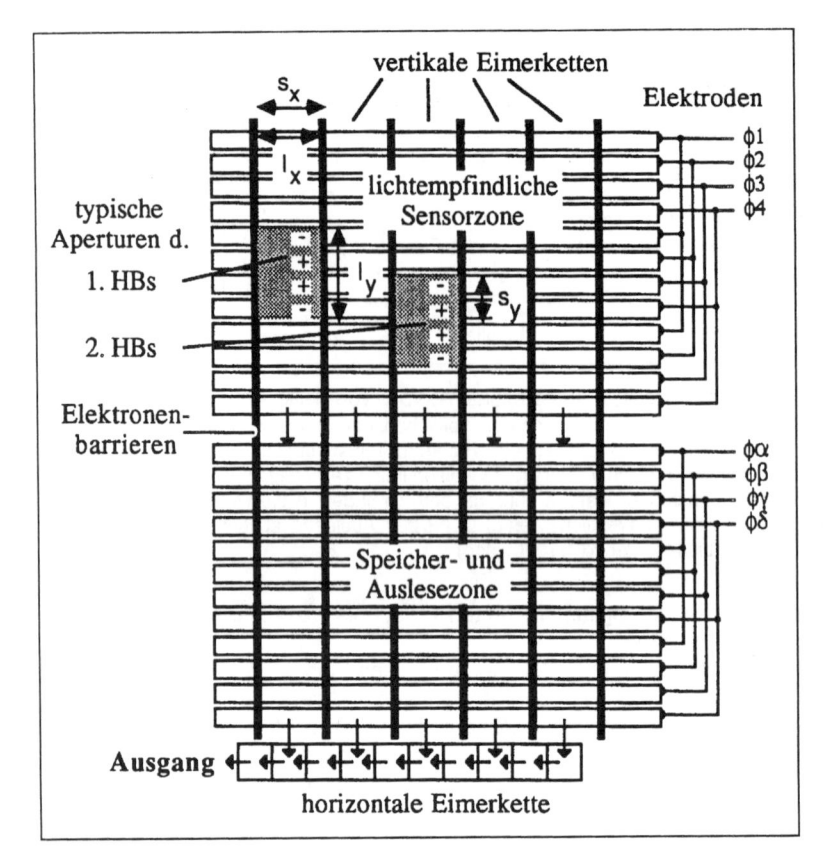

Bild 1.3.3.5: Aufbau eines Frame Transfer Sensors

Die im Gegensatz zum IT Sensor lichtempfindlichen vertikalen Eimerketten dienen nicht nur dem Ladungstransport sondern auch der -akkumulation. Da sie somit auch während des Transports Photonen konvertieren, muß zur Vermeidung exzessiver vertikaler Bildverwischung das ganze Bild (frame) sehr schnell (typ. <1ms) aus der Sensorzone in eine ebenso aufgebaute, aber optisch abgedeckte Speicher- bzw. Auslesezone transportiert werden. Aus letzterer wird dann das Fernsehsignal langsam, in gleicher Weise wie beim IT Sensor ausgelesen. Die beiden zeilenversetzten Halbbilder werden nicht wie beim IT Sensor durch diskrete Einzelzellen erzeugt, sondern vielmehr durch veränderliche Potentialwalle mit den halbbildweise unterschiedlich angesteuerten Elektroden Ø1 bis Ø4. Daher überlappen die effektiven Sel-Aperturen einander zu 50 % in y-Richtung (Bild 1.3.3.6, siehe auch Thomson 1983).

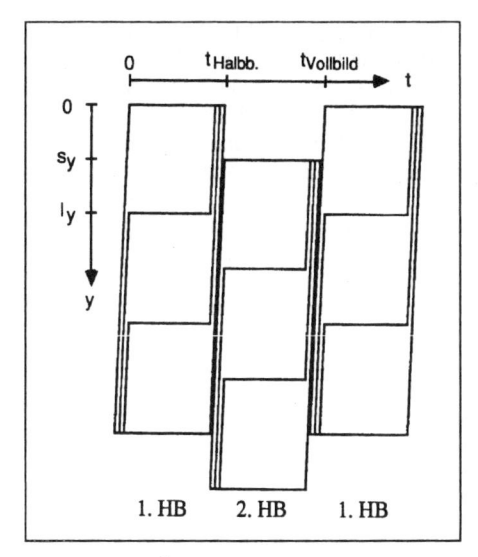

Bild 1.3.3.6: Örtlich-zeitliche Integrationsintervalle von FT Sensoren (y- und t-Achse).

Zwischen den beiden Halbbildern besteht eine 50 %ige Überlappung in y-Richtung und nahezu keine Lücke in x- und t-Richtung. Da die Frame Transfer-Zeit nicht beliebig kurz gemacht werden kann ergibt sich eine schwache Vertikalverwischung des Bildes, jeder Bildpunkt erhält einen kleinen Beitrag von allen Sels in seiner Spalte. Dieser Effekt tritt nicht auf wenn zur Abschattung der Sensorzone während des Frame Transfers ein mechanischer Shutter eingesetzt wird. Wenn weiterhin Fernseh-Echtzeit nicht gefordert wird, also Ladungsakkumulation und Transport nicht quasi gleichzeitig erfolgen müssen, kann auf die Speicher- und Auslesezone verzichtet und die Sensorzone zum Auslesen mit normaler Geschwindigkeit verwendet werden. Dieser Ansatz wurde für die hochauflösende Kamera MegaPlus™ der Videk Corp. mit 1320 x 1035 Sels gewählt.

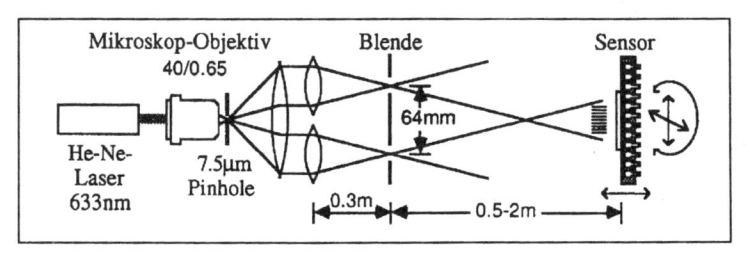

Bild 1.3.3.7: Experimenteller Aufbau zur Messung von Geometriefehlern und thermischer Expansion von CCD Sensoren (nach Platzer 88).

Die Überlagerung zweier kohärenter Punktlichtquellen ergibt ein hochgenaues Sinusgitter auf der Sensoroberfläche. Durch Variation des Abstandes zum Sensor lassen sich die erzeugten Ortsfrequenzen dem Sel-Rasterabstand auf dem Sensor anpassen. Dies erlaubt eine hochgenaue Auswertung mittels Moiré-Techniken (Lenz 1988b).

Die untenstehende Tabelle zeigt die Sel-Zahlen (n_x, n_y), ihr Rastermaß (s_x, s_y) und die Kamerataktfrequenz f_s der drei Generationen von 2/3" IT Sensoren vom größten CCD Hersteller der Welt, der Sony Corp., Japan [Sony 1987]. Mittlerweile gibt es eine große Anzahl von CCD-Herstellern, die Tabelle dient daher nur als Anhaltspunkt. Ebenfalls ist der in Stückzahlen verfügbare Sensor mit der bislang höchsten Anzahl von Bildpunkten aufgeführt (2/3" FT Sensor ohne Speicherzone).

Generation	n_x	n_y	s_x[µm]	s_y[µm]	f_s [MHz]	Norm
Sony 1	384	491	23	13.4	7.16	RS 170
Sony 2	500	582	17	11	9.4583	CCIR
Sony 3	756	581	11	11	14.1875	CCIR
Kodak, US	1320	1035	6.8	6.8	10.0000	Digital

Die geometrische Genauigkeit von CCD Sensoren ist ausgezeichnet. Der interferometrische Meßplatz in Bild 1.3.3.7 wurde benutzt um FT und IT Sensoren daraufhin zu untersuchen. Mit einer Meßgenauigkeit von etwa 0.1 µm, entsprechend ≈ 1/100 Sel-Abstand, konnten noch keine signifikanten Abweichungen vom idealen rechtwinkligen Abtastraster gefunden werden. Dies bedeutet, daß die Genauigkeit solcher Sensoren um mehr als zwei Größenordnungen besser ist als ihre durch das Abtasttheorem gegebene Auflösunggrenze.
Mit dem gleichen Aufbau konnte auch nachgewiesen werden, daß der lineare thermische Expansionkoeffizient des Sensors weniger als 3ppm/ K° beträgt.

1.3.3.3 Grenzen der Auflösung

Die maximale Auflösung, ausgedrückt in Ortsfrequenzen (Linienpaare pro mm) eines abtastenden Flächensensors wird durch zwei Faktoren begrenzt:

a) Durch den Sel-Rasterabtand (s_x, s_y) und das Abtasttheorem
b) Durch die Sel-Aperturgröße (l_x, l_y) und der daraus resultierenden ersten Nullstelle der Modulations-Übertragungs-Funktion (MÜF):

Das Abtasttheorem gibt an, daß nur Bild-Ortsfrequenzen bis zur halben Abtast-Ortsfrequenz korrekt aufgelöst werden können. Alle Ortsfrequenzen u oder v oberhalb $1/(2s_x)$ in x- oder $1/(2s_y)$ in y-Richtung sind dem sog. Aliasing ausgesetzt und erzeugen „falsche" Bildsignale. Aufgrund von 1.3.3.3a) kann daher beispielsweise ein Sensor mit n_x = 500Sels und s_x = 17µm in x-Richtung maximal eine Ortsfrequenz u_m von

$$u_m = 1/(2s_x) \approx 30 \; Linienpaare \, / \, mm$$

auflösen, oder insgesamt 250 Linienpaaren. Dies entspricht natürlich unabhängig vom Sensortyp (FT oder IT) der Anzahl n_x = 500Sels pro Zeile.
Das tatsächliche Auflösungsvermögen von CCD Sensoren ist im allgemeinen aber wesentlich größer. Insbesondere IT Sensoren geben starke (obschon „falsche")

Ausgangssignale ab, auch wenn sie mit Mustern belichtet werden, die Ortsfrequenzen weit oberhalb von u_m beinhalten. Die durch die MÜF gegebene Auflösungsgrenze nach 1.3.3.3b) errechnet sich aus der Aperturgröße der Sels. Eine rechteckige Apertur mit den Abmessungen l_x mal l_y ergibt gemäß der linearen Systemtheorie [Marko 82]

$$MÜF(u,v) \quad \frac{sin(\pi \cdot l_x \cdot u)}{\pi \cdot l_x \cdot u} \cdot \frac{sin(\pi \cdot l_y \cdot v)}{\pi \cdot l_y \cdot v}$$

Als natürliche Grenze der Auflösung kann man die ersten Nullstellen dieser si-Funktion bei $u_0 = 1/l_x$ und $v_0 = 1/l_y$ betrachten.
Für FT Sensoren mit $l_x \approx s_x$ und $l_y \approx 2s_y$ (siehe Bild 1.3.3.5) gilt

$$u_0 \approx 2 \cdot u_m \quad \text{und} \quad v_0 \approx v_m.$$

Mit ihren relativ kleinen Aperturen $l_x \approx s_x/2$ und $l_y \approx s_y/2$ ergeben IT Sensoren im Gegensatz dazu

$$u_0 \approx 4 \cdot u_m \quad \text{und} \quad v_0 \approx 4 \cdot v_m\ !$$

Durch Überlagerung von in zwei Dimensionen phasenverschobener Aliassignale, also unter Ausnutzung des „falschen" Signals, kann diese Grenze tatsächlich erreicht werden. Eine digitale Farbkamera mit besonders kleinen Sel-Aperturen, die piezoelektrisch in zwei Dimensionen verschoben werden können, nutzt dieses Prinzip und erzielt so ausgehend von einem Flächensensor mit $\approx$ 500 x 580 Sels eine frei programmierbare Auflösung von bis zu $\approx$ 3000 x 2320 Pels (Bildpunkten) oder 180 Linienpaaren/mm [Lenz 1989]. Ein weiterer Grund, zwischen Sels (Sensorelementen) und Pels (Bildpunkten) zu unterscheiden, ergibt sich aus den Überlegungen in Abschnitt 1.3.3.6, Rechnerschnittstelle.

1.3.3.4 Farbwiedergabe

Es gibt drei gängige Methoden für die Gewinnung der drei Spektralauszüge Rot, Grün und Blau:

a) *Das Parallelverfahren*: Es werden drei Sensoren eingesetzt, wobei die Farbkanäle mit halbdurchlässigen Prismen aufgetrennt werden. Der Hauptvorteil besteht darin, daß der R-, G- und B-Auszug gleichzeitig und ohne Auflösungsverluste aufgenommen wird. Daher wird dieses Verfahren auch bei TV Studiokameras eingesetzt. Nachteilig ist der hohe Preis und die Notwendigkeit einer genauen geometrischen Justierung zur Erreichung einer guten Farbkonvergenz. Ebenfalls aufwendig ist der Anschluß an einen Rechner, da drei Analog/Digital-Wandler (ADWs) und drei Bildspeicher benötigt werden.

b) *Zeitmultiplex*: Nur ein Sensor in Verbindung mit einem Satz mechanisch auswechselbarer Farbfilter oder umschaltbarer farbiger Beleuchtung wird eingesetzt. Das Verfahren ist weder Fernseh-Echtzeitfähig noch eignet es sich für die Aufnahme bewegter Objekte, da die einzelner Farbauszüge nacheinander aufgenommen werden. Demgegenüber steht eine garantierte Farbkonvergenz, der günstige Preis, keine Auflösungsverluste und ein vereinfachter Rechneranschluß.

c) *Ortsmultiplex*: Ein Sensor mit regelmäßig eingefärbten Sels wird verwendet. Es ähnelt dem bei Bildröhren von Farbfernsehgeräten eingesetzten Farbstreifen-Prinzip. Es gibt die unterschiedlichsten Arten von Filtermasken, oft wird eine periodische Anordnung mit 2 mal 2 Sels gewählt, von denen zwei für Grün und je eines für Rot und Blau empfindlich sind (Bild 1.3.3.8). Das Ortsmultiplex-Verfahren eignet sich zur Aufnahme bewegter Objekte in Fernsehechtzeit, der Anschluß an einen Rechner ist einfach. Aufgrund des niedrigen Preises wird das sog. Ein-Chip Prinzip in fast allen Konsumerkameras verwendet. Ein gravierender Nachteil ist die Reduzierung der Auflösung nach (1.3.3.3a, in beiden Achsrichtungen auf die Hälfte. Die MÜF-Auflösung nach 1.3.3.3b) bleibt unbeeinträchtigt, was zu starken Alias-Signalen führt. Besonders störend ist dabei das Farb-Alias, das aus den gegeneinander versetzten Abtastorten für die einzelnen Farbkanäle resultiert. In der Praxis wird dies mit einem optischen Tiefpaßfilter zwischen Objektiv und Sensor vermieden [Greivenkamp 1990].

Anstelle der Primärfarben R, G und B können auch Filter mit den dazu komplementären Farben Cyan, Magenta und Gelb eingesetzt werden. Dadurch steigt die Lichtempfindlichkeit etwa auf das Doppelte. Von Nachteil ist eine verminderte Farbtreue bei der Wiedergabe.

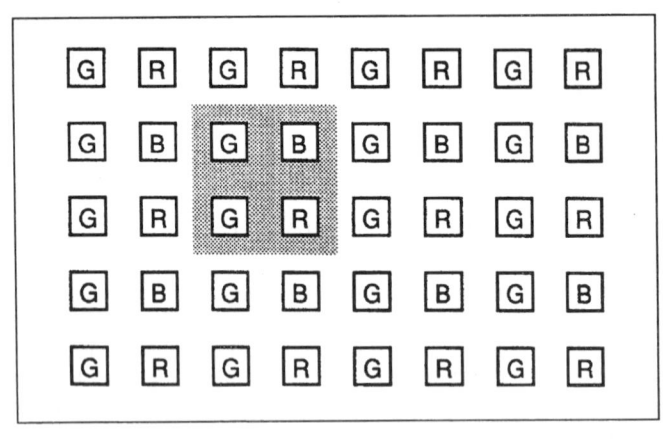

Bild 1.3.3.8 Typische Anordnung der Filter bei Single-Chip Farb-CCD-Kameras mit dem Ortsmultiplexverfahren. Der dunkel unterlegte Bereich deutet die aus vier Sels bestehende Farb-Auflösungseinheit an.

1.3.3.5 Empfindlichkeit, Linearität, Rauschen und Blooming

Die Empfindlichkeit moderner CCD-Sensoren ist recht hoch. Der Quantenwirkungsgrad beträgt etwa 50 % [Fairchild 1984], d.h. daß im Mittel jedes zweite in eine Sel-Apertur fallende Photon auch in ein Photoelektron umgewandelt wird. Wegen der kleinen Aperturgröße von IT Sensoren werden insgesamt nur etwa 1/8 der auf die Sensoroberfläche einfallenden Photonen konvertiert.
Die direkte Konversion führt zu einem streng linearen Zusammenhang zwischen Beleuchtungsstärke und Photostrom. Untersuchungen mehrerer Autoren konnten diese theoretische Vorhersage experimentell bestätigen [Curry 1984, Lenz 1988b]. Die Akkumulationskondensatoren unterhalb der Aperturen können i. a. ungefähr $e_{max} \approx 10^5$ [Elektronen] speichern, bevor sie überlaufen. Der Effektivwert n_0 des Dunkelstromrauschens moderner Sensoren ist, bezogen auf die Lichtintergationszeit, bei Zimmertemperatur meist weniger als 10^2 [e-], die Dynamik e_{max}/n_0 also besser als 1000:1 oder 60dB. Zur Leistung $(n_0)^2$ des Dunkelstromrauschens kommt die Leistung n_s des Schrotrauschens additiv hinzu. Letzteres folgt der Poissonstatistik, ist prinzipieller Natur und entspricht direkt der Anzahl n_e-gewandelter Elektronen. Die Gesamtrauschleistung wird demnach

$$n_{ges} [(e^-)^2] = n_0^2 [(e^-)^2] + n_e \cdot [(e^-)^2]$$

reicht also abhängig von der Beleuchtungsstärke von $\approx 10\,000[(e^-)^2]$ bis $110\,000$ $[(e^-)^2]$. Bezogen auf die maximale Signalleistung von $10^{10}[(e^-)^2]$ ergibt sich also ein Signal/Rausch-Verhältnis von 60dB in schwarzen und 49.6dB in voll ausgesteuerten Bildbereichen. Diese Werte werden von elektrisch sorgfältig ausgelegten CCD-Kameras nahezu erreicht.
Inhomogenitäten des Sensors führen zu unterschiedlichen Dunkelströmen und Lichtempfindlichkeiten einzelner Sels, die sich als sog. fixed pattern noise äußern. Der Dunkelstrom ist darüberhinaus im allgemeinen recht stark temperaturabhängig. Für moderne IT Sensoren ohne Fehlstellen liegen diese Effekte jedoch meist unter 1 % der Maximalamplitude, sind also für den menschlichen Beobachter kaum wahrnehmbar. Bei photometrischen Anwendungen mag jedoch eine Selweise additive und multiplikative Korrektur erforderlich werden.
Eine andere Quelle der Bildverschlechterung stellt das sog. blooming dar. Es wird verursacht durch das Überlaufen der ladungsakkumulierenden Kondensatoren. Die überquellenden Elektronen dringen in die vertikalen Eimerketten (Bild 1.3.3.1) ein und verursachen helle vertikale Bildstreifen. Moderne IT Sensoren mit integrierten Abflußkanälen ertragen bis zu 600 % Überbelichtung, bevor der Bloomingeffekt aufzutreten beginnt, sind also gegenüber dieser Störung recht unempfindlich.
Zusammenfassend kann festgestellt werden, daß CCD Flächensensoren heutzutage nahezu ideale elektronische Bildwandler sind. Ihr gewichtigster Nachteil ist ihre noch begrenzte Auflösung, die auf den technologischen Schwierigkeiten bei der Herstellung fehlerfreier Sensoren mit mehr als etwa 1000 x 1000 Sels beruhen.

1.3.3.6 Rechnerschnittstelle, Skalierungsfaktoren, A/D-Wandlung und Zeilen-Jitter

Für die digitale Bildverarbeitung ist es erforderlich, das analoge Ausgangssignal des Sensors in ein (werte- und ortsdiskretes) zweidimensionales Zahlenfeld zu überführen. Dies geschieht üblicherweise durch Abtastung des Videosignals (Bild 1.3.3.9) mit der Taktfrequenz $f_p \approx$ 10MHz (für 512Pels/Zeile) und Wandlung mit einem bspw. aus 255 Komparatoren bestehenden Flash-ADW. Die enstehenden 8Bit-Zahlen reichen von 0 (für Schwarz) bis $255 = 2^8-1$ (für Weiß) und werden in einem Halbleiter-Pufferspeicher abgelegt, der in der Lage sein muß, bspw. 512 x 512 Bildpunkte mit einer Datenrate von 10MByte/sec entgegenzunehmen. Der Rechner kann auf die gespeicherten Daten über einen anderen Kanal zugreifen. Die Kombination aus ADW und Pufferspeicher wird Bildspeicher oder Frame Grabber genannt, wobei diese meist noch über einen weiteren Kanal und Digital/Analog-Wandler zur Darstellung der gespeicherten Daten auf einem Monitor verfügen.

Leider werden die mittlerweile sehr guten Signalübertragungs-Eigenschaften von CCD Sensoren oft durch die Schnittstelle zum Rechner erheblich verschlechtert. Die meisten verfügbaren Systeme benutzen immer noch analoge Videosignal nach der CCIR- oder RS170-Fernsehnorm, um die Bildinformation von der Kamera zum Bildspeicher zu übertragen. Diese Normen wurden jedoch schon vor Jahrzehnten entwickelt, lange vor der Verfügbarkeit von Halbleiterkameras oder -bildspeichern. Ihre schwerwiegensten Nachteile sind:

a) Analoge Signalübertragung. Sie ist anfällig für elektrische Störsignaleinstreuung von Rechnern oder anderen elektrischen Geräten. Masseschleifen und Netzschwankungen beeinflussen darüberhinaus den Referenzpegel für Schwarz, insgesamt sinkt der Signal/Rauschabstand oft unter 40dB. Lange, nicht optimal abgeschlossene Leitungen verursachen Echos, die sich als Doppelbilder äußern. Die unvermeidliche elektrische Tiefpaßfilterung ruft eine horizontale Bildverschleifung und damit eine anisotrope und asymmetrische Punktantwort des Gesamtsystems hervor [Lenz et. al. 1988a]. Zusätzliche, elektrische Tiefpaßfilter höherer Ordnung zur Vermeidung von Aliasing durch die Abtastung mit dem ADW ergeben Überschwinger gemäß dem Gibb'schen Phänomen [Dähler 1987].

b) Eine Möglichkeit zur Übertragung des Sensorelement-Taktes f_s ist nicht vorgesehen. Dies wäre auch nicht sinnvoll gewesen für Bildaufnehmer wie die Vidikon-Röhren, bei denen in Ermangelung von Bildspalten ein solcher Takt gar nicht existiert. Die einzigen Maßnahmen zur Synchronisation sind die Zeilen- und Bildsynchronsimpulse, die dem Videosignal während der horizontalen und vertikalen Bildaustastlücken überlagert werden. Für die Fernsehübertragung zur Betrachtung durch den menschlichen Beobachter auf seinem Heim-Fernsehgerät ist dies vollkommen ausreichend, nicht jedoch für Meßzwecke.

Da der Sel-Takt f_s in Analogsystemen nach Fernsehnorm dem Bildspeicher nicht zur Verfügung steht, muß für den ADW ein eigener Pel-Takt f_p (Bild 1.3.3.9) erzeugt werden. Es besteht somit kein eins-zu-eins Zusammenhang zwischen den

Sels auf dem Sensor und Pels im Bildspeicher. Dies ist ein weiterer Grund zur Differenzierung zwischen Sels und Pels.
Durch die Zeilen-Synchronisation (Hor. Sync. Impulse) enstpricht eine Zeile des Sensors auch einer Zeile im Bildspeicher. Damit ist der Abstand p_y zweier benachbarter Pels in y-Richtung gleich dem vertikalen Sel-Rasterabstand, also $p_y = s_y$. Üblicherweise ziehen Bildspeicher 512 Zeilen ein, also weniger als die 576 Bildzeilen eines Sensors nach CCIR-Norm. Die überzähligen Zeilen werden einfach weggeworfen, manchmal am oberen Bildrand, manchmal am unteren oder an beiden, je nach Auslegung des Bildspeichers. Es ist daher nicht zu erwarten, daß der Hauptpunkt des optischen Systems, der für Aufstellung der perspektivischen Abbildungsgleichungen in die Videometrie von zentraler Bedeutung ist, auch nur näherungsweise die Bildspeicherkoordinaten (256,256) aufweist.

Da i. allg. f_p und f_s nicht übereinstimmen, ist der Abstand p_x zweier benachbarter Pels (der horizontale Skalierungsfaktor) nicht gleich dem Sel-Rasterabstand s_x, sondern vielmehr

$$p_x = \frac{f_s}{f_p} \cdot s_x$$

Meist sind weder f_s noch f_p mit ausreichender Genauigkeit bekannt. Eine Methode zur Bestimmung des Verhältnisses f_s/f_p direkt aus dem Bild mittels Fourieranalyse wird von [Lenz 1987] beschrieben.

Einige Bildspeicher sind nicht mit einer PLL (Phase Locked Loop) Regelschaltung ausgestattet, die auf aufwendige Weise den Pel-Takt durch Vervielfachung der Zeilenfrequenz gewinnt. Diese Systeme leiden zusätzlich unter einer thermischer Drift des horizontalen Skalierungsfaktor, der laut [Dähler 1987] in der Aufwärmphase bis zu 2 % betragen kann ($\approx$10 Bildpunkte Versatz am rechten Bildrand). Sie sind allerdings weniger anfällig für den oft beobachteten Zeilenjitter, für den ein Grund die Regelschwingungen der PLL-Schaltung sind. Eine andere Ursache ist die unzureichende Genauigkeit, mit der die den Zeilenanfang anzeigende Flanke des Hor. Sync. Impulses in Bild 1.3.3.9 detektiert werden kann. Ein Fehler von nur 25ns führt bei einer Taktfrequenz von f_p = 10MHz = 1/100ns bereits zu einem Zeilenversatz von 1/4 Bildpunkt, ein Wert, der auch von hochwertigen Bildspeichern kaum unterschritten wird (siehe auch Beyer 1987 und Luhmann 1987).

Schließlich entstehen durch die erneute Abtastung eines unzureichend tiefpaßgefilterten treppenförmigen Videosignals (Bild 1.3.3.9) mit $f_p \neq f_s$ und unbekannter Phasenbeziehung nahezu unvorhersagbare und damit nicht kompensierbare Moiréeffekte.

Alle genannten Probleme könnten einfach durch den Einsatz digitaler Kameras vermieden werden, bei denen der ADW in die Kamera integriert ist und zur Selsynchronen Wandlung mit f_s getaktet wird. Dies führt neben $p_x = s_x$ ohne Drift und Jitter bei geeigneter Schaltungsauslegung auch zu minimaler Störsignaleinstreuung und Signalverschleifung. Trotz dieser entscheidenden Vorteile sind aufgrund des Zwangs zur Normkompatibilität nur sehr wenige Digitalkameras auf dem Markt (siehe dazu auch Grün 1987).

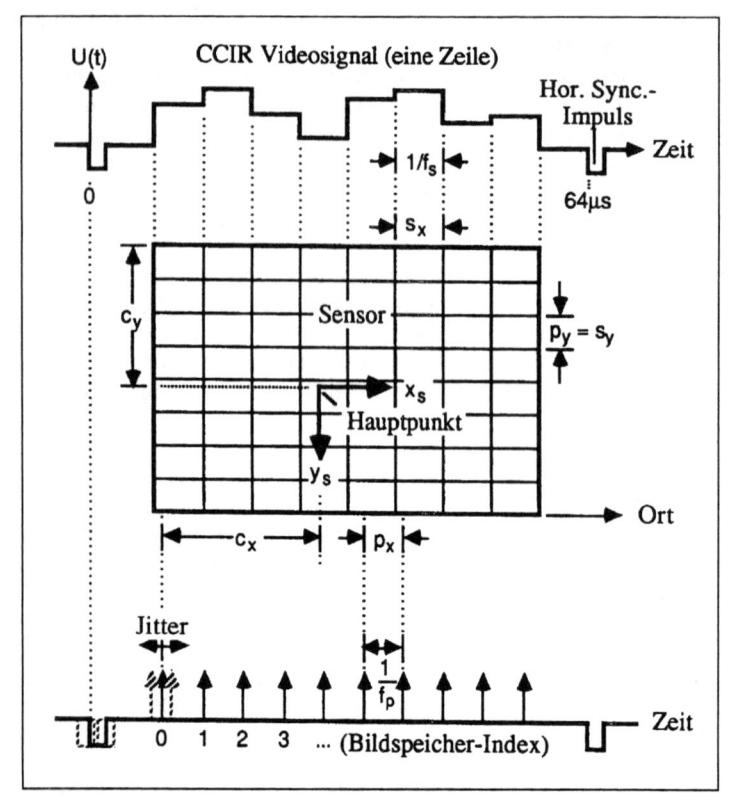

Bild 1.3.3.9: Herleitung der Skalierungsfaktoren p_x und p_y und des Zeilenjitters aufgrund asynchroner AD-Wandlung.

Die Ladungspakete einer Sensorzeile werden mit dem Sel-Takt f_s ausgelesen und ergeben ein zeit-diskretes, treppenförmiges Signal, das die Lichtintensitäten des abgetasteten Bildes wiedergibt. Dieses (ideale) Signal wird oft durch die analoge Signalübertragung verunstaltet. Die aktive Zeilenlänge ist gemäß der CCIR-Norm 52μs, die restlichen 12μs werden als Schwarzreferenz und zur Zeilensynchronisation verwendet. Bildspeicher verwenden den Hor. Sync. Impuls um den Zeilenanfang zu detektieren und dann mit ihrem eigenen Pel-Takt f_p das Videosignal in Digitalzahlen zu wandeln.

Das unvermeidbare Quantisierungsrauschen eines 7 oder 8Bit ADWs ist wesentlich kleiner als man zunächst erwarten würde. Die Rauschleistung $(n_q)^2$ in Einheiten der Quantisierungsstufe Q ist nämlich nicht Q^2, sondern bei zwischen $\pm Q/2$ gleichverteiltem Quantisierungsfehler vielmehr

$$(n_q)^2 = \int_{-Q/2}^{Q/2} x^2\,dx \ / \int_{-Q/2}^{Q/2} dx = \frac{Q^2}{12}$$

Dies führt zu einem Rauschabstand von $(2^8Q)^2 / (Q^2/12)$ oder 59dB für einen 8bit Wandler und $(2^7Q)^2 / (Q^2/12)$ oder 53dB für einen 7bit Wandler, in beiden Fällen besser als die theoretische Grenze ($\approx$50dB), die sich aus der Poissonstatistik bei 10^5 akkumulierten Photoelektronen ergibt. Erst in recht dunklen Bildbereichen und auch nur bei optimaler elektrischer Auslegung ohne störende Fremdeinflüsse ergibt sich eine nennenswerte Beeinträchtigung der Signalübertragung durch den Vorgang der Grauwertquantisierung allein.

Kapitel 2.1.1

Faseroptische Komponenten für adaptive Beleuchtungs- und Abbildungseinrichtungen

A. Frischknecht

2.1.1 Faseroptische Komponenten für adaptive Beleuchtungs- und Abbildungseinrichtungen
A. Frischknecht

Ein grundlegendes Element von Bildverarbeitungssystemen bildet die zugehörige Beleuchtungseinrichtung [Ahlers 1989, Ahlers 1993]. Eine dem Objekt angepaßte Beleuchtung kann häufig dazu beitragen, die Hard- und Softwarekosten von Bildverarbeitungssystemen zu reduzieren, oder gar den Einsatz von automatisierten Systemen überhaupt erst zu ermöglichen. Faseroptische Komponenten sind als Beleuchtungselemente für bildverarbeitende Systeme prädestiniert, weil sie auch unter sehr extremen optischen, geometrischen und klimatischen Bedingungen gute Kontrastverhältnisse und eine hohe Beleuchtungs-Homogenität ergeben. Als Folge des Einsatzes von Faseroptischen Beleuchtungskomponenten können einfachere Hard-und Softwaresysteme verwendet werden [Batchelor 1985, Frischknecht 1989].

Bildverarbeitungssysteme sind in modernen Montagestraßen, automatischen Kontroll- und Überwachungssystemen wegen ihrer hohen Verfügbarkeit und Zuverläßigkeit verbreitet.
Entscheidend für den Einsatz eines solchen Systems ist primär dessen Wirtschaftlichkeit, welche einerseits vom Preis und andererseits von der maximal möglichen Bearbeitungsfrequenz der Anlage abhängt.

An folgenden beleuchtungstechnischen Größen soll kurz erläutert werden, wie die Beleuchtungseinrichtung einen entscheidenden Einfluß auf die Wirtschaftlichkeit eines Bildverarbeitungssystems nehmen kann: (vgl. auch Kapitel 1).

a) Bestrahlungsstärke (Signalhöhe)
b) Kontrast (Signal/Rausch-Verhältnis)
c) Verteilung der Beleuchtungsstärke über den zu analysierenden Bildbereich (homogene Signalverteilung)

Eine optimale Anpaßung dieser Größen an die Geometrie, Farbe und Struktur des Objekts erlaubt es, den Aufwand für Hard- und Software zu minimieren:

a) Einfache, unempfindliche Sensoren bzw. Kamerasysteme und nachfolgende Verstärker
b) Hohe Detektionswahrscheinlichkeit von Merkmalen. Keine kontrasterhöhenden Korrekturen
c) Direkte Analyse der Signale ohne notwendige Korrektur von Beleuchtungs-Inhomogenitäten

Faseroptische Beleuchtungskomponenten erfüllen die oben erwähnten Forderungen an die Beleuchtung in optimaler Weise:

- An die Faseroptik angepaßte Lichtquellen gewährleisten einen hohen, steuerbaren Lichtstrom und durch Verwendung geeigneter Leuchtkörper oder Filter, eine nahezu beliebige Wahl des Spektrums.
- Die mechanische Flexibilität der Glasfasern erlauben die Herstellung von geometrisch komplizierten, dem Objekt angepaßten Beleuchtungselementen.
- Die räumliche Trennung von Objekt und eigentlichem Leuchtkörper ermöglicht Beleuchtungseinrichtungen unter extremen Platz- und Klimabedingungen.

Kurz: Faseroptik bewirkt im Hinblick auf Bildverarbeitung:

- einfache Hardware,
- einfache, kostengünstige Software und
- hohe Verarbeitungsgeschwindigkeit.

Um dies zu verdeutlichen, werden nachfolgend die klassischen Beleuchtungsanordnungen, sowie die Eigenschaften von faseroptischen Komponenten (Lichtquellen, Lichtleiter, Querschnittswandler, Ringlicht und Ringlichtprojektor) und deren typische Einsatzgebiete dargestellt und anhand von Anwendungen illustriert.

Die Anpassung der

- räumlichen Leistungsverteilung über das Objekt
- Winkelverteilung der Leistung in jedem Raumpunkt des Objekts
- Wellenlänge der Strahlung (Spektrum)
- Polarisation (Schwingungsrichtung) der Strahlung

an die Eigenschaften des Objekts (Geometrie, Material, Oberflächenstruktur, Farbe, Transparenz, Absorptions-, Streu- und Reflexionsverhalten) ermöglicht eine Maximierung des Kontrasts und ergibt damit die optimale Voraussetzung für nachfolgende Bildbearbeitungsschritte.

Der hohe Informationsgehalt eines Bildes muß in vielen Fällen verkleinert werden. Trägt z.B. eine feine Grauwertabstufung der einzelnen Pixel nicht zur später ausgewerteten Information bei und lassen sich z.B. 256 Grauwerte auf die Werte schwarz/weiß vermindern, so ist die Informationsmenge (der Speicherplatz) in einem Bilde um einen Faktor acht verkleinert worden, ohne daß von der notwendigen Information etwas verloren gegangen wäre. Diese drastische Reduktion der Informationsmenge bewirkt natürlich auch direkt eine starke Verkürzung der Verarbeitungszeit, welche oft zu einer höheren Potenz der Pixelzahl proportional ist.
Mit einfachen und preiswerten optischen Mitteln, wie Farbfilter, Polarisationsfilter, räumliche Filter, Linsen etc. läßt sich oft eine solche optische „Bildvorbearbeitung" auf einfache Weise erzielen, welche später Verarbeitungszeit, Speicherplatz und dadurch Hard- und Softwarekosten einsparen kann.

Es ist deshalb wichtig, vor dem Beginn der digitalen Bildbearbeitung das Bild, welches später ausgewertet werden soll, zu erzeugen. Dazu benötigt man recht wenig, nämlich einige beleuchtungstechnische Komponenten (Lampen, die oben erwähnten Elemente, etc), eine Kamera. Eine Beurteilung „von Auge" erweist sich oft als sehr trügerisch, weil wir unbewußt und automatisch eine sehr starke Vorbearbeitung des Bildes vornehmen, welche mit den rein technischen Mitteln zunächst nicht erfolgen kann. Es ist die Aufgabe des Beleuchtungstechnikers, Beleuchtungskomponenten und optische Elemente so auf ein Objekt wirken zu lassen, daß die Bildinformation soweit wie möglich für den jeweiligen Anwendungsfall optimiert wird [Grimm 1988, Buschendorf 1989, Ahlers 1992].

2.1.1.1 Lichttransport in Lichtleitern (vgl. Bild 2.1.1.1)

Glasfaser-Lichtleiter bestehen aus einem Kern aus Glas mit hohem und einem Mantel aus Glas mit niedrigerem Brechungsindex. Lichtstrahlen aus dem Kern, welche flach genug ($\beta > \beta_G$ = Grenzwinkel für Totalreflexion) auf die Grenzfläche Kern/Mantel fallen, werden in den Kern zurückgespiegelt, verlaufen also weiterhin im Kern. Auf diese Weise kann mit Glasfasern Licht (Energie) fast verlustfrei übertragen werden.

Strahlung, welche diese Bedingung, erfüllt liegt innerhalb eines Kegels mit dem Winkel $\alpha < \alpha_G$, dem sog. Öffnungswinkel der Faser.

Strahlungsverluste im Faserbündel entstehen (abgesehen von Verlusten durch Verletzung der Bedingung für Totalreflexion) durch geometrische und optische Effekte:

a) Geometrie:
   Die Fasern eines Bündels sind dicht gepackt (vgl. Bild 2.1.1.2). Trotzdem ergibt sich durch die Zwischenräume und durch den Mantel, welcher nicht zur Lichtleitung beiträgt, ein gewißer toter Querschnitt, welcher etwa 30 % des Bündelquerschnitts ausmacht (unabhängig vom Faserdurchmesser!).

b) Reflexion:
   Beim Ein- und Austritt wird ein Teil des Lichts reflektiert wodurch ein weiterer Verlust von ca. 8 % entsteht.

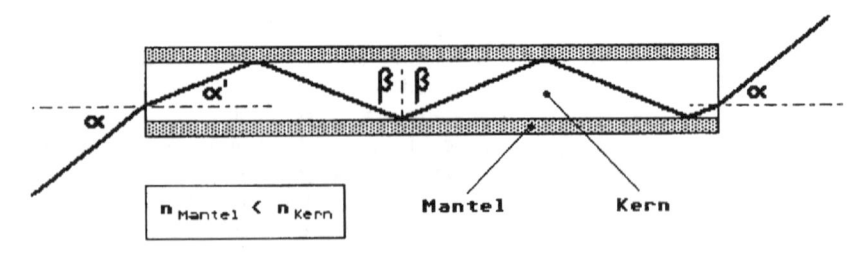

Bild 2.1.1.1: Lichttransport in der Glasfaser

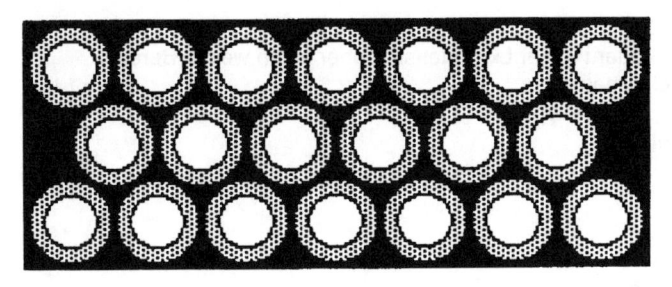

Bild 2.2.1.2: Geometrische Einkopplungsverluste im Faserbündel

c) Streuung:
   Das Kernglas besteht aus außerordentlich reinem Material. Trotzdem wird das Licht zum Teil gestreut und absorbiert.

Die beiden Effekte (a) und (b) sind von der Länge des Faserbündels unabhängig! Sie bewirken aber, daß man bei Faserbündeln mit einem grundsätzlichen Leistungsverlust von ca. 40 % rechnen muß.

Dazu kommen noch die Verluste (c), welche von der Länge des Faserbündels abhängen (die durch (c) bestimmte Transmisson nimmt exponentiell mit der Länge der Glasfaser ab). Sie kommen aber erst bei größeren Bündellängen sichtbar zum tragen und können durch den Einsatz besonderer Fasern reduziert werden.

2.1.1.2 Lichtquellen für faseroptische Systeme

2.1.1.2.1 Leuchtkörper

Der wichtigste Teil der Faseroptischen Lichtquelle ist der Leuchtkörper, welcher je nach Anforderung an Lichtstrom, optischem Spektrum, Lebensdauer und Preis aus folgender Auswahl bestimmt wird:

Halogenlampen
- gutes Preis/Leistungs-Verhältnis
- kontinuierliches Spektrum
- einfache Speisung

Entladungslampen
- hohe Strahldichte (je nach Ausführung)
- Spektrum kontinuierlich oder diskrete Linie, abhängig vom Füllgas
- bei speziellen Ausführungen (Blitzlampen) Möglichkeit zur Stroboskopie
- komplizierte Speisung / Zündung

Leuchtdioden (LED)
- Trägheitslose Steuerung der Lichtintensität über einen weiten Bereich
- nahezu Monochromasie
- Möglichkeit zur Stroboskopie
- einfachste Speisung

Laser
- Kohärenz
- Monochromasie
- hohe Strahlstärke

2.1.1.2.2 Einkopplung

Lichtquellen für Faseroptik sind so konzipiert, daß sie einen möglichst großen Lichtstrom in das Glasfaserbündel einkoppeln, d.h. daß sie der Faser einen Lichtkegel anbieten, dessen Öffnungswinkel möglichst dem Öffnungswinkel der Faser entspricht. Je nach verwendetem Leuchtkörper wird dazu eine spezielle Einkoppel-Optik (Kondensor oder Reflektor) eingesetzt.

2.1.1.2.3 Steuerung der Lichtintensität

Die Steuerung der Lichtintensität kann auf zwei grundsätzlich verschiedene Weisen realisiert sein:

a) Blendensystem (z. B. Sichelblende, Volpi Patent)
Vorteil:
Farbtemperatur konstant (d.h. das Spektrum des austretenden Lichts ist unabhängig von der Lichtintensität, damit werden verschiedene Farben bei verschiedenen Intensitäten relativ zueinander immer gleich gewichtet). Zudem muß die spektrale Empfindlichkeit des Bildsensors bei der Intensitätsregelung nicht berücksichtigt werden.

Nachteil:
Mechanische Steuerung, relativ aufwendig

b) Steuerung des Lampenstroms
Vorteile:
elektronische Schaltung relativ schnelle Reaktion auf das Steuersignal (limitiert durch die thermische Trägheit der Lampe) Einfache Kopplung an Steuerelektronik

Nachteile:
Veränderung der Farbtemperatur; Einsatz bei bestimmten Leuchtkörpern nur beschränkt möglich

2.1.1.2.4 Ausführungsformen

Auf dem Markt sind sogenannte Kaltlichtquellen erhältlich, welche in den meisten Fällen eine Halogenlampe, ein sogenanntes Wärmeschutzfilter (Infrarot-Blokkungs-Filter), ein Blendensystem, Einschubmöglichkeiten für Farbfilter und, als wesentlichstes Element, eine Einkoppeloptik enthalten (vgl. Bild 2.1.1.3)

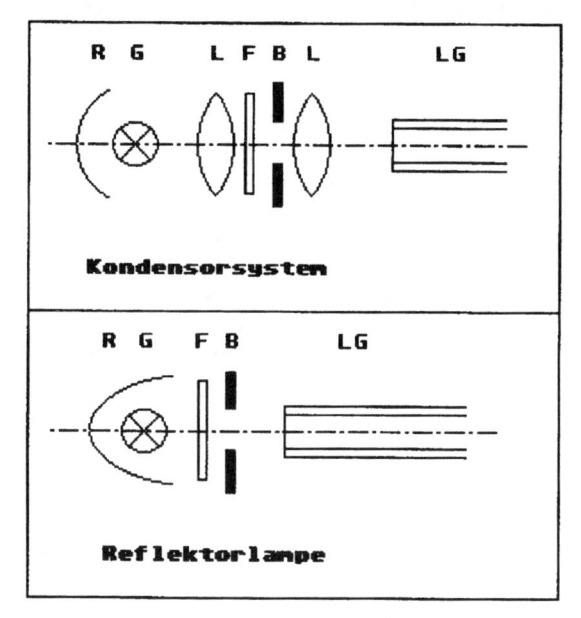

```
R  G    L F B L        LG       R:  Reflektor
                                G:  Glühlampe
                                L:  Linse
                                F:  IR-Filter
                                B:  Blende
                                LG: Lichtleiter

Kondensorsystem

R  G   F B      LG

Reflektorlampe
```

Bild 2.1.1.3: Prinzipieller Aufbau von Kaltlichtquellen für Faseroptik

Diese Lichtquellen sind so ausgelegt, daß sie ein breites Band von Anforderungen abdecken. Sie sind entweder als eigenstänige Leuchten mit eingebauter Versorgung und Kühlung, als Lichtquellen-Einschübe (Kassette für 19" Rack) oder als Lichtquellen-Module (Leuchtkörper, Optik, IR-Filter und Lichtleiteranschluß auf Montageplatte) erhältlich. Spezielle Anforderungen können durch gezielte Entwicklungen erfüllt werden.

Insbesondere in der Bildverarbeitung hat sich ein Bedürfnis herausgestellt, welchem in einer Neuentwicklung kürzlich Rechnung getragen wurde: Jede Video-Kamera hat bezüglich Bestrahlungsstärke des Chips einen optimalen Arbeitspunkt. Dieser wird üblicherweise dadurch eingestellt, daß die Lichtquelle einen konstanten Lichtstrom liefert und eine in der Kamera eingebaute Blende die Bestrahlungsstärke auf dem Chip optimiert. Leider ist dies nicht ganz ohne unerwünschte Nebenwirkungen. Die Blende verändert nämlich nicht nur den Lichtstrom, sondern auch den Öffnungswinkel der Kameraoptik. Dadurch werden folgende unerwünschten Nebeneffekte verursacht:

- die Schärfentiefe der Kameraoptik ändert sich
- der Akzeptanzwinkel für einfallende Strahlen wird geändert, d.h. daß unerwünschte Strahlen in die Optik gelangen, oder gewünschte Strahlen im Winkel beschnitten werden. Beides führt zu Veränderungen des Kontrasts.
- Verschmutzungen oder Fehler im Deckglas des Chips können bei kleiner Blende Schatten auf der Sensoroberfläche hervorrufen, welche nicht vorhandene Objekte simulieren können. Eine Änderung der Blende läßt solche Artefakte mehr oder weniger stark in Erscheinung treten.

Um diese unerwünschten Nebenwirkungen zu vermeiden, muß die Bestrahlungsstärke an ihrem Ursprung gesteuert werden können. Naheliegend ist eine Steuerung der Lichtquelle, entweder über den Bildverarbeitungsrechner oder über eine dezentralisierte intelligente Regelung. Um diesem Bedürfnis gerecht zu werden, wurde die rechnergesteuerte Lichtquelle entwickelt, welche einerseits direkt über einen Rechner (Standard-Schnittstelle, z.B. RS-232) gesteuert werden kann, andererseits aber auch die Möglichkeit bietet, über einen Photosensor und den nachgeschalteten Regelkreis einen einmal eingestellten Wert konstant zu halten. Die Steuerung des Lichtstroms erfolgt entweder über den Lampenstrom oder über eine motorisch angetriebene Blende.

2.1.1.3 Faseroptische Komponenten

Faseroptische Komponenten für Beleuchtungszwecke erlauben

- Eine räumliche Entkopplung von Leuchtkörper und „Lichtquelle" (Ende des Lichtleiters)
- Eine klimatische Entkopplung des Objekts vom Leuchtkörper
- Die räumliche Verteilung der Bestrahlungsstärke dem Objekt anzupaßen
- Die Winkelverteilung des Strahlungsflußes gezielt zu steuern

Um dies zu erreichen, werden die Größe, die Form und die Austrittsfläche des faseroptischen Bauteils den geforderten Bedingungen angepaßt. Häufig ist es zudem unumgänglich, zusätzliche optische Elemente einzusetzen, um die notwendigen Winkelkorrekturen zu erreichen.

Im folgenden sind im Handel erhältliche Faseroptische Komponenten beschrieben und deren Einsatzmöglichkeiten kurz skizziert.

2.1.1.3.1 Beleuchtungs-Lichtleiter (Bild 2.1.1.4)

Lichtleiter werden für gerichtete Beleuchtung eingesetzt. Die Bestrahlungsstärke und deren Verteilung auf der Objektfläche können in gewissen Grenzen durch Variation des Arbeitsabstandes oder durch den Einsatz einer Vorsatzlinse verändert werden.

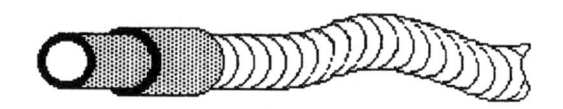

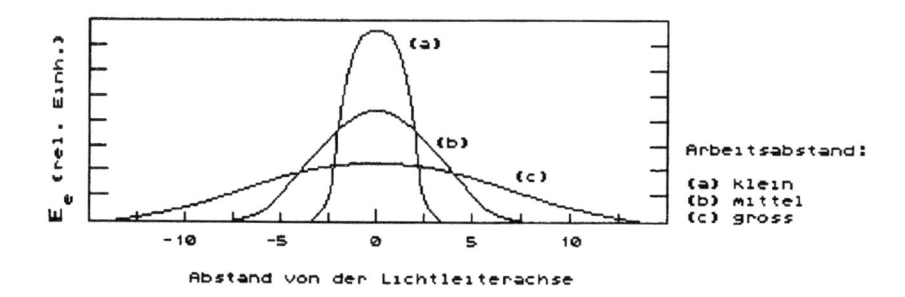

Bild 2.1.1.4: Beleuchtungslichtleiter und dessen Verteilung der Beleuchtungsstärke

Einsatzgebiete:

- Auf/Durchlichtbeleuchtung
- „lokale" Beleuchtung
- Hell/Dunkelfeld
- „Ersatz" von Leuchtkörpern aus Platzgründen oder wegen klimatischer Probleme
- Speisung meherer „Lichtquellen" durch einen Leuchtkörper (mehrarmiger Lichtleiter)

2.1.1.3.2 Querschnittswandler (Bild 2.1.1.5)

Der Querschnittswandler (QW) liefert senkrecht zur Zeile eine gerichtete, längs der Zeile eine diffuse Beleuchtung. Eingesetzt zur Beleuchtung von zeilenförmigen Gebilden wie Schrift, Strichcode, lineare Objekte (Zylindermantel) oder angepaßt an die Sensorform einer Zeilenkamera vermag der QW sehr homogene Bestrahlungsstärken längs der QW-Zeile zu liefern (Bild 2.1.1.5).

Zeilenbreite und Zeilenlänge können in weiten Bereichen dem Objekt angepaßt werden. Die Verteilung der Beleuchtungsstärke kann durch geeignete Wahl des

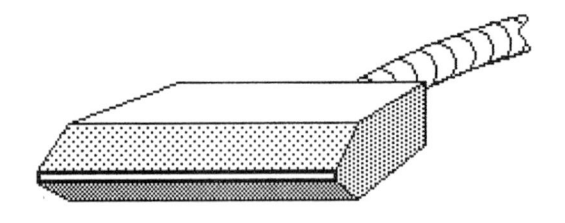

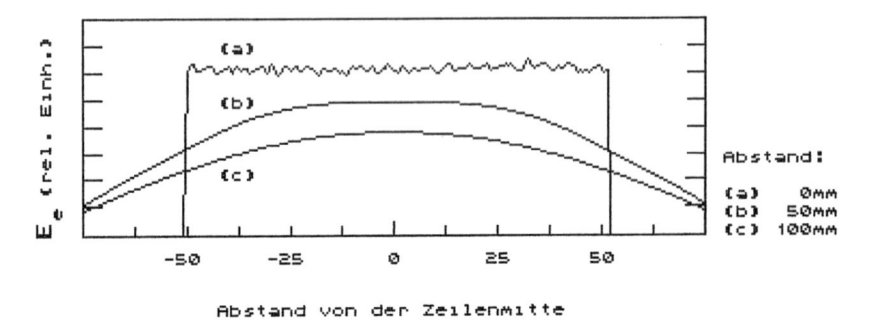

Bild 2.1.1.5: Querschnittswandler und dessen Verteilung der Bestrahlungsstärke in Abhängigkeit des Arbeitsabstandes

Arbeitsabstandes oder durch den Einsatz einer Vorsatzlinse (zylindrisch) gezielt beeinflußt werden.

Einsatzgebiete:
- Beleuchtung zeilenförmiger/ausgedehnter Strukturen
- Lichtvorhang
- Auf/Durchlicht
- Hell/Dunkelfeld

2.1.1.3.3 Glasfaser-Ringlicht (Bild 2.1.1.6)

Das Ringlicht (RL) ist darauf optimiert, eine homogene Verteilung der Bestrahlungsstärke über eine größere Fläche am Ort des Objekts zu erzeugen. Die Winkelverteilung ist sehr gerichtet, ein Punkt des Objekts sieht Licht aus einem Kegel mit einem Öffnungswinkel, welcher durch den Radius des RL und den Arbeitsabstand definiert ist.

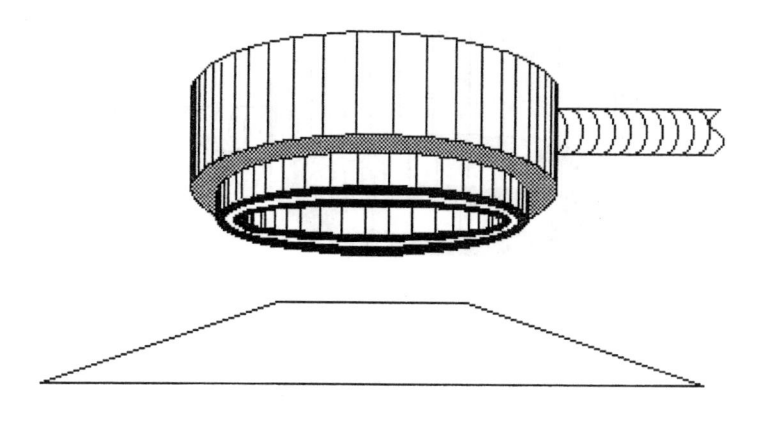

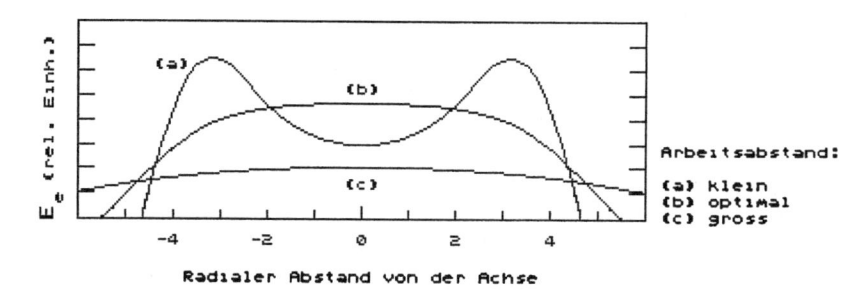

Bild 2.1.1.6: Ringlicht und dessen radiale Verteilung der Bestrahlungsstärke in Funktion des Arbeitsabstandes

Durch verändern des Arbeitsabstandes lassen sich spezielle radiale Verteilungen der Bestrahlungsstärke erzielen (Bild 2.1.1.6), zum Beispiel kann damit der natürliche Randabfall einer Kameraoptik ($\cos^4$) zum Teil kompensiert werden! Bei einem bestehenden Ringlicht läßt sich die optimale Arbeitsdistanz durch den Einsatz einer torusförmigen Vorsatzlinse (Zubehör) verändern.

Einsatzgebiete:
- homogene Beleuchtung ausgedehnter Objekte
- Beleuchtung zylindrischer Objekte
- Auf/Durchlicht
- Hell/Dunkelfeld

2.1.1.3.4 4-Punkt Ringlicht (Bild 2.1.1.7)

Das Vierpunkt-Ringlicht ist in seiner Herstellung einfacher und flexibler, als das gewöhnliche Ringlicht, da es aus vier einzelnen Lichtleitern aufgebaut ist. Die

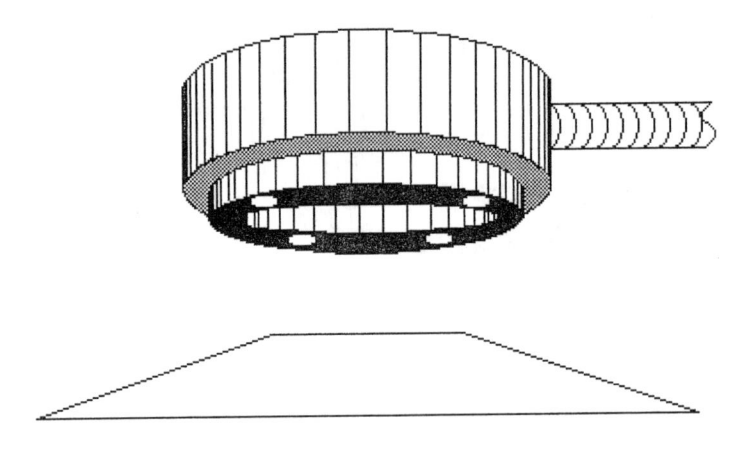

Bild 2.1.1.7: 4-Punkt Ringlicht

Homogenität über die Arbeitsfläche ist zwar leicht reduziert (wobei, diese durch Erhöhung der Anzahl Punkte wieder verbessert werden könnte), dafür bieten sich aber andere Vorteile:

- Das 4-Punkt Ringlicht kann aus vier Lichtleitern hergestellt werden, welche je von einer Lichtquelle mit verschiedenen Farben (Filter) gespeist werden. Filter vor den Kameras lassen damit nur eine bestimmte Beleuchtungsrichtung in Erscheinung treten (zeitlich parallele, Quadrantenbeleuchtung).
- Individuell gespeiste Lichtleiter lassen sich zeitlich sequentiell steuern, so daß einzelne Beleuchtungsquadranten angesteuert werden können.
- Der Beleuchtungswinkel läßt sich beim 4-Punkt Ringlicht in größeren Bereichen variieren.
- Durch die Wahl größerer Lichtleiterdurchmesser kann die Beleuchtungsstärke einfacher den Erfordernissen angepaßt werden.

Einsatzgebiet:

- Wie Ringlicht
- Quadrantenweise gerichtete Beleuchtung

2.1.1.3.5   Ringlichtprojektor (Bild 2.1.1.8)

Kameraobjektiv und Ringlicht sind in den meisten Fällen starr verbunden, so daß sich die Verteilung der Bestrahlungsstärke bei einer vorgegebenen Arbeitsdistanz (Distanz Ringlicht-Objekt) nicht variieren läßt.

Im Ringlichtprojektor wird über einen semitransparenten Spiegel ein Ringlicht virtuell in den Strahlengang der Kameraoptik gelegt. Die dadurch erreichte Freiheit

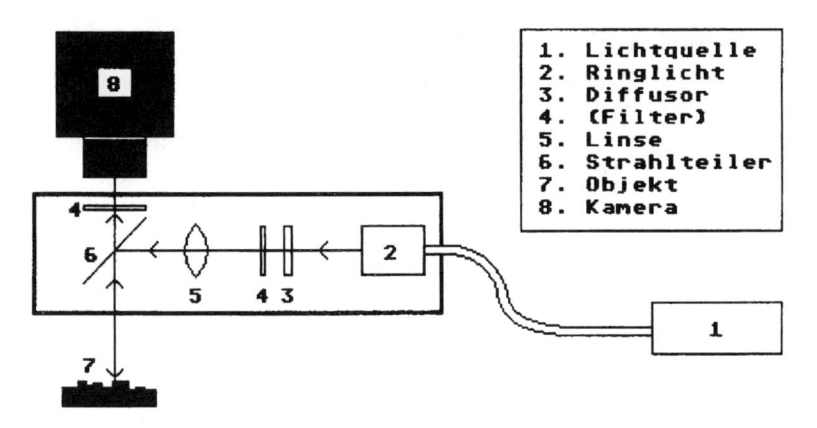

1. Lichtquelle
2. Ringlicht
3. Diffusor
4. (Filter)
5. Linse
6. Strahlteiler
7. Objekt
8. Kamera

Bild 2.1.1.8: Aufbau des Ringlichtprojektors

des Abstandes zwischen Ringlicht und Objekt, verbunden mit der relativ freien Wahl des Ringlichtdurchmessers ermöglicht die Erzeugung einer großen Vielfalt von radialen Beleuchtungsverteilungen. Damit werden die Einschränkungen des Ringlichts hinfällig. Ein Beispiel zeigt Bild 2.1.1.9, wo der Randabfall einer Kameraoptik durch geeignete Wahl des Arbeitsabstandes und der dadurch gegebenen Beleuchtungsverteilung weitgehend kompensiert werden konnte.

Einsatzgebiet:
— Auflichtbeleuchtung für spezielle radiale Beleuchtungsverteilungen
— Hell/Dunkelfeld

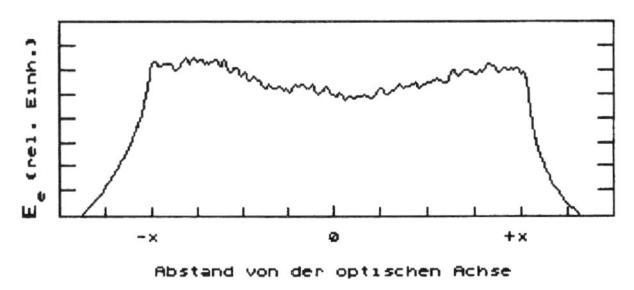

RLP

Bild 2.1.1.9: Verteilung der Beleuchtungsstärke auf der Bildebene der Kamera mit Ringlichtprojektor

2.1.1-13

2.1.1.3.5 Ringlichtprojektor mit Diffusor (Bild 2.1.1.8)

Dieses faseroptische Bauteil ist wie der RLP aufgebaut mit dem kleinen Unterschied, daß ein Diffusor, welcher durch das RL beleuchtet wird, als Leuchtkörper aufgefaßt werden kann. Dieser wird über die Optik auf das Objekt abgebildet und ermöglicht an dieser Stelle eine weitgehend diffuse Beleuchtung.

Einsatzgebiete sind:

- Auflicht-, Hellfeldbeleuchtung
- Strukturen mit reflektierenden/streuenden Materialien, gewölbte reflektierende Strukturen (Printplatten)
- Räumlich ausgedehnte Objekte (Vermeidung des Schattenwurfes)

2.1.1.4 Optimierung der optischen Eigenschaften

Durch den Einsatz geeigneter faseroptischer Beleuchtungskomponenten, beziehungsweise durch Variation diverser Parameter dieser Komponenten läßt sich die Geometrie der Beleuchtungsverteilung bzw. der Bildinformation in weiten Bereichen den Anforderungen des Bildverarbeitungssystems anpassen.

Zusätzlich zu diesen Vorteilen lassen sich oft mit einfachen Mitteln wesentliche Kontrastverbesserungen erzielen:

2.1.1.4.1 Farbfilter

Wie in 2.4.1 beschrieben, können Farbfilter bei Objekten mit Strukturen unterschiedlicher Farbe Kontrastverbesserungen bewirken. Farbfilter können entweder direkt in die Lichtquelle (zwischen Leuchtkörper und Faseroptik) eingebaut, am Austritt der Faseroptik montiert oder vor das Kameraobjektiv gesetzt werden und sind als Zubehör zu Lichtquellen, Faseroptischen Komponenten und Kameras erhältlich. Die Wahl des geeigneten Filters (Kantenfilter, Bandpassfilter etc.) richtet sich nach den farblichen Eigenschaften des Objekts.

Farbfilter können auch zur Entkopplung verschiedener Kamera- und Beleuchtungssysteme eingesetzt werden, welche das selbe Objekt betrachten. Je eine Kamera und ein Beleuchtungssystem arbeiten in einem eigenen Wellenlängenbereich (Farbe), für den die anderen Kameras blind sind. Dazu werden Lichtquelle und Kamera mit den entsprechenden Farbfiltern versehen. Damit erhält man die Möglichkeit, verschiedene Systeme parallel am gleichen Objekt arbeiten zu lassen.

2.1.1.4.2 Polarisatoren

Die Anwendung von polarisiertem Licht zur Kontrastverbesserung verlangt zwei Polarisationsfilter. Das erste, der sogenannte Polarisator, wird am Austritt des faseroptischen Bauteils befestigt, das zweite, der Analysator, vor dem Kameraobjektiv (Ein Einbau des Polarisators vor dem Faseroptischen Bauteil ist nicht möglich, da die vielfachen Reflexionen in den Glasfasern das Licht weitgehend depolarisieren). Durch Drehen des Analysators in Referenz zum Polarisator wird der Kontrast optimiert.

Auch mit Polarisationsfiltern kann eine gegenseitige Entkopplung zweier parallel arbeitender Systeme erreicht werden, indem je die Lichtquellen und die Kameras mit zueinander gekreuzten Polarisatoren versehen werden. Dabei bleibt die Farbinformation des Objekts erhalten! Da nur zwei Polarisationszustände existieren, können nur zwei Systeme entkoppelt werden.

2.1.1.5 Endoskope

Spezielle faseroptische Geräte sind die Endoskope, Instrumente, welche es ermöglichen, durch kleine Öffnungen (<1mm) Hohlräume zu inspizieren. Neben den medizinischen Anwendungen, in welchen diese Instrumente schon immer eine hohe Bedeutung hatten, werden Endoskope auch in der Industrie zur Hohlrauminspektion eingesetzt und erlauben damit eine zerstörungsfreie Prüfung.

Aufbau:
Ein kleines Objektiv erfasst das Bild, welches in einem dünnen Rohr über ein Optik-System zum Okular bzw. zur Kamera übertragen wird. Zur Beleuchtung des Objekts im Hohlraum wird im Instrument ein faseroptischer Lichtleiter integriert, welcher so zum Objektiv angeordnet ist, daß eine optimale Objektausleuchtung gewährleistet ist. Spiegelsysteme auf der Objektivseite des Endoskops erlauben es, die Blick- und Beleuchtungsrichtung anzupassen (Bild 2.1.1.10 zeigt den schematischen Aufbau eines flexiblen Endoskopes).

Entsprechend der Ausführung der Übertragungsoptik unterscheiden wir drei verschiedene Typen von Endoskopen.

a) Klassische Übertragungsoptik, starres Endoskop Die Übertragungsoptik ist aus einzelnen klassischen Linsen aufgebaut. Da die Herstellung kleiner Linsen aufwendig ist, werden diese Instrumente nur bis zu einem minimalen Durchmesser von ca. 2-3mm hergestellt.

b) Übertragungsoptik mit Selfoc-Linsen, starres Endoskop Selfoc-Linsen sind Glaszylinder mit radial variablem Brechungsindex. Solche Linsen haben abbildende Eigenschaften und können ideal als Bildübertragungselement eingesetzt werden (eine einzige solche Linse dient als gesamtes Übertragungssystem). Selfoc-Linsen können bis unter 1mm Durchmesser hergestellt werden und finden deshalb in extrem dünnen Endoskopen, sog. „Needlescopes" Anwendung.

c) Übertragungsoptik mit Bildbündeln, flexibles Endoskop (Bild 2.1.1.10)

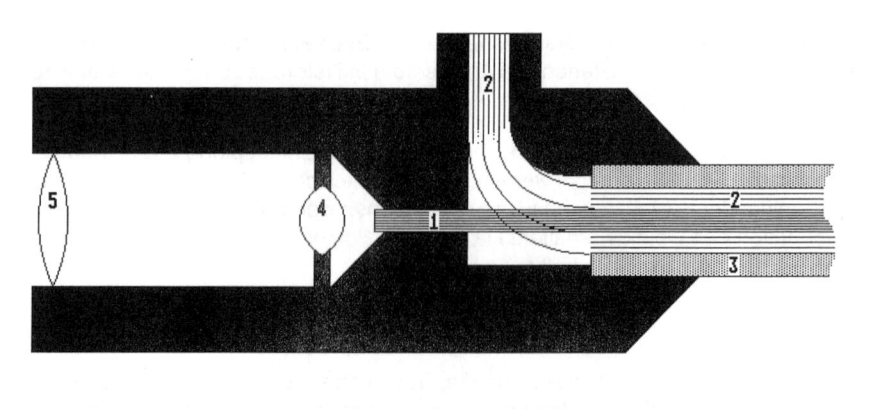

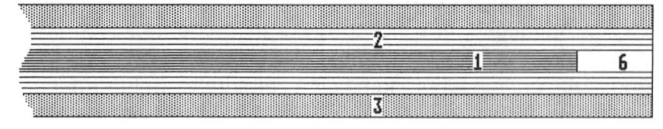

Bild 2.1.1.10: Flexibles Endoskop (schematisch)
- 1) Bildbündel
- 2) Lichtleiter
- 3) Schutzrohr
- 4) Mikroskop-Objektiv
- 5) Okular
- 6) Endoskop-Objektiv (hier Selfoc-Linse)

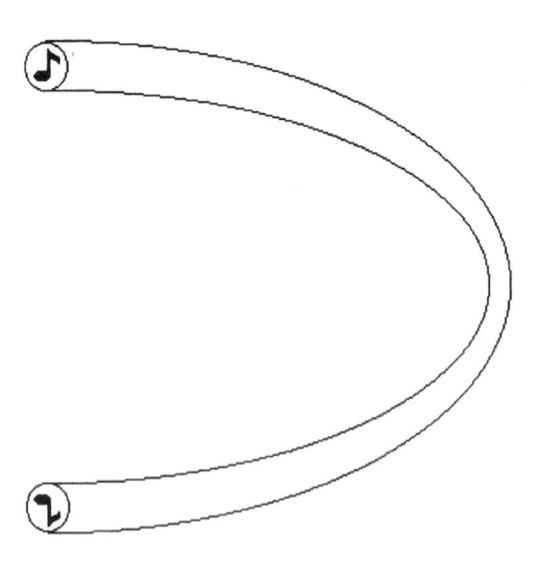

Bild 2.1.1.11: Wirkungsweise eines Bildbündels

Bildbündel sind Glasfaserbündel, in denen die einzelnen Fasern am Eingang und am Ausgang des Bündels die gleiche relative Lage zueinander haben. Ein Bild, welches auf die Eingangsfläche des Bildbündels projiziert wird, erscheint wieder auf seiner Ausgangsfläche (Bild 2.1.1.11) und kann über ein Mikroskop, beobachtet oder mit einem Kamerasystem aufgenommen werden.

Da diese Bildbündel aus flexiblen Glasfasern bestehen, können damit auch flexible Endoskope hergestellt werden. Die Bildqualität ist durch die Anzahl Fasern im Bündel bestimmt, da jede Faser einen Bildpunkt liefert. Der Faserdurchmesser hat aus physikalischen Gründen eine untere Grenze, weshalb zwischen Bildbündel-Durchmesser und Bildauflösung ein Kompromiss geschlossen werden muß. Es lassen sich flexible Systeme bis hinunter zu ca. 0.8 mm Aussendurchmesser (inkl. Beleuchtungslichtleiter!) mit 6000 Bildpunkten realisieren. Die Länge ist nicht prinzipiell beschränkt und kann einige Meter betragen. Der große Vorteil dieses Endoskop-Typs liegt in seiner Flexibilität, seiner dünnen Ausführung und seiner Länge. Damit lassen sich z.B. komplexe Rohrsysteme (in der Medizin Arterien!) oder Hohlräume mit verwinkelten Zugängen inspizieren.

2.1.1.6 Beispiele

In diesem Kapitel wird anhand ausgewählter Beispiele die Wirkung des Einsatzes verschiedener Beleuchtungskomponenten demonstriert.

Bild 2.1.1.12: Gedruckte Schaltung
Links: Auflicht.   Strukturen auf dem Material werden erkennbar.
Rechts: Durchlicht. Die undurchsichtigen Leiterbahnen erzeugen deutliche dunkle Flächen auf der durchscheinenden Epoxyplatte.

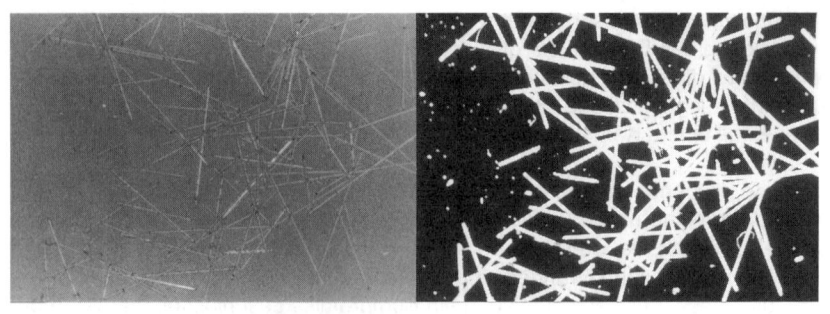

Bild 2.1.1.13: Glasfasern-Abschnitte
Links: Hellfeld.   Die transparenten Fasern sind auf hellem Hintergrund schwach erkennbar.
Rechts: Dunkelfeld. Die Fasern streuen Licht ins Kameraobjektiv und erscheinen weiss auf dunklem Grund.

Bild 2.1.1.14: Unterseite eines Drehschalters
Links: Gerichtete, seitliche Beleuchtung mit Lichtleiter. Schattenwurf.
Rechts: Pseudodiffuse Beleuchtung mit Ringlicht. Keine Schatten.

Bild 2.1.1.15: Angesenktes Loch
Links: Gerichtete, seitliche Beleuchtung mit Lichtleiter. Schatten und Reflexe.
Rechts: Pseudodiffuse Beleuchtung mit Ringlicht. Schatten verschwinden. Die reflektierende Fläche der Ansenkung erfährt aufgrund ihres Winkels zum Beleuchtungsring und zur Kamera eine Dunkelfeldbeleuchtung und erscheint deshalb schwarz.

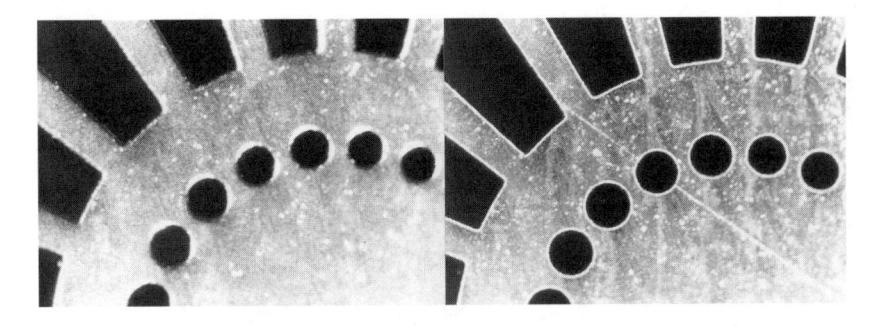

Bild 2.1.1.16: Geätztes Bauteil
Links: Gerichtete, seitliche Beleuchtung mit Lichtleiter. Runde Löcher erscheinen wegen des Schattenwurfes und der Reflexe oval.
Rechts: Pseudodiffuse Beleuchtung mit Ringlicht. Runde Löcher erscheinen rund!

Bild 2.1.1.17: Leiterplatte
Links: Pseudodiffuse Beleuchtung mit Ringlicht. Objekt erscheint flach.
Rechts: Gerichtete, seitliche Beleuchtung mit Lichtleiter. Objekt erscheint als räumliche Struktur.

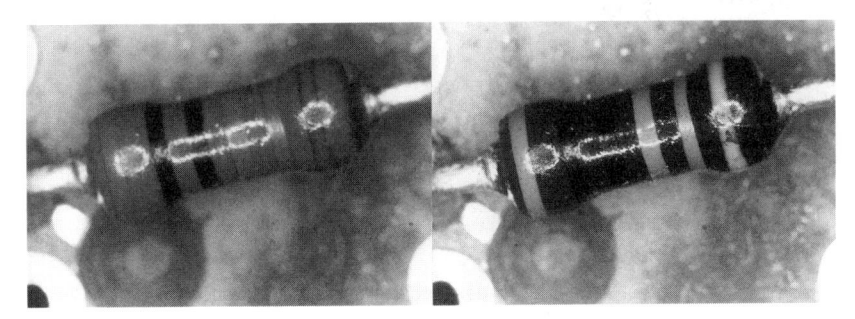

Bild 2.1.1.19: Widerstände (blaues Grundmaterial)
Links: beleuchtet mit weissem Licht, Farbstreifen erscheinen grau/schwarz.
Rechts: beleuchtet mit rotem Licht, rote Streifen erscheinen weiss.

(a) (b)

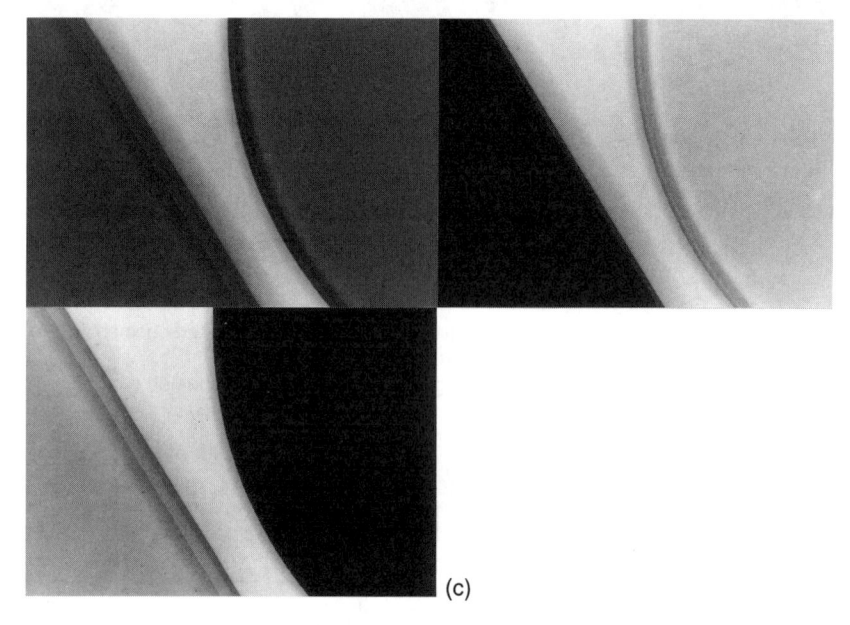

(c)

Bild 2.1.1.18: Farbgläser (links blau, rechts rot)
a) beleuchtet mit weissem Licht. Beide Gläser erscheinen gleichmässig grau
b) beleuchtet mit rotem Licht (das rote Glas ist für rotes Licht transparent)
c) beleuchtet mit blauem Licht (das blaue Glas ist für blaues Licht transparent)

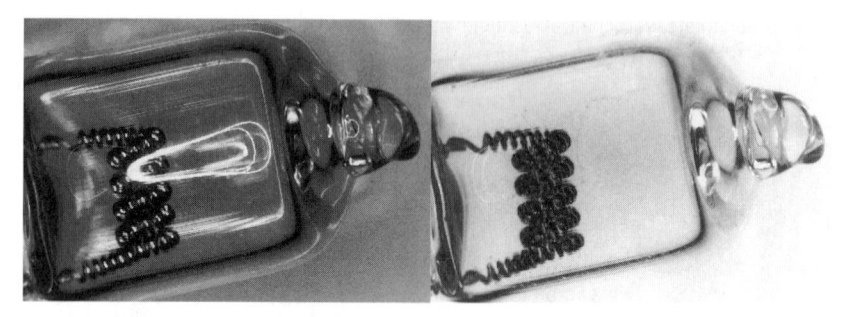

Bild 2.1.1.20: Halogenlampe
Links: Unpolarisiertes Licht: Die Wendel ist schlecht erkenntlich wegen störenden Reflexionen auf dem Glaskolben.
Rechts: Polarisiertes Licht: Die Reflexe sind verschwunden.

Kapitel 2.1.2

Flexible, programmgesteuerte Objektbeleuchtung für die dreidimensionale Bildverarbeitung

R. Malz

2.1.2 Flexible, programmgesteuerte Objektbeleuchtung für die dreidimensionale Bildverarbeitung
R. Malz

Objekterkennung in reich strukturierten, natürlichen Umgebungen allein mit optischem Sensor und Bildanalyse durchzuführen, ist technisch wie biologisch ein adäquates Verfahren. Relative Helligkeit, Textur und Farbe der vorwiegend matten Oberflächen sind aussagekräftige Merkmale, die sich bei modifizierter Beleuchtung, soweit diese überhaupt beeinflußbar ist, nur geringfügig ändern. Dies gilt gleichermaßen für die Dokumentenanalyse oder die Auswertung bildhafter Vorlagen.

Bei der Erkennung und Inspektion kleiner technischer Objekte treten andere Gesichtspunkte in den Vordergrund. Die Helligkeits- und Farbwerte in Einzelbildern von metallischen Komponenten mit spiegelnden oder stark gerichtet streuenden Oberflächen liefern kaum noch zuverlässige Aussagen über das Objekt selbst. Wegen der extremen Winkelabhängigkeit der Objektmerkmale ist der Informationsverlust in nur unvollständig definierten Beleuchtungs- und Beobachtungssituationen sehr hoch [Bertero 1988] (Bild 2.1.2.1). Dies macht verständlich, warum industrielle Bildverarbeitungsprobleme durch „ reine Bildverarbeitung", d.h. durch Interpretation der in einem vorgegebenen Einzelbild enthaltenen Merkmale auch unter Einsatz umfangreichen Vorwissens über Objekte, Szenen und mögliche Beleuchtungsphänomene nicht optimal gelöst werden können.

Die Rekonstruktion von Objektmerkmalen wird zuverlässiger, wenn nicht Hypothesen, sondern weitere aktuelle Meßwerte über das Objekt herangezogen werden.

Objektmerkmale	Objektfunktion	Abbildung	Bildmerkmal
: "Riß" "Schliff" "Loch" "Lackierung" "Knick" "Delle" "Kratzer" "Staubkorn" "Fleck" "Materialgrenze" :	raumwinkel- abhängige Reflexions-, Streu- und Schatten- funktion Distanz- funktion, Topografie	⟶ unsichtbar ⏋ ── mehrfach ⟶⟶ ⟵ eineindeutig ⟶ ⟶⟵ mehrdeutig ── ⌊ artifiziell ⟶	Intensitäts- wert oder -funktion

Bild 2.1.2.1: Topografie und Reflexionscharakteristik sind wesentliche Eigenschaften der Objektmerkmale, die bei der Abbildung auf Einzelbildmerkmale verloren gehen

Dies kann beispielsweise über Bildfolgen geschehen. Dabei stellt sich die grundsätzliche Frage, welche Freiheitsgrade verfügbar sind und ob diese in passiver oder aktiver Weise genutzt werden sollen. Die Unterscheidung passiv – aktiv meint hier den Modus der optischen Informations*erzeugung* und *-aufnahme*, und nicht den der Informations*verarbeitung* [Baicsy 1988]. „Passiv" wäre demnach ein Beobachtungsvorgang, der bei unkontrollierbarer Bewegung von Lichtquelle (Sonnenstand), Objekt (Fahrzeug in einer Verkehrsszene) oder Lichtempfänger (fahrzeuggebundene Kamera) räumliche Veränderungen zur Informationsgewinnung nutzt.

„Aktiv" ist im Gegensatz dazu ein Bildentstehungsprozeß, der durch experimentelle oder zielgerichtete Manipulationen der physikalischen Szene kontrolliert und günstig beeinflußt wird. Dazu kann

— der Lichtempfänger gezielt positioniert und orientiert werden, um eine günstigere Perspektive einzunehmen (wandernde, „schauende" Kamera),

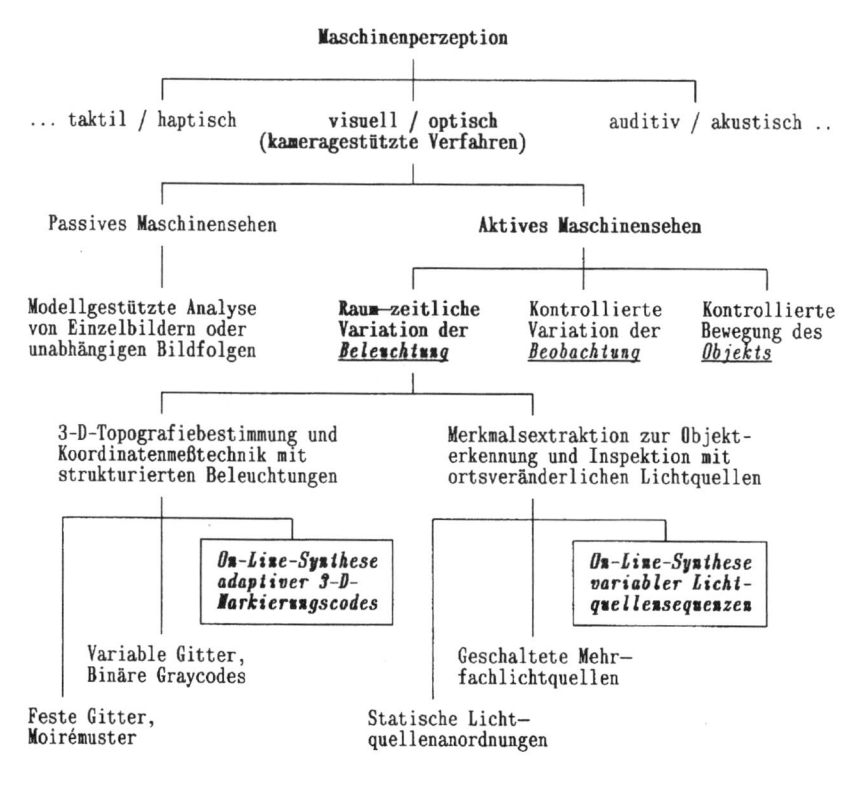

```
                          Maschinenperzeption
         ┌──────────────────────┼──────────────────────┐
  ... taktil / haptisch    visuell / optisch      auditiv / akustisch ..
                        (kameragestützte Verfahren)
                   ┌──────────┴──────────┐
           Passives Maschinensehen    Aktives Maschinensehen
                   │         ┌───────────────┼───────────────┐
   Modellgestützte Analyse  Raum-zeitliche  Kontrollierte   Kontrollierte
   von Einzelbildern oder   Variation der   Variation der   Bewegung des
   unabhängigen Bildfolgen  Beleuchtung     Beobachtung     Objekts
                    ┌────────┴────────┐
   3-D-Topografiebestimmung und    Merkmalsextraktion zur Objekt-
   Koordinatenmeßtechnik mit       erkennung und Inspektion mit
   strukturierten Beleuchtungen    ortsveränderlichen Lichtquellen
            │                              │
         ┌──┴──────────────┐            ┌──┴──────────────┐
         │ On-Line-Synthese│            │ On-Line-Synthese│
         │ adaptiver 3-D-  │            │ variabler Licht-│
         │ Markierungscodes│            │ quellensequenzen│
         └─────────────────┘            └─────────────────┘
       Variable Gitter,                Geschaltete Mehr-
       Binäre Graycodes                fachlichtquellen
   Feste Gitter,                    Statische Licht-
   Moirémuster                      quellenanordnungen
```

Bild 2.1.2.2: Leistungssteigerung der Bildverarbeitung durch flexible, beleuchtungstechnische Informationsgewinnung

- das Objekt gedreht, zurechtgelegt, „vor Augen geführt" werden, um bestimmte Merkmale deutlicher sichtbar zu machen, oder
- die Lichtquelle in ihren Freiheitsgraden kontrolliert und variiert werden, um Objektmerkmale gezielt in Grauwert- oder Farbsequenzen zu transformieren oder zu codieren, die direkt und kontextfrei auswertbar sind (vgl. Bild 2.1.2.2).

Die ersten beiden Ansätze kann man in zweierlei Hinsicht als anthropomorph bezeichnen: nicht nur, daß sie unserem äußeren Verhalten beim Betrachten naher oder handhabbarer Gegenstände entsprechen – sie stellen gleichermaßen hohe Anforderungen an die interne Objektrepräsentation und deren ständige (Koordinaten-) Transformation und bleiben vorerst Gegenstand der Kognitiven Wissenschaften und der KI-Forschung.

Der dritte Ansatz, der wenig mit natürlicher Wahrnehmung gemein hat, wird vor allem in der optischen Meßtechnik und in der industriellen Bildverarbeitung auf verschiedenste Art und Weise verwirklicht. Vorteilhaft ist hier die feste räumliche Zuordnung von Kamera und Objekt, da sie im Gegensatz zu den beiden anderen Ansätzen keine aufwendige, dynamische Koordinatentransformation erfordert. Auch lassen sich i.a. Lichtquellen viel einfacher (virtuell) bewegen als Kameras oder Gegenstände.

2.1.2.1 Optische Merkmalsextraktion mit programmierten Leuchtdichtefunktionen

2.1.2.1.1 Mehrkanal-Beleuchtungssysteme

Die Auswertung kontinuierlicher Grauwerte, der Farbe und der Polarisationseigenschaften als Unterscheidungsmerkmale verschiedener Materialien und Objekte ist gängige Praxis der Bildverarbeitung. Auch auf die Richtungsabhängigkeit verschiedener Objektmerkmale wird mit unterschiedlichen Beleuchtungskonzepten (Hellfeld- und Dunkelfeldbeleuchtung, diffuse und kollimierte Beleuchtung etc.) Rücksicht genommen, allerdings meist mit speziellen, nicht veränderlichen Anordnungen [Horn 1977, Woodham 1978, Ikeuchi 1987].

Dies spiegelt sich auch in kommerziellen Beleuchtungsgeräten für die Bildverarbeitung wider. Moderne Ausführungen zeichnen sich zwar durch bequeme Handhabung (Fasern) und mehrere Kanäle mit elektronisch gesteuerten Einzellichtquellen aus, aber die Lichtquellenformen und -Positionen sind durch optische Komponenten festgelegt und lassen sich nach wie vor nur manuell an verschiedene Aufgaben und Objektmerkmale anpassen.

Sind die einzelnen Kanäle eines Beleuchtungssystems im Videotakt steuerbar, können Kombinationen oder Sequenzen unterschiedlicher Lichtverteilungen realisiert werden, die gegenüber statischer Objektbeleuchtung bereits erhebliche Vorteile bieten. Sie eignen sich aber vor allem für dedizierte Verfahren an einem einzigen Objekttyp in definierter Lage.

	Beleuchtung L_1		Beleuchtung L_2		Beleuchtung L_3		$L=0$

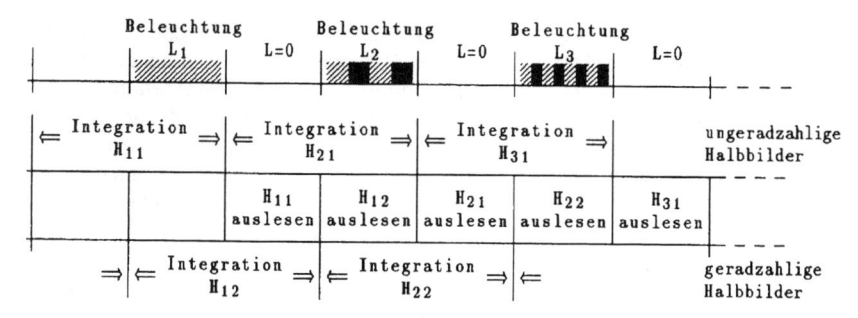

⇐ Integration H_{11} ⇒	⇐ Integration H_{21} ⇒	⇐ Integration H_{31} ⇒		ungeradzahlige Halbbilder
	H_{11} auslesen	H_{12} auslesen	H_{21} auslesen	H_{22} auslesen	H_{31} auslesen
⇒ ⇐ Integration H_{12} ⇒	⇐ Integration H_{22} ⇒	⇐		geradzahlige Halbbilder

Bild 2.1.2.3: Synchronisation von Beleuchtung und zeitlich überlappender Bildintegration bei einer Interline-Transfer-Kamera. Die Beleuchtungswechsel können mit 25 Hz erfolgen

Die in diesem Kapitel diskutierten Methoden der Mustererkennung nutzen die beiden (kontinuierlichen) Freiheitsgrade der Beleuchtungsrichtung. Voraussetzung für den flexiblen Einsatz sind Beleuchtungssysteme, bei denen sich die beliebige Leuchtdichten bzw. kontinuierlich veränderbare Lichtquellenpositionen und -formen per Software konfigurieren lassen.

Programmierbare Lichtquellen bieten neue Möglichkeiten der Konzeption, Optimierung und Anwendung beleuchtungstechnischer Erkennungs- und Prüfverfahren:

- Die für die Erkennung und Prüfung wechselnder Objekte mit unterschiedlichen Streu- und Reflexionseigenschaften auftretenden Beleuchtungsanforderungen können rechnergesteuert analysiert und optimiert werden.
- Für detaillierte Problemanalysen kann die vierdimensionale Beleuchtungs-Bild-Funktion als Bildsequenz oder Videofilm aufgezeichnet werden. Beleuchtungsstrategien, deren Ziel es ist, möglichst effiziente und kurze Sequenzen von Leuchtdichteverteilungen für die Problemlösung zu finden, können dann off-line konzipiert und automatisch optimiert werden.
- Die Lichtverteilungen können in der Arbeitsphase durch On-Line-Synthese erzeugt werden. Verschiedene Objektmerkmale und Fehler, die sich durch charakteristische Winkelabhängigkeiten der Streu-, Reflexions- und Schattenfunktion unterscheiden, können durch gezielte Beleuchtungssequenzen extrahiert und klassifiziert werden. Auch können neuartige Verfahren mit bewegten Lichtquellen realisiert werden.
- Die Analyse- und Optimierungsergebnisse können für die Auslegung einfacherer Systeme für spezielle Problemlösungen genutzt werden.

Die echtzeitfähige Beleuchtungssynthese stellt hohe Anforderungen an Lichtquellen und an deren Synchronisation mit der Bildaufnahme. Die Lichtverteilungen müssen innerhalb einer Bildintegrationszeit (20 ms für ein Halbbild) generiert, und mit voller Bildfrequenz vollständig geändert werden können (Bild 2.1.2.3).

Ein wichtiger Gesichtspunkt bei der technischen Realisierung solcher Lichtquellen ist die Möglichkeit, nicht nur Flächen- und Linienquellen, sondern auch Punktquellen mit hoher Intensität erzeugen zu können. Als Prototyp einer programmierbaren Lichtquelle wurde ein Laser-Beleuchtungsprojektor entwickelt, der eine On-Line-Synthese der Lichtquellen in Videoechtzeit (25 Lichtquellen/s) ermöglicht (Bild 2.1.2.4). Eine Benutzeroberfläche zur interaktiven, grafikorientierten Gestaltung der Lichtquellen ergänzt diesen Projektor zu einem flexiblen Entwicklungssystem (Bild 2.1.2.5).

Neben der Synchronisation von Lichtquellensynthese und Bildaufnahme erfordert die Integration von Beleuchtungssynthese und Bildanalyse weitere Kopplungen des Signalflusses auf höheren Verarbeitungsebenen (s. Bild 2.1.2.6).

Durch eine direkte „Low-Level-Kopplung" der zweidimensionalen Beleuchtungssynthese mit der zweidimensionalen ikonischen Bildanalyse können Objektmerkmale (Profile, Kanten, Texturen, Defekte, etc.) so in Bildmerkmale (Grauwertfolgen oder Farbwerte) transformiert werden, daß eine zuverlässige „Low-Level-Klassifikation" ohne Objekthypothesen möglich wird.

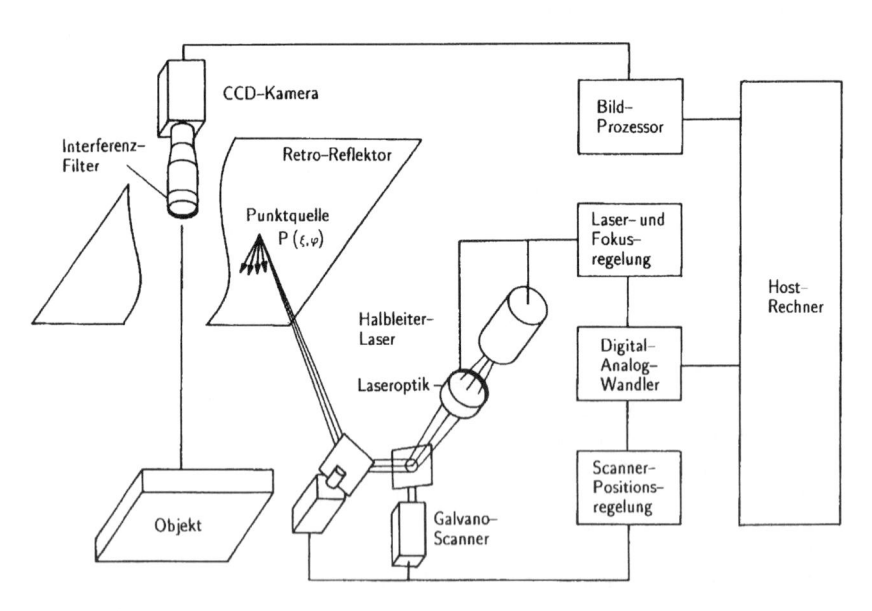

Bild 2.1.2.4: Prinzipdarstellung einer programmierbaren Lichtquelle mit Laser
Der fokussierbare Strahl wird über ein schnelles Spiegelsystem auf einen Diffusor gelenkt und von dort auf das Objekt gestreut. Die Richtung, aus der das gestreute, divergente Lichtbündel auf das Objekt trifft, kann dadurch sehr schnell variiert werden, ohne den Laser selbst bewegen zu müssen.

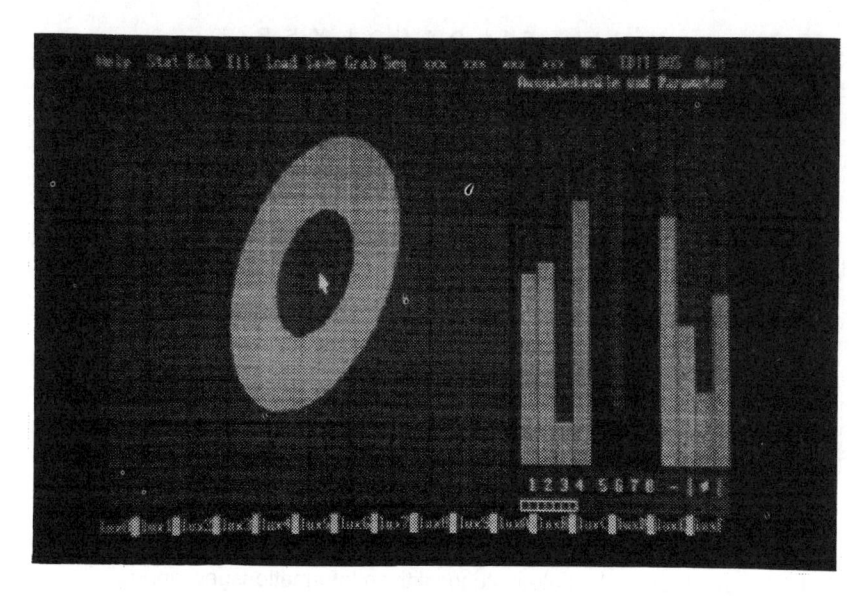

Bild 2.1.2.5: Grafische Benutzeroberfläche des flexiblen Laser-Beleuchtungssystems (Malz 1988) für Punkt-, Linien-, Flächenquellen beim Editieren einer ellipsenförmigen Ringquelle. Die Lichtverteilungen werden innerhalb eines Kameraframes von einem Laser generiert. Bis zu 16 Beleuchtungsbeschreibungen können gespeichert und mit Videofrequenz abgerufen werden

Ebenso wie ikonische Bilddaten in symbolischen Objektbeschreibungen zusammengefaßt werden, können auch Beleuchtungsszenarien und -methoden in symbolischer Schreibweise ausgedrückt werden. In der symbolorientierten „High-Level-Kopplung" wird dann der Zusammenhang zwischen Beleuchtungsstrategie und Bildsymbol genutzt, um auf das Objektsymbol zu schließen.

Die gesamte Signalverarbeitung kann einerseits linear erfolgen, also von der Beleuchtungssynthese über Objektbeleuchtung und Bildaufnahme bis zur Bildanalyse. Andererseits sind rückgekoppelte, adaptive Verfahren realisierbar, bei denen die Beleuchtung als Instrument einer „High-Level-Bildverarbeitung" eingesetzt wird.

Die beleuchtungswinkelabhängigen Reflexions- und Schatten-Phänomene werden einheitlich in einem objektbezogenen Koordinatensystem beschrieben, das sich aus einem Kugelkoordinatensystem und einem ursprungsgleichen kartesischen Koordinatenssystem zusammensetzt. Das Objekt mit der maximale Ausdehnung R_{obj} befindet sich in der Umgebung des Koordinatenursprungs und wird in kartesischen Koordinaten beschrieben. Die Positionen von Lichtquelle und Licht-

BILDANALYSE →

```
┌─────────────┐   ┌─────────────┐   ┌─────────────┐   ┌─────────────┐
│Bildsequenzen│──▶│ Bildaufnahme│──▶│  Ikonische  │──▶│   Robuste   │──▶
│             │   │             │   │   Merkmale  │   │   Objekt-   │
│             │   │             │   │  (Grauwerte)│   │   merkmale  │
└─────────────┘   └─────────────┘   └─────────────┘   └─────────────┘
      ▲                 ▲                 ▲                 ▲
      │                 ▼                 ▼                 │
┌─────────────┐   ┌─────────────┐   ┌─────────────┐   ┌─────────────┐
│   Objekt    │   │  Hardware-  │   │ Wissen über │   │    Pläne    │
│             │   │   system-   │◀─▶│Licht-›Objekt│◀─▶│  Strategien │
│             │   │    wissen   │   │ -›Bildmerkmal│  │   Methoden  │
└─────────────┘   └─────────────┘   └─────────────┘   └─────────────┘
      ▲                 ▲                 ▲                 ▲
      │                 │                 │                 │
┌─────────────┐   ┌─────────────┐   ┌─────────────┐   ┌─────────────┐
│Beleuchtungs-│◀──│  Echtzeit-  │◀──│  Berechnung │◀──│ Symbolische │
│  sequenzen  │   │Beleuchtungs-│   │  der Licht- │   │Beleuchtungs-│
│             │   │   ausgabe   │   │  parameter  │   │beschreibung │
└─────────────┘   └─────────────┘   └─────────────┘   └─────────────┘
```

◀── BELEUCHTUNGSSYNTHESE

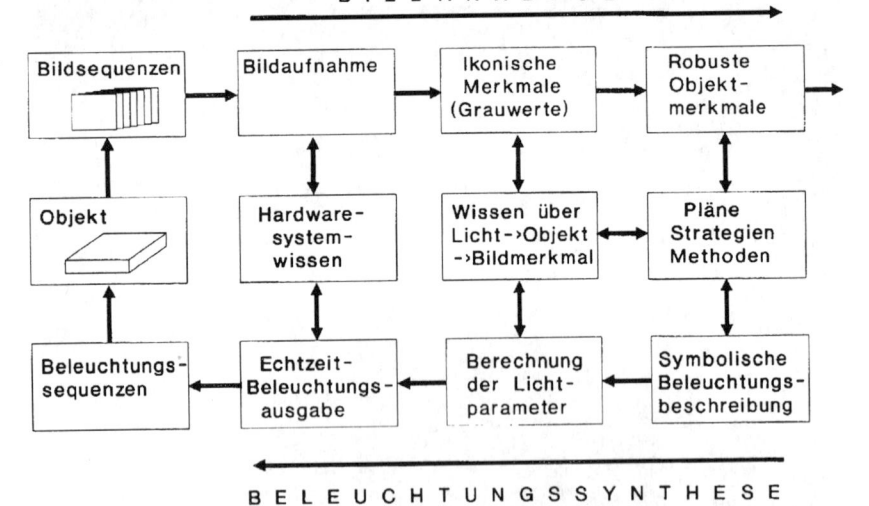

Bild 2.1.2.6: Struktur der beleuchtungsaktiven Informationsgewinnung

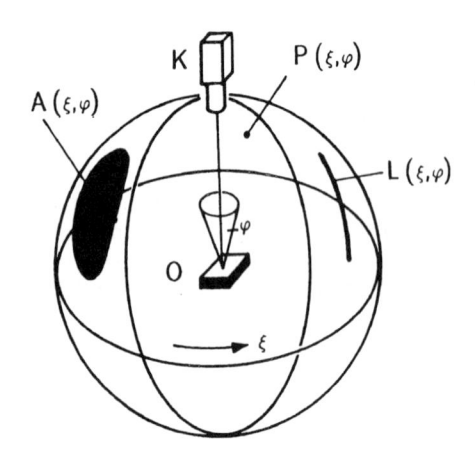

Bild 2.1.2.7:
Anordnung zur Beschreibung allgemeiner Beleuchtungsverfahren bei ruhendem Objekt O und ruhender Kamera K, die sich vom Objekt aus betrachtet in Raumrichtung $\varphi = 0$ befindet. Linien- oder Flächenquellen werden dabei als Integral über ein Array von Punktquellen aufgefaßt.

empfänger sind im Kugelkoordinatensystem durch Abstand R_k, Azimutwinkel ξ und Polwinkel φ gegeben. Die relative Orientierung der beiden Systeme wird so gewählt, daß die x- und y-Achsen mit den Raumrichtungen $\xi = 0$, $\varphi = \pi/2$ und $\xi = \pi/2$, $\varphi = \pi/2$ zusammenfallen. Sofern nichts gegenteiliges vermerkt ist, wird die Kamera ortsfest in Richtung $\varphi = 0$ angenommen. Nimmt man vereinfachend Parallelprojektion an $(R_k/R_{obj} \to \infty)$, so können die x-y-Objektkoordinaten unmittelbar als Bildkoordinaten verstanden werden.

Beleuchtet man ein Objekt mit einer *Punktquelle* $L_0 \; \delta \; (\xi-\xi_1, \; \varphi-\varphi_1)$ und beobachtet einen bestimmten Oberflächenpunkt, so erhält man an der entsprechenden Bildkoordinate x_a, y_a ein Signal I $(x_a, y_a, \xi_1, \varphi_1)$. Variiert man nun die Position der Punktquelle über alle $\xi \; \varepsilon \; (0, \; 2\pi)$ und $\varphi \; \varepsilon \; (0, \; \pi)$ und betrachtet dabei alle Bildkoordinaten $x \; \varepsilon \; (x_{min}, \; x_{max})$ und $y \; \varepsilon \; (y_{min}, \; y_{max})$, so erhält man die *vierdimensionale Beleuchtungs-Bild-Funktion* I (x, y, ξ, φ).

$$I(x,y,\xi,\varphi) = \int_0^\pi \int_0^{2\pi} L_0 \; \delta \; (\xi-\xi', \; \varphi-\varphi') \cdot S(x,y,\xi',\varphi') \; d\xi' \; d\varphi'.$$

Sofern die Lichtquelle vollständig definiert ist (z.B. durch Kalibrieren des Gesamtsystems mit einer verspiegelten Referenzkugel), läßt sich daraus die *Objektfunktion*

$$S(x,y,\xi,\varphi) = \frac{1}{L_0} I(x,y,\xi,\varphi)$$

separieren, die hier die (inversen) Reflexions- und Streueigenschaften und gegebenenfalls die Abschattung eines jeden Oberflächenpunktes beschreibt. Bei den gewählten Freiheitsgraden enthält sie die maximal verfügbare Objektinformation.

Sämtliche in Kapitel 2.1.2.1 beschriebenen Verfahren beruhen auf der digitalen und optischen Auswertung der Objektfunktion. Ein Abtastwert $S(x_1, y_1, \xi_1, \varphi_1)$ ist der Grauwert eines Bildpunktes, der bei Beleuchtung mit einer Punktquelle entstanden ist. Schnitte durch den Bildquader an einer bestimmten Stelle ξ_1, φ_1, Linien- oder Flächen-Integrale über ξ und φ entsprechen konventionellen Einzelbildern B (x,y) von Objekten, die mit einer Punktquelle aus der Richtung ξ_1, φ_1, mit einer diffusen Linienquelle oder mit einer Flächenquelle beleuchtet wurden.

Das Lern- und Optimierungsproblem für die bestmögliche Extraktion eines Objektmerkmals wird also u.a. darin bestehen, Beleuchtungsfunktionen $L(\xi, \varphi, \tau)$ zu finden, die Bilder mit möglichst geringer Redundanz und maximalem Aussagewert erzeugen. Die folgenden Beispiele zeigen Methoden, die funktionale Zusammenhänge im Bildquader $S(x,y,\xi,\varphi)$ nutzen, um mehrdeutige Bildmerkmale bereits auf der ikonischen Ebene verschiedenen Objektmerkmalen zuzuordnen.

Beispiel 1:
„Low-Level-Klassifizierung" von Bildkanten in verschiedene Objektkantentypen ohne Kenntnis des Objektes durch Analyse von $S(x,\varphi)$

Objektkanten gehören zu den wichtigsten Erkennungsmerkmalen. Ein elementarer Verarbeitungsschritt der Objekterkennung ist deshalb die Bildkantenfilterung, die mit numerischen (oder optischen) Operatoren heute bereits hardwaremäßig sehr schnell durchgeführt werden kann. Das Ergebnis dieser ersten Operation ist ein Skalar- oder Vektorbild, in dem die Steilheit und im günstigen Fall auch die

Orientierung der Grauwertkantenelemente zum Ausdruck kommt, die bis hierher aber nur als potentielle Objektkantenpunkte angesehen werden dürfen.

Das eigentliche Problem ist die darauffolgende Entscheidung, wieviele und welche der Kantenpunkt-Kandidaten in einem Erkennungsalgorithmus berücksichtigt werden sollen und wie diese zu interpretieren sind. Die Zahl dieser Kandidaten kann bei strukturreichen Szenen oder texturierten Oberflächen sehr groß sein; einfache Schwellwertoperationen sind hier ungeeignet.

Betrachtet man ein Einzelbild oder in unserem Fall (Bild 2.1.2.8) eine einzelne Zeile bei beliebiger Lichtquellenposition φ, dann kann über die Ursache der Grauwertgradienten k, a, o und s nichts ausgesagt werden.

Es wäre zweifellos von großem Vorteil, wenn Grauwertkantenelemente direkt („bottom up") ursächlichen Objektmerkmalstypen zugeordnet werden könnten, ohne daß apriorisches Wissen oder modellgestützte Hypothesen über den Bildinhalt („top down") erforderlich wären.

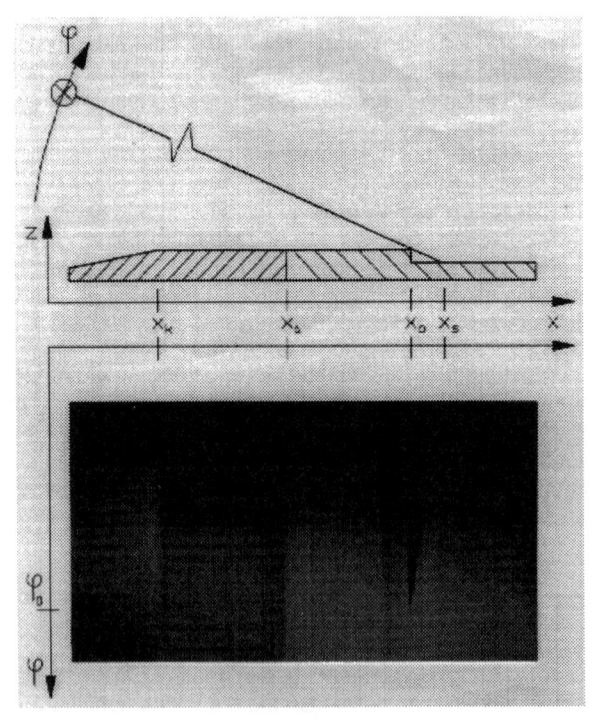

Bild 2.1.2.8: $S(x,\varphi)$ – Schnittdarstellung eines Profilkörpers mit verschiedenen Kanten. Von links nach rechts: Höhenknickkante, Albedosprung, Höhensprungkante und Schattenrand.

Im folgenden soll gezeigt werden, wie durch den Einsatz programmierbarer Lichtquellen geometrisch-optische Abhängigkeiten prinzipiell für eine Klassifizierung der Kantenkandidaten oder für Wahrscheinlichkeitsaussagen genutzt werden können. Das Problem soll hier an einer vereinfachten Darstellung diskutiert werden, die man als Schnitt durch die S-Matrix an der Stelle $y = y_0$, $\xi_0 = 0$ auffassen kann. Praktisch entspricht dies der Aufzeichnung einer einzigen Bildzeile, während sich die Punktquelle auf einer meridionalen Bahn bewegt. Betrachtet man die φ-Abhängigkeit der Grauwertgradienten bzw. den Ort ihres Maximums, so kann mit hoher Wahrscheinlichkeit folgende Zuordnung getroffen werden:

k ist ein Knick im Höhenprofil, da sich das Vorzeichen des Sprungs ändert,

a ist ein Albedo-Sprung; das Vorzeichen bleibt unverändert,

o ist eine Stufe im Höhenprofil, da der Gradient beim Nulldurchgang der Punktquelle (Kamerapupille bei $\varphi = 0$) stark ansteigt,

s ist ein Schattenrand, da sich seine Position monoton mit φ ändert. Der Winkel zwischen *o* und *s* kann ein Maß für die Höhe des Profilsprungs bei *o* sein.

Beispiel 2:
Integrierte Höhenprofilmessung und Oberflächenprüfung durch kontinuierliche Auswertung von $S(x,\varphi)$

Die Funktion $S(x,\varphi)$ enthält außer der Beschreibung der winkelabhängigen Reflexion auch verschiedene Schattenphänomene, die sich durch Art und Wirkung der beteiligten Halbblenden unterscheiden.

1. Handelt es sich um eine scharfe Objektsprungkante oder eine Knickkante, so ist der schattenwerfende Punkt (SWP) objektbezogen ortsfest, seine absolute Höhe aber zunächst unbestimmt.

2. Ist die Blende ein konvexer Oberflächenbereich, so wandert der SWP (vergleichbar mit der Tag-Nacht-Grenze). Wegen des tangentialen Lichteinfalls ist die Erkennung des SWP schwieriger als im Fall 1. Hier weist der Grauwertverlauf keinen Sprung, sondern nur einen Knick auf.

3. Eine Schneide als künstlicher Horizont mit bekannten Absolutkoordinaten löst nicht nur das Anfangswertproblem für eine geschlossene Auswertung. Es entfällt auch weitgehend die schwierige Erkennung der Knickkanten wie in 2.

Die Gesamtauswertung erlaubt sowohl topologische als auch fotometrische Aussagen über einen Profilschnitt. Dabei können auch schlanke Löcher (die Triangulationsbasis hat einen Nulldurchgang) und in beschränktem Maße auch die konvexe Rückseite des Objektes durch Schattenwurf auf einer Unterlage inspiziert werden. Dieses Verfahren unterscheidet sich vom Lichtschnittverfahren vor allem durch die variable Triangulationsbasis (Abstand Punktquelle Kamera), mit der das Abschattungsproblem vermieden wird, und durch die Tatsache, daß gleichzeitig die Oberflächenqualität überprüft werden kann.

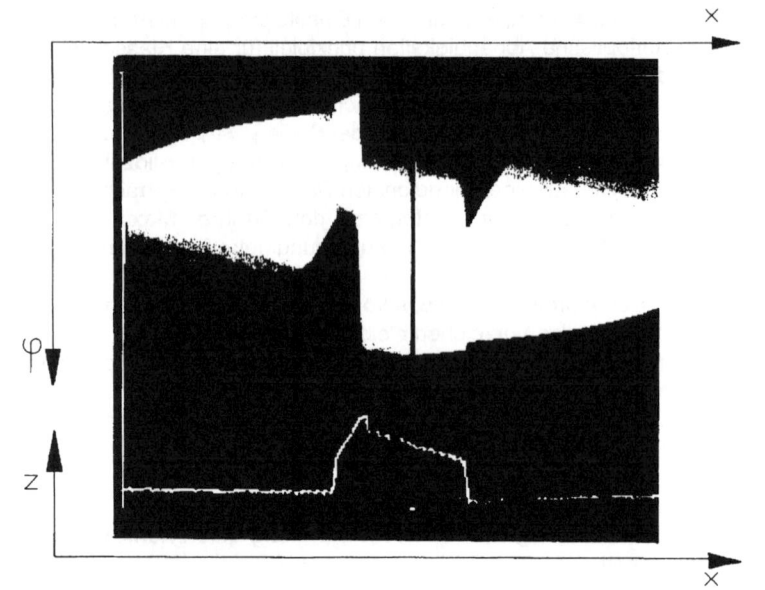

Bild 2.1.2.9: $S(x, \varphi)$ – Darstellung (Bildzeile $B(x,0)$) über der Beleuchtungsfunktion $L(0, \varphi)$ eines Profilkörpers. Darunter das daraus berechnete Höhenprofil $z(x)$

Bild 2.1.2.10: Simulationsergebnisse

Beispiel 3:
Detektion von Schatteträndern

Schattenränder sind sowohl für geometrische Auswertungen (Höhensprungkanten) als auch bei der kantenorientierten Objekterkennung wichtig, um Bildkanten als *Nicht*-Objektkanten klassifizieren zu können. Ihre Erkennung in Einzelbildern wird jedoch durch Reflexionsschwankungen der Oberfläche und unkontrollierbare Sekundärbeleuchtungen des Kernschattenbereiches beeinträchtigt.

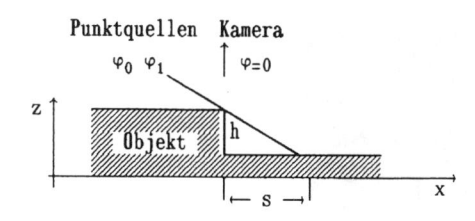

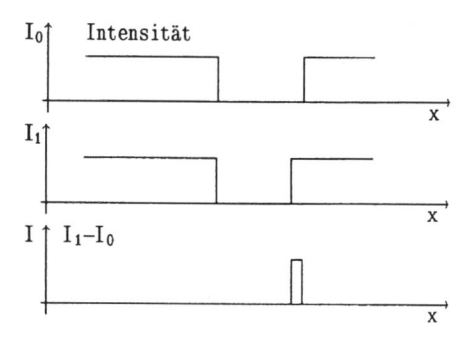

Bild 2.1.2.11:
Realisierung eines (bipolaren) Beleuchtungs-Doppelpulses durch Subtraktion zweier Bilder bei Punktquellenbeleuchtungen aus unmittelbar benachbarten Richtungen $\varphi_0 = \varphi' - d\varphi$ und $\varphi_1 = \varphi' + d\varphi$. Der Operator wirkt dabei als Matched Filter für einen Schattenrand.

Betrachtet wird hier zunächst der eindimensionale funktionale Zusammenhang beim Schattenwurf durch eine Objektsprungkante. Aus der Sicht eines Oberflächenpunktes wirkt diese wie eine Sprungfunktion bzw. wie eine Halbblende vor der Lichtfunktion $L(\varphi)$.

Wählt man als Lichtquelle eine Flächenquelle, z.B. in Form einer Rechteckfunktion über φ, so wird die Funktion $I(s)$ bei ortsunabhängiger, diffuser Streuung im Halbschattenbereich monoton ansteigen:

$$\sqcap \Rightarrow \int .$$

Beleuchtet man mit einer Punktquelle $L_0 \cdot \delta(\varphi - \varphi')$, so erhält man einen scharfen Schatten, d.h. für $I(s)$ eine Sprungfunktion:

$$\uparrow \Rightarrow \sqcap .$$

Ein Doppelpuls als Lichtquelle liefert schließlich im zweidimensionalen Bild eine helle Schattenlinie, d.h. einen leicht detektierbaren Impuls:

$$\uparrow\downarrow \Rightarrow \uparrow .$$

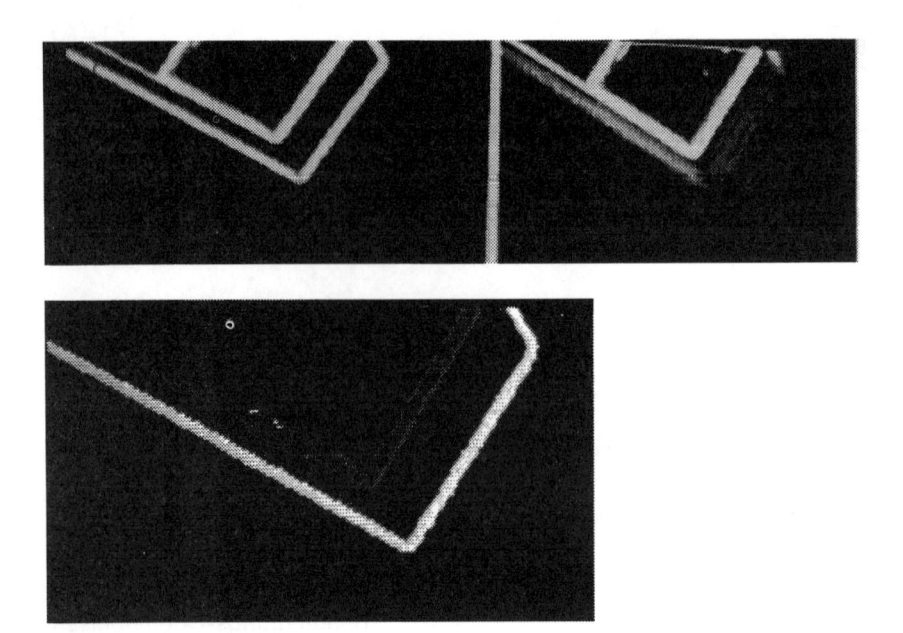

Bild 2.1.2.12: Klassifizierung von Bildkanten (oben rechts und links) in Objekt- und Schattenkanten. Unten ist die Schattenkante dargestellt

Die letztgenannte Operation läßt sich im monochromen Fall durch (Echtzeit-) Subtraktion zweier Bilder realisieren, die bei Beleuchtung mit leicht versetzten, punktförmigen Lichtquellen aufgenommen wurden. Nahezu gleichwertig ist die „zeitfreie" Realisierung mit einer zweifarbigen Doppellichtquelle, sofern das Objekt farbneutral ist.

Beispiel 4:
Detektion von Objektkanten bei schattenfreier Ausleuchtung

Bei der Prüfung von Formteilen aus diffus streuenden Materialien kann eine schattenfreie Ausleuchtung wünschenswert sein. Eine Beleuchtung (über Teilerspiegel) aus der Richtung der Kamerapupille $\varphi = 0$ kann aber zur Folge haben, daß Sprungkanten und Objektränder wegen ihres geringen Kontrastes von anderen Helligkeitsschwankungen kaum noch zu unterscheiden sind, was die Abgrenzung (Segmentierung) der verschiedenen Objektflächen erschwert.

Durch definierte Auslenkungen der Lichtquelle aus der Pupille in vier Richtungen treten an Profilstufen und Objekträndern schmale und deutliche Schatten auf, die eine einfache Segmentierung und unter bestimmten Voraussetzungen auch die Bestimmung der Stufenhöhe ermöglichen.

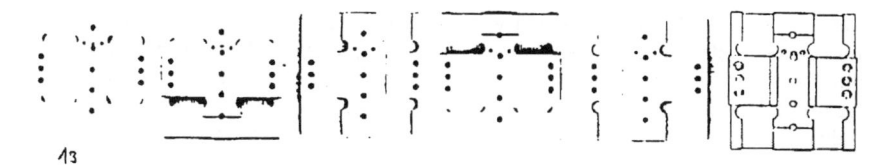

Bild 2.1.2.13: Robuste Segmentierung an einem Kunststoff-Formteil (schattenfreie Ausleuchtung mit $\varphi = 0$, Offset mit $\varphi = \pi/8$ und $\xi = \pi/2$, $\xi = 0$, $\xi = \pi/2$, $\xi = \pi$ und Segmentierungslinien).

Beispiel 5:
Oberflächenprüfung und Extraktion orientierter Merkmale mit Beleuchtungs-Bild-Optimalfiltern

Zahlreiche Objektmerkmale weisen stark anisotrope Streucharakteristiken auf. Der Kontrast von Kanten, Rissen, Kratzern, Schliffen, gestanzten oder geätzten Symbolen gegenüber der unversehrten Umgebung erhöht sich beträchtlich, wenn aus einer Richtung senkrecht zur Orientierung beleuchtet wird. Da solche Merk-

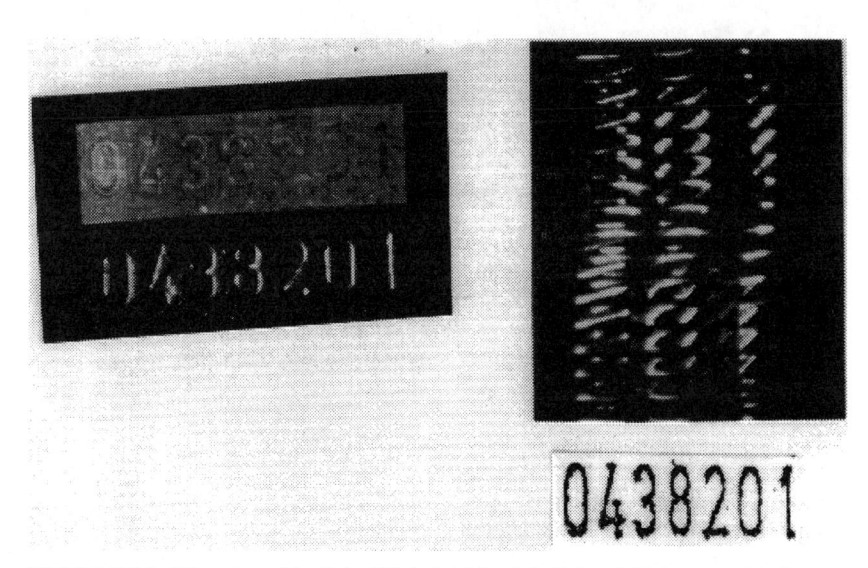

Bild 2.1.2.14: Die unterschiedliche Winkelabhängigkeit der Lichtstreuung ist ein ausgezeichnetes Klassifikationsmerkmal und Segmentierungskriterium
Der maximale Kontrast läßt sich jedoch nur erzielen, wenn der Beleuchtungsraumwinkel optimiert wird. Die Abbildung zeigt links eine Schlagzahl bei diffuser und bei Beleuchtung aus einem von 16 Raumsektoren, die in φ-Richtung optimiert, und in ξ-Richtung eine Halbwertsbreite von $\pi/8$ aufweisen. Rechts ist der Bildstapel und die mit dem vierdimensionalen Optimalfilter segmentierte Zahl dargestellt.

2.1.2-15

male in der Regel gleichzeitig mit verschiedenen Orientierungen auftreten, ist man geneigt, statische Dunkelfeldbeleuchtung einzusetzen. Dabei reduziert sich allerdings der Kontrast erheblich. Er kann nur mit Beleuchtungssequenzen aus mehreren Raumsektoren maximiert werden. Je nach Anisotropie der Objektmerkmale genügen hierzu Sequenzen von 2 bis 8 Bildern (Bild 2.1.2.14 und 2.1.2.15).

Bild 2.1.2.15: Bei der Defektanalyse texturierter Oberflächen sind vierdimensionale Beleuchtungs-Bild-Filterungen zweckmäßig, um den Kontrast zu maximieren. In dem gezeigten Beispiel konnte bereits durch zwei Lichtfunktionen eine extreme Kontraststeigerung erzielt werden, die eine schnelle Klassifizierung mit globalem Schwellwert erlaubt.

Beipiel 6:
4-dimensionaler Kantenoperator der Dimension $N \times N \times M \times M$

Einige der bisher betrachteten Beispiele beruhten auf der Aufnahme weniger Bilder mit Beleuchtung aus benachbarten Positionen. Ein interessanter Aspekt ist hierzu die Verallgemeinerung in einem 4-dimensionalen Kantenoperator, wobei der Begriff Kante hier sehr weit im Sinne einer Diskontinuität in x, y, ξ oder φ verstanden werden soll. Ein solcher Operator, der auf einer Bildsequenz von $M \times M$ Bildern und einer $N \times N$ - Bildnachbarschaft aufsetzt und hardwaremäßig implementiert werden kann, liefert bereits eine Mehrfach-Klassifizierung von Objekt-Merkmalen.

Beispiel 7 :
"Shape from Simulated Shading" durch Regularisierung heterogener Streufunktionen $S(\xi,\varphi)$ mit Beleuchtungstiefpaß

Bei matten Oberflächen verlaufen die Streufunktionen (auch bei Punktquellenbeleuchtung) monoton und glatt und weisen nur ein Maximum auf. Ist der prinzipielle Verlauf für einen Oberflächentyp bekannt, kann durch Invertierung die Normalenrichtung der Objektoberflächen berechnet werden. Verfahren, die auf dieser Grundlage die Form eines Objektes bestimmen, werden in der Regel mit „Shape from Shading" oder „Photometric Stereo" bezeichnet [Horn 1977, Woodham 1978, Ikeuchi 1987]. Diese Verfahren sind bei inhomogenen Streucharakteristiken (z.b. bearbeiteten Metalloberflächen) nicht mehr direkt einsetzbar, da die $S(\xi,\varphi)$ -"Bilder" stark verrauscht sind. Im gleichen Sinne, wie man verrauschte Bilder durch Tiefpaßfilter regularisiert, um sie einer weiteren Bildanalyse unterziehen zu können [Bertero 1988], kann die Funktion $S(\xi,\varphi)$ durch Filterung mit einem geeigneten Beleuchtungstiefpaß geglättet werden. Im Extremfall läßt sich sogar die Neigung einer spiegelnden Oberfläche bestimmen, wenn die Leuchtdichtefunktion über dem gesamten Raumwinkel definiert ist und von einem Maximum monoton abfällt. Unter bestimmten Voraussetzungen liefert eine verspiegeltes Objekt dabei ein ähnliches Bild wie ein von einer Punktquelle beleuchtetes mattes Objekt gleicher Form. Für diese Vorgehensweise wird hier der Begriff „Shape from Simulated Shading" eingeführt.

2.1.2.2 Dreidimensional-Topografie mit strukturierter und codierter Beleuchtung

Die Automatisierung der produktflexiblen Montage, Handhabung und Inspektion erfordert neben flexiblen Aktoren (Roboter statt spezieller Handhabungseinrichtungen) und Steuerungseinrichtungen (Universalrechner statt festverdrahteter Logik) auch Sensoren mit steuerbaren Freiheitsgraden für unterschiedlichste Arbeitsbedingungen und Aufgaben. Insbesondere mangelt es an geeigneten optischen 3-D-Sensoren für das räumliche Maschinensehen bei Objekten mit beliebiger Form, Farbe und Reflexion.

Zur Topografiebestimmung und Vermessung von Freiformflächen in Verbindung mit Matrixkameras werden vor allem strukturierte Beleuchtungen eingesetzt [Altschuler 1981, Strand 1985, Jaliko 1985, Wahl 1986, Seitz 1986, Tiziani 1987, Sato 1987, Zumbrunn 1987, Tiziani 1989a, b; Malz 1989]. Dabei wird wie beim passiven Stereosehen das Prinzip der geometrischen Triangulation genutzt. Der wesentliche Unterschied ist, daß ein Auge bzw. eine Kamera durch einen Markierungsprojektor ersetzt wird, der Intensitätsmuster auf die Objektoberfläche projiziert. Jeder Objektpunkt sendet nun eine (zeitlich) codierte Information aus, die im Bild bzw. in der Bildsequenz identifiziert und in Höhen- bzw. Distanzwerte umrechnet werden kann. Eine suchende Korrespondenzanalyse kann daher entfallen.

Da der ortsfeste Projektor das Objekt aus einem kleinen Raumwinkelsektor beleuchtet, der je nach Neigung der Objektoberfläche günstig oder ungünstig für die

Reflexion des Lichtes ist, muß vor allem bei nichtmatten Oberflächen mit extremen Schwankungen der Grauwerte gerechnet werden. Niedrige Signal-Rauschabstände und begrenzte Bildauflösungen werden zum Problem.

Die in der Praxis verwendeten Verfahren orientieren sich meist an einem bestimmten physikalisch-optischen Erzeugungsprinzip periodischer Lichtstrukturen, die dann meist nicht grundsätzlich, aber im günstigen Fall in Frequenz und Phase veränderbar sind. Interferometrische Projektionsverfahren erzeugen beispielsweise Sinusstreifen. Moiré oder Bucket Integrating mit Rechteckgittern liefert Dreieckstreifen. In beiden Fällen werden die signaltheoretischen Möglichkeiten nicht ausgenutzt.

Eine weitgehende Nutzung des Nachrichtenkanals „Projektor-Objekt-Kamera" ist nur mit programmierbaren Projektoren und geeigneten flexiblen Markierungen und Codes möglich, die an Objekttopologie und Reflexionseigenschaften angepaßt werden können. Die folgenden Betrachtungen sollen dieses Markierungsproblem verdeutlichen. Die in diesem Zusammenhang entwickelten Hybrid-Codes minimieren die Aufnahmezeit für eine vorgegebene relative Meßauflösung bei bestimmten Rauschen und erreichen nahezu das theoretische Minimum.

Bei der monokularen Abbildung eines Objektes legen die Bildkoordinaten (x und y) zwei der drei Positionsfreiheitsgrade eines Oberflächenpunktes fest. Zur Bestimmung der Distanz bzw. Topografie $z = f(x, y)$ genügt daher eine eindimensionale Markierungsfunktion.

Bild 2.1.2.16:
Prinzip der Markierung eines hexaedrischen Arbeitsvolumens mit strukturierter Beleuchtung, die hier vereinfacht durch diskrete „Lichtschnittebenen" dargestellt wird.

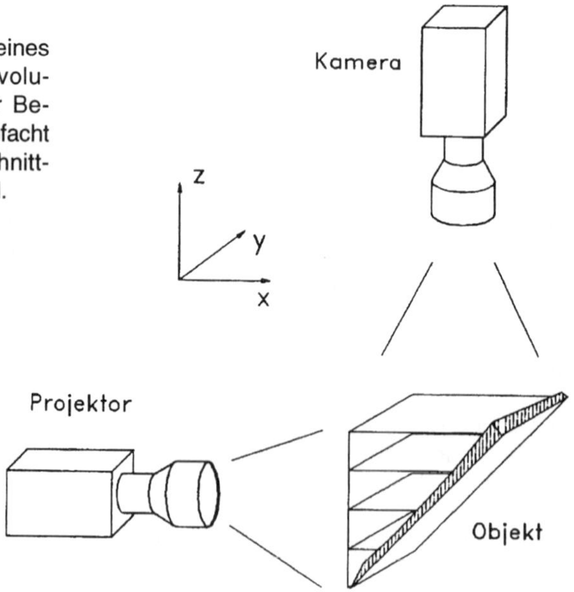

Erfolgt die Beleuchtung senkrecht zur optischen Achse der Kamera (Bild 2.1.2.16 zeigt den vereinfachten Fall der Parallelprojektion), so wird der Aufwand für eine eindeutige Markierung des Arbeitsvolumens der Höhe Z_{geom} und der Absolutauflösung δZ_{geom} mimimal. Die Markierung muß so geartet sein, daß $Z = Z_{geom}/\delta Z_{geom}$ verschiedene Markierungen unterschieden werden können.

Wegen der unvermeidlichen Abschattung bei räumlich ausgedehnten Objekten wird der Winkel α zwischen Projektor- und Kameraachse meist kleiner als $\pi/2$ gewählt. Dabei reduziert sich die Distanzauflösung bei gleicher Zahl z um den Faktor $\sin \alpha$ (gleichzeitig wird dabei mit $\cos \alpha$ zunehmend die x-Position markiert, die aber aus dem Bild bereits bekannt und daher redundant ist).

Damit eine projizierte Markierung erkannt werden kann, muß die Oberfläche genügend Licht in die Kamerapupille streuen. Das Problem in der Praxis ist dabei die große Schwankungsbreite der streuenden Reflexion *innerhalb* eines Objektfeldes, die sich im Bild durch ein weitverteiltes Grauwerthistogramm äußert (Objektumfang oder -dynamik).

Matte Oberflächen und stetige Formen mit Grauwerthistogrammen wie in Bild 2.1.2.17 sind im industriellen Bereich eher die Ausnahme. Metall- und Kunststoffobjekte liefern meist ein optisches Signal mit sehr großer Signalschwankungen. Das hat zur Folge, daß das Nutzsignal häufig bei niedrigen Grauwerten liegt, um zu starke Übersteuerungen zu vermeiden (Bild 2.1.2.18).

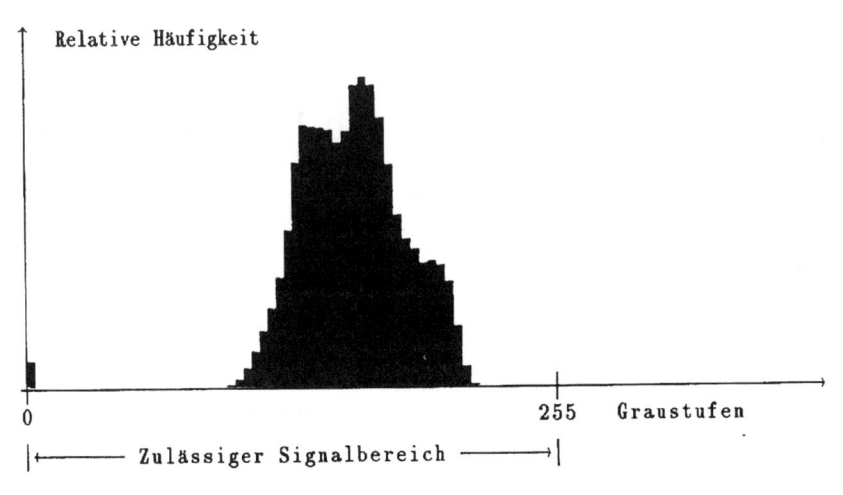

Bild 2.1.2.17: Grauwerthistogramm eines flachen, stetigen Profilkörpers mit matter Oberfläche

Ein weiteres Problem ist die prinzipielle Untergrenze der optischen Auflösung bei der Abbildung räumlich ausgedehnter Objekte. Selbst bei optimalem Kompromiß zwischen Beugungsunschärfe (bei kleinerer Blende) und geometrischer Unschärfe (bei größerer Blende) läßt sich eine Überlappung mehrerer Codeworte nicht vermeiden.

Die optische Markierung einer bestimmten Lichtschnittebene kann nun als Nachricht aufgefaßt werden, die vom Projektor über Objekt, Kamera, AD-Wandler an den digitalen Bildspeicher übermittelt werden soll. Der Bildsequenzspeicher ist dann das Empfängerarray am Ende eines Bündels von Nachrichtenkanälen, von denen sich jeder durch eine Reihe ungünstiger Eigenschaften auszeichnet:

- *Unbestimmter Übertragungsfaktor* durch variable Streuung am Objekt, Vignettierung, CCD-Empfindlichkeit, Verstärker,
- *Unbestimmter Gleichanteil* durch Fremdlicht, instabile Schwarzwertklemmung des Videosignals, A/D-Wandler,
- *Nichtlinearitäten* innerhalb der zulässigen Signalbereiche von CCD, Verstärker, A/D-Wandler (korrigierbar, solange sie streng monoton und zeitinvariant sind),
- *Signalbegrenzungen* durch Übersteuerung von CCD, Verstärker, A/D-Wandler, und durch numerischen Überlauf (nicht korrigierbar),

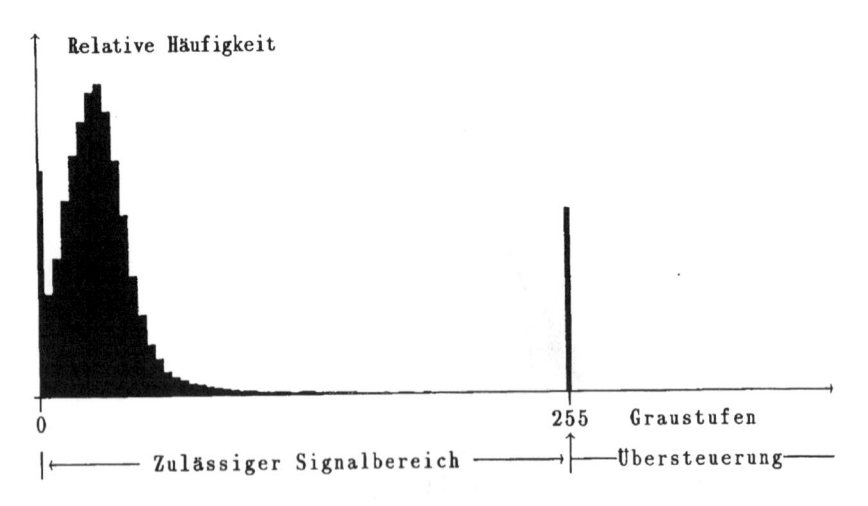

Bild 2.1.2.18: Histogramm eines Metallobjekts
Der rechte Balken zeigt die durch spiegelnde Reflexion übersteuerten Pixel an (deren optisches Signal in Wirklichkeit einen Vielfaches des maximalen Grauwertes ausmacht). Da bei zu starker lokaler Übersteuerung ein CCD-Sensors überschüssige Ladungen in andere Bildbereiche diffundieren und deren Grauwerte verfälschen, darf die Belichtung nicht beliebig gesteigert werden. Für Vermessung der dunklen Bereiche der Objektoberfläche steht daher nur eine geringe Dynamik zur Verfügung.

- *Kanalübersprechen* (Niedrige Kanaltrennung durch Beugung, Defokussierung, Ladungsdiffusion, Verstärkerbandbreite),
- *Rauschen* (Quanten-~, Thermisches ~, Digitalisierungs-~, Numerisches ~).

Die Übertragungskapazität stark gestörter Nachrichtenkanäle ist nur mit großem Aufwand theoretisch zu bestimmen. Shannon hat hierfür lediglich Schranken angegeben. Andererseits wird der praktische Codier- und Decodieraufwand beliebig groß, wenn man versucht, sich der Grenze zu nähern [Shannon 1949, Berlekamp 1968, Cattermole 1988]. Da technische Systeme aber meist noch weit von dieser Grenze entfernt sind, lohnt sich die Suche nach einer besseren Codierung. Im Zusammenhang mit der strukturierten Beleuchtung stellt sich also die Frage, wie Markierungsfunktionen beschaffen sein müssen, um die „geometrische" Nachricht bei einem bestimmten Grad an Störungen möglichst genau und in möglichst kurzer Zeit übermitteln zu können.

Um die wesentlichen Eigenschaften der verschiedenen Markierungen und Codierungen zu verdeutlichen, genügt das folgende einfache Modell. Es wird angenommen, daß die Übertragungskennlinien eines jeden Bildpunktes innerhalb eines zulässigen Signalbereiches linear sind (Übertragungsexponent $\gamma = 1.0$), was durch sorgfältige technische Realisierung erreichbar ist. Sämtliche Störungen werden dann in einer Größe, der effektiven Grauwertklassenbreite, zusammengefaßt. Sie umfaßt im besten Fall eine, in der Regel aber mehrere Digitalisierungsstufen. Die an einer bestimmten Bildkoordinate verfügbare Zahl n unterscheidbarer Grauwertklassen liefert dann eine vereinfachte Maßzahl für die maximale Informationsübertragungskapazität (n bit).

Jedem Bildpunkt soll unabhängig von seiner örtlichen Umgebung ein Distanzwert zugeordnet werden können. Die Codeworte werden daher als zeitliche Sequenz von Intensitätswerten projiziert. Ein Codewort oder -vektor $\underline{c}$ ist dann eine geordnete Liste mit w Buchstaben, die einem Alphabet A mit n Elementen entnommen sind:

$$\underline{c} = (c_0, c_1, c_2, ..., c_{w-1}) \text{ mit } c_i \in \mathbf{A}, \mathbf{A} := \{a_0, a_1, a_2, ..., a_{n-1}\}.$$

Die Wertigkeit n eines Codes entspricht der Zahl der Grauwertklassen, die einzelnen Bilder einer Bildsequenz entsprechen den w Stellen eines Codewortes. Die hier betrachteten Codes mit konstanter Wortlänge w sind nicht nur aus technischen Gründen zweckmäßig, sondern auch aus informationstheoretischer Sicht optimal, wenn man unterstellt, daß es sich bei Distanzmeßwerten um gleichwahrscheinliche Ereignisse handelt [Berlekamp 1968, Cattermole 1988].

Die wichtigsten Forderungen, die aus den obengenannten Gründen an flexible Markierungscodes gestellt werden müssen, sind hier zusammengefaßt:
- Die Länge Z der Codesequenz, d.h. die Zahl der Codeworte sollte variabel sein. Sie richtet sich nach der geforderten relativen Auflösung $Z_g/\delta Z_g$ der Markierung, die im diskreten Fall der Zahl der Codeworte entspricht.

- Die Wertigkeit n der Codierung, d.h. die Zahl der unterscheidbaren Grauwertklassen, muß in weiten Grenzen variabel sein, um eine Anpassung an unterschiedliche Signal-Rausch-Abstände (inkonstantes Reflexionsvermögen der Objektoberflächen) zu ermöglichen.
- Die Stelligkeit w der Codierung sollte variabel sein.
- Multiplikative Signalstörungen (Reflexionsgrad) müssen eliminiert werden können. Daher sind nur Codeworte zulässig, die mindestens einmal den Buchstaben a_{n-1} für maximale Sendeintensität enthält.
- Additive Signalstörungen (Umgebungslicht) müssen eliminiert werden können. Daher sind nur Codeworte zulässig, die mindestens einmal den Buchstaben a_0 enthalten, der die Intensität 0 repräsentiert.
- Die Überlappung benachbarte Codeworte (Defokussierung) darf keine großen Fehler verursachen (Quasistetigkeit, niedrige Hamming-Distanz).

Die Frage, wieviele Codeworte (d.h. unterscheidbare Distanzwerte) für ein gegebenes w und n existieren, läßt sich mit der folgenden Überlegung beantworten. Die Anzahl der Kombinationen w-ter Ordnung von n verschiedenen unbeschränkt wiederholbaren Elementen mit Berücksichtigung der Anordnung beträgt n^w. Aus einem Alphabet A mit n äquidistanten Graustufen können also zunächst $Z_0 = n^w$ Codeworte gebildet werden. Alle $(n-1)^w$ Codeworte, die den Wert a_{n-1} nicht enthalten, müssen entfallen, d.h. $Z_0' = n - (n-1)^w$. Weiter entfallen alle Codeworte, die den Wert a_0 nicht enthalten: $Z_0'' = n^w - 2(n-1)^w$. Alle $(n-2)^w$ Worte, die a_0 und a_{n-1} nicht enthalten und zweimal subtrahiert wurden, müssen wieder addiert werden. Damit ergibt sich für den allgemeinen Fall eine maximale Anzahl von

$$Z_{max} = n^w - 2(n-1)^w + (n-2)^w \qquad n \geq 2, w = \geq 3$$

selbstnormierenden Codeworten. Alle weiteren Betrachtungen zur Effizienz von Codes beziehen sich auf diese obere Grenze (Bild 2.1.2.20 und 21).

Mit dem Verbot nicht implizit normierter Codeworte tritt allerdings ein gravierendes Problem auf: Stetigkeit und innere Symmetrie der Graycodes werden gestört (Bild 2.1.2.19). Es stellt sich die Frage, ob Codesequenzen konstruiert werden können, die alle verbleibenden Codeworte nutzen und dabei den obengenannten Anforderungen genügen. Eine allgemeine Lösung dieses Problems ist nicht bekannt.

Für $w = 3$ lassen sich alle erlaubten Codeworte in einer quasistetigen Codesequenz (Hamming-Distanz 1) unterbringen (Bild 2.1.2.19 unten). Dieser Fall ist überschaubar, da jeweils 2 von 3 Codebuchstaben strengen Restriktionen unterliegen (M und Z); der Rest ist Permutation. Für solche Codes wird hier die Abkürzung MZX-Code eingeführt, da jedes Codewort einen Buchstaben für die volle Amplitude (Maximum) und einen für verschwindende Amplitude (Zero) enthält, während der dritte Buchstabe den (für größere n quasikontinuierlichen) aufsteigenden oder absteigenden Übergang (X) kennzeichnet.

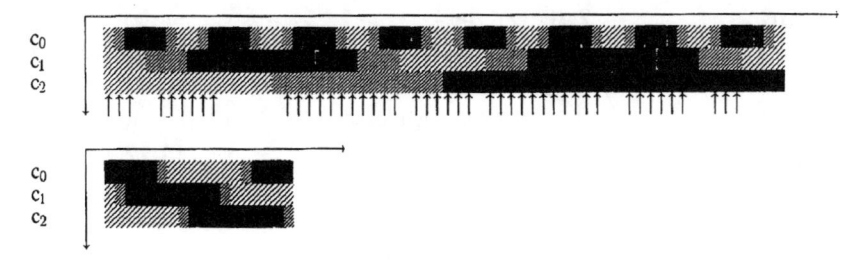

Bild 2.1.2.19: Vierwertiger Graycode
Die Pfeile markieren diejenigen Worte, die nicht verwendet werden dürfen. Bei 3 Stellen ist eine Neuordnung in stetigen Sequenzen noch möglich (MZX-Code).

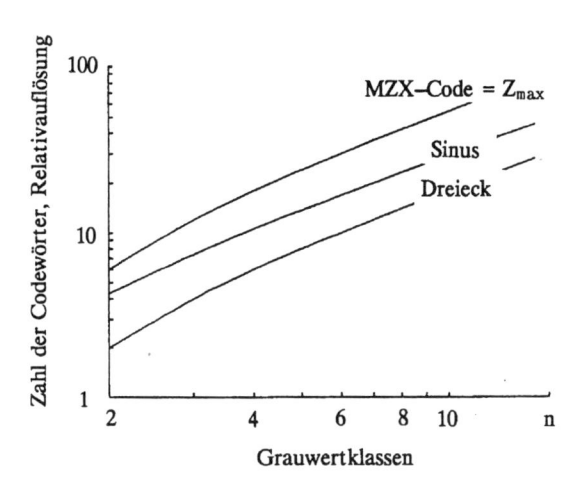

Bild 2.1.2.20: Zahl der Codeworte für 3-stellige Codes

Der 3-stellige MZX-Code nutzt 100 % der Codeworte, mit denen eine implizite Normierung möglich ist. Aus der o.g. Gleichung ergibt sich:

$$Z = 6(n-1) = Z_{max} \qquad n \geq 2, w = 3.$$

Flächendeckende Objektcodierungen erfordern wesentlich längere Codesequenzen, als sie bei niedrigem Störabstand und kleinem n mit MZX-Codes erreichbar wären. Eine dem MZX-Code vergleichbare Lösung läßt sich jedoch für $w > 3$ nicht angeben. Es stellt sich hier wiederum die Frage, wie alle möglichen (normierten) Codeworte, die sich mit $w > 3$ Stellen bilden lassen, in eine quasianaloge Codesequenz gepackt werden können.

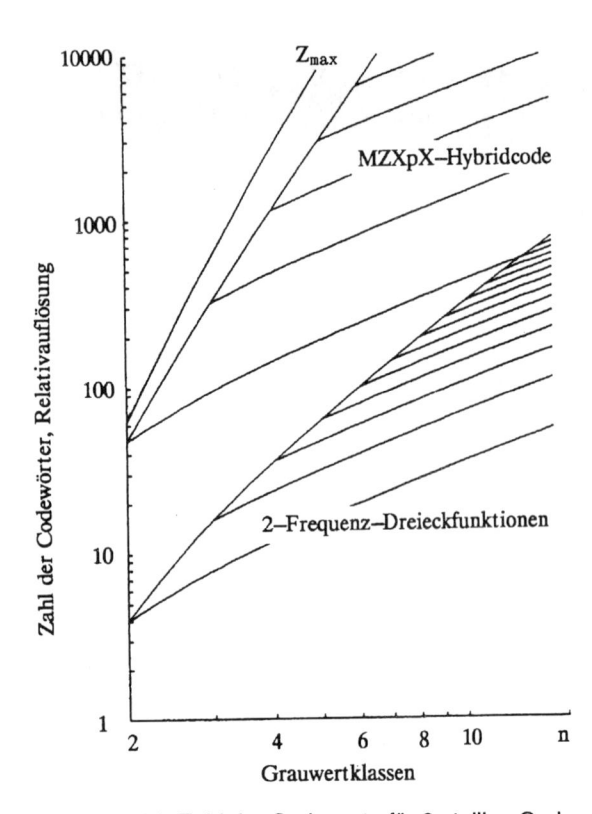

Bild 2.1.2.21: Zahl der Codeworte für 6-stellige Codes

Eine Lösung für eine Erweiterung des 3-stelligen MZX-Codes auf w Stellen ist die Multiplikation mit einem n-wertigen Graycode, der aus den verbleibenden w - 3 Stellen erzeugt wird. Dabei wird der MZX-Code periodisch wiederholt, und mit einem Wort des Gray-Codes ergänzt. Die damit erzielte Codesequenz ist mit

$$Z = 6\,(n_1-1)\,n_2^{w-3} \qquad\qquad n_1, n_2 \geq 2,\ w \geq 3$$

schon erheblich länger als bei allen anderen bisher betrachteten Verfahren.

MZXpX-Codes nutzen den Vorrat an normierten Codeworten nahezu vollständig. Dies ist der erste wesentliche Unterschied zu anderen bislang verwendeten Markierungen. Der Vergleich mit einem Binärcode gleicher Wortlänge in Bild 2.1.2.22 zeigt dies ebenso wie die funktionalen Darstellungen in Bild 2.1.2.20 und 2.1.2.21.

Um die Leistungsfähigkeit variabler Codierungen ausnutzen zu können, sollten die verwendetene Projektoren beliebig programmierbar sein und quasianaloge

Gray   MZXpX

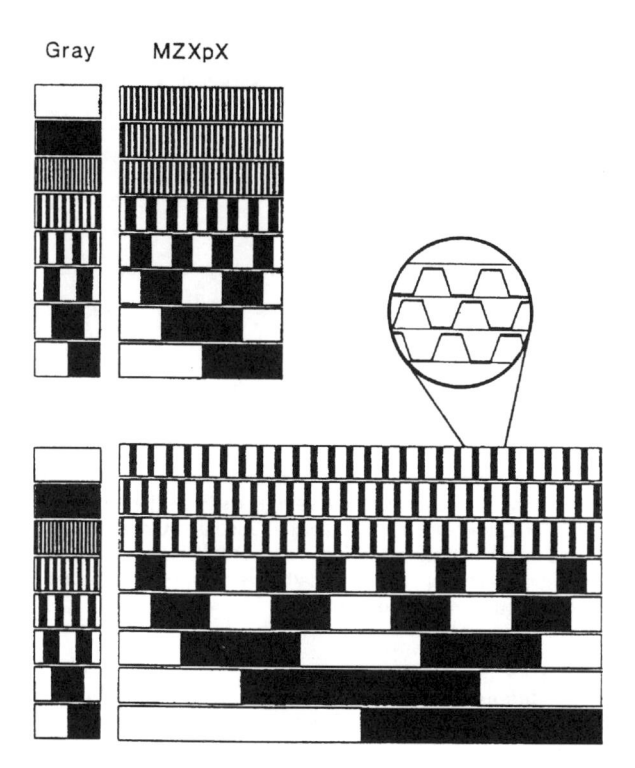

Bild 2.1.2.22:
Bereits bei niedrigstem Störabstand, der nur noch Binärverarbeitung zuläßt, zeigt ein MZX-pX-Hybridcode (oben rechts) deutliche Vorteile gegenüber einem extern normierten, binären Graycode mit ebenfalls 8 Stellen: trotz größerem Codeumfang ist er gegen Defokussierung unempfindlicher. Steigt der lokale Störabstand (4 Grauwertklassen), dann steigt auch der Codeumfang und damit die relative Distanzauflösung aufgrund der analogen Natur des MZX-Teilcodes erheblich an.

Eigenschaften aufweisen. Das heißt, daß die maximale Orts- und Intensitätsauflösung im Vergleich zur Orts- und Wertequantisierung einer Matrixkamera bzw. eines digitalen Bildspeichers so hoch sein sollte, daß auch Signale gesendet werden können, die von optisch erzeugten Analogsignalen nicht zu unterscheiden sind. Die Projektion erfolgt mit einer maximalen Frequenz von 50 Hz. Damit ist eine zeitlich lückenlose Bildaufnahme möglich (6 Vollbilder in 240 Millisekunden).

Die geforderte Flexibilität des Codierungssystems für wechselnde Anforderungen setzt eine automatische Optimierung voraus. Dazu wird eine Analyse der Systemeigenschaften, der optischen und topologischen Eigenschaften von Meßobjekt-Typ und Umgebung durchgeführt. Die Ergebnisse der Analyse liefern die Kriterien für eine automatische Generierung geeigneter Codes (Bild 2.1.2.24).

Moiré-Code für n = 7   **MZX-Code für n = 7**

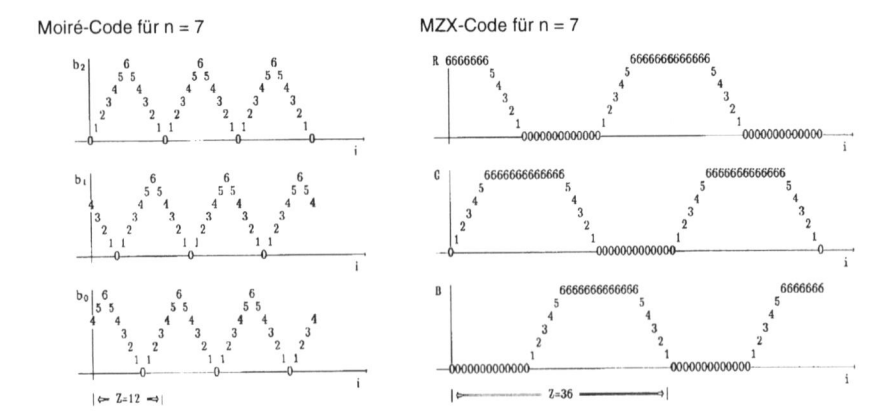

Bild 2.1.2.23:
Der analoge, trapezförmige MZX-Teilcode (rechts) nutzt die verfügbare Projektor-Modulationsamplitude immer vollständig aus. Damit erzielt er bei gleicher absoluter Ortsauflösung die größtmögliche Codelänge und damit ein sehr niederfrequentes Ortsfrequenzspektrum, was sich bei reduzierter Bildauflösung als besonders vorteilhaft erweist. Der gezeigte Dreieck-Code hat vergleichsweise eine Codierungslänge von 2 (n-1).

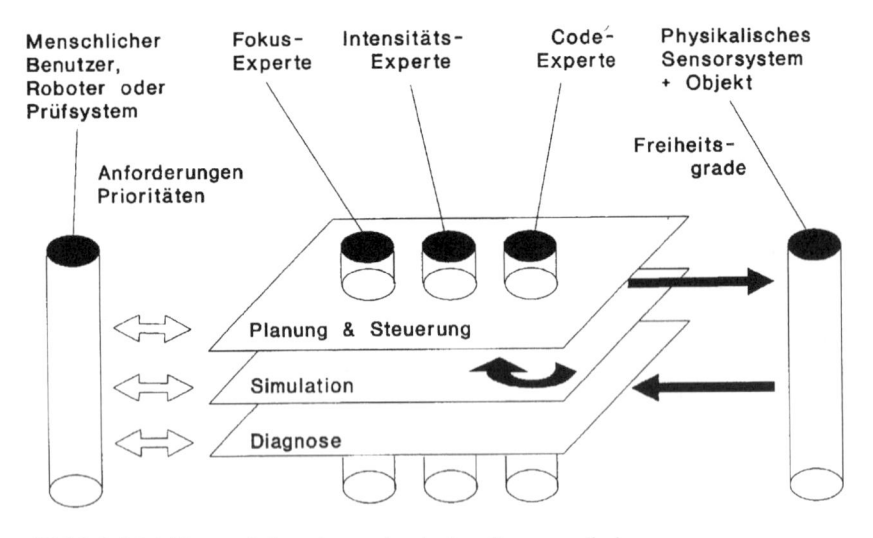

Bild 2.1.2.24: Konzept der wissensbasierten Sensoroptimierung
Zur Reduktion der Komplexität werden die Strategien zur Optimierung des Nachrichtenkanals (konkurrierende „Fokus- und Intensitätsexperten" für eine Vielzahl von steuerbaren Projektor- und Kameraparametern) und zur Optimierung des Codes (unter statistischen und topologischen Gesichtspunkten) getrennt verfolgt.

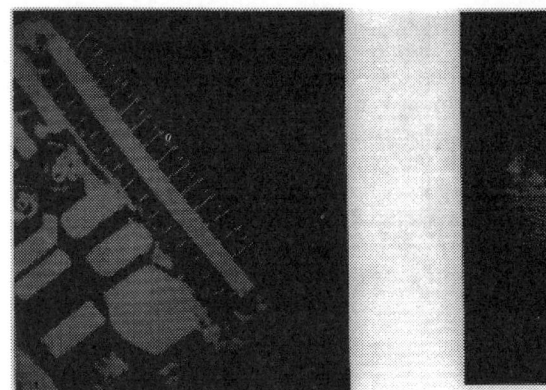

Bild 2.1.2.25:
Ergebnisse bei Objekten mit stark unterschiedlichen Reflexionseigenschaften mit einem 7-stelligen MZXpX-Code (Bildaufnahmezeit 280 ms). Alle nichtschwarzen Punkte entsprechen Höhenwerten (Bei dem quaderförmigen Pneumatik-Teil (Länge 64 mm) wurde zur Darstellung eine modulierte Pseudo-Grau-Lookup-Tabelle verwendet). Obwohl bei der Schaltungsplatine extreme Reflexionsunterschiede vorlagen, konnten die versilberten Kontaktstifte, der Sicherungshalter mit Sicherungsdraht im Glasröhrchen (unten Mitte) und gleichzeitig ein schwarzer Schaltkreis (kleines Quadrat unten halblinks) und zwei schwarze Kunststoff-Potentiometer (runde Objekte am linken Rand, Mitte) vermessen werden.

Raumzeitliche Beleuchtungsdynamik läßt sich bei der Objekterkennung und -Inspektion vorteilhaft als Instrument der Merkmalsextraktion und Segmentierung einsetzen, wenn sie rechnergesteuert und in Video-Echtzeit zur Verfügung steht. Damit lassen sich auch Aufgaben lösen, die bei statischer Beleuchtung zu unüberwindlichen Problemen führen. Welche Kontrollstrategie dabei angewandt wird, hängt vom Anwendungsgebiet ab. Eine automatische wissensbasierte Problemanalyse ist anzustreben. In einer Lernphase können Beleuchtungssequenzen gefunden und optimiert werden, die in wiederholt auftretenden Problemstellungen den Zeitaufwand minimieren.

Optische Markierungen der Objektoberfläche für das triangulationsbasierte 3-D-Maschinensehen sollten im Hinblick auf einen flexiblen Einsatz eindeutig decodierbar, effizient und variabel sein. Das vorgestellte Codierungssystem hat unter diesen Gesichtspunkten günstige Eigenschaften:

- Unempfindlichkeit gegenüber Fremdlichteinflüssen und Lichtreflexen; im Extremfall durch binäre Codeanteile. Einsetzbar bei Objekten mit komplizierter Topologie und variierenden Reflexionseigenschaften (Bild 2.1.2.25, 3-D-Robot Vision).
- Genauigkeit durch analoge Codeanteile. Die erreichbare Auflösung liegt im Submillimeterbereich (Qualitätsprüfung in Fertigung und Montage).

- Geschwindigkeit durch effiziente Codes. Die Erzeugung und Aufnahme der optischen Information zur Berechnung von rund 250 000 3-D-Koordinatenpunkten erfolgt je nach Bedingungen und Anforderungen in 40 - 320 Millisekunden. Die weitere Verarbeitung hängt von der Rechnerstruktur ab und kann bei Einsatz modernster Bildverarbeitungshardware vernachlässigt werden.
- Wählbare Prioritäten für maximale Geschwindigkeit, maximale Genauigkeit oder maximale Störsicherheit. Die jeweils zweit- und drittrangigen Eigenschaften werden automatisch stärker in Anspruch genommen.
- Automatische Anpassung des Sensors an System, Objekt und optische Umgebungsbedingungen, d.h. der verfügbare Signal-Rausch-Abstand wird durch die Codierung ausgeschöpft.

Kapitel 2.1.3

3D-Bildaufnahme mit programmierbaren optischen Liniengittern

H. Wolf

2.1.3 3D-Bildaufnahme mit programmierbaren optischen Liniengittern
H. Wolf

Bei Aufgabenstellungen im industriellen Bereich kommen häufig Szenen im Größenbereich unterhalb mehrerer Quadratmeter vor. Diese lassen sich mit aktiver strukturierter Beleuchtung analysieren. Es erweist sich als vorteilhaft, nochmals die alternativen bzw. sich ergänzenden Verfahren aufzuzeigen um dann die Vorteile der programmierbaren optischen Liniengitter darzustellen.

Beim Triangulationsverfahren wird ein Dreieck gebildet aus einem Objektpunkt, einem Projektor und einer Kamera (Bild 2.1.3.1). Der Objektpunkt wird von dem Projektor mit einem engen Strahlenbündel beleuchtet. In der Kamera bildet sich dieser beleuchtete Punkt hell ab. Das Dreieck ist voll bestimmt, wenn man die beiden Winkel α und β sowie die eingeschlossene Basisbreite b kennt. Der Sendewinkel α kann beispielsweise aus der Winkelstellung eines Spiegels im Projektor ermittelt werden. Der Empfangswinkel β läßt sich aus der Spaltennummer des hellen Objektpunktes im Kamerabild ermitteln. Der Vorgang muß solange wiederholt werden, bis alle Punkte der Szene abgetastet sind.

Beim Lichtschnittverfahren wird eine „Lichtebene" auf das Objekt projiziert (Bild 2.1.3.2). Diese Lichtebene schneidet das Objekt entlang einer Profillinie. Deren

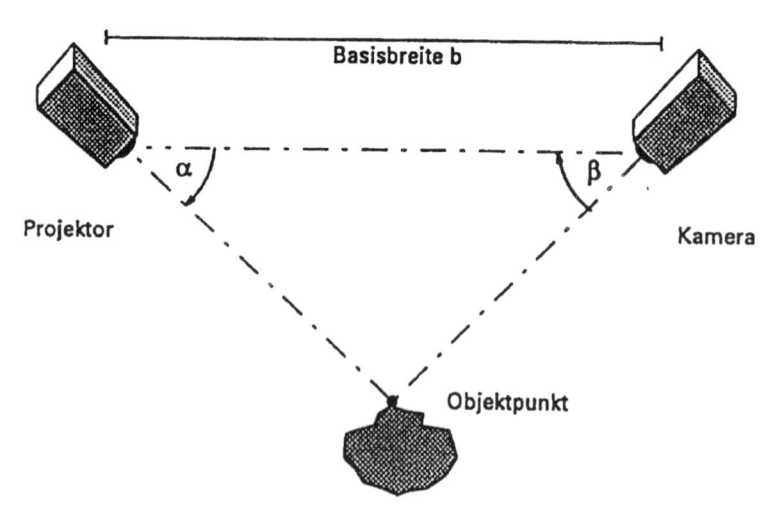

Bild 2.1.3.1: Triangulationsverfahren

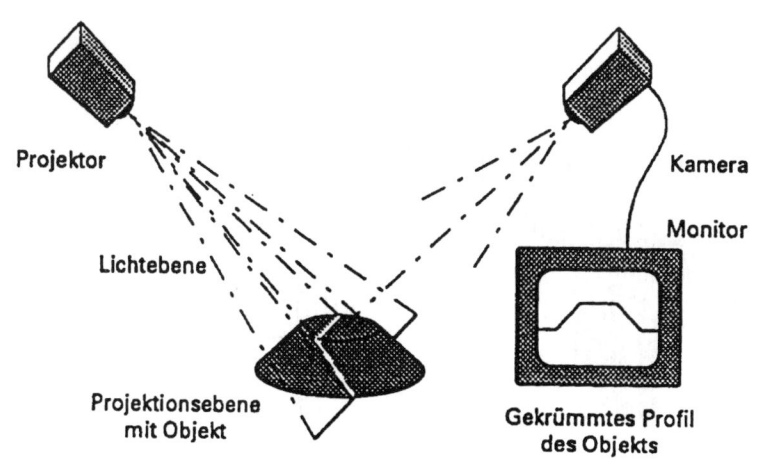

Bild 2.1.3.2: Lichtschnittverfahren

Punkte werden somit durch das Licht optisch markiert. Betrachtet man diese Profillinie mit einer Kamera von der Seite, so erkennt man sie als gekrümmte Linie im Videobild. In dem seitlichen Versatz der Linie zeigen sich die Erhöhungen und Vertiefungen des Objektes.
Kennt man den Ort der Lichtquelle, die Richtung der Lichtebene, den Ort und die Blickrichtung der Kamera, so kann man mit einfachen, schnellen Rechenoperationen die Position jedes Punktes der Profillinie ermitteln. Für die Vermessung jedes einzelnen Profils, muß man mit dem herkömmlichen Lichtschnittverfahren ein Bild aufnehmen. Für ein vollständiges Tiefenbild, bei dem die Profile dicht beieinander liegen, dauert dies bei der gängigen Fernsehnorm von 25 Bildern/s für die meisten realistischen Anwendungen viel zu lange.

Projiziert man ein Gitter (wie z.B. das feinste Gitter in Bild 2.1.3.3), so ist nur eine einzige Aufnahme für ein vollständiges Tiefenbild notwendig. Die meisten technischen Objekte weisen jedoch Höhensprünge auf. Der seitliche Versatz der Gitterlinien im Bild kann dort eine oder mehrere Linienbreiten betragen. Wieviele Linienbreiten es sind, kann aus dem Bild nicht ermittelt werden. Man hat hier also kein absolutes Meßverfahren.

2.1.3.1 Der codierte Lichtansatz

Der codierte Lichtansatz ist ein absolutes Meßverfahren. Es genügen wenige Aufnahmen zur Vermessung des gesamten Bildes. Dies wird durch die aufeinanderfolgende Projektion von hell oder dunkel schaltbaren Gitterlinien ermöglicht. Diese Gitterlinien sind fortlaufend durchnumeriert. Die Liniennummern sind zweckmäßigerweise mit einem einschrittigen Code z.B. dem Gray-Code eindeutig co-

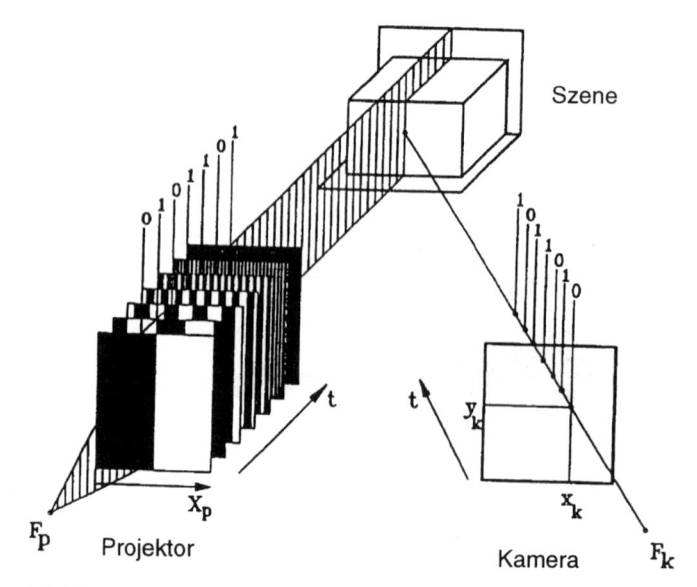

Bild 2.1.3.3: Graycodeprojektion

diert (Bild 2.1.3.3). Hat man (wie bei dem Linienprojektor LCD-640) 640 Linien (320 Linienpaare), so weist der zugehörige Graycode 10 Stellen auf. Bei den aufeinanderfolgenden Projektionen wird jeweils eine Stelle des Codes aller Liniennummern gesendet (Bild 2.1.3.3). Eine Eins im Code bedeutet, die Linie ist hell und umgekehrt. Alle Objektpunkte, die von derselben Gitterlinie beleuchtet werden, erfahren also bei der Serie von Projektionen dieselbe hell/dunkel Beleuchtungs-Sequenz.

Diese Information kann man im Videobild auf einfache Weise durch Binarisierung extrahieren. Man erstellt zunächst ein Referenzbild als Mittelwertbild aus einer ganz hell und einer ganz dunkel geschalteten Projektion und speichert dies im Bildverarbeitungssystem ab. Dieses Referenzbild wird von den Bildern mit den geschalteten Gitterlinien subtrahiert. Das Vorzeichen der pixelweisen Differenz gibt nun an, ob ein Bildpunkt hell oder dunkel beleuchtet wurde. Bei jeder Aufnahme wird ein weiteres Bit des Codes in einem Bildspeicher (Bit plane stack) für jeden Bildpunkt eingetragen, solange bis alle Stellen des Codes abgearbeitet sind. Dieses Binarisierungsverfahren ist deshalb besonders zuverlässig und störunempfindlich, weil für jeden Bildpunkt eine individuelle Schaltschwelle mit Hilfe des Referenzbildes bereitgestellt wird. Man kann leicht kontrollieren, ob ein Pixel einen Mindest-Helligkeitsabstand zu seinem Referenzpixel aufweist. Alle Pixel, die dieses Kriterium nicht erfüllen, werden als nicht auswertbar markiert.

Nach einer Serie von Aufnahmen steht somit im Bildspeicher nicht wie üblich der Grauwert der Pixel, sondern der Code der auf das Objekt projizierten Gitterlinien.

Das ist die pixelweise Information über den Sendewinkel α den wir bei der Triangulation (Bild 2.1.3.1) bereits kennengelernt haben. Der Empfangswinkel ß ist in der Spaltenadresse der Pixel im Bildspeicher enthalten. Auf diese Weise sind alle für die Triangulation benötigten Daten zugänglich. Mit Tabellenoperationen wird mit den gängigen Bildverarbeitungskarten sehr schnell daraus die Entfernung jedes Objektpunktes von der Kamera bestimmt und in einem Tiefenbildspeicher abgelegt.

Der codierte Lichtansatz kann zusätzlich mit den bereits bekannten Subpixelverfahren, wie z.B. dem Phasenshiftverfahren, zu einem hochgenauen absoluten Meßverfahren kombiniert werden. Hierfür weist der Linienprojektor eine Option auf, um auch Grauwert-Zwischenstufen der Gitterlinien zu projizieren. Es wird von Pixel-Meßgenauigkeiten 1:7500 [Strutz 1993, Strutz 1992] bezogen auf die Diagonale des Meßvolumens berichtet!

2.1.3.2 Anwendungsbeispiel

Für die Prüfung von Blechteilen gibt es mehrere Alternativen. Zum einen kann in einer flexiblen Prüfzelle am Ende der Pressenstraße mit einer Vielzahl von Sensoren eine Vielzahl von Fehlerstellen untersucht werden. Zum anderen kann direkt an der Presse unter Ausnutzung der geringen Lagetoleranz des Prüfteils direkt nach dem Umformvorgang eine genauere Schwerpunktprüfung nur eines Fehlers vorgenommen werden.

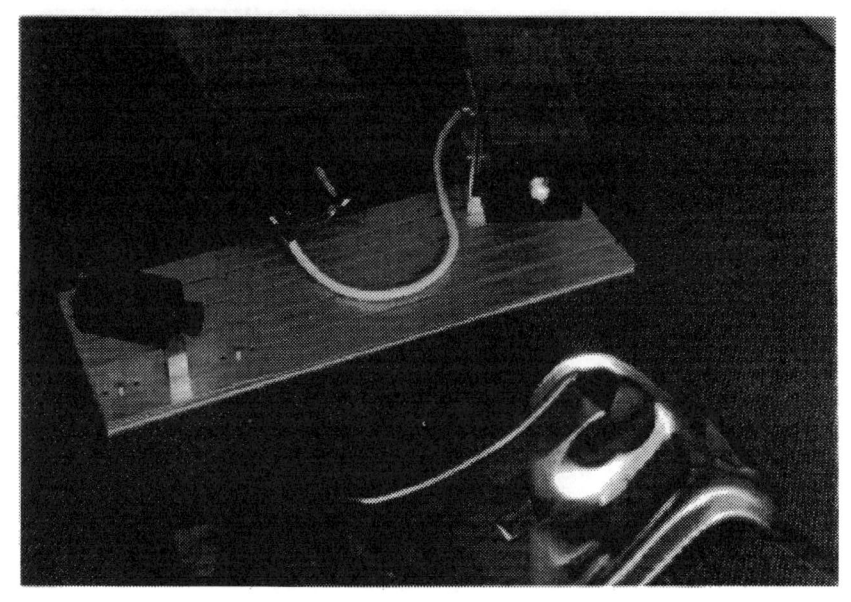

Bild 2.1.3.4: Typische Meßanordnung

Im Rahmen dieser Untersuchungen wurden mit dem Projektor (Bild 2.1.3.4) wellenförmige Fehlerstellen am Blechteil (Bild 2.1.3.5) mit dem Phasenshiftverfahren vermessen. Das Ergebnis ist in Bild 2.1.3.6 dargestellt.

Die direkte Beleuchtung stark spiegelnder oder glänzender Objekte ist nicht vorteilhaft, da entweder das Licht zur Seite weg gespiegelt wird und nicht in die Kamera gelangt, oder direkt in die Kamera gespiegelt wird, wo es dann die Übersteuerung des Luminanz-Signals bewirkt.

Mit dem Linienprojektor werden Linienstrukturen an eine diffus reflektierende Wand projiziert. Das zu prüfende Objekt wird so plaziert, daß sich die Linien darin spiegeln. Die Kamera wird auf das Objekt gerichtet und erfaßt somit das Spiegelbild der Linien. Die gespiegelten Linien sind durch die Geometrie des Objektes in charakteristischer Weise verformt (Bild 2.1.3.7).

Mit diesem Verfahren lassen sich wellenförmige und beulenartige Defekte an schwach gekrümmten Oberflächen mit sehr großer Empfindlichkeit ermitttteln.

Aus der Betrachtung der Spiegelbilder läßt sich nun die Geometrie des Objektes leider nicht vollständig rekonstruieren. Abweichungen von einem Referenzteil lassen sich jedoch anhand von Gut-Teilen, Teilen mit Grenzfehlern und Schlechtteilen in ihrer Ausprägung und Gewichtung erlernen.

Bild 2.1.3.5: Blechteil mit wellenförmiger Fehlerstelle (0,7 mm Amplitude)

Die Gitterkonstante des erzeugenden Projektionsgitters wählt man zweckmäßigerweise so klein wie möglich, so daß der Kontrast über den Schärfenbereich und die nicht perfekt spiegelnde Oberfläche für eine zuverlässige Auswertung noch ausreicht. Zur Unterdrückung des Umgebungslichtes wird das Gitter invertiert, die Differenz der Bilder enthält die Linienstrukturen in maximalem Kontrast.

Falls das Gitter aus Kontrastgründen zu grob für eine Anwendung gewählt werden mußte, kann die Messung mit einem um Bruchteile der Gitterperiode verschobenen Linienmuster ein oder mehrmals wiederholt werden. Damit läßt sich die notwendige Abtastdichte erzielen.

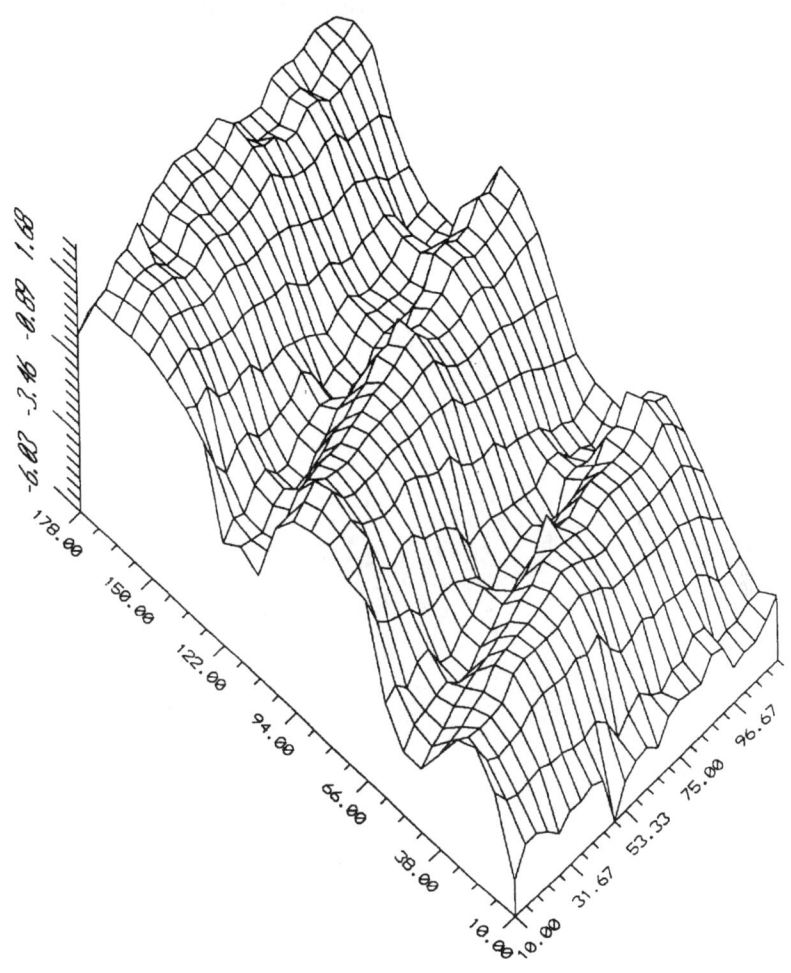

Bild 2.1.3.6: Graphische Darstellung des Meßprotokolls

Wegen der Programmierbarkeit schaltbarer Gitter, erfolgt die Verschiebung virtuell ohne mechanische Bewegung einfach durch Zu- und Abschalten feiner Linien am Rand der projizierten Strukturen.

Die Qualität der Oberfläche spiegelnder Objekte zeigt sich in den verrauschten Linienkanten (Bild 2.1.3.8). Wählt man die Liniendichte immer höher, bestimmen ab einer gewissen Linienzahl nur noch die Oberflächeneigenschaften, wie z.b. Orangenhaut an lackierten Oberflächen, das Bild; die Linienstruktur geht verloren. Die Detektion der Strukturlosigkeit im Bild ist auf einfache Weise möglich, z. B. durch Projektion inverser Linienmuster, Differenzbildung und Kontrolle der Modulationstiefe der Linienstrukturen im Bild. Die Liniendichte, bei der Strukturlosigkeit auftritt, kann bereits als Maß für die Oberflächenqualität gelten.

Eine Zusammenfassung unterschiedlicher Objekte unter programmierbaren optischen Projektionslinien zeigen die Bilder 2.1.3.9a bis 2.1.3.9d.

In Bild 2.1.3.10a ist die Aufnahme eines dreidimensionalen Objektes wiedergegeben. Die Auswertung der projizierten Linien zeigt Bild 2.1.3.10b. Hierbei sind die Tiefeninformationen in den unterschiedlichen Grauwerten (bzw. Faben) wiedergegeben.

Bild 2.1.3.7: Indirekte Beleuchtung: Das Spiegelbild der an die Wand projizierten Linien wird im Karosserieblech beobachtet.

Bild 2.1.3.8: Indirekte Beleuchtung: Spiegelbild eines Liniengitters in einer Auto-Seitenscheibe. Die Welligkeit am Rand zeigt Fertigungsungenauigkeiten

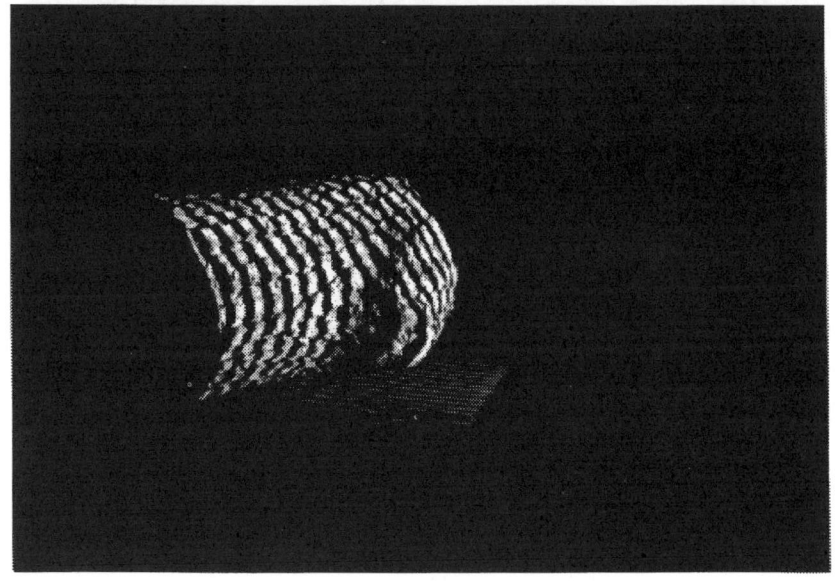

Bild 2.1.3.9a: Direkte Beleuchtung: Baumstamm mit pojizierten Linien

Bild 2.1.3.9b: Direkte Beleuchtung: Aluminiumprofil mit projiziertem Liniengitter
(das helle Teil rechts im bild ist ein Metermaßstab)

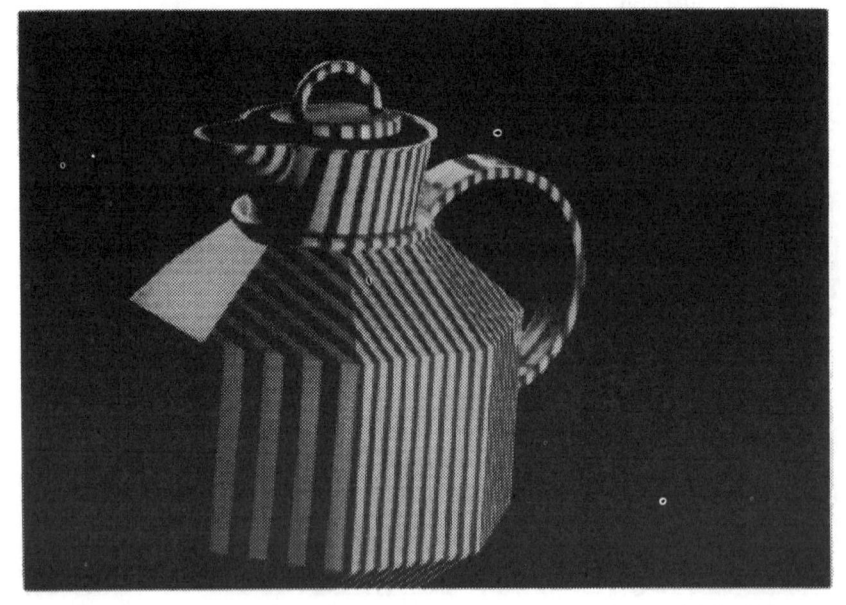

Bild 2.1.3.9c: Direkte Beleuchtung: Kanne eckig mit projiziertem Liniengitter

Bild 2.1.3.9d: Direkte Beleuchtung: Kanne rund mit projiziertem Liniengitter

Bild 2.1.3.10a: Aufnahmeanordnung für direkte Beleuchtung mit Kanne

Bild 2.1.3.10b: Tiefenbild der Kanne in Falschfarbendarstellung: Aufnahme vom Kontrollmonitor (Programm PCCLA)
(Die Falschfarben drücken sich in der hier vorliegenden Reproduktion als unterschiedliche Grauwerte aus)

Kapitel 2.1.4

**Mikrooptische Komponenten
für neue Technologien**

R. Grunwald

2.1.4 Mikrooptische Komponenten für neue Technologien
R. Grunwald

2.1.4.1 Einführung

Obgleich erste Anwendungen von Mikrolinsenarrays bereits von den Pionieren der Farbphotographie untersucht wurden (Linsenrasterfilm, *Berthon 1908* [Brockhaus]), erhielt die Mikrooptik erst in jüngster Zeit im Umfeld fortgeschrittener Technologien die entscheidenden Entwicklungsimpulse. Dies resultiert zum einen aus der Verfügbarkeit geeigneter Methoden und Materialien zur Mikrostrukturierung sowie der erreichten Leistungsfähigkeit der benötigten Meßtechnik und Informationsverarbeitung, zum anderen aus den Anforderungen eines gewandelten Marktes an die Parameter völlig neuer Produkte. Der Trend zur Miniaturisierung, Integration, Replizierbarkeit und Adaptierbarkeit optischer Systeme vollzieht sich in enger Kopplung zu einem äußerst dynamischen Umfeld. Dabei sind mehrere konvergierende Evolutionslinien hin zu Arrays aus Mikrostrukturen zu beobachten (Elektronik, Optik, Mechanik, Lasertechnik, Faseroptik, Sensorik), was in Bild 2.1.4.1 stark vereinfacht dargestellt ist.

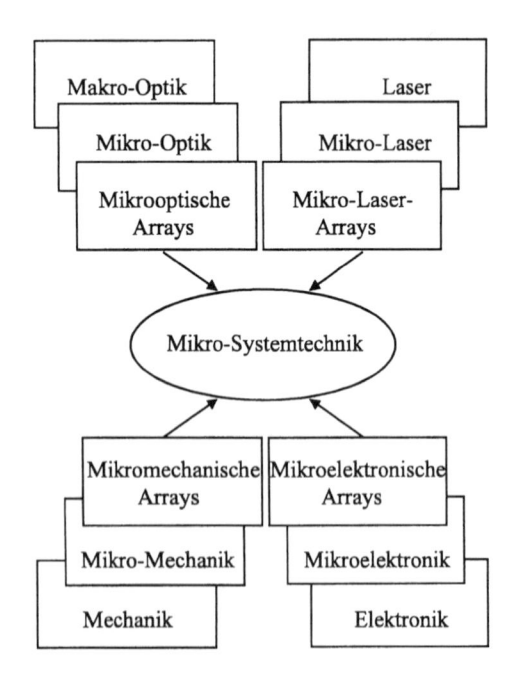

Bild 2.1.4.1:
Technologische Entwicklungslinien hin zur Mikrosystemtechnik

Es ist zu erwarten, daß aus dem Überlappungsgebiet (üblicherweise als Mikro-Systemtechnik [Reichl 1994] oder auch mikro-opto-elektro-mechanische Systeme (MOEM) [Motamedi 1995, Motamedi 1994] bezeichnet) fundamentale Technologien des 21. Jahrhunderts hervorgehen werden, die sich in Architektur und Funktionsweise Systemen der Natur annähern können. Bei der Aufnahme, Übertragung, Verarbeitung, Erzeugung und Speicherung von Informationen („Information Super Highway"), bei Energieumwandlung, Materialbearbeitung sowie bei molekularbiologischen und medizinischen Techniken wird Licht definitiv eine zentrale Rolle spielen. Für die raum-zeitliche Transformation und Steuerung komplexer Lichtfelder (Bild, Laserstrahl) werden neuartige optische Bauelemente als Bestandteile hochkomplexer, intelligenter Systeme zum Einsatz kommen, nicht zuletzt Arrays mikro-miniaturisierter Linsen, Gitter, Spiegel, Prismen und Wellenleiter. Im folgenden soll ein Überblick über den gegenwärtigen Stand auf diesem Gebiet gegeben werden. Spezifische Eigenschaften und Parameter, Typen, Herstellungsmethoden und Anwendungen mikrooptischer Arrays (insbesondere von Mikrolinsen-Arrays) werden vorgestellt und bedeutsame Trends hervorgehoben.

2.1.4.2 Spezifische Eigenschaften mikrooptischer Komponenten

Mikrolinsen und Mikrolinsen-Arrays (typische Durchmesser von Einzelelementen: < 1 mm) weisen einige Besonderheiten auf, hinsichtlich derer sie sich von konventionellen Bauelementen unterscheiden. Nachfolgend sind einige Spezifika aufgelistet.

2.1.4.2.1 Spezifische Eigenschaften von Mikrolinsen

Bei konstanter Brennweite ist die Verringerung des Linsendurchmessers mit kleineren Winkeln der Randstrahlen bezüglich der optischen Achse und daher reduziertem Öffnungsfehler (sphärische Aberrationen) verbunden. In diesem Fall lassen sich höhere relative Fokustiefen (bezogen auf den Durchmesser) erzielen, was eine geringere Empfindlichkeit gegenüber Positionierfehlern mit sich bringt. Da jedoch häufig mit Mikrolinsen auch sehr kleine Brennweiten realisiert werden, sind die optischen Eigenschaften für jeden speziellen Fall unter Berücksichtigung der konkreten Linsenparameter (Durchmesser, Brennweite, Orientierung der Flächen, Brechungsindex des Materials) zu analysieren. Im allgemeinen wirken sowohl Abbildungsfehler als auch Diffraktion der Fokussierung entgegen, so daß in Abhängigkeit von der geplanten Anwendung geeignete Parameterfelder aufgefunden werden müssen. Für eine grobe Abschätzung beider Einflüsse eignet sich folgende Näherungsformel für den Bildkreisradius ρ' eines axialen Bildpunktes [Naumann 1992], die Öffnungsfehler und Diffraktion einbezieht:

$$\rho' = a' \cdot (\frac{c(n)}{2 \cdot k^3} + 1{,}22 \cdot \frac{\lambda \cdot k}{f'}) \tag{1}$$

mit $\quad k = \dfrac{d}{f'} \tag{2}$

(a' = Bildweite, $c(n)$ = spezieller Funktionswert, abhängig von Brechzahl n und Durchbiegung der Linse, k = Blendenzahl, f' = Brennweite, d = Linsendurchmesser = λ Wellenlänge)

Spezielle Anwendungen von Mikrolinsen ergeben sich aus dem geringen Gewicht und dem extrem flachen Aufbau. Mit Mikrooptik realisiert werden können so

– Bauelemente auf oder in dünnen flexiblen Substraten
– mechanisch schnell beschleunigbare bewegte Elemente
– Arbeit in geringen Distanzen oder an unzugänglichen Orten
– Integration in kompakte Mikrosysteme (direkt auf Faser, Laser, Wellenleiter)

Problematisch sind die aufgrund der geringen Dimensionen der Mikrolinsen härteren Forderungen bzgl. Toleranzen inklusive ihrer meßtechnischen Erfassung. Aktivitäten zur ISO-Normung sind gegenwärtig noch nicht abgeschlossen, insbesondere für Mikrolinsen-Arrays.

2.1.4.2.2 Spezifische Eigenschaften von Mikrolinsen-Arrays:

Mikrooptische Arrays sind matrixförmige Anordnungen mikrooptischer Bauelemente, deren spezifische Eigenschaften sich einerseits aus dem kooperativen Verhalten der Einzelelemente und andererseits aus den Besonderheiten der geometrischen Anordnung der Einzelelemente ergeben. Infolge konstruktiver Interferenz treten bei kohärenter oder teilkohärenter Beleuchtung periodisch angeordneter Elemente selbstabbildende Eigenschaften auf (*Talbot*-Effekt). In definierten Distanzen kommt es hierbei zu einer Reproduktion der ursprünglichen Amplituden- und Phasenmuster und zugleich zu einem kohärenten Austausch von Information. Dieser Effekt kann beispielsweise für die Phasenkopplung geordneter Emitter (Fasern, Laserdioden) sowie für optische Prozessoren (neuronale Netze) ausgenutzt werden. Die Realisierbarkeit einer Vielzahl paralleler optischer Kanäle mit Arrays ermöglicht Anwendungen mit mehrkanaliger Datenerfassung, -übertragung und -verarbeitung, wobei sich für meßtechnische Zwecke aus der gegebenen Rasterung der Arrays (Perioden) räumliche Skalen ableiten lassen. Ferner können die Array-Elemente derart angeordnet werden, daß eine Kompatibilität zu anderen Array-Strukturen hergestellt wird (Sensoren, Emitter, Laser).

Diffraktion, Abbildungsfehler und Wellenleitungseffekte können bei Mikrolinsen-Arrays ähnlich wie bei Bildleitbündeln zum Übersprechen zwischen benachbarten Elementen führen (Geisterbilder, reduzierte Auflösung).

2.1.4.2.3 Charakteristische Parameter von Mikrolinsen

Typische Größen zur Charakterisierung einzelner Mikrolinsen sind neben Durchmesser d und Brennweite f' (Distanz von der Oberfläche zum Fokus) insbesondere die physikalische Dicke bzw. Linsenhöhe h („sag", „swelled convex" speziell bei Plankonvexlinsen), die optische Dicke hn, der Phasenhub $\Delta\Phi$ (im Verhältnis zur Wellenlänge), die numerische Apertur NA [Microlens Arrays 1995/P2], die Fresnel-Zahl N und ggf. das Brechzahlprofil (bei Gradienten-Linsen). Es gilt:

$$NA = \sin(\arctan\frac{d}{2f'}) \approx \frac{d}{2f'} \quad \text{(kleine Winkel)} \qquad (3)$$

Die *Fresnel*-Zahl *N* ist ein Maß für den Einfluß der Beugung auf die Qualität der Abbildung:

$$N = \frac{d^2}{4\lambda f'} \qquad (4)$$

Hilfreich ist die Ermittlung bestimmter optischer Funktionen aus der Analyse der Linsenprofile. Die *Strehl Ratio* (*SR*) ist definiert als das Verhältnis der gemessenen Peak-Intensität im Fokus I'_P (mit Aberrationen) zur theoretisch erreichbaren maximalen Peak-Intensität I_P im Fokus (ohne Aberrationen):

$$SR = \frac{I'_P}{I_P} \qquad (5)$$

Für SR > 0,8 spricht man von „diffraktionsbegrenzten" Mikrolinsen. Die *Point Spread Function* (*PSF*), auch Punktbild bzw. Verwaschungsfunktion genannt, ist ein Maß für die „Verschmierung" der Punkt-Leuchtdichte bei der Abbildung [Slevogt 1974]. Mathematisch läßt sich die Leuchtdichte des Bildpunktes darstellen als Faltungsprodukt aus der Leuchtdichte im Objekt und der *PSF*, die als Gewichtsfaktor wirkt. Die (nur inkohärent gültige) *Modulations-Transfer-Funktion* (*MTF*) beschreibt die Übertragung des Kontrastes eines Bildsignals in Abhängigkeit von der Raumfrequenz ν und läßt sich so darstellen, daß sie neben dem Term für den Amplitudenkontrast η(ν) einen phasenabhängigen Anteil (Phasenverschiebung Φ) enthält [Slevogt 1974]:

$$MTF(\nu) = \eta(\nu)\cdot\exp[i\Phi(\nu)] \qquad (6)$$

Die 2D-*MTF* ist die Fouriertransformierte der *PSF*. Die sphärischen Aberrationen geringfügig modulierter („glatter") Wellenfronten werden als peak-to-valley Differenz $\Delta\Phi_{PV}$ zu einer sphärischen Referenzwelle angegeben. Als diffraktionsbegrenzte Apertur wird derjenige Bereich mit $\Delta\Phi_{PV} < 0.25\ \lambda$ bezeichnet. Mehr Informationen über die Wellenaberrationen vermitteln Darstellungen in Form sagittaler / tangentialer Phasenkurven oder durch eine Fläche im Raum. Zur Erfassung von Aberrationen höherer Ordnung kann die *mittlere quadratische Abweichung* (*RMS*) der Wellenfront von der Referenzfläche benutzt werden. Zusätzliche Aussagen liefern chromatische Aberration, eingeschlossene Energie im Fokus und Spot-Diagramme.

Da PSF und Spot-Diagramm relativ unsensibel gegenüber Aberrationen sind, lassen sie sich nur bedingt zur Charakterisierung der optischen Qualität der Mikrolinsen verwenden. In praxi sind ferner unbedingt die realen Beleuchtungsbedingungen (Phasen- und Amplitudenverteilung, Einfallswinkel, Kohärenzgrad) mit zu berücksichtigen. Die Aberrationen hängen auch stark von der Orientierung der

Linsenflächen ab (weshalb plankonvexe Mikrolinsen, wie sie häufig auf planparallelen Substraten vorliegen, vorteilhafterweise zum einfallenden Strahl hin weisen sollten, sofern sie zur Abbildung dienen).
Weitere Größen, die mitunter zur Charakterisierung von Mikrooptiken hinzugezogen werden, sind die Auflösung von Teststrukturen (kleinste aufgelöste Strichzahl/mm) [Microlens Arrays 1995/A7], der Kontaktwinkel α oder der „Kontrast" der Struktur tan [Microlens Arrays 1995/F3], das Kontrastverhältnis (bei polarisations-selektiven Bauelementen) [Microlens Arrays 1995/A3], die Winkelgleichmäßigkeit (bei Diffusern), das Sichtfeld von Mikrolinsen [Microlens Arrays 1995/A8], die Abbe-Zahl (zur Erfassung der Dispersionseffekte) [Microlens Arrays 1995/A4] sowie das Space-Bandwidth-Product (SBP, für informationstheoretische Beschreibung) [Ozaktas 1994].

2.1.4.2.4 Brennweiten refraktiver Mikrolinsen

Bei der Berechnung der Brennweiten refraktiver Mikrolinsen ist je nach dem Verhältnis zwische Dicke h und den Krümmungsradien r_1, r_2 zwischen „dicken" und „dünnen" Linsen zu unterscheiden. Die Brennweite f' (von der bildseitigen Hauptebene an gerechnet) in rein geometrisch-optischer Beschreibung (ohne Beugung) erhält man für eine sphärische *dicke* Linse im Vakuum aus der Beziehung [Haferkorn 1984]

$$\frac{1}{f''} = (n-1)\left(\frac{1}{r_1} - \frac{1}{r_2}\right) + \frac{(n-1)^2}{n}\frac{h}{r_1 r_2} \qquad (7)$$

(n = Brechzahl des Linsenmediums; r_1, r_2 = Krümmungsradien, h = Dicke der Linse)

Gleichung (7) gilt in gleicher Form auch für eine Anordnung von Mikrolinsen auf einem Substrat gleichen Materials bzw. identischer Brechzahl.
Um die Vertex-Brennweiten f' zu bestimmen, muß zu f'' jeweils der Abstand H von der bildseitigen Hauptebene zum Scheitelpunkt addiert werden. Unter den betrachteten Bedingungen ergibt sich nach [Haferkorn 1984]:

$$f' = f'' \left[1 - \left(\frac{n-1}{r_1}\right)\frac{h}{n} \right] \qquad (8)$$

Als Spezialfall folgt aus Gleichung (7) für dünne Linsen ($h \ll r_1, r_2;\ f' \approx f''$):

$$\frac{1}{f'} \approx \frac{1}{f''} = (n-1)\left(\frac{1}{r_1} - \frac{1}{r_2}\right) \qquad (9)$$

sowie für Kugellinsen ($r_1 = -r_2 = r$):

$$\frac{1}{f''} = \frac{(n-1)^2}{n}\frac{h}{r^2} + (n-1)\frac{2}{r} \qquad (10)$$

$$= \frac{2}{r}\left(\frac{n-1}{n}\right);\ (\text{wegen } h = 2r).$$

Von besonderer Bedeutung ist der Fall der *plankonvexen dünnen Linsen* ($r_2 = $, $r_1 = r$), für den man nach Gleichung (9) erhält:

$$\frac{1}{f''} = (n-1)\frac{1}{r} \quad \text{bzw.} \quad f'' = (\frac{1}{n_L - 1})r \tag{11}$$

Weisen Substrat, Linsenmaterial und umgebendes Medium unterschiedliche Brechzahlen auf oder weicht die Linsenform von der Sphäre ab, gestalten sich die Verhältnisse komplizierter, desgleichen im Bereich kleiner Fresnelzahlen (Beugungseffekte nicht vernachlässigbar).

Befindet sich eine plankonvexe dünne Linse der Brechzahl n_L *auf einem Substrat* der Dicke s und der Brechzahl n_S, so behält Gleichung (11) weiterhin Gültigkeit, wenn die gekrümmte Seite zur Bildseite hin orientiert ist (höhere Aberrationen). Für die objektseitige Krümmung (geringere Aberrationen) müssen zwei Fälle unterschieden werden: (a) der Brennpunkt liegt innerhalb des Substrates, (b) der Brennpunkt liegt außerhalb des Substrates. In Fall (a) mit $f' \leq s$ entfernt sich der Brennpunkt von der Linse, es gilt anstelle von Gleichung (11):

$$\frac{n_S}{f''} = (n_L - 1)\frac{1}{r} \quad \text{bzw.} \quad f'' = (\frac{n_S}{n_L - 1})r \tag{12}$$

Im für praktische Fälle bedeutsameren Fall (b) mit $f'' > s$ (**dünnes Substrat**) erhält man wegen $n_S \geq 1$ gegenüber Fall (a) um $n_S \cdot s$ verkürzte Brennweiten:

$$f'' = n_S \, (\frac{r}{n_L - 1} - s) \tag{13}$$

Bei plankonvexen, sphärisch gekrümmten Dünnschichtlinsen Kugelkalotte [Bronstein 1977] ergibt sich der *Krümmungsradius r* aus der maximalen Schichtdicke *h* und dem Linsendurchmesser *d* zu

$$r = \frac{1}{2}(h + \frac{d^2}{4h}) \tag{14}$$

Im Geltungsbereich der geometrischen Optik können Mikrolinsen mit Ray-Tracing Codes analysiert werden. Für eine exaktere beugungstheoretische Beschreibung existieren verschiedene Ansätze wie Beam Propagation Method und Wave Propagation Method [vgl. Singer 1995, Brenner 1993, Singer 1995]. Der numerische Rechenaufwand bei derartigen Verfahren ist in der Regel beträchtlich.

2.1.4.2.5 Charakteristische Parameter von Arrays

Beim Array muß zusätzlich die Streuung der unter Punkt 2.1.4.2.3. genannten Parameter, insbesondere die der Brennweite, erfaßt werden [Microlens Arrays 1995/T1]. Bei sehr großen Zahlen von Einzelelementen sind Angaben über die Dichte von Fehlstellen sowie über die Rechtwinkligkeit von Zeilen und Spalten zueinander [Microlens Arrays 1995/T1] notwendig. Von essentieller Bedeutung für den Wirkungsgrad optischer Systeme mit integrierten Arrays (z.B. Bildsensoren) kann weiterhin der Füllfaktor (Packungsdichte) sein. Neben lokalen *Fresnel-*

Zahlen der Einzelelemente können auch globale *Fresnel*-Zahlen eingeführt werden, um die Beugungseigenschaften von Arrays zu erfassen (wichtig für die Beschreibung von Moden höherer Ordnung in Laser-Resonatoren mit Array-Spiegeln). Die bei der *Selbstabbildung* (siehe Abschnitt 2.1.4.2.2) auftretenden charakteristischen Entfernungen für ein Array der Periode p bei der Wellenlänge, bei denen die Originalperioden der Phasen- und Amplitudenmuster zu beobachten sind [Talbot 1836, Winthrop 1965, Latimer 1992], erscheinen als ganzzahlige Vielfache der sogenannten *Talbot*-Distanz d_T

$$d_T = 2n\frac{p^2}{\lambda} \qquad (15)$$

(n = Brechungsindex im umgebenden Medium)

Wegen der in ausgedehnten Arrays enthaltenen niederfrequenteren Anteile des Raumfrequenzspektrums werden auch außerhalb dieser Distanzen reichhaltige Interferenzstrukturen detektiert.

2.1.4.3 Typen mikrooptischer Arrays

2.1.4.3.1 Übersicht

Für eine Klassifikation mikrooptischer Arrays erscheinen die folgenden funktionellen und strukturellen Merkmale als zweckmäßig:

a) dominierendes Wirkprinzip (Refraktion, Diffraktion, Reflexion, hybrid)
b) Anordnung der Einzelelemente (linear, hexagonal, orthogonal, ringförmig)
c) Zahl, Form (rechteckig, kreisförmig, elliptisch) und Größe der Einzelelemente
d) geometrische Struktur der Einzelelemente (analog / binär / hybrid)
e) Phasenfunktion der Einzelelemente (sphärisch, asphärisch, zylindrisch, anamorphotisch)
f) globale Phasenfunktion des Arrays (Einhüllende)
g) Substratmaterial und -eigenschaften (starr, flexibel – z.B. Polymerfolie)
h) Arraymaterial (monolithisch, geschichtet)
i) spektrale Eigenschaften (teilreflektierend, dichroitisch)

Substrat- und Mikrolinsenmaterial können gleich oder unterschiedlich sein. Systeme aus mehreren Mikrolinsen-Arrays sind durch die Anordnung ihrer Komponenten zueinander im Raum bzw. (bei dynamischen Systemen) durch die zeitliche Veränderung ihrer Parameter zu charakterisieren. Hinsichtlich des Designs refraktiver Komponenten kann zwischen Mikrolinsen vom Fresnel-Typ und Nicht-Fresnel-Typ unterschieden werden. Von Bedeutung sind *Kombinationen* aus verschiedenen Typen von Mikrooptiken. Das Konzept der *dispersiven Mikrolinsen* beispielsweise vereint die diffraktive Wirkung von Blaze-Gittern mit dem fokussierenden Verhalten refraktiver Elemente, so daß z.B. Bildsensoren hoher Effizienz mit Spektralselektion ohne zusätzliche Filter aufgebaut werden können [Lee 1994/S.329-359].

2.1.4.3.2 Dünnschicht-Arrays

Dünnschicht-Arrays zeichnen sich durch relativ einfache und kostengünstige Herstellbarkeit aus. Da sie als Multilayer-Schichten ausgelegt werden können, lassen sich durch geeignete Schichtenfolgen spektralselektive Eigenschaften erzielen.

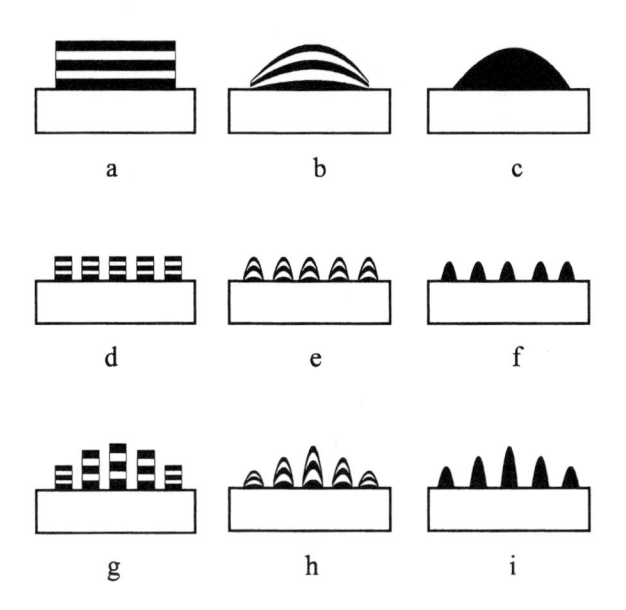

Bild 2.1.4.2: Stammbaum der mikrooptischen Dünnschicht-Bauelemente (horizontal: reflektiv / hybrid / refraktiv; vertikal: makroskopisches Element / gleichförmiges / ungleichförmiges Array)

Bild 2.1.4.2 zeigt die Verwandtschaftsbeziehungen verschiedener Typen von Dünnschichtkomponenten, wie sie bei GOS bisher hergestellt wurden. Dabei handelt es sich um Einzelelemente und Arrays aus Mehrschichtsystemen wie auch Einzelschichten mit örtlich variabler Schichtdicke. Zusätzlich können einhüllende Phasen- und/oder Reflexionsverläufe aufgeprägt sein, wodurch völlig neue optische Eigenschaften realisierbar werden.

2.1.4.4 Herstellung

2.1.4.4.1 Übersicht

Eine Vielzahl von Herstellungs- und Replikationsverfahren für mikrooptische Bauelemente werden international untersucht [Lee 1994, Diffractive Optics 1996, Microlens Arrays 1994, 1995], und insbesondere die Eignung vorhandener Technologien (Mikroelektronik, Optikbearbeitung) für die Mikrostrukturierung getestet [Popovic 1988]. Zu unterscheiden ist zwischen *analogen und binären Verfahren*, mit denen refraktive, diffraktive und hybride mikrooptische Elemente gefertigt werden können. Welcher Typ von Strukturen zu bevorzugen ist, hängt in praxi sowohl von physikalischen [Kuittinen 1995] als auch ökonomischen Randbedingungen ab. Die wichtigsten derzeit in Gebrauch befindlichen Herstellungsverfahren sind in Tabelle 2.1.4.1 ohne Anspruch auf Vollständigkeit aufgelistet.

Zu den gegenwärtigen Trends gehört das Ressourcen-Sharing zwischen leistungsfähigen Einrichtungen, insbesondere bei der Herstellung feinstrukturierter diffraktiver mikrooptischer Elemente (DOE) wie computer-generierter Hologramme (CGH) [Finlan 1989]. Ein Schlüsselproblem stellt dabei das Handling extrem großer CAD-Datenmengen dar, das die Kosten in Zukunft entscheidend beeinflussen wird. Die Übertragung von Parameter-Dateien (Bitmaps) kundenspezifischer Strukturen über Internet mit direkt nachfolgender Bearbeitung (z.B. Table-Top-Laserlithografie) ist bereits Stand der Technik [Diffractive Optics 1996/DWD2]. Dabei wird direktes Schreiben in true-3D durch überlappende Bearbeitungszonen erreicht sowie programmgesteuerte Erfassung von Parameterfeldern der Wechselwirkungsprozesse bei Polymerablation praktiziert.

2.1.4.4.2 Erreichte Parameter

Brennweiten *refraktiver Mikrolinsen* liegen typischerweise im Bereich von 10 µm bis 60 mm, Durchmesser von Einzelelementen typischerweise zwischen 50 und 1000 µm. Die kleinsten kommerziell als Array verfügbaren refraktiven Mikrolinsen haben Durchmesser von < 10 µm (*Teledyne Brown*). Kommerziell erhältlich sind Array-Durchmesser > 14 x 14 inch (*Nippon Sheet Glass*) und Elementezahlen > 10^5. Durch Aneinandersetzen mehrerer Arrays sollen *Arraygrößen* von bis zu 1m x 1m prinzipiell möglich sein (Diffractive Optics 1996/DThA2), wobei dabei entstehende Fehler < 1...2 µm gehalten werden können. Mittels reaktivem Ionen-Ätzen konnten bei AT&T Bell Mikrolinsen-Arrays mit aberrations-korrigierter Form produziert werden.

Bei der Herstellung *diffraktiver mikrooptischer Elemente* mit Laserinterferenz (Gitter) werden Strukturgrößen von 0,2 bis 2 µm, mit Elektronenstrahl 0,1 bis 5 µm und mit Laserstrahl-Schreiben 0,5 bis 5 µm erreicht [Ehrfeld 1993/S.202]. Mit nahfeldoptischen Methoden (SNOM-Anordnung) konnten im Experiment bisher Strukturen von 250 nm realisiert [Diffractive Optics 1996/DTuD4] und durch Kapillar-Techniken periodische 3D-Polymer-Strukturen mit Features von 0,1 µm her-

Vorbereitende strukturierende Verfahrensstufen:	
Übertragung von Maskenstrukturen und direktes Schreiben in Resiste	- Lithografie (e-beam [13/DThB1], RIE [86], Naßätzen [15/A2], Ionenstrahl [3/2383-30], Röntgen [15/F1], Laser [15/F5, 13/DWD2, DThB1, DThA2], Graustufen, Photoskulptur [15/F6,T2,13/JMC1,14/S.167], Resist-reflow [15/D1], Resist-Vorformung [85]
Erzeugung periodischer Strukturen	- holografische Interferenz [17, 15/D4]
Subtraktive Verfahren:	
Übertragung von Resiststrukturen (maskengestützt / scannend)	- Ätzen + Massentransport-Glättung [42, 13/DMB4, 46], Massentransport in abgeschlossenen Ampullen [3 / 2383-31]
Laser	- Lasergestütztes chemisches Ätzen (LACE) - Laser-Ablation (Excimerlaser) [40, 76, 89]
Diamantfräsen	- Single Point [13/DThA4, DThB1], Edge Tool [13/DThB1]
Modifizierende Verfahren (maskengestützt / scannend):	
Übertragung von Resiststrukturen	- LIGA [33/S.219, 45]
Dotierung	- Diffusion, Ion exchange [14/S.103,32,95,96] - Protonenstrahl, Diffusion [15/F2, 33/S.159]
Photo- bzw. laserthermische Behandlung	- poröse Gläser [35, 38, 47-53]
Photochemische Umstrukturierung	- UV-Polymerisation [33/S.177, 37, 82]
Additive Verfahren:	
Dampfabscheidung	- Bedampfung mit Masken (Punktquelle [13/DMB2], ausgedehnte Quelle [29-30]) - Photolyse / selektive LCVD [31, 43] - LPVD (CO_2-Laser) [26] - Bedampfung strukturierter Resiste [28]
Druck-Technologien	- ink-jet Technik [34, 44]
Sonstiges:	
Chemische Selbstorganisation	- Monodispersive Polymere [21, 22] - Strukturierte Kondensation [27]
andere Selbstorganisationsprozesse	- Holografie + Oberflächenwellen [3/2403-45]
Kapillartechniken	- Polymer-Schmelzen in Kapillaren [23]
Nahfeldoptik	- SNOM-Anordnung [13, DTuD4]
Ziehen von Fasern	- Faserlinsen [14/S.199, 24, 41]

Tabelle 2.1.4.1: Herstellungsmethoden für Mikrooptiken

gestellt werden [Kim 1995]. Röntgen-Gitter mit nur 0,5 nm Periode wurden präsentiert [Diffractive Optics 1996/DMA1].
Aktuelle Untersuchungen laufen zu Sub-Wellenlängen-Gittern (AR-Funktion) [Lee 1994/S.234], in aktive Elemente integrierten Mikrooptiken [Tanigami 1989, Ogata 1989], anamorphotischen Arrays [Motamedi 1995/2383-30, Liau 1994], Mikroprismen-Arrays [Diffractive Optics 1996/DWB3], Mikrospiegel-Arrays [Motamedi 1995/2383-05] und Multilayer Wellenleiter-Gittern [Diffractive Optics 1996/DWA1]. Für die Kollimation von Laserdioden-Arrays mit individuellen Fehlern (smiling) wurden adaptierte lineare Zylinderlinsen-Arrays mit elementabhängigen Brennweiten und lateralen Positionen im Array hergestellt [Diffractive Optics 1996/DWD1].

2.1.4.4.3 Techniken mit gekreuzten Bearbeitungsrichtungen

Refraktive Mikrolinsen-Arrays mit hohen Füllfaktoren können mit Hilfe von Techniken fabriziert werden, bei denen sequentiell oder simultan eine lineare Materialstrukturierung in unterschiedlichen („gekreuzten") Richtungen erfolgt. Mittels „crossed scan" Ätzen [Reichl 1994/S.222] bzw. Laserablation [Zimmer 1994] wurden beispielsweise Polymere in zwei zueinander senkrechten Richtungen abgetragen, so daß die gewünschte Struktur stehenbleibt (Strukturierung in die Tiefe des Materials). Mit holografischer Interferenz lassen sich orthogonale wie auch hexagonale Arrays mit sehr kleinen Elementen durch in geeigneten Winkeln gekreuzte Laserstrahlen in photosensitives Material einschreiben [Cowan 1985, Phillips 1991].

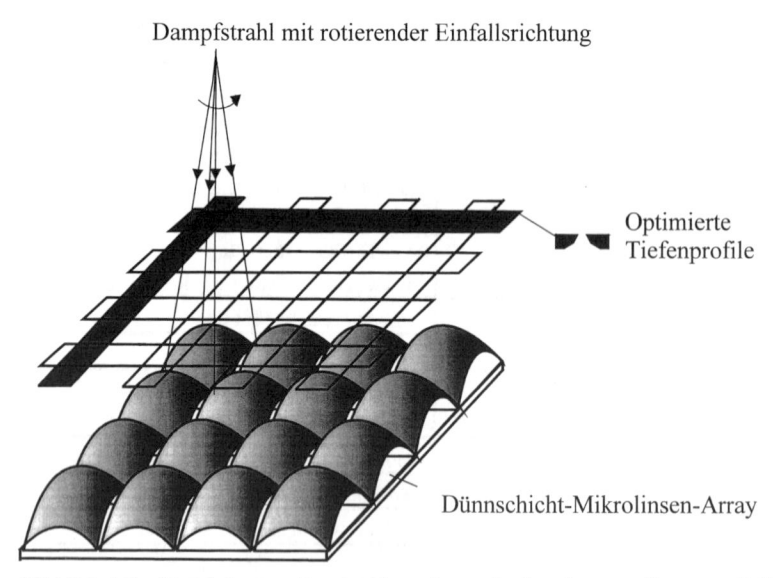

Bild 2.1.4.3: Herstellung orthogonaler mikrooptischer Arrays mit sequentieller Bedampfung durch Schlitzmasken in zwei 90°-Schritten (schematisch)

Die bei GOS benutzte Technik arbeitet ebenfalls mit gekreuzten Geometrien, wobei Vakuumbedampfung in einem System mit Planetenrotation und schlitzförmigen 3D-Masken zur Abschattung des Dampfstrahls erfolgt. Es wird in mindestens zwei Schritten bedampft, zwischen denen ein Array aus Schlitzen um definierte Winkel gedreht wird [Grunwald 1996]. Eine 90°-Drehung führt in 2 Schritten zu orthogonalen Linsenarrays (schematisch in Bild 2.1.4.3), während mit 3 Schritten von je 60° auch hexagonale Arrays mit hohem Füllfaktor (allerdings höheren Schichtdicken) produziert werden können.

Vorteilhaft sind die Einfachheit des Verfahrens (wenige Schritte) und die damit verbundenen relativ geringen Kosten, ferner die hohe spektrale Bandbreite (UV-IR möglich), die geringe chromatische Variation der Brennweite, die geringe Absorption der Schichten und damit der prinzipiell erzielbare sehr hohe Wirkungsgrad, die Möglichkeit der Herstellung anamorphotischer Mikrolinsen-Arrays sowie die Realisierbarkeit selektiver Spektraleigenschaften. Wegen der begrenzten Schichtdicken und dem Problem des Zuwachsens der Masken ist diese Technologie besonders gut für moderate Parameterbereiche geeignet. Bei kleinen Durchmessern und hohen Elementezahlen fällt der Aufwand der Maskenfertigung ins Gewicht (Zahl der Löcher / Schlitze; Toleranzen). Besonders gut eignen sich Dünnschichttechniken für die Erzielung langer Brennweiten (typisch: $f' = 1...25$ mm). Bild 2.1.4.4 zeigt einen Ausschnitt des Oberflächenprofils eines mit dem oben beschriebenen Verfahren hergestellten orthogonalen Mikrolinsen-Arrays hohen Füllfaktors aus SiO_2 (gemessen mit einem *Zygo*-Mikrointerferometer). Die Periode beträgt hierbei $p = 200$ µm, die Schichtdicke in den Maxima 0,2 µm und die Brennweite $f' = 18$ mm.

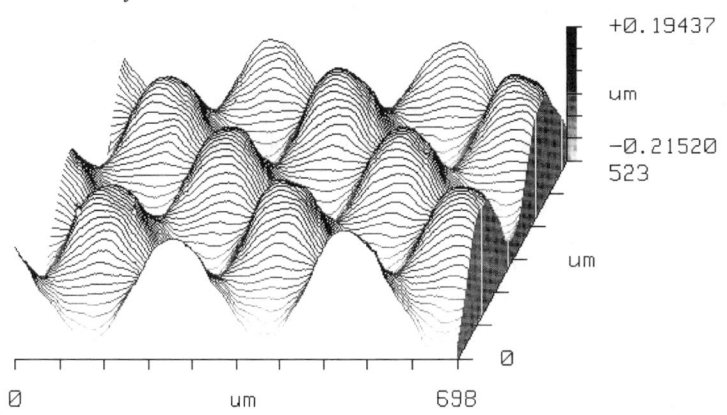

Bild 2.1.4.4: Oberflächenprofil eines mikrooptischen Arrays mit hohem Füllfaktor (gekreuzte lineare Zylinderlinsen-Arrays, 90° Winkelschritt)

2.1.4.5 Replikation

Refraktive und diffraktive mikrooptische Strukturen in Form von Oberflächenreliefs (nicht jedoch im Volumen eingeschriebene Brechzahl-Profile) lassen sich mit einer Reihe bekannter, teilweise gut beherrschter (weil einfacher) und oft sehr kostengünstiger Verfahren in großen Stückzahlen mit hoher Akkuratesse replizieren [Lee 1994/S.165, Diffrative Optics 1996/DThA2, Laser u. Optoelektronik 1995]. Oberflächenreliefs für DOE und integrierte Optiken werden beispielsweise mittels Elektrobeschichtung in Nickel übertragen, mehrere solcher Nickelformen nebeneinander gesetzt (um große Flächen zu erreichen) und mit Prägestempeln (in Flachbett- oder Walzen-Anordnung) in Polymer übertragen. So können bis zu 20 cm x 30 cm große Arrays fabriziert werden, wie vom Paul Scherrer Institut in Zürich berichtet wurde [Ehrfeld 1993/S.202]. Bei der Walzen-Anordnung läuft eine Polymer-Folie zwischen einer andrückenden und einer prägenden Walze hindurch. Tabelle 2.1.4.2 gibt einen Vergleich unterschiedlicher Replikationstechniken für Polymersubstrate (vgl. [Lee 1994/S.65]):

Verfahren	Ursprüngliche Anwendungen	Derzeitige Anwendungen
Flüssig-Monomer-Reaktion (Guß)	Laser Video Discs	CD-ROM, Mikrooptiken
Flüssig-Monomer UV-Prägung	Präge-Hologramme	Sicherheits- und 2D/3D-Präge-Hologramme
Thermisches Prägen von Polymeren	Präge-Hologramme	Präge-Hologramme (Massenproduktion)
Polymer-Injektion (Guß)	CD's für PC	CD's für PC
Trocken-Photopolymer UV-Verfahren	Replikation von DOE	diffraktionsbegrenzte DOE-Replikationen

Tabelle 2.1.4.2: Replikationsverfahren für Polymersubstrate

Alle genannten Verfahren weisen gewisse Nachteile auf (Schrumpfung, ungleichförmige Ausgangsmaterialien, Lebensdauer von Stempeln, Substratqualität). Weil bei diffraktiven Elementen die zu transferierenden Unterstrukturen typischerweise Abmessungen zwischen 100 nm und 5 µm aufweisen, müssen entsprechende Auflösungen reproduzierbar erreicht werden. Es wird daher weltweit an der weiteren Verbesserung solcher Verfahren gearbeitet. Ferner sind zunehmend Verfahren von Interesse, die eine Übertragung der Master-Struktur auf ein Glas-, Quarz- oder Halbleiter-Substrat ermöglichen. Lithografische Herstellungsprozesse mit Graustufen- bzw. Halbton-Masken-Belichtung von Resisten und anschließendem Trockenätzen lassen sich im weitesten Sinne als derartige Replikationsverfahren auffassen. Bei einem neuen, am Heinrich-Hertz-Institut in Berlin entwickelten 3D-Verfahren können tiefe Phasenmasken (bis 10 µm Profilhöhe) mit wenigen Prozeßschritten repliziert werden [Diffractive Optics 1996/DThA5].

Bild 2.1.4.5: Tiefe Replikation mit 3D-Phasen-/Amplituden-Masken: repliziertes Mikrolinsen-Array (DOE)

Dazu wird durch eine 3D-Amplituden-/ Phasenmaske (3D-strukturiertes Mehrschichtsystem mit variabler Dicke und O_2-Konzentration) ein Resistfilm mit mehreren Wellenlängen belichtet und anschließend geätzt. Ein repliziertes Mikrolinsen-Array (DOE-Struktur im Substrat nach dem Ätzen) ist in Bild 2.1.4.5 wiedergegeben (kleinste laterale Strukturen: 0,4 µm).

2.1.4.6 Anwendungen

Neben der Bildverarbeitung finden mikrooptische Komponenten unter anderem auf den überlappenden Gebieten Telekommunikation, Meßtechnik, Sensorik, Strahlformung, Laser-Materialbearbeitung, optische Datenverarbeitung und Solartechnik zunehmend Anwendung.

2.1.4.6.1 Bildverarbeitung

Zur Bildaufnahme [Veldkamp 1993, 14/S.177] finden Mikrooptiken aufgrund ihrer spezifischen Eigenschaften ebenso Anwendung wie in schnellen, kompakten technischen Kameras [Binnie 1994]. Dabei können erhöhte optische Wirkungsgrade (durch Vermeidung des Lichtverlustes in den Pixel-Zwischenräumen) oder verbesserte räumliche Auflösungen (durch mikroskopische Abbildung) erzielt werden. Es lassen sich 3D-Bildsensoren [Mendlovic 1993], Fokussensoren für Kameras [Engelhardt 1995] und Farbseparation mit binären Elementen [Farn 1993] realisieren. *„Amacronische" Sensoren*, d.h. Sensoren mit integrierten Mikrolinsen (focal planes) und lokalen elektronischen Verarbeitungszellen, übernehmen charakteristische Funktionen wie Bewegungsdetektion und Kantenerkennung für Echtzeit-Bildverarbeitung [Veldkamp 1993]. Räumliche Lichtmodulatoren mit integrierter elektronischer Vorverarbeitung (Smart Pixel SLM) wurden realisiert [Tooley 1995]. Durch Immersion von Mikrolinsen mit Flüssigkristallen lassen sich Elemente mit elektrisch *steuerbarer Brennweite* (für polarisiertes Licht) aufbauen [Microlens Arrays 1996/A1]. Ziel ist die Abbildung von Objekten mit nicht fixiertem Abstand vom Detektor. Eine Variation der Brennweite zwischen 380 und 560 µm wurde gemessen.

In der Medientechnik (Television) werden Mikrooptiken in der HDTV-Vorverarbeitung sowie zur Verbesserung der Helligkeit von LC-Projektions-TV eingesetzt. Arrays aus steuerbaren Mikrospiegeln wurden entwickelt [Motamedi 1995/2383-05] und sind bereits Bestandteil kommerzieller *Projektoren* (*Texas Instruments:* 864 x 576 Pixel). Mikrolinsen auf *Bildleiterbündeln* erbringen Verbesserungen bei der Aufnahme und Übertragung mikroskopischer Bilder [Microlens Arrays 1995/F1]. Großflächige 2D-Bildsensoren für Faxgeräte, Kopierer, PC-Scanner, Barcode-Leser etc. werden entwickelt [Microlens Arrays 1994/177]. Sowohl in technischen Sehsystemen (Robotvision), [Laser und Optoelektonik 1993] als auch in der Medizin (Retina-Implant, Endoskopie, Laparoskopie [Motamedi 1995/2383-03] lassen sich mit *Panorama-Detektion* neue Kamera-Funktionen erzielen (z.B. Panorama-Vision zur Innenrauminspektion oder Automobil-Szene-Erkennung). An dafür benötigten Bildaufnehmern mit Mikrolinsen-Arrays nach dem Vorbild biologischer Facetten-Augen wird international derzeit gearbeitet. Mit einerr Kombination aus GRIN-Linsen-Arrays und Pin-Hole-Arrays unterschiedlicher Periode wurde bei der japanischen Firma *Omron* eine Weitwinkelfunktion erreicht [Ogata 1994]. Als Detektor-Array dienten hierbei 16 x 16 Photodioden. Bei GOS konnten Mikrolinsen-Arrays für zylindrische Rundum-Sensoren mit Aufdampftechniken auf dünne, flexible Polymerfolien aufgebracht werden [Microlens Arrays 1995/A4].

Als neues Feld in der LCD-Optik wird von *Omron* die sogenannte *Giant Micro Optics (GMO)* deklariert [Diffractive Optics 1996/DWB1]. Darunter sind Mikro-Optiken mit Durchmessern von einigen 10 cm unter Beibehaltung von Strukturgrößen im µm-Bereich zu verstehen. Ziel ist die Herstellung von *großen Displays* und die Erzielung von *Bildsensorik mit Empfindlichkeiten im Bereich des menschlichen Sehsystems*. Planare, langzeitstabile Mikrolinsen-Arrays von bis zu 8" Durchmesser mit Pixelgrößen von 24 µm x 34 µm für High Definition LCD wurden fabriziert und damit 95 % Füllfaktor sowie Spot-Größen von 3,4 µm (FWHM) erreicht. Das effektive Aperturverhältnis konnte um mehr als einen Faktor 2 verbessert werden. Replikationstechniken wurden eingesetzt. Als weitere Anwendungen wurden angegeben: Raumfrequenzfilterung (*optische Tiefpaßfiler zur Rauschunterdrückung für LC-HDTV* mit Pixelgrößen von 27 µm x 17 µm, 82 % Effizienz) und Collimated Back Light Systeme mit großem Sichtbereich (gekreuzte Gitter als Prismenarrays, getaperte Light Guides).

Gekühlte Mikrolinsen-Arrays mit integrierter Mikrokanal-Kühlung für IR-Detektoren in fliegenden Systemen sind ebenfalls bereits im Einsatz [Veldkamp 1993]. Ausführliche Übersichtsartikel zu neuen Bildsensoren mit mikrooptischen Komponenten finden sich bei Gal (Lockheed) [Lee 1994/329] und Veldkamp (MIT) [Veldkamp 1993].

2.1.4.6.2 Datenverarbeitung und Telekommunikation

Nachdem die Umsetzbarkeit optischer Logik-Operationen mit Hilfe konventioneller optischer Systeme ausführlich untersucht wurden, beginnt man derzeit mit der Implementierung mikrooptischer Systeme. Elementare Funktionen *optischer Rechner* konnten mit neuronalen Netzen auf der Basis von Mikrospiegel-Arrays [Yu 1991], 2D-Korrelatoren mit apodisierten Pixeln [Raj 1995] und Matrix-Vektor Multiplikation mit SLM und Mikrolinsen-Arrays [Microlens Arrays 1994/143] demonstriert werden. Optische Thyristor-Arrays wurden jüngst vorgestellt [Appl. Opt 1996/S.1205]. Optische telezentrische relay Anordnungen [Microlens Arrays 1994/151], Punkt-zu-Punkt Interconnections, Mikrostrahl-Kombinationseinheiten (microbeam-combiner-splitter cube) mit integrierten Mikrolinsen- bzw. Mikrospiegel-Arrays befinden sich in der Entwicklung [vgl. Appl. Opt 1996]. Die Eingabe optischer Signale in integrierte Schaltkreise über Mikrolinsen-Arrays wird diskutiert [Microlens Arrays 1994/115] und through-wafer interconnections realisiert [Hornak 1987]. Mikrooptiken als *passive* Komponenten bei der Nachrichtenübertragung werden zur *Kopplung* von Fasern, Emittern und Detektoren benutzt [Kufner 1995, Microlens Arrays 1994/183]. Unter den Anwendungen sind insbesondere Freiraumkoppler [Kuhlow 1992, Jahns 1994] und Multiplexer [Zoboli 1991]. A*ktive* (elektrisch steuerbare) Komponenten dienen als Faserschalter oder inkohärente Korrelatoren. Mit *polarisations-selektiven Mikrooptiken* kann *Adressierung* in optischen Netzen vorgenommen werden.

2.1.4.6.3 Optische Meßtechnik / Sensorik

Bekannt sind *Shack-Hartmann-Sensoren* für Wellenfrontdetektion (Astronomie, Laser) [Microlens Arrays 1994/121, Artzner 1992] und *Array-Interferometer* [Welsh 1995]. Mit der konfokalen Mikroskopie zur optischen Profilometrie wird derzeit ein weiteres Anwendungsfeld erschlossen [Tiziani 1994]. *Chemische Sensorik* benutzt selektive Mikrospiegel an der Facette einer optischen Faser zum Nachweis von Quecksilber, Wasserstoff und organischen Verbindungen in ppb Konzentrationen (*Sandia National Lab.*).

2.1.4.6.4 Strahlformung und Laser-Materialbearbeitung

Mikrooptiken eröffnen eine Reihe neuer Möglichkeiten zur Strahlformung von Lasern [Hutfless 1994]. Wegen der großen Bedeutung laserdiodengepumpter Festkörperlaser wird Mikrooptik zur Kollimation von Laserdioden zur Zeit besonders intensiv untersucht [Ogata 1989, Finlan 1989, Rose 1995, Shimada 1994, Chen

1994]. Auch die *Kopplung* Laserdioden-Fasern erfolgt häufig mit Mikrooptiken [Zarschizky 1994]. Daneben sind als Einsatzgebiete zu nennen: *Homogenisierung* (Diffuser) [Ozaki 1989, Kahlert 1992, Nishi 1994, Ji 1995], z.B. für Target-Beleuchtung [Deng 1986], Symmetrisierung (Laser, LED), *Kohärenzreduzierung* (statistische Phasenplatten [Bett 1995, Matsushima 1995]), *Array-Generation* [Roberts 1992, Streibl 1991, Bonet 1994], Strahlkombination [Leger 1988], Stabilisierung von Mikrochip-Lasern [Microlens Arrays 1995/P3] und Maskenreplikation [Microlens Arrays 1995/F6]. Die *Erzeugung kohärenter matrixförmiger Laserstrahlen* durch selbstabbildende Laser-Resonatoren mit Mikro-Gradientenspiegel-Arrays (graded reflectance micro-mirror arrays, GRMMA) wurde bei GOS untersucht [Grunwald 1994, 1995]. Matrixstrahlen sind von besonderem Interesse für die Einkopplung in Faserbündel, Mehrkanal-Meßtechnik, Nichtlineare Optik und neuartige *Materialbearbeitungsprozesse.*
Mittels großflächiger, langbrennweitiger, UV-transmittierender Mikrolinsen-Arrays wurden im *British Airways Research Center* (Sowerby) Flugzeug-Tragflächen mit passiv erzeugten Matrixstrahlen perforiert, um deren aerodynamische Eigenschaften zu verbessern [Microlens Arrays 1995/Post Deadline Paper, Scott 1992]. Dabei wurden mit einem KrF-Excimerlaser (40 J/cm^2) insgesamt 240 Mio Löcher von 50 µm Durchmesser mit 500 µm Pitch in 0,9 mm starkes Ti gebohrt, davon simultan jeweils mehrere 10^4 (500 Impulse / Loch). Die Effizienz betrug 95%.
Laser-Mikro-Scanner zur *Strahlführung* wurden entwickelt [Goltos 1989, Motamedi 1994]. Bei *LSA* wurden *Scanner* für Radar-Anwendungen, on-machine-inspection, Automatisierung und optische Kommunikation eingehend untersucht [Motamedi 1995/S.167]. Im Testaufbau wurden 2 Linsenarrays transversal gegeneinander ausgelenkt und die Ergebnisse mit klassischen Galvanometer-Scannern verglichen. Beim Parametervergleich schnitten die mikrooptischen Scanner weit besser ab (Zeit/51°: 3x, Energie/51°: 87 x, Gewicht: > 8 x). Ferner zeigte sich, daß refraktive Arrays besser als diffraktive Arrays für schnelles Scannen geeignet sind.

Fazit

Abschließend kann eingeschätzt werden, daß die Mikrooptik als Teil der Mikrosystemtechnik zu den Forschungsrichtungen mit der größten Dynamik und den höchsten Zuwachsraten hinsichtlich Zuwendungen, Marktchancen und Innovationspotential gehört. Mikrooptische Bauelemente sind als Schlüsselkomponenten neuer Technologien zu betrachten und werden nicht zuletzt auch das Gebiet der Bildverarbeitung stark beeinflussen.

Danksagung

Für fachliche Beiträge, Kooperation, Unterstützung und wertvolle Hinweise danke ich Siegfried Woggon und Rudi Ehlert (GOS), Dr. Dieter Schäfer (Berliner Institut für Optik GmbH), Prof. Thomas Elsässer, Prof. Horst Schönnagel und Uwe Griebner (Max Born Institut für Nichtlineare Optik und Kurzzeitspektroskopie), Hans-Henning Witzmann (Gesellschaft zur Förderung angewandter Informatik), Dr. Wolfgang Reinecke (Ingenieurbüro für Optikentwicklung), Prof. Ernst Lüder und Dr. Wolfgang Singer (Universität Stuttgart) sowie den Kollegen von der Fraunhofereinrichtung für Angewandte Polymerforschung (Teltow). Zu danken ist weiterhin Dr. Edgar Pawlowski vom Heinrich-Herz-Institut für Nachrichtentechnik GmbH, der freundlicherweise Bildmaterial zur 3D-Replikation zur Verfügung stellte. GOS-Projekte zu mikrooptischen Komponenten wurden finanziert vom BMBF (01M3425C) und BMWi (GEWIPLAN 24/94; 34/95).

Kapitel 2.3.2

Paralleler Bildverarbeitungsrechner auf Transputerbasis mit schneller Pipeline-Kopplung

B. Lang

2.3.2 Paralleler Bildverarbeitungsrechner auf Transputerbasis mit schneller Pipeline-Kopplung
B. Lang

Dieser Beitrag stellt einen modularen, parallelen Bildverarbeitungsrechner auf Transputerbasis vor, dessen schnelle Linkverbindungen vollständig für die Implementierung von Algorithmen zur Verfügung stehen. Zum verteilten Laden und Entladen von Bilddaten auf parallele Prozessoren besitzt das System einen schnellen Pipelinebus mit Adressiermöglichkeiten. Damit ist das Verteilen und Zusammenfügen von Daten zwischen parallelen Prozessoren ohne Geschwindigkeitsverlust möglich. Anhand zweier Beispiele wird die parallele Implementierung von Algorithmen und der jeweilig angepaßte Lade- und Entladevorgang erläutert.

2.3.2.1 Anforderungen an einen Parallelrechner

Im Gegensatz zu Einzelprozessorsystemen, wo im allgemeinen die Rechenleistung des Prozessors der bestimmende Faktor für die Systemleistung ist, spielt bei Parallelrechnersystemen die Kommunikationsleistung eine ebenso entscheidende Rolle. Nur wenn für unterschiedliche Systemanforderungen geeignete Kommunikationskanäle und -bandbreiten zur Verfügung stehen, kann die durch den Einsatz vieler Prozessoren verfügbare Rechenleistung effizient genutzt werden.

2.3.2.1.1 Rechenleistung

Durch die Verfügbarkeit hochintegrierter leistungsfähiger Prozessorbausteine ist der Aufbau von Parallelrechnern mit hoher Rechenleistung heutzutage mit vertretbarem Aufwand möglich. Die Auswahl unterschiedlicher Prozessorarchitekturen (RISC, CISC, Signalprozessoren, ..) erlaubt weiterhin die Anpassung der Rechenleistung an die jeweilige Aufgabenstellung des Systems.
Eine weitere deutliche Steigerung der Rechenleistung ist durch die Verwendung spezieller Koprozessoren (Gleitkommaprozessoren, Vektoreinheiten) möglich.

2.3.2.1.2 Kommunikationsleistung

In einem Parallelrechner werden unterschiedliche Anforderungen an die interne Kommunikation zwischen den einzelnen Systemteilen gestellt. Die im folgenden vorgestellten drei Verbindungsstrukturen sind insbesonders für einen Bildverarbeitungsrechner wichtig. Man benötigt dort Kommunikationsleistung und damit entsprechende Verbindungsstrukturen

- für algorithmische Belange,
- zum Laden und Entladen von Massendaten und schließlich
- zur Systemkommunikation zwischen Modulen einer verteilten Betriebssoftware.

Die Kommunikationsleistung ist nicht allein von der Bandbreite abhängig, sondern insbesonders auch von der Topologie der jeweiligen Verbindungsstruktur.

2.3.2.1.2.1 Algorithmische Kommunikation

Die in einem Parallelrechner benötigte Bandbreite und Topologie dieser Verbindungsstruktur hängt in starkem Maße von dem zu realisierenden Algorithmus ab. Definiert man die verfügbare Bandbreite B als die Summe der Bandbreiten der Einzelverbindungen in der Verbindungsstruktur, so hängt B von der Anzahl M der eingesetzten Prozessoren ab, wobei die Funktion f durch das Verbindungsnetz zwischen den Prozessoren bestimmt wird:

$$B \sim f(M). \tag{1}$$

Wünschenswert ist hier für ein modular ausbaufähiges System ein höchstens linearer Zusammenhang:

$$B \leq k \cdot M. \tag{2}$$

Dann ist die notwendige Bedingung zur Erzielung einer endlichen Anschlußbandbreite pro Prozessor unabhängig von der Prozessoranzahl M erfüllt, da das Verhältnis B/M endlich und beschränkt bleibt.

Mit dem Entwurf und der Analyse von Verbindungsnetzwerken beschäftigen sich eine Vielzahl von Arbeiten. Der einfachste und flexibelste Ansatz, alle Prozessoren vollständig miteinander zu verbinden, scheitert schon bei mittleren Prozessorzahlen wegen der in der Praxis beschränkten Anzahl von Anschlüssen an jedem Prozessor. Auch wird die quadratisch mit der Prozessoranzahl wachsende Bandbreite $B \sim M^2$ in vielen Algorithmen nicht benötigt.

Viel Flexibilität für die Algorithmenimplementierung und Redundanz in den Verbindungspfaden bietet das 'Hypercube'-Netzwerk (siehe Bild 2.3.2.1a)). Es erfüllt jedoch nicht die obige Ungleichung 2 und ist somit nur zur Verbindung einer mittleren Anzahl von Prozessoren geeignet. In leichter Modifikation kann es trotzdem in Systemen mit hoher Prozessoranzahl eingesetzt werden [BMFT 1988, Hillis 1995].

Zwei Netzwerke, deren Bandbreite linear mit der Anzahl der Prozessoren wächst und bei denen jeder Prozessor nur eine feste, von M unabhängige Anzahl von Anschlußpunkten benötigt, verdienen besondere Beachtung. Auf sie läßt sich ein großer Teil wichtiger Bildverarbeitungsalgorithmen abbilden. In der Bildvorverarbeitung, wo Operationen in einer lokalen Umgebung durchgeführt werden müssen, eignet sich ein Netzwerk mit lokalen Nachbarschaftsverbindungen (siehe Bild 2.3.2.1b)) zwischen den Prozessoren. Darauf lassen sich unter anderem lokale Bildfilterungen [Wahl 1984] und morphologische Operationen [Serra 1982] (insbesonders auch iterative Algorithmen mit Nebenbedingung) direkt abbilden. Zur Implementierung schneller globaler Transformationen [Burkhardt 1986], zu denen die schnelle Fouriertransformation, der Viterbi-Algorithmus, translationsinvariante Transformationen und weitere lineare und nichtlineare [Burkhardt 1979] Transformationen gehören, eignet sich besonders das "Perfect-Shuffle"-Netzwerk [Stone 1971] (siehe Bild 2.3.2.1c)). Mit ihm lassen sich weiterhin iterativ mehrstufige, in allen Schichten homogene Verbindungsnetzwerke aufbauen, deren Äquivalenz zu weiteren bekannten mehrstufigen Netzen bewiesen ist [Wu 1980/1980b].

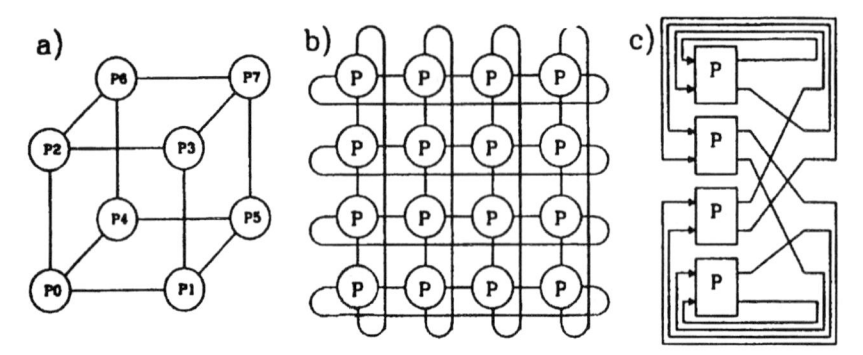

Bild 2.3.2.1: Verbindungsnetzwerke zur algorithmischen Kommunikation:
a) "Hypercube" (Dimension 3),
b) "Mesh"-Netzwerk (lokale Nachbarschaft),
c) "Perfect-Shuffle"-Netzwerk

2.3.2.1.2.2 Laden und Entladen von Daten

Bevor die oben angesprochene algorithmische Bearbeitung von Daten bzw. Bildern beginnen kann, müssen diese zuvor geladen werden. Verfügt ein System über einen globalen Speicher, so ist der Ladevorgang einfach. Durch die Probleme, die entstehen, wenn viele Prozessoren auf einen globalen Speicher zugreifen müssen, wird der Zugriff jedoch sehr schnell zum Flaschenhals eines Parallelsystemes. Entwirft man ein System, in dem jeder einzelne Prozessor nur seinen lokalen Speicher besitzt, so umgeht man diese Zugriffsproblematik, muß jedoch den Ladevorgang durch eine geeignete Verbindungsstruktur unterstützen.

Aufgabe dieser Verbindungsstruktur ist das Laden von neuen und das Entladen von verarbeiteten Bildern mit einer an die Datenquelle und -senke (Videokamera, Monitor, Bildspeicher) angepaßten Datenrate. Die Bilddaten sollten dabei entsprechend ihres physikalischen Formates (z.B. zeilensequentiell) übertragen werden. Weiterhin ist ein Aufteilen eines Bildes auf M Prozessoren beim Ladevorgang und ein Zusammenfügen eines auf M Prozessoren verteilten Ergebnisbildes beim Entladevorgang sinnvoll.

Die topologischen Überlegungen führen zu einer pipelineartigen Verbindungsstruktur zwischen den einzelnen Prozessormodulen des Systems, welche funktional Möglichkeiten zum Verteilung und Zusammenfügen von Daten besitzen sollte. Solch eine Pipeline ist in dem vorgestellten System realisiert und wird weiter unten erläutert. Sie bietet neben den oben dargestellten Aufgaben die Möglichkeit Pipelineprozessoren zur Bildvorverarbeitung [Inmos 1988, Sternberg 1980] mit in das System zu integrieren und damit die Systemleistung in diesem Bereich deutlich zu steigern.

2.3.2.1.2.3 Systemkommunikation

Die Systemkommunikation dient zur Verbindung lokaler Betriebssoftwareteile auf den einzelnen Prozessoren und ermöglicht durch Übermittlung von Kommandos die Steuerung und Synchronisierung des Gesamtsystems. Die Kommandos werden über ein komplexes, jeweils angepaßtes Protokoll übertragen, welches zu dem jeweiligen Zielprozessor geroutet werden muß.

Im Vergleich zu der algorithmischen Kommunikation und dem Laden von Bildern wird hier eine geringere Bandbreite benötigt. Auch ist die Verbindungstopologie dieser Struktur bei geeignetem Routing der Kommandos nicht so entscheidend. Wichtig ist jedoch eine Optimierung des Kommandoprotokolls, welches zumeist durch die implementierte Betriebssoftware realisiert ist.

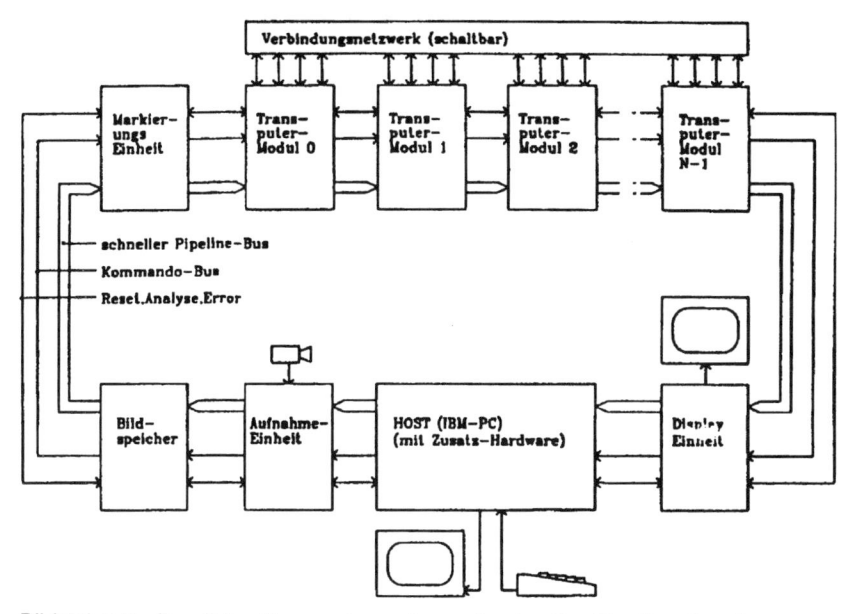

Bild 2.3.2.2: Paralleles Transputersystem mit schneller Pipeline-Kopplung: Systemübersicht

2.3.2.2 Ein paralleler Bildverarbeitungsrechner

Aufbauend auf die Überlegungen aus Kapitel 2.3.2.1 wurde an der TUHH ein paralleler Bildverarbeitungsrechner entwickelt und auf der DAGM '89 erstmalig vorgestellt [Lang 1989]. Bild 2.3.2.2 zeigt seine Struktur. Der Kern des Systems besteht aus M Transputermodulen (siehe Bild 2.3.2.3), welche über ein aus Transputerlinks aufgebautes Verbindungsnetzwerk zur algorithmischen Kommunikation verbunden sind. Damit besitzt der Systemkern eine hohe Rechenleistung (10 MIPS und 1.5 MFLOPS pro Transputermodul), sowie eine hohe Leistung zur algorithmischen Kommunikation (bis zu 4.2.4 MByte/sec pro Modul), welche durch eine frei wählbare Topologie des Linknetzwerkes auch effektiv genutzt werden kann.

Die Transputermodule des Systemkerns sowie weitere Systemmodule zur Bildaufnahme, -wiedergabe, Verteilung der Daten auf parallele Prozessoren und zur Host-Ankopplung sind über einen schnellen, getakteten Pipelinebus untereinander verbunden. Angepaßt an mittlere Standard-Videoraten beträgt dessen Datenrate 10 M Byte/sec. Parallel zu den Daten werden Kontrollinformationen übertragen, welche den Lade- und Entladevorgang der Bilddaten steuern. Dieser Vorgang wird im folgenden näher erläutert.

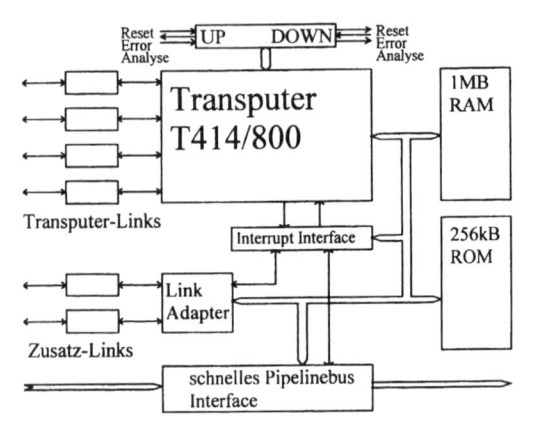

Bild 2.3.2.3: Transputermodul des paralleles Transputersystemes

Die Systemkommunikation wird physikalisch ebenfalls über Linkverbindungen realisiert und benötigt dadurch einen geringen Hardwareaufwand. Um die schnellen, durch DMA auf dem Transputerchip unterstützten Links für algorithmische Belange freizuhalten, beinhalten die Transputermodule (Bild 2.3.2.3) des Systemkernes jeweils zwei zusätzliche, durch interruptgesteuerte Linkadaptoren angeschlossene Links. Das Kommandoprotokoll und das Routen der Kommandos wird von einer auf jedem Modul vorhandenen lokalen Betriebssoftware realisiert.

2.3.2.2.1 Definition eines schnellen Pipelinebus

Zur Verarbeitung von Datenströmen, wie sie beim zeilenweisen Auflösen von Bildern entstehen hat sich der Einsatz von Pipelinesystemen bewährt. Im Bereich der Bildvorverarbeitung existieren schnelle Pipelinerechner für vielfältige Algorithmen [BMFT 1988]. Bei der weiteren Verarbeitung von Bildern entstehen jedoch beim Einsatz von reinen Pipelinesystemen aufgrund der Komplexität der Algorithmen große Schwierigkeiten. Hier bietet der Einsatz eines aus Universalprozessoren aufgebauten Parallelrechners wesentlich mehr Flexibilität. Die Prozessoren schnell mit Daten zu versorgen und berechnete Daten schnell zu entladen, ist Aufgabe des schnellen Pipelinebusses im vorgestellten System. Dazu werden parallel zu jedem Datum zusätzliche eine Adresse und ein Kontrollteil übertragen. Die Einheit aus Datum, Adresse und Kontrollteil soll im folgenden als Datentoken bezeichnet werden. Seine Struktur ist in Bild 2.3.2.4 dargestellt.

Kontrollteil	Adresse	Datum

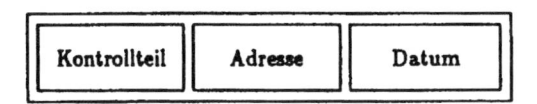

Bild 2.3.2.4: Token des schnellen Pipelinebuses

Jedes an den schnellen Pipelinebus angeschlossene Modul liest das an seinem Eingang anliegende Token, vergleicht die Adresse mit einer eigenen, durch Software einstellbaren Pipelinebus-Adresse, interpretiert den Kontrollteil und verarbeitet es gemäß einer vorgegebenen Definition. Auf den Transputermodulen des vorgestellten Systems ist die folgende Definition des Kontrollteiles realisiert:

Single: Der durch den Kontrollteil "Single" definierte Tokentyp dient zum Senden eines Datums von einem Quell- zu einem Zielmodul. Erreicht ein Token mit Kontrollteil "Single" ein Modul dessen Pipelinebus-Adresse mit der Token-Adresse übereinstimmt, so entfernt das Modul das Token vom Bus. Stimmen die Adressen nicht überein, so wird das Token an das nachgeordnete Modul der Pipeline weitergereicht.

All: Dieser Tokentyp erlaubt das Senden eines einzelnen Datums von einem Quellmodul zu vielen Zielmodulen. Die Adresse spezifiziert hier dasjenige Modul, welches das Token wieder vom Bus nehmen muß. Empfängt somit ein Modul ein Token dieses Typs und die Adresse stimmt nicht mit seiner Pipelinebus-Adresse überein, so liest es das Token und gibt es gleichzeitig an das nachgeordnete Modul der Pipeline weiter. Stimmen die Adressen überein, so wird das Token dem Bus entnommen und nicht weitergereicht.

Empty: Durch den Tokentyp "Empty" kann man eine Entladeanforderung senden. Erkennt ein Modul bei Übereinstimmung der Adressen diesen Tokentyp an seinem Eingang, so führt es eine stimulierte Ausgabe eines neuen Tokens aus. Durch geeignetes Senden von Token dieses Typs an den Systemkern kann man verteilt vorliegende Daten in einer von außen vorgebbaren Reihenfolge entladen. Der Datenteil enthält keine gültigen Daten.

None: Mit dem Tokentyp "None" wird der leere Pipelinebus aufgefüllt. Sein Adress- und Datenteil enthält keine gültige Information.

2.3.2.2.2 Hardware-Modulinterface des schnellen Pipelinebusses

Zur Erreichung der spezifizierten Datenraten muß die obige Definition eines schnellen Pipelinebus auf jedem Systemmodul durch Hardware realisiert werden. Dazu dient ein Interface, welches die Interpretation und Verarbeitung der Token selbständig mit der vollen Taktrate des Busses durchführt. Weiterhin ermöglicht dieses Interface die dynamische Behandlung von Warteanforderungen langsamer Module, so daß sich der Bus bei Ausnutzung von Redundanzen selbständig auf das langsamste Systemmodul synchronisiert.

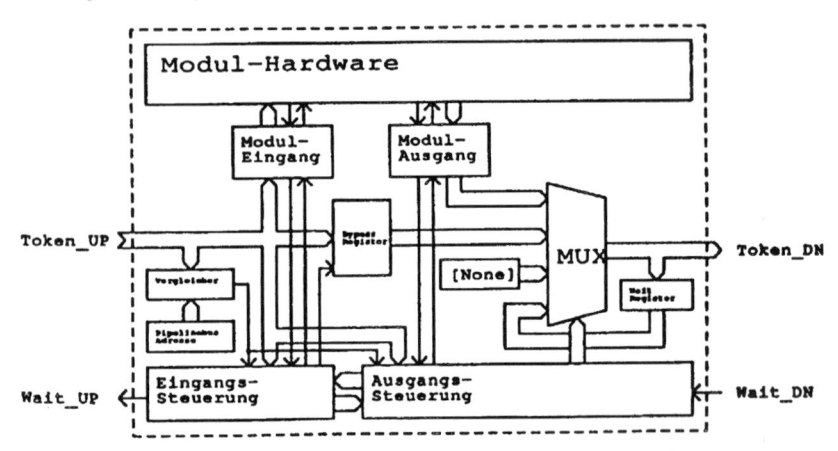

Bild 2.3.2.5: Allgemeines Modulinterface für den schnellen Pipelinebus

Bild 2.3.2.5 zeigt die allgemeine Struktur dieses Interfaces. Eine Eingangssteuerung wertet den Kontrollteil und den Adreßvergleich aus Token- und Pipelinebus-Adresse aus. Entsprechend der Definition für ein Modul wird das Token entweder ignoriert oder in den Moduleingang oder ein "Bypass"-Register geladen. Vom Moduleingang aus gelangt ein Token zur Verarbeitungshardware des Moduls. Eine Ausgangssteuerung schaltet einen Multiplexer, der das Token, welches an das in der Pipeline nachgeordnete Modul ausgegeben wird, auswählt. Als Alternativen stehen das Warteregister mit hoher Priorität, ein Modulausgang und das "Bypass"-Register zur Verfügung. Enthält kein Register gültige Daten oder liegt keine Stimulation über ein "Empty"-Token für den Modulausgang vor, so wird über den Multiplexer ein "None"-Token ausgewählt, welches den leeren Bus markiert.

2.3.2.2.3 Laden und Entladen von Daten mit Markierungseinheit

Beim Laden eines Bildes von einem Quellmodul (Kamera, Bildspeicher) in einen Kern von parallelen Transputermodulen muß zwischen den beiden Einheiten eine Markierung der Pixeldaten gemäß einer gewünschten Verteilung vorgenommen werden. Weiterhin müssen beim stimulierten Entladen eines verteilt vorliegenden Ergebnisbildes die dazu notwendigen "Empty"-Token generiert werden. Diese werden dann jeweils auf dem adressierten Modul umgesetzt in Datentoken (z.B. vom Typ "Single"), die zu einem Zielmodul (Anzeige, Bildspeicher) weiterlaufen.

Zur Realisierung dieser beiden Aufgaben ist jedem Kern von Transputermodulen eine Markierungseinheit vorgeschaltet. Beim Laden empfängt sie einen Tokenstrom von der Bildquelle, läßt den Datenteil unverändert, ersetzt jedoch pixelweise gemäß der gewünschten Verteilung Kontrollteil und Adresse der Token durch neue Werte. Beim Entladen generiert sie einen "Empty"-Tokenstrom mit einer Adreßverteilung, die der Verteilung der errechneten Daten auf den nachfolgenden Transputermodulen entspricht.

2.3.2.3 Implementierung von Algorithmen auf dem System

Der vorgestellte parallele Bildverarbeitungsrechner ist zur Implementierung vielfältiger Algorithmen geeignet. Im folgenden soll exemplarisch die Implementierung der lokalen, linearen Bildfilterung als Algorithmus mit lokalen Operationen und der schnellen Fouriertransformation als globale Transformation aufgezeigt werden. Bei anderen lokalen und globalen Transformatinen gestaltet sich der Lade- und Entladevorgang weitgehend gleich, lediglich der Algorithmus zur Berechnung muß entsprechend modifiziert werden.

2.3.2.3.1 Lokale, lineare Bildfilterung

Zur lokalen Bildfilterung berechnet man einen Punkt des Ergebnisbildes $I_2(x)$ als gewichtete Summe der Punkte eines lokalen Bildfensters des Eingangsbildes $I_1(x)$. Üblich sind quadratische Bildfenster um denjenigen Punkt des Eingangsbildes, welcher mit dem zu berechnenden Punkt des Ausgangsbildes korrespondiert:

$$I_2(x_1, x_2) = \sum_{k=-n}^{n} \sum_{l=-n}^{n} a_{k,l} \cdot I_1(x_1 + k, x_2 + l) \tag{3}$$

Eine mögliche parallele Aufteilung eines Bildes aus $N \times N$ Punkten zur Berechnung auf M Prozessoren erhält man durch die Zerlegung in M vertikale Streifen der Größe $\frac{N}{M} \times N$. Diese Aufteilung hat bei einer zeilensequentiellen Zerlegung eines Bildes den Vorteil, daß ein Modul nur $\frac{N}{M}$ konsekutive Bildpunkte mit der vollen Datenrate des Pipelinebuses (10 M Byte/sec) aufnehmen können muß, die mittlere Datenrate jedoch um den Faktor M kleiner ist. Die Aufteilung muß bei der Implementierung sowohl in den Verteilalgorithmus der Markierungseinheit als auch in die Filteralgorithmen der einzelnen Transputermodule eingearbeitet werden.

Beim Laden eines Bildes sendet die Bildquelle die Pixeldaten zunächst zeilensequentiell an die Markierungseinheit. Diese markiert alle Pixel mit dem Kontrollteil "Single", dabei die ersten $\frac{N}{M}$ Pixel einer Zeile mit der Adresse des ersten Transputermoduls, die nächsten $\frac{N}{M}$ mit der Adresse des zweiten bis zu den letzten $\frac{N}{M}$ mit der Adresse des M-ten Moduls. Dies wird für alle Zeilen identisch durchgeführt.

Zur Vorbereitung zum Start des eigentlichen Filteralgorithmus sollten die Prozessoren über ein lokales Netzwerk verbunden sein, so daß nach dem Laden und Aufteilen des Bildes ein Austausch von Randpunkten zwischen Prozessoren entsprechend der Größe des Filterkernes möglich ist. Anschließend erfolgt bei der lokalen, linearen Bildfilterung die Berechnung eines Ergebnisteilbildes unabhängig auf jedem Prozessor. Bei iterativen, lokalen Algorithmen würde auch während der Berechnung ein Austausch von Zwischenergebnissen über das lokale Netzwerk erfolgen.

Das Entladen und Zusammenfügen der Ergebnisteilbilder wird schließlich durch die Markierungseinheit stimuliert. Sie erzeugt $N \times N$ Token vom Typ "Empty" mit den gleichen Adressen wie beim Ladevorgang. Diese Token stimulieren die Transputermodule in genau der Reihenfolge zur Ausgabe ihrer Ergebniswerte, daß hinter dem Systemkern das Bild wieder zeilensequentiell in geordneter Form vorliegt. Es kann somit direkt einem Zielmodul oder einer weiteren Verarbeitungseinheit zugeführt werden.

2.3.2.3.2 Schnelle Fouriertransformation

Die Implementierung einer schnellen N-Punkte Fouriertransformation (FFT) mit $N = 2^n$ auf N/2 Prozessoren mit "Perfect-Shuffle"-Verbindungsnetzwerk beschreibt Stone in [Stone 1971] ausführlich. Besitzt das System jedoch nur M Prozessoren mit $M = 2^m$ und $M < N/2$, so läßt sich eine digitale, eindimensionale N-Punkte Fouriertransformation (DFT) als zweidimensionale $2M \times K$-Punkte DFT formulieren [9]. Zur Berechnung der ersten Dimension muß man K DFTen aus $2M$ Punkten nacheinander parallel auf M Prozessoren durchführen und kann dazu z. B. den von Stone vorgestellten schnellen FFT-Algorithmus verwenden. Die Berechnung der zweiten Dimension erfolgt lokal, wobei jeder der M Prozessoren zwei K-Punkte DFTen z. B. über einen schnellen sequentiellen FFT-Algorithmus berechnen muß. Eine in [9] ausführlich hergeleitete Korrektur der Zwischenergebnisse nach Berechnung der ersten Dimension läßt sich ohne Aufwand in diese Berechnung einarbeiten.

Vor dem Start des Algorithmus muß bei obiger Parallelisierung jeweils ein Teilvektor der Länge $2K$ in die Transputermodule geladen werden. Dies erhält man, indem die Markierungseinheit aufeinanderfolgende Teilvektoren der Länge $2K$ durch Token vom Typ "Single" an benachbarte Prozessoren adressiert.

Es folgt die Berechnung der Transformation, nach der die Ergebnisdaten die bekannte "Bitreverse"-Permutation aufweisen. Um diese aufzulösen, muß die Markierungseinheit zum Entladen der Daten "Empty"-Token mit einer Adreßverteilung generieren, die ebenfalls dieser Permutation unterworfen ist. Dies bewirkt ein permutiertes Stimulieren der Prozessoren und ermöglicht das Auslesen der Daten in geordneter Reihenfolge.

Burkhardt und Barbosa beschreiben in [Burkhardt 1985] eine Klasse verallgemeinerter schneller Transformationen, zu denen auch die FFT zählt. Alle diese Transformationen, zu denen interessante Applikationen im Bereich der Mustererkennung und Bildrestauration existieren, lassen sich ebenfalls direkt auf das angesprochene "Perfect-Shuffle"-Netzwerk abbilden und stellen ähnliche Ladeanforderungen an das System.

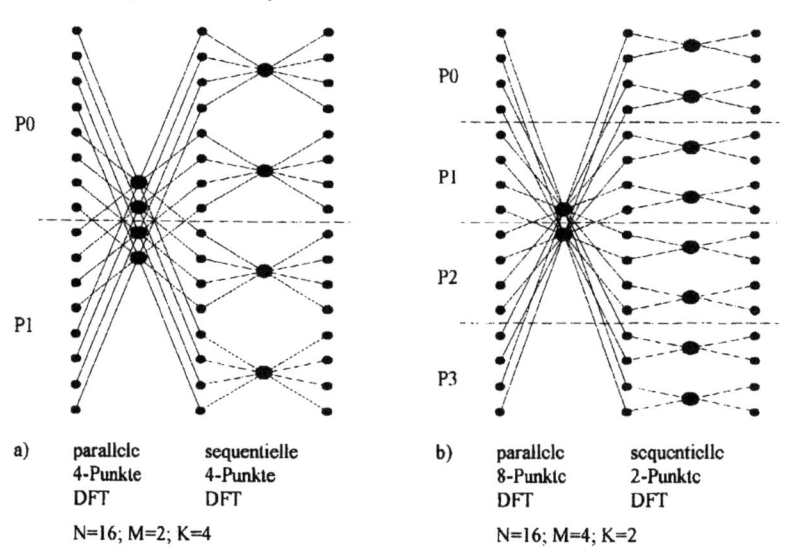

a) parallele 4-Punkte DFT   sequentielle 4-Punkte DFT
N=16; M=2; K=4

b) parallele 8-Punkte DFT   sequentielle 2-Punkte DFT
N=16; M=4; K=2

Bild 2.3.2.6: Topologie einer 16-Punkte DFT bei Abarbeitung auf
a) 2 Prozessoren b) 4 Prozessoren

Das auf Transputern basierende, parallele Prozessorsystem bietet durch die zur Verfügung stehenden Linkverbindungen eine große Flexibilität in der Wahl der Verbindungstopologie zur Implementierung paralleler Algorithmen. Weiterhin ist es durch seinen schnellen, erweiterten Pipelinebus zur effizienten Bearbeitung vielfältiger Bildverarbeitungsaufgaben geeignet. Implementierungen zeigen die effektive Realisierung unterschiedlicher Algorithmen auf dem System.

Kapitel 3.2.1

Ein objektorientiertes Systemkonzept für die Ikonik

P. Gemmar, G. Hofele

3.2.1 Ein objektorientiertes Systemkonzept für die Ikonik
P. Gemmar, G. Hofele

Zur Lösung vorherrschender verfahrens- und systemtechnischer Probleme bei wachsendem Einsatz der digitalen Bildverarbeitung in vielfältigen Anwendungsbereichen werden allgemein verwendbare und systemunabhängig einsetzbare Entwicklungswerkzeuge dringend benötigt. Für die Entwicklung solcher Werkzeuge wird ein grundlegendes Modell für die strukturierte parallele Bildverarbeitung (SBO) vorgestellt. Im Bereich der Bildverarbeitung (Ikonik) lassen sich allgemein anerkannte und verwendete Operations- und Datenstrukturen angeben. Auf dieser Grundlage wird für den aus wirtschaftlichen, technischen und auch wissenschaftlichen Gründen gebotenen Entwurf und Aufbau kompatibler und portierbarer (standardisierter) Bildverarbeitungseinheiten ein Konzept für ein ikonisches Kernsystem (IKS) vorgestellt. IKS basiert auf einer objektorientierten Architektur, wobei neben den wichtigsten Objektklassen (u.a. Daten, Operatoren) für ikonische Datenstrukturen und Operationen auch Objektklassen für unabdingbare Geräteanschlüsse (Peripherie) dargestellt werden. Durch eine hierarchische Ordnung der Objektklassen wird der Systemaufbau sehr übersichtlich und die Realisierung stark vereinfacht. Hierzu werden einige praktische Implementierungsbeispiele angegeben. Die Systemarchitektur von IKS und das integrierte Beschreibungsschema SBO ermöglichen so den Aufbau kompatibler Bildverarbeitungssysteme in einer klar definierten Entwicklungsumgebung.

3.2.1.1 Einleitung

Digitale Bildverarbeitung und Mustererkennung werden in zunehmendem Maße zur Lösung anspruchsvoller Aufgabenstellungen in einem weiten Anwendungsfeld eingesetzt. Zu diesem Zweck wurde eine Vielzahl von Systemen und Entwicklungswerkzeugen für die Bildverarbeitung entwickelt. Hierbei entstand eine ganze Reihe mehr oder weniger vollständiger Insellösungen, die in den meisten Fällen nur in bestimmten Anwendungen und/oder Systemumgebungen einzusetzen sind. Trotz vieler Gemeinsamkeiten hinsichtlich Aufbau und Funktionalität existiert offensichtlich noch keine einheitliche und umfassende Systemumgebung für den Aufbau, die Erprobung und die Anwendung von Bildverarbeitungsverfahren [Prestoa 1983]. Daneben ist festzustellen, daß einerseits die Anwendungsgebiete und besonders die Komplexität von Bildverarbeitungsverfahren zunehmen und daß andererseits der Technologiefortschritt immer leistungsfähigere und kostengünstigere Hardwaresysteme ermöglicht. Angesichts dieser Entwicklung ist es besonders wichtig, eine einheitliche und wirksame Software-Entwicklungsumgebung bereitzustellen, mit der in konzeptioneller und operationeller Hinsicht pro-

blemorientierte Lösungen entwickelt werden können und die eine systemunabhängige Implementierung von Methoden ermöglicht und den Aufbau wiederverwendbarer Softwarekomponenten unterstützt.
Bildverarbeitung und Mustererkennung sind Teilgebiete im Problembereich Maschinensehen, für das in [Nagel 1987] ein mehrschichtiges, iteratives Prozeßmodell angegeben wird. Darin gibt es eine ausgezeichnete Gruppe von Operationen, die Bilder in Bilder transformieren oder Merkmale extrahieren, und die auch als *low level vision* oder *Ikonik* bezeichnet wird. Die Ikonik umfaßt somit die Verarbeitung *bildhafter* Datenstrukturen (Raster, Matrizen) mit geometrischen Beziehungen zwischen den einzelnen Bildpunkten ("pixel"). Für den Bereich der Ikonik lassen sich nun allgemein anerkannte und verwendbare Datenstrukturen und Operationen angeben, die als standardisierte Komponenten für den Aufbau einer umfassenden Systemumgebung einzusetzen sind.
Um die Probleme und Unzulänglichkeiten gegenwärtiger Systeme zu überwinden, sind folgende Entwicklungsziele für ein standardisiertes Ikonisches Kern-System (IKS) zu nennen:

- Bereitstellung eindeutig definierter Grundbausteine für eine umfassende Überdeckung der Ikonik;
- Unterstützung einer problemorientierten Verfahrensentwicklung und -realisierung (z.B. Datenabstraktion und Detailverdeckung);
- Aufbau und Verteilung austauschbarer Softwarekomponenten (Wiederverwendbarkeit);
- Portierbarkeit auf unterschiedliche Verarbeitungsanlagen, insbesondere auch auf solche mit besonderen Verarbeitungsmöglichkeiten;
- einfache Systemerweiterung durch strukturelle Maßnahmen für die Hinzufügung neuer Datenstrukturen, Operationen und Hardwarekomponenten;
- Modularität und Transparenz durch eine konsistente und klar organisierte Systemstruktur und definierte System- und Kommunikationsschnittstellen;
- vollständige Unterstützung des Lebenszyklus ("life cycle": Entwicklung, Erprobung, Vergleich und Anwendung) von Bildverarbeitungsverfahren in einer klar umgrenzten Systemorganisation.

Im folgenden wird das Konzept für ein IKS beschrieben. Hierbei werden ein grundlegendes Beschreibungsschema für Bildoperationen und eine konkrete Systemumgebung für die Entwicklung und Anwendung von Bildverarbeitungsverfahren vorgestellt. Es werden ein allgemeines Operationsmodell für die einheitliche Beschreibung und Implementierung ikonischer Operationen und die Basiseinheiten (Daten und Operationen) im Rahmen einer objektorientierten Systemarchitektur definiert. Hiermit werden die oben genannten Entwicklungsziele in systematischer und verläßlicher Weise erreicht. Zusätzlich zu den wichtigsten Systemkomponenten werden noch Implementierungsbeispiele in C++ für einige ausgewählte Objektklassen angegeben.

3.2.1.2 Modell für strukturierte Bildoperationen (SBO)

Die Entwicklung von Algorithmen für die Bildverarbeitung (BV), ihre fehlerfreie Implementierung und Verfügbarkeit für unterschiedliche Aufgabenstellungen erfordern ein geeignetes und umfassendes Definitions- und Beschreibungsschema für Bildoperationen. Ein weiterer Gesichtspunkt ist die einheitliche Formulierung von Bildalgorithmen unter Verwendung von Grundelementen und modularen Entwicklungskonzepten. In [Gemmar 1989] wird eine grundlegende Definition von Bildoperationen mit Hilfe eines allgemeinen Beschreibungsmodells in strukturierter Form angegeben. Es werden die Beschreibungselemente für eine einheitliche Behandlung von Bildoperationen formuliert. Hieraus können die Eigenschaften, die Mächtigkeit und die strukturelle Einsatzfähigkeit (paralleler) Operationen direkt entnommen werden. Gleichzeitig wird mit diesem Modell eine Basis für eine systematische Implementierung ikonischer Operationen auf unterschiedlichen parallelen Rechnerstrukturen geschaffen [Diehm 1996].

Ikonische Operationen dienen allgemein der Verknüpfung der durch Bilder $B_k: Z \times Z \rightarrow M_k{}^1$ repräsentierten Signal-, Merkmal- und Strukturinformation $m_k \, \varepsilon \, M_k$ ($\kappa \, \varepsilon \, N$). Diese Bilder können in einem Bilderraum B als Tupel $B^n := (B1, B_2, ,B_n)$, ($n \, \varepsilon \, N$) zusammengefaßt werden. Die lokale Verarbeitung läßt sich als Abbildung $f(m_1, m_2, ..., m_n)$ der Merkmale m_k aus den jeweiligen Nachbarschaften N_k zu einer Stelle (i, j) auf ein Merkmal m_{n+1} beschreiben. Eine allgemeine Bildoperation (BO) ergibt sich somit zu BO: $B_{n1} \rightarrow B^{n2}$ mit $B^{n1}, B^{n2} \subset B$, und B^{n1}, B^{n2} disjunkt. Setzt man generell die datenparallele Verarbeitung als die adäquate Organisationsform voraus, so hat man im Grunde immer parallele Bildoperationen zu betrachten, deren Ausführung von verschiedenen Kontextschichten beeinflußt wird. Der aktuelle Kontext zur Steuerung der Auswertung kann vor oder während eines Verarbeitungsintervalls ermittelt werden.

In einem allgemeinen Beschreibungsschema für Bildfunktionen sind sowohl die durch sie beschriebene Auswertung als auch der innere Aufbau und die Verarbeitungsstruktur in einheitlicher Form darzustellen. Für eine eindeutige Spezifikation einer Bildoperation lassen sich elementare Beschreibungselemente angeben. Hierzu gehören im wesentlichen die Nachbarschaftsdefinition (BN), die Parameterspezifikation (BQ), die Prä-, Inter- und Post-Kontextfestlegung (BS) sowie die Angaben zur eigentlichen Auswertefunktion (Bf). Eine vollständige Beschreibung einer Bildoperation erfordert neben den Angaben für Bf, BN, BQ und BS für die praktische Realisierung auch die Zuordnung der Eingabe- (BE) und Ergebnisbilder (BA). Damit erhält man den kompletten Aufbau einer *strukturierten Bildoperation (SBO)* mit folgenden Beschreibungselementen:

$$\mathbf{SBO} = \boxed{\mathrm{B}f|\mathbf{BE}|\mathbf{BN}|\mathbf{BQ}|\mathbf{BS}|\mathbf{BA}}\ .$$

---

[1] N bzw. Z: Menge der natürlichen bzw. der ganzen Zahlen, M_k: Menge der Merkmalelemente m_k.

Die Elemente sind voneinander unabhängig beschreibbar und können in einem Verarbeitungsmodell bis zu einem bestimmten Grad als eigenständige Prozeßphasen betrachtet werden. Eine schematische Darstellung des allgemeinen Verarbeitungsmodells zeigt Bild 3.2.1.1 mit den Hauptphasen E (Eingabe), V (Verarbeitung) und A (Ausgabe), wobei die Verarbeitungsphase noch in eine Nachbarschafts- und Parameterphase sowie in eine Selektions- und Funktionsphase aufgeteilt und in eine entsprechende Ausführungsform umgesetzt werden kann.

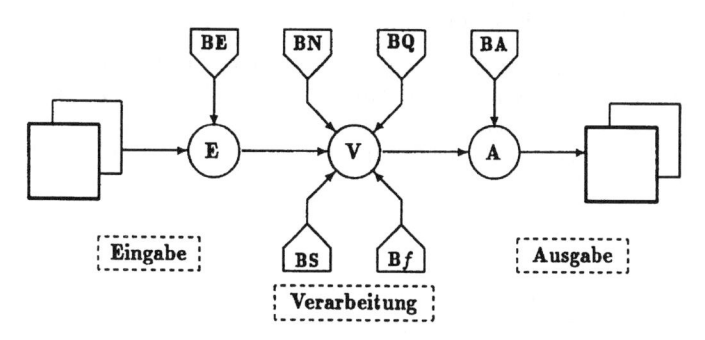

Bild 3.2.1.1: Prozeßmodell für Bildfunktionen Eingabephase E (BE) gefolgt von Verarbeitungsphase $V(B_i', BN, BQ, BS)$ und Ausgabephase A (BA)

3.2.1.2.1 Beschreibungselement Nachbarschaft (BN)

Über das Beschreibungselement BN wird die aktuelle Nachbarschaft N_{ij} für die Auswertung einer Bildfunktion f_{SBO} positions- und werteabhängig definiert. Es lassen sich mehrere Nachbarschaften für einen Operator f definieren. Zu diesem Zweck ist das Beschreibungselement BN aus folgenden Komponenten aufgebaut:

$$BN = (\vec{N}_o, F_N, \vec{Z}_N).$$

Die einzelnen Komponenten des Beschreibungsfeldes haben folgende Bedeutung:

$\vec{N}_0$: $\vec{N}_0$ besteht aus einem κ-Tupel $(\kappa \in N)$ von Teilmengen von $Z \times Z$, wobei für jede Komponente N^κ $(\kappa = 1, ..., \kappa)$ von $\vec{N}_0$ vorausgesetzt wird, daß (0,0) innerhalb der konvexen Hülle von N^κ liegt. Eine Komponente N^κ von $\vec{N}_0$ wird als *Basisnachbarschaft* bezeichnet.

FN: FN bezeichnet eine Menge von Abbildungen von $Z \times Z$ in $Z \times Z$. Eine Abbildung $F \in FN$ wird als *Nachbarschaftsabbildung* bezeichnet.

$\vec{Z}N$: $\vec{Z}N$ stellt ein k-Tupel von Abbildungen aus $Z \times Z \times R^{n2}$ in FN dar. Eine Komponente ζ_κ^N $(\kappa = 1, ..., \kappa)$ wird als *Zuordnungsabbildung* bezeichnet.

Für die Definition des lokalen Operationsbereichs einer Operation f sind zunächst die diesbezüglichen Basisnachbarschaften N^κ und Nachbarschaftsabbildungen $F \, \varepsilon \, F_N$ zu beschreiben. Die Erzeugung einer aktuellen Nachbarschaft N_{ij}^κ zu der Stelle (i, j) ergibt sich damit aus der Zuordnung einer Nachbarschaftsabbildung durch $\zeta_\kappa^N \varepsilon \, Z_N$ mit anschließender Anwendung auf eine Basisnachbarschaft N^κ (1):

$$N_{ij}^\kappa = \left(\zeta_\kappa^N(i, j, z_{ij}^1, z_{ij}^2, \cdots, z_{ij}^n)\right)(N^\kappa) \qquad (1)$$
$$= F'(N^\kappa), \text{ mit } F' \in F_N \, .$$

Hierbei beschreiben die Elemente z_{ij}^l, $(l = 1, ..., n)$ die Werteabhängigkeit der Zuordnungsabbildung und können aus den Komponenten des Eingangsbildertupels $\bar{i} = (B_1, B_2, ..., B_n)$ zum Beispiel über $z_{ij}^l = Bl(i, j)$ bestimmt werden. Ist die Zuordnungsabbildung ζ_κ^N nur positionsabhängig und nicht werteabhängig (d.h. ζ_κ^N: $Z \times Z \to F_N$), dann erhält man:

$$N_{ij}^\kappa = \left(\zeta^N(i, j)\right)(N^\kappa) \, . \qquad (2)$$

Für die Beschreibung einer speziellen Nachbarschaft können verschiedene Typen von Basisnachbarschaften und Nachbarschaftsabbildungen eingesetzt werden. Da die Festlegung lokaler Untersuchungsbereiche zu den elementaren Beschreibungsangaben einer Bildoperation zählt, sollen nun einige Beispiele für Nachbarschaftsdefinitionen gegeben werden.

Beispiele für Nachbarschaftsdefinitionen

1. Die *Moore-Nachbarschaft* $M_{x,y}$ die aus den zu dem Bildpunkt mit den Koordinaten (x,y) unmittelbar benachbarten Bildelementen ohne den Zentralpunkt besteht:

$$M_{xy} := \{(i,j) \mid i,j \in \mathcal{Z}, (i,j) \neq (x,y), 0 \leq |x-i| \leq 1, 0 \leq |y-j| \leq 1\} \, . \qquad (3)$$

2. Die Nachbarschaft $R_{x,y}^{kl}$ als $k \times l$ Matrix (mit k, l, ε, N) um den Punkt (x,y), die in ihrer Lage zu (x,y) eindeutig definiert werden kann durch:

$$R_{xy}^{kl} := \{(i,j) \mid i,j \in \mathcal{Z}, x-k_1 \leq i \leq x+k_2, y-l_1 \leq j \leq y+l_2, \qquad (4)$$
$$k_1+k_2+1 = k, l_1+l_2+1 = l, 0 \leq k_2-k_1 = l_2-l_1 \leq 1\} \, .$$

3. Eine *beliebige Punktmenge* G_k, die durch explizite Koordinatenangabe der in ihr enthaltenen Punkte bezüglich $(0,0)$ beschrieben ist:

$$G_k := \{(x_1,y_1),(x_2,y_2),\cdots,(x_k,y_k) \mid x_i, y_j \in \mathcal{Z}, k \in \mathcal{N}\} \, . \qquad (5)$$

---

[2]R: Menge der rellen Zahlen, R^n: Menge der Tupel $(x_1,...,x_n)$, mit $x_i \varepsilon R$, $i = 1,...,n$

Für die Erzeugung der lokalen Nachbarschaften N_{ij} können unterschiedliche Nachbarschaftsabbildungen eingesetzt werden:

a) Translation einer Nachbarschaft um *(k, l ε Z)*:

$$T_{kl} : \mathcal{Z} \times \mathcal{Z} \to \mathcal{Z} \times \mathcal{Z}, T_{kl}(x,y) := (x+k, y+l) \,. \tag{6}$$

b) Auf *Z x Z* diskretisierte Drehung einer Nachbarschaft um den Winkel $\alpha \, \varepsilon \, R$:

$$D_\alpha : \mathcal{Z} \times \mathcal{Z} \to \mathcal{Z} \times \mathcal{Z}, \quad D_\alpha := \text{nächster Punkt} \in \mathcal{Z} \times \mathcal{Z} \text{ zu} \tag{7}$$
$$(x \cdot \cos\alpha - y \cdot \sin\alpha, \, x \cdot \sin\alpha + y \cdot \cos\alpha) \,.$$

Generierungsbeispiel I: Erzeugung einer lokalen Nachbarschaft N_{ij} durch Abbildung von $\vec{N_0}$ (Bild 3.2.1.2.2). Mit der um das Zentralelement *erweiterten* Moore-Nachbarschaft als Basisnachbarschaft:

$$\vec{N_0} = (M'_{00}) \text{ mit } M'_{00} := \{(0,0), M_{00}\} \,,$$

sowie den Nachbarschaftsabbildungen:

$$F_N = \{T_{kl} \mid k, l \in \mathcal{Z}\}$$

und der Zuordnungsabbildung:

$$\vec{Z}_N = (\zeta^N) \text{ mit } \zeta^N : \mathcal{Z} \times \mathcal{Z} \to F_N, \, \zeta^N(i,j) := T_{ij}$$

ergibt sich N_{ij} zu:

$$N_{ij} = \left(\zeta^N(i,j)\right)(M'_{00}) := T_{ij}(M'_{00}) \,. \tag{8}$$

Generierungsbeispiel II: Erzeugung einer lokalen Nachbarschaft als werteabhängigem Untersuchungsbereich der Größe *u x v (u, v ε N)* mit dem Abstand *d* zum aktuellen Bildelement. Die Werteabhängigkeit der Nachbarschaft ist durch eine von einem Richtungswert $\alpha_{ij} := B_1 (i, j)$ am aktuellen Bildpunkt *(i, j)* abhängige Drehung des Untersuchungsbereichs definiert (Bild 3.2.1.2.3).

Die aktuelle Nachbarschaft *Nij* läßt sich wie folgt bestimmen:

$$\vec{N_0} = (N_1) = (R_{00}^{uv}), \text{ mit } u,v \in \mathcal{N} \,,$$
$$F_N = \{T_{kl} \circ D_{\alpha_{kl}} \circ T_{m,0} \mid k,l,m \in \mathcal{Z}, \alpha_{kl} \in \mathcal{R}\} \,,$$
$$\vec{Z}_N = (\zeta^{N''}) \text{ mit } \zeta^{N''} : \mathcal{Z} \times \mathcal{Z} \times \mathcal{R} \to F_N,$$
$$\zeta^{N''}(i,j,\alpha_{ij}) := T_{ij} \circ D_{\alpha_{ij}} \circ T_{d+\lceil\frac{u}{2}\rceil,0}$$

und somit ergibt sich N_{ij} nun zu:

$$N_{ij} = \left(\zeta^{N''}(i,j,\alpha_{ij})\right)(R_{00}^{uv}) := T_{ij} \circ D_{\alpha_{ij}} \circ T_{d+\lceil\frac{u}{2}\rceil,0}(R_{00}^{uv}) \,. \tag{9}$$

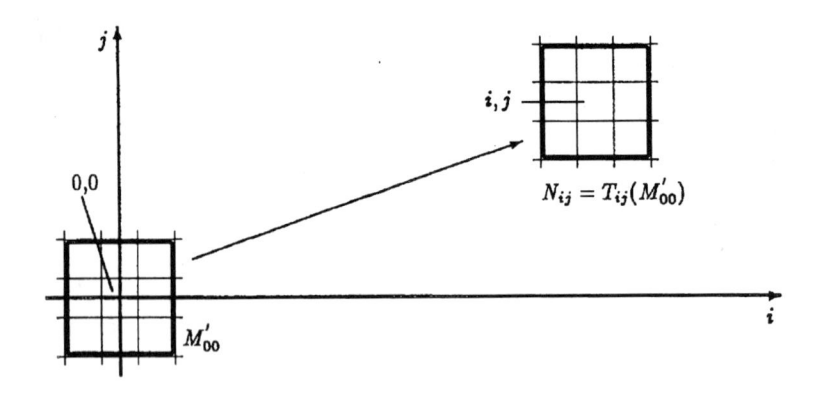

Bild 3.2.1.2.2: Erzeugung einer lokalen Nachbarschaft N_{ij} durch Abbildung T_{ij} von M'_{00}

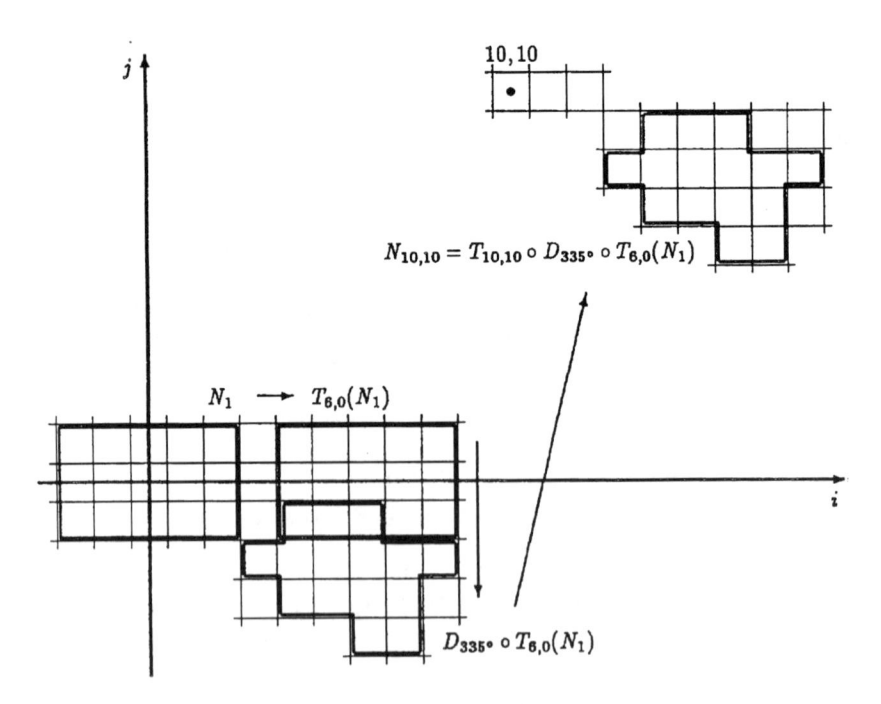

Bild 3.2.1.2.3: Erzeugung einer werteabhängigen Nachbarschaft N_{ij} mit $(i, j) = (10, 10)$, $u = 5$, $v = 3$, $d = 4$ und $\alpha_{10,10} = 335\,°$

3.2.1.2.2 Beschreibungselement Parameter (BQ)

Mit dem Beschreibungselement *BQ* werden die Funktions- und Auswerteparameter für eine Bildoperation *fSBO* definiert. Die Auswerteparameter stehen in enger Beziehung zu den lokalen Nachbarschaften N_{ij}, weswegen ihre Beschreibung sich auch direkt an die der Nachbarschaftselemente anlehnt. Das Beschreibungsfeld *BQ* läßt sich aus fünf Komponenten aufbauen:

$$\mathbf{BQ} = (Q_p, Q_g, Q_l, X_Q, \vec{Z}_Q),$$

wobei die einzelnen Komponenten folgende Bedeutungen haben:

Q_p: Q_p wird zur Auswahl von Eingabebildern als Parameterbilder (punktbezogene Parameter) eingesetzt. Q_p kann als Abbildung aus *N* in *N* betrachtet werden und wird deshalb als *Auswahlabbildung* bezeichnet.

Q_g: Tupel der *globalen* Parameter (Funktionsparameter) als Elemente von R^n. Parameter werden als global bezeichnet, wenn sie für alle Punkte eines Bildes gültig sind.

Q_l: Menge der *lokalen* Parameter (Wertigkeiten von Nachbarschaftselementen). Lokale Parameter sind für die lokale Umgebung (Nachbarschaft) eines gegebenen Bildpunktes definiert.

X_Q: Menge von Abbildungen aus $Z \times Z$ in Q_l. Eine Abbildung $X \varepsilon X_Q$ wird als *Gewichtungsabbildung* bezeichnet.

Z_Q: *k*-Tupel ($k \varepsilon N$) von Abbildungen aus $Z \times Z \times R^n$ in X_Q. Eine Abbildung $\zeta_\kappa^Q (\kappa = 1, ..., k)$ wird als Zuordnungsabbildung bezeichnet; κ entspricht der Anzahl gegebener Basisnachbarschaften.

Nach Abschnitt 3.2.1.2.1 erhält man für $\kappa \varepsilon \{1, ..., \kappa\}$ die aktuelle Nachbarschaft N_{ij}^κ zum Bezugspunkt mit den Koordinaten (*i, j*) aus der Basisnachbarschaft N^κ durch eine Nachbarschaftsabbildung $F' \varepsilon F_N$ über $N_{ij}^\kappa = F'(N^\kappa)$. Die Nachbarschaftsabbildung F' wird im allgemeinen durch die Zuordnungsabbildung ζ_κ^N (κ-Komponente von $\vec{Z}_N$) positions- und werteabhängig bestimmt (siehe (1)). Zur Ausführung des Operators *f* für diesen Bildpunkt müssen die lokalen Parameter den Elementen der aktuellen Nachbarschaft N_{ij}^κ zugeordnet werden. Analog zur Bestimmung der aktuellen Nachbarschaft N_{ij}^κ erhält man die einzusetzende Gewichtungsabbildung X_{ij}^κ mittels der Zuordnungsabbildung ζ_κ^Q (κ-Komponente von $\vec{Z}_Q$) im allgemeinen wieder positions- und werteabhängig:

$$\chi_{ij}^\kappa := \zeta_\kappa^Q(i, j, z_{ij}^1, z_{ij}^2, \cdots, z_{ij}^n). \tag{10}$$

Die Elemente z_{ij}^l (*l = 1,...,n*) ergeben sich aus dem Eingangsbildertupel $\vec{i} = (B_1, ..., B_n)$ zum Beispiel wieder durch $z_{ij}^l := B_l(i,j)$. Mit der Gewichtungsabbildung X_{ij}^κ

kann dann jedem Element von N_{ij}^κ eine Wertigkeit (als Element von Q_l) zugeordnet werden. Liegt der Punkt mit den Koordinaten (r, s) in der Nachbarschaft N_{ij}^κ so erhält man also die Wertigkeit dieses Punktes durch:

$$\chi_{ij}^\kappa((r,s)) = \left(\zeta_\kappa^Q(i,j,z_{ij}^1,z_{ij}^2,\cdots,z_{ij}^n)\right)((r,s)). \tag{11}$$

Zur Verdeutlichung wird nun ein Beispiel gegeben, das die Parameterzuordnung für die in Abschnitt 3.2.1.1.2.1 (I) beschriebene Nachbarschaft beschreibt.

Parameterzuordnung: Die Auswahl der zu betrachtenden Punkte erfolgt allein durch die Nachbarschaft. Nimmt man an, daß innerhalb einer aktuellen Nachbarschaft N_{ij} alle Bildpunkte *gleichgewichtet* (Gewicht q) zu berücksichtigen sind, kann folglich eine konstante Gewichtungsabbildung verwendet werden. Globale und punktbezogene Parameter sollen nicht verwendet werden. Somit lassen sich die Komponenten des Beschreibungsteil BQ wie folgt angeben:

$$Q_p = Q_g = () \text{ unbesetzt}$$
$$Q_l = \{q\}$$
$$X_Q = \{\chi \mid \chi : \mathcal{Z} \times \mathcal{Z} \to Q_l, \chi(x,y) := q\}$$
$$\vec{Z}_Q = (\zeta^Q) \text{ mit } \zeta^Q(i,j) := \chi.$$

Damit erhält man die Parameter für die Nachbarelemente (i_k, j_k) innerhalb N_{ij} zu:

$$\chi_{ij}(i_k,j_k) = \chi(i_k,j_k) = q. \tag{12}$$

3.2.1.2.3 Beschreibungselement Ablaufsteuerung (BS)

Die flexible Gestaltung paralleler Bildoperationen setzt voraus, daß die lokale Funktionsausführung wahlfrei zu definieren ist. In den vorangehenden Abschnitten wurden die verschiedenen Kontextmodi genannt, nach denen eine Steuerung des Operationsablaufs erfolgen kann. Dementsprechend werden beim Aufbau des Beschreibungselements "Ablaufsteuerung" (BS) die drei datenbezogenen Wirkungsmöglichkeiten (*Prä*, *Inter*-und *Postkontext*) berücksichtigt (Anm.: Der Funktionskontext wird im Funktionselement Bf berücksichtigt). Zusätzlich ist der Ablauf einer Operationsfolge (z.B. Iteration) mit Abbruchbedingungen zu versehen. Damit lassen sich sequentielle Bildoperationen als Sonderfälle behandeln. Das Beschreibungselement *Ablaufsteuerung* (BS) kann somit aus folgenden drei Komponenten aufgebaut werden:

$$\mathbf{BS} = (F_S, \vec{\Phi}_S, \vec{\omega}_S).$$

Die einzelnen Elemente von BS haben folgende Bedeutung:

F_S: Menge von speziellen Abbildungen aus R^n in R', wobei R' die Binärmenge {0,1} darstellt. Eine Abbildung $F \varepsilon F_S$ wird als *Kontextabbildung* bezeichnet und wird für den Aufbau des Tripels $\vec{C}_S$ von Kontextbildern C_k (k = 1, 2, 3) verwendet.

Φ_S: Tripel von n-Tupeln von Abbildungen $\emptyset_k^v$ (k = 1, 2, 3; v = 1,..., n) aus $Z \times Z$ in $Z \times Z$. Jede Komponente $\emptyset_k^v$ wird als *Positionsabbildung* bezeichnet.

ω_S: Tripel von Abbildungen ω_k (k = 1, 2, 3) aus $Z \times Z \times N \times R^n$ in F_s. Die Abbildungen ω_k werden als Zuordnungsabbildungen bezeichnet.

Die eindeutige Zuordnung der Komponenten der Tripel $\vec{C}_S$, $\vec{\Phi}_S$ und $\vec{\omega}_S$ des Beschreibungselements *BS* zu den definierten Kontextmodi ergibt sich durch die Indizierung mit k = 1 für den Präkontext, k = 2 für den Interkontext und k = 3 für den Postkontext. Damit kann nun der Aufbau der Kontextbilder für die Ausführung einer Operation eindeutig beschrieben werden. Die Kontextbilder werden punktweise aus sogenannten Steuerungsbildern S_k^l ($1 \le l \le n, 1 \le k \le 3$) im Eingangsbildertupel $\vec{i} = (B_1, ..., B_n)$ orts- und werteabhängig erzeugt. Betrachtet man diesen Übergang als eine Bilderabbildung $B^n \to B$, so ergeben sich die Kontextbilder entsprechend (13). Die Zuordnung der Steuerungsbilder aus dem Eingangsbildvektor $\vec{i}$ kann beliebig erfolgen.

$$C_k(i,j) = \left(\omega_k(i,j,t,z_{ij}^1,\cdots,z_{ij}^n)\right) \left(B_1(\phi_k^1(i,j)),\cdots,B_n(\phi_k^n(i,j))\right) \quad (13)$$

Ist eine Operation iterativ auszuführen oder wird eine sequentielle Operation beschrieben, dann sind die Kontextbilder C_k^t zum Zeitpunkt $t \varepsilon N$ mittels Anwendung einer Abbildung zum Ausführungszeitpunkt t aufzubauen (14).

$$C_k^t(i,j) = \left(\omega_k(i,j,t,z_{ij}^1,\cdots,z_{ij}^n)\right) \left(B_1^{t-1}(\phi_k^1(i,j)),\cdots,B_n^{t-1}(\phi_k^n(i,j))\right) \quad (14)$$

Die Kontextabbildung $F' \varepsilon F_S$ wird durch die Zuordnungsabbildung ω_k positions- und werteabhängig bei gleichzeitiger Überprüfung einer Zeitbedingung bestimmt. Die Zeitbedingung ist so zu formulieren, daß z.B. nach Erreichen eines Zeitpunktes t_e eine Operation zu beenden ist. Im allgemeinen ist eine Operation dann beendet, wenn durch den Präkontext keine Bildposition mehr zur Verarbeitung markiert wird. Ein Terminierungszustand ist also durch das Kontextbild $C_1^{te+1}=O$ (Nullbild) angezeigt. Bezeichnen F_0 und F_1 die konstanten Abbildungen aus R^n in {0,1}:

$$F_0(b_1,\cdots,b_n) := 0 \,\forall (b_1,\cdots,b_n) \in \mathcal{R}^n$$
$$F_1(b_1,\cdots,b_n) := 1 \,\forall (b_1,\cdots,b_n) \in \mathcal{R}^n ,$$

dann muß die zuletzt ausgeführte Kontextabbildung die Abbildung F_0 sein, und eine zugehörige Zuordnungsabbildung ω_0 lautet dann z.B.:

$$\omega_0(i,j,t,z_{ij}^1,\cdots,z_{ij}^n) = \omega_0(t) := \begin{cases} F_1 & t \le t_e \\ F_0 & t > t_e \end{cases}. \tag{15}$$

Nachdem nun die Kontextbilder und zugehörigen Abbildungen definiert sind, können die zwei wichtigsten Operationstypen aus der Beschreibung der Ablaufsteuerung einfach abgelesen werden:

Parallele Operationen: Die über die Zuordnungsabbildung ω_k^p ($k = 1, 2, 3$) spezifizierten Kontextabbildungen $F'_p \in F_S$ ergeben den Wert '1' an einer *oder* mehreren Stellen *(i, j)* des Kontextbildes C_1 und die Operation ist für $t > 1$ beendet ($\omega_k^p(t = 1) \ne F_0$, $\omega_1^p(t > 1) = F_0$).

Sequentielle Operationen: Es gibt eine zeitliche Folge von Operationsschritten ($1 \le t \le t_{max}$, $t_{max} > 1$), für die die durch ω_1^s zugeordneten Kontextabbildungen $F_S^1 \in F_S$ immer nur an einer Stelle *(i, j)* des Kontextbildes C_1^t den Wert '1' ergeben.

3.2.1.2.4 Beschreibungselement Operator (*Bf*)

Die Formulierung eines Bildoperators f wird üblicherweise als konstant für die Abarbeitung eines Bildes angenommen. Für eine allgemeine, strukturierte Operation ist aber vorauszusetzen, daß der eigentliche Operator ebenso flexibel zu formulieren ist, wie zum Beispiel die diesem zugrundeliegenden Operationsbereiche. Nun ist erfreulicherweise festzustellen, daß man bei einer zum Aufbau der bisher formulierten Beschreibungselemente analogen Vorgehensweise eine weitaus allgemeinere und ebenso flexible Formulierung erhält. Das Operatorfeld *Bf* kann dabei aus zwei Komponenten aufgebaut werden:

$$\mathbf{B}f = (F_f, \vec{Z}_f).$$

Die beiden Komponenten haben folgende Bedeutung:

Ff: Menge von formalen Vorschriften für die Auswertung. Eine Vorschrift $f \in F_f$ wird als *Abarbeitungsvorschrift* bezeichnet und nimmt Bezug auf die Beschreibungsfelder Nachbarschaft (*BN*) und Parameter (*BQ*).

$\vec{Z}_f$: $\vec{Z}_f$ stellt ein *m*-Tupel von Abbildungen aus $Z \times Z \times R^n$ in F_f dar. Jedem durch $\vec{o}$ spezifizierten Ergebnisbild B_l wird durch eine Komponente $\zeta_i^f \in \vec{Z}_f$ eine Abarbeitungsvorschrift $f \in F_f$ positions- und werteabhängig zugeordnet. Die Abbildungen ζ_i^f werden als *Zuordnungsabbildungen* bezeichnet.

Die Zuweisung eines Bildes aus dem Eingabebildvektor als Funktionskontext bei werteabhängigen Zuordnungen ($\zeta^f\colon Z \times Z \times R \to F_f$) kann wie bisher durch eine starre Festlegung oder aber durch eine Auswahlabbildung $\xi_f\colon N \to N$ erfolgen.

3.2.1.2.5 Beschreibungselemente Eingabe (*BE*) und Ausgabe (*BA*)

Das Eingabeelement *BE* spezifiert die Liste der Eingangsbilder. Diese werden den Elementen Bf für die Funktionsauswertung, *BN* für die Nachbarschaftszuordnung, *BQ* für die Parameterzuordnung und *BS* für die Kontextermittlung zugewiesen. Das Ausgabeelement spezifiziert die Liste der Ausgabedaten (Bilder), die dem Element Bf zugewiesen sind. Diese Zuordnungen können für *BE* und *BA* über Auswahlabbildungen und analog zu den oben beschriebenen Elementen formuliert werden und sollen deshalb hier nicht weiter definiert werden.

Unter Verwendung dieses Modells für den Operationsaufbau wird im folgenden ein objektorientiertes (*oo*) Systemkonzept für die Ikonik vorgestellt. Dabei werden Objekte für die Darstellung und den Aufbau von SBO spezifiziert, die eine einheitliche und flexible Implementierung ikonischer Operationen in systematischer Weise gewährleisten.

3.2.1.3 Struktur und Aufbau des IKS

Die meisten der einleitend genannten Entwicklungsanforderungen für ein IKS können mit einer objektorientierten Systemarchitektur besonders gut erfüllt werden. Ein wesentlicher Entwurfsansatz ist hierbei die Zerlegung des Gesamtsystems in ein Ensemble kooperierender, untereinander und mit der Außenwelt kommunizierender *Objekte*. Hierdurch ergeben sich klare Konzeptionsgrundlagen hinsichtlich Systemfunktionen und -schnittstellen. Als Objekte werden Elemente bezeichnet, die dem Paradigma der objektorientierten Programmierung entsprechen. Sie sind gegeben durch eine (nicht sichtbare) Datenstruktur sowie eine Menge von Funktionen und Attributen. Der Zugriff auf die interne Datenstruktur ist nur über diese, häufig auch als Methoden bezeichneten, objektspezifischen Funktionen möglich (Datenabstraktion). Bei der Ausführung dieser Methoden für ein bestimmtes Objekt spricht man gelegentlich vom Senden einer Nachricht (Methode) an einen Empfänger (Objekt). Weitere Kennzeichen der objektorientierten Programmierung sind ein Mechanismus, der es gestattet, Gemeinsamkeiten zwischen verschiedenen Klassen von Objekten explizit auszudrücken (Vererbung) und ein Mechanismus, der die Ausführung von Operationen in Abhängigkeit vom Typ eines Objekts zur Laufzeit erlaubt (dynamisches Binden). Eine ausführliche Diskussion dieser und weiterer Aspekte einer objektorientierten Vorgehensweise findet sich z.B. in [Cox 1986, Stronstrup 1987] und [Goldberg 1983].

Eine objektorientierte Architektur ermöglicht aufgrund dieser Eigenschaften im wesentlichen

- eine bessere Übereinstimmung zwischen der Problemwelt (*problem space*) und der zugeordneten Lösungsstruktur (*solution space*),
- die Ordnung einer Menge von zueinander in Beziehung stehenden Komponenten eines Systems und reduziert dadurch die konzeptionelle Komplexität einer Systemspezifikation,

- eine Code-Reduzierung mittels einer geeigneten Implementierung (häufig können Methoden für Objekte einer Klasse und aller Unterklassen unverändert verwendet werden) und
- eine einheitliche Schnittstelle für Objekte einer Klasse und ihrer Unterklassen (zumindest für Teile des Funktionsumfangs).

Neben diesen allgemeinen und grundsätzlich für alle objektorientierten Systemkonzepte gültigen Gesichtspunkten ermöglicht bzw. unterstützt dieser Ansatz darüberhinaus speziell für ein IKS vor allem

- die Definition und Bereitstellung von Grundelementen der Ikonik (allgemeine Objekte) und deren Verfeinerung bzw. Spezialisierung unter Ausnutzung der Vererbung von Eigenschaften,
- die problemorientierte Darstellung und Formulierung von Verarbeitungsschritten,
- ein hohes Maß an Systemmodularität und
- eine einfache und systemkonforme Erweiterbarkeit.

Für die Ordnung der zueinander in Beziehung stehenden Komponenten des IKS stehen mehrere Möglichkeiten zur Verfügung. Im einfachsten Fall kann eine Klasse höchstens eine Oberklasse besitzen. Dies führt zu einer baumartigen Hierarchie von Objektklassen (einfache Vererbung). Im Gegensatz dazu führt die mehrfache Vererbung, wenn eine Klasse also von mehreren Oberklassen erben kann, zu netzartigen Strukturen. Innerhalb einer Hierarchie von Objektklassen finden sich häufig Klassen, deren Instanzen (Objekte) praktisch nicht verwendet werden können. Diese Klassen werden im weiteren als abstrakte oder Pseudo-Klassen bezeichnet und beschreiben in der Regel gemeinsame Eigenschaften mehrerer (Unter-)Klassen. Sie sind als Hilfsmittel für eine konsistente Strukturierung und den Aufbau einer Hierarchie anzusehen.

Ein wichtiger Gesichtspunkt beim Entwurf des IKS ist die Bereitstellung von Datenstrukturen und Verarbeitungsfunktionen. Für den Aufbau und die Funktionalität entsprechender Objektklassen sind im Rahmen der vorgesehenen objektorientierten Architektur mehrere Möglichkeiten denkbar.

Eine Möglichkeit der Bereitstellung von Datenstrukturen und Verarbeitungsfunktionen besteht in der Definition von Objekten, die eine untrennbare Einheit aus Datenstruktur und aller damit zusammenhängenden Operationen einschließlich der eigentlichen Verarbeitungsfunktionen (*"number crunching"*) bilden. Dieser Ansatz unterstützt vor allem eine problemorientierte Vorgehens- und Denkweise, da Größen aus der Problemwelt in *natürlicher* Weise als Objekte im System nachgebildet werden. Dem steht allerdings der schwerwiegende Nachteil gegenüber, daß im Widerspruch zum genannten Entwicklungsziel eine einfache Erweiterung um neue Datenstrukturen oder neue Funktionen nicht mehr möglich ist. Die Einführung einer neuen Datenstruktur erfordert die Definition einer neuen Klasse, wobei alle Funktionen, die diese Datenstruktur verarbeiten, als Methoden der neuen Klasse zur Verfügung gestellt werden müssen. Dagegen verlangt die Integration einer neuen Funktion die Änderung bereits existierender Klassen, da die neue Funktion mittels einer Methode von allen betroffenen Klassen bereitgestellt werden muß. Möglich ist allerdings die Realisierung neuer, anwendungsspezifischer Funktionen, die auf bereits existierenden objektspezifischen Funktionen aufbauen.

Beispielsweise kann die Linearkombination zweier Bilder A und B ($c1 \cdot A + c2 \cdot B + c3$) systemkonform formuliert werden, wenn das Objekt *Bild* die Funktionen *Addition zweier Bilder* und *Multiplikation eines Bildes mit einer Konstanten* enthält.

Alternativ ist für die Berücksichtigung der Verarbeitungsfunktionen auch die Trennung zwischen *reinen* Datenobjekten (Datenstruktur zusammen mit Attributen und Funktionen zur Verwaltung der Datenstruktur) und reinen Operatorobjekten (Ausführung einer bestimmten Verarbeitungsfunktion für evtl. unterschiedliche Datenobjekte) möglich. Während neue Funktionen und neue Datenstrukturen hierbei einfach in das System integriert werden können, muß durch die *künstliche* Trennung zwischen den beiden Objektkategorien u. U. eine schlechtere Übereinstimmung zwischen Problemwelt und der resultierenden Lösungsstruktur in Kauf genommen werden. Darüberhinaus ist bei der Ausführung einer Verarbeitungsfunktion nun eine möglicherweise aufwendige und ineffiziente Kommunikation zwischen Daten- und Operatorobjekten notwendig.

Zur Lösung der anstehenden Aufgabe wird ein Kompromiß zwischen den beiden skizzierten Möglichkeiten gewählt, wobei zwar wie im zweiten Ansatz Daten- und Operatorobjekte vorgesehen sind, die Datenobjekte jedoch über einen ausreichenden Vorrat an Grundfunktionen verfügen. Damit kann bereits ein Großteil der anstehenden Bildverarbeitungsaufgaben gelöst werden. Operatorobjekte dienen in erster Linie dazu, neue und spezielle Funktionen in das System zu integrieren sowie eine Bibliothek von Standardfunktionen bereitzustellen. Die Integration neuer Datenstrukturen (in Form von Datenobjekten) erfordert bei diesem Ansatz dann die Bereitstellung der hierzu notwendigen Grundfunktionen. Diese Verteilung der Funktionalität legt bei Datenobjekten den Schwerpunkt mehr auf die datenbeschreibenden und -verwaltenden Teile, während bei den Operatorobjekten mehr die methodischen Gesichtspunkte im Vordergrund stehen.

Neben Daten- und Operatorobjekten sind für das IKS auch Peripherieobjekte zur Modellierung externer Geräte mit einer Kapselung spezieller Geräteeigenschaften, Kommunikationsobjekte für den Anschluß unterschiedlicher Benutzeroberflächen und Verwaltungsobjekte zur Gestaltung der Kontrolle im Gesamtsystem (z.B. Ressourcenverwaltung) von Bedeutung. Bild 3.2.1.4 zeigt die auf diesen Objektkategorien basierende Architektur des IKS. Innerhalb dieser Objektkategorien kann unter Berücksichtigung verschiedener Gesichtspunkte eine detaillierte Verfeinerung und Spezialisierung vorgenommen werden. Am Beispiel der Kategorien für Datenobjekte, Operatorobjekte und Peripherieobjekte werden im folgenden die entsprechenden Hierarchien ausführlich beschrieben. Außerdem wird eine Kategorie von Klassen beschrieben, die die Repräsentation von Operatorobjekten in möglichst enger Anlehnung an die Beschreibung strukturierter Bildoperationen nach dem SBO-Modell erlauben.

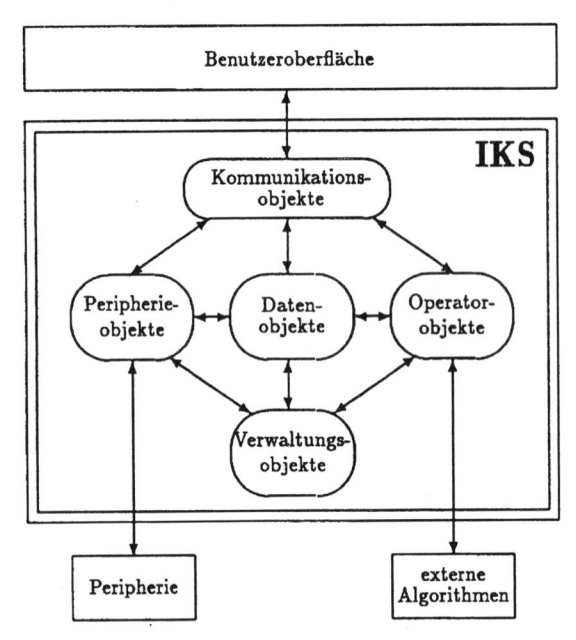

Bild 3.2.1.4: Architektur des IKS Kernsystem bestehend aus fünf kommunizierenden internen Objektkategorien mit Schnittstellen zu äußeren Schichten in einem Bildverarbeitungssystem.

3.2.1.3.1 Datenobjekte

Datenobjekte (Data) stellen Datenstrukturen, die Gegenstand der eigentlichen Verarbeitung sind, zusammen mit den für eine einfache Handhabung und autonome Verwaltung dieser Datenstrukturen notwendigen Attributen und Funktionen zur Verfügung. Darüberhinaus sind auch elementare Verarbeitungsfunktionen Bestandteil der Datenobjekte. Innerhalb der Kategorie der Datenobjekte (Bild 3.2.1.5) unterscheidet man zwischen

- allgemeinen Daten *(GeneralData)*,
- Bildern *(Image)*,
- nicht-ikonischen, bildbezogenen Daten *(NonIconicData)* und
- SBO-Daten *(SioData)*.

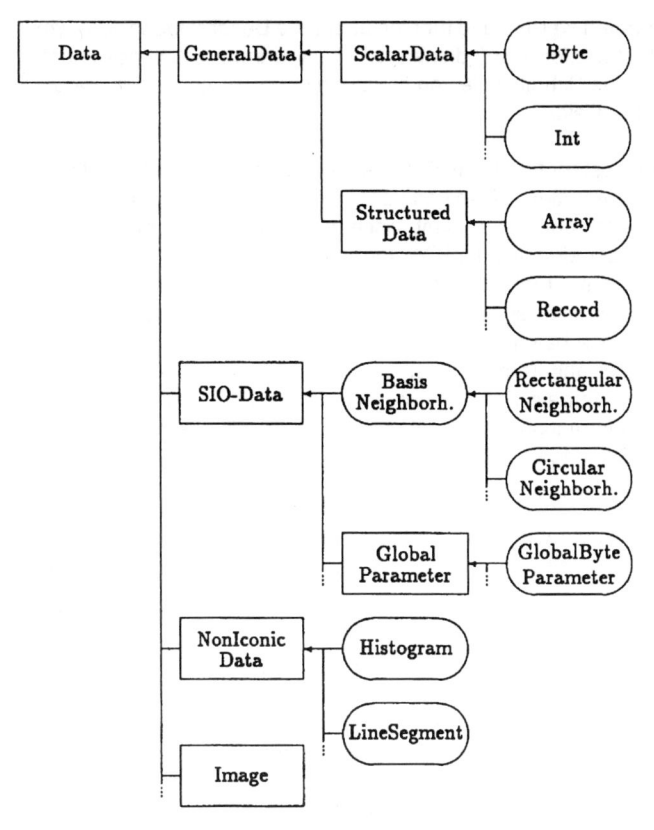

```
Data ← GeneralData ← ScalarData ← Byte
                              ← Int
                 ← Structured Data ← Array
                                  ← Record
       ← SIO-Data ← Basis Neighborh. ← Rectangular Neighborh.
                                    ← Circular Neighborh.
                 ← Global Parameter ← GlobalByte Parameter
       ← NonIconic Data ← Histogram
                       ← LineSegment
       ← Image
```

Bild 3.2.1.5   Datenobjekte im IKS Rechtecke bzw. Ovale repräsentieren abstrakte bzw. konkrete Klassen, Vektoren kennzeichnen die Verbindung zu Oberklassen (siehe auch folgende Abb.).

Allgemeine Datenobjekte repräsentieren im wesentlichen Datenstrukturen, die außer in der Bildverarbeitung noch in vielen anderen Bereichen eingesetzt werden und in den meisten höheren Programmiersprachen zur Verfügung stehen. Sie sind bzgl. ihrer Funktionalität eindeutig definiert und umfassen skalare (*ScalarData*) und strukturierte (zusammengesetzte) Datenobjekte (*StructuredData*). Objekte skalarer Datenklassen (z.B. *Bool*, unsigned *Byte*, signed *Int* usw.) repräsentieren einzelne Werte und sind Grundlage aller übrigen Datenobjekte. Objekte strukturierter Datenklassen (z.B. *Array*, *Record*, *Set* und *List*) sind nach unterschiedlichen Kriterien als Kompositionen von beliebigen Datentypen definiert.

Nicht-ikonische Datenobjekte werden in erster Linie zur Spezifizierung und Repräsentation von Datenstrukturen benutzt, die mittels ikonischer Bildoperationen aus Bildern extrahiert werden und für eine abstrakte Beschreibung von Symbolen oder symbolhafter Information dienen (z.B. Histogramme, Liniensegmente usw.). Dadurch wird eine Schnittstelle von IKS zur nicht-ikonischen Bildverarbeitung (z.b. Symbolik) realisiert.

Bilder sind zentraler Bestandteil des IKS und sind definiert als beliebige Repräsentation bildhafter Information. Diese kann z.b. in Form von Binärbildern, Grauwertbildern, Linienbildern oder einer symbolischen Beschreibung von Bildinhalten vorliegen. Neben der eigentlichen Bildinformation enthalten Bildobjekte weitere bildbezogene Attribute. Einige dieser Attribute sind für alle Bildklassen relevant, während andere nur für spezifische Bildobjekte gegeben sind. Die allgemeinste Bildklasse *Image* beinhaltet die Attribute, die für alle Bildklassen gültig sind. Dazu zählen unter anderem Zugriffsrechte, Bildhistorie und eine Textkomponente (z.B. für eine verbale Beschreibung des Bildinhalts oder sonstige anwendungspezifische Informationen). Ausgehend von dieser allgemeinen Bildklasse kann unter Berücksichtigung verschiedener Gesichtspunkte, wie

- Definitonsbereich des Bildes (*Orts-* oder *Frequenzbereich*),
- Raum- (*"planar"*, *"volumetric"*), Zeit- (*"static"*, *"motion"*), Farb- (*"monochromatic"*, *"trichromatic"*, *"polychromatic"*) und Helligkeitsattributen (*"bitonal"*, *"n-tonal"*, *"continuous tone"*),
- Okkularsystem (*"monocular"*, *"binocular"*) und
- strukturellen Aspekten (*einfach* oder *zusammengesetzt*),

eine Hierarchie von spezialisierten Bildklassen festgelegt werden (Bild 3.2.1.6). Diese Hierarchie bringt insbesondere die Beziehungen zwischen den verschiedenen Bildklassen explizit zum Ausdruck und kann bei Bedarf erweitert werden. Bei den aufgeführten Bildklassen kann man grob zwischen allgemeinen abstrakten Klassen, spezifischen abstrakten Klassen und konkreten Klassen für die Verarbeitung unterscheiden.

Allgemeine abstrakte Klassen repräsentieren sehr hohe Abstraktionsniveaus und sind vor allem unter Berücksichtigung struktureller Aspekte definiert. Auf diesem Abstraktionsniveau wird unterschieden zwischen Elementarbildern (*ElementaryImage*) und zusammengesetzten Bildern (*CompoundImage*) sowie zwischen ikonischen (*IconicImage*) und nicht-ikonischen Bildern (*NonIconicImage*). Hierbei ist festzuhalten, daß sowohl ikonische als auch nicht-ikonische Bilder in Form von Elementarbildern oder zusammengesetzten Bildern möglich sind. Beziehungen dieser Art zwischen verschiedenen Klassen werden einfach und explizit mit Hilfe der Mehrfachvererbung ausgedrückt.

Elementarbilder repräsentieren genau einen Aspekt einer einzelnen Szenenprojektion und bestehen aus genau einem Bild. Bilder diesen Typs können insbesondere als monochromatisch, eben (2D), statisch und monokular charakterisiert werden. Demgegenüber repräsentieren zusammengesetzte Bilder eine Zusammenfassung

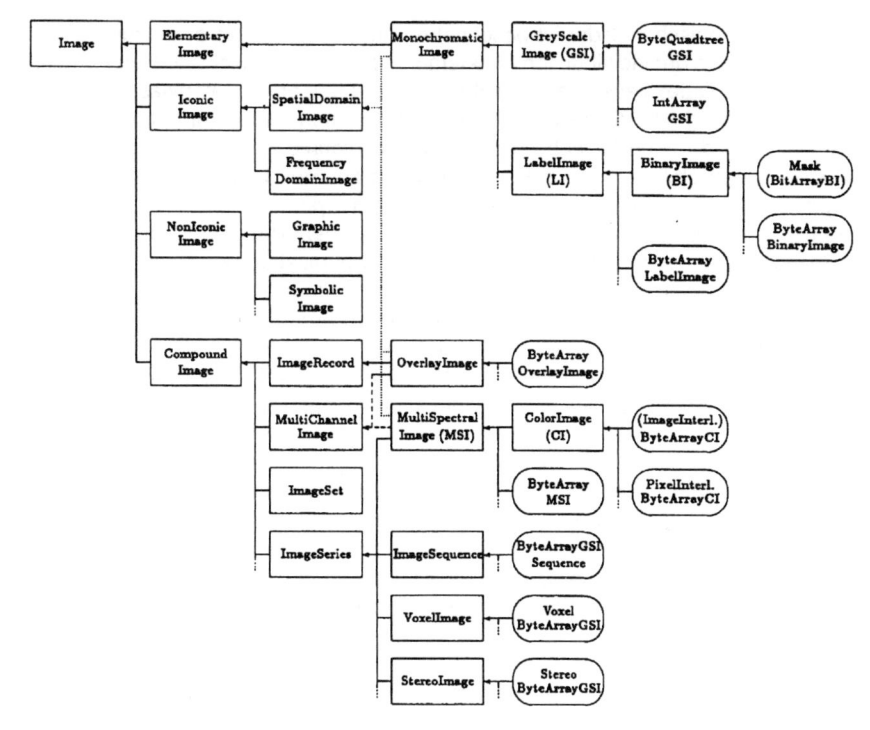

Bild 3.2.1.6: Hierarchie der Bildklassen

mehrerer Bildobjekte zu einer kompakten Einheit und verfügen über elementare Konstruktions- und Zugriffsmethoden, die zu ihrer Erzeugung und zur Auswahl bzw. Extraktion einzelner Komponenten notwendig sind. Die einzelnen Komponenten können hierbei von gleichem oder unterschiedlichem Typ sein, wodurch beliebige Kombinationen von ikonischen und nicht-ikonischen Bildobjekten möglich sind. In Einzelfällen kann darüberhinaus für ein zusammengesetztes Bild insgesamt festgelegt werden, ob es sich um ein ikonisches oder nicht-ikonisches Bildobjekt handelt. Außerdem können Bildobjekte, die in einem zusammengesetzten Bild enthalten sind, ihrerseits wiederum zusammengesetzte Bilder darstellen. Dieser (rekursive) Mechanismus erlaubt die Definition und Bereitstellung beliebiger, von speziellen Anwendungen benötigten Bildstrukturen zusammen mit genau auf diese Strukturen zugeschnittenen und entsprechend nur dafür ein- setzbaren spezifischen Operationen. Wichtige Spezialisierungen dieser Bildklasse sind die Klassen der Bildserien (*ImageSeries*), Bildverbunde (*ImageRecord*) und Bildmengen (*ImageSet*), die sich im wesentlichen anhand der Zugriffs- und Konstruktionsmechanismen bzw. der zulässigen (Kombinationen von) Bildtypen unterscheiden. Mehrkanalbilder (*MultiChannelImage*) sind eine weitere Unterklasse der zusammengesetzten Bilder und repräsentieren unterschiedliche Aspekte der gleichen Szenenprojektion.

3.2.1-19

Der Inhalt ikonischer Bilder ist beschrieben durch regelmäßig angeordnete Repräsentationen der individuellen Bildelemente (Pixel). Als Pixel sind Objekte aller allgemeinen Datenklassen einschließlich der strukturierten Datenklassen zulässig, jedoch sind alle Pixel eines einzelnen ikonischen Bildes vom gleichen Typ. Ikonische Bilder sind logisch durch zweidimensionale Raster von Bildpunkten gegeben und stellen daher sowohl Methoden zur Handhabung geometrischer Attribute wie *top_margin*, *bottom_margin*, *left_margin* usw. als auch Methoden zum Zugriff (Lesen und Schreiben) auf Pixel zur Verfügung. Ortsbereichsbilder (*SpatialDomainImage*), die die geometrische Organisation der Bildelemente direkt widerspiegeln und Frequenzbereichsbilder (*FrequencyDomainImage*), die Transformationen von Ortsbereichsbildern in den Frequenzbereich repräsentieren, sind wichtige Spezialisierungen der ikonischen Bilder. In der Kategorie der Frequenzbereichsbilder werden dabei für verschiedene Transformationen (z.B. Fourier, Hadamard) entsprechende Unterklassen definiert.

Nicht-ikonische Bilder schließen mannigfaltige Repräsentationen bildhafter Information ein. Symbolische Bilder (*SymbolicImage*) und graphische Bilder (*GraphicImage*) sind bekannte Vertreter dieser Klasse von Bildern. Symbolische Bilder werden in der Regel durch komplexe Strukturen wie erweiterten Übergangsnetzen, semantischen Netzen, Blackboards usw. repräsentiert. Graphische Bilder verwenden graphische Primitive (z.B. Linien, Polygonzüge, Flächen) zur Beschreibung von Bildinhalten.

Während die Klassen der nicht-ikonischen Bilder lediglich als eine Schnittstelle zu höheren Stufen der Bildauswertung dienen und daher im Rahmen des IKS nicht weiter konkretisiert werden, gehören ikonische Bilder zu den wichtigsten Bestandteilen des IKS. Spezifische abstrakte Klassen, die im folgenden beschrieben werden, sind daher alle dem Bereich der ikonischen Bilder zuzuordnen. Ihre Identifizierung basiert im wesentlichen auf praktischen Gesichtspunkten, ohne daß sie jedoch von bestimmten Anwendungen abhängig sind. In manchen Fällen können diese Klassen besonders elegant unter Verwendung der Mehrfachvererbung definiert werden. Monochromatische Bilder (*MonochromaticImage*) sind als Unterklasse sowohl der Elementarbilder als auch der Ortsbereichsbilder definiert, wobei die Pixel Objekte skalarer Datenklassen darstellen. Anhand unterschiedlicher Luminanz-Attribute können wichtige Unterklassen bestimmt werden. Während die Pixel von Grauwertbilder (*GreyScaleImage*) Sensorintensitäten (*"continuous tone"*) repräsentieren, beschreiben die Pixel von Merkmalsbildern (*LabelImage)* Merkmale (*"n-tonal"*). Ein Stadtplan kann z.B. in Form eines Merkmalbildes repräsentiert werden, wobei Gebäude, Straßen, Grünflächen usw. unterschiedlich kodiert werden. Eine allgemein benutzte Spezialisierung der Merkmalsbilder sind Binärbilder (*BinaryImage*), bei denen nur noch zwei unterschiedliche Werte zugelassen sind (*"bito-nal"*).

Multispektralbilder (*MultiSpectralImage*) sind als Unterklasse der Ortsbereichsbilder, Mehrkanalbilder und Bildserien definiert. Die einzelnen Kanäle sind monochromatische Bilder vom gleichen Typ und repräsentieren verschiedene Spektralbereiche (*"polychromatic"*). Verschiedene Typen von Farbbildern (*ColorImage*) können dann als wesentliche Unterklassen zur Verfügung gestellt werden. Overlay-Bilder (*OverlayImage*) sind gegeben als Ableitungen der Klassen Mehrkanalbilder, Bildverbund und Ortsbereichsbild. Sie werden verwendet zur Überlagerung eines darstellbaren Bildes mit Binärbildern als farbigen Overlays. Bildfolgen (*ImageSequence*) sind definiert als Bildserien und repräsentieren eine Serie von zeitlich geordneten Bildern, die in festen Zeitintervallen anfallen. Voxelbilder (*VoxelImage*) sind gegeben als Bildserie und repräsentieren eine Serie räumlich geordneter Bilder. Stereobilder (*StereoImage*) schließlich bilden eine weitere wichtige Unterklasse der Bildserien und bestehen aus einem Paar von Bildern, die simultan von einem Stereosensor erfaßt werden.

Für die Verarbeitung werden konkrete Spezialisierungen abstrakter Klassen für unterschiedliche Datentypen der Pixel (z.B. byte, int) und für unterschiedliche Datenstrukturen zur Repräsentation des Bildinhalts (z.B. 2D-Array, Quadtree) benötigt (siehe Ovale in Bild 3.2.1.6). Diese können explizit in Form von Ableitungen zur Verfügung gestellt werden. Eine andere, elegante und flexible Möglichkeit besteht darin, abstrakte Klassen als parametrisierte generische Einheiten zur Verfügung zu stellen, die dann für eine konkrete Anwendung geeignet instanziiert werden können.

3.2.1.3.2 Operatorobjekte

Operatorobjekte repräsentieren Operationen und dienen hauptsächlich zur Integration neuer (spezieller) Bildverarbeitungsoperationen in das IKS. Sie ermöglichen die Verarbeitung von Datenobjekten, ohne daß diese geändert bzw. erweitert werden müßten. Voraussetzung dafür ist, daß die Datenobjekte mit den Operatorobjekten kommunizieren können. Insbesondere müssen die Datenobjekte dafür den (lesenden und schreibenden) Zugriff auf ihre privaten Datenkomponenten zulassen, um die in den Operatorobjekten benötigten bzw. erzeugten Daten übertragen zu können.

BV-Operationen lassen sich nach verschiedenen Kriterien ordnen. Grundlage der hier gewählten Gliederung sind die Datenstrukturen, die von den BV-Funktionen verarbeitet bzw. erzeugt werden. Danach unterscheidet man zwischen *ikonischen Bildoperationen* (Transformation von Bildern in Bilder oder in nichtbildhafte Datenstrukturen) und nicht-ikonischen Bildoperationen (Transformation zwischen nichtbildhaften Datenstrukturen).

Zentraler Bestandteil des IKS sind die ikonischen Bildoperationen. Diese lassen sich einheitlich nach dem SBO-Modell beschreiben. Zur Definition und Bereitstellung dieser Operationen werden Methoden zu ihrer Erzeugung mittels der Beschreibungselemente und zu ihrer Ausführung benötigt. Obwohl die einzelnen Beschreibungselemente einer SBO völlig unabhängig voneinander spezifiziert werden können, wirken sie jedoch bei deren Ausführung zusammen. Daher wird eine Klasse definiert, deren Objekte ausführbare strukturierte Bildoperationen repräsentieren (*Sio*). Diese Klasse verfügt insbesondere über eine Methode, die eine SBO aus den einzelnen Beschreibungs- bzw. Funktionselementen erzeugt und die Verbindungen zwischen den Funktionselementen herstellt. Außerdem besitzt sie eine Methode, die die Ausführung der SBO aktiviert. Die Ausführung einer allgemeinen strukturierten Bildoperation kann grob anhand des Pseudocode-Segments in Bild 3.2.1.7 skizziert werden, das die Struktur und grundlegende Elemente definiert. Dies erfolgt ohne irgendeine Berücksichtigung von Optimierungsmöglichkeiten, wie sie für spezifische Klassen von Operationen möglich sind und erfordert daher die allgemeinste und flexibelste Form aller Beschreibungselemente.

```
BEGIN (operation)
  connect input elements to internal data structures
  determine initial pre-, inter- and post-context
  WHILE (pre-context contains 'one-elements') DO
    FOR (all pre-context specified image positions) DO
      determine neighborhood set
      determine local parameter set (i.e. neighborhood weights)
      FOR (each element of neighborhood set) DO
        IF (inter-context specified position) THEN
          select neighborhood element
        ENDIF
      ENDFOR
      determine processing instruction by function context
      execute processing instruction to compute output value
      determine output position
      IF (post-context specified image position) THEN
        assign output value
      ENDIF
    ENDFOR
    update internal data structures with intermediate results
    determine pre-, inter- and post-context
  ENDWHILE
  connect internal data structures to output elements
END (operation)
```

Bild 3.2.1.7: Allgemeine strukturierte Bildoperation (Pseudocode)

Innerhalb der Kategorie der strukturierten Bildoperationen können spezifische Klassen identifiziert werden. Ein Großteil praktisch vorkommender Bildoperationen kann hierbei bereits durch einige wenige Klassen erfaßt und in systemkonformer Art und Weise realisiert werden. Beispielsweise kann unterschieden werden zwischen

- homogenen bzw. inhomogenen Operationen,
- parallelen bzw. sequentiellen Operationen,
- punktförmigen bzw. lokalen Operationen,
- unären bzw. binären Operationen und
- Transformationen des Werte- bzw. Definitionsbereichs.

Für jede spezifische Klasse von Operationen werden spezifische Formen der Beschreibungselemente zur Erzeugung benutzt und optimierte Methoden zur Ausführung bereitgestellt. Im folgenden werden einige spezifische Klassen strukturierter Bildoperationen identifiziert und kurz erläutert (eine Implementierung des Operationsmodells auf einem Transputernetzwerk für einige ausgewählte Kategorien strukturierter Bildoperationen wird in [Gray 1990] beschrieben).

Die Kategorie der parallelen homogenen Punktoperationen umfaßt Operationen, bei denen an jeder Position im Bild die gleiche Abarbeitungsvorschrift ausgeführt und nur die jeweils aktuelle Position zur Auswertung benutzt wird („punktförmige Nachbarschaft"). Die Operation ist nach einem Verarbeitungsschritt beendet. Die Ausführung solcher Operationen kann anhand des Pseudocode-Segmentes in Bild 3.2.1.8 beschrieben werden.

Die Kategorie der parallelen homogenen Nachbarschaftsoperationen umfaßt Operationen mit einfachen konstanten Nachbarschaften, bei denen an jeder Position im Bild die gleiche Abarbeitungsvorschrift ausgeführt wird. Die Operation ist nach einem Verarbeitungsschritt beendet. Die Ausführung solcher Operationen kann anhand des Pseudocode-Segmentes in Bild 3.2.1.9 beschrieben werden.

```
BEGIN (operation)
   connect input elements to internal data structures
   FOR (all image positions) DO
      execute processing instruction to compute output value
      assign output value
   ENDFOR
   connect internal data structures to output elements
END (operation)
```

Bild 3.2.1.8:   Parallele homogene Punktoperation (Pseudocode)

```
BEGIN (operation)
  connect input elements to internal data structures
  determine single constant neighborhood
  determine neighborhood weights
  FOR (all image positions) DO
    execute processing instruction to compute output value
    assign output value
  ENDFOR
  connect internal data structures to output elements
END (operation)
```

Bild 3.2.1.9: Parallele homogene Nachbarschaftsoperation (Pseudocode)

Die in den vorangehenden Abschnitten beschriebenen Werkzeuge sind in erster Linie für die schnelle Erzeugung spezifischer Operationen gedacht und geeignet (*rapid prototyping*). Darüberhinaus wird eine begrenzte Anzahl häufig verwendeter und allgemein anerkannter Bildoperationen in einer Operationsbibliothek zur Verfügung gestellt. Obwohl sie in der Regel mit Hilfe der beschriebenen Werkzeuge erzeugt und bereitgestellt werden könnten, werden sie unabhängig davon in möglichst effizienter Weise implementiert; die Beschreibung erfolgt jedoch trotzdem nach dem SBO-Modell.

Zur Festlegung des Umfangs einer solchen Operatorbibliothek wird bei Bildoperationen nach ihrer Komplexität und Bedeutung zwischen *Grundfunktionen, Standardfunktionen* und *Standardverfahren* unterschieden. Grundfunktionen sind notwendiger Bestandteil des IKS. Sie stellen Primitive (Grundbausteine) eines BV-Systems dar die Formulierung vieler BV-Operationen erlauben und nicht sinnvoll – auch aus praktischer Sicht – weiter in grundlegendere Funktionen aufzuteilen sind. Standardfunktionen sind allgemein bekannte und anerkannte Funktionen, die für unterschiedliche Bildauswerteaufgaben eingesetzt werden können. Standardverfahren sind hingegen komplexe Verfahren, die aus vielen objektspezifischen Methoden, Grundfunktionen und Standardfunktionen aufgebaut sind, wobei häufig neben ikonischen auch nichtikonische Operationen eingesetzt werden. Standardverfahren haben sich bei der Lösung spezieller BV-Aufgaben bewährt. Eine Anpassung an andere Aufgabenstellungen ist in der Praxis jedoch nur mit großem Aufwand möglich, weshalb sie im Rahmen des IKS eher am Rande zu betrachten sind. Beispiele für Standardverfahren sind Segmentation (Flächenwachstum, Mehrfachschwellenverfahren usw.) und Kanten- bzw. Linienextraktion.

Bestandteil der Operatorbibliothek werden sowohl Grundfunktionen als auch Standardfunktionen sein, so daß eine Unterscheidung zwischen diesen beiden Kategorien in diesem Zusammenhang nicht notwendig ist. Für die Spezifikation von Datenobjekten ist diese Unterscheidung jedoch ein wichtiges Kriterium, da einerseits aus Effizienzgründen und wegen der Unterstützung einer problemorientierten Betrachtungsweise möglichst viele BV-Operationen als Methoden bei geeigneten Datenobjekten lokalisiert werden sollten, andererseits die Menge der bei einem Objekt lokalisierten Methoden möglichst klein sein sollte, damit das Objekt überschaubar und kompakt bleibt. Als hinreichend wird die Menge der Grundfunktionen (nach obiger Definition) angesehen. Durch die zusätzliche Bereitstellung als Operatorobjekte werden Grundfunktionen auch auf alle diejenigen Datenobjekte anwendbar, die nur die erforderlichen Zugriffsmethoden und Attribute bereitstellen. Diese Lösung erlaubt dann die Ableitung neuer Datenobjekte ohne die (aufwendige) Implementierung aller Grundfunktionen. Eine ausführliche Liste relevanter Bildoperationen findet sich z.b. in [Gemmar 1989b].

3.2.1.3.3 SBO-Objekte

Zur einheitlichen Beschreibung strukturierter Bildoperationen (SBO) werden die Beschreibungselemente *Bf, BN, BQ, BS* sowie *BE* und *BA* verwendet (siehe Kap. 3.2.1.2). Um Bildoperationen direkt anhand dieser Beschreibung zu implementieren, sind mehrere Möglichkeiten denkbar. Beispielsweise könnte eine spezielle Sprache definiert werden, wobei dann ein (Pre-)Compiler die Übersetzung einer in dieser Sprache formulierten Bildoperation in ausführbaren Code übernehmen müßte. Bei dem hier beschriebenen objektorientierten Systemkonzept bietet sich eine andere Lösung an. Durch die Definition spezieller Klassen, die diese Beschreibungselemente bzw. die Komponenten, aus denen sie bestehen, in der Implementierungssprache zur Verfügung stellen, wird eine praktische und unmittelbar an der Beschreibung orientierte Implementierung von Funktionen ohne speziellen (Pre-)Compiler ermöglicht. In diesem Zusammenhang können die Beschreibungselemente auch als Funktionselemente betrachtet werden.

Grundsätzlich können zwei Typen von SBO-Objekten unterschieden werden. SBO-Datenobjekte dienen zur Repräsentation von Datenkomponenten strukturierter Bildoperationen und sind gegeben als Objekte einer Klasse *SioData*, die in die Hierarchie der Datenobjekte integriert ist. SBO-Operatorobjekte werden zur Bereitstellung der vielfältigen Abbildungs- und Transformationskomponenten benötigt und stehen als Objekte einer Klasse *SioOperator* zur Verfügung. Bei einem beträchtlichen Teil dieser Klassen kann direkt auf bereits in anderen Kategorien definierte Klassen zurückgegriffen werden. Beispielsweise können zur Implementierung des Ein- und Ausgabeelements jeweils Listen verwendet werden, die in der Hierarchie der allgemeinen Datenobjekte vorgesehen sind. Als Listenelemente kommen in der Regel Bildobjekte in Frage, die in der Hierarchie der Bildobjekte bereits spezifiziert sind. Weitere Beispiele sind Masken (Binärbilder) und Koordinatenlisten zur Spezifizierung von Kontextinformation. Im folgenden werden exemplarisch die zur Implementierung des Nachbarschaftselementes *BN* benötigten SBO-Objekte genauer spezifiziert und ihre Implementierung in C++ skizziert. In Bild 3.2.1.10 sind die wichtigsten Klassen für *BN* zusammengestellt. Analog können dann auch SBO-Objekte zur Implementierung der übrigen Beschreibungselemente bereitgestellt werden.

Aufgabe des Nachbarschaftselementes ist die Bereitstellung der von einer strukturierten Bildoperation benötigten aktuellen Nachbarschaften. Dazu werden unter anderem Basisnachbarschaften benötigt, die unabhängig von speziellen Verarbeitungsvorschriften und vor der Ausführung einer Operation festgelegt werden. Sowohl Basisnachbarschaften als auch aktuelle Nachbarschaften sind gegeben als eine Menge von Koordinaten (in einer 2D-Ebene), wobei für Basisnachbarschaften die Koordinate (0,0) innerhalb der konvexen Hülle dieser Menge liegen muß.

Zur Repräsentation beliebiger Nachbarschaften wird eine Klasse *Neighborhood* definiert, die für den praktischen Einsatz über eine bestimmte Funktionalität verfügen muß. Dazu gehört insbesondere eine Methode, die das Hinzufügen einer beliebigen Koordinate zu einer (möglicherweise noch leeren) Nachbarschaft erlaubt. Hierbei muß sichergestellt sein, daß eine Koordinate höchstens einmal in einer Nachbarschaft enthalten ist. Als weitere Methoden sind die Bestimmung eines umschreibenden Rechtecks und der Test auf das Vorliegen einer Basisnachbarschaft zu nennen. Außerdem müssen Methoden zur Verfügung stehen, die den Zugriff auf die Elemente einer Nachbarschaft ermöglichen. Dieser Zugriff erfolgt im Rahmen einer Schleife über alle Elemente.

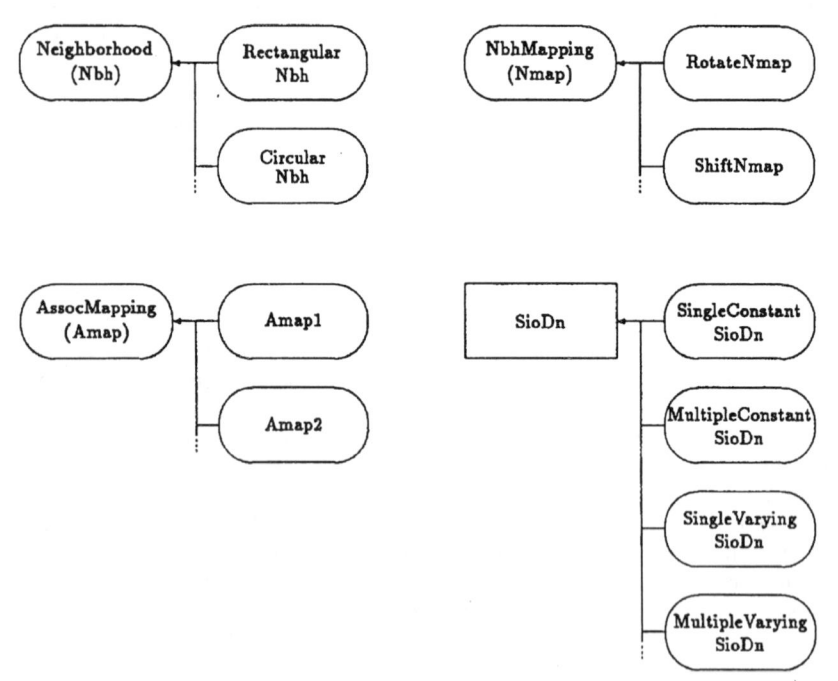

Bild 3.2.1.10: SBO-Objekte für das Nachbarschaftselement *BN*

Die Verwendung dieser Klasse erlaubt die Spezifizierung beliebiger Nachbarschaften. Bei einem Großteil der in der Praxis eingesetzten Operationen wird jedoch eine kleine Zahl spezieller Nachbarschaften verwendet. Rechteckförmige bzw. kreisförmige Nachbarschaften, die durch die Angabe der Dimensionen oder der Eckpunkte des Rechtecks bzw. die Angabe des Radius hinreichend beschrieben sind, können als Beispiele dafür genannt werden. Solche Nachbarschaften könnten z.B. durch spezielle Methoden ("constructors") erzeugt werden. Eine andere Möglichkeit besteht darin, entsprechende Spezialisierungen (Ableitungen) der allgemeinen Nachbarschaftsklasse vorzunehmen (*RectangularNbh* bzw. *CircularNbh*). Diese Vorgehensweise hat insbesondere den Vorteil, daß für einen Teil der in der Klasse Neighborhood definierten Methoden spezielle Versionen erstellt werden können. Beispielsweise kann die Bestimmung eines umschreibenden Rechtecks und der Test auf Vorliegen einer Basisnachbarschaft für rechteck- und kreisförmige Nachbarschaften wesentlicher effizienter durchgeführt werden als für beliebige allgemeine Nachbarschaften. Außerdem kann das Hinzufügen weiterer Elemente zu speziellen Nachbarschaften kontrolliert bzw. verhindert werden. Vorteilhaft ist bei dieser Lösung vor allem auch die Möglichkeit zur Spezialisierung weiterer Nachbarschaften ohne irgendeine Auswirkung auf bestehende Klassen.

Da zwischen den Elementen einer Nachbarschaft keine Ordnungsrelation besteht und auch nicht gezielt auf bestimmte Elemente zugegriffen werden kann, können die Elemente einer Nachbarschaft alle nur in einheitlicher Art und Weise verarbeitet werden. Müssen verschiedene Elemente bzw. Gruppen von Elementen einer Nachbarschaft unterschiedlich behandelt werden, ist daher die Definition mehrerer Nachbarschaften notwendig. Zur einheitlichen und geordneten Handhabung mehrerer Nachbarschaften steht eine spezielle Klasse zur Verfügung, deren Objekte Tupel von Nachbarschaften repräsentieren und als Felder ("array") von Nachbarschaften realisiert sind. Für Objekte dieser Klasse ist unter anderem der direkte (indizierte) Zugriff auf einzelne Nachbarschaften definiert.

Neben Nachbarschaften bzw. Tupeln von Nachbarschaften, die zur Kategorie der SBO- bzw. der allgemeinen Datenklassen gehören, werden zur Realisierung des Nachbarschaftselementes außerdem die Klassen *NbhMapping* und *AssocMapping* benötigt, die den SBO-Operatorklassen zugeordnet sind und deren Objekte Nachbarschafts- bzw. Zuordnungsabbildungen repräsentieren. Die Klasse *NbhMapping* besitzt eine Methode, die zu einer gegebenen Basisnachbarschaft eine aktuelle Nachbarschaft berechnet. Spezifische Nachbarschaftsabbildungen werden durch Unterklassen repräsentiert, wobei mögliche Parameter als private Daten spezifiziert und durch entsprechende Methoden (*"constructors"*) initialisiert werden können (z.B. Rotation oder Translation von Nachbarschaften). Diese Vorgehensweise ermöglicht die einheitliche, von spezifischen Parameterrampen unabhängige Handhabung unterschiedlichster Nachbarschaftsabbildungen. Dies gilt sinngemäß auch für Zuordnungsabbildungen, die auf ähnliche Art und Weise definiert werden. Die Klasse *AssocMapping* enthält hierbei eine Methode, die abhängig von der aktuellen Position im Bild und/oder vom Wert des Pixels an der aktuellen Position eine Nachbarschaftsabbildung auswählt. Spezielle Zuordnungsabbildungen werden analog zur Vorgehensweise bei den Nachbarschaftsabbildungen durch abgeleitete Klassen bereitgestellt. Um beim Vorliegen mehrerer Basisnachbarschaften unterschiedliche Nachbarschaftsabbildungen auf verschiedene Basisnachbarschaften anwenden zu können, werden darüberhinaus auch Tupel von Zuordnungsabbildungen benötigt. Diese sind analog zu Tupeln von Basisnachbarschaften als Felder von Zuordnungsabbildungen realisiert.

Mit Hilfe der genannten Komponenten kann dann das Nachbarschaftselement als Ganzes bereitgestellt werden. Dies geschieht in Form von Objekten einer Klasse *SioDn*, die zur Kategorie der SBO-Operatoren gehört und insbesondere eine Methode zur Ermittlung der aktuellen Nachbarschaft besitzt. Bei der Repräsentation des Nachbarschaftselementes können verschiedene Fälle unterschieden werden:

- Einfache, konstante Nachbarschaften (*SingleConstantNbh*) sind gegeben durch eine einzige Basisnachbarschaft, die bei der Ausführung der Operation implizit an die aktuelle Position geschoben wird. Ein Großteil der praktisch eingesetzten strukturierten Bildoperationen kommt mit dieser einfachen Form des Nachbarschaftselementes aus.

- Mehrfache, konstante Nachbarschaften (*MultipleConstantNbh*) sind gegeben durch ein Tupel von Basisnachbarschaften und werden analog zu einfachen, konstanten Nachbarschaften gehandhabt, wobei jedoch die der Operation zugeordneten Verarbeitungsvorschriften (siehe Funktionselement des SBO-Modells) mehrere Nachbarschaften berücksichtigen können.

- Einfache, variierende Nachbarschaften (*SingleVaryingNbh*) sind gegeben durch eine Basisnachbarschaft und eine positions- und/oder werteabhängige Zuordnungsabbildung. Nachbarschaftsabbildungen, die als Ergebnis der Zuordnungsabbildung gegeben sind, werden zusammen mit der Zuordnungsabbildung bereitgestellt; denkbar wäre allerdings auch die Bereitstellung in Form einer eigenständigen Komponente (Menge von Nachbarschaftsabbildungen). Die Zuordnungsabbildung erlaubt die positions- und/oder werteabhängige Auswahl einer Nachbarschaftsabbildung, deren Anwendung auf die gegebene Basisnachbarschaft die aktuelle Nachbarschaft ergibt.

- Mehrfache, variierende Nachbarschaften (*MultipleVaryingNbh*) schließlich repräsentieren die allgemeinste und flexibelste Form des Nachbarschaftselementes und sind gegeben durch ein Tupel von Basisnachbarschaften und ein Tupel von positions- und/oder werteabhängigen Zuordnungsabbildungen; ihre Handhabung erfolgt analog zu einfachen variierenden Nachbarschaften.

Obwohl die einzelnen Beschreibungselemente einer SBO völlig unabhängig voneinander spezifiziert werden können, wirken sie jedoch bei deren Ausführung zusammen. Daher wird eine Klasse *Sio* definiert, deren Objekte ausführbare Bildoperationen (SBO) repräsentieren. Diese Klasse verfügt insbesondere über eine Methode ("constructor"), die eine SBO aus den einzelnen Beschreibungs- bzw.

Funktionselementen (in Form eines Aggregats) erzeugt und die Verbindungen zwischen den Funktionselementen herstellt. Außerdem besitzt sie eine Methode, die die Ausführung der SBO aktiviert.

3.2.1.3.3.1 Technische Realisierung in C++

Im folgenden wird die Implementierung der wichtigsten Klassen des Nachbarschaftselementes BN skizziert. Klassen (*class*) sind ein Sprachelement in C++, das u.a. die Implementierung abstrakter Datentypen erlaubt. Spezialisierungen von Klassen (Unterklassen, *derived class*) erlauben den Aufbau von Klassenhierarchien und dadurch die explizite Festlegung von Gemeinsamkeiten zwischen verschiedenen Klassen ("inheritence"). Virtuelle Methoden *(virtual function)* schließlich ermöglichen das sogenannte *dynamische* oder *späte Binden*. Das bedeutet, daß in Abhängigkeit vom Typ des Empfängers (das ist das Objekt, für das eine Methode ausgeführt werden soll) zur Laufzeit die zugehörige Implementierungsmethode ausgeführt wird.

```
class Neighborhood : SioData {
    ...
    Neighborhood ();              // create an "empty" neighborhood
    void add (point);             // add an element
    int size ();                  // return the number of elements
    virtual rectangle rctngl ();  // return the circumscribing rectangle
    virtual int is_bnb ();        // test for basis neighborhood
    void init ();                 // prepare a loop over the elements
    int cond ();                  // check for further elements
    point operator() ();          // return next element
    ...
};

class RectangularNbh : Neighborhood {
    ...
    RectangularNbh (int,int);     // create an rectangular neighborhood
                                  // with specified size,
    rectangle rctngl ();          // return the circumscribing rectangle
    int is_bnb ();                // test for basis neighborhood

class CircularNbh : Neighborhood {...};   // analogous to class RectangularNbh

class NbhArray... {...};          // represent a tuple of neighborhoods

class NbhMapping : SioOperator {
    ...
    virtual Neighborhood execute (Neighborhood&); // return actual neighborhood
    ...
};
```

```cpp
class RotateNmap : NbhMapping {
    ...
    RotateNmap (float);                    // Create a neighborhood mapping
                                           // (for rotating a neighborhood)
    Neighborhood execute (Neighborhood&);  // return the rotated neighborhood
    ...
};

class ShiftNmap : NbhMapping {...};       // analogous to class RotateNmap

class AssocMapping : SioOperator {
    ...
    virtual NbhMapping* execute ();        // return a neighborhood mapping
    ...
};

#include „RotateNmap.hxx"                  // provides a neighborhood mapping
class Amap1 : AssocMapping {
    ...
    NbhMapping* execute ()                 { return neu RotateNmap(...); };
    ...
};

class AmapArray.... {...};                 // represent a tuple of AssocMapping's

class SioDn: SioOperator {
    ...
    virtual Neighborhood execute (int=1);  // returns the i-th actual neighborhood
    ...
};

class SingleConstantSioDn : SioDn {
    ...
    SingleConstantSioDn (Neighborhood&);   // create a single constant neighb.
    Neighborhood execute (int=1);          // returns the basis neighborhood
    ...
};

class MultipleConstantSioDn : SioDn {
    ...
    MultipleConstantSioDn (NbhAArray&);    // create a multiple constant neighb.
    Neighborhood execute (int=1);          // returns the ith basis neighborhood
    ...
};
```

```
class SingleVaryingSioDn : SioDn {
    ...
    SingleVaryingSioDn (Neighborhood&,AssocMapping*&);
                                    // create a single varying neighborhood
    Neighborhood execute (int=1);   // returns the actual neighborhood
    ...
};

class MultipleVaryingSioDn : SioDn {
    ...
    MultipleVaryingSioDn (NbhArray&,AmapArray*&);
                                    // create a multiple varying neighborh.
    Neighborhood execute (int=1);   // returns the i-th actual neighborhood
    ...
};

class Sio : SioOperator {
    ...
    Sio (...,SioDn&,...);           // create a structured image operation
    virtual void execute ();        // execute the operation
    ...
};
```

Werden diese Klassen (und die entsprechenden Klassen für die übrigen SBO-Elemente) nun in einer Klassenbibliothek zur Verfügung gestellt (mit Ausnahme der Klasse Amap1, die anwendungsspezifisch ist und daher vom User bereitgestellt wird), können beliebige strukturierte Bildoperationen aufgebaut und ausgeführt werden. Das folgende Hauptprogramm(-Fragment) skizziert die Bereitstellung zweier SBO's, die eine einfache konstante Nachbarschaft bzw. eine mehrfache variierende Nachbarschaft verwenden.

```
main ()
{
    Neighborhood n1;        // create an specific (basis) neighborhood
    n1.add(point(0,0));
    n1.add(point(0,2));
    n1.add(point(0,-2));

    RectangularNbh n2(3,3); // create a rectangular (basis) neighborhood

    CircularNbh n3(4);      // create a circular (basis) neighborhood

    NbhArray na(3);         // create a tuple of (basis) neighborhoods
    na(1)=n1;               // consisting of this (basis) neighborhoods
```

```
na(2)=n2;
na(3)=n3;

amap1* am;                    // pointer to the specific association mapping
AmapArray aa(3);              // create a tuple of association mappings
aa(1)=am;                     // with identical mappings
aa(2)=am;
aa(3)=am;

SingleConstantNbh sdn1 (n2);  // create a single constant neighborhood
Sio s1 (...,sdn1,...);        // create a SIO using this neighborhood
s1.execute();                 // execute this SIO

MultipleVaryingNbh sdn2 (na,aa);
                              // create a multiple varying neighborhood
Sio s2 (...,sdn2,...);        // create a SIO using this neighborhood
s2.execute();                 // execute this SIO
    ...
};
```

3.2.1.3.4 Peripherieobjekte

Peripherieobjekte (Objekte der Klasse *Peripheral*) modellieren externe Geräte und dienen als Schnittstelle zu einem breiten Spektrum von Geräten, die zu unterschiedlichen Zwecken an ein IKS gebunden werden können. Durch eine logischfunktionale Beschreibung der externen Geräte erlauben sie insbesondere eine Kapselung spezieller Geräteeigenschaften. Innerhalb der Kategorie der Peripherieobjekte unterscheidet man weitere Teilklassen (Bild 3.2.1.11), die nach Bedarf weiter verfeinert werden können.

Die Klasse *DisplayingPeripheral* modelliert Ausgabegeräte, die zur Darstellung (einschließlich dem Hardcopy) von Datenobjekten bzw. deren Datenkomponenten in einer sichtbaren Form dienen. Dafür steht ein breites Spektrum von Geräten mit unterschiedlichsten Leistungsmerkmalen zur Verfügung, z.B. hochauflösende Terminals, Sichtgeräte, „grauwertfähige" Drucker, grafikfähige Drucker (Plotter) und zeichenorientierte Drucker bzw. Terminals. Zur besseren Strukturierung werden die abstrakten Klassen *PrinterDevice*, *GraphicDevice* und *DisplayDevice* definiert, die Geräte repräsentieren, die sich besonders zur textuellen oder numerischen, grafischen bzw. bildhaften Darstellung von Objekten eignen. Zeilendrucker (*LPx*) bzw. Plotter (*PDx*) können als Beispiele für konkrete Spezialisierungen der Klassen *PrinterDevice* bzw. *GraphicDevice* genannt werden. Die Klasse *InteractionPeripheral* modelliert Geräte, die der Interaktion mit dem Benutzer dienen (z.B. *Mouse*); sie werden u.a. zur Eingabe von Steuerdaten und zur Markierung von Bildbereichen verwendet. Die Klasse *ProcessingPeripheral* modelliert Spezialprozessoren und Hardware-Komponenten, die zur schnellen Ausführung

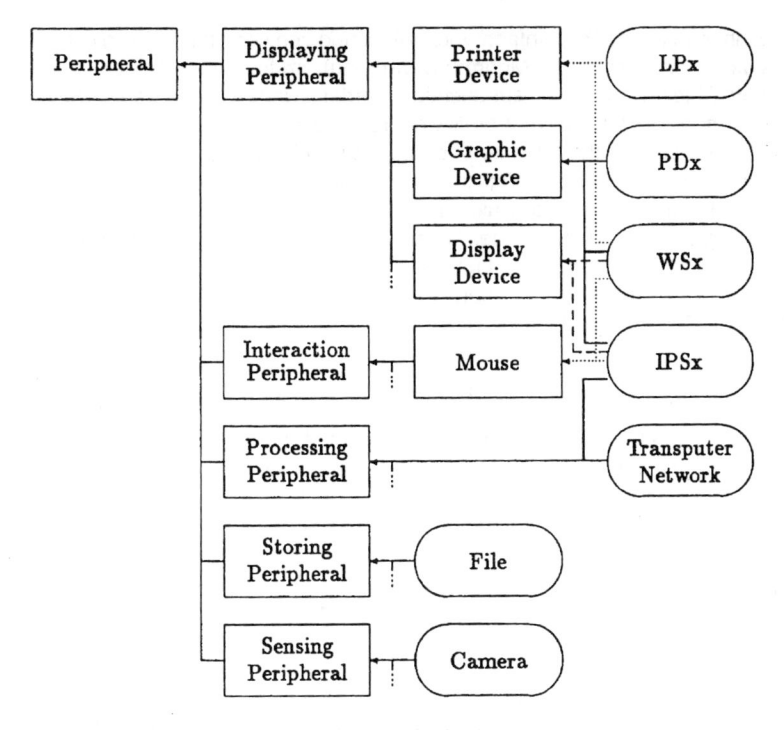

Bild 3.2.1.11: Hierarchie der Peripherieobjekte

von Operationen auf den Datenobjekten dienen (z.B. Transputer-Netzwerk). Die Klasse *StoringPeripheral* modelliert Ein-/Ausgabegeräte, die zur (Langzeit-)Speicherung dienen; der Austausch von Datenobjekten zwischen verschiedenen Geräten ist ebenfalls möglich. Die Klasse *SensingPeripherals* ist das Gegenstück zur Klasse *DisplayingPeripherals* und modelliert Eingabegeräte, die zur Aufnahme von Datenobjekten dienen.

Ausgehend von dieser Gliederung können neue, i. a. leistungsfähigere und meist mit größerer Funktionalität ausgestattete Geräte einfach durch Spezialisierung bestehender Klassen in das IKS integriert werden. Dieser Gliederung liegt eine Konzeption zugrunde, die im Gegensatz zu traditionellen Ansätzen komplexe funktionale Einheiten in verschiedene Klassen separiert. Ein Beispiel ist der hochauflösende Monitor einer Workstation (*WSx*), der zur Darstellung von Objekten in unterschiedlicher Art und Weise geeignet ist. Ein weiteres Beispiel sind integrale BV-Systeme (*IPSx*), deren Monitor (Sichtgerät), BV-Prozessor und Maus durch spezielle Teilklassen der Klassen *DisplayingPeripheral*, *ProcessingPeripheral* und *InteractionPeripheral* modelliert werden. Diese Vorgehensweise bietet insbesondere den Vorteil, daß eine maßgeschneiderte Integration solcher komplexen funktionalen Einheiten in das IKS einfach durch Ableitung von verschiedenen existierenden Klassen erfolgen kann (Mehrfachvererbung). Im folgenden soll die Darstellung von Objekten genauer ausgestaltet werden, wobei neben den bereits näher erläuterten *DisplayingPeripherals* weitere Aspekte zu betrachten sind. Zunächst ist zu klären, welche Objekte überhaupt darstellbar sind und auf welche Art und Weise eine Darstellung möglich ist (verschiedene Objekte können in verschiedener Art und Weise auf verschiedenen Geräten dargestellt werden). Außerdem muß festgestellt werden, welcher Zusammenhang zwischen Darstellungsarten und Darstellungsgeräten besteht und wie Objekte dieser Klassen miteinander kommunizieren. Schließlich wird anhand einiger Code-Fragmente eine mögliche Realisierung in C++ skizziert.

3.2.1.3.4.1 Darstellungsarten von Objekten

Die Darstellung von Objekten kann in verschiedener Art und Weise erfolgen. Im folgenden werden textuelle (zeichenorientierte), graphische (*Diagramm*) und bildhafte Darstellung unterschieden. Während die textuelle Darstellung für ein breites Spektrum von Objekten, insbesondere für alle Datenobjekte, als sinnvoll erscheint, beschränkt sich die graphische und/oder bildhafte Darstellung auf spezielle Objekte. Neuerdings werden allerdings verstärkt Anstrengungen unternommen, auch Sachverhalte grafisch und/oder bildhaft darzustellen, die nicht unmittelbar dafür geeignet sind.

Zur Erfassung der unterschiedlichen Darstellungsarten werden die abstrakten Klassen *Printable, Drawable* bzw. *Displayable* definiert, die für die textuelle, grafische bzw. bildhafte Darstellung besonders geeignete Objekte repräsentieren. Die grafische bzw. bildhafte Darstellung sollte sich hierbei deutlich von der textuellen bzw. textuellen und grafischen Darstellung unterscheiden (kein „Plotten" von Text bzw. keine „Fotografie" von Text und/oder Grafik). Diese Klassen werden als eigenständig und voneinander unabhängig betrachtet, wodurch eine strenge konzeptionelle Trennung zwischen den verschiedenen Darstellungsarten gegeben ist. Da Objekte bestimmter konkreter Klassen häufig in mehreren der genannten Arten dargestellt werden können, hat sich bei der Integration bestimmter darstellbarer Objektklassen wie bereits beim Aufbau der Hierarchie der Peripherieobjekte insbesondere die Verwendung des Prinzips der Mehrfachvererbung als sehr vorteilhaft erwiesen Bild 3.2.1.12). Diese Vorgehensweise hat vor allem den Vorteil, daß für jede spezifische Klasse individuell entschieden werden kann, welche Darstellungsarten zur Verfügung gestellt werden. Die notwendige Funktionalität wird von den entsprechenden abstrakten Klassen für Darstellungsarten geerbt und durch Implementierungsmethoden konkretisiert. Außerdem können Rückweisungen in vielen ~ällen bereits zur Übersetzungszeit erkannt werden (wenn z.B. eine bestimmte Darstellungsart für ein bestimmtes Objekt nicht definiert ist).

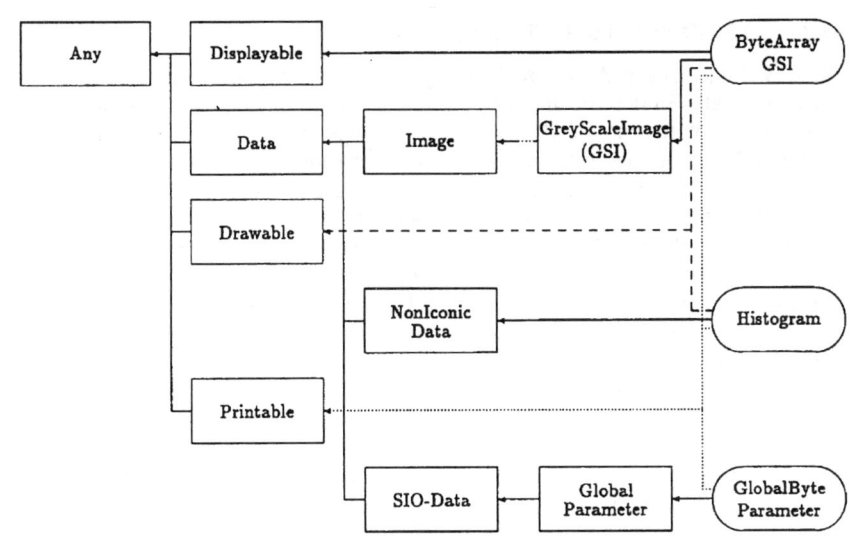

Bild 3.2.1.12: Hierarchie der darstellbaren Objekte (Auszug)

3.2.1.3.4.2 Kommunikation zwischen den beteiligten Objektklassen

Die oben definierten spezifischen Geräteklassen zur Darstellung von Objekten (Bild 3.2.1.11) stehen in einem engen Zusammenhang mit den darzustellenden Objekten (Bild 3.2.1.12), wobei die klare konzeptionelle Trennung zwischen textueller, grafischer und bildhafter Darstellung sowohl bei den darzustellenden Objekten als auch bei den zur Darstellung geeigneten peripheren Geräten eine „maßgeschneiderte" Definition der virtuellen Methoden zur Darstellung in den verschiedenen Arten erlaubt. In diesem Sinne repräsentiert die Klasse *PrinterDevice* Geräte, die sich besonders zur textuellen Darstellung von Objekten eignen. Umgekehrt eignen sich zur textuellen Darstellung nur *Printable* Objekte. Die virtuelle Methode *print* dient daher ausschließlich zur textuellen Darstellung von Objekten der Klasse *Printable* auf Geräten der Klasse *PrinterDevice*. Entsprechendes gilt für die Klasse *GraphicDevice* zur grafischen Darstellung von *Drawtable* Objekten mit der virtuellen Methode draw und die Klasse *DisplayDevice* zur bildhaften Darstellung von *Displayable* Objekten mit der virtuellen Methode *display*.

Schließlich ist noch festzulegen, welchen Klassen diese Methoden zugeordnet werden. Beispielsweise könnte die Methode *display* Bestandteil der Klasse *PrinterDevice* sein und einen Parameter der Klasse *Displayable* besitzen. Ebensogut könnte sie jedoch zur Klasse *Displayable* gehören und einen Parameter vom Typ *PrinterDevice* haben. Schließlich könnten auch beide genannten Möglichkeiten gleichzeitig vorgesehen werden, wobei allerdings eine Implementierung dafür Sorge tragen muß, daß die beiden Möglichkeiten dann vollständig gleichwertig sind. Die im folgenden diskutierte Möglichkeit einer Implementierung in C++ sieht diese letztgenannte Version vor.

3.2.1.3.4.3 Technische Realisierung in C++

Eine wichtige Eigenschaft des objektorientierten Programmierens ist das dynamische (späte) Binden (Polymorphismus). Das bedeutet, daß in Abhängigkeit vom Typ des Empfängers einer Nachricht zur Laufzeit die zugehörige Implementierungsmethode ausgeführt wird. Eine Nachricht kann also potentiell verschiedenen Typen von Empfängern gesendet werden. Dies wird in C++ durch virtuelle Methoden unterstützt, wobei diese Flexibilität jedoch nur für den Empfänger einer Nachricht gegeben ist. Leider treten aber häufig Situationen auf, in denen mehrere „Terme" einer Funktion von unterschiedlichem Typ sein können (Mehrfach-Polymorphismus). Dazu gehört auch die Darstellung verschiedener Objekte auf verschiedenen Darstellungsgeräten in verschiedener Art und Weise.

Im folgenden wird zunächst ein Mechanismus vorgestellt, der die Verwendung von Mehrfach-Polymorphismus in C++ erlaubt. Dieser Mechanismus ist ausführlich in [ing] beschrieben. Die Lösung besteht im wesentlichen darin, daß der Aufruf einer mehrfach-polymorphen Methode in eine Folge von Aufrufen umgesetzt wird, wobei jeder Aufruf in der Folge einen einfachen Polymorphismus „auflöst". Diese Aufruffolge kann so organisiert werden, daß die Implementierungsmethode einer ganz bestimmten Klasse (innerhalb der beteiligten Klassen) zugeordnet ist. Im vorliegenden Fall kann z.B. gewählt werden, ob die Implementierungsmethoden den darzustellenden Objekten oder den Geräteobjekten zugeordnet werden. Obwohl die verschiedenen Organisationsformen hinsichtlich ihrer Wirkung völlig äquivalent sind, können jedoch bei der Festlegung verschiedene Kriterien berücksichtigt werden. Folgende Kriterien sprechen für die Zuordnung einer Implementierungsmethode zu einer bestimmten Klasse:

- Die entsprechende Funktionalität ist in einer problemorientierten Sichtweise überwiegend einer bestimmten Klasse zuzuordnen.

- Für eine der beteiligten Klassen besteht eine im Vergleich zu den anderen Klassen höhere Wahrscheinlichkeit dafür, daß weitere Spezialisierungen erforderlich werden. In diesem Fall sind sämtliche Implementierungsarbeiten auf diese neue Klasse begrenzt.

- Eine bestimmte Klasse hat im Vergleich zu den anderen beteiligten Klassen eine deutlich höhere Zahl von Spezialisierungen aufzuweisen. In diesem Fall werden sehr umfangreiche Schnittstellen bei den anderen Klassen vermieden.

- Aus Effizienzgründen muß sehr häufig auf interne Strukturen einer Klasse zugegriffen werden.

Im folgenden werden die notwendigen abstrakten Klassen sowie beispielhaft verschiedene konkrete Klassen von darstellbaren Objekten und geeigneten Geräten skizziert, wobei die Implementierungsmethoden den darzustellenden Objekten zugeordnet sind. Diese Entscheidung ist dadurch begründet, daß die Anzahl darstellbarer Objekte bei einem gegebenen Anwendungsspektrum wesentlich größer ist als die Zahl der (unterstützten) Geräte und damit die Klassenschnittstellen kleiner ausfallen. Nachteilig hierbei ist jedoch, daß aufgrund des technologischen Fortschritts vergleichsweise häufig neue Geräte in das System integriert werden müssen, was eine Änderung bzw. Erweiterung der Schnittstellen aller darstellbaren Objekte erfordert.

```
class PrinterDevice : DisplayingPeripheral {
    ...
    virtual void print (Printable&)         { „subclass responsibility" };
    ...
};

class GraphicDevice : DisplayingPeripheral {
    ...
    virtual void draw (Drawable&)           { „subclass responsibility" };
    ...
};

class DisplayDevice : DisplayingPeripheral {
    ...
    virtual void display (Displayable&)     { „subclass responsibility" };
    ...
};

class WSx : PrinterDevice, GraphicDevice, DisplayDevice {
    ...
    void print (Printable& pr)              { pr.print(*this); };
    void draw (Drawable& dr)                { dr.draw(*this); };
    void display (Displayable& di)          { di.display(*this); };
    ...
};

class IPSx : GraphicDevice, DisplayDevice {
    ...
    void draw (Drauable& dr)                { dr.draw(*this); };
    void display (Displayable& di)          { di.display(*this); };
    ...
};

class PDx : GraphicDevice {
    ...
    void draw (Drawable& dr)                { dr.draw(*this); };
    ...
};
```

```cpp
class LPx : PrinterDevice {
    ...
    void print (Printable& pr)              {   pr.print(*this); };
    ...
};

class Printable : any {
    ...
    virtual void print (PrinterDevice& pr)  {   pr.print(*this); };
    virtual void print (WSx&)               {   "subclass-responsibility" };
    virtual void print (LPx&)               {   "subclass-responsibility" };
    ...
};

class Drawable : any {
    ...
    virtual void draw (GraphicDevice& gr)   {   gr.drau(*this); };
    virtual void draw (WSx&)                {   "subclass-responsibility" };
    virtual void draw (IPSx&)               {   "subclass-responsibility" };
    virtual void drau (PDx&)                {   "subclass-responsibility" };
    ...
};

class Displayable : any {
    ...
    virtual void display (DisplayDevice& di) {  di.display(*this); };
    virtual void display (WSx&)             {   "subclass-responsibility" };
    virtual void display (IPSx&)            {   "subclass-responsibility" };
    ...
};

class glb_byte_param : data, Printable {
    ...
    void print (WSx&)                       {   "drucke Hert des Parameters" };
    void print (LPx&)                       {   "dto." };
    ...
};

class histogram : data, Printable, Drawable {

    ...
    void print (WSx&)                       {   "drucke Tabelle von Zahlenwerten" };
    void print (LPx&)                       {   "dto."};
    void draw (WSx&)                        {   "zeichne Diagramm" };
    void drav (IPSx&)                       {   "dto." };
```

```
    void draw (PDx&)                    { „dto." };
    ...
};

class byte_image : image, Printable, Drawable, Displayable {

    ...
    void print (WSx&)                   { „drucke Matrix von Zahlenwerten" };
    void print (LPx&)                   { „dto." };
    void draw (WSx&)                    { „zeichne 3D-Grauuertgebirge" };
    void draw (IPSx&)                   { „dto." };
    void draw (PDx&)                    { „dto." };
    void display (WSx&)                 { „gebe Bild aus" };
    void display (IPSx&)                { „dto." };
    ...
};
```

Kapitel 3.2.2

Konzeption und Realisierung paralleler Bildverarbeitung

A. L. Diehm, P. Gemmar, M. Gray

3.2.2 Konzeption und Realisierung paralleler Bildverarbeitung
A. L. Diehm, P. Gemmar, M. Gray

Der erfolgreiche Einsatz der digitalen Bildverarbeitung in vielen technischen und wissenschaftlichen Aufgabenstellungen ist abhängig von der Verfügbarkeit leistungsfähiger Verarbeitungssysteme. Neben der Untersuchung neuer oder verbesserter Verfahren ist besonders auch die Entwicklung leistungsfähiger und kostengünstiger Verarbeitungseinheiten erforderlich. Für die daten- und rechenintensiven Aufgabenstellungen bietet sich der Einsatz paralleler Verarbeitungsstrukturen an. Hierzu sind geeignete und umfassende parallele Lösungsansätze und deren Implementierung auf parallelen Rechnerstrukturen zu entwickeln. Zu diesem Zweck wird, nach einer Betrachtung der Parallelisierungsaspekte in der Bildverarbeitung, ein modulares Verarbeitungskonzept auf der Basis eines allgemeinen Operationsmodells für die Ikonik vorgestellt. Es wird ein architekturunabhängiges Beschreibungsschema für parallele Bildoperationen angegeben, das eine Implementierung auf unterschiedlichen Parallelstrukturen direkt ermöglicht und unterstützt. Als praktischer Implementierungsansatz werden ein Systemkonzept für ein Multiprozessorsystem mit geometrieparalleler Verarbeitung, die Daten- und Verarbeitungsorganisation sowie die Verfahrensimplementierung beschrieben. Das Systemkonzept wurde auf einem Multitransputersystem realisiert. Hierzu werden der Systemaufbau, die Softwareumgebung und der praktische Systemeinsatz einschließlich erzielter Leistungsdaten dargestellt.

Die Verarbeitung und Auswertung von Bildern mit technischen Methoden und Systemen hat sich in den vergangenen 10–15 Jahren zu einer gewichtigen Größe mit ständig zunehmender Bedeutung in Wissenschaft, Technik und Industrie entwickelt. Mehr denn je ergeben sich heute Möglichkeiten für einen erfolgreichen Aufbau und praktischen Einsatz technischer Sehsysteme, für die gleichfalls auch ein ständig wachsender Bedarf festzustellen ist. Solche Systeme sind in modernen Fertigungs-, Analyse-, Steuerungs- und Überwachungsanlagen einzusetzen, wo ihre besonderen Leistungsfähigkeiten gegenüber den bekannten menschlichen Sehfähigkeiten in wichtigen und begrenzten Teilaufgaben vieler Problemstellungen vorteilhaft auszunutzen sind. In Anbetracht der teilweise sehr hohen Leistungsanforderungen sind neben geeigneten Entwicklungswerkzeugen insbesondere auch leistungsfähige Verarbeitungsstrukturen für einen erfolgreichen praktischen Einsatz bereitzustellen.

Im Gesamtprozeß des Maschinensehens kommt der Bildverarbeitung BV (Ikonik) aus mehreren Gründen eine Sonderstellung zu. Die Ikonik, die die Verarbeitung bildhafter Datenstrukturen umfaßt, ist die Einstiegsebene zur technischen Bildauswertung. Für sie wurden schon früh in den 50ger Jahren erfolgreich Verfahrensentwicklungen (z.B. für biomedizinische Anwendungen) durchgeführt und dabei ebenso frühzeitig das Problem der enormen Rechenzeitanforderungen erkannt. Im Gegensatz zur Symbolik, die die Verarbeitung und Auswertung symbolhafter Bildrepräsentationen beschreibt, können für die Ikonik anerkannte und gesicherte Daten- und Operationsstrukturen für eine umfassende Systementwicklung angegeben werden. Ein Hauptproblem bei der digital-elektronischen Verarbeitung von Bildern ist die Manipulation und Handhabung der Massendaten in praktisch vertretbaren Zeiten. Bilder enthalten je nach Anwendung zwischen einigen 100 kB (Inspektionsaufgaben in Technik, Medizin etc.) bis zu einigen 100 MB (Erderkundung, Aufklärung etc.) Daten. In Echtzeitanwendungen werden Verarbeitungszeiten bis unter 40 ms/Bild (Videorate) gefordert, was je nach Verfahren und Bildgröße Rechenleistungen zwischen einigen 10 MIPS (Mega Instructions Per Second) bis zu mehreren 10^3 MIPS erforderlich macht. Da solche Rechenleistungen mit herkömmlichen Rechnersystemen zu vertretbaren Kosten kaum erbracht werden können, beschäftigt man sich seit Beginn der praktischen Bildverarbeitung intensiv mit der Entwicklung leistungsfähiger BV-Hardware. Eine wesentliche Grundlage für den Aufbau leistungsfähiger BV-Systeme bilden die besonderen Möglichkeiten zur Parallelverarbeitung in der Ikonik. Für eine effiziente Nutzung der Paralleleigenschaften sind umfassende Verarbeitungs- und Operationsmodelle für die Ikonik sowie geeignete Parallelsysteme bereitzustellen.

Nach einer Diskussion der Parallelverarbeitung wird im folgenden – aufbauend auf einem grundlegenden Operationsmodell für die Ikonik – ein paralleles Verarbeitungskonzept vorgestellt. Dabei wird ein allgemeines Beschreibungsschema für parallele Bildoperationen verwendet, womit eine systematische Umsetzung zur Implementierung auf unterschiedlichen Parallelstrukturen direkt unterstützt wird. Hierzu wird als praktischer Ansatz ein Systemkonzept mit geometrischer Datenparallelität und seine Implementierung auf einem Multiprozessorsystem mit Feldarchitektur dargestellt. Dieses Systemkonzept wurde mit einem Multi-Transputerystem realisiert. Hierzu werden der Systemaufbau, die entwickelte Softwareumgebung und die Benutzerschnittstellen für die praktische Entwicklung und Anwendung paraller Bildverarbeitung beschrieben. Abschließend werden als praktische Anwendungsbeispiele ein Verfahren zur Extraktion von Straßen in Luftbildern und ein bekannter Benchmark-Test mit den erzielten Leistungsdaten des betriebsfähigen Systems vorgestellt.

3.2.2.1 Aspekte zur parallelen Bildverarbeitung

Für die Erfüllung der hohen Anforderungen an die Verarbeitungsleistung von Bildverarbeitungssystemen können entwicklungstechnisch grundsätzlich zwei Maßnahmen ergriffen werden: Verwendung *schnellster Technologie* (z.B. GaAs, ECL) und systematischer Einsatz von *Parallelarbeit*. Mit Hochgeschwindigkeitsschaltkreisen können Systeme mit Schaltfrequenzen von mehr als 150 MHz z.B. für spezielle Anwendungen aufgebaut werden [Gilbert 1982]. Bisher ist jedoch festzustellen, daß ständige Leistungssteigerungen durch Technologieverbesserungen bei den Verarbeitungssystemen von dem wachsenden Leistungsanspruch (Verarbeitungsleistung, Ein-/Ausgabe-Rate) infolge der permanenten Zunahme der Datenmenge und des Verarbeitungsaufwandes moderner BV-Verfahren im allgemeinen wieder (weit) übertroffen werden. Dies zeigt sich auch daran, daß sich eine immer größer werdende Lücke zwischen den Leistungsanforderungen von Softwaresimulationen für aktuelle Bildverarbeitungsprobleme und der allgemein verfügbaren Hardwareleistung auftut und praktische Anwendungen erschwert oder gar verhindert [Kazmierczak 1987]. Andererseits bietet der vielfältig mögliche Einsatz von Parallelarbeit ein weitaus größeres Potential für den Aufbau leistungsfähiger BV-Systeme. Dies kann man an den bereits vorliegenden – und seit Beginn der praktischen Bildverarbeitung verfolgten – Entwicklungen von Parallelsystemen [Gemmar 1983, Yalamanchili 1985] und generell auch an dem Bedarf an zukünftigen Entwicklungen [Rosenfeld 1987] erkennen.

Verarbeitungstechnisch kann bei der Bildverarbeitung Parallelarbeit auf drei verschiedenen Ebenen ausgeführt werden: *Nachbarschafts-* oder *Operatorebene*, Bildebene und *Algorithmusebene*. Parallelverarbeitung auf *Nachbarschaftsebene* entsteht im lokalen Verarbeitungsprozeß eines Bildoperators. Sie ergibt sich aus der Zerlegung des Operators in Elementaroperationen und deren parallele Ausführung in bekannten Verarbeitungsstrukturen wie Kaskade oder Fließband ("pipeline"). Die Beschleunigungsmöglichkeiten ergeben sich aus der lokalen Nachbarschaftsgröße und der Komplexität des Operators. Parallelverarbeitung auf *Bildebene* ist die explizite und weitestgehende Form von Parallelarbeit. Sie ist bei allen parallelen Operationen ausnutzbar und beschreibt die unabhängige bzw. gleichzeitige Auswertung aller (ausgewählter) Punkte eines Bildes. Das große Beschleunigungspotential auf dieser Ebene ergibt sich aus der zu verarbeitenden Datenmenge. Parallelarbeit auf *Algorithmusebene* kann als die simultane Ausführung einer Folge von elementaren Bildoperatoren verstanden werden.

Setzt man für die genannten Parallelitätsmodi geeignete Verarbeitungsstrukturen ein, so kann man Beschleunigungen um mehrere Größenordnungen gegenüber einer sequentiellen Verarbeitung erreichen. Hierzu wurden – aufbauend auf dem Feldrechnerkonzept nach Unger [Unger 1958] – in den letzten zwei Dekaden unterschiedliche Systemstrukturen, wie z.B. Zellularautomat, Feldrechner, Fließbandrechner und Mehrprozessorsystem (SIMD, MIMD nach [Flynn 1972]) für die parallele Bildverarbeitung entwickelt und aufgebaut [Gemmar 1983]. Moderne Entwicklungen sehen modifizierte Feldarchitekturen (z.B. "Connection Machine" [Hillis 1985] mit leistungsfähigeren Verbindungsstrukturen ("hyper cube") oder auch Pyramidenstrukturen [Uhr 1987] für eine umfassende Abbildung der gesamten Problemwelt des Maschinensehens (also Ikonik *und* Symbolik) auf einer Systemarchitektur vor. Ähnliche Entwicklungsansätze werden mit einem Mehrebenenkonzept eines Systems für die Ikonik (kontextabhängiger Feldrechner) und Symbolik (Feldrechner für symbolische Verarbeitung) sowie einer Zwischenschicht (Kommunikations-Assoziativ-Prozessorfeld) verfolgt [Weems 1989].

Ziel der Parallelverarbeitung ist eine Beschleunigung gegenüber der sequentiellen Verarbeitung unter effizienter Ausnutzung der Prozessorleistung insgesamt. Die Beschleunigung S_p durch Parallelarbeit ergibt sich aus dem Verhältnis $\frac{T_s}{T_p}$ der sequentiellen (T_s) und parallelen (T_p) Rechenzeiten. Dabei ist anzustreben, daß S_p möglichst proportional zu der Anzahl p der eingesetzten parallelen Verarbeitungsmodulen (Prozessoren) ist. Um dies zu erreichen, ist eine geeignete *Parallelisierung* von BV-Algorithmen und deren Implementierung auf Parallelsystemen durchzuführen. Ein gemeinsames Ziel der vielfältigen Untersuchungen zur Parallelisierung existierender Verfahrensbeschreibungen ist das Auffinden inhärenter Parallelität und unabhängiger Verarbeitungsschritte. Die Darstellung einer Problemlösung in Form eines *Algorithmus*, durch Programmierung in einer (höheren) Programmiersprache (*Quellsprache*) und der daraus folgenden Beschreibung der Befehlsabfolge (*Maschinensprache*) in einer Rechenanlage kann als hierarchische Beschreibung eines Problems interpretiert werden, bei der Parallelität in verschiedener Weise auftreten kann [flhe]: *Explizite* Parallelität, lokal oder global *entdeckbare* Parallelität und *unentdeckbare* Parallelität. Nach wie vor gilt jedoch, daß noch immer nur ein kleiner Teil der unstrukturiert in Programmen vorliegenden Parallelität auszunutzen ist (Polychronopoulos 1988].

Nach empirischen Untersuchungen [Kuck 1973] ist mit einem Beschleunigungsfaktor $S_p = \frac{T_s}{10 \cdot \lg T_s}$ bei der Parallelisierung konventionell beschriebener Problemlösungen zu rechnen. Diese Aussage deckt sich auch mit einer Generalisierung von *Amdahls Argument* [Lee]. Hiernach erreicht man mit einem System von p parallelen Verarbeitungsmodulen für eine Berechnung, die zu einem Teil f_s seriell und für den Rest ($1-f_s$) parallel durchzuführen ist, einen Beschleunigungsfaktor $S_p = \frac{1}{f_s+(1-f_s)/p} \leq \frac{p}{\ln p}$. Für die Ausnutzung der inhärenten Parallelität von Bildalgorithmen ist es deshalb besonders wichtig, sequentielle Verfahrensteile (f_s) zu vermeiden, da dies die Gesamtbeschleunigung drastisch begrenzt. Zu diesem Zweck ist eine geeignete Beschreibungsform für die parallele Bildverarbeitung bereitzustellen. Nach [Yalamanchili 1985b,c] können für eine modellhafte Formulierung paralleler Bildverarbeitungsprozesse folgende Parallelitätsformen ausgenutzt werden:

Algorithmusparallelität:
Eine Operation wird in Teiloperationen zerlegt, die gleichzeitig ausgeführt werden können. Die Teiloperationen sind bei datenabhängigen Vorrangbedingungen entsprechend zu ordnen.

Datenparallelität:
Die Datenstruktur wird in Teilbereiche partitioniert, die unabhängig voneinander von einer Operation transformiert werden. Zwischen Operationen an unterschiedlichen Datensätzen sind Kommunikationen möglich.

Ziel der Parallelisierung auf Algorithmusebene ist die Erzeugung unabhängiger und damit parallel ausführbarer Teilprozesse mit einem Minimum an Kommunikationsaufwand. Bei der Aufteilung der Prozesse auf Prozessoren bzw. Verarbeitungseinheiten in einem Mehrprozessorsystem ist mit einer unterschiedlichen Auslastung und somit begrenzter Leistungsausnutzung zu rechnen. Im günstigsten Fall (viele Instruktionsschritte/Prozeß und wenige Datenelemente/Kommunikation) erhält man als Grenzwert $S_p \approx \frac{p}{\log_2 p}$, $(p \gg 1)$ was der o. a. empirischen Abschätzung entspricht [gem2]. Es ist auf diesem Wege also schwierig, die für die praktische Bildverarbeitung erforderlichen Beschleunigungswerte S_p durch große p (z.B. $p \gg 100$) zu erzielen, weswegen vorzugsweise eine Beschleunigung der Verarbeitung durch Ausnutzung von Parallelität auf Datenebene zu untersuchen ist. Eine Abschätzung der Beschleunigungswerte für Datenaufteilungen zeigt, daß für ikonische Operationen mit großen Eingabe- bzw. Ausgabedatensätzen ($\geq 10^5$ Elemente) bei datenparalleler Verarbeitung eine Beschleunigung proportional zur Anzahl p der parallelen Verarbeitungseinheiten zu erreichen ist ($S_p \sim p$) [Gemmar 1989].

Im folgenden wird ein paralleles Verarbeitungskonzept und ein Operationsmodell für die Ikonik beschrieben. Hierdurch wird eine geschlossene Problemlösung für die parallele Bildverarbeitung sowohl auf Signalebene als auch unter Einbeziehung von Strukturinformation zur Verarbeitungskontrolle gewährleistet und das nachgewiesene große Beschleunigungspotential auf Datenebene ausgenutzt. Darauf aufbauend erfolgen die Beschreibung eines Systemkonzepts zur geometrieparallelen Bildverarbeitung und dessen Realisierung mit einem Multi-Transputersystem.

3.2.2.2 Operationsmodell und Verarbeitungskonzept für die Ikonik

Für die Ausnutzung des Beschleunigungspotentials in der parallelen Bildverarbeitung ist eine systematische Entwicklung möglichst vollständiger Problemlösungen auf der Basis paralleler Bildoperationen zu fordern. Dazu müssen parallele Operationen außer auf der Signalebene auch auf einer Verarbeitungsebene einsetzbar sein, auf der die Auswertung in Abhängigkeit von vorliegender Strukturinformation durchzuführen ist. Es ist so eine Kombination paralleler und sequentieller Operationen zu vermeiden, da dies systemtechnisch zu erheblichen Realisierungsschwierigkeiten und damit verbundenen Leistungseinbußen führt (s.o.). Hierzu ist eine generelle Betrachtung und Definition ikonischer Operationen erforderlich.

In [gem2] wird ein grundlegendes Definitions- und Beschreibungsschema für die strukturierte, datenparallele Bildverarbeitung angegeben. Für die Beschreibung und Handhabung von Bildoperationen $BO: B_1 \rightarrow B_2$ werden vier *Einflußebenen* berücksichtigt: *Präkontext, Interkontext, Funktionskontext* und *Postkontext* (Bild 3.2.2.2.1).

Durch den Präkontext werden die zu verarbeitenden Bildbereiche ausgewählt; eine Operation wird z.B. nur an bestimmten Punkten (i, j) eines Bildes ausgeführt.

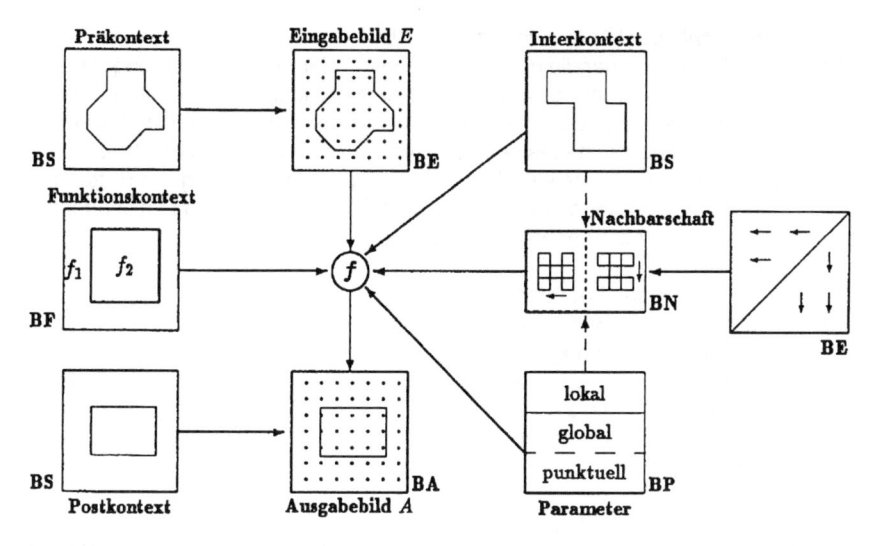

Bild 3.2.2.1: Einflußebenen für den Aufbau ikonischer Operationen

Der Interkontext ermöglicht eine Modifikation von Operanden bei der Funktionsberechnung. Dadurch wird die lokale Nachbarschaft (Operationsbereich) während der Ausführung beeinflußt. Der Funktionskontext beeinflußt direkt die auszuführende Funktion, die somit selbst von einem Kontext abhängt. Der Postkontext bewirkt im Gegensatz zum Präkontext eine nachträgliche Beeinflussung der Funktionsausführung; mit ihm wird die Zuweisung der Auswerteergebnisse beeinflußt. Das folgende Beschreibungsmodell verwendet definierte Funktionselemente, mit denen beliebige Bildfunktionen unter Berücksichtigung der o.a. Einflußmöglichkeiten in einer einheitlichen und realisierungsunabhängigen Form zu beschreiben sind. *Strukturierte (parallele) Bildoperationen (SBO)* [gem2] werden in Form eines Hexa-Tupels mit den Beschreibungselementen *Bf, BE, BN, BQ, BS* und *BA* in folgender Bedeutung definiert. (Anm.: Eine ausführlichere und formale Beschreibung ist in [geho] in diesem Band gegeben.)

Beschreibungselement Nachbarschaft (BN):
Durch BN wird die aktuelle Nachbarschaft für die Auswertung einer Bildfunktion f_{SBO} an der Stelle (i, j) positions- und werteabhängig definiert. Es lassen sich mehrere Nachbarschaften für einen Operator f definieren.

Beschreibungselement Parameter (BQ):
Durch *BQ* werden die Funktions- und Auswerteparameter für eine Bildoperation f_{SBO} beschrieben. Zur Ausführung eines Operators f an einer Stelle (i, j) werden globale, lokale und punktuelle Parameter definiert.

Beschreibungselement Ablaufsteuerung (BS):
Die flexible Gestaltung paralleler Bildoperationen erfordert die Steuerung der lokalen Funktionsausführung. Sowohl die zu bearbeitenden Bildbereiche als auch die Datenelemente der aktuellen Nachbarschaft müssen ausgewählt und die Folge der Verarbeitungsschritte festgelegt werden. Dazu werden binäre Prä-, Inter- und Postkontextbilder verwendet. Der Ablauf einer Operationsfolge (z.B. Iteration) ist mit Abbruchbedingungen versehen. Damit lassen sich auch rein sequentielle Bildoperationen als Sonderfälle behandeln.

Beschreibungselement Operator (Bf):
Die Formulierung eines Bildoperators f_{SBO} wird üblicherweise als konstant für die Abarbeitung eines Bildes angenommen. Für eine allgemeine, strukturierte Operation ist aber vorauszusetzen, daß der eigentliche Operator ebenso flexibel zu formulieren ist, wie z.B. die diesem zugrundeliegenden Operationsbereiche. Dazu ist ein Funktionskontext herzustellen, der eine positions- und werteabhängige Funktionszuordnung ermöglicht.

Beschreibungselement Eingabe (BE) und Ausgabe (BA):
Das Eingabeelement *BE* spezifiziert die Liste der Eingabedaten (Bilder); Bilder werden den Elementen *Bf* (Funktionszuordnung und zu verarbeitende Daten), *BN* (werteabhängige Nachbarschaftszuordnung), *BQ* (punktuelle Parameter und werteabhängige Parameterzuordnung) und *BS* (Steuerungsbild [-er] zum Aufbau binärer Kontextbilder) zugeordnet. Das Ausgabeelement *BA* spezifiziert die Liste der Ausgabedaten (z.B. Bilder); Ausgabebilder werden den Funktionen nach *Bf* zugeordnet.

Eine Bildoperation wird allgemein durch Anwendung eines Operators f auf ein geordnetes Tupel $\vec{i}$ von Eingangsbildern zur Erzeugung eines Tupels $\vec{o}$ von Ausgangsbildern dargestellt. Die Wirkung des Operators wird durch die Spezifikation lokaler Nachbarschaften, Parameter und einer Ablaufsteuerung beeinflußt. Demnach ergibt sich die Ausführung eines Bildoperators f_{SBO} wie folgt:

$$\vec{o} = f_{\boxed{Bf|BN|BQ|BS}}(\vec{i}) \ .$$

Die SBO-Elemente sind weitgehend unabhängig und können in einem Verarbeitungsmodell bis zu einem bestimmten Grad als eigenständige Prozeßphasen betrachtet werden. Hieraus ergibt sich das in [geho] näher beschriebene SBO-Prozeßmodell mit den Phasen Eingabe, Verarbeitung und Ausgabe. Damit sind der Aufbau und die Wirkung einer SBO-Operation klar vorgegeben und können hier an einem Beispiel für den praktischen Einsatz näher erläutert werden.

Bild 3.2.2.2 zeigt schematisch den Aufbau einer SBO-Operation zum Verbinden von linienhaften 2-D Objektsegmenten in einem Bild. Die Eingabeliste (*BE*) enthält ein Grauwertbild (*GW_B*), ein Liniensegmentbild (LS_B_1), das Elemente mit Orientierungsinformation als Ergebnis einer speziellen Kantenextraktion enthält, ein Endpunktebild (EP_B) mit den Endpunkten von Liniensegmenten und ihrer Richtungsinformation sowie ein Objektlängenbild (OL_B), das für jeden (2D-) Objektpunkt die Gesamtlänge des betreffenden Liniensegments angibt. Als Bildoperation wird eine SBO-Funktion beschrieben, die an Endpunkten richtungsabhängig Verbindungsmöglichkeiten zu benachbarten Liniensegmenten überprüft und unter gegebenen Bedingungen Lücken durch Überbrückung schließt. Hierzu werden durch das Beschreibungselement *BN* zwei Nachbarschaften N_1 und N_2 definiert, die abhängig von der jeweiligen Endpunkterichtung als lokaler Suchbereich zugewiesen werden. Da nur Endpunkte von gesicherten Segmenten überprüft werden sollen, generiert das Element *BS* aus EP_B und OL_B ein Kontextbild (Präkontext), das nur dort belegt ist, wo Endpunkte von Segmenten mit einer Mindestlänge vorliegen. Durch das Element *Bf* wird die eigentliche Funktion f_{VLS} definiert, für die das Element *BQ* noch weitere Parameter zur Verfügung stellen kann. Das Ausgabeelement *BA* weist der Bildfunktion f_{VLS} das Ergebnisbild LS_B_2 zu, welches aus LS_B_1 durch Überbrückung von Segmentlücken entsteht.

Auf Basis des vorgestellten Operationsmodells läßt sich ein modulares Verarbeitungskonzept für die Ikonik angeben. Ein- oder mehrstellige ikonische Operationen dienen allgemein der Auswertung der durch Bilder B_i repräsentierten Information.

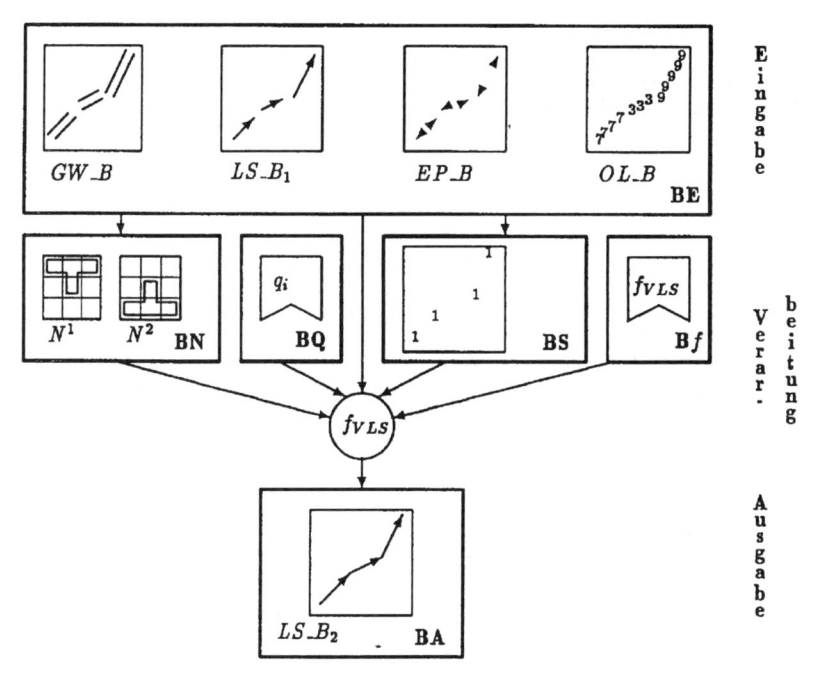

Bild 3.2.2.2: SBO-Operation zur Verbindung von 2-D Objektsegmenten

Diese kann auch als Merkmal- oder Strukturinformation interpretiert werden, die selbst als Ergebnis ikonischer Operationen entsteht. Im allgemeinen läßt sich ein Algorithmus oder Verfahren zur Bildverarbeitung als eine Folge vollständiger Operationen darstellen. Diese Operationsfolge erzeugt Zwischenergebnisse (Bilder), die als Eingabeelemente zur weiteren Verarbeitung (Datenelemente) *und* auch zur struktur- bzw. kontextorientierten Kontrolle bzw. Anpassung (Steuerelemente) der anschließenden Operationen einzusetzen sind. Diese "Bilder" lassen sich in einer mehrschichtigen Datenstruktur zusammenfassen, auf die ikonische Operationen anzuwenden sind (Bild 3.2.2.3). Diese Operationen sind – z.B. nach SBO-Schema formuliert – als eigenständige Verarbeitungsmodule in einem umfassenden BV-System zu betrachten. Der modulare Systemaufbau ermöglich eine transparente und flexible Verfahrensimplementierung, die eine erfolgreiche Realisierung und Anwendung mit unterschiedlichen, insbesondere auch parallelen Systemstrukturen gewährleistet (siehe hierzu auch das Verfahrensbeispiel am Schluß dieses Artikels).

3.2.2.3 Systemkonzept für geometrieparallele Verarbeitung

Die ikonische Verarbeitung beschreibt Transformationen von Bildern in Bilder oder nichtbildhafte Datenstrukturen, wobei die Eingangsdaten einer regelmäßigen Dar-

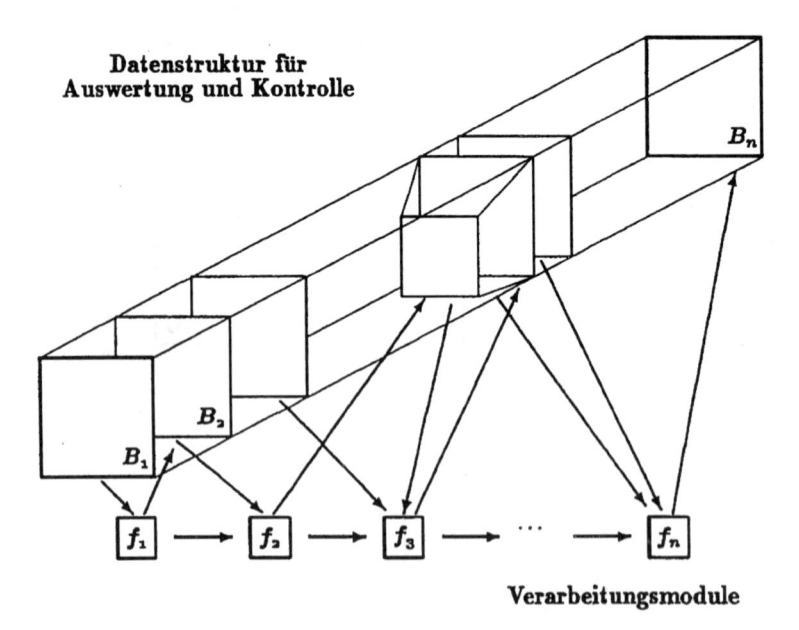

Bild 3.2.2.3: Modulares Verarbeitungssystem mit einer mehrschichtigen Datenstruktur

stellung typischerweise im Ortsbereich unterliegen. Ikonische Operationen können bei Ausnutzung inhärenter Datenparallelität (s.o.) parallel ausgeführt werden. Die regelmäßige geometrische Bildstruktur läßt sich in disjunkte Teildatensätze mit wohldefinierten Beziehungen partitionieren. Diese Datensätze können systematisch z.B. den Knoten eines Rechnerfeldes zur Ausführung einer Bildoperation zugewiesen werden. Hierzu wurde das Modell einer Parallelarchitektur mit verteiltem Speicher und synchroner, paralleler Prozeßausführung gewählt. Die Implementierung der parallelen Verarbeitungsmethode wurde auf einer Parallelstruktur basierend auf einem Feld von Verarbeitungsknoten, die jeweils mindestens einen Prozessor mit lokalem Speicher enthalten, durchgeführt. Direkt verbunden mit dieser Struktur ist ein einheitliches Implementierungformat für Bildoperationen, das sich seinerseits an das vorher beschriebene SBO-Modell für ikonische Operationen anlehnt.

3.2.2.3.1 Konzeption der Parallelverarbeitung

Geometrische Parallelität ist Teil der allgemeiner betrachteten Datenparallelität [Pritchard 1987] und spezifiziert das Partitionieren eines Datensatzes entsprechend der geometrischen Struktur. Auf die disjunkten Datenpartitionen werden Kopien einer Operation parallel angewendet; geometrische Parallelität kann somit als Spezialfall des Bereichsaufteilungsmodells nach [Kung 1989] betrachtet werden. In bestimmten Fällen werden interoperationelle Kommunikationen benötigt, um z.B. Eingangsdatenelemente auszutauschen oder die lokal unabhängig ermittelten Ergebnisse global zu integrieren [Yalamanchili 1985b]. Der Austausch von Eingangsdaten stellt Daten für die Operation bereit, die nicht Teil der zugeteilten Datenpartition sind. Der Austausch und die Integration erfordern also eine Kommunikation zwischen den Knoten des Verarbeitungsfeldes. Obwohl es möglich ist, Daten von einer anderen Partition während der Operationsausführung zu transportieren, wird durch eine Vorabverteilung aller Daten in die einzelnen Knoten eine intraoperationelle Kommunikation vermieden. Hierzu werden überlappende Datensegmente verteilt [kus]. Durch diese Vorabverteilung wird auch der Daten-Verwaltungsprozeß vereinfacht. Dies ermöglicht gleichzeitig eine Optimierung des Austauschprozesses mit dem Ziel einer Begrenzung des Kommunikationsaufwands auf einem Verbindungsnetzwerk, unabhängig von den jeweiligen Bildoperationen. Die Integration der von Operatoren unabhängig ermittelten lokalen Ergebnisse zu einem Gesamtergebnis erfordert den Aufbau einer Operation aus einer geordneten Serie von Verarbeitungs- und Kommunikationsschritten. Operationen, die die globale Ergebnisintegration benötigen, können somit in der gleichen Weise wie allgemeine Bildalgorithmen als Folge paralleler Operationsschritte strukturiert werden [Yalamanchili 1985b].

Als Grundlage für die Implementierungsstruktur von Bildoperationen ist ein vollständiges und detailliertes Beschreibungsschema erforderlich. Dies wird durch das Modell für strukturierte parallele Bildoperation SBO (s.o.) nach [Gemmar 1989, Gemmar 1996] geliefert. Die verwendeten Beschreibungselemente und Kontextkategorien spezifizieren die Datenbereitstellung bei der Operationsausführung, was gleichzeitig auch die Kommunikationsanforderungen festlegt. Hierauf aufbauend ist die Implementierungsstruktur definiert.

Die Anwendung eines Operators geschieht entsprechend einem Prozeß, der einen einzelnen Operator auf mehrere Datensätze ausführt. In dieser Implementierungsform entspricht ein Operator einem Programm, weshalb das Prozeßmodell die Anwendung eines einzelnen Programms auf mehrfache Datensätze (SPMD) nach [Yalamanchili 1985b] beschreibt. SPMD (Single Program Multiple Data) kann als Erweiterung des SIMD-Konzepts nach [Flynn 1972] betrachtet werden. Analog zur parallelen synchronen Ausführung einer Instruktion auf alle (verteilten) Daten bei einer SIMD Organisation, gibt SPMD die simultane Anwendung eines einzelnen Programms auf eine verteilte Datenmenge an. Im Gegensatz zum SIMD-Betrieb können hier jedoch die einzelnen Prozessorknoten unterschiedliche Instruktionen zu bestimmten Zeitpunkten ausführen, was von der Datenabhängigkeit der einzelnen Verarbeitungsschritte im Programm abhängt. Damit können die Prozessorknoten unterschiedliche Programmverarbeitungszeiten benötigen, was zu unbeschäftigten Prozessorknoten führen kann. Dies ist jedoch ein deterministisches Verhalten und abhängig vom Inhalt des Datensegments der bedingten Operationen. In der implementierten Systemstruktur wird die freie Prozessorzeit für Kommunikationsschritte ausgenutzt, was die Kommunikationsauslastung des Verbindungsnetzwerkes verbessert.

3.2.2.3.2 Ikonische Verarbeitungsstruktur

Das entwickelte Systemkonzept ist gekennzeichnet durch ein Schichtenmodell, in dem die ikonische Verarbeitungsschicht auf einem Multiprozessornetzwerk mit Nachrichtenübermittlung ("message passing") abgebildet wird. Mit diesem Schichtenkonzept werden die Aufgaben der Datenverwaltung und Inter-Knotenkommunikation in der ikonischen Verarbeitungsschicht stark vereinfacht. Die erforderlichen Datenstrukturen werden von den Betriebssystemroutinen des Multiprozessorsystems bereitgestellt. Zur Durchführung einer Kommunikation in der ikonischen Verarbeitungsschicht wird lediglich die Spezifikation der Daten und der Bestimmungsknoten benötigt. Damit ist es möglich, die gewählte (parallele) ikonische Verarbeitungsstruktur durch die spezifische Verwendung des Multiprozessorsystems (Systemschnittstellen), die definierten Datenstrukturen und die Verwaltungsanforderungen zu beschreiben.

3.2.2.3.2.1 Festlegung der Verarbeitungsschicht

Die gewählte Verarbeitungsstruktur besteht aus einem Feld von Verarbeitungsknoten unter der Kontrolle eines Kontrollknotens, wie es auch bei [yag1] vorgeschlagen wird. Das Verarbeitungsfeld wird logisch als ein $n \times m$ $(n, m \, \varepsilon \, \{1, 2,...\})$ Gitter betrachtet, das direkt auf Prozessorennetzwerke mit verschiedenen Topologien (z.B. 2-D Torus, "Hypercube") abzubilden ist. Das Verbindungsnetzwerk der Verarbeitungsschicht besteht aus einer Punkt-zu-Punkt Verbindung zwischen den Netzwerkknoten. In einer dieser Verbindungen ist der Kontrollknoten eingefügt. Die kombinierte Struktur aus Verarbeitungs-(Feld-)knoten und Kontrollknoten ermöglicht sowohl die Kommunikation zwischen Feld(-knoten) und Kontrollknoten als auch die Intra-Feldkommunikation zwischen den einzelnen Feldknoten. Die Dimensionierung (n, m) der Verarbeitungsschicht (Feld) ermöglicht eine Skalierung beginnend mit der unteren Grenze von einem einzigen Knoten. Die obere Grenze ist im allgemeinen durch die erreichbaren Leistungswerte z.b. entsprechend dem Sättigungsverlauf einer Beschleunigungskurve vorgegeben. Die Kommunikationsanforderungen der ikonischen Verarbeitungsstruktur ergeben sich aus der Synchronisation der Feldknoten und der Intra-Feldkommunikation. Der Synchronisationsprozeß beschreibt die eigentliche Steuerung der Feldverarbeitung. Er umfaßt die Übergabe eines Kommandos des Kontrollknotens an alle Feldknoten (einer-an-alle), die Ausführung und Beendigung des Kommandos in den Knoten und die abschließende Übergabe einer Antwort (alle-an-einen) an den Kontrollknoten. Bei der Intra-Feldkommunikation läßt sich zwischen zwei Kategorien unterscheiden:

1) Datenaustausch zwischen logisch benachbarten Feldknoten. Als logisch benachbarte Knoten gelten die acht nächsten Nachbarn, was analog zu den acht Nachbarn eines ikonischen Bildelements gesehen werden kann.

2) Datenübertragung zu einem bestimmten Knoten von allen anderen zur Datenintegration, gefolgt von der Rück-Verteilung der Daten vom Empfängerknoten zu allen anderen. Dieser Datenaustausch kann als Integrationskommunikation einer Operation betrachtet werden, die z.B. zur Vereinigung und Vervollständigung einer lokal angewandten globalen Bildoperation benötigt wird (Histogramm,...). Diese Kommunikationstechniken werden sowohl für die Operationsausführung als auch für die Organisation der definierten Datenstrukturen verwendet.

3.2.2.3.2.2 Definition der Datenstrukturen

Die für das Netzwerk vorgesehenen Datenstrukturen bestehen hauptsächlich aus ikonischen Bildern und Kontextlisten sowie einigen speziellen Datenstrukturen zur Unterstützung der ikonischen Verarbeitung. Kontextlisten enthalten einen Satz von Indexwerten als Referenzen für ausgewählte Elemente eines (ikonischen) Bildes. Diese Listen werden in Form nichtüberlappender Teilsätze auf das Netzwerk verteilt. Für die speziellen Datenstrukturen werden ausschließlich ein- oder zweidimensionale Listenstrukturen verwendet. Diese werden bei der Verteilung auf das Verarbeitungsfeld nicht partitioniert. Für die genannten Datenstrukturen bestehen besondere Organisationsanforderungen in Verbindung mit den o.a. Kommunikationsaufgaben, die in den nächsten Abschnitten näher erläutert werden.

Ikonische Bilder werden in Form regelmäßiger und rechteckiger, überlappender Segmente auf die Knoten des Verarbeitungsfeldes verteilt. Bei den verteilten Segmenten werden zwei Bereiche unterschieden: Kern- und Nichtkernbereich. Der Kernbereich ergibt sich aus der Aufteilung eines Bildes in disjunkte Segmente und entspricht dem Teil, auf den Bildoperationen angewandt werden. Der Nichtkernbereich umfaßt den Überlappungsbereich eines Segments und wird zusammen mit dem Kern verteilt, um lokale Nachbarschaftsoperationen direkt ausführen zu können. Die Dimensionen des Kernbereichs ergeben sich in Abhängigkeit der jeweiligen Dimensionsgrößen des Bildes und des Verarbeitungsfeldes. Die Größe des Nichtkernbereichs ist abhängig von den Anforderungen der Operationen (Nachbarschaftsgröße) und wird über einen Systemparameter eingestellt. Die maximale Überlappung (Nichtkerngröße) der verteilten Segmente ist dadurch gegeben, daß die Überlappung höchstens den Kernbereich der Segmente in den benachbarten Knoten beinhaltet. Das bedeutet, daß die Überlappung nicht über die Segmente hinausgeht, die auf die acht nächsten Feldknoten verteilt sind.

Die allgemeine Struktur eines verteilten Bildsegments zeigt Bild 3.2.2.4. In diesem Bild wird der Nichtkernbereich in acht Unterbereiche aufgeteilt. Diese werden entsprechend den Himmelsrichtungen mit Ost (O), Nordost (NO), Nord (N), Nordwest (NW), West (W), Südwest (SW), Süd (S) und Südost (SO) bezeichnet. Diese acht Nichtkernbereiche sind Kopien der angrenzenden Kernbereiche der den Richtungen entsprechenden Nachbarknoten.

Die zusätzlich für die ikonische Verarbeitung definierten Datenstrukturen enthalten Kontextlisten und allgemeine Listen. Kontextlisten werden so in Teillisten aufgeteilt und verteilt, daß diese nur jeweils Bildelemente (Indizes) bezeichnen, die im Kernbereich des zugeordneten Bildsegments liegen. Allgemeine Listen werden bei der Verteilung vollständig in alle Knoten des Verarbeitungsfeldes kopiert.

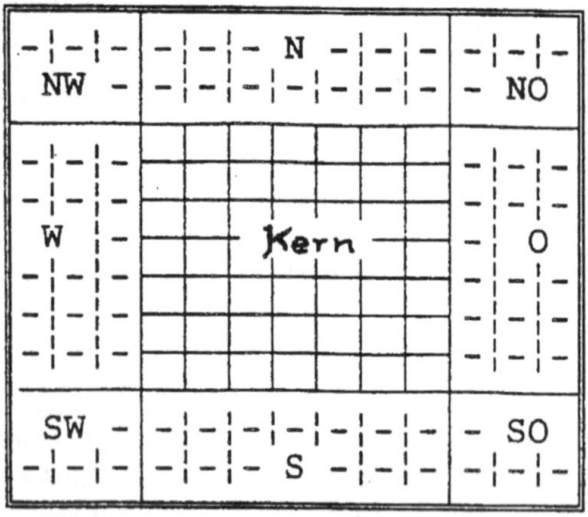

Bild 3.2.2.4:
Überlappendes Bildsegment
(Kernbereich: 7 x 7,
Nichtkernbereich: 3 x 3)

3.2.2.3.2.3 Organisation der Datenstrukturen

Ein wichtiger Aspekt bei der Organisation der ikonischen Datenstrukturen ist der Datenaustausch der Nichtkernbereiche in den verteilten Datensegmenten. Dies beinhaltet sowohl die Eingangsdaten für eine Operation als auch die lokal erzeugten und zu integrierenden Ergebnisdaten. Für Erstere gilt, daß die von den Kontrolleinheiten direkt verteilten Datensegmente (Kern und Nichtkern) immer gültige Daten besitzen. Dagegen enthalten Bilder, die im Feld erzeugt wurden, keine gültigen Nichtkerndaten, da die Erzeugungsoperation nur auf den Kernbereich angewendet wird. Aus diesem Grund sind für solche Bilder zunächst die Nichtkernbereiche zu aktualisieren, bevor sie z.B. einer lokalen Nachbarschaftsoperation zugeführt werden können. Hierfür ist eine "update"-Operation vorgesehen, die einen Datenaustausch mittels einer *nächster*-Nachbar Kommunikation durchführt. Dieser Austausch übergibt Kerndaten eines Feldknotens für benachbarte Nichtkernbereiche. Für die Ergebniszusammenführung werden Daten, die für einen Nichtkernbereich produziert wurden, zum entsprechenden Feldknoten für die Integration mit dessen Kernbereich übertragen. Diese Integrationsaufgaben ergeben sich z.B. bei Operationen, die Ergebniswerte auch für andere Bildpunkte als den aktuell durch die Operationsausführung bezeichneten erzeugen können. Dazu ist wiederum eine "update"-Operation wie o.a. vorgesehen, die jedoch eine Integration der Kern- und Nichtkerndatenelemente nach einer vorbestimmten Regel durchführt. Strukturiert man Bildoperationen nun in der Weise, daß bestimmte Kommunikationsphasen zwischen Verarbeitungsphasen auftreten, dann kann man die oben genannten organisatorischen Aufgaben für die Bilddaten in selbständigen Kommunikationsoperationen abwickeln. Diese können als Systemprozeduren für die ikonische Verarbeitung zur Verfügung gestellt werden und somit für den Aufbau von Bildoperationen (intraoperationell) oder generell zur Verarbeitung auf Betriebssystemebene eingesetzt werden.

Zur Verwaltung und Organisation der Kontextlisten ist im wesentlichen der Austausch von Listenelementen, die Nichtkernelemente referenzieren, zu betrachten und verhält sich somit analog zur Datenintegration bei den Bilddaten. Es ist eine "update"-Operation vorgesehen, die Listenelemente, die Nichtkerndaten referenzieren, durch eine *nächster*-Nachbar Kommunikation übertragen und diese in eine Kontextliste im Empfängerknoten so integrieren, daß keine Doppeleinträge entstehen. Diese Verwaltungsoperation kann wie oben angegeben als (Bild-)operationsunabhängiger Kommunikationsschritt betrachtet werden und als Systemprozedur zur ikonischen Verarbeitung bereitgestellt werden.

Für die Verwaltung allgemeiner Datenlisten kann praktisch keine universell anwendbare Systemprozedur angegeben werden, da z.B. sehr verschiedene Integrationsaufgaben operationsspezifisch (Histogramm usw.) auftreten können. Für solche Operationen lassen sich die Verarbeitungsanforderungen durch die Anordnung eines Verarbeitungsschritts gefolgt von einem Kommunikationsschritt erfüllen. Durch den Verarbeitungsschritt wird ein lokales Ergebnis erzeugt. Im Kommunikationsschritt wird hieraus ein globales Ergebnis erzeugt, indem die lokalen Werte zu einem zentralen Knoten übertragen und dort zusammengefaßt werden, und anschließend das Endergebnis auf alle Knoten zurückübertragen wird.

3.2.2.3.3 Implementierung des SBO-Beschreibungsschemas

Die definierte Implementierungsstruktur für ikonische Operationen basiert auf der oben angegebenen SBO-Beschreibung und stellt die durch SBO gegebenen wichtigen Eigenschaften sicher, in dem die auf Beschreibungsebene vorgegebene Verarbeitungsparallelität umgesetzt wird. Die Implementierungsstruktur stellt somit eine Umsetzung des SBO-Beschreibungsmodells dar. Die SBO-Eingabe- und Ausgabeelemente (BE, BA) ergeben sich als je eine Liste von Eingabe- und Ausgabedatenstrukturen ([ikonische] Bild[-er], Kontextliste[-e] usw.). Das Parameterelement (BQ) wird einer Liste punktueller (positionsabhängiger) Parameter (entweder als Bilder oder Listenstruktur vorgegeben), einer Liste von Nachbarschaftsparameterlisten und einer Liste von globalen Parameterwerten zugewiesen. Die positionsabhängigen Parameterstrukturen (z.B. Bilder) können auch in der Eingabeliste enthalten sein. Das Nachbarschaftselement (BN) wird mittels eines Operators zur Nachbarschaftsabbildung, einer Liste von Abbildungsparametern und einer Liste von Basisnachbarschafts(-listen) umgesetzt. Der Nachbarschaftsoperator erhält als Eingabe die Liste der Basisnachbarschaften, die Abbildungsparameter und die Liste der Nachbarschaftsparameter (von BQ); damit erzeugt er einen Satz von Nachbarschaften für die auszuführende Operation. Das Funktions- (BF) und das Steuerelement (BS) werden in einen kontextgesteuerten Operator überführt, der als Eingabe die Eingabeliste, globale Parameter und den Satz der Nachbarschaften erhält und die Ausgabeliste am Ausgang erzeugt. Diese Struktur ist als ein übertragbares, modulares Softwarepaket für Netzwerke aufgebaut, das aus dem Nachbarschaftsoperator, dem kontextgesteuerten Operator und der Systemverwaltung besteht. Der Nachbarschaftsoperator kann als eigenständige Systemkomponente unabhängig vom kontextgesteuerten Operator realisiert werden. Beide werden unten näher erläutert. Das Systemverwaltungsmodul sorgt für den Zugriff auf die Datenstrukturen und die für die Operationsausführung erforderlichen Systemparameter.

Der Nachbarschaftsoperator führt einen Satz geometrischer Abbildungen zur Erzeugung der für die (lokale) Bildoperation benötigten Nachbarschaftslisten aus. Jeder Abbildungsparameter dient als Parameter für eine Transformation (z.B. Verschiebekoordinaten). Jede Basisnachbarschaft definiert eine Liste von Bildelementen (Koordinatenpaare mit Bezug zum Ursprung) und die Nachbarschaftsparameterliste spezifiziert den jedem Bildelement zugewiesenen Parameterwert (Gewicht). Jeweils eine transformierte Nachbarschaft wird für eine Kombination aus Abbildungsparameter, Basisnachbarschaftsliste und Nachbarschaftsparameterliste erzeugt. Eine Liste von transformierten Nachbarschaften besteht aus nur einer Nachbarschaft, wenn keine Abhängigkeit von Bildpunkten besteht (z.B. einfaches Filter); mehr als eine Nachbarschaft ergibt sich bei werteabhängigen Nachbarschaften (z.B. richtungsorientierte Filterung). Jede Nachbarschaft ist eine Menge von Datensätzen, die – in Bezug zu einem zentralen Bildelement – ein Bildelement und den zugewiesenen Parameterwert spezifiziert.

Der kontextgesteuerte Bildoperator führt eine Bildoperation aus und erzeugt die spezifizierte Ausgabeliste. Die Operationsausführung wird kontrolliert nach Maßgabe besonderer Kontextinformation entsprechend der im SBO-Modell definierten Kategorien Prä-, Inter-, Funktions- und Postkontext. Der Präkontext wählt die Bildelemente aus, auf die eine Bildoperation (inhomogen) auszuführen ist. Die Implementierung spezifiziert entweder die ausgewählten Bildpunkte über eine Kontextliste oder über einen homogenen Bilddurchlauf mit einer Auswertung des Präkontextes vor der eigentlichen Operationsausführung. Der Interkontext beschreibt eine positionsabhängige Auswahl von Nachbarschaftselementen. Hierdurch wird z.B. nur ein Teil der Elemente einer Nachbarschaft für die Funktionsauswertung verwendet (z.B. Ausschluß bestimmter Bildelemente aufgrund von a priori-Information). Die Implementierung enthält die Zuordnung einer aktuellen Nachbarschaft und die Auswahl der zu berücksichtigenden Nachbarschaftselemente für die Funktionsauswertung an einem Bildpunkt.

Der Funktionskontext gibt an, unter welchen Bedingungen welche Funktion anzuwenden ist. Die Implementierung erfolgt analog zum Interkontext, wobei eine

```
BEGIN (operation)
    DO FOR (pre-context specified image elements)
        determine neighborhood set (image-value dependent)
        DO FOR (each element of neighborhood set)
            IF (inter-context conditional)
                THEN select neighborhood element
            ENDIF
        ENDDO
        intermediate processing (as required)
        CASE OF (evaluated function-context conditional)
            WHEN (case-condition-1) SELECT (case 1 function)
                :
            WHEN (case-condition-N) SELECT (case N function)
        END CASE
        determine output position for post-context
        IF (post-context conditional)
            THEN compute and assign output value
        ENDIF
    ENDDO
END
```

Tabelle 3.2.2.1: Programmstruktur für kontextgesteuerten Bildoperator

Auswahlbedingung die anzuwendende Funktion bestimmt. Der Postkontext legt die Bereiche im Ergebnisbild fest, in die Ergebniswerte einzutragen sind. Dies wird dadurch realisiert, daß die zutreffende Ausgabeposition bestimmt und durch eine Abfrage geprüft wird, ob ein Ergebnis dieser Position zugewiesen werden kann. Als Beispiel soll nun die interne Struktur für den kontextgesteuerten Bildoperator für den Fall, daß eine Präkontextliste vorliegt, in einer einfachen Programmentwurfssprache beschrieben werden (Tabelle 3.2.2.1).

Dieses Programmsegment liefert die Struktur und die Grundelemente – vorab jeglicher Verarbeitungsoptimierungen für spezifische Operationen – für den Bildoperator. Der Aufbau der vorgestellten Struktur steht in direkter Beziehung mit den SBO-Elementen. Auf diese Weise wird eine systematische Implementierung von SBO-Operationen auf Parallelstrukturen gewährleistet.

3.2.2.3.4 Organisation des Verarbeitungsablaufs

Die Organisation der ikonischen Verarbeitung wird unter Berücksichtigung der Homogenität und der Reihenfolge der Ausführung der Operationen festgelegt. Inhomogene Operationen werden unter Beachtung eines vorgegebenen Operationsbereiches ("region of interest"), der durch den SBO-Präkontext spezifiziert wird, ausgeführt. Dies wird durch die Verwendung einer Kontextliste oder eines binären Präkontextbildes verwirklicht. Ein Satz von Operationen mit einer zugewiesenen Verarbeitungsabfolge kann diese explizit oder implizit angeben. Die explizite Darstellung erfordert eine Operationsimplementierung, die mehrere Sub-Operationen mit Synchronisation auf Intraoperations- und Kontrolleinheitsebene beinhaltet (einzelne Operationen oder wiederholte Anwendung einer Operation, z.B. iterativ). Die implizite Darstellung spezifiziert eine Implementierung mit selbständigen Operationen, bei denen eine vorausgehende Operation die Eingabe für eine folgende liefert.

Eine ikonische Operation ist organisatorisch als Grundelement zu betrachten und besteht aus einem einzelnen Verarbeitungsschritt oder einem Verarbeitungsschritt mit einem vorausgehenden oder folgenden Kommunikationsschritt. Die Verarbeitung wird von der Kontrolleinheit in synchroner Weise gesteuert. Ein Verarbeitungsschritt mit einem Paar von Kommunikationsschritten oder einer ohne Kommunikationsschritte wird durch eine entsprechende Kommunikation Kontrolleinheit-Feld kontrolliert. Die Feldknoten beenden ihren Verarbeitungsauftrag (mit oder ohne Kommunikation) und senden eine Rückmeldung zur Kontrolleinheit. Diese Meldung zeigt an, daß eine Verarbeitung erfolgreich beendet wurde, daß ein zusätzlicher Verarbeitungsschritt mit einem Paar an Kommunikationsschritten erforderlich ist (z.B. iterative oder sequentielle Operation) oder daß ein Fehler aufgetreten ist. Die Kontrolleinheit erhält und interpretiert diese Meldungen und setzt das folgende Kommando ab. Die Kontrolleinheit kann damit die Ausführung eines folgenden Verarbeitungsschrittes, die wiederholte Anwendung eines iterativ auszuführenden Verarbeitungsschrittes (wenn ein vorbestimmtes Kriterium erfüllt ist), den nächsten Verarbeitungsschritt in einem mehrstufigen Verfahren oder die Beendigung der Verarbeitung für das gesamte Feld (wenn ein oder mehrere Knoten Fehler anzeigen) zur Ausführung bringen. Mit dieser allgemeinen Organisationsstruktur erfolgt jeglicher Verarbeitungsablauf schrittweise unter der übergeordneten Aufsicht und Steuerung durch die Kontrolleinheit.

3.2.2.4 Multitransputersystem für geometrie-parallele Verarbeitung

Die Realisierung der oben beschriebenen Verarbeitungsstruktur folgt der Intention, ein ausbaufähiges Multiprozessorsystem mit verteiltem Speicher möglichst vollständig unter Verwendung verfügbarer Hardware und Softwarekomponenten zu erstellen. Hierzu bieten sich Entwicklungsbaugruppen basierend auf *Transputern* [Inmos 1988] an, die sich besonders für den Aufbau busloser Multiprozessorarchitekturen eignen. Zur Unterstützung des Kommunikationsbedarfs in solchen Architekturen besitzt jeder Transputer eine Anzahl (derzeit bis zu vier) standardisierter, serieller Kommunikationsschnittstellen (*Links*) auf dem Chip, so daß keine zusätzlichen Kommunikationseinheiten beim Systemaufbau benötigt werden. Die 32-bit Transputer sind leistungsfähige Mikroprozessoren, wobei der Typ T800 zusätzlich eine 64-bit Fließkommaeinheit besitzt.

Softwareseitig orientiert sich die Transputerarchitektur an der Programmiersprache OCCAM, und mit deren Weiterentwicklung OCCAM2 [Inmos 1987] steht eine Hochsprache für die Erstellung der System- und Anwendungssoftware zur Verfügung. OCCAM2 unterstützt die Aufspaltung in parallel auszuführende Prozesse und die Kommunikation von Prozessen über sogenannte *Kanäle* (unidirektionale Übertragung). Es spielt dabei programmiertechnisch keine Rolle, wo sich die kommunizierenden Prozesse befinden, d.h. ob ein Kanal zwei Prozesse auf einem Transputer oder zwei Prozesse auf verschiedenen Transputern (über je einen Link) verbindet. Somit lassen sich zu Entwicklungs-und Testzwecken parallele Systeme auf einem Transputer mit parallelen Prozessen simulieren, bevor eine Übertragung auf die eigentliche Parallelarchitektur und ihre Prozessoren erfolgt. Im folgenden wird die Systemarchitektur des Multitransputersystems und die entwickelte Softwareumgebung beschrieben. Anschließend wird auf die Benutzerschnittstellen zur Systembedienung bzw. -anwendung eingegangen.

3.2.2.4.1 Systemarchitektur

Im vorangehenden Kapitel wurden mit dem Verarbeitungsfeld und der Kontrolleinheit bereits die wichtigsten Teile des Systems angegeben. Daneben werden noch Systemeinheiten für die Benutzerkommunikation und speziell zur Datenein-/-ausgabe benötigt. Bild 3.2.2.5 zeigt alle Systemeinheiten und die entwickelte Systemstruktur. Deren Flexibilität und Ausbaufähigkeit ist vor allem dadurch gekennzeichnet, daß die Größe und die Ausstattung des Verarbeitungsfeldes sowie die Anzahl und die Art der anschließbaren Peripherieeinheiten zu variieren ist.

```
                    Hostrechner 1                    Hostrechner 2
                         ↑                                ↑
                         │                                │
              Host-Links ↓           Schalt-Links
                    ┌─────────────────────┐
                    │   Kontrolleinheit   │──────────┐
                    └─────────────────────┘          │
              Peripherie- ↑        ↑ ↑↓  Netzwerk-   │
                 Link     │        │    Links        │
                    ┌─────────────────────┐          │
                    │     Umschaltbare    │←─────────┤
                    │  Verbindungseinheit │←─────────┘
                    └─────────────────────┘
                      ↑ ↑   ... ↑ ↑   ...
                      │ │       │ │        │
                      ↓ │       ↓ │        ↓
            ┌──────────┐   ┌──────────┐  ┌──────────────┐
            │Peripherie│...│Peripherie│  │Verarbeitungs-│
            │einheit 1 │   │einheit n │  │    feld      │
            └──────────┘   └──────────┘  └──────────────┘
```

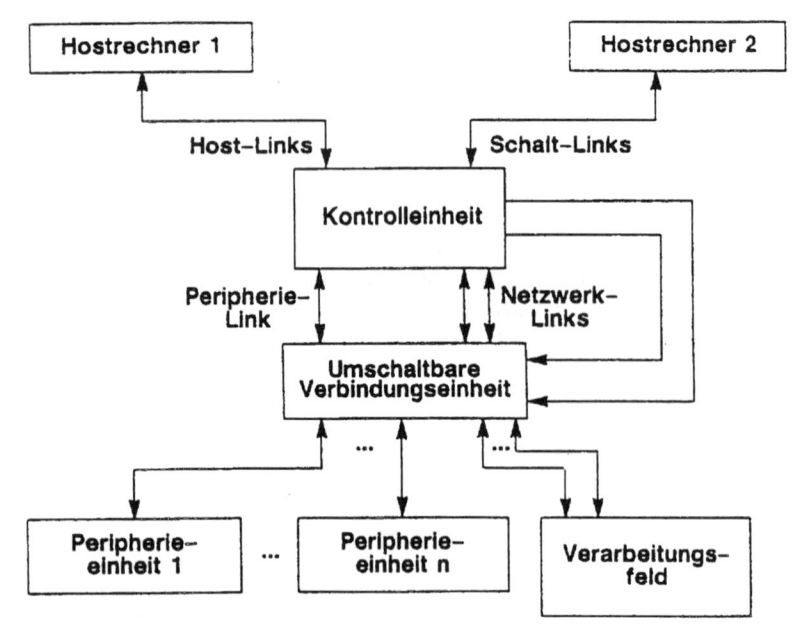

Bild 3.2.2.5: Systemstruktur

Alle in Bild 3.2.2.5 dargestellten Verbindungen entsprechen dem Link-Standard. Maximal zwei Hostrechner (z.B. IBM-AT, DEC μVAX) können nach diesem Konzept z.B. über Einbaukarten mit Transputern oder über spezielle Link-Interfacekarten mit der Kontrolleinheit verbunden werden und stellen somit die Schnittstelle zu den Benutzern dar. Von diesen Hostrechnern muß einer für die Systembedienung und -wartung vorhanden sein, der Anschluß des zweiten ist optional. In diesem Systemkonzept werden die Hostrechner gleichrangig behandelt, was prinzipiell auch einen Multi-Hostbetrieb zuläßt.

Die Kontrolleinheit verwaltet und überwacht die übrigen Systemeinheiten. Eier sind die Informationen über den Systemzustand (Aufbau des Verarbeitungsfelds, Zustand der umschaltbaren Verbindungseinheit und Anzahl bzw. Art der vorhandene Peripherie) und die Speicherbereiche für Datenverwaltung und -pufferung untergebracht. Dazu benötigt die Kontrolleinheit mehr Links als ein einzelner Transputer derzeit besitzt, weshalb ihre Aufgaben auf mehrere Transputer verteilt sind. Die umschaltbare Verbindungseinheit stellt einen Kreuzschienenverteiler zur Verbindung von 32 Eingängen mit 32 Ausgängen dar. Die dynamische Umschaltung der Verbindungen erfolgt programmgesteuert über einen hierfür reservierten Transputer. Dieser ist Teil der Kontrolleinheit und steuert über die *Schalt-Links* die Verbindungseinheit.

Der innere Aufbau des Verarbeitungsfelds, d.h. die Prozessorenanzahl und die Topologie des Verbindungsnetzwerks, wird durch dieses allgemeine Systemkonzept nicht festgelegt. Wie bereits oben angegeben, besteht das hier verwendete Verbindungsnetzwerk aus Punkt-zu-Punkt Verbindungen zwischen den Feldprozessoren, wobei (mindestens) eine der Verbindungen über die Kontrolleinheit umgeleitet wird. Die *Feld-Links* der Kontrolleinheit sind nicht direkt mit dem Verarbeitungsfeld, sondern wieder über die umschaltbare Verbindungseinheit verbunden.

Die Datenein-/ausgabe kann über einen der Hostrechner oder entsprechende Peripherieeinheiten erfolgen, wobei derzeit eine Displayeinheit und ein Festplattenlaufwerk vorgesehen sind. Jede Peripherieeinheit besteht dabei aus einem Transputer, der als Verarbeitungsprozessor und Verbindungselement zum System dient, und den speziellen Hardwarekomponenten der Einheit. Die Verbindung der Peripherieeinheiten mit dem *Peripherie-Link* der Kontrolleinheit geschieht über die umschaltbare Verbindungseinheit. Allerdings kann zu einem bestimmten Zeitpunkt immer nur eine Peripherieeinheit mit der Kontrolleinheit kommunizieren. Die Auswahl einer Peripherieeinheit erfolgt dynamisch unter Kontrolle der Kontrolleinheit.

Die derzeit beim FIM aufgebauten Systeme besitzen Verarbeitungsfelder, die aus 16 bzw. 64 Transputern vom Typ T800 mit jeweils 260 KByte lokalem Speicher bestehen. Das 16-Transputerfeld ist als 4D-Hypercube (Bild 3.2.2.6a) aufgebaut und kann wegen der beschränkten Anzahl von vier Links pro Transputer nicht weiter vergrößert werden. Beim 64-Transputernetzwerk wurde als Verbindungstopologie der 2D-Torus (Bild 3.2.2.6b) gewählt; dieses Verarbeitungsfeld kann in der vorliegenden HW-Konfiguration beliebig bis zur Größe $2n \times 2m$ ($n \varepsilon \{1,2,3,4\}, m \varepsilon N$) um- bzw. ausgebaut werden.

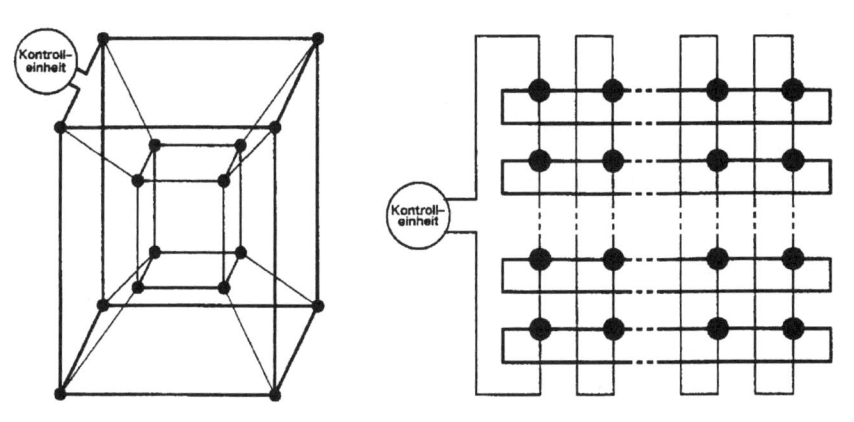

Bild 3.2.2.6: Verbindungstopologien: a) 4D-Hypercube, b) 2D-Torus

Die Aufgaben der Kontrolleinheit sind auf drei Transputer verteilt: die Verbindung zu den Host-Rechnern hält ein T800 mit 2 MByte Speicher, die eigentliche Kontrolle und Datenverwaltung liegt bei einem T800 mit bis zu 8 MByte Speicher, während der dritte Transputer (T212 mit 2 KByte Speicher) für die Kontrolle der umschaltbaren Verbindungseinheit vorgesehen ist. An Peripherieeinheiten sind derzeit eine Displayeinheit zur Bild- und Grafikausgabe auf Rasterbildschirme und ein Festplattensystem zur Speicherung von Daten und Verarbeitungsroutinen angeschlossen.

3.2.2.4.2 Systemorganisation und -verwaltung

Zum Aufbau einer Softwareumgebung für die Betriebsorganisation wurde ein Prozeßmodell erstellt, welches unmittelbar die Hardwarestruktur abbildet. Das implementierte Betriebssystem verwendet eine objektorientierte Verwaltung der Systemkomponenten. Hierzu wird eine Menge von Objektklassen definiert und deren Verwaltung sowie Nutzung in einem verteilten Systemkonzept verwirklicht, das sich aus einem globalen Teil im Kontrollprozeß und lokalen Teilen in den Verarbeitungsprozessen zusammensetzt. Für die Realisierung der Kommunikationsaufgaben wird die Technik der Nachrichten-Übermittlung (*message passing*) genutzt. Die Inter- und Intraprozessorkommunikation folgt einem flexiblen Protokoll, dessen Ausführung in einem speziellen Prozeßkonzept sichergestellt wird.

3.2.2.4.2.1 Die Systemkomponenten und ihre Verwaltung

Die verfügbaren und verwalteten Systemkomponenten werden verschiedenen Objektkategorien zugeordnet. Es wird dabei zwischen Datenobjekten, Operationsobjekten und Peripherieobjekten unterschieden. Neben den lokalen Speicherbereichen in den Verarbeitungsprozessen verfügt das System noch über einen größeren Speicherbereich im Kontrollprozeß. Bei der Speicherung und Handhabung von Daten- und Operationsobjekten wird deshalb zwischen den Speicherlokationen *Kontrolleinheit* und *Verarbeitungsfeld* unterschieden.

Datenobjekte enthalten die Daten, die zur Ausführung einer ikonischen Operation oder einer Routine des Betriebssystems benötigt bzw. dadurch erzeugt werden. Gemäß der SBO-Beschreibung sowie allgemeiner Verabeitungsanforderungen werden verschiedene Klassen unterschieden. Dazu zählen Bilder, Kontextlisten, Nachbarschaftslisten, sowie Lookup-Tabellen und Histogramme.

Die Verwaltung der Datenobjekte erfolgt mittels einer globalen Verwaltungstabelle im Kontrollprozeß. Ergänzt wird die globale Verwaltungstabelle in den Verarbeitungsprozessen durch zusätzliche lokale Informationen wie z.B. die Größe der Überlappungsbereiche bei verteilten Bildobjekten. Das Betriebssystem stellt unter anderem Funktionen zum Erstellen, Löschen und Kopieren von Datenobjekten zur Verfügung. Beim Erstellen eines Objekts ist die Objektidentifikation, der Objekttyp, die Größe und die Lokation des Objekts zu spezifizieren. Mit diesen

Angaben wird dann der für das Objekt benötigte Platzbedarf an der entsprechenden Speicherlokation reserviert und die Informationen zu dem Objekt in die Verwaltungstabelle(n) aufgenommen. Bei Datenobjekten, die mit der Lokation *Verarbeitungsfeld* erzeugt werden, wird bei dieser Funktion auch die dem Objekttyp zugehörige Aufteilungsstrategie (d.h. Platzbeschaffung für Teilbilder mit entsprechenden Überlappungsbereichen bei Bildobjekten) berücksichtigt. Andere Betriebssystemfunktionen verwenden die globale Verwaltungstabelle unter anderem für die Überprüfung der Objektexistenz.

Programmelemente, die als vollständige Einheiten eine terminierende (BV-) Operation beschreiben, bilden die Operationsobjekte. Jedes Operationsobjekt operiert dabei auf einem spezifischen Satz von Datenobjekten gemäß seiner SBO-Definition. Die Systemumgebung enthält einen festen Grundstock von Operationsobjekten in Form von Routinen in den Verarbeitungsprozessen. Daneben gibt es die Möglichkeit, Operationsobjekte im lokalen Datenspeicher der Verarbeitungsprozesse ähnlich wie Datenobjekte (s.u.) und zur Ausführung nachladbar zu halten. Die Verwaltung der Operationsobjekte erfordert deshalb eine eindeutige Identifikation sowie die Angaben zu den spezifischen Anforderungen der Operationsausführung. Die entsprechenden Informationen für die Operationsobjekte des bereitgestellten Grundstocks sind in statischen Tabellen untergebracht, die zusammen mit den Ausführungsroutinen lokal in den Verarbeitungsprozessen gehalten werden. Die Verwaltungsorganisation der nachladbaren Operationsobjekte ist dagegen zweigeteilt: die operationsspezifischen Informationen werden zusammen mit dem Code der Ausführungsroutine als Daten eines Datenobjekts speziellen Typs betrachtet, das seinerseits der Verwaltung für Datenobjekte unterliegt. Das Betriebssystem stellt eine Funktion für den Aufruf eines Operationsobjekts zur Verfügung, die neben der Identifikation des Operationsobjekts die benötigten Datenobjekte und Parameterwerte erwartet. Das Nachladen eines Operationsobjekts wird, wenn nötig, von dieser Betriebssystemfunktion dynamisch ausgeführt.

Peripherieobjekte sind den Peripherieeinheiten (bzw. Teilen davon) sowie den Hostrechnern zugeordnet. Hierzu gehören zum Beispiel die Lookup-Tabellen und die Darstellungsebenen einer Displayeinheit. Die Peripherieobjekte unterliegen keiner besonderen Verwaltung und werden nur auf der Betriebssystemebene angesprochen, d.h. ihre Verwendung durch die Operationsobjekte ist nicht zulässig. Für das Betriebssystem – und damit für den Benutzer – sind sie feste, physikalische Datenobjekte und ihre Anzahl ist durch die jeweils vorliegende Systemstruktur festgelegt.

3.2.2.4.2.2 Systemkommunikation

Sind Sender und Empfängerprozeß in Message-Passing-Systemen nicht direkt verbunden, so müssen Zwischenprozesse mit der Weiterleitung der Nachricht beschäftigt werden. Für die Übermittlung einer Nachricht sind der Wegeverlauf und die verschiedenen Übertragungsmodi (z.B. einer-an-einen, einer-an-alle) festzulegen. Hierzu sind Nachrichten mit entsprechender Information zu versehen. Zur Beschreibung solcher Pakete aus Nachricht und Übertragungsinformation wird ein spezielles Kommunikationsprotokoll definiert. Es wird ein Prozeßkonzept, das die Handhabung des Kommunikationsprotokolls sicherstellt, und die Kommunikations- und Verarbeitungsaufgaben auf parallele Subprozesse eines Knotenprozesses verteilt, vorgestellt.

Protokollkonzept

Das entwickelte Protokoll wird für die Kommunikation zwischen Kontrollprozeß und Verarbeitungsprozeß bzw. zwischen den Verarbeitungsprozessen benutzt. Die Nachricht ist dabei logisch von den Informationen zur Übertragung getrennt. Die Übertragungsinformation ist unterteilt in den Kopfteil, der die Angaben zu den Längen der Teile des Protokollpakets enthält, und den Übertragungsdeskriptor (Bild 3.2.2.7). Bei den Übertragungspaketen wird noch zwischen Kommandopaketen sowie reinen Datenpaketen unterschieden.

Kopf-teil	Übertragungs-deskriptor	Kommando-block

Kopf-teil	Übertragungs-deskriptor	Daten-deskriptor	Daten-block

Bild 3.2.2.7: Logischer Protokollaufbau: a) Kommandopaket, b) Datenpaket

Der Kommandoblock eines Kommandopakets besteht aus dem Kommando und aus den kommandospezifischen Parameterwerten. Im Datenpaket enthält der Datendeskriptor den Typ der im Datenblock folgenden Daten sowie weitere Informationen zur Beschreibung dieser Daten und ihrer Verwendung bzw. Verwaltung. Kopfteil und Übertragungsdeskriptor sind für Kommandopakete und Datenpakete unterschiedlich.

Zwei Übertragungsmodi werden durch den Übertragungsdeskriptor unterstützt: *direkte Ansprache* (einer-an-einen) und *allgemeine Ansprache* (einer-an-alle). Bei der direkten Ansprache werden Sender und Empfänger des Pakets explizit angegeben. Damit ist in jedem Prozeß auf dem Weg vom Sender zum Empfänger die Weiterleitung des Pakets geregelt. Bei der allgemeinen Ansprache muß besonders die Entstehung von Zyklen, d.h. die erneute Aufnahme und Weitergabe von bereits erhaltenen Nachrichten, durch geeignete Maßnahmen verhindert werden. Dazu enthält der Übertragungsdeskriptor eine Identitätskennung für die Nachricht, den Sender und eine Reihe von Durchgangskennungen. Damit wird festgestellt, welche Verarbeitungsprozessoren ein vorliegendes Paket schon erhalten haben, und ob z.B. eine Weiterleitung erforderlich ist.

Prozeßkonzept

In Message-Passing-Systemen müssen die Knotenprozesse neben der eigentlichen Verarbeitungsaufgabe auch Tätigkeiten für die Systemkommunikation übernehmen. Dabei ist es üblich, einen Knotenprozeß in mehrere, parallel laufende Subprozesse für die Verarbeitung und die Kommunikation zu unterteilen [inm3]. Hier wurden die Aufgaben der Kommunikationsausführung und -verwaltung in einem modular aufgebauten Subprozeß, dem *logistischen Anteil*, zusammengefaßt, der durch ein Kanalpaar mit dem Subprozeß für die eigentliche Verarbeitung, dem *operationellen* Anteil, verbunden ist. Zusätzlich sind eine Reihe von Kontrollkanälen vom operationellen Anteil zum logistischen Anteil vorgesehen (Bild 3.2.2.8).

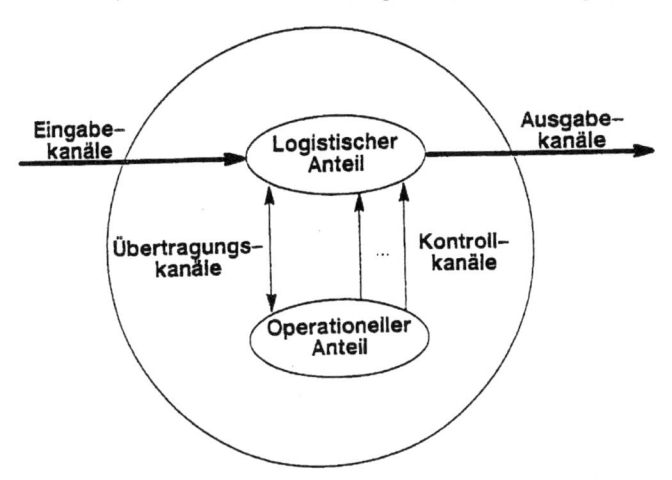

Bild 3.2.2.8: Prozeßstruktur für Knotenprozeß

Kommando- und Datenpakete, die den logistischen Anteil eines Verarbeitungsprozesses erreichen, werden gemäß ihrem Übertragungsmodus bzw. ihrer Empfängeridentifikation weitergeleitet; der Aufbau aus parallel ausgeführten Modulen sorgt für eine Pufferung von Paketen innerhalb des logistischen Anteils. Ein Kommando- oder Datenpaket, das bei direkter Ansprache für den vorliegenden Prozeß bestimmt ist, wird anhand der Empfängeridentifikation erkannt; sein Nachrichtenanteil wird aus dem Paket extrahiert und an den operationellen Anteil zur Verarbeitung weitergereicht. Andernfalls erfolgt die Weiterleitung zum nächsten Prozeß nach Bestimmung des einzuschlagenden Wegs anhand lokaler Tabellen innerhalb des logistischen Anteils. Bei einem mit dem Modus *allgemeine Ansprache* übertragenen Kommando- oder Datenpaket wird zuerst überprüft, ob die jeweilige Nachricht bereits früher empfangen und bearbeitet wurde. Ist dies der Fall, erfolgt keine weitere Behandlung, das Paket wird gelöscht. Anderenfalls wird die Nachricht an den operationellen Anteil weitergereicht und das Paket zusätzlich an alle Nachbarprozesse weitergeleitet, die von ihm noch nicht durchlaufen wurden. Umgekehrt erhält der logistische Anteil die Nachrichten des operationellen Anteils an die anderen Verarbeitungsprozesse bzw. den Kontrollprozeß, erzeugt hieraus ein Kommando- oder Datenpaket in der durch das Protokoll vorgeschriebenen Form und bringt das Paket schließlich auf den Weg.

3.2.2.4.2.3 Systemsteuerung

Die Systemsteuerung berücksichtigt die spezifischen Aufgaben eines verteilten Betriebssystems. Die Ausführung von Betriebssystemfunktionen erfordert eine Aufgabenteilung zwischen dem Kontrollprozeß (globale Aufgaben) und den Verarbeitungsprozessen (lokale Aufgaben) und dementsprechend eine aufgabenspezifische Kommunikation zwischen den beteiligten Prozessen. Prinzipiell folgt die Ausführung einer Betriebssystemfunktion folgendem Schema:

1) Überprüfung des Funktionsaufrufs,
2) Überprüfung der beteiligten Objekte auf Existenz und Zulässigkeit (z.B. Verträglichkeit der Datenobjekte),
3) Ausführung der eigentlichen Funktionsanweisungen,
4) Validierung der Verwaltungsinformationen bei erfolgreicher Beendigung.

Der Aufruf einer Funktion geschieht über einen Hostrechner. Der Kontrollprozeß verfügt über die globalen Verwaltungsinformationen zu den Objekten und enthält deshalb die globalen Existenz- und Verträglichkeitsüberprüfungen. Funktionen, die keine Parameter besitzen und weder die Speicherlokation *Verarbeitungsfeld* noch eine (BV-) Operation betreffen, können dann unmittelbar im Kontrollprozeß ausgeführt werden. Andernfalls werden die Verarbeitungsprozesse in die Funktionsausführung eingebunden. Die Verarbeitungsprozesse verfügen über eine lokale Verwaltung von Datenobjekten und die Verwaltung der Operationsobjekte. Damit können sie lokale Existenz- und Typüberprüfungen durchführen. Durch Kommandopakete werden sie über die auszuführende Betriebssystemfunktion und deren Parameter informiert und zugleich synchronisiert. Die Ausführung der Funktionsanweisungen kann weitere Kommunikation zwischen den Verarbeitungsprozessen und dem Kontrollprozeß, z.B. bei der Übertragung von Datenobjekten zu/von den Verarbeitungsprozessen, erfordern. Ansonsten wartet der Kontrollprozeß auf den Erhalt eines Ausführungsstatus (Fehler oder Erfolg), um bei erfolgreicher Erledigung der Aufgabe gegebenenfalls seine Verwaltungseinträge anzupassen.

Die Ausführung von iterativen (BV-) Operationen erfordert eine Synchronisation der Operationsausführung in den Verarbeitungsprozessen. Jede Iteration ist vom Kontrollprozeß explizit zu starten. Zur Synchronisation teilt jeder Verarbeitungsprozeß nach der Ausführung eines Iterationsschritts dem Kontrollprozeß mit, ob er Bedarf für einen weiteren Iterationsschritt hat, ob ein Fehler auftrat oder ob die Bearbeitung erfolgreich abgeschlossen hat. Der Kontrollprozeß überprüft die Meldungen aller Verarbeitungsprozesse und bestimmt die nächsten Aktionen.

3.2.2.4.3 Benutzerschnittstelle TRACI

Die Hostrechner stellen die Verbindung zwischen der Arbeitsebene des Benutzers und dem Kontrollprozeß her. Hierzu stehen sowohl eine interaktive Benutzerobefläche als auch eine Serviceschnittstelle für Funktionsaufrufe aus PASCAL- oder C-Programmen zur Verfügung. Für beide Benutzerumgebungen gibt es eine einheitliche Schnittstelle zwischen Hostrechner und Kontrollprozeß (TRACI: TRansputer Array Communication Interface). Diese Schnittstelle spezifiziert den Funktionsumfang und die Aufrufsyntax sowie das Kommunikationsprotokoll.

Für eine Systemnutzung über einen IBM-AT wurde eine interaktive Umgebung entwickelt, die die lokalen Resourcen (Bildschirm, Festplattenlaufwerke, u.a.) des IBM-ATs mit einbezieht. Ein Kommandointerpreter erlaubt die geführte Befehls- und Parametereingabe, wobei die Eingabe auch von Dateien gelesen werden kann. Die interaktive Umgebung wurde in OCCAM 2 erstellt und läuft auf einem Transputer-Einschubboard des IBM-ATs.

Die Anwendungsumgebung auf der µVAX basiert auf einem Serversystem für die Abwicklung der Funktionsaufrufe und einem Interfacetreiber für die Kommunikation mit dem Transputersystem. Programmierumgebungen werden für Funktionsaufrufe unter PASCAL und C geführt. Das Serversystem wurde in C erstellt und erlaubt Multiuserbetrieb.

Durch die TRACI-Schnittstelle wird ein flexibler Einsatz des Parallelsystems ermöglicht. Der Benutzer muß keine spezielle Kenntnis der Systemstruktur besitzen, um mit dem System arbeiten zu können; so ist es zum Beispiel nicht nötig, die Größe des Verarbeitungsfelds für die Ausführung von Operationen zu wissen (virtuelles Netzwerk). Daten- und Operationsobjekte sind frei definierbar, soweit keine Implementationsgrenzen der Hardware (Speicherplatz) verletzt werden. Für die Erstellung und Integration von BV-Operationen mit zunächst nur einem Verarbeitungsprozessor liegt eine portierbare Entwicklungsumgebung vor.

3.2.2.5 Anwendungsbeispiel für ein paralleles SBO-Verfahren

Die Anwendung des ikonischen Verarbeitungskonzepts mit dem datenparallelen SBO-Modell soll hier an zwei praktischen Beispielen dargestellt werden. Zunächst wird ein bekanntes Benchmarkprogramm für die Bildverarbeitung vorgestellt, das nach SBO entwickelt und auf dem Transputernetzwerk implementiert wurde. Anschließend wird ein recht umfangreiches Verfahren betrachtet, das die Leistungsfähigkeit von SBO-Operationen und des modularen Verarbeitungskonzepts aufzeigt, wobei sich letzteres als sehr vorteilhaft bei der praktischen Anwendung erwiesen hat.

Nach [duf] sollte eine Leistungsbewertung (Benchmark) für ein BV-System problemorientiert erfolgen und einen Satz repräsentativer Operationen enthalten. Hierzu wurde als Bewertungstechnik von Preston der "Abingdon-Cross Benchmark" vorgeschlagen [prel]. In diesem Zusammenhang werden in [prel, pre2] eine Reihe aktueller und erwarteter Ergebnisse berichtet. Die Benchmark-Aufgabe besteht in der Ermittlung der Skelettlinie eines (definiert) verrauschten Kreuzes vor verrauschtem Hintergrund. Der Lösungsansatz ist nicht vorgegeben und kann somit frei – und bei Bedarf systemangepaßt – gewählt werden. Für den Test wird ein $N \times N \times 8$ Bild definiert. Die gemessene Ausführungszeit (T) für eine Problemlösung ist durch einen Bildgrößenfaktor zu normieren, um einen Qualitätsfaktor ($QF = N/T$) angeben zu können.

Dieser Benchmark-Test wurde mit den Verarbeitungsschritten Gauß-Filter (3 x 3), Binärisierung, "8-connected" Erosion (5 Iterationen), "4-connected" Erosion (18 Iterationen) und Skelettierung [Chen 1988] (41 Iterationen, Anzahl der Iterationen ergibt sich objektabhängig bis Skelettlinie erreicht ist) nach SBO aufgebaut und auf einem Transputernetzwerk (T800 20MHz – Prozessoren) implementiert. Meßergebnisse wurden für 512 x 512 Bild mit einem 8 x 8 und einem 1 x 1 Feld ermittelt. Die Ausführungszeiten betragen ca. 3, 6 s für das 64-Knotenfeld bzw. 44, 8 s für das ein-Knotenfeld. Der Beschleunigungsfaktor ergibt sich somit zu 12,4. Hierbei ist zu berücksichtigen, daß aufgrund der vorgegebenen Objektbelegung im Binärbild ab der Erosionsoperation nur noch 24 der 64 Prozessoren Objektdaten enthalten und beschäftigt sind. Der Qualitätsfaktor für das Feld mit 64 Knoten beträgt 141. Dieser Faktor nimmt damit eine sehr gute Position beim Vergleich mit den anderen nichtkommerziellen BV-Systemen nach [Preston 1989] ein.

Das modulare Verfahren zur "Extraktion von Straßen aus Luftbildern" nach [Gemmar 1989] besteht aus einer Folge von parallelen SBO-Operationen, die im wesentlichen in drei Verfahrensabschnitte eingeteilt werden können. Dies sind die objekttypische Bestimmung zentraler Objekt- oder Skelettpunkte und sich daraus zusammensetzender Objektfragmente durch eine *adaptive Kantenauswertung*, die Untersuchung von Objektfragmenten im Hinblick auf eine vollständige Erfassung gestörter Objektbereiche durch gezielte *Anlagerung von Kantenstücken* und die Auswahl und Vereinigung von Objektteilen durch *Überbrücken von Objektlücken* (3.2.2.9). Die einzelnen Operationen in den Verarbeitungsschritten sind in sich abgeschlossen und können sehr flexibel im Gesamtprozess eingesetzt werden. Auf diese Weise ergibt sich ein sehr überschaubarer Verarbeitungsablauf mit einem hohen Maß an Anpaßbarkeit für u.U. geänderte Anwendungsbedingungen. Das Ergebnis einer parallelen Straßenextraktion in einem Luftbild zeigt Bild 3.2.2.10.

Der Rechenzeitgewinn des parallelen Verfahrens läßt sich durch einen Vergleich mit einem sequentiellen Verfahren [Groch 1980] ermitteln, welches qualitativ gleiche Verarbeitungsergebnisse liefert. Die SBO-Notation für das o.a. Verfahren erlaubt eine direkte Umsetzung zur Implementierung und Abschätzung der Rechenzeiten auf unterschiedlichen Rechnerarchitekturen. Anhand der abgeschätzten Operations- und zusätzlichen Datentransferzeiten werden in [Gemmar 1989] Beschleunigungswerte von bis zu 104 (ideal mit einem 64 x 64 Transputerfeld) gegenüber einer Ausführung des sequentiellen Verfahrens auf einer VAX-11/780 angegeben. Das Verfahren wurde auf einem Transputernetzwerk wie oben angegeben realisiert. Hierbei wurden für ein 8 x 8 (T800 20MHz) Feld als CPU-Ausführungszeit insgesamt ca. 6 s gemessen. Auf einer VaxStation 3500 benötigte das Verfahren ca. 15 min CPU-Zeit, womit sich ein Beschleunigungsfaktor von ca. 50 für das 64-Prozessorenfeld ergibt, wenn man für einen T800 bei dieser Anwen-

Verfahrensschritt	Operationen	Beschreibung
Kantenauswertung	SW	Lokal adaptive Bestimmung von Objektkantenpunkten
	KU	
	RI	Bestimmung zentraler und orientierter Objektpunkte
	OL	Bestimmung zusammenhängender Objektfragmente
Anlagerung von Kanten	ES	Bestimmung von Anlagerungspunkten an selektierten Objektfragmenten
	BK	Anlagerung von Objektpunkten durch Untersuchung von Kantenelementen
	OL	Bestimmung zusammenhängender Objektteile
Überbrückung von Objektlücken	CO	Bestimmung von Überbrückungspunkten an selektierten Objektlücken
	ES	
	VS	Überbrücken von Objektlücken an ausgewählten Brückenpunkten
	OL	Auswahl sicherer Linienobjekte
	BE	Darstellung extrahierter Linienobjekte

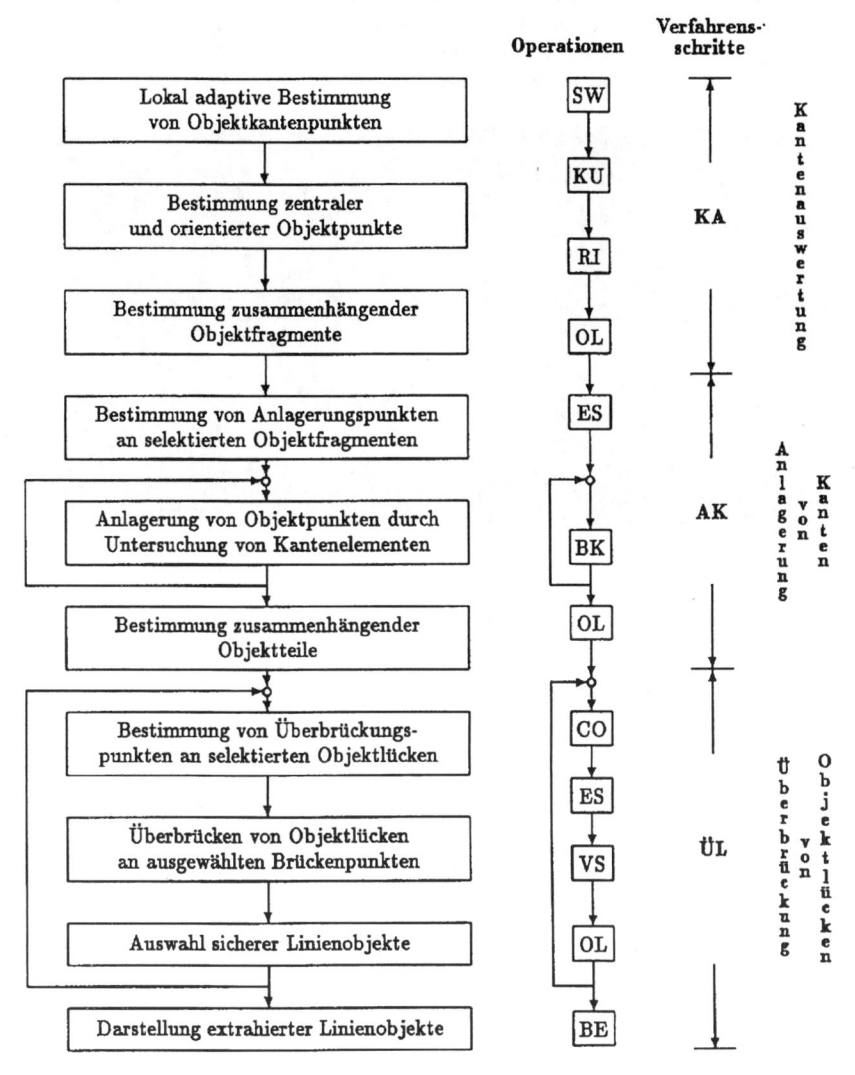

Bild 3.2.2.9: Modulares System zur Straßenextraktion aus Luftbildern (Gemmar 1989)
Schwellwertoperation SW, Kantenumsetzung KU, Richtungsanalyse RI, Objektlängenbestimmung OL, Endpunktebestimmung ES, Kantenanlagerung BK, Bildkomprimierung CO, Brückenschlagoperation VS, Bildexpansion BE

dung eine etwa dreifach höhere CPU-Leistung im Vergleich mit einer VaxStation 3500 annimmt. Es zeigt sich also, daß durch die SBO-Parallelverarbeitung vergleichsweise hohe Beschleunigungswerte erreicht werden können, die z.B. durch eine Parallelisierung von sequentiellen (konventionellen) Verfahren nicht erreichbar sind. Hierbei wird außerdem eine systemunabhängige Verfahrensentwicklung und einfache Implementierung unterstützt, wogegen in anderen parallelen Systemumgebungen meist detaillierte Systemkenntnisse erforderlich sind.

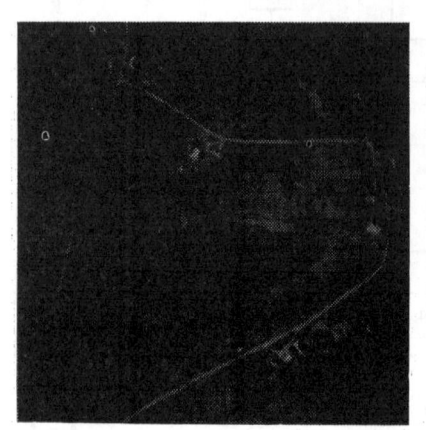

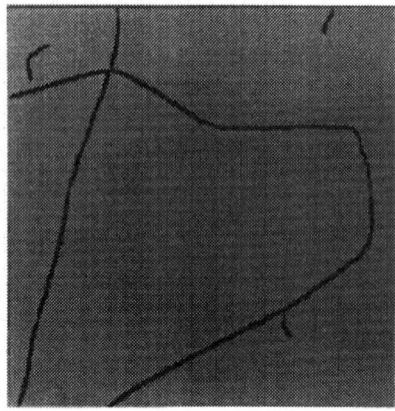

Bild 3.2.2.10: Extrahiertes Linienobjekt aus einem Luftbildausschnitt
   Links Originalbild, rechts extrahiertes Objekt

Kapitel 4.1.1

Geräte und Programme

P. Schwarzmann

4.1.1 Geräte und Programme
P. Schwarzmann

Der Beitrag zeigt aus Anwendersicht Folgen auf, die bei der Auswahl verschiedener Konzepte zur Lösung von Aufgaben mit Methoden der Bildverarbeitung zu beachten sind. Im Extremfall werden Komplettlösungen Eigenentwicklungen gegenübergestellt. Die Problematik wird anhand der 3 Gebiete:
- verfügbare Geräte und Komponenten,
- Betriebssoftware und '
- Software für Bildverarbeitungsmethoden

dargelegt. Auf kritische Punkte bei der Suche nach Lösungen von Bildverarbeitungsproblemen wird hingewiesen.

Durch das Zusammentreffen günstiger Voraussetzungen entwickelt sich das Gebiet der Bildverarbeitung seit der Mitte der siebziger Jahre äußerst intensiv. Zu dieser Entwicklung tragen gegenwärtig als Faktoren bei:

- Die Halbleitertechnik stellt durch rasch fallende Preise bei steigender Komplexität für die Bildverarbeitung geeignete Produkte am Markt zur Verfügung.

- Das junge Gebiet der Informatik hat sich die Bildverarbeitung als eines ihrer zentralen Gebiete gewählt, entwickelt für die angebotenen Geräte Werkzeuge und bildet qualifiziertes Personal aus.

- Die Industrie fordert im Rahmen der Rationalisierung und vor allem der Qualitätskontrolle zunehmend Lösungen, die sich am menschlichen visuellen Erkennungssystem orientieren.

Bedingt durch diese parallel laufenden Aktivitäten von industrieller Anwendung, Entwicklung von Geräten und Methoden sowie intensiver Grundlagenforschung, findet man am Markt ein Produktspektrum an Geräten und Programmen, das viele dieser Bedürfnisse widerspiegelt und damit äußerst vielfältig zum Teil unübersichtlich geworden ist.

Für eine Übersicht ist es daher notwendig, das Gebiet unter verschiedenen Gesichtspunkten anzusehen. Nachfolgend werden Geräte und Programme für Aufgaben der Bildverarbeitung unter verschiedenen Blickwinkeln unterschiedlicher Anwender beschrieben.

Das Gesamtgebiet soll unter 3 Gesichtspunkten beleuchtet werden:

- Stand der Gerätetechnik
- Angebotene hardwarenahe Programme (Firmware)
- Verfügbare Software bzw. Programmpakete.

Für jedes dieser Gebiete kann eine Unterteilung vorgenommen werden hinsichtlich der Einsatzgebiete:

- Anlage in einer Fertigung mit festem Einsatz.
- Anlage in der Fertigung mit wechselnden Einsatzgebieten.
- Entwicklungssysteme zur Erstellung von Programmen und Erprobung von Methoden.

Eine Berücksichtigung dieser Einsatzgebiete stellt sehr unterschiedliche Anforderungen an Gerätekomponenten und an die darauf implementierten Programme. Eine andere Unterteilung des Gebietes kann aus der Art des Anwenderkreises vorgenommen werden. Hier findet man 2 Extremfälle vor, zwischen denen alle Zwischenstufen angenommen werden können:

- Käufer einer schlüsselfertigen Problemlösung
  :
- Interessenten, die Einzelkomponenten kaufen, sie selbst integrieren und die nötigen Softwareaufwendungen selbst erbringen.

Betrachtet man insbesondere die letzte Unterteilung, so erkennt man, daß in jeder Stufe völlig andere Komponenten von Interesse sind, und daß vor allem eine weitgehende Kosten und Aufwandsverschiebung stattfinden kann. Hinzu kommen große Unterschiede im Aufwand, wenn im einen Fall eine oft gebrauchte Standardlösung verwendet werden kann, im anderen Falle dagegen eine problemspezifische Lösung entwickelt werden muß. Die Betrachtung einer Gesamtlösung als eine Zusammenfassung von Teillösungen ist in Bild 4.1.1.1 dargestellt.

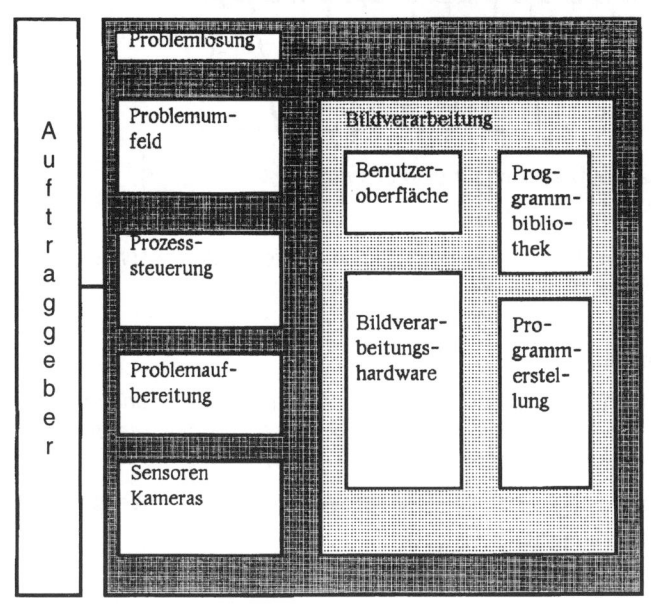

Bild 4.1.1.1: Teile einer Gesamtlösung

Das eigentliche Gebiet der Bildverarbeitung ist dabei nur ein Teilgebiet und ist selbst auch wieder in Teile untergliedert. Die Teile können dabei vielfältige Verbindungen untereinander haben. Im vorliegenden Beitrag soll lediglich auf den Block der eigentlichen Bildverarbeitung mit einem Seitenblick auf verfügbare Bildsensoren eingegangen werden.

Bild 4.1.1.2 soll die Aufwandsverschiebung zwischen einzelnen Blöcken einer speziell entwickelten Lösung schematisch verdeutlichen, wenn die Extremfälle im einen Fall die Komplettlösung und im anderen Fall die Eigenentwicklung darstellen.

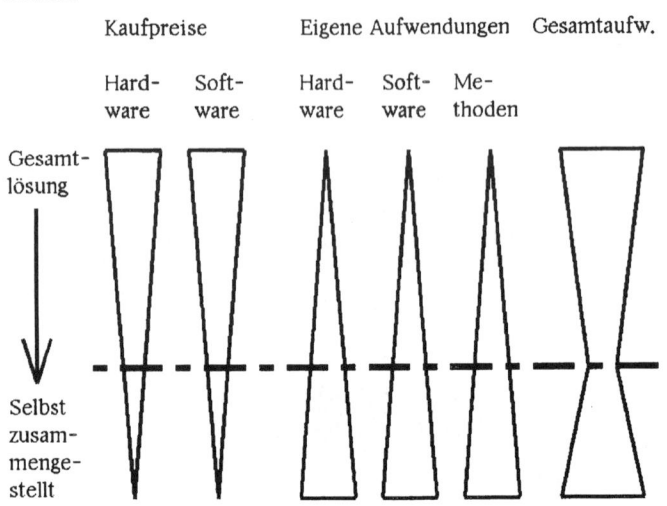

Bild 4.1.1.2: Gesamtaufwendung für eine Lösung

Unter den angeführten Gesichtspunkten sollen in den folgenden Abschnitten gegenwärtig verfügbare Komponenten betrachtet werden.

4.1.1.2 Gerätetechnik

Das Angebot an Anlagen, Geräten und Komponenten soll absteigend von Gesamtproblemlösungen zu Gerätekomponenten betrachtet werden. Als Beispiele für Problemgesamtlösungen können angeführt werden:

- Computertomographen zur 3-dimensionalen Abbildung von Gegenständen
- Adreßleser in Briefverteilungsanlagen
- Qualitätskontrolle in einer Fertigungslinie
- usw.

Gemeinsam ist allen diesen Beispielen die einfache Schnittstelle zwischen Auftraggeber und Auftragnehmer (s. Bild 4.1.1.1): es wird ein Aufgabenkatalog für die Anlage definiert, anhand dessen später eindeutig eine gelungene Lösung festgestellt werden kann. So soll z.b. bei einer Abfüllanlage der korrekte Füllstand und ein korrekter Flaschenverschluß mit einer Sicherheit von z.B. 99 % geprüft werden. Eine solche Projektdefinition schließt neben der eigentlichen Bildverarbeitung alle Arbeiten wie Sensortechnik, mechanische Komponenten, Störsicherheit usw. ein. Hier verschwinden die Bildverarbeitungsteile oft im Gesamtkonzept, so daß diese Fälle hier nicht weiter betrachtet werden sollen.
Die weitere Unterteilung in Bild 4.1.1.1 zeigt eine Reihe von Aufgabengebieten auf, die untereinander vielfältig abhängig sein können, wobei ein solches Gebiet die eigentliche Bildverarbeitung darstellt. Besonders enge Verbindungen wird diese Teil mit den Bildsensoren haben.

An dieser Stelle sollte als Einschub darauf hingewiesen werden, daß auf Betrachtungsebene unterhalb der Gesamtlösung leider oft erhebliche Mißverständnisse über die Leistungsfähigkeit und die erwartete Leistung zwischen Anwender und Gerätehersteller auftreten:
Der Anwender erwartet nach wie vor die Lösung seiner allgemein definierten Aufgabe: z.B. die Erkennung fehlerhafter Teile.
Der Gerätebauer seinerseits bietet technische Spezifikationen an, welche ausgehend von einer 2-dimensionalen Grauwertverteilung (Bild), festdefinierte Operationen darauf ausführen.
Der Anwender operiert mit Symbolen: Schraube, Schweißnaht usw., wohingegen der Gerätebauer mit Grauwertverteilungen operiert. Wie sich, bzw. ob sich die beiden Darstellungen eindeutig einander zuordnen lassen, bleibt oft zu Projektbeginn ungeklärt. Es ist jedoch nach wie vor eines der zentralen und nur im Einzelfall gelösten Probleme der Bildverarbeitung:
"Wie ordne ich einer 2-dimensionalen Grauwertverteilung eindeutig Gegenstände (Symbole) zu, aus denen der Mensch sein Weltbild aufbaut?"
Neben der reinen Abbildungstechnik durch den Sensor muß hier noch zusätzlich berücksichtigt werden:

− Die Beleuchtung der Szenen
− Vorkenntnisse über die Beleuchtung
− Vorkenntnisse über die zu erwartenden Objekte und ihre Erscheinungsformen.

Im menschlichen Sehapparat laufen solche Umsetzungen weitgehend unbewußt ab, so daß wir oft Gefahr laufen, ihre Komplexität zu unterschätzen.

Nach diesem Einschub soll in einem ersten Abschnitt auf Bildverarbeitungsgeräte und in einem zweiten auf Komponenten, aus denen sich ein Anwender eigene Anlagen zusammenstellen kann, eingegangen werden. Dabei sind alle Zwischenstufen möglich, wenn man z.B. daran denkt, daß Firmen nach Kundenanforderungen versehen, um sie dann als Komplettsysteme abzuliefern.

4.1.1.2.1 Bildverarbeitungsgeräte

Bildverarbeitungsgeräte schließen üblicherweise eine Grundsoftware zum Systembetrieb, sowie meist eine mehr oder weniger umfangreiche Unterprogrammbibliothek ein. Bevor einzelne Gerätekonzepte diskutiert werden, muß auf unterschiedliche Einsatzgebiete aufmerksam gemacht werden:

- Rauhe Werkhallenumgebung und Integration in einen Fertigungsprozeß. Beispiel hierfür ist eine robotergesteuerte Schweißnahtführung.
- Reine Prüffeldumgebung mit dem Beispiel von Prüfungen von Masken in der Halbleiterfertigung.
- Entwicklungssysteme, die primär der Erarbeitung von Lösungen dienen, deren Realisierung dann aber auf Anlagen der ersten beiden Gruppen vorgenommen wird.

Bei den Anlagen der ersten Gruppe treten zu den Anforderungen der Bildverarbeitung jene einer sehr hohen Betriebssicherheit und Störunanfälligkeit, sowohl den mechanischen und elektrischen Aufbau als auch den Programmablauf betreffend. Des weiteren ist ein Bildverarbeitungsprozeß häufig gezwungen, sich unbedingt an die Geschwindigkeit seiner Umgebung anzupassen. Bei umfangreichen Bildverarbeitungsprozessen können daher erhebliche Anforderungen an die Leistungsfähigkeit der Rechner gestellt werden.

Für die reine Prüfumgebung fallen oft der rauhe Betrieb weg, die hohe Betriebssicherheit wird jedoch nach wie vor gefordert.

Für die Kategorie der Entwicklungssysteme tritt an die Stelle der Fertigungsumgebung die Forderung nach hoher Flexibilität. Diese Anlagen entsprechen dann denjenigen in Forschungseinrichtungen für Programmentwicklungen zu Grundlagenuntersuchungen.

In der Entwicklung von Bildverarbeitungsgeräten wurden anfangs zwei unterschiedliche Wege eingeschlagen, die sich in ihren Extremen so darstellen lassen:
Konzept 1: (s. Bild 4.1.1.3)

Bild 4.1.1.3:
Konzept 1 mit konventionellem Rechner und angeschlossener Bildaufnahme und -wiedergabe

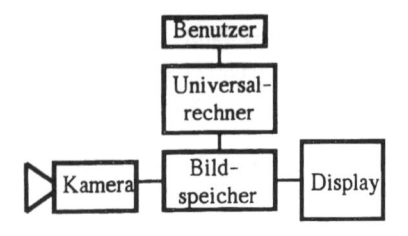

An eine konventionelle Rechnerarchitektur wird eine Bildaufnahme, ein Bildspeicher und eine Bildwiedergabeeinheit angeschlossen. Über Steuer- und Datenleitungen werden Befehle und Bilddaten zwischen Rechner und Bildspeicher ausgetauscht. Die eigentliche Bildverarbeitung geschieht im Rechner.

Konzept 2: (s. Bild 4.1.1.4)

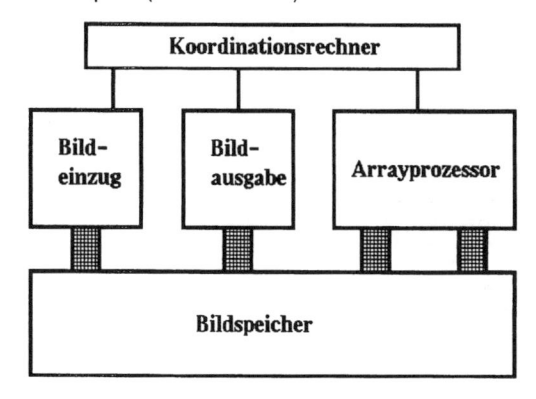

```
                    ┌─────────────────────┐
                    │ Koordinationsrechner│
                    └─────────────────────┘
        ┌──────────────┬──────────────┐
   ┌────┴────┐   ┌─────┴────┐   ┌─────┴───────┐
   │  Bild-  │   │  Bild-   │   │Arrayprozessor│
   │ einzug  │   │ ausgabe  │   │             │
   └─────────┘   └──────────┘   └─────────────┘
        │              │               │
   ┌────┴──────────────┴───────────────┴──────┐
   │            Bildspeicher                   │
   └───────────────────────────────────────────┘
```

Bild 4.1.1.4:
Konzept 2: spezialisierte, schnelle Bildverarbeitungskomponenten werden über einen Rechner koordiniert

Bildaufnahmeeinheiten, Bildspeicher und Spezialprozessoren sind über schnelle Datenwege miteinander verbunden. Ein konventioneller kleinerer Rechner übernimmt die Koordination der Bildverarbeitungskomponenten.

Beide Konzepte besitzen Vor- und Nachteile, deren wichtigste wohl sind:

Konzept 1 bietet den Bedienungskomfort und die umfangreiche Peripherie eines Standardrechners, sowie Flexibilität in den Bildverarbeitungsroutinen, da alle Operationen im Rechner ausgeführt werden. Dagegen ist der Datendurchsatz auch bei Verwendung leistungsfähiger Rechner für eine Produktionsumgebung meist zu gering, da die Schnittstelle zwischen Rechner und Bildverarbeitungsteil für Bilddaten einen Engpaß darstellt, und die Rechnerstruktur nicht für schnelle Bildverarbeitung geeignet ist. Das Konzept ist geeignet für eine flexible Programmentwicklung.

Konzept 2 vermeidet diesen Engpaß durch die Einführung schneller Busse im BV-Teil und die Verknüpfung von Bildspeichern über schnelle, teilweise parallel arbeitende Spezialprozessoren. Häufiger Nachteil war die zu geringe Leistungsfähigkeit des Koordinationsrechners, insbesondere beim Anschluß von Peripheriegeräten für eine komfortable Benutzerschnittstelle für die Programmentwicklung. Zudem waren die Spezialprozessoren häufig auf wenige Operationen beschränkt, und eine Programmierung derselben für neue Operationen sehr aufwendig.

Bedingt durch rasch fallende Hardwarekosten sind in neueren Konzepten häufig benutzerfreundliche Standardrechner und bildverarbeitungsspezifische Sonderkomponenten mit Speichern und Prozessoren vorgesehen. Bild 4.1.1.5 gibt das Konzept solcher Anlagen wieder.

Diese Vernetzung von Baugruppen über schnelle Datenkanäle und Steuerleitungen erfolgt über herstellerspezifische Schnittstellen oder aber über Schnittstellen, die sich als Standard herausgebildet haben und eine weite Verbreitung gefunden haben wie AT-, VME-, Q-, PCI- oder UNI-Bus. Diese Standardisierung hat dazu ge-

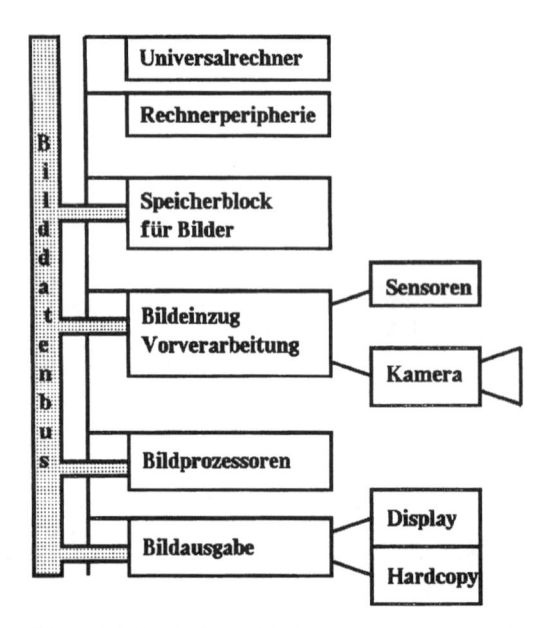

Bild 4.1.1.5: Moderne Bildverarbeitungskonzepte

führt, daß Bildverarbeitungskomponenten von einer Vielzahl von Herstellern zur kundenspezifischen Integration angeboten werden, wobei sich im unteren Preisniveau AT-kompatible Komponenten gut eingeführt haben, d.h. der Steuerrechner einer solchen Konfiguration kann ein AT-PC sein, bzw. ein System mit PCI-Bus.
Für die Auswahl eines Systems muß neben der reinen Leistungsfähigkeit des Datendurchsatzes die spätere Betriebsumgebung und die notwendige Sicherheit gegen Ausfälle in Betracht gezogen werden.
Bildverarbeitungsanlagen der oberen Leistungsklassen können dabei durchaus Bilddaten von 16 Mbyte und darüber speichern, was die Aufnahme bzw. Wiedergabe in Echtzeit von Fernsehbildserien mit 64 Bildern d.h. einer Szene von 3s entspricht. Die in den Spezialprozessoren ausgeführten Bildoperationen wie Filterungen, Additionen usw. werden dabei normalerweise in Echtzeit d.h. in 40 ms pro TV-Bild ausgeführt. Statt mehreren Prozessoren wird in größeren Anlagen neben dem Steuerrechner meist nur ein sehr leistungsfähiger und relativ flexibler Bildverarbeitungsprozessor eingesetzt.
Gängige Bildformate reichen von Fernsehbildern mit 512 x 512 Bildpunkten über hochauflösende Kameradaten von 2048 x 2048 Bildpunkten bis zu Volumenbildern in Tomographieverfahren von 256 x 256 x 256 Bildpunkten. Die Auflösung der Helligkeitsstufen liegt normalerweise bei 256 (8 bit) Stufen erreicht aber bei Scannerdaten und Farbdarstellungen 24 bit.
Bild 4.1.1.6 gibt eine Anlage diesen Typs wieder.

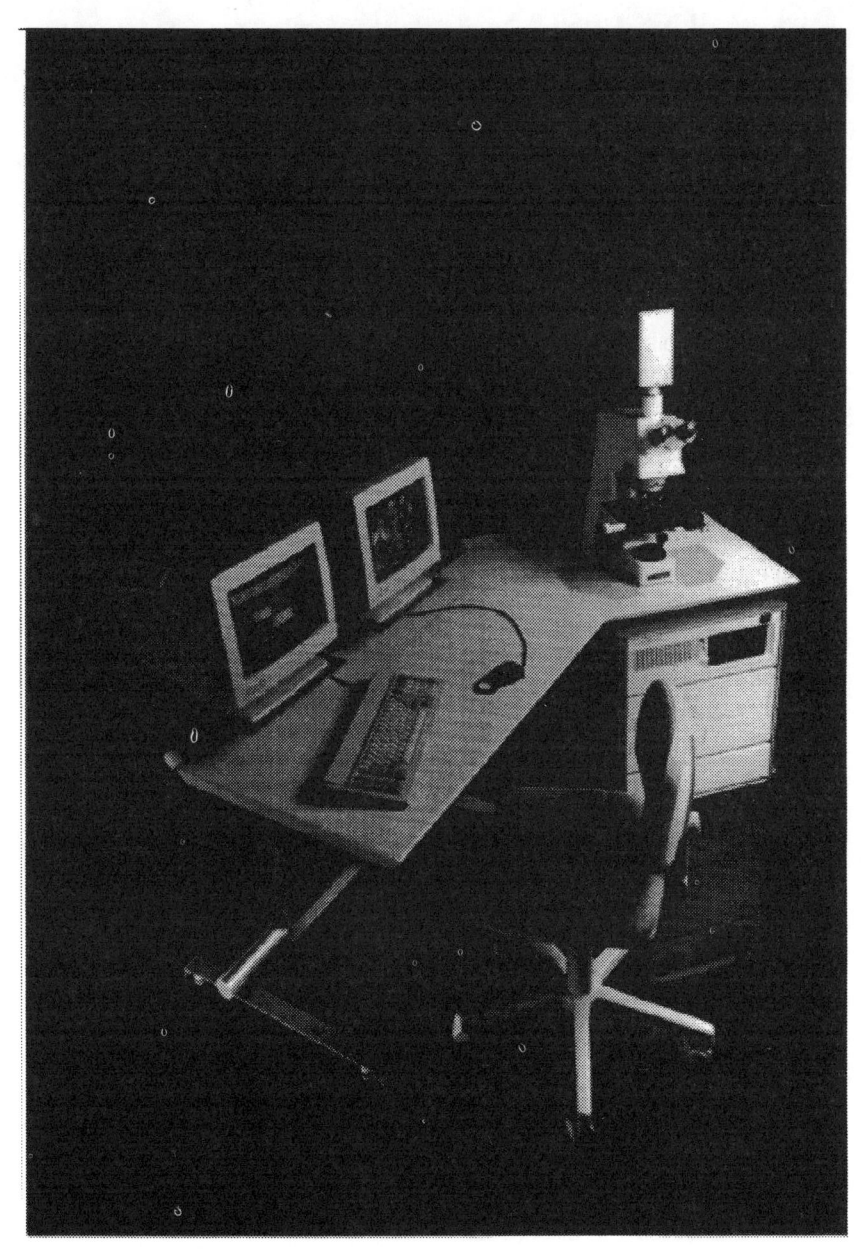

Bild 4.1.1.6: Bildverarbeitungsanlage (Fa. Kontron)

4.1.1.2.2 Bildverarbeitungskomponenten

Für Anwender, die sich ihre Bildverarbeitungskonfiguration selbst zusammenstellen wollen, bietet der Markt eine wachsende Fülle von Komponenten, die unter der Regie eines Steuerrechners über eine Standardschnittstelle betrieben werden können.
Aus Platzgründen sollen solche Komponenten im folgenden jeweils in Gruppen zusammengefaßt werden.

4.1.1.2.2.1 Prozessoren

Prozessoren für die Bildverarbeitung unterscheiden sich von denjenigen konventioneller Rechner durch eine Parallelisierung von Rechenschritten um die notwendige Verarbeitungsgeschwindigkeit zu erreichen. Eine Vorstellung über die Größenordnung gibt das einfache Beispiel einer Addition von 2 TV-Bildern mit jeweils 512 x 512 Bildpunkten in Echtzeit d. h. innerhalb von 40 ms. In diesem einfachen Beispiel sind schon
$$512 \times 512 \times 25 = 6.000.000$$
Operationen pro Sek. auszuführen. Gleichzeitig sei daran erinnert, daß mit der gleichen Rate die Eingangsdaten zugeführt und die Ergebnisdaten abgeführt werden müssen. Um dies zu erreichen wurden verschiedene Strategien entwickelt, von denen zwei angeführt werden sollen.
Der Array-Prozessor (s. Bild 4.1.1.7):

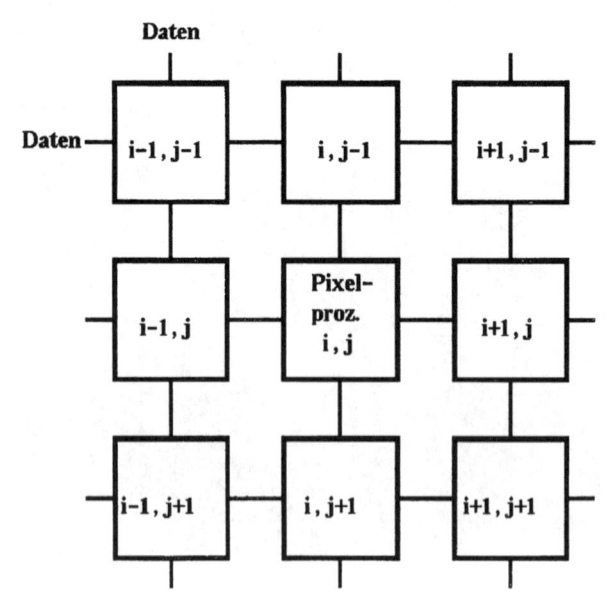

Bild 4.1.1.7: Array-Prozessor-Architektur

Dabei wird einem Bildpunkt ein Prozessor zugeordnet, der z.B. mit seinen 4 nächsten Nachbarn korrespondieren kann. Die Prozessoren werden dabei vor Ausführung einer Operation mit dem Operationsbefehl und den Bilddaten versorgt. Der Pipelineprozessor (s. Bild 4.1.1.8):

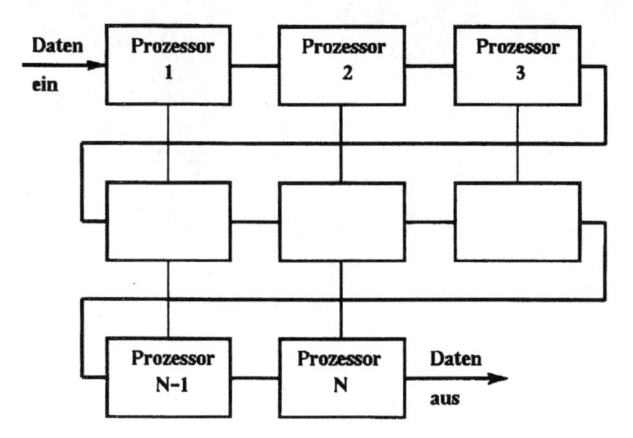

Bild 4.1.1.8: Pipeline-Prozessor Architektur

In diesem Falle werden die Daten dem Prozessor seriell zugeführt, wobei jeder Prozessor eine andere Operation ausführen kann. Durch dieses Konzept können verschiedene Operationen auf Bildern unmittelbar nacheinander ausgeführt werden. Diese Architektur hat mit vielen Abarten eine weite Verbreitung gefunden.

Für die Realisierung derartiger leistungsfähiger Netze stehen neben konventionellen Mikroprozessoren sehr schnelle Bausteine wie Signalprozessoren und Transputer zur Verfügung.
In jüngster Zeit werden als in Hostrechner integrierbare Prozessoren Architekturen angeboten, wie sie unter dem Oberbegriff "Neuronale Netze" (NN) zusammengefaßt werden. Solche Architekturen bilden Strukturen, wie wir sie in Nervensystemen vorfinden, teilweise nach. Ihre Komplexität liegt nicht in den Möglichkeiten der Netzknoten sondern in der Vielfalt der Vernetzungsmöglichkeiten.

Ein Beispiel für eine Untereinheit eines solchen Sonderprozessors ist in Bild 4.1.1.9 wiedergegeben. Es handelt sich um eine Transputereinheit als Einsteckkarte in einen AT-PC.

Neben allgemeinen Konzepten solcher Spezialprozessoren, wurden für einzelne Methoden der Bildverarbeitung angepaßte Hardwarestrukturen entwickelt und gebaut. Bekannt geworden sind u.a. Lösungen für die Faltung, die Korrelation, die Fouriertransformation und die Methoden der mathematischen Morphologie.

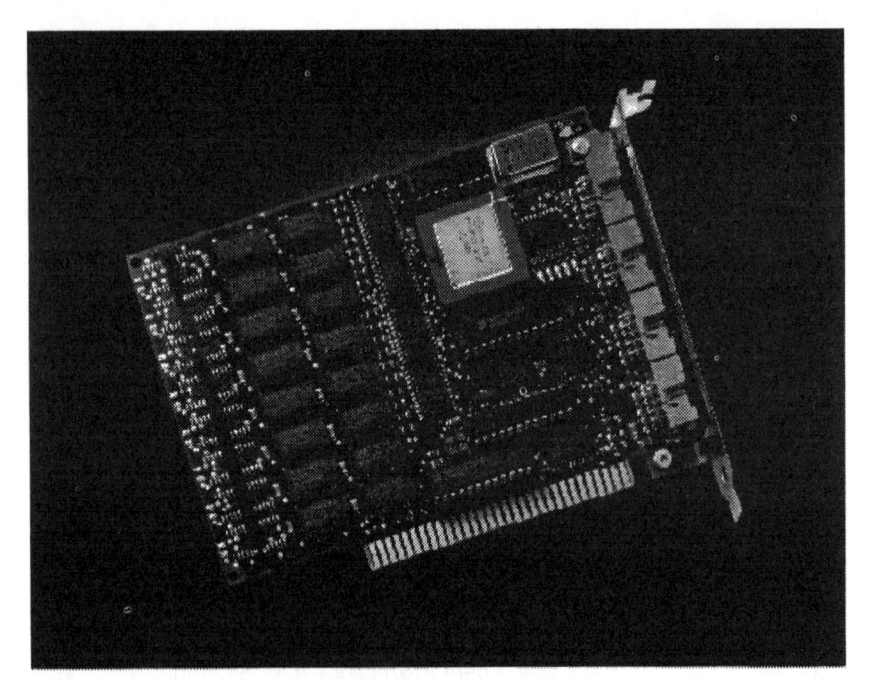

Bild 4.1.1.9: Einsteckkarte in einen AT-PC mit Transputereinheit (Fa. MSC)

4.1.1.2.2.2 Bildspeicher

Durch die Fortschritte der Halbleitertechnologie kann heute verhältnismäßig freizügig über Speicherplatz verfügt werden. Geht man von der neuesten Technologie mit 4 Mb in einem Baustein und einem Fernsehbild mit 512 x 512 Bildpunkten mit 8 bit Auflösung aus, so zeigt sich, daß im Prinzip in diesem Baustein 2 komplette Bilder untergebracht werden können!

Moderne Bildspeicher sind so konzipiert, daß die insgesamt verfügbare Speichermenge freizügig in Bilder unterschiedlicher Größe aufgeteilt werden kann. Um mit der Fernsehtechnik kompatibel zu bleiben, muß eine Lese- und Schreibgeschwindigkeit von mindestens 10 Mbyte/s möglich sein. Hinzu kommt, daß Lese- und Schreibvorgänge von der Bilddarstellung unabhängig sein müssen, damit beim Zugriff kein Bildflackern auftritt.

Da auf Bilddaten immer nur im Bildspeicher zugegriffen werden kann, wurden einzelnen Bildspeicherkonzepten Verarbeitungsmöglichkeiten mit eingebaut. Hier sind zu nennen das gleichzeitige Abspeichern von 3 Farbkanälen und das unmittelbare Aufaddieren von hintereinander eintreffenden Bildern zur Rauschverminderung (Averaging).

Weiter werden in Bildspeicher Overlaymöglichkeiten eingebaut, um ohne Störung des Bildes Zusatzinformation wie Text und Konturen einblenden zu können. Bild 4.1.1.10 gibt ein Beispiel für eine Bildspeicherkarte mit TV-Kameraanschluß zum Einbau in eine AT-PC Konfiguration

Bild 4.1.1.10: Bildaufnahme- und Speicherkarte zum Einbau in AT-PC (Fa. SDT)

Mit dem Einsatz der Megabit Speichertechnologie darf sicher eine weitere Vergrößerung der Speichermöglichkeiten erwartet werden.

4.1.1.2.2.2 Weitere Baugruppen

Weitere Baugruppen für Anlagen sollen nur kurz aufgeführt werden:

- Bausteine für den Bildeinzug: Diese Baugruppe digitalisiert das meist analoge Kamerasignal. Sie muß gegenüber Störsignalen unempfindlich sein und bestimmt wesentlich die Qualität der dem Bildverarbeitungssystem angebotenen Daten. Am Markt angebotene Komponenten sind dabei von unterschiedlicher Qualität. Teilweise werden in diese Baugruppe Möglichkeiten mit eingebaut, um Unvollkommenheiten der Kamera oder der Beleuchtung zu kompensieren (Shadingkorrektur).

- Bildausgabe: Soweit normale TV-Technik benutzt wird, ist das Ausgabeformat auf ungefähr 512 x 512 Bildpunkte beschränkt. Für darüber hinausgehende Ansprüche stehen Monitore mit erhöhten Bandbreiten zur Verfügung (40 - 80 MHz) und lassen die Darstellung von Bildern bis zu ca. 2000 x 2000 Bildpunkten zu. Neben der Schwarz-Weiß-Technik stehen natürlich auch Farbdisplays zur Verfügung. Für die Ausgabe von Papierbildern werden Geräte der Scannertechnologie auch für große Bildformate und hohe Auflösungen eingesetzt.

- Schnittstellen für den Datentransfer: Möchte man eine Anlage neben dem Inselbetrieb mit anderen Anlagen koppeln, muß eine leistungsfähige Datenübertragung geschaffen werden. Es sollte dabei unbedingt auf eine standardisierte Schnittstelle mit einem standardisierten Übertragungsprotokoll geachtet werden.

4.1.1.3 Hardwarenahe Software

Unter dem Oberbegriff der hardwarenahen Software (Firmware) sollen Programmteile verstanden werden, die zum Betrieb eines Gerätes oder einer Anlage notwendig sind. Dazu zählen insbesondere:

- Betriebsysteme
- Benutzeroberflächen
- Treiber für Peripheriegeräte
- Treiber für BV-Hardwarekomponenten

Bei Betriebsystemen muß unterschieden werden zwischen demjenigen zum Betrieb des Rechners und demjenigen zum Betrieb der Bildverarbeitungsteile. Im einfachsten Fall laufen unter dem Rechnerbetriebsystem Ablaufprogramme, welche die eigentlichen Bildverarbeitungsprozeduren enthalten; im anderen Falle sind Bildverarbeitungsprozeduren Teil des Betriebsystems.

Unter den Betriebsystemen haben sich einige mehr oder weniger als Standards herausgebildet. Dazu zählen aufsteigend von kleineren zu größeren Anlagen: MS-DOS, WINDOWS, OS-2, OS-9 und UNIX. Eine solche Standardisierung erleichtert Arbeiten an unterschiedlichen Geräten außerordentlich, da der Benutzer sich leicht zurechtfindet und an anderen Systemen gewonnene Erfahrungen sofort weiterbenutzen kann.

Dem Benutzer gegenüber stellt sich das Betriebsystem in einer sogenannten Benutzeroberfläche dar. Wesentliche Teile davon sind:

- Die Benutzerführung in Form von Menus mit kommentierten Auswahlmöglichkeiten. Dies kann in einer Hierarchie geschehen, so daß aus einem Menu heraus ein weitergehend spezialisiertes Untermenu aufgerufen werden kann. Gute Benutzerführungen bieten dabei in jeder Stufe auf Anforderung Hilfestellung für den weniger geübten in Form von Kurzbeschreibungen der Wirkung einzelner Programmteile an. Ein Beispiel hierzu ist in Bild 4.1.1.11 wiedergegeben.

- Windowtechnik: Der Benutzer hat die Möglichkeit mehrere Prozesse gleichzeitig im Auge zu behalten: Sei es daß er mehrere Programme gleichzeitig ablaufen lassen will, sei es, daß er Informationen mehrerer Programme für die Erstellung oder den Ablauf eines weiteren Programmes benötigt. Diese

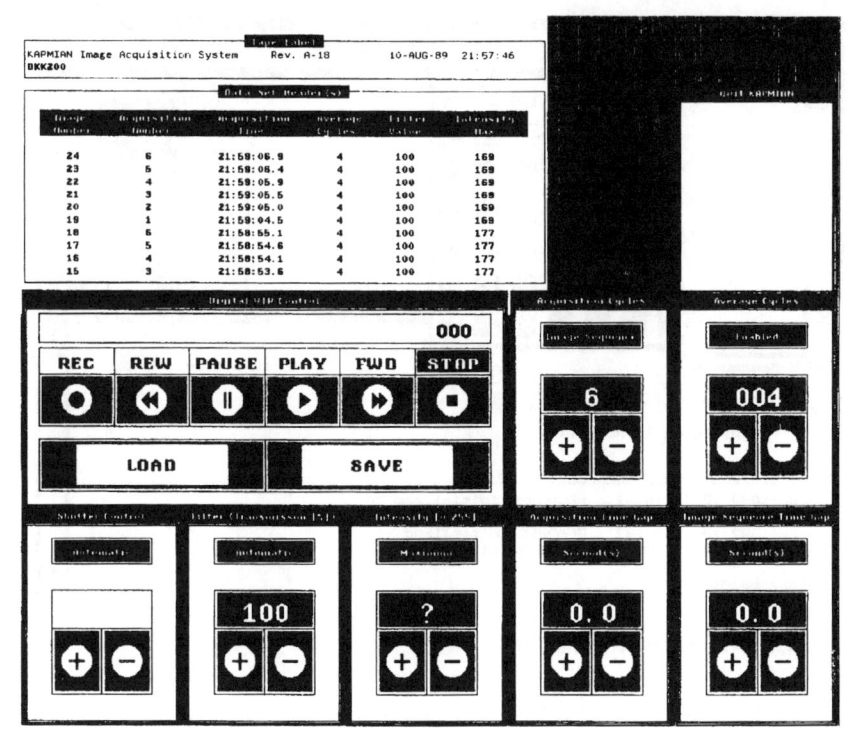

Bild 4.1.1.11: Beispiel für ein Menu

Techniken sind meist so gestaltet, daß der Benutzer verschiedene Seiten vor sich sieht, die er nach Bedarf in den Vorder- oder Hintergrund verschieben kann. Aktiven Zugriff hat er auf die Seite im Vordergrund. Bild 4.1.1.12 zeigt ein Beispiel hierzu.

- Im Betrieb soll dem Bedienpersonal jederzeit auf Anforderung die Möglichkeit von Überprüfungen des Systems als auch Information über die Ergebnisse des laufenden Programmes zugänglich sein. Diese Kontrollprozesse müssen vom Betriebssystem ohne Beeinträchtigung des Hauptprogrammes ausgeführt werden.
  Wichtig in diesen Fällen ist, daß wichtige Informationen (Fehlermeldungen, Alarme) graphisch hervorgehoben und mit hoher Priorität dargestellt werden.

- Kommunikation mit dem Bildschirm: Neben der bekannten Eingabe über eine Tastatur, sind besonders für das Anwählen von Auswahlmöglichkeiten oder die Kennzeichnung von Bildteilen interaktive Möglichkeiten wie Joystick, Lichtgriffel oder heute überwiegend benutzt, die Maus als Standard eingeführt.

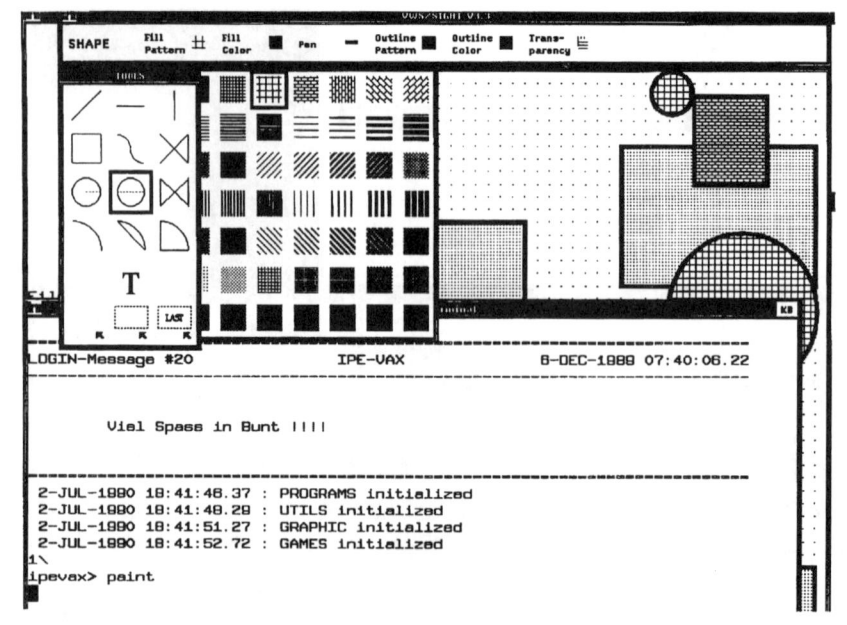

Bild 4.1.1.12: Windowtechnik

Treiber für angeschlossene Peripheriegeräte sind bei kompletten Anlagen im Benutzersystem integriert. Probleme können jedoch auftreten, wenn zusätzliche Peripheriegeräte angeschlossen werden sollen. Hier ist im Einzelfall zu klären, ob und wie in das vorliegende Betriebssystem solche zusätzlichen Teile eingebaut werden können. Eine zweite Frage ist, wo diese zusätzlichen Treiberprogramme zu beschaffen sind. Diese beiden Fragen sind besonders wichtig für Benutzer, die sich ihre Anlagen aus am Markt verfügbaren Teilen selbst zusammenstellen wollen. Meist bieten hier Lieferanten von Zusatzeinrichtungen gleichzeitig Treiberprogramme und Anweisungen zum Einbinden derselben in verschiedene Betriebsysteme an. Es ist jedoch in jedem Falle zu prüfen, ob Peripherieteile innerhalb des gleiche Betriebsystems miteinander verträglich sind.

4.1.1.4 Programme für die Bildverarbeitung

Der Anstoß zu Entwicklungen von Methoden und Verfahren der Bildverarbeitung kam meist aus Kreisen von Anwendern aus sehr unterschiedlichen Arbeitsgebieten. Erinnert sei an so unterschiedliche Anwendungsgebiete wie

- Industrielle Teileerkennung
- Qualitätskontrolle
- Fernerkundung

- Medizinische Bildverarbeitung
- Automatische Fahrzeugführung
- ...

Aus diesen unterschiedlichen Interessenlagen haben sich eine Vielfalt von Programmentwicklungen ergeben, deren effiziente Handhabung in einem Fachgebiet oft nur der Entwicklergruppe dieser Programme möglich ist. Einige Teilgebiete der Bildverarbeitung sind bis heute jedoch soweit in der Entwicklung fortgeschritten, daß gemeinsame Standardprozeduren in Form von fachübergreifenden Programmpaketen vorliegen. Um das ganze Gebiet etwas zu strukturieren, sollen Programme anhand des Schemas von Bild 4.1.1.13 eingeordnet werden. Diese Ordnung ist aufsteigend von den sensororientierten Programmteilen über von der Bedeutung des Bildinhaltes unabhängigen Verfahren (Ikonik) zu Objekte erkennenden Verfahren und schließlich zu Methoden des Bildverstehens. Portierbare Programmpakete sind für den Anwender im wesentlichen auf dem ikonischen Gebiet verfügbar. Es sind umfangreiche Programmpakete (z.B. SPIDER, Visilog, TopPic, OPTIMAS, A-FIPS), welche auf konventionellen Standardrechnern die Methoden der ikonischen Bildverarbeitung zur Verfügung stellen. Der Umfang dieser Pakete entspricht ungefähr demjenigen, der in Anlagen zur Bildverarbeitung in Programmbibliotheken zur Verfügung gestellt wird. Zur Entwicklung von Problemlösungen im Einzelfall müssen diese Programmteile vom Entwickler kombiniert und in ihrer problemspezifischen Wirkung beurteilt werden.

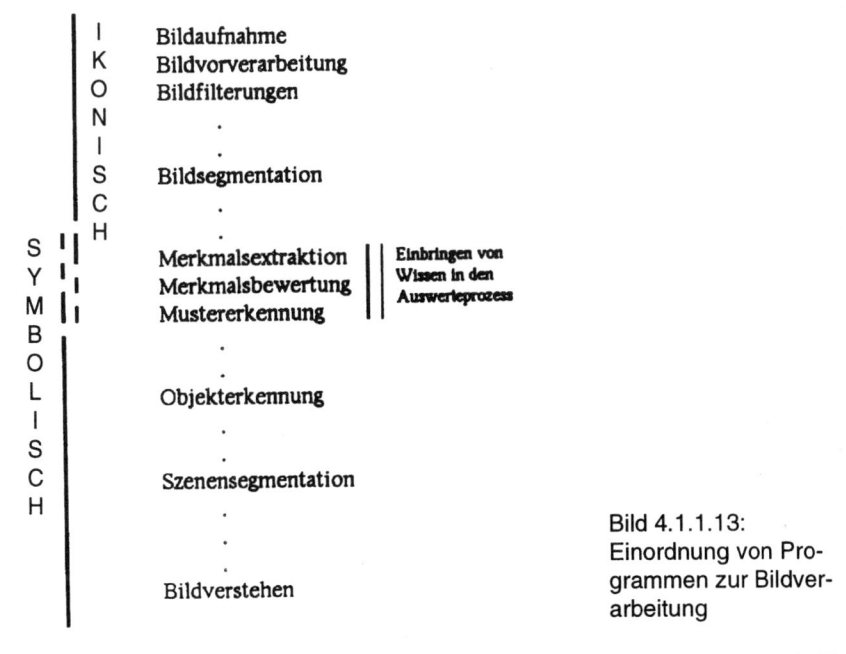

```
            I    Bildaufnahme
            K    Bildvorverarbeitung
            O    Bildfilterungen
            N    .
            I    .
            S    Bildsegmentation
            C    .
     S      H    .
     Y     | |   Merkmalsextraktion    | Einbringen von
     M     | |   Merkmalsbewertung     | Wissen in den
     B     | |   Mustererkennung       | Auswerteprozess
     O      |   .
     L      |   Objekterkennung
     I      |   .
     S      |   Szenensegmentation
     C      |   .
     H      |   .
            |   Bildverstehen
```

Bild 4.1.1.13: Einordnung von Programmen zur Bildverarbeitung

Auf dieser Ebene (Ikonik) handelt es sich im wesentlichen um Programmteile zur
- Steuerung des Bildeinzuges
- Bildverbesserung
- Bildmanipulation
- Allgemeine Bildfilterung
- Auswertung von Farbinformation
- Segmentation
- Merkmalsextraktion

Dieser ganze Bereich wird auch als Low-level-Bildverarbeitung bezeichnet.
Beim Übergang von den ikonischen zu den symbolischen Verfahren, welche Objekte oder Symbole wie "Schraube", "Ecke", "Schatten" usw. handhaben, muß zu der Bildinformation noch zusätzliches Wissen hinzukommen, sei es in Form von Modellvorstellungen oder in Form von Beispielen.

Auf dieser Ebene liegen Programmpakete für überwacht und unüberwacht lernende statistische Klassifikatoren für die Mustererkennung vor (z.B. SPSS). Für Verfahren der symbolischen Mustererkennung sind Werkzeuge aus der Entwicklung von Expertensystemen brauchbar (z. B. KEE). Dieser Bereich wird als High-level-Bildverarbeitung bezeichnet. Programmpakete dieser Stufe werden normalerweise auf größeren Standardrechnern oder auf speziellen Maschinen für Expertensysteme mit angepaßter Hardware implementiert.
Ein Schritt in der Entwicklung von Problemlösungen, welcher nach wie vor die Intuition des Benutzers erfordert, ist der Übergang vom ikonischen Bild zu erkannten Objekten bzw. Symbolen. Es handelt sich um die Aufgabe des Auffindens von Merkmalen im ikonischen Bild, welche gleichzeitig für die Beschreibung bzw. Kennzeichnung des Objektes ausreichend sind.

Betrachtet man die Gesamtsituation der verfügbaren Programme und Methoden, so zeigt sich, daß für die Programmierung anspruchsvoller Problemlösungen nach wie vor gut eingearbeitetes Personal benötigt wird, welches Kenntnisse sowohl auf dem Gebiet der Bildverarbeitung und Rechnerhandhabung als auch auf den jeweiligen Anwendungsgebiet besitzen muß.

Es ist außerdem damit zu rechnen, daß mit steigender Komplexität der Bildverarbeitungsaufgaben die Kosten für Softwareentwicklungen weiter ansteigen werden, wohingegen Hardwarekomponenten bei steigender Leistung preiswerter werden.

Kapitel 5.1.1.1

Geometrische Kalibrierung und Orientierung digitaler Bildaufnahmesysteme

R. Godding

5.1.1.1 Geometrische Kalibrierung und Orientierung digitaler Bildaufnahmesysteme
R. Godding

5.1.1.1.1 Einführung

Die Nutzung digitaler Bildaufnahmesysteme zu Meßzwecken erfordert die Möglichkeit, diese Systeme zu kalibrieren bzw. zu überprüfen. Eine solche Kalibrierung und Überprüfung ist insbesondere dann notwendig, wenn:

- eine Aussage über die erreichbare Genauigkeit des Meßsystems und damit auch über die am Objekt erreichbare Meßgenauigkeit getroffen werden soll;
- eine simultane Kalibrierung des Meßsystems während der Messung verfahrensbedingt nicht möglich ist und daher einige oder alle Systemparameter vorab bestimmt werden müssen;
- vollständige Aufnahmesysteme oder Komponenten vom Hersteller im Rahmen der Qualitätsprüfung getestet werden sollen;
- von Einflüssen des Aufnahmesystems bereinigte digitale Bilder als Vorbereitung für weitere Arbeitsschritte (z. B. Entzerrungen) erzeugt werden sollen.

Zudem sind beim Aufbau von Meßsystemen die Positionen der aufnehmenden Kameras oder sonstiger Sensoren bezüglich eines übergeordneten Weltkoordinatensystems zu ermitteln, um eine 3D- Bestimmung von Objekten innerhalb dieser Systeme zu ermöglichen.

Im folgenden sollen Verfahren zur Kalibrierung und Orientierung von Aufnahmesystemen vorgestellt werden. Dabei wird der Schwerpunkt auf photogrammetrische Verfahren gelegt, da diese eine in sich geschlossene und hochgenaue Bestimmung der benötigten Parameter ermöglichen.

5.1.1.1.2 Begriffsdefinitionen

5.1.1.1.2.1 Kamerakalibrierung

Unter einer Kalibrierung wird im photogrammetrischen Sprachgebrauch die Bestimmung der Parameter der inneren Orientierung einzelner Kameras bezeichnet. Bei der Verwendung digitaler Kameras ist es sinnvoll, das vollständige Aufnahmesystem mit Kamera, Übertragungseinheiten und Framegrabber zu betrachten. Die durch eine Kalibrierung zu bestimmenden Parameter hängen ab von dem verwendeten Kameramodell. Mit einem kalibrierten Aufnahmesystem ist es möglich, Messungen durchzuführen, wobei noch die Orientierungen der Kameras bestimmt werden müssen.

5.1.1.1.2.2 Kameraorientierung

Die Orientierung von Kameras umfaßt im allgemeinen die Bestimmung der Parameter der äußeren Orientierung zur Festlegung der Kameraposition und der Aufnahmerichtung im übergeordneten Objektkoordinatensystem, auch oft als Weltkoordinatensystem bezeichnet. Hierzu sind für jede Kamera drei Rotations- und drei Translationsparameter, also insgesamt sechs Parameter zu bestimmen.

5.1.1.1.2.3 Systemkalibrierung

In vielen Anwendungen werden feste Anordnungen verschiedener Sensoren zur Messung verwendet. Als Beispiel seien Online-Meßsysteme genannt, in denen z. B. mehrere Kameras, Laserpointer, Musterprojektoren, Drehtische u. a. m. eingesetzt werden können. Betrachtet man das vollständiges System als eigentliches Meßwerkzeug, so kann man als Systemkalibrierung die simultane Kalibrierung und Orientierung aller beteiligten Komponenten bezeichnen.

5.1.1.1.3 Einfluß innerer und äußerer Effekte auf die geometrische Leistungsfähigkeit

5.1.1.1.3.1 Innere Effekte

Alle Komponenten eines digitalen Bildaufnahmesystems beeinflussen die Abbildung eines Objektes und damit auch die Meßergebnisse, die aus der Weiterverarbeitung dieser Abbildung entstehen. Die relevanten Komponenten werden im folgenden kurz beschrieben (Bild 5.1.1.1.1).

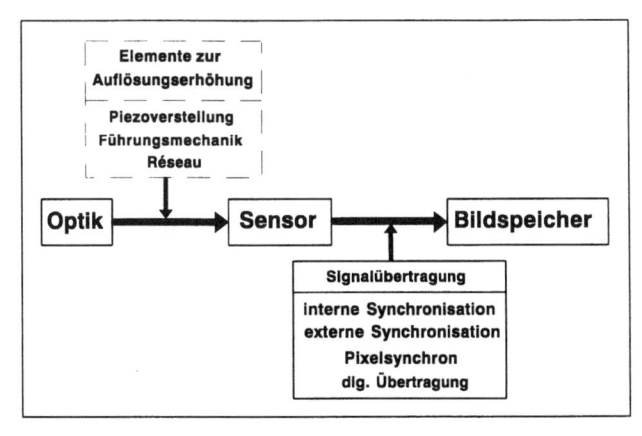

Bild 5.1.1.1.1: Komponenten digitaler Aufnahmesysteme

5.1.1.1.3.1.1 Optisches System

Fast alle Objektive weisen typische radialsymmetrische Verzeichnungen auf, die sehr unterschiedliche Größenordnungen annehmen können. Einerseits werden in optischen Meßsystemen Objektive eingesetzt, die nahezu verzeichnungsfrei sind [Godding 1993], andererseits weisen besonders Weitwinkelobjektive oftmals Verzeichnungen von mehreren 100 µm am Bildrand auf. Eine Sonderstellung nehmen Fish-Eye Objektive mit ihren zum Teil extremen Verzeichnungswerten am Bildrand ein. Da die radialsymmetrische Verzeichnung konstruktionsbedingt ist, kann in diesem Zusammenhang nicht von Objektivfehlern gesprochen werden. Im Gegensatz dazu verursachen die bei der Objektivherstellung oftmals entstehenden Linsendezentrierungen Abbildungsfehler, die sich in radial- asymmetrischen und tangentialen Verzeichnungsanteilen widerspiegeln [Brown 1966]. Auch zusätzliche optische Elemente im Strahlengang, z.B. IR-Sperrfilter und Schutzglas des Sensors, beeinflussen die Abbildung und müssen bei der Kalibrierung eines Systems berücksichtigt werden.

5.1.1.1.3.1.2 Elemente zur Auflösungserhöhung

Das Format und die mögliche Auflösung von CCD-Sensoren ist begrenzt. Auf dem Markt werden derzeit zwar bereits Sensoren mit maximal 5000 · 5000 Bildelementen angeboten [Lenz 1993], allerdings zu hohen Preisen. Aus diesem Grunde werden verschiedene Techniken angewendet, um mit handelsüblichen Sensoren durch deren Bewegung parallel zur Bildebene höhere Auflösungen zu realisieren. Im wesentlichen sind zwei Verfahren möglich. Beim sogenannten „Mikroscanning" werden durch eine Piezoverstellung die verwendeten Interline- Transfer- CCD- Sensoren um kleine Beträge so verschoben, daß die lichtempfindlichen Sensorelemente in die für diese Sensorbauweise typischen Lücken zwischen diesen Elementen fallen und dort zusätzliche Bildinformation erfassen [Lenz 1990], [Richter 1993]. Alternativ dazu können beim „Makroscanning" die Sensoren um ein Vielfaches der Sensorgröße verschoben werden, was zu einer Vergrößerung des Bildformates führt. Die Zuordnung der Einzelbilder zum Gesamtbild erfolgt dann entweder über eine hochgenaue Mechanik [Poitz 1993, Holdorf 1993], oder optisch numerisch durch die Messung eines in der Bildebene auf einer Glasplatte aufgebrachten Bezugsgitters („Réseauscanning") [Riechmann 1992].

Alle Elemente zur Auflösungserhöhung beeinflussen die Gesamtgenauigkeit des Aufnahmesystems. Bei scannenden Systemen wirkt sich bei ausschließlich mechanischer Zuordnung der Einzelbilder die Genauigkeit der Verstellmechanik direkt auf die Geometrie der hochaufgelösten Bilder aus. Beim Réseauscanning ist die Genauigkeit des Réseaus bestimmend für die zu erreichende Bildmeßgenauigkeit [Bösemann 1990].

5.1.1.1.3.1.3 Sensor und Signalübertragung

CCD-Sensoren bieten aufgrund ihres Aufbaus in den meisten Fällen hohe geometrische Genauigkeiten [Lenz 1988b]. Zur Beurteilung eines Aufnahmesystems sollte der Sensor in Verbindung mit dem verwendeten Framegrabber betrachtet werden. Insbesondere dann, wenn keine pixelsynchrone Übertragung des Signals von Kamera zu Bildspeicher gewährleistet ist, können bei der A/D- Wandlung des Videosignals je nach Art der Synchronisierung geometrische Fehler unterschiedlicher Größenordnung auftreten [Beyer 1992, Bösemann 1990]. Bei pixelsynchronem Auslesen der Daten hingegen wird durch die zusätzliche Übertragung des Pixeltaktes gewährleistet, daß einem Sensorelement exakt ein Bildelement im Bildspeicher entspricht. Mit diesen Kameras konnten sehr hohe Genauigkeiten nachgewiesen werden [Godding 1993]. Allerdings kann auch bei dieser Übertragungsart nicht davon ausgegangen werden, daß die einzelnen Bildelemente quadratisch sind. Vielmehr ist – bei jeder Art der Synchronisierung- bei den meisten Sensor- Bildspeicherkombinationen ein Affinitätsfaktor zu berücksichtigen, d. h. die Ausdehnung der Pixel in Zeilen- und Spaltenrichtung kann unterschiedlich sein.

5.1.1.1.3.2 Äußere Effekte

Sind mehrere Kameras im Rahmen eines Online- Meßsystems angeordnet, so können sich nach erfolgter Kalibrierung und Orientierung sowohl die Parameter der inneren Orientierung (z. B. durch Umfokussierung und Temperaturänderungen), als auch die Parameter der äußeren Orientierung (z. B. durch mechanische Einwirkungen oder Temperaturschwankungen) verändern. Die daraus resultierenden Einflüsse reichen von Maßstabsfehlern bei der Objektbestimmung bis hin zu komplexen Modelldeformationen. Aus diesem Grunde sollte in solchen Systemen eine Möglichkeit der Überprüfung bzw. der Neubestimmung aller relevanten Parameter vorhanden sein.

5.1.1.1.4 Modell der Abbildung mit optischen Systemen

Grundsätzlich läßt sich die Abbildung eines optischen Systems nach den mathematischen Regeln der Zentralprojektion beschreiben. Damit wird ein Objekt so in eine Ebene abgebildet, daß die Objektpunkte P_i sowie die zugehörigen Bildpunkte P'_i auf Geraden durch das Projektionszentrum O_j liegen (Bild 5.1.1.1.2). Für die Abbildung eines Objektpunktes in die Bildebene gilt unter idealisierten Bedingungen

$$\begin{bmatrix} x_{ij} \\ y_{ij} \end{bmatrix} = \frac{-c}{Z^*_{ij}} \begin{bmatrix} X^*_{ij} \\ Y^*_{ij} \end{bmatrix} \qquad (1)$$

mit
$$\begin{bmatrix} X^*_{ij} \\ Y^*_{ij} \\ Z^*_{ij} \end{bmatrix} = D(\omega,\varphi,\kappa)_j \begin{bmatrix} X_i - Xo_j \\ Y_i - Yo_j \\ Z_i - Zo_j \end{bmatrix} \qquad (2)$$

wobei
X_i, Y_i, Z_i die Koordinaten eines Objektpunktes P_i im Objektkoordinatensystem K, X_{oj}, Y_{oj}, Z_{oj} die Koordinaten des Projektionszentrums O_j im Objektkoordinatensystem K, X^*_{ij}, Y^*_{ij}, Z^*_{ij} die Koordinaten des Objektpunktes P_i im Koordinatensystem K^*_j, x_{ij}, y_{ij} die Koordinaten des Bildpunktes im Bildkoordinatensystem K_B sind und $D(\omega, \varphi, \kappa)j$ die Drehmatrix zwischen K und K^*_j sowie c der Abstand des Projektionszentrums von der Bildebene ist

Dabei liegt das System K^*_j parallel zum System K_B mit dem Ursprung im Projektionszentrum O_j [Wester-Ebbinghaus 1989].

Durch obige Darstellung wird der Abbildungsvorgang derart aufgeteilt, das in Gl. (1) im wesentlichen die Bildraumparameter, in Gl. (2) hingegen im wesentlichen die Objektraumparameter, d.h. die Parameter der äußeren Orientierung zum Tragen kommen.

Diese Idealvorstellung wird in der Realität nicht erreicht. Vielmehr treten – bedingt durch die unterschiedlichen Komponenten des Aufnahmesystems – eine Vielzahl von Einflüssen auf. Diese Einflüsse lassen sich als Abweichung von der strengen Zentralprojektion modellieren. Verschiedene Möglichkeiten der mathematischen Kameramodellierung werden im folgenden Abschnitt beschrieben.

5.1.1.1.5 Kameramodelle

Bei der Nutzung optischer Systeme zu Meßzwecken ist die Modellierung des vollständigen Abbildungsvorganges entscheidend für die zu erreichende Genauigkeit. Grundsätzlich gleiche Überlegungen gelten z. B. für Projektionseinrichtungen, die ebenfalls ähnlich wie ein Aufnahmesystem modelliert werden können.

Grundlage für die weitere Betrachtung ist die Definition eines Bildkoordinatensystems K_B in der Bildebene der Kamera. Diese Bildebene wird bei den meisten elektrooptischen Kameras durch die Sensorebene definiert, nur bei speziellen Kameras (z. B. Réseau-Scanning-Cameras [Riechmann 1992]) ist die Bildebene anders festgelegt. Während bei den meisten zu Meßzwecken benutzten analogen Kameras das Bildkoordinatensystem durch projizierte Rahmenmarken oder ein Réseau festgelegt wird, ist diese Definition für digitale Kameras nicht notwendig. Hier reicht es aus, den Ursprung des Bildkoordinatensystems in die Mitte der im Bildspeicher vorhandenen digitalen Bilder zu legen (Abb. 5.1.1.1.3). Da der

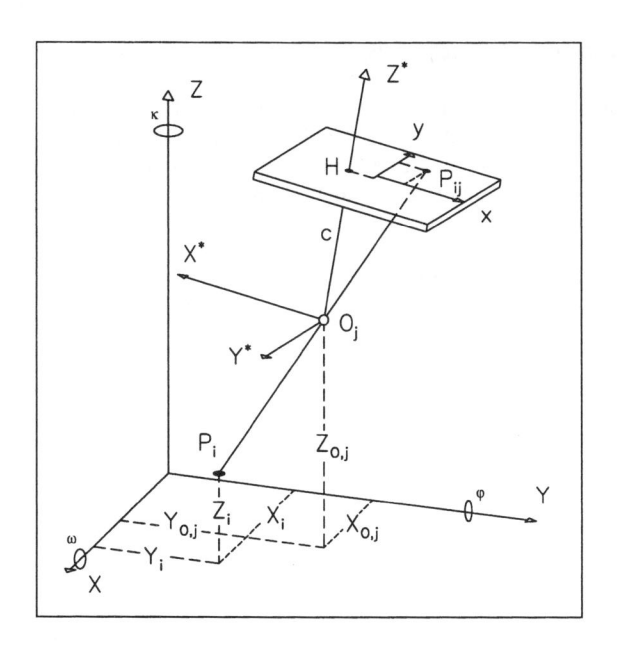

Bild 5.1.1.1.2:
Prinzip der Zentralprojektion
[Dold 1994]

Abstand von Bildelementen in Spaltenrichtung im Bildspeicher gleich dem Abstand der entsprechenden Sensorelemente ist, kann als Maßeinheit im Bildraum die Einheit „Bildelement in Spaltenrichtung" dienen. Alle Parameter der inneren Orientierung können – ohne Umrechnung in metrische Größen – sofort in dieser Einheit berechnet werden.

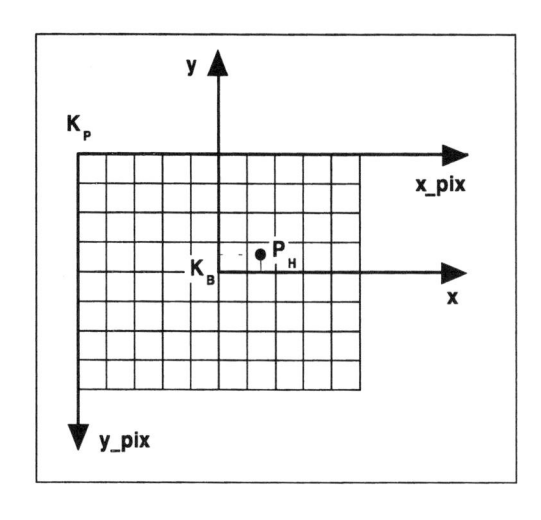

Bild 5.1.1.1.3:
Festlegung des Bildkoordinatensystems

5.1.1.1.5.1 Kamerakonstante und Hauptpunktlage

Die Bezugsachse zur Kameramodellierung ist nicht die optische Achse im physikalischen Sinne, sondern ein Hauptstrahl, der objektseitig senkrecht auf der oben definierten Bildebene steht und diese im Bildhauptpunkt P_H (x_H, y_H) durchstößt. Das Projektionszentrum O_j liegt im Abstand c_K (auch als Kamerakonstante bezeichnet) senkrecht vor dem Bildhauptpunkt [Rüger 1978].

Damit erweitert sich die ursprüngliche Formulierung der Gleichung (1) wie folgt:

$$\begin{bmatrix} x_{ij} \\ y_{ij} \end{bmatrix} = \frac{-c_k}{Z^*_{ij}} \begin{bmatrix} X^*_{ij} \\ Y^*_{ij} \end{bmatrix} + \begin{bmatrix} x_H \\ y_H \end{bmatrix} \qquad (3)$$

5.1.1.1.5.2 Verzeichnung und Affinität

Für die radialsymmetrische und die radial-asymmetrische und tangentiale Verzeichnung sowie die Affinität läßt sich in Gleichung (3) eine weitere Korrekturfunktion wie folgt anbringen.

$$\begin{bmatrix} x_{ij} \\ y_{ij} \end{bmatrix} = \frac{-c_k}{Z^*_{ij}} \begin{bmatrix} X^*_{ij} \\ Y^*_{ij} \end{bmatrix} + \begin{bmatrix} x_H \\ y_H \end{bmatrix} + \begin{bmatrix} dx(V,A) \\ dy(V,A) \end{bmatrix} \qquad (4)$$

dx und dy können jetzt, in Abhängigkeit von dem verwendeten Kameramodell, unterschiedlich definiert sein und setzen sich aus verschiedenen Anteilen wie folgt zusammen:

$$dx = dx_{sym} + dx_{asy} + dx_{aff} \qquad (5)$$

$$dy = dy_{sym} + dy_{asy} + dy_{aff} \qquad (6)$$

5.1.1.1.5.2.1 Radialsymmetrische Verzeichnung

Die für jedes Objektiv charakteristische radialsymmetrische Verzeichnung läßt sich im allgemeinen mit genügender Genauigkeit durch ein Polynom ungerader Potenzen des Bildradius wie folgt darstellen (im folgenden wird zur Vereinfachung x_{ij} und y_{ij} als x und y bezeichnet):

$$dr_{sym} = A_1(r^3 - r_0^2 r) + A_2(r^5 - r_0^4 r) + A_3(r^7 - r_0^6 r) \qquad (7)$$

mit

dr_{sym}: Radialsymmetrische Verzeichnungskorrektur
r: Bildradius aus $r^2 = x^2 + y^2$

A_1, A_2, A_3: Polynomkoeffizienten
r_0: Zweiter Nulldurchgang der Verzeichnungskurve
wobei

$$dx_{sym} = \frac{dr_{sym}}{r} x \qquad (8)$$

$$dy_{sym} = \frac{dr_{sym}}{r} y \qquad (9)$$

In den meisten Fällen reicht zur Beschreibung ein Polynom mit zwei Koeffizienten bereits zur Beschreibung der radialsymmetrischen Beschreibung aus. Durch Erweiterung dieses Verzeichnungsmodells ist es möglich, auch Objektive mit starker Abweichung von der Zentralprojektion (z.b. Systeme mit Fish-Eye-Optik) hinreichend gut zu beschreiben, wobei sich bei sehr starken Verzeichnungen die Einführung eines zusätzlichen Symmetriepunktes P_S (x_S, y_S) als sinnvoll erweist. Eine typische Verzeichnungskurve zeigt die Bild 5.1.1.1.4.

Zur numerischen Stabilisierung und weitgehenden Vermeidung von Korrelationen zwischen den Koeffizienten der Verzeichnungsfunktion und der Kamerakonstanten wird durch die Vorgabe eines zweiten Nulldurchgangs ein linearer Anteil der Verzeichnungskurve abgespalten [Wester-Ebbinghaus 1980].

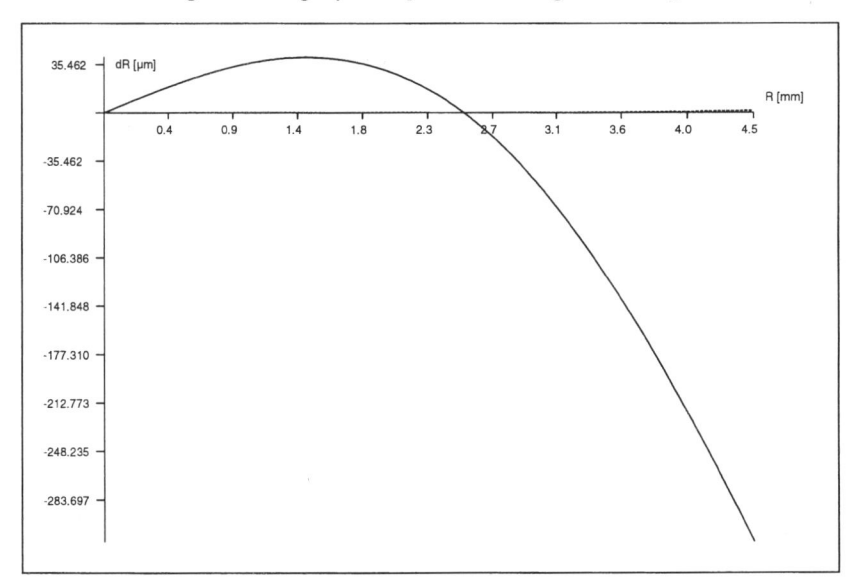

Bild 5.1.1.1.4: Typische Verzeichnungskurve eines Objektives

[Lenz 1987] stellt einen anderen Ansatz zur Bestimmung der radialsymmetrischen Verzeichnung dar, der nur einen Koeffizienten berücksichtigt. Damit ergibt sich eine Formulierung wie folgt:

$$dr_{sym} = r \frac{1 - \sqrt{1 - 4Kr^2}}{1 + \sqrt{1 - 4Kr^2}} \qquad (10)$$

wobei K der zu bestimmende Verzeichnungskoeffizient ist.

5.1.1.1.5.2.2 Radial- asymmetrische und tangentiale Verzeichnung

Für die Darstellung der radial-asymmetrischen und tangentialen Verzeichnung sind verschiedene Formulierungen möglich. Zurückgehend auf [Conrady 1919] lassen sich diese Verzeichnungsanteile wie folgt formulieren [Brown 1966]:

$$dx_{asy} = B_1(r^2 + 2x^2) + 2B_2xy \qquad (11)$$

$$dy_{asy} = B_2(r^2 + 2y^2) + 2B_1xy \qquad (12)$$

Die Beschreibung dieser Effekte erfolgt also mit den zwei zusätzlichen Parametern B_1 und B_2.

Eine Erweiterung dieses Ansatzes beschreibt [Brown 1976], wobei zusätzlich zu den radial-asymmetrischen und tangentialen Verzeichnungsanteilen noch Parameter zur Beschreibung globaler Bilddeformationen bzw. der Unebenheit der Bildebene eingeführt werden.

$$\begin{aligned} dx_{asy} = (D_1(x^2 - y^2) + D_2x^2y^2 + D_3(x^4 - y^4))x/c_K \\ + E_1xy + E_2y^2 + E_3x^2y + E_4xy^2 + E_5x^2y^2 \end{aligned} \qquad (13)$$

$$\begin{aligned} dy_{asy} = (D_1(x^2 - y^2) + D_2x^2y^2 + D_3(x^4 - y^4))y/c_K \\ + E_6xy + E_7x^2 + E_8x^2y + E_9xy^2 + E_{10}x^2y^2 \end{aligned} \qquad (14)$$

Allerdings besteht bei dieser Formulierung aufgrund der großen Anzahl von Koeffizienten sehr leicht die Gefahr der Überparametrisierung. Da zudem dieses Modell in erster Linie für großformatige analoge Aufnahmesysteme entwickelt wurde, sind einige Parameter für Anwendungen mit digitalen Aufnahmesystemen nicht direkt interpretierbar. Im allgemeinen reicht zur Beschreibung asymmetrischer Effekte die Formulierung in (8) und (9) aus. Typische Auswirkungen für radial-asymmetrische und tangentiale Verzeichnungen zeigt Bild 5.1.1.1.5.

Bild 5.1.1.1.5:
Radial – asymmetrische und tangentiale Verzeichnung

Bild 5.1.1.1.6:
Auswirkungen der Affinität

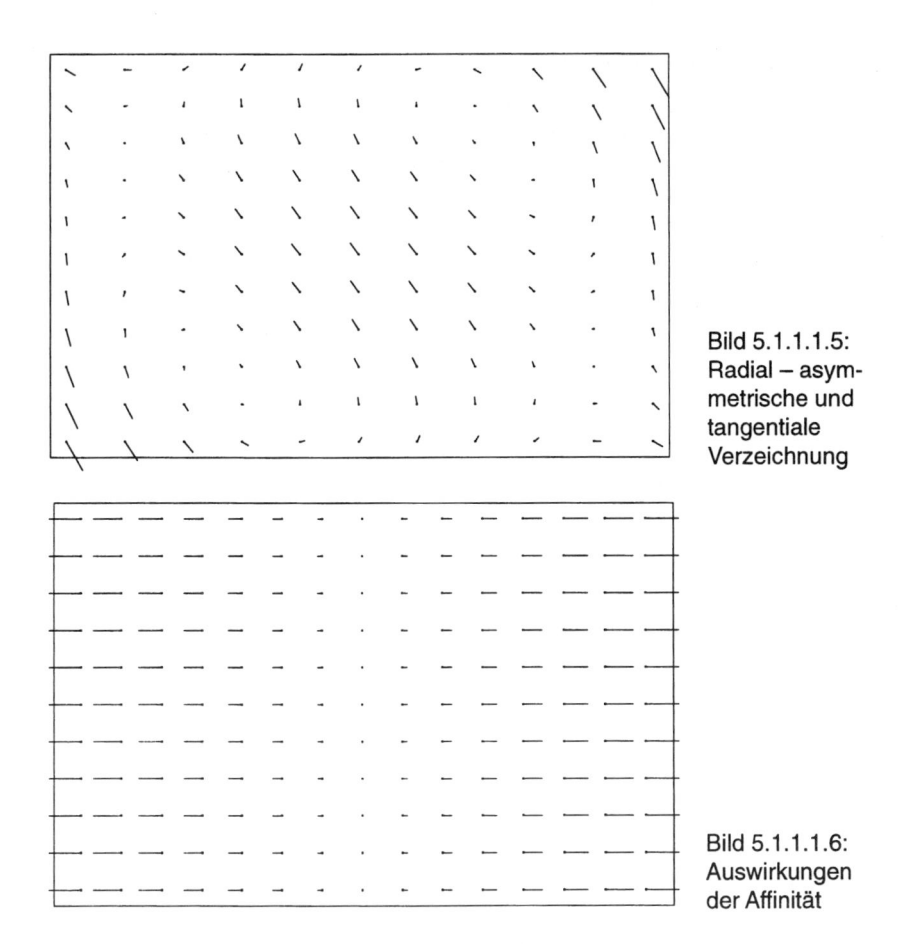

5.1.1.1.5.2.3 Affinität und Nichtorthogonalität

Die im allgemeinen durch die Synchronisation hervorgerufenen Unterschiede in Länge und Breite der im Bildspeicher abgelegten Bildelemente lassen sich durch einen Affinitätsfaktor berücksichtigen. Zusätzlich kann auch eine Affinitätsrichtung bestimmt werden, die in erster Linie die Orthogonalität der Achsen des Bildkoordinatensystems K_B beschreibt. Als Beispiel sei hier ein nicht senkrecht zur Zeilenrichtung verfahrender Zeilenscanner genannt. Beide Effekte lassen sich wie folgt berücksichtigen:

$$dx_{aff} = C_1 x + C_2 y \qquad (15)$$

$$dy_{aff} = 0 \qquad (16)$$

Die Auswirkungen der Affinität wird beispielhaft in Bild 5.1.1.1.6 dargestellt.

5.1.1.1.5.2.4 Weitere Parameter

Neben den beschriebenen Parametern kann die Einführung weiterer Kenngrößen für spezielle Anwendungsfälle interessant sein. [Fryer 1989] und [Fraser 1992] beschreiben Ansätze, die zusätzlich noch entfernungsabhängige Verzeichnungsanteile berücksichtigen. Diese haben jedoch in erster Linie bei mittel- und großformatigen Bildformaten und entsprechenden Objektiven Einfluß und spielen für das breite Feld der digitalen Anwendungen eine untergeordnete Rolle.

[Gerdes 1993] nutzten ein anderes Kameramodell, in dem zusätzlich 2 Parameter für die Schrägstellung des Sensors zur optischen Achse bestimmt werden müssen.

5.1.1.1.6 Ansätze zur Kalibrierung und Orientierung

5.1.1.1.6.1 Labormethoden

Die Bestimmung von Verzeichnungsparametern läßt sich im Labor unter fest definierten Bedingungen durchführen.

Beim Goniometerverfahren wird in der Bildebene einer Kamera eine Platte mit einem hochgenauen Gitter angebracht. Mit einem Goniometer werden von der Objektseite her die Gitterpunkte angezielt und die entsprechenden Winkel bestimmt. Aus einem Soll-Ist Vergleich lassen sich dann Werte für die Verzeichnung ermitteln.

Bei Kollimatorverfahren können von mehreren, in definierten Winkeln zueinander angeordneten Kollimatoren, Testfiguren auf die Bildebene projiziert werden. Auch hier lassen sich die Parameter der inneren Orientierung durch einen Soll-Ist Vergleich ermitteln, allerdings nur für auf ∞ fokussierte Kameras [Rüger 1978].

Neben dieser Einschränkung gibt es weitere Gründe, die gegen den Einsatz oben genannter Laborverfahren für die Kalibrierung digitaler Bildaufnahmesysteme sprechen. Dazu gehört, daß

– der apparative Aufwand sehr groß ist;
– die innere Orientierung der verwendeteten Kameras im allgemeinen nicht stabil ist, was eine Nachkalibrierung in regelmäßigen Abständen beim Nutzer erfordert;
– die innere Orientierung einschließlich Verzeichnung sich bei unterschiedlichen Fokussierungen und Blendeneinstellungen ändert und damit eine Kalibrierung unter Einsatzbedingungen sinnvoller ist.

5.1.1.1.6.2 Einsatz der Bündelausgleichung zur Bestimmung von Kameraparametern

Die Bestimmung aller zur Kalibrierung und Orientierung notwendigen Parameter kann im Rahmen einer photogrammetrischen Bündelausgleichung erfolgen. Bei der Bündelausgleichung werden, aufbauend auf den Gleichungen (2) und (4), für jeden in einem Bild gemessenen Punkt zwei sog. Beobachtungsgleichungen aufgestellt. Die Gesamtheit aller Gleichungen für die Bildpunkte aller betrachteten Objektpunkte führt zu einem System, das die Bestimmung der unbekannten Parameter ermöglicht. Da es sich um ein nichtlineares Gleichungssystem handelt, muß zunächst linearisiert werden. Die Berechnung wird iterativ nach der Methode der kleinsten Fehlerquadrate durchgeführt, wobei die Bestimmung der Unbekannten so erfolgt, daß die Quadrate der Abweichungen an den beobachteten Bildkoordinaten minimiert werden. Damit erlaubt die Bündelausgleichung eine simultane Bestimmung der unbekannten Objektkoordinaten, der äußeren Orientierung sowie der inneren Orientierung mit allen relevanten Systemparametern des Aufnahmesystems. Zusätzlich werden für alle Parameter Standardabweichungen berechnet, wodurch eine Beurteilung der Güte des Aufnahmesystems möglich wird.

Beispiele für kommerziell verfügbare, speziell für Nahbereichsanwendungen optimierte, leistungsfähige Bündelprogramme, sind BINGO [Kruck 1984], CAP [Hinsgen 1989], MOR [Wester-Ebbinghaus1985a], ORIENT [Kager 1989] und STARS [Brown 1982].

5.1.1.1.6.2.1 Kalibrierung unter ausschließlicher Nutzung der Bildinformation

Dieses Verfahren ist besonders geeignet zur Kalibrierung einzelner Bildaufnahmesysteme. Es erfordert die Aufnahme eines Punktfeldes in einem geometrisch stabilen photogrammetrischen Verband. Das Punktfeld braucht keine Punkte mit bekannten Objektkoordinaten (also keine Paßpunkte) zu beinhalten, die Koordinaten aller Punkte müssen nur näherungsweise bekannt sein (Wester-Ebbinghaus 1985a); allerdings ist gefordert, daß das Punktfeld während der Aufnahmezeit stabil ist. Der Maßstab des Punktfeldes ist ebenfalls ohne Einfluß auf die Bestimmung der gesuchten Bildraumparameter. Bild 5.1.1.1.7 zeigt ein für die Kalibrierung geeignetes Punktfeld.

Die Genauigkeit des zu untersuchenden Systems läßt sich aufgrund der Restklaffungen an den Bildkoordinaten sowie der Standardabweichung der Gewichtseinheit nach der Ausgleichung beurteilen (Bild 5.1.1.1.8). Hier werden z. B. Auswirkungen durch Synchronisationsfehler sofort deutlich, etwa durch größere Restklaffungen mit unterschiedlicher Größenordnung in Zeilen- und Spaltenrichtung.

Bild 5.1.1.1.9 zeigt schematisch die Mindestanordnung zur Aufnahme eines Punktfeldes, mit der die beschriebenen Systemparameter bestimmbar sind. Als Punktfeld kann ein räumliches Testfeld mit einer ausreichenden Anzahl von gut verteilten, kreisförmigen, retroreflektierenden Punktmarken dienen. Dieses Testfeld wird

Bild 5.1.1.1.7:
Testfeld zur Kamerakalibrierung

zunächst in drei frontalen Aufnahmen abgebildet, wobei Kamera und Feld einmal zur Bestimmung der Affinität um 100 gon und einmal zur Bestimmung der Hauptpunktlage um 200 gon gegeneinander gekantet sind. Zusätzlich werden vier konvergente Aufnahmen des Testfeldes verwendet, um dem Verband die notwendige geometrische Stabilität zur Bestimmung der Objektkoordinaten zu geben und Korrelationen mit der äußeren Orientierung zu minimieren.

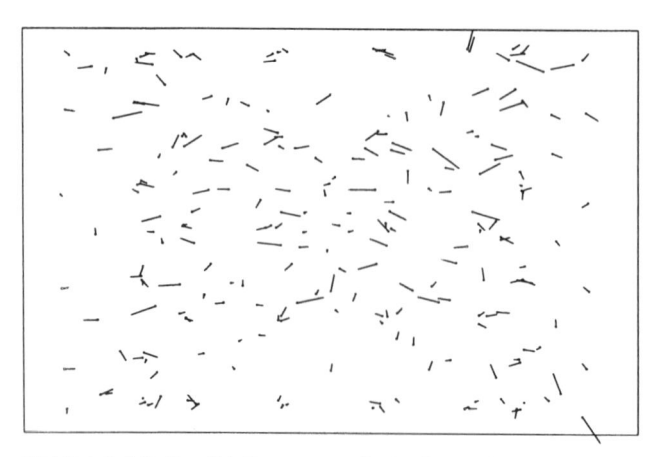

Bild 5.1.1.1.8: Restklaffungen nach der Bündelausgleichung

Zur Ermittlung der Verzeichnungsparameter ist eine gute Ausnutzung des Bildformates Voraussetzung. Diese Forderung muß jedoch nicht für alle Einzelbilder erfüllt sein. Es genügt, wenn die Bildpunkte aller Aufnahmen zusammen das Format gleichmäßig und vollständig ausfüllen.

Beachtet man diese Anordnung, erhält man sieben Bilder, die etwa dem Schema in Bild 5.1.1.1.10 entsprechen, wobei der jeweils äußere Rahmen das Bildformat, der innere Rahmen die Abbildung des quadratischen Testfeldes und die Pfeilspitze die Stellung des Testfeldes symbolisieren. In den meisten Fällen ist es sinnvoll, während der Aufnahmen nicht die Kamera zu bewegen, sondern das Testfeld mittels einer geeigneten Aufhängung vor der Kamera in die entsprechenden Positionen zu drehen. Die Verwendung retroreflektierender Marken und eines Ringlichtes gewährleistet eine sehr gute und kontrastreiche Abbildung der Objektpunkte als Voraussetzung für eine sichere und genaue Messung. Ein vollständiges, kommerziell verfügbare Programmpaket, das die beschriebenen Arbeitsschritte weitgehend automatisiert durchführt, ist in [Godding 1993] beschrieben.

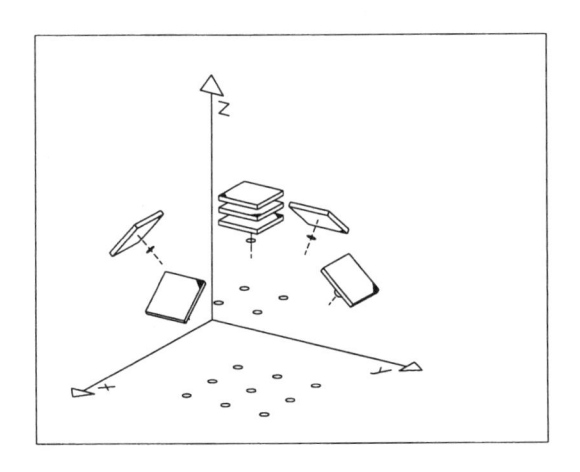

Bild 5.1.1.1.9:
Aufnahmeanordnung zur Kalibrierung
[Godding 1993]

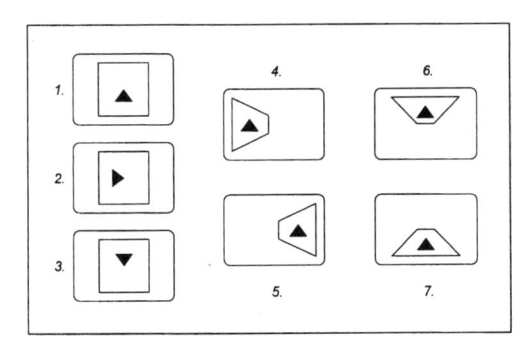

Bild 5.1.1.1.10:
Abbildung des Testfeldes

5.1.1.1.6.2.2 Kalibrierung und Orientierung mit Hilfe zusätzlicher Objektinformation

Ist ein Aufnahmesystem kalibriert, kann dessen Orientierung durch einen räumlichen Rückwärtsschnitt ermittelt werden. Der räumliche Rückwärtsschnitt kann als Sonderfall der Bündelausgleichung angesehen werden, wobei die Parameter der inneren Orientierung und die Objektkoordinaten bekannt sind. Voraussetzung sind damit also mindestens drei räumlich verteilte Paßpunke, deren Objektkoordinaten im Weltkoordinatensystem bekannt sind und deren Bildpunkte mit dem zu orientierenden Aufnahmesystem gemessen wurden.

Zusätzlich zur Orientierung ist auch die Kalibrierung eines Aufnahmesystems schon mit einem Bild möglich. Da mit einem Bild allerdings keine Bestimmung von Objektkoordinaten möglich ist, muß eine entsprechende Information im Objekt in Form eines räumlichen Paßpunktfeld vorhanden sein [Wester-Ebbinghaus, 1985b]. Die Herstellung, Unterhaltung und die ständige Kontrolle eines solchen Paßpunktfeldes ist allerdings aufwendig, zumal das Feld auch transportabel sein sollte, damit es für verschiedene Anwendungen genutzt werden kann. Die Größe der Paßpunktfigur sollte den Meßbereich der zu kalibrierenden und orientierenden Kameras ausfüllen, damit eine weitgehende Übereinstimmung von Kalibrier- und Meßvolumen besteht.

Wesentlich geringer wird der Aufwand, wenn mehrere Bilder zur Verfügung stehen. Für einen Zwei-Bild-Verband mit einer Kamera genügt ähnlich wie in Abschnitt 5.1.1.1.6.2.1 ein räumliches Punktfeld, dessen Punkte nur näherungsweise bekannt sein müssen, sowie als zusätzliche Information mehrere im Objektraum verteilte bekannte Strecken (Maßstäbe). Dabei sind im Idealfall je ein Maßstab in Aufnahmerichtung und senkrecht zur Aufnahmerichtung sowie zwei Schrägmaßstäbe in zwei zueinander senkrechten, zur Aufnahmerichtung parallelen Ebenen notwendig (Bild 5.1.1.1.11). Der im Objekt notwendige Aufwand wird damit erheblich reduziert, da die Herstellung und Kontrolle von Maßstäben im Gegensatz zu einem dreidimensional ausgedehnten Paßpunktfeld erheblich einfacher ist.

Eine ähnliche Anordnung ist möglich, wenn statt eines Zwei-Bild-Verbandes mit einer Kamera dieser Verband mit verschiedenen Kameras aufgenommen wird. Dieser Fall ist prinzipiell im Fall eines On-Line Meßsystems gegeben. Es ist dann zusätzlich noch ein Maßstab im Vordergrund des Objektraumes notwendig, so daß insgesamt fünf Maßstäbe notwendig sind (Bild 5.1.1.1.12).

Falls mindestens eine der beiden Kameras wälzbar ist, kann auf die Schrägmaßstäbe verzichtet werden, wenn die gewälzte Aufnahme zur Kalibrierung genutzt wird [Wester-Ebbinghaus 1985b].

Die beschriebenen Anordnungen sind natürlich ebenfalls für mehr als zwei Kameras gültig, d.h. eine Kalibrierung aller Kameras innerhalb eines Meßsystems wird möglich, wenn für alle Kameras Bedingungen geschaffen werden, die den

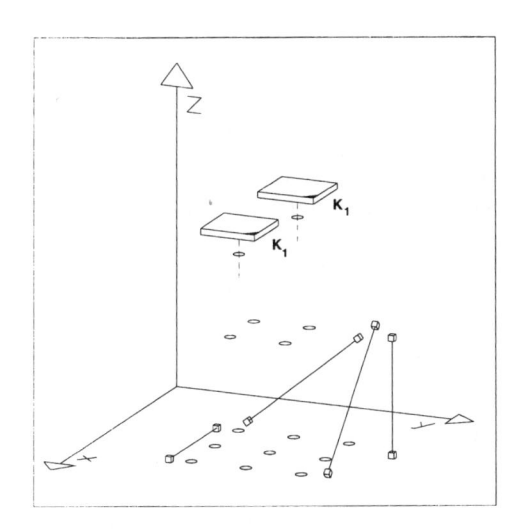

Bild 5.1.1.1.11: Maßstabsanordnung zur Kalibrierung einer Kamera

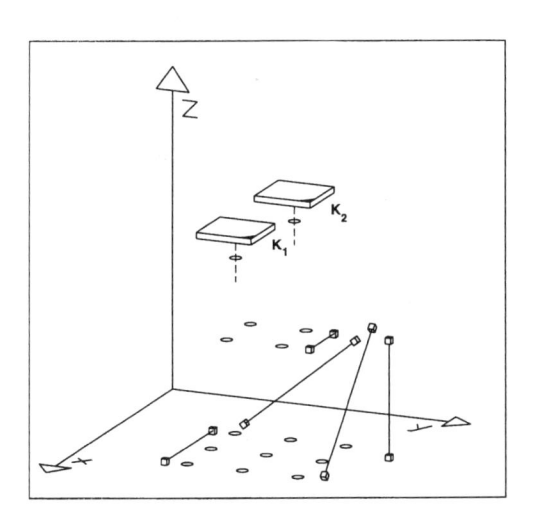

Bild 5.1.1.1.12: Maßstabsanordnung zur Kalibrierung von zwei Kameras

oben genannten entsprechen. Es müssen also mindestens jeweils zwei Kameras gemeinsam kalibriert werden, wobei die Maßstäbe wie beschrieben angeordnet sein müssen. Möglich ist auch eine gleichzeitige Kalibrierung aller Kameras, dann muß allerdings auch die Maßstabsinformation allen Kameras gleichzeitig zur Verfügung stehen. Sollen alle Kameras auch gemeinsam orientiert werden, muß dies über gemeinsame Punkte geschehen.

5.1.1.1-17

5.1.1.1.6.2.3 Systemkalibrierung.

Aus den Abschnitten 5.1.1.1.6.2.1 und 5.1.1.1.6.2.2 wird bereits deutlich, daß eine gemeinsame Kalibrierung und Orientierung aller beteiligten Kameras und damit eine vollständige Systemkalibrierung möglich ist, wenn bestimmte Bedingungen erfüllt sind. Grundsätzlich sind mit einem geeigneten Paßpunktfeld bzw. mit einem räumlichen Punktfeld nicht bekannter Koordinaten und zusätzlichen Maßstäben beide Aufgaben unter Nutzung der Möglichkeiten der Bündelausgleichung gemeinsam lösbar. Dabei befinden sich die Kameras bei der Kalibrierung schon in ihrer Meßposition. Etwaige Korrelationen zwischen den zu bestimmenden äußeren und inneren Orientierungen werden damit unschädlich, da die Kalibrieranordnung der Meßanordnung entspricht.

Neben den Aufnahmesystemen können im Rahmen der Systemkalibrierung auch weitere Komponenten kalibriert und orientiert werden. [Luhmann 1992] beschreibt ein Verfahren, mit dem durch einen geeigneten Meßablauf in einem Online- Meßsystem sowohl die innere und äußere Orientierung der beteiligten Kameras als auch die Orientierung eines Drehtisches mittels eines räumlichen Punktfeldes und zusätzlichen Maßstäben ermittelt wird. Die Kalibrierung eines Linienprojektors innerhalb eines Meßsystems mittels photogrammetrischer Methoden wird von [Strutz 1993] vorgestellt.

5.1.1.1.6.3 Sonstige Verfahren.

Ausgehend von der Tatsache, daß Geraden im Objektraum sich auch im Bild als Geraden abbilden müssen, dient die sogenannte „Plumb-Line" Methode zur Bestimmung der Verzeichnung. Das Verfahren setzt voraus, daß Kamerakonstante und Hauptpunktlage bekannt sind [Fryer 1986].

Für jeden der die in das Bild abgebildeten Geradenpunkte gilt nach Abb. 5.1.1.1.13, daß

$$x' = x_{ij} + dx_{sym} + dx_{asy} \tag{17}$$

Dabei läßt sich x' und y' wie folgt ausdrücken:

$$y' = y_{ij} + dy_{sym} + dy_{asy} \tag{18}$$

$$x' \sin \alpha + y' \cos \alpha = a \tag{19}$$

wobei dx_{sym}, dy_{sym}, dx_{asy}, dx_{asy} den Formulierungen in (8),(9) und (11)–(14) entsprechen.

Der Vorteil des Verfahrens liegt darin, daß man bei geeigneter Wahl der Geraden im Objekt eine große Anzahl von Beobachtungen zur Bestimmung der Verzeichnung hat, wobei die Messung der Geraden im Bild automatisch erfolgen kann.

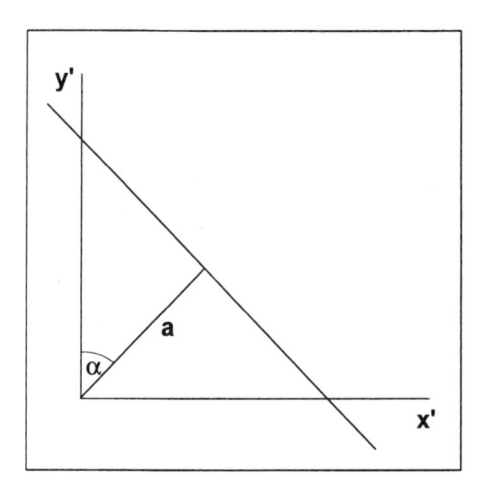

Bild 5.1.1.1.13: Prinzip der „Plumb-Line" Methode

Ein Nachteil des Verfahrens ist, daß keine simultane Bestimmung aller relevanten Parameter der inneren Orientierung möglich ist.

[Lenz 1987] stellt ein Verfahren vor, in dem die Kalibrierung und Orientierung eines Aufnahmesystems ebenfalls in mehreren Schritten erfolgt. Notwendig für die Bestimmung ist ein ebenes Testfeld mit bekannten Koordinaten, daß im allgemeinen nicht parallel zur Bildebene angeordnet sein darf. Durch eine Modellierung der radialsymmetrischen Verzeichnung mit nur einem Koeffizienten (siehe auch Abschn. 5.1.1.1.5.2.1) und die Vernachlässigung asymmetrischer Effekte wird eine Möglichkeit aufgezeigt, die Kalibrierung vollständig mit linearen Modellen durchzuführen. Da diese nicht iterativ gelöst werden müssen, ist das Verfahren sehr schnell. Nachteilig ist, daß auch hier nicht alle Parameter simultan bestimmt werden können, und z. B. Hauptpunktlage und Pixelaffinität extern ermittelt werden müssen.

[Gerdes 1993] beschreibt eine Methode, die die Kalibrierung und Orientierung von Kameras durch die Auswertung von ins Bild projizierten parallelen Geraden ermöglicht. Dazu ist als Kalibrierkörper ein Würfel mit bekannten Abmessungen notwendig. Aus den ins Bild abgebildeten Würfelkanten können Fluchtpunkte und Fluchtgeraden berechnet und diese zur Bestimmung der unbekannten Parameter genutzt werden.

Ein oftmals verwendeter Ansatz zur Bestimmung von Parametern der äußeren und inneren Orientierung ist das Verfahren der Direkten Linearen Transformation (DLT), das zum ersten Mal von [Abdel-Aziz 1971] formuliert wurde. Bei diesem Ansatz wird eine lineare Beziehung zwischen Bild- und Objektpunkten hergestellt. Die ursprüngliche Abbildungsgleichung wird in eine Transformation mit 11

Parametern überführt, die zunächst keine physikalische Bedeutung haben. Es ist nun möglich, durch die Einführung zusätzlicher Bedingungen zwischen diesen Koeffizienten, die Parameter der inneren und äußeren Orientierung abzuleiten, wobei auch die Einführung von Verzeichnungsmodellen möglich ist [Bopp 1978]. Da der lineare Ansatz der DLT direkt ohne Näherungswerte für die Unbekannten lösbar ist, wird die Methode oft auch als Verfahren zur Näherungswertbestimmung für eine Bündelausgleichung genutzt. Das Verfahren erfordert ein räumliches Testfeld mit mindestens 6 bekannten Paßpunkten, wobei zur Bestimmung der Verzeichnung noch entsprechend mehrere Punkte vorhanden sein müssen. Sollen zur Bestimmung der inneren Orientierung bzw. zur Bestimmung von Objektkoordinaten jedoch mehrere Bilder verwendet werden, muß auch hier wieder auf nicht lineare Modelle zurückgegriffen werden.

Kapitel 5.1.1.2

Digitale Bildverarbeitung und mechanische Antastung in der Koordinatenmeßtechnik

K.-P. Koch, K.-H. Breyer

5.1.1.2 Digitale Bildverarbeitung und mechanische Antastung in der Koordinatenmeßtechnik
K.-P. Koch, K.-H. Breyer

Die Koordinatenmeßtechnik hat in den letzten Jahren einen erheblichen Aufschwung erlebt und mittlerweile einen beachtlichen technischen Stand erreicht [1]. Angesichts dieser ausgereiften Technik zielen Neuentwicklungen jetzt besonders auf die Steigerung der Meßgeschwindigkeit bei gleichzeitig hoher Genauigkeit, die Erhöhung des Automatisierungsgrades sowie auf die Verbesserung der Flexibilität und Universalität.

Im Bereich der mechanischen Meßtechnik konnte in der Vergangenheit durch den Einsatz von unterschiedlichen Taststiftkombinationen und automatischen Tasterwechseleinrichtungen bereits ein hoher Grad an Flexibilität erreicht werden. Dennoch existieren Grenzen dieser „mechanischen" Koordinatenmeßtechnik. Sie liegen vor allem in speziellen Meßaufgaben, die mit taktilen Tastsystemen nicht gelöst werden können. Hierzu zählen:

- Messungen von extrem kleinen Bohrungen und hochgenauen Konturen mit engen Radien, z.B. an drahterodierten Schneidwerkzeugen
- Messungen flacher Teile, die keine Kanten aufweisen, z.B. Filme, Folien, Leiterplatten, aufgedampfte Schichten und
- Messungen von empfindlichen, nachgiebigen oder extrem weichen Objekten, wie dünne Bleche, Kunststoffteile, Plastilinmodelle, Schaumstoff- und Polsterteile.

Mit Einführung schneller Bildverarbeitungsmethoden wurden auch Koordinatenmeßgeräte mit optischer Antastung zur Lösung dieser Meßprobleme eingesetzt, mit zum Teil erheblichen Meßzeitreduzierungen. Gleichzeitig jedoch war damit, wegen der eingeschränkten Antastmöglichkeiten, ein Verlust an Universalität verbunden.

Erst die Vereinigung optischer und mechanischer Antastmethoden in einem Koordinatenmeßgerät bietet alle Vorteile gleichzeitig [2, 3]. Dieses Konzept wurde konsequent in einem neuentwickelten optischmechanischen Meßzentrum verwirklicht.

5.1.1.2.1 Optisch-mechanischer Kombinationstastkopf für Portalmeßgeräte

5.1.1.2.1.1 Gesamtsystem OMC

Portalmeßgeräte werden bevorzugt zur geometrischen Prüfung hochgenau gefertigter Werkstücke eingesetzt. Auf der Basis eines Koordinatenmeßgerätes der Baureihe MC wurde das optisch-mechanische Meßzentrum OMC 850 entwickelt.

Das Basisgerät (Bild 5.1.1.2.1) besitzt die bekannte Standardausrüstung, d. h. einen feststehenden Hartgestein-Gerätetisch, Luftlager in allen Achsen, Durchlicht-Meßsysteme mit 0.5 um Auflösung und eine Mikrorechner-Steuerung. Große Meßbereiche ermöglichen Palettenmessungen sowie die Integration in Automatisierungssysteme.

Darüberhinaus wurde das OMC 850 mit neuen, schnellen Antrieben ausgestattet. Diese erlauben Verfahrgeschwindigkeiten von 120 mm/s und Beschleunigungen von 400 mm/s^2.

Der gesamte Aufbau des Meßgerätes ist schwingungsgedämpft, so daß Vibrationen und Stöße des Untergrundes wirksam abgeschirmt werden. Durch diese Ausstattungsmerkmale sowie durch ein optionales automatisches Temperaturerfas-

Bild 5.1.1.2.1: Optisch-mechanisches Meßzentrum OMC

sungssystem erfüllt das OMC auch Voraussetzungen für den Einsatz im fertigungsnahen Bereich [4].

Kernstück des OMC 850 ist das neu entwickelte integrierte optisch-mechanische Kombinationstastsystem. Dieser Kombinationstastkopf enthält einen optischen Sensor mit CCD-Kamera und zugleich ein schaltendes Tastsystem. Er ermöglicht damit kombinierte Meßabläufe mit optischer und mechanischer Antastung.

5.1.1.2.1.2 Komponenten des optisch-mechanischen Kombinationstastsystems

Das optisch-mechanische Kombinationstastsystem ist in einer gemeinsamen Halterung an der Pinole befestigt (Bild 5.1.1.2.2). Hinter dem optischen Tastkopf mit Kamera und Beleuchtungstubus befindet sich in einem Achsabstand von etwa

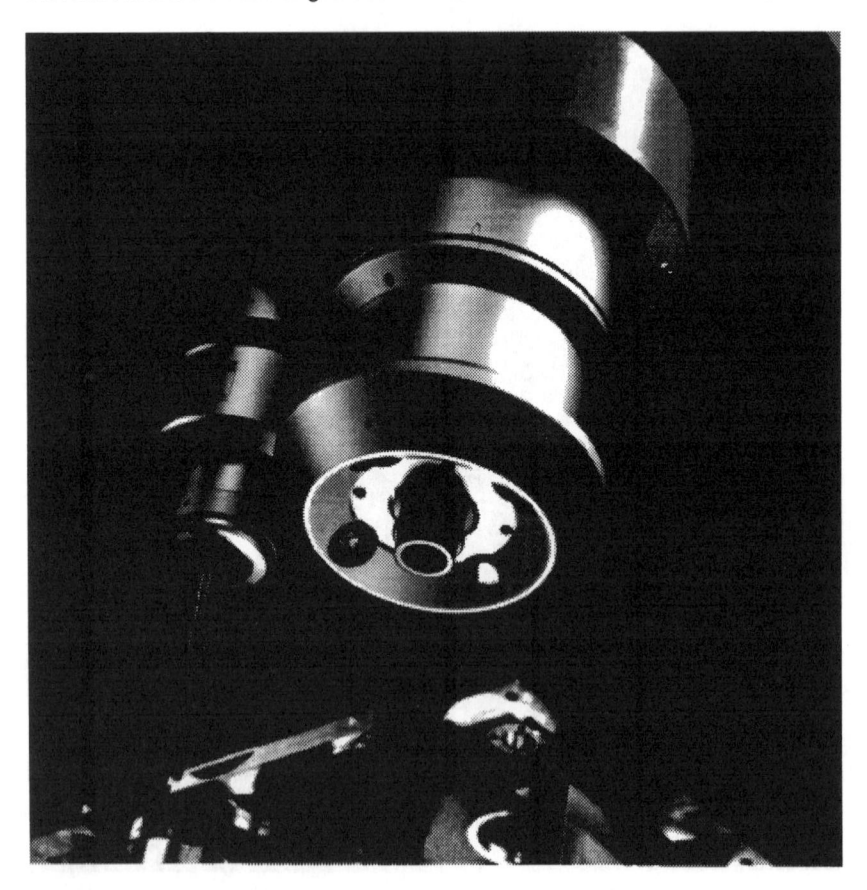

Bild 5.1.1.2.2: Optisch-mechanischer Kombinationstastkopf

110 mm ein schaltender Zentraltastkopf mit automatischer Tasterwechseleinrichtung. Optional kann die Anordnung werksseitig auch um 90 ° verdreht, d.h. Optik und Mechanik aus Bedienersicht nebeneinander, eingebaut werden.

5.1.1.2.1.2.1 Mechanisches Tastsystem

Der schaltende Zentraltastkopf ermöglicht die hochgenaue und schnelle mechanische Antastung durch die Kopplung von piezoelektrischem Impuls und mechanischer Auslenkung. Wegen des hohen zulässigen Tastergewichts läßt sich der Tastkopf mit mehreren, auch sehr langen Taststiften bestücken. Dadurch können auch komplexe Werkstückstrukturen in einer Aufspannung angetastet werden. Die standardmäßig eingebaute Tasterwechseleinrichtung ermöglicht darüberhinaus das Einwechseln verschiedener Tasterkombinationen, ohne daß diese nachkalibriert werden müssen. So werden Rüstzeiten entscheidend reduziert.

Bei gemischt optisch-mechanischen Meßprogrammen werden die Taststiftkombinationen so gestaltet, daß der nach unten weisende Taststift etwa auf halber Höhe zwischen dem Objektiv und dem mit der Optik scharf eingestellten Meßobjekt, d.h. etwa in der Mitte des Arbeitsabstandes der Optik, endet. Dadurch wird die Gefahr unerwünschter Kollisionen bei optischer oder mechanischer Antastung mit dem jeweils anderen System reduziert. Wird der mechanische Taster gar nicht benötigt, so kann er auch gänzlich entfernt werden.

5.1.1.2.1.2.2 Optisches Tastsystem

Das neu entwickelte optische Tastsystem enthält eine hochauflösende CCD-Kamera zur Bilderfassung und ist mit einem wechselbaren Tubuskopf mit integriertem Multifunktions-Beleuchtungssystem versehen.

Zur Abbildung stehen standardmäßig drei Makro-Objektive unterschiedlicher Brennweite zur Verfügung. Die Wahl des Objektivs beeinflußt die Größe des Bildfeldes und die erreichbare Auflösung. Folgende Tabelle gibt Aufschluß über die vorliegenden Abbildungsverhältnisse:

Brennweite	Abb.maßstab	Arbeitsabst.	Bildfeld	Auflösung
25 mm	5 : 1	ca. 18 mm	1.3 x 1.7 mm^2	0.7 µm
40 mm	3 : 1	ca. 36 mm	2.2 x 2.9 mm^2	1.2 µm
63 mm	1.5 : 1	ca. 94 mm	4.4 x 5.8 mm^2	2.3 µm

Alle Tubusköpfe sind mit einer mechanischen Schnittstelle ähnlich der einer mechanischen Tasterwechseleinrichtung ausgestattet und lassen sich so schnell und ohne Nachkalibrierung an den Kombinationstastkopf montieren. Bild 5.1.1.2.3 zeigt einen Tubuskopf mit der integrierten Beleuchtungseinrichtung und der mechanischen Schnittstelle.

Diese Beleuchtungseinrichtung ermöglicht verschiedene, separat steuerbare Beleuchtungsarten:

- eingespiegelte Axial-Auflichtbeleuchtung entlang der optischen Achse,
- kollimierte Vier-Quadranten-Beleuchtung für seitliches Auflicht (Dunkelfeld-Auflicht); jeder Quadrant ist einzeln ansteuerbar,
- Ringbeleuchtung durch gemeinsame Steuerung aller vier Quadranten zur homogenen Ausleuchtung des Meßortes.

Ferner stehen Reflexplatten für die Erzeugung von „Pseudo-Durchlicht" zur Verfügung.

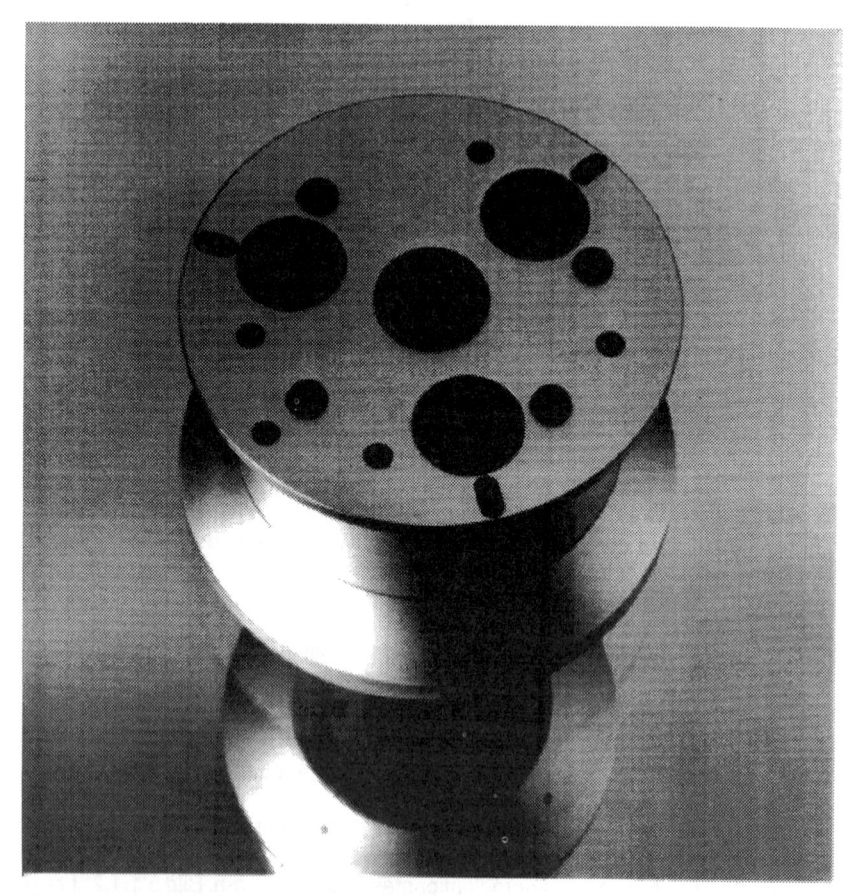

Bild 5.1.1.1.2.3: Wechselbarer Tubuskopf mit Abbildungsoptik und integrierter Multifunktions-Beleuchtung

Um Temperatureinflüsse auszuschließen, wird das Licht über Lichtleiter an die Meßstelle gebracht. Diese Lichtleiter werden dabei innerhalb der Pinole des Meßgerätes geführt. Beim Wechsel des Tubuskopfes wird neben der Vergrößerung gleichzeitig die integrierte Vier-Quadranten-Beleuchtung mit gewechselt. Dies hat den Vorteil, daß die seitliche Auflichtbeleuchtung jeweils optimal auf die Brennweite abgestimmt ist. Die Lichtleiterkopplung erfolgt hierbei über fest eingebaute, interne Steckverbindungen.

Die mechanische Schnittstelle zwischen Kombinationstastkopf und Abbildungsoptik bietet noch einen wesentlichen Vorteil. Sie ermöglicht es, zusätzlich zu den Standardtubusköpfen auch solche zu adaptieren, die besonderen Anforderungen hinsichtlich Baugröße, Blickrichtung, Abbildungsverhältnis etc. genügen. Das kann beispielsweise dann erforderlich werden, wenn an Werkstücken Merkmale gemessen werden müssen, die für die Standardoptiken nicht zugänglich sind. In diesen Fällen können beispielsweise Abbildungsoptiken eingewechselt werden, die sich an Endoskopsysteme anlehnen.

Analog zum mechanischen Tastkopf ist auch das optische Tastsystem über eine mechanische Knickstelle gegen Kollisionen geschützt.

5.1.1.2.1.3 Bildverarbeitungssystem

Der Einsatz von Bildverarbeitungsverfahren in der industriellen Meßtechnik beschränkte sich lange Zeit auf einfache Meß- und Prüfaufgaben, hauptsächlich an zweidimensionalen, flachen Meßobjekten. Typische Beispiele dafür waren Messungen an Leiterplatten (Bohrungen) und Filmvorlagen (Leiterbahnbreiten) [5]. Die hier mit Durchlichtverfahren erreichbaren, kontrastreichen Hell-Dunkel-Übergänge konnten bereits erfolgreich mit einfachen Binärbildverfahren gemessen werden.

Dagegen erfordern anspruchsvollere Meßaufgaben an räumlich ausgedehnten Meßobjekten, deren Kanten sich im Auflichtverfahren zudem oft nur sehr kontrastarm abbilden lassen, leistungsfähigere Bildverarbeitungsmethoden. Zu dieser Gruppe von Teilen gehören vor allem Kunststoffteile.

Es zeigt sich, daß auch die vielfach eingesetzten Binärbildsysteme mit vorgeschalteter „Graubildverbesserung" nicht vollständig diesen Aufgaben gerecht werden.

Aus diesem Grunde weist das in Verbindung mit dem Kombinationstastkopf eingesetzte Bildverarbeitungssystem einen leistungsfähigen Arrayprozessor zur schnellen Graubildverarbeitung auf. Mit Hilfe spezieller Kantendetektionsalgorithmen werden die zu prüfenden Merkmale des Meßobjekts schnell und sicher gemessen. Dadurch konnte der Einfluß von Schwankungen des Umgebungslichts oder von wechselnden Oberflächeneigenschaften auf das Meßergebnis drastisch reduziert werden.

Bild 5.1.1.2.4 zeigt schematisch das Ergebnis einer optischen Antastung. In einem frei definierbaren Suchbereich wird der Kantenverlauf untersucht und der gefundene Meßpunkt durch ein kleines rechteckiges Graphiksymbol angezeigt. Die Kantendetektion resultiert in einer selbstoptimierenden Antastung. Darunter ist zu verstehen, daß örtliche Unregelmäßigkeiten der Werkstückkanten (Ausbrüche, Verschmutzung u. ä.) bei der Messung weitgehend ausgespart werden. Das liegt daran, daß der Kantendetektion immer ein flächiger Suchbereich zugrundeliegt, Störungen und Verschmutzungen (Staub) aber meist punktförmig ausgebildet sind. Dadurch werden sie nicht als Kante identifiziert und damit ignoriert.

Darüberhinaus werden mit dem optischen Sensor durch Grauwertinterpolation Kantenlagen mit einer Auflösung gemessen, die unterhalb der physikalischen Auflösung der Kamera, also der Mittenabstände der Bildpunkte (Pixel) liegen.

Dieses Verfahren, Subpixeling genannt, erlaubt hochauflösende Messungen bei gleichzeitig großen Bildfeldern. Zuverlässig sind Messungen mit einer Auflösung von 1/8 Pixel möglich. Mit der Vergrößerung von 5:1 und dem Subpixelfaktor 1/8 sind beim OMC 850 Auflösungen von 0,7 µm erreichbar.

Hiervon zu unterscheiden sind die in der erwähnten Binärbildverarbeitung verbreiteten Verfahren der Einpassung (Best-Fit) von nur pixelgenau ermittelten Kantenverläufen in Geometrieelemente wie Gerade und Kreis, die auch zu einer Art Subpixelauflösung führen, aber dennoch den bekannten Einschränkungen der Binärbildverarbeitung unterliegen. Auch gehen Störungen der Kantenverläufe in erster Ordnung in das Ergebnis der Besteinpassung mit ein und verfälschen so das Meßergebnis.

5.1.1.2.2 Meßverfahren der optischen Antastung

Da die Methoden der mechanischen Antastung hinlänglich bekannt sind, sollen hier lediglich die Meßverfahren der optischen Tastkopfkomponente beschrieben werden.

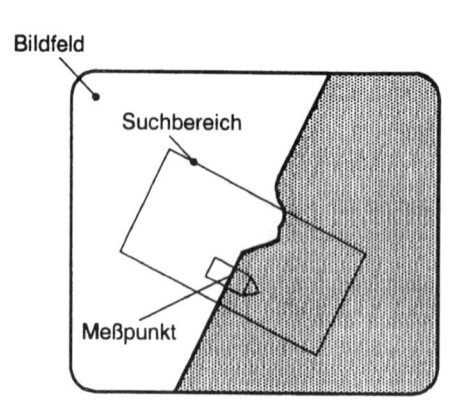

Bild 5.1.1.2.4:
Selbstoptimierende Antastung durch flächenbezogene Kantendetektion

Das speziell entwickelte Softwarepaket OPTAS 300 steuert die optischen Meßfunktionen. OPTAS 300 übergibt die Meßergebnisse zur weiteren Auswertung an das Basisprogramm UMESS 300. Damit stehen alle weiteren Auswertefunktionen des Basisprogramms einschließlich weiterer Softwareoptionen zur Verfügung. Die im System enthaltenen Meß- und Auswertefunktionen sind vollständig lernprogrammierbar und ermöglichen vollautomatische Meßabläufe.

Folgende Meßfunktionen sind realisiert:

– Einzelpunktantastung mit Meßfenstern verschiedener Größe; bei Bedarf kann die Richtung des Hell-Dunkel-Übergangs vorgegeben werden. Die Suchbereiche können hinsichtlich Größe, Position und Orientierung (Winkellage) gesteuert werden. (Bild 5.1.1.2.5)

– Kreismakro; kleine Bohrungen, die vollständig in das Bildfeld passen, werden mit einem Kreismakro gemessen. Hierbei werden vier Punkte der Bohrung besteingepaßt und damit Durchmesser und Position der Bohrung berechnet (Bild 5.1.1.2.6). Gegenüber der Messung von Bohrungen durch Einzelpunkte bietet das Kreismakro eine um ein Vielfaches höhere Meßgeschwindigkeit.

– Scanning im Bildfeld; diese Funktion ermöglicht die automatische Erfassung von Kantenverläufen durch Einzelpunkte. Nach Eingabe von Start- und Zielpunkt sowie der Schrittweite werden die Einzelpunkte erfaßt. Dabei werden die Antastrichtungen durch dynamische Tangentenberechnung der jeweiligen Kantennormalen angepaßt.

– Graphikmodus und CNC-Modus; im Graphikmodus werden die Meß- und Suchfelder auf dem Monitor dargestellt. Dies ist bei der manuellen Messung und Lernprogrammierung sowie bei Kontrolldurchläufen von automatischen Meßprogrammen erforderlich. Beim CNC-Modus für automatische Meßabläufe wird keine Graphik auf dem Monitor gezeigt. Dadurch wird eine wesentlich höhere Meßgeschwindigkeit gegenüber der im Graphikmodus erreicht.

– Autofokus zum automatischen Scharfstellen des Videobildes sowie zur optischen Z-Messung bei geringen Genauigkeitsanforderungen. Z-Messungen hoher Genauigkeit werden bevorzugt mit dem mechanischen Tastsystem durchgeführt.

5.1.1.2.3 Kalibrierung und Bedienung

Die Kalibrierung des Gesamtsystems wird in drei Stufen durchgeführt. Zunächst werden die beiden Tastsysteme einzeln in sich kalibriert. Die mechanischen Taststifte werden dabei auf herkömmliche Weise mit Hilfe eines hochgenauen Kugelnormals bestimmt.

Die Kalibrierung des optischen Systems erfolgt an speziellen, auf eine Glasplatte aufgedampften Kreisnormalen. Dabei werden für jede Vergrößerung die Pixel-Skalierungsfaktoren in beiden Achsrichtungen, sowie die Orientierung der Kamera gegenüber den Geräteachsen ermittelt.

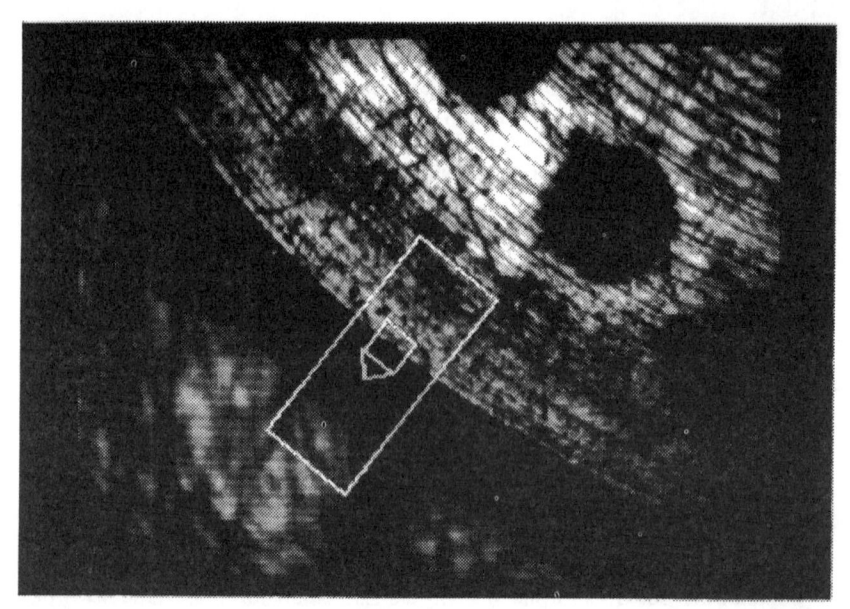

Bild 5.1.1.2.5: Kantenmessung mit gedrehtem Meßfenster und Vorgabe der Richtung des Hell-Dunkel-Übergangs

Bild 5.1.1.2.6: Vier-Punkt-Kreismessung .

Anschließend wird der Vektor zwischen optischer Achse und dem mechanischen Bezugstaster bestimmt. Danach ist optisches und mechanisches Messen in einem gemeinsamen Koordinatensystem mit gegenseitiger Verknüpfung von Meßergebnissen möglich. So stehen die spezifischen Vorteile beider Antastarten zur Verfügung, beispielsweise die schnelle optische Messung oder die mechanische Messung von optisch nicht zugänglichen Elementen.

Durch Betätigen einer Taste wird bei manueller Messung und Lernprogrammierung direkt zwischen mechanischer und optischer Messung umgeschaltet. Im CNC-Ablauf werden die beiden Tastsysteme nach den Erfordernissen der Meßaufgabe ebenfalls im Wechsel betrieben. Die automatische Tasterwechseleinrichtung ermöglicht den Einsatz von langen und komplizierten Taststiftkombinationen an den Werkstücken, an denen keine optische Antastung möglich ist.

Die gesamte Bedienung der Meß- und Auswertefunktionen erfolgt über das alphanumerische Bedienpult sowohl für die mechanischen als auch für die optischen Meßfunktionen. Dadurch ist der Ort der Messung immer optimal im Blickfeld des Bedieners. Ein Monitor dient zur visuellen Kontrolle des Meßablaufs, insbesondere bei manueller Messung und Lernprogrammierung. Dieser Monitor ist in ergonomisch günstiger Position auf einer dreh- und schwenkbaren Vorrichtung ebenfalls in der Nähe des Arbeitsraumes installiert.

5.1.1.2.4 Anwendungsbereiche der optisch-mechanischen Meßverfahren

5.1.1.2.4.1 Überblick

Mit dem optisch-mechanischen Meßzentrum OMC wird ein sehr breites Anwendungsfeld erschlossen. Es ermöglicht u.a.:

- optische Messungen von flachen Teilen, z.B. Leiterplatten, Filmvorlagen, Folien, aufgedampften Schichten,
- optische und mechanische Messungen an ebenen Konturen, z.B. an gestanzten Blechteilen,
- optische Messungen an kleinen Bohrungen und Konturen mit engen Radien, z.B. an Uhrenplatinen oder drahterodierten Schneidwerkzeugen,
- optische Messungen von kontrastarmen Kunststoffteilen,
- mechanische Messungen an komplizierten Werkstücken mit schwer zugänglichen oder seitlich liegenden Merkmalen, die optisch nicht erfaßt werden können.

Die optische Messung hat gegenüber der mechanischen einen Meßzeitvorteil. Dadurch ist bei einem gemischt optisch-mechanischen Meßablauf eine Meßzeiteinsparung auch an den Teilen zu erzielen, die rein mechanisch gemessen werden können. Dies ist in Bild 5.1.1.2.7 am Beispiel eines spanend bearbeiteten prismatischen Werkstücks dargestellt.

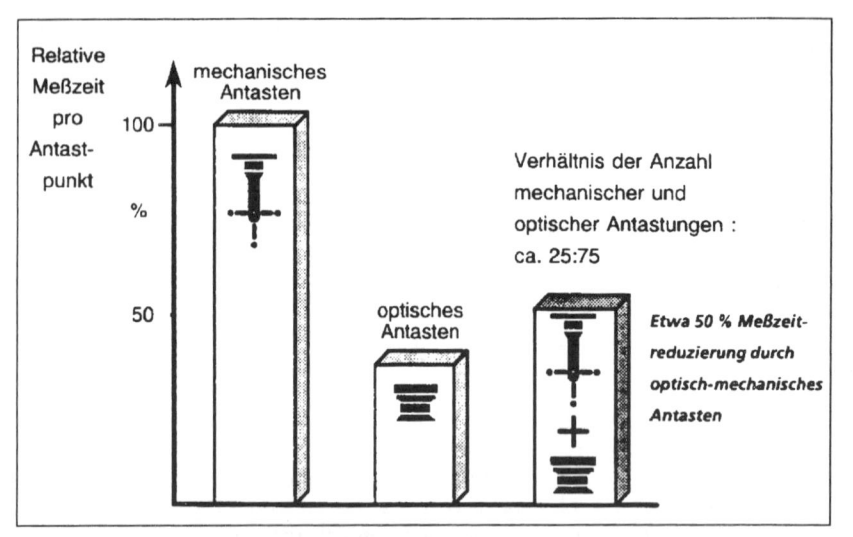

Bild 5.1.1.2.7: Meßzeitreduzierung bei gemischt optisch-mechanischer Antastung

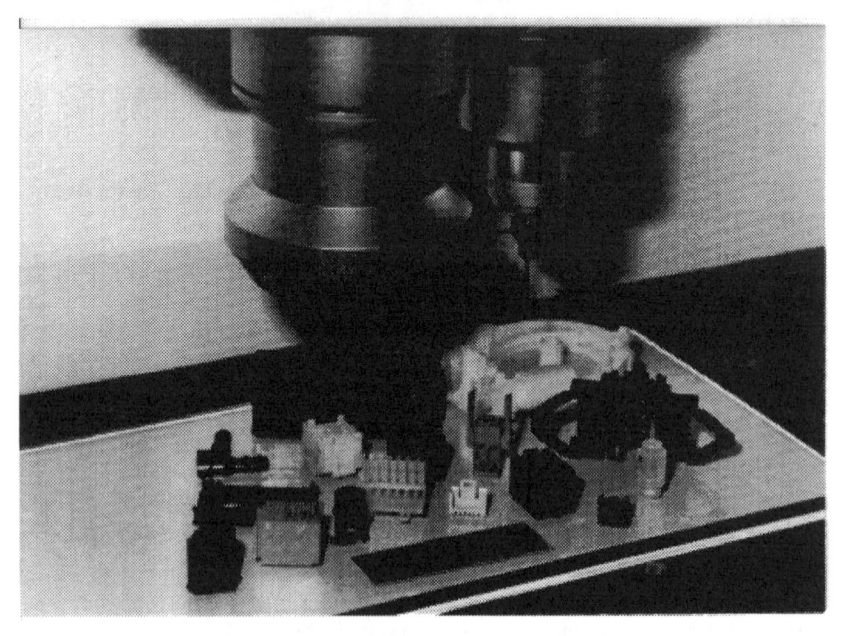

Bild 5.1.1.2.8: Auswahl von Werkstücken für die optisch-mechanische Antastung (1): Plastikteile unterschiedlicher Ausführungsformen, Keramiksubstrat für Dickschichtschaltung

Darüberhinaus besteht durch den großen Meßbereich des Grundgeräts die Möglichkeit der Palettenmessung mit automatischer Zuführung.

Die Bilder 5.1.1.2.8 und 5.1.1.2.9 zeigen eine Auswahl typischer Meßobjekte für den optisch-mechanischen Kombinationstastkopf. Besonders vorteilhaft bei dem hier beschriebenen Kombinationstastsystem ist, daß optische und mechanische Messungen beliebig miteinander verknüpft werden können. So sind auch Elemente, die optisch nicht angetastet werden können (Hinterschneidungen, räumliche Elemente usw.), mechanisch ohne Zeitverzug im gleichen Werkstückkoordinatensystem meßbar.

Bild 5.1.1.2.9: Auswahl von Werkstücken für die optisch-mechanische Antastung (2): unterschiedlich bearbeitete Metallteile

5.1.1.2.4.2 Kunststoffteilemessung

Da im Gegensatz zu metallischen Werkstücken im Kunststoffbereich vielfach mechanisch labile Werkstücke gemessen werden müssen, ist hierfür naturgemäß das berührungslose Antastverfahren prädestiniert [6].

Bei bestimmten Kunststoffteilen der Elektroindustrie gibt es Gruppen von extrem kleinen Geometrieelementen. Diese Gruppen, z. B. IC-Steckplätze, sind in sich sehr eng toleriert, weisen jedoch relativ grobe Positionstoleranzen auf. Die Schwierigkeit bei der Messung solcher Elementegruppen besteht zunächst darin, diese am Werkstück überhaupt zu finden.

Neben speziellen Softwarefunktionen, z.B. lokale Steuerkoordinatensysteme, wurde diesen Aufgaben beim optischen Tastsystem durch große Bildfelder Rechnung getragen. Befindet sich ein Element innerhalb des Bildfeldes, d.h. wird es auf den Sensor abgebildet, so kann es auch optisch angetastet werden. Durch die Möglichkeit des Subpixeling wird, wie bereits erwähnt, trotz großer Bildfelder eine hohe Auflösung des optischen Meßsystems erreicht.

5.1.1.2.4.3 Werkzeugmessung

Auf ein Anwendungsbeipiel für die kombinierte optisch-mechanische Messung soll im folgenden näher eingegangen werden. Die Aufgabe besteht darin, die Maßhaltigkeit von Fräs- oder Räumwerkzeugen zu prüfen. Unter Einbeziehung eines Drehtisches als vierter Achse wird es möglich, die Flugkreisdurchmesser der Schneiden oder Wendeschneidplatten in der Achsebene in Projektion zu messen. Aus den Flugkreisdurchmessern der einzelnen Schneiden wird danach auf das später mit diesem Werkzeug erzielte Werkstückprofil geschlossen. Auch können Rund- und Planlauf der Schneiden in bezug zur Drehachse auf diese Weise schnell und genau erfaßt werden.

Bild 5.1.1.2.10 zeigt ein Fräswerkzeug zur Holzbearbeitung, das auf dem OMC 850 mit waagerecht aufgespanntem Drehtisch gemessen wird. Das mechanische Tastsystem dient hierbei einerseits der Ausrichtung des Fräsers nach seinen Funktionsflächen (Innenzylinder und Nabenflächen), andererseits zur Erfassung von optisch nicht zugänglichen Merkmalen. In Verbindung mit der zuvor bestimmten Lage und Richtung der Drehtischachse werden Exzenter und Taumelwinkel des Werkstücks in bezug zur Drehtischachse berechnet. Bei einer Drehung des Werkstücks in eine Meßposition wird das Koordinatensystem rechnerisch mitgedreht. Eine erneute Ausrichtung nach einer Drehung ist daher nicht erforderlich.

Das optische Tastsystem hat danach die Aufgabe, in der Achsebene die Flugkreisdurchmesser der Schneiden zu messen. Hierzu wird das optische Tastsystem in die Sollposition über der zu messenden Schneide positioniert, so daß die Fokusebene in der Achsebene des Werkstücks liegt. Anschließend wird die Schneide durch Rotation des Fräswerkzeugs mit dem Drehtisch in die Fokusebene positioniert (Bild 5.1.1.2.11).

Bild 5.1.1.2.10: Messung eines Fräswerkzeugs auf dem OMC mit waagerecht aufgespanntem Drehtisch (1): Ausrichtung mit mechanischem Tastsystem

Bei dieser Messung bleibt das optische Tastsystem ortsfest. Es wird so sichergestellt, daß die Schneidenlage tatsächlich in der Achsebene und damit in der Ebene der größten Auslenkung gemessen wird. Diese Auslenkung entspricht dem Flugkreisradius und damit dem Wirkprofil des zu messenden Werkstücks.

Bei Wendeschneidplattenträgern ist es allerdings ratsam, diese mit zuvor gemessenen Wendeschneidplatten zu bestücken, um so Einflüsse aus fehlerhaften Wendeschneidplatten auszuschließen und nur die Geometrie der Werkzeugträger zu messen. Bei dieser Meßstrategie werden allerdings sehr hohe Anforderungen an den Drehtisch hinsichtlich Positionierunsicherheit, Axial- und Radialruhe, sowie Taumel gestellt [7]. Diese Anforderungen werden jedoch von den hier eingesetzten Drehtischen erfüllt.

Bild 5.1.1.2.11: Messung eines Fräswerkzeugs auf dem OMC mit waagerecht aufgespanntem Drehtisch (2): Optische Messung der Schneiden in der Achsebene

Kapitel 5.1.1.3

Optische Methoden der 3-D-Meßtechnik und Bildvorverarbeitung

H. J. Tiziani

5.1.1.3 Optische Methoden der 3-D-Meßtechnik und Bildvorverarbeitung

H. J. Tiziani

Bei der digitalen Bildverarbeitung wird vorwiegend zweidimensionale Objektinformation analysiert. Mit photgrammetrischen Methoden, basierend auf der passiven Triangulation wird auch dreidimensionale Information gewonnen. Optische Methoden zur 3-D-Meßtechnik haben in den letzten Jahren vermehrtes Interesse gefunden. Wesentlich dazu beigetragen haben die Entwicklungen auf den Gebieten der Laser, der Speicher und leistungsfähigen Rechner. Der Verarbeitung der Information des Sensors wird vermehrt Aufmerksamkeit geschenkt. Hybride Verfahren, die eine optische Vorverarbeitung mit anschließender digitaler Verarbeitung kombinieren, werden zukünftig vermehrt entwickelt und eingesetzt werden.

5.1.1.3.1 Einführung

Die binokulare Stereo-Betrachtung basiert auf der Triangulation. Andere Tiefenmeßverfahren, die wir in der Natur finden, basieren z.b. auf Ultraschall-Sensoren, die beispielsweise bei Fledermäusen für die Abstandsmessung Anwendung finden. Es ist aber immer schwirig, mit der Natur konkurrenzfähig zu sein; speziell gilt dies auch für das visuelle System, wo die Stereo-Vision mit intelligenter Bildverarbeitung gekoppelt ist. Verfahren der digitalen Bildverarbeitung konzentrierten sich bisher vorwiegend auf die Verarbeitung zweidimensionaler Objektinformation. 3-D-Meßtechniken werden immer wichtiger für den industriellen Einsatz, z.B. für Anwendungen auf dem Gebiet der Robotertechnik, in der automatischen Fertigung, aber auch in der Mikroelektronik. Verschiedene optische Meßverfahren und Anwendungen werden diskutiert. Es wird aber immer ein Kompromiß sein zwischen Auflösung und Meßbereich. Die optischen Verfahren können sowohl einzeln als auch in Verbindung mit Verfahren der digitalen Bildverarbeitung eingesetzt werden. Sie können damit die Information für die Weiterverarbeitung mit Hilfe der Methoden der digitalen Bildverarbeitung wesentlich vereinfachen.

5.1.1.3.2 Optische 3-D-Meßmethoden

Große Fortschritte wurden sowohl auf dem Gebiet der digitalen Bildverarbeitung als auch der Streifenanalyse gemacht. Die größten Durchbrüche ergaben sich in der Mikroelektronik und auf dem Gebiet der Halbleiter und leistungsfähigen Kleinrechner, Auch photogrammetrische Verfahren werden bei den Nahbereichsanwendungen in der Industrie vermehrt eingesetzt. In der optischen 3-D-Meßtechnik können wir die wichtigsten Techniken, beispielsweise, in 2 Bereiche einteilen, nämlich in inkohärente und kohärente Verfahren.

Inkohärente Verfahren
- Laufzeit- und Phasenmessungen
- Triangulation, strukturierte Beleuchtung, Moiré-Techniken
- Bildebenen-Lokalisierungssysteme

Kohärente Verfahren
- Homodyne Methoden
  Interferometrie und Holografie
  Speckle-Verfahren
- Heterodyn-Methoden
  Einwellen-Heterodyn-Interferometrie
  Vielfach-Wellen-Heterodyn-Interferometrie

5.1.1.3.3 Inkohärente Verfahren in der 3-D-Meßtechnik

Laufzeit- und Phasenmessungen

Für die Distanz-Messung sind schon lange Puls-Echo-Laser-Verfahren bekannt. Das Grundprinzip basiert auf der Aussendung eines sehr kurzen Laserpulses zum Objekt. Die Verzögerung zwischen der Lichtaussendung und der Detektion des Pulses wird gemessen. In jüngster Zeit werden Sub-Piko-Sekunden lange Pulse, von Diodenlasern, ausgesandt und detektiert. Dadurch wird die Auflösung wesentlich erhöht und es entstehen auch recht preiswerte Laser-Distanzmeßgeräte. Zukünftige interessante Einsatzgebiete im Zusammenhang mit Robotern sind zu erwarten.

Verschiedene Laserabstandsmeßverfahren basieren auf dem Phasenmeßprinzip. Ein modulierter CW-Laser-Strahl wird in die Richtung des Objekts geschickt. Das empfangene Signal wird dann verglichen mit dem modulierten Signal, und die Phase, bzw. Phasenschiebung, führt zur Information über den Abstand zum Objekt. Wegen den relativ kleinen Laserleistungen, die eingesetzt werden, muß über eine bestimmte Zeit integriert werden, um genaue Messungen zu erhalten. Submillimeter-Auflösungen können erreicht werden; speziell wenn Retro-Reflektoren als „Target" verwendet werden. Mehrere kommerziell verfügbare Geräte, speziell in der Geodäsie, arbeiten mit modulierter Strahlung und unterschiedlichen Wellenlängen und erreichen Submillimeter-Auflösung. Die Geräte sind z.B. Wild-Leitz (DI 2000), Kern (Mekometer).

Im skizzierten Meßaufbau in Bild 5.1.1.3.1, wird der Injektionsstrom einer Halbleiterlaserdiode hochfrequent moduliert. Mit einem x-y-Scanner wird das modulierte Laserlicht zur Objektbeleuchtung herangezogen. Ein Teil dieses Lichtes gelangt über den Scanner-Spiegel zum Empfangsobjektiv und Detektor (Avalanche Diode).

Ein Phasenschiebeverfahren dient zur Ermittlung der Phasenverzögerung zwischen dem Modulations- und dem Photodiodensignal (bzw. Meßsignal). Daraus folgt der Abstand zum Meßobjekt. Bild 5.1.1.3.2 zeigt ein typisches Meßergebnis in Pseudo-3-D-Darstellung. Es handelt sich um den Ausschnitt eines Gehäuses in 1,8 m Objektabstand mit Submillimeterauflösung.

Triangulation

Die Triangulation ist ein sehr vertrautes Verfahren. Die Photogrammetrie basiert auf der passiven Triangulation. Vom Prinzip her ist die Triangulation ein sehr einfaches und robustes Verfahren für die Tiefenmessung. Allerdings gibt es verschiedene Begrenzungen sowohl in bezug auf Auflösung und Arbeitsabstand als auch durch die notwendige Basis bei engen Vertiefungen.

Passive Triangulation

Die passive Triangulation wird schon lange eingesetzt in der Landvermessung und der Navigation. Es ist die Basis für die lange etablierte Stereo-Photogrammetrie, wobei das Objekt aus mindestens 2 Winkeln aufgenommen wird. Nach der Aufnahme der 2 Stereo-Bilder erfolgt die Auswertung zum 3-dimensionalen Modell. Die computerunterstützte Photogrammetrie hat sich zu einem sehr wirkungsvollen Werkzeug in der Meßtechnik entwickelt; sie wird in Zukunft vermehrt für den industriellen Einsatz im Nahbereich Anwendung finden.

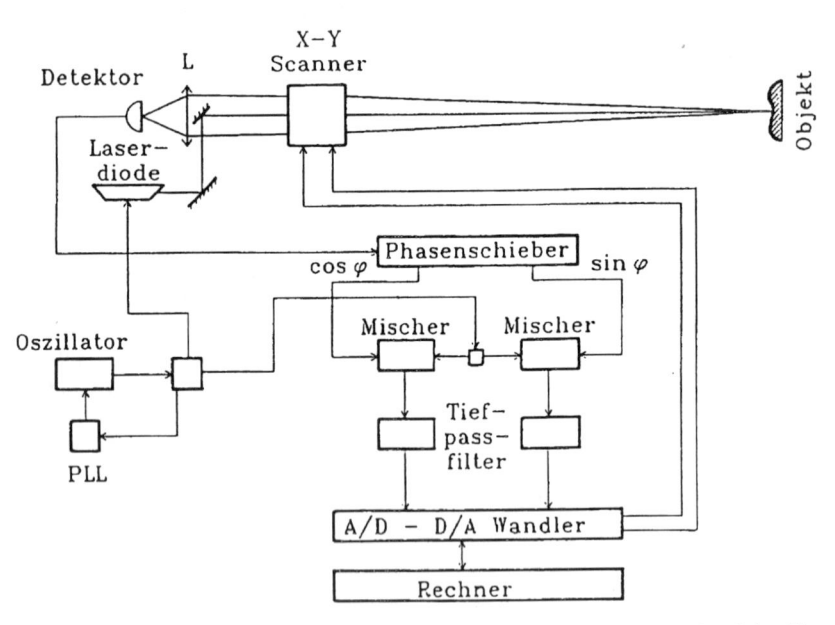

Bild 5.1.1.3.1: Schematischer Aufbau zur Profilmessung, basierend auf der Phasenmessung mit x-y-Scanner

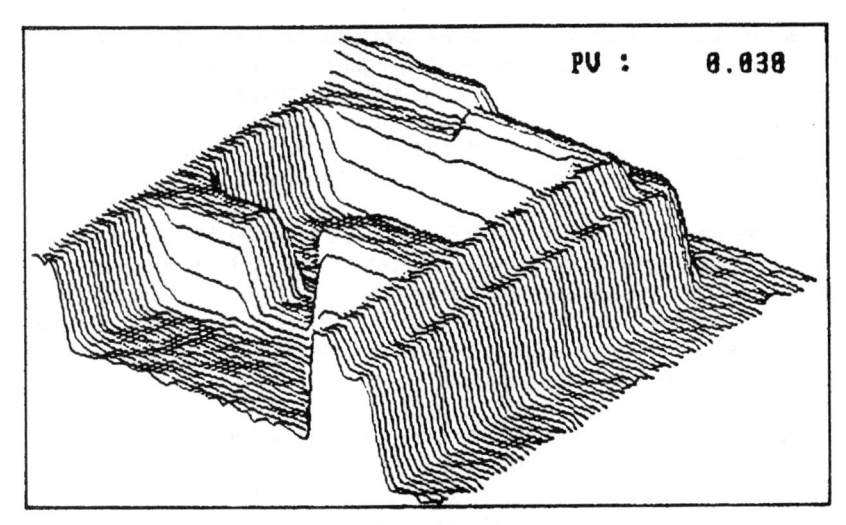

Bild 5.1.1.3.2: Gehäusetopografie eines Gehäuseteils in Pseudo-3-D-Darstellung. Arbeitsabstand 1,8 m und Submillimeterauflösung, erstellt mit scannendem Phasenmesser

Aktive Triangulation

Bei der aktiven Triangulation wird im einfachsten Fall ein Lichtpunkt aufs Objekt projiziert, der nachher unter einem unterschiedlichen Winkel beobachtet und vermessen wird. Durch strukturierte Beleuchtung wird das Verfahren erweitert. Als einfache Struktur kann auch eine Linie verwendet werden, was dann zum Lichtschnittverfahren führt. Speziell die strukturierte Beleuchtung hat verschiedene Vorteile. Sie ermöglicht beispielsweise eine sehr schnelle Verarbeitung der Information. Die Grundlagen der Triangulation sind aus Bild 5.1.1.3.3 ersichtlich. Der aufs Objekt projizierte Laserpunkt wird mit Hilfe einer CCD-Zeile oder mit einem -Array oder einem positionsempfindlichen Detektor vermessen. Es wird angenommen, daß der Objektabstand wesentlich größer ist als die Basis des Triangulationsverfahrens. Die Auflösung Δz kann geschrieben werden als

$$\Delta z = \frac{z^2}{B} \Delta w, \tag{1}$$

wobei Δw die Winkelauflösung der Empfängersysteme darstellt. Die Triangulation ist eine sehr robuste Methode für die punktweise 3-D-Messung. Sie bietet sich auch an bei schwierigen Umweltbedingungen.

Ein abtastender Triangulations-Sensor ist sehr wirkungsvoll für das 3-dimensionale Vermessen von Objektoberflächen. Ein fokussierter Laser wird über die Objektoberfläche gefahren, wobei die Strahlablenkung z.B. mit Hilfe von Galvanometer-Spiegeln, erfolgen kann. Die x-, y-Koordinaten des Laser-Spots sind gegeben durch die Position der Galvanometer-Spiegel. Eines der abtastenden Verfahren ist schematisch in Bild 5.1.1.3.4 vorgestellt, angedeutet sind Galvanometer-Spiegel. Dieses Verfahren eignet sich besonders für eine gezielte Vermessung von Objektpunkten und zur Vollständigkeitsprüfung und Fehleranalyse. Polygon-Spiegel eignen sich zum schnellen Abtasten der Oberfläche.

Ein Blockschaltbild des Aufbaus ist in Bild 5.1.1.3.5 zu sehen. Die Belichtungsregelung erfolgt adaptiv, an die jeweilige Streucharakteristik des Meßobjektes angepaßt. Der Triangulationssensor bildet den Objektpunkt über eine anamorphotische Optik auf eine schnelle CCD-Zeile ab. Eine spezielle Pixelcomputerschaltung führt eine Vorverarbeitung des Zeilensignals durch, bevor der Schwerpunkt des Punktbildes rechnerseitig ausgewertet wird.

Zur Verbesserung der Auflösung kann die Basis noch erweitert werden. Dies ist angedeutet in Bild 5.1.1.3.6, wo 2 Motor-Theodolite benützt werden. Der erste Theodolit kann beispielsweise den Laser-Spot generieren und im zweiten wird die Position des Laser-Spots vermessen und dadurch die 3-D-Information gewonnen. Hohe Auflösung in Bruchteilen von Bogensekunden werden erreicht.

Streifenprojektions- und Auswertetechniken

Gittermuster, die auch interferometrisch erzeugt werden, können auf die Objektoberfläche projiziert und unter einem unterschiedlichen Winkel mit einer Kamera beobachtet werden. Sie werden durch unebene Objektoberflächen verformt. Die Verformungsstreifen werden mit einem Referenzmuster verglichen. Daraus ergeben sich Höhenschichtlinien der Oberfläche. Mit entsprechender Phasenschiebung werden die Konturlinien auch vorzeichenrichtig erfaßt und dargestellt. Beispielhaft soll die Streifenprojektion, basierend auf einem Interferenzmuster, im Zusammenhang mit Bild 5.1.1.3.7 erläutert werden. Die Spiegel M_1 und M_2 sind gegeneinander geneigt und produzieren durch Interferenz der kohärenten Wel-

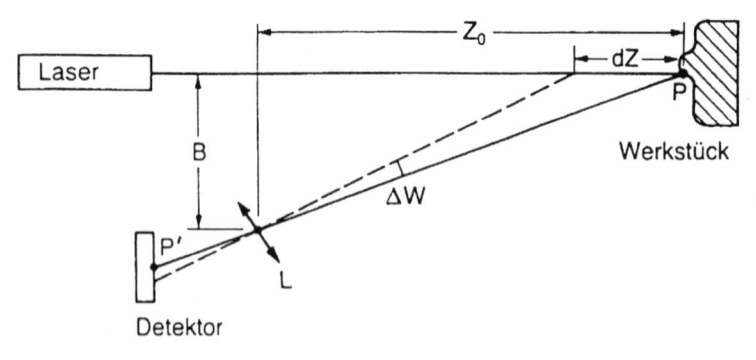

Bild 5.1.1.3.3: Prinzip der Triangulation

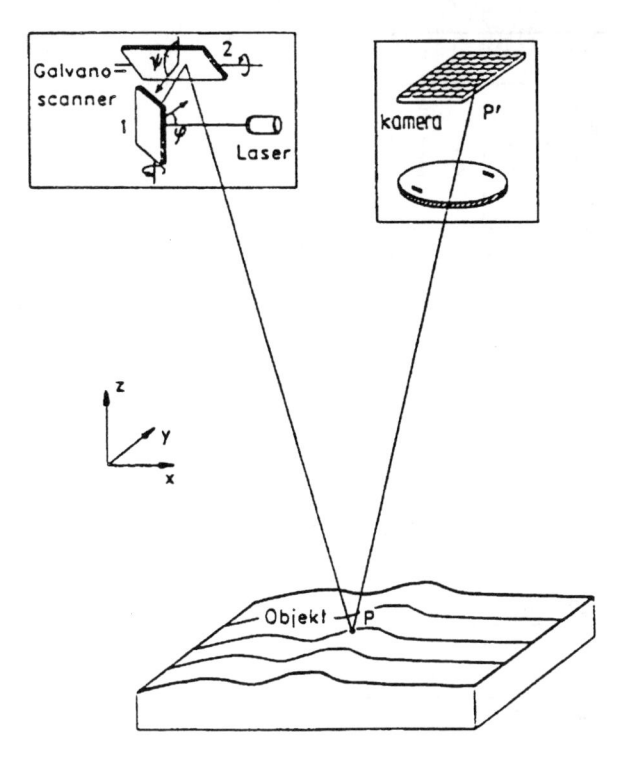

Bild 5.1.1.3.4: Prinzip des Laserscanners auf der Basis der Triangulation

len ein Streifenmuster auf dem Objekt. Dieses Streifenmuster kann modifiziert werden bei geringfügiger Verkippung von M_1 relativ zu M_2. Zur automatischen Streifenanalyse wird der Spiegel M_2 mit einem Piezoelement verschoben, d.h. die Phasenschiebung führt zur automatischen Streifenauswertung. Das Streifenmuster wird mit einer CCD-Kamera registriert und verarbeitet. Bei der Anwendung des Verfahrens hat es sich auch herausgestellt, daß es sehr nützlich ist, mit beispielsweise 2 Frequenzen zu operieren, nämlich einer groben Gitterperiode, um die Ordnungszahl sicher zu stellen und auch bei Sprüngen die richtige Höhe zu ermitteln. Die feine Gitterstruktur dient dann zur genauen Höhenschichtlinienaufzeichnung. Mit der automatischen Streifenauswertung wird auch das Problem der Mehrdeutigkeit gelöst. Bild 5.1.1.3.8 zeigt beipielhaft Konturlinien eines Werkstücks mit 1 mm Auflösung bei 2 m Arbeitsabstand. Die Auswertung erfolgte mit einem statischen Verfahren auf PC-Basis in weniger als 10 sec. Als Alternative können auch Gitter mit unterschiedlicher Periode projiziert und ausgewertet werden. Über den Einsatz von 2 festen Gittern mit unterschiedlichen Perioden berichtet Dr. Zumbrunn in seinem Beitrag. Bei den Untersuchungen hat es sich auch herausgestellt, daß zur Konturlinienaufzeichnung auch nichtperiodische Muster

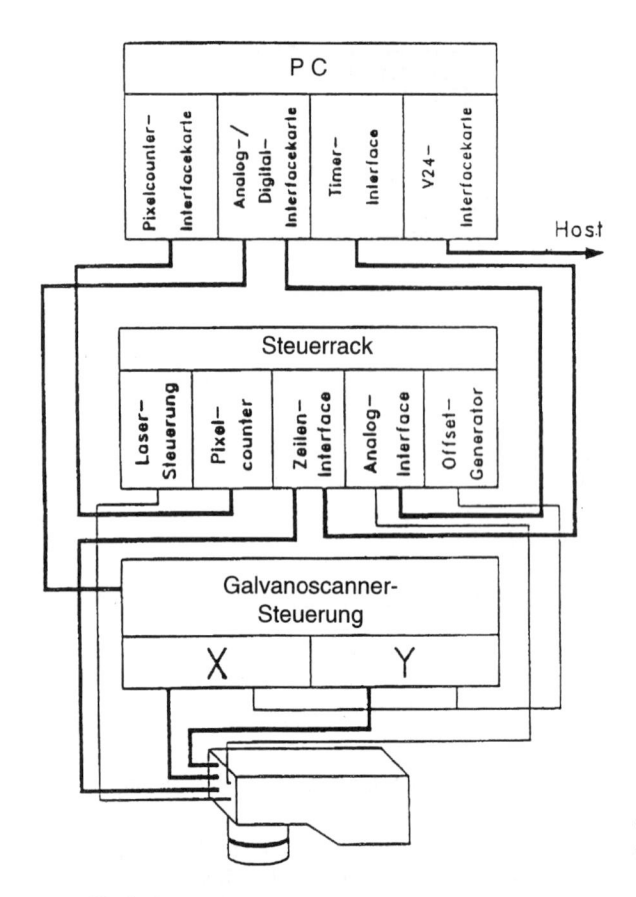

Bild 5.1.1.3.5:
Blockschaltbild der Steuerung des Triangulationsscanners

vorteilhaft eingesetzt und ausgewerter werden können. Codierte Streifen mit Grauwertanalysen und der Einsatz von Gitterprojektoren basierend auf projizierten Flüssigkristallmustern sind für zukünftige Roboteranwendungen von großer Bedeutung [16].

Verschiedenartige Streifenprojektionstechniken sind verwandt mit dem schon lange bekannten Lichtschnittverfahren nach Schmaltz. Verglichen mit Video-Techniken haben diese Verfahren sehr hohe lokale Intensität und sind deshalb widerstandsfähiger gegen Umweltstörungen. In der Bildverarbeitung werden bisher meistens die 2-D-Verarbeitung verwendet. In Zukunft wird vermehrt die Vorverarbeitung erfolgen. Die Form des registrierten Lichtbalkens ermöglicht die Tiefeninformation in quasi Echtzeit über die ganze Länge des Lichtstreifens, ohne daß bewegte Teile nötig werden. Wird an Stelle von einem Lichtbalken eine ganze Reihe von Mustern generiert, wird die Auswertung wesentlich schneller. (vgl. Malz-Beitrag in diesem Handbuch)

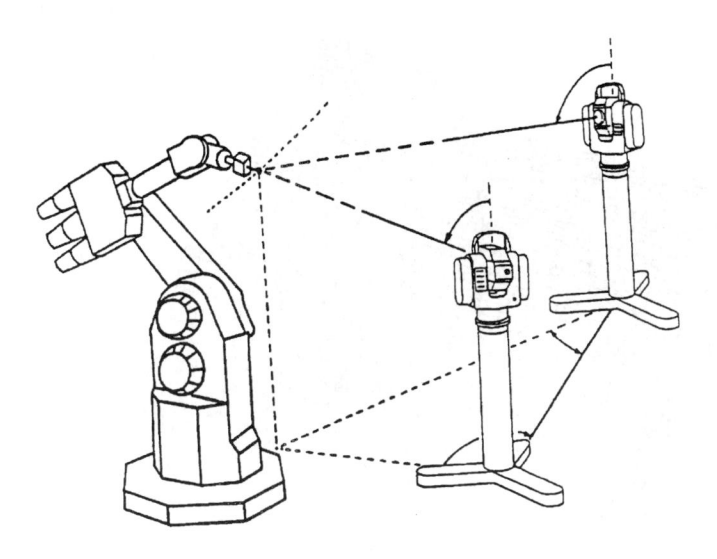

Bild 5.1.1.3.6: Triangulationssystem, basierend auf einem Theodolitensystem (Space der Firma Kern)

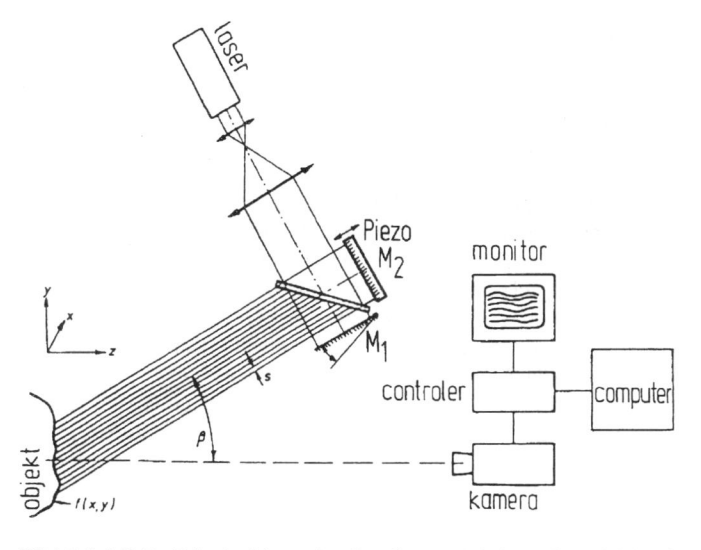

Bild 5.1.1.3.7: Prinzipskizze der Streifenprojektion mit variabler Gitterperiode, erreicht durch Verkippung von M_1 und Phasenschiebung mit Hilfe des Piezoelementes M_2

5.1.1.3-9

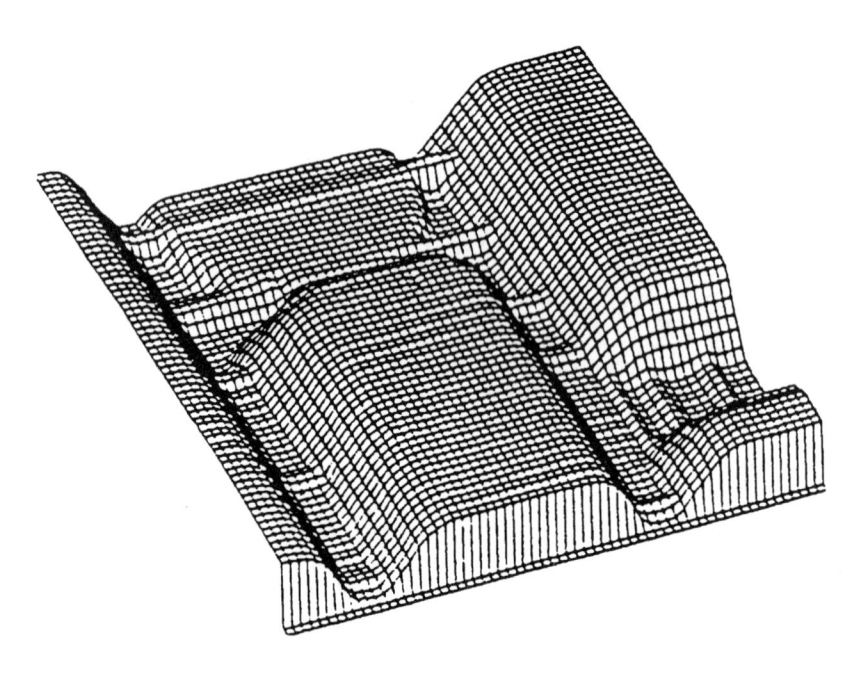

Bild 5.1.1.3.8: Konturlinien eines Werkstückes mit 1 mm Auflösung bei einem Arbeitsabstand von 2 m

Bildebenen-Lokalisierungssysteme

Tunnelmikroskop

Das abtastende Tunnelmikroskop ermöglicht eine Ortsauflösung im Bereich der Atomstruktur. Allerdings sollte das Objekt elektrisch leitend sein [14]. Das relativ einfache Prinzip wird anhand von Bild 5.1.1.3.9 kurz erläutert. Eine feine, leitende Spitze wird auf einem mit piezoelektrischen Elementen verstellbaren x-y-z-Tisch in der Art und Weise verschoben, daß die Spitze in einem Abstand in der Gegend von 0,1 nm über der Oberfläche abfährt, so daß der gleiche Tunnelstrom zwischen Oberfläche und Spitze fließt. Der Tunnelstrom kann bei einer Abstandsänderung von 0,1 nm um einen Faktor 2 ändern. Durch entsprechende Registrierung der Position der Tastspitze wird eine Tiefenauflösung von Bruchteilen vom Angström erreicht. Die Tiefenauflösung des Tunnelmikroskops kann mit interferometrischen Verfahren zwar annähernd erreicht werden, die Ortsauflösung aber keineswegs.

Optisches Bildebenen-Lokalisierungssystem

Interferometrische Profilmeßgeräte sind im wesentlichen noch Laborgeräte. Der Einsatz ist vorerst noch beschränkt. Zur Rauheitsmessung in der Produktion eignen sich z.B. Streulichtmeßverfahren oder geometrisch-optische Methoden.

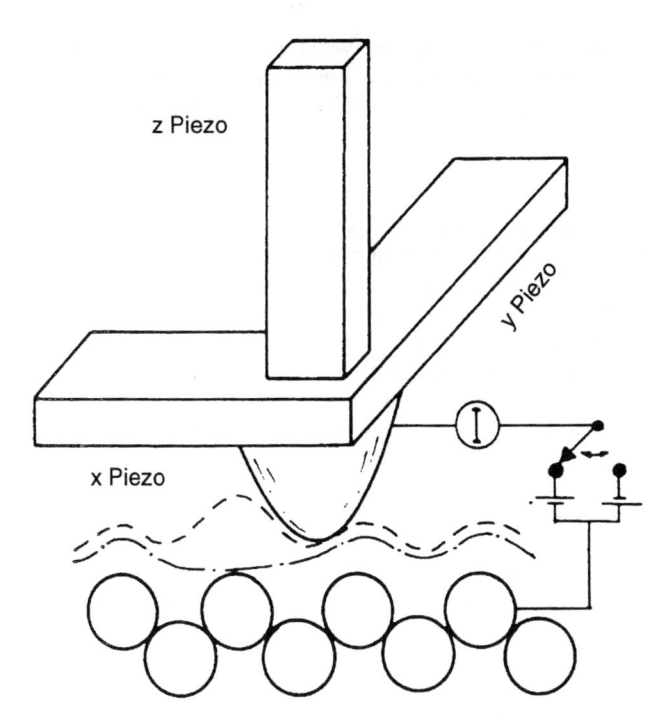

Bild 5.1.1.3.9: Prinzipskizze des Tunnelmikroskops

Stellvertretend für das optische Balanceverfahren wird in Bild 5.1.1.3.10 ein eigenes entwickeltes Verfahren näher erläutert. Ein Laserpunkt wird auf der Meßoberfläche mit Hilfe eines Mikroskopobjektivs projiziert. Dieser Laserpunkt wird in Autokollimation detektiert. Der Lichtfluß, der die Lochblende passiert, wird gemessen. Das maximale Signal wird erhalten, wenn der Objektpunkt konjugiert zur Lochblende ist. Für Objektpunkte, die eine unterschiedliche Höhe haben, wird der Lichtpunkt defokussiert, auf den Objektpunkt abgebildet, zusätzlich wird der Autokollimationsspot auf der Blende breiter, der Lichtfluß durch die Blende wird kleiner, so daß der Detektor weniger Licht empfängt. Der entsprechende Bildpunkt wird dunkler. Zur Vermeidung von Störungen durch Variation der Lichtquelle usw., bietet es sich an, 2 Blenden symmetrisch zum Autokollimationspunkt zu plazieren, die eine intra-, die andere extrafokal. Ist das Werkstück im Fokus, sollten beide Detektoren den gleichen Lichtfluß erhalten. Es bietet sich an, die Differenz der Lichtsignale über die Summe, d.h. über die normierte Intensität, aufzutragen. Für größere Meßbereiche wird das Objektiv jeweils mit einem Piezo-Element nachfokussiert. Darüber hinaus ist im Bild 5.1.1.3.10 noch eine Kalibrierkurve aufgetragen. Auflösungen in der Gegend von 20 nm wurden erreicht. Der Arbeitsbereich kann wesentlich erweitert werden auf mehrere µm. Bild 5.1.1.3.11

zeigt eine Topografie eines Tiefziehbleches mit Vertiefungen, die als Schmiertaschen dienen. Das Tiefziehblech wurde mit dem beschriebenen Fokusdetektor nach dem Prinzip der Lichtwaage vermessen. Die Höhenauflösung wurde mit unserem Aufbau von 20 nm erreicht.

Konfokales Mikroskop

Die konfokale Mikroskopie ist eine interessante Entwicklung der letzten Jahre für hochgenaue Topografien. Das Prinzip wird anhand eines eigenständig entwickelten Verfahrens beschrieben und ist in Bild 5.1.1.3.12 zu sehen. Prinzipiell wird ein Lichtpunkt, z.B. eine beleuchtete Lochblende, als sekundäre Lichtquelle auf das Objekt abgebildet. Objektpunkte, die konjugiert sind zur Lochblende, ergeben bei idealen Abbildungsverhältnissen ein beugungsbegrenztes Punktbild. Bei Autokollimation passiert ein maximaler Lichtfluß die Blende, der anschließend detektiert wird. Der entsprechende Bildpunkt erscheint hell. Im Gegensatz dazu werden defokussierte Objektpunkte dunkel, da ein schwächeres und breiteres Punktbild die Lochblende passiert. Zur Vermeidung der Punktabtastung, bzw. der Objektbewegung, wurde ein Punktmuster benutzt, das durch gegeneinander rotierende, periodische Gitter entsteht, bzw. entsprechende Lochblenden, wie dies in Bild 5.1.1.3.12 angedeutet wird. Wird ein piezoelektrischer Transducer zur Bewegung des Objektivs benutzt, können einzelne Schnitte durch Änderung der Fo-

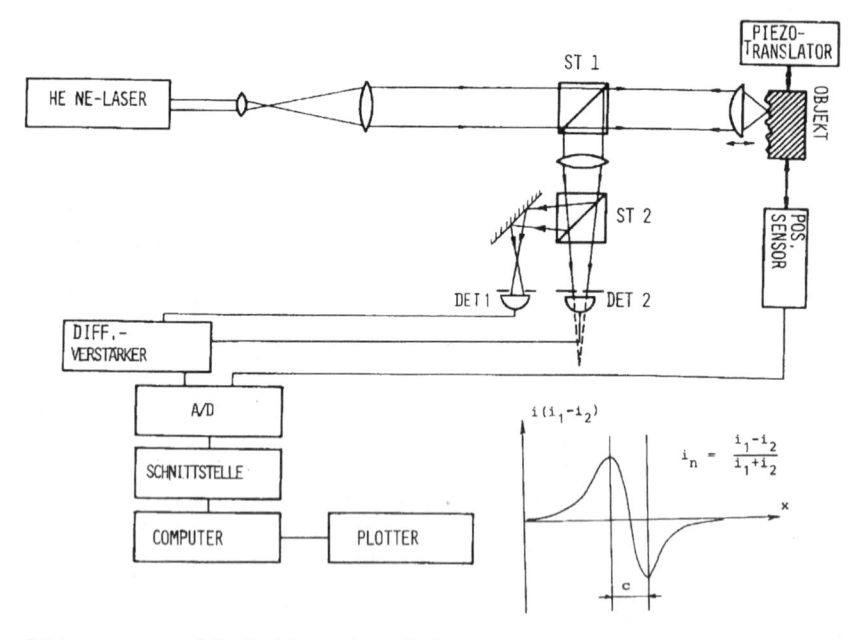

Bild 5.1.1.3.10: Prinzipskizze eines Fokusdetektors nach dem fotometrischen Gleichgewichtsverfahren

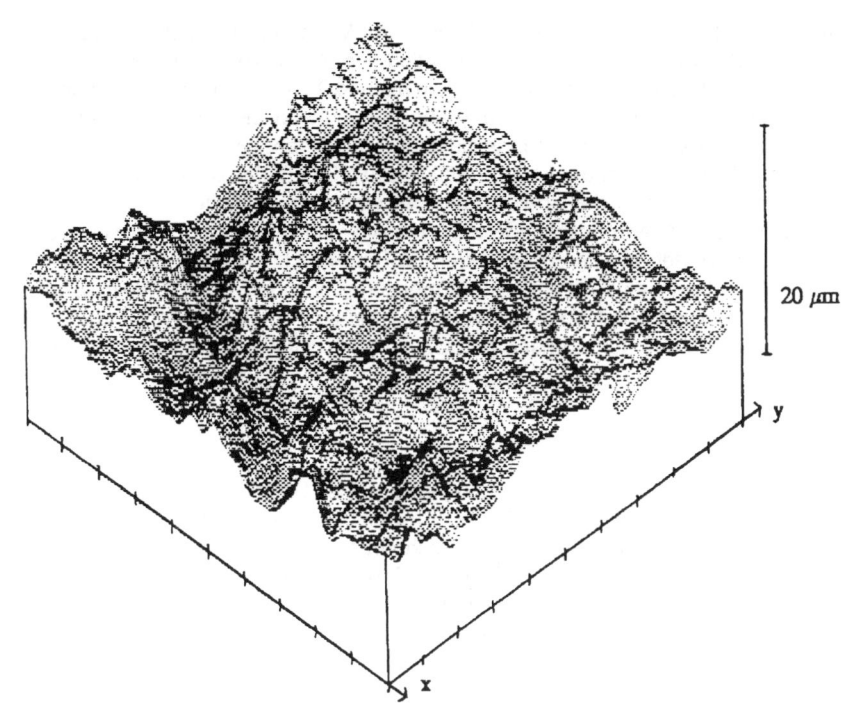

Bild 5.1.1.3.11: Abtastung eines Tiefziehbleches mit dem Fokusdetektor, skizziert in Bild 5.1.1.3.10

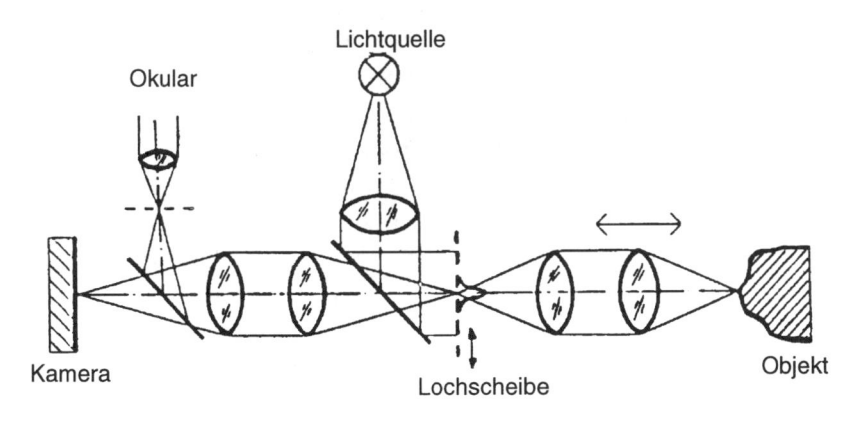

Bild 5.1.1.3.12: Prinzip des konfokalen Mikroskops

kussierung abgespeichert werden. Mit Hilfe der Verfahren der Bildverarbeitung kann die schichtweise registrierte Information zum Aufbau des 3-dimensionalen Gebildes schrittweise aufgebaut und z.b. in pseudo 3-D-Darstellung wiedergegeben werden. Zu jedem Zeitpunkt kann aber auch die jeweilige fokussierte Bildebene oder Punkte dieser Bildebene als hellste Stelle beobachtet werden, so daß auch der Beobachter schon die Information eines 3-D-Bildes ohne Bildverarbeitung erhält. Das durch die Speicherung der einzelnen Schnitte aufgebaute 3-dimensionale Bild kann anschließend stereoskopisch beobachtet oder entsprechend ausgewertet und dargestellt oder mit Referenzdaten verglichen werden. Bild 5.1.1.3.13 zeigt ein Ergebnis der Vermessung von einem Mikro-Chip in pseudo 3-D-Darstellung. Die Höhenauflösung liegt bei 20 nm. Als Alternative zu dem beschriebenen Laboraufbau kann das Objekt auch punktweise abgetastet werden [12].

5.1.1.3.4 Kohärente 3-D-Meßverfahren

Die Interferometrie, aber auch die Holografie, und die Speckle-und Moiré-Verfahren, sind nützliche Techniken für die 3-D-Präzisionsmeßtechnik in der Forschung und für industrielle Anwendungen. Die rechnerunterstützte Streifenanalyse wird immer wichtiger bei den Anwendungen. Mehr Information kann aus den Interferogrammen gewonnen werden. Auflösung und Genauigkeit werden gesteigert und die Anwendungen erweitert.

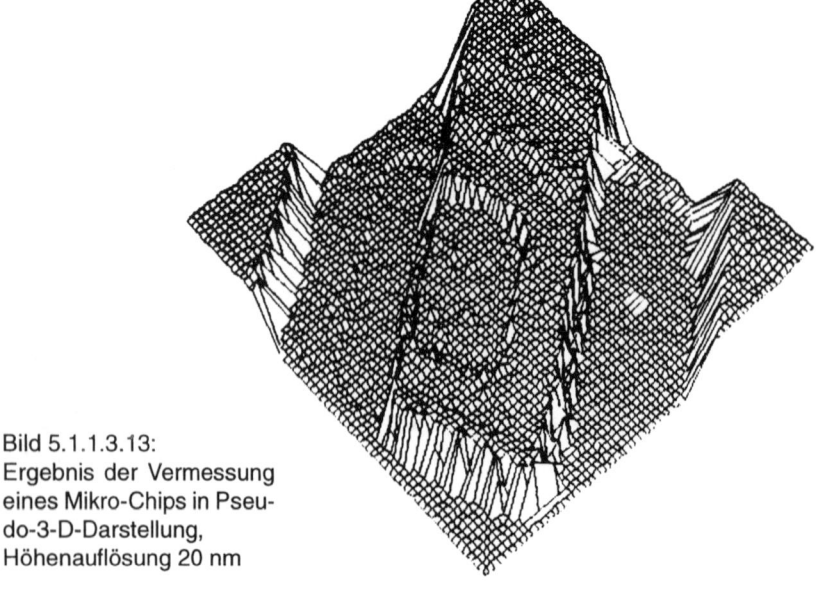

Bild 5.1.1.3.13:
Ergebnis der Vermessung eines Mikro-Chips in Pseudo-3-D-Darstellung, Höhenauflösung 20 nm

Verschiedene Streifenanalyse-Verfahren werden heute eingesetzt. Man kann sie einteilen in statische und dynamische Verfahren [11]. Beiden Verfahren werden schon industriell eingesetzt [11]. Bevorzugt eingesetzt werden dynamische Verfahren, die einen aktiven Eingriff, bzw. eine Phasenschiebung erfordern. Das Prinzip wird kurz erläutert:

Die Überlagerung von 2 Wellenfeldern $a_1 \cos(\omega t - \emptyset_1(x))$
und $a_2 \cos(\omega t - \emptyset_2(x))$

führt zu der Intensität

$$I(x) = I_0 [1 + m \cos \emptyset(x)] \tag{2}$$

wobei $\emptyset(x) = \emptyset_1(x) - \emptyset_2(x)$

und $I_0 = [|a_1|^2 + |a_2|^2]/2$

der Kontrast $m = \dfrac{2|a_1| \cdot |a_2|}{|a_1|^2 + |a_2|^2}$

In der Gleichung (2) sind drei Unbekannte, nämlich die gesuchte Phase ø, sowie I_0 und m, die mit drei Gleichungen aufgelöst werden können. Werden 2 Phasenschiebungen von jeweils 90° eingeführt, können 3 Gleichungen im Rechner gespeichert und entsprechend voneinander subtrahiert werden. Daraus folgt die gesuchte Phase ø, bzw. die Wellenfront, welche zu Konturlinien führt [11].
Werden mehr als 3 Interferogramme zur Auswertung benutzt, reduzieren sich die Auswirkungen von Fehlern bei den Phasenschiebungen. 4 und 5 Interferogramme werden häufig eingesetzt. Ein typisches Beispiel der Streifenanalyse mit einem umgebauten Linnik-Interferenzmikroskop ist in Bild 5.1.1.3.15 dargestellt. Bild 5.1.1.3.14 zeigt schematisch den Aufbau des Linnik Interferenzmikroskops mit automatischer Streifenauswertung. Die Phasenschiebung erfolgt im Referenzraum mit Hilfe von vom Rechner angesteuerten Piezoelementen. Bild 5.1.1.3.15 zeigt die Topografie eines CD-Disks in pseudo 3-D-Darstellung. Die Ortsauflösung ist 1 µm, die Höhenauflösung besser als 1 nm.

Vielfach sind interferometrische Verfahren, speziell bei rauhen Oberflächen, zu empfindlich. Der Einsatz interferometrischer Verfahren zur Topografiebestimmung rauherer Oberflächen wird ermöglicht durch den Einsatz von Strahlungsquellen mit längeren Wellenlängen, z.B. $\lambda = 10{,}6$ µm (CO_2-Laser). Alternativen sind 2 Wellenlängenverfahren oder schräger Lichteinfall, wie dies schematisch in Bild 5.1.1.3.16 gezeigt wird. Die Empfindlichkeit wird abhängig vom Einfallswinkel. Zur automatischen Streifenauswertung wird in unserem Fall die Objekthalterung mit Piezoelementen verschoben; die Phasenschiebung wird dem jeweiligen Neigungswinkel angepaßt.

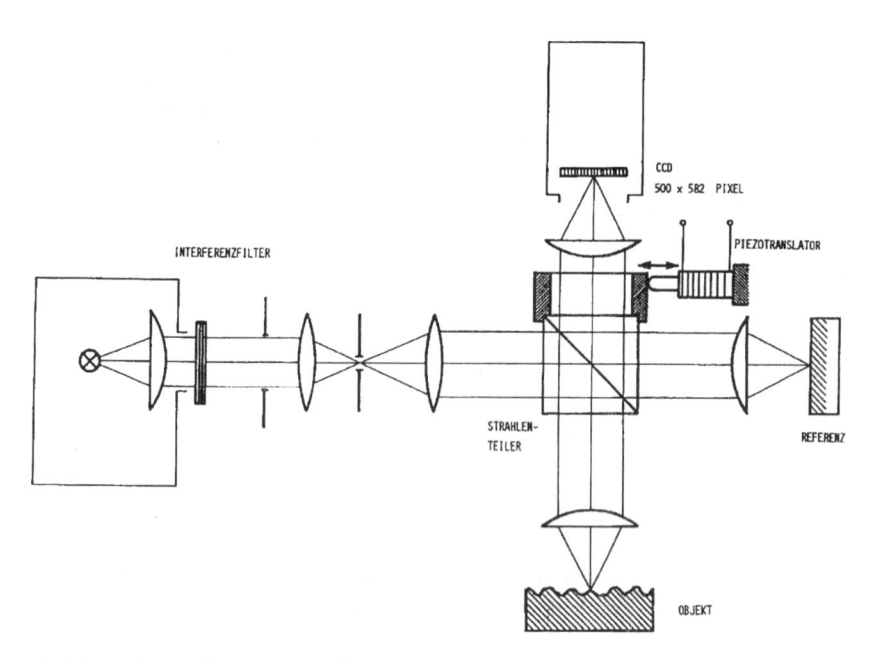

Bild 5.1.1.3.14: Modifiziertes Interferenzmikroskop mit automatischer Streifenauswertung

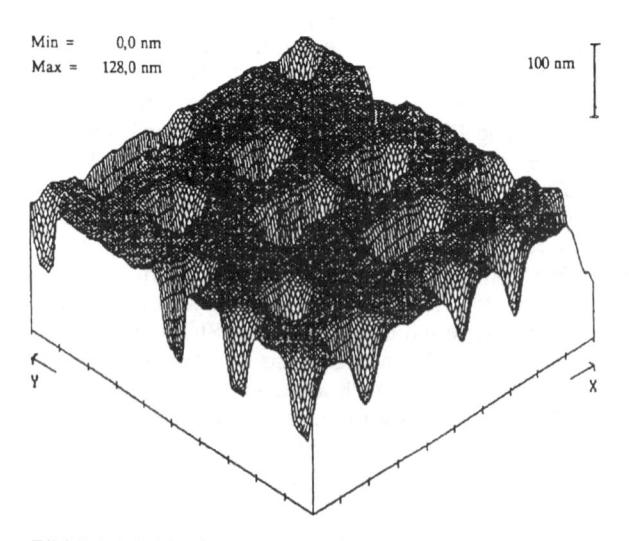

Bild 5.1.1.3.15: Auswertung einer CD-Disk mit modifiziertem Interferenzmikroskop mit automatischer Streifenauswertung

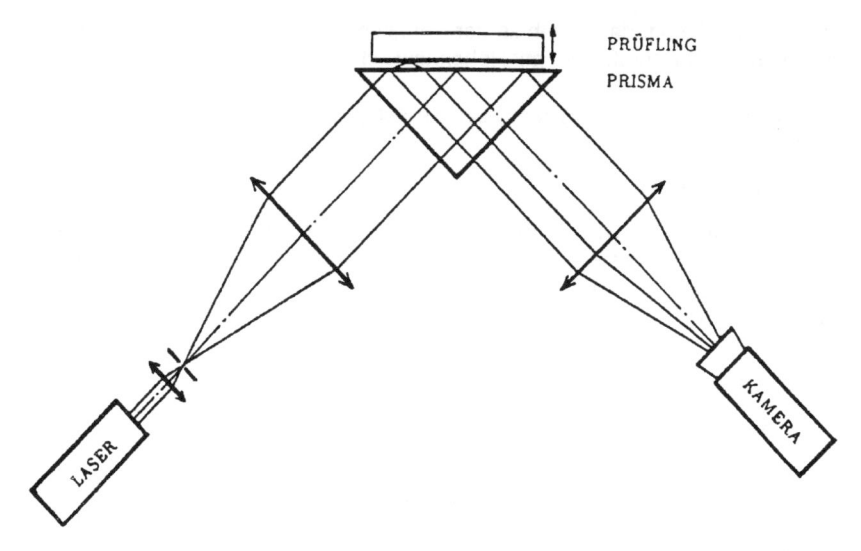

Bild 5.1.1.3.16: Prinzipskizze zur Interferometrie mit schrägem Lichteinfall

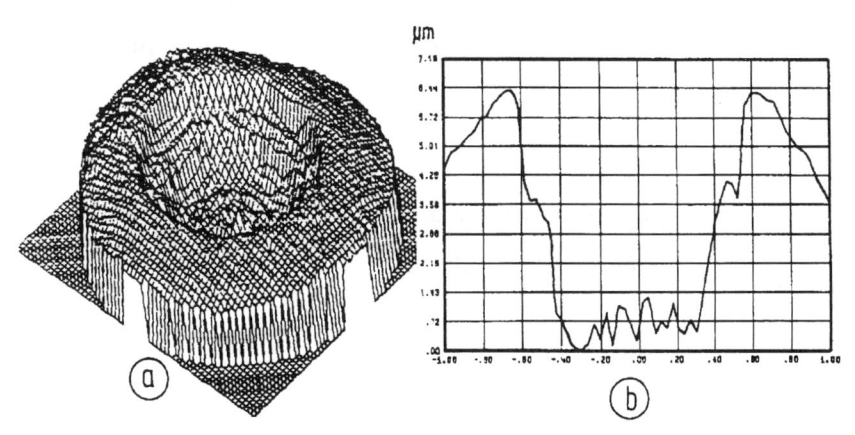

Bild 5.1.1.3.17: a): Oberflächenmessung einer rauhen phosphatbeschichteten Metalloberfläche mit Höhenabweichungen von 8 µm in Pseudo-3-D-Darstellung b): Schnittbild von Bild 5.1.1.3.17a)

Bild 5.1.1.3.17 zeigt das Ergebnis der Vermessung einer rauhen phosphat-beschichteten Metalloberfläche, mit Höhenabweichungen von 8 µm.

Zur Konturlinienaufzeichnung kann auch die Holografie herangezogen werden [15].

Heterodyn-Verfahren

In der Interferometrie werden Phasendifferenzen von optischen Feldern als Intensitätsvariation detektiert. In der Heterodyn-Interferometrie wird die zeitabhängige Phasenvariation im Frequenzbereich analysiert. Vergleichbar mit Gleichung (2) werden die 2 Wellenfelder geschrieben als

$$A_1 = a_1 \cos[\omega t + \emptyset_1(x,y)]$$

$$A_2 = a_2 \cos[\omega t + \Delta\omega t \pm \emptyset(x,y,t) + \emptyset_2(x,y)] \qquad (3)$$

Dabei ist $\Delta\omega = f$ mit der Frequenzverschiebung $\Delta f = f_2 - f_1$, wobei f_2 bzw. f_1 die Frequenzen des Lichtes im Referenz- und Prüfstrahl sind und $\emptyset(x,y,t)$ ist die zeitlich variierende Phase.

Die Intensität des Interferenzbildes ergibt sich nach Überlagerung von A_1 und A_2

$$I(x,y,t) = I_0 \{1 + m(x,y) \cos[\Delta\omega t \pm \emptyset(x,y,t) + \emptyset_2(x,y) - \emptyset_1(x,y)]\} \qquad (4)$$

Die zeitlich variierende Phase ist

$$\emptyset(x,y,t) = \frac{2\pi}{\lambda} 2vt \quad (v = \frac{dz}{dt})$$

Aus der Messung der Dopplershift-Frequenz

$$\delta f = \Delta f \pm \frac{2\pi}{\lambda} \quad \text{folgt die Profilhöhe } \Delta z$$

$$\Delta z = \frac{\lambda}{2} \int_0^T (\delta f - \Delta f) \, dt$$

Dabei ist die Verschiebung z in die Beleuchtungsrichtung projiziert.

Bild 5.1.1.3.18 zeigt schematisch ein Zweistrahl-Heterodyn-Interferometer. Ein polarisierender Strahlteiler PBS teilt den Laserstrahl mit der Frequenz f_1 in den Objekt- und Referenzstrahl. Der Referenzstrahl ist frequenzverschoben. Die Frequenzverschiebung erfolgt mit einem akustooptischen Modulator AOM. Nach dem Strahlteiler BS sind die zwei Strahlen wieder vereinigt und das Objektprofil ergibt sich aus der Analyse des Detektorsignals i(t). Dies ist im Einklang mit Gleichung (4). Das Verfahren eignet sich sowohl zur Schwingungsmessung als auch zur Abstandsmessung.

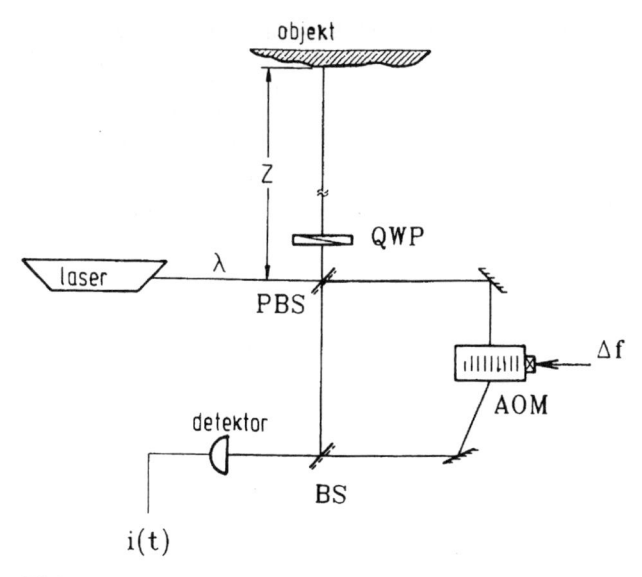

Bild 5.1.1.3.18: Prinzip des Zweistrahl-Heterodyn-Interferometers

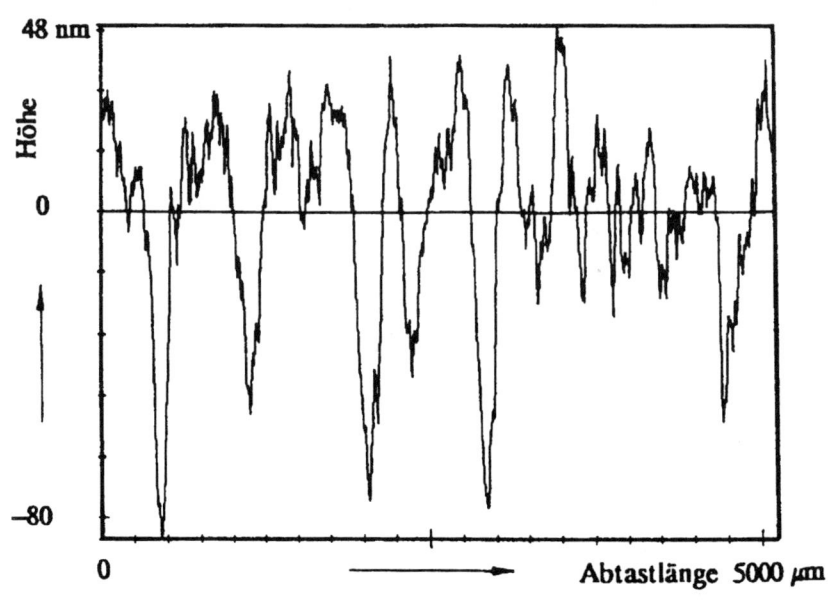

Bild 5.1.1.3.19: Mikroprofil einer handpolierten Metalloberfläche mit rms = 20 nm

Das Bild 5.1.1.3.19 zeigt ein typisches Resultat der Abtastung einer handpolierten Metalloberfläche mit rms = 20 nm. Die Gerätekonfiguration, die eingesetzt wurde, war ähnlich der beschriebenen. Tiefenauflösungen in Bruchteilen von nm und Lateralauflösungen von 1 µm konnten erhalten werden. Allerdings handelte es sich um polierte Oberflächen. Heterodyn-Verfahren sind die vielversprechendsten Verfahren für hochgenaue Profilmessung [10,11]. Weitere Techniken werden noch entwickelt. Verbesserungen in bezug auf Robustheit, aber auch auf Bereichserweiterung, sind für den industriellen Einsatz erforderlich.

5.1.1.3.5 Zweiwellenlängen-Heterodyn-Interferometer

Um die Mehrdeutigkeit von Einwellenlängen-Verfahren zu umgehen, werden zwei oder mehr Wellenlänge-Technik entwickelt. Das Prinzip eines Zweiwellenlängen Heterodyn-Verfahrens, das z.Zt. untersucht wird, ist im Bild 5.1.1.3.20 schematisch angedeutet. Es sollte zu höherer Auflösung in der Größenordnung von 0,1 mm führen, bei einem Arbeitsabstand von 10 m. Zwei Konzepte werden z.Zt. noch untersucht. Im ersten Konzept sind zwei Halbleiter-Laser mit unterschiedlichen Wellenlängen im Einsatz. Sie werden in eine Glasfaser eingekoppelt. Bild 5.1.1.3.19 zeigt einen prinzipiellen Aufbau. Es werden zwei Heterodyn-Signale überlagert und detektiert.

In Bild 5.1.1.3.21 ist eine neu entwickelte alternative Gerätekonfiguration mit hoher Auflösung schematische dargestellt. Allerdings wird der Arbeitsbereich eingeschränkt.

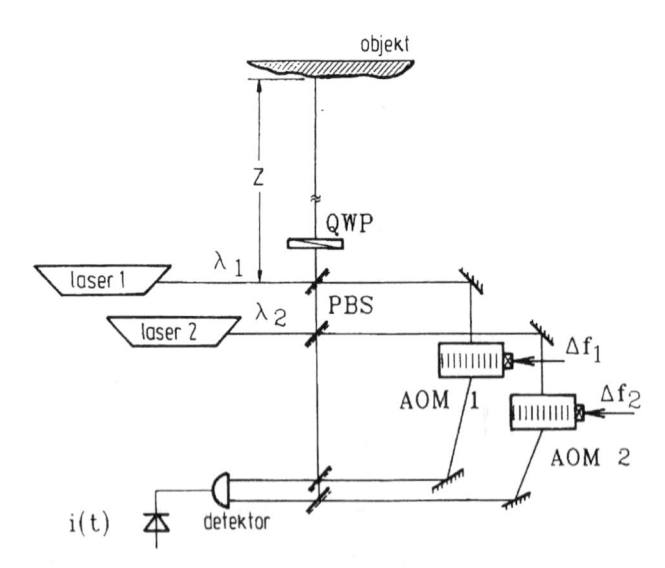

Bild 5.1.1.3.20: Prinzip des Zweiwellenlängen-Heterodyn-Interferometers

Anstelle von Diodenlasern wird in diesem Aufbau ein 2-Wellenlängen-HeNe-Laser eingesetzt mit λ_1 und λ_2. Der akustooptische Modulator (AOM), der mit der Treiberfrequenz f_d unter Bragg-Bedingungen die erste Beugungsordnung für λ_1 und λ_2 bzw. υ_1 und υ_2 frequenzmoduliert. Die nicht frequenzmodulierten Wellenfronten von λ_1 und λ_2 überlagern sich nach der Objektbeleuchtung nach den Strahlteilern PST mit den frequenzmodulierten. Für die Referenzwellen wird ein stationäres Gitter G und ein rotierendes Gitter RG so ausgelegt, daß die nullte Ordnung von λ_2 mit der ersten Ordnung von λ_1 nach RG parallel verlaufen. λ_1 erleidet zusätzlich zur Frequenzschiebung f_d eine Frequenzschiebung f_m. Referenz- und Objektwellen interferieren nach dem Polarisator und werden von einer Avalanche-Photodiode PD registriert und anschließend mit der Auswerteelektronik ausgewertet. In unserem speziellen Aufbau liefert ein Bandpaß mit einer Resonanzfrequenz von 20 kHz (Schwebungsfrequenz) das gewünschte demolierte Signal.

Als typisches Beispiel (Bild 5.1.1.3.22) wurde eine optisch rauhe Oberfläche, ein gefräster Aluminiumblock, mit Stufen von 5 und 10 μm bei einem Verfahrweg von 11 mm zweimal vermessen. Die Höhenauflösung, die noch durch mechanische und thermische Instabilitäten begrenzt wird, liegt bei 0,1 μm bei einer resultierenden Wellenlänge von λ_{eq} = 57 μm bei einem Arbeitsabstand von 20 mm. Durch das neue Verfahren wird es möglich, in Echtzeit technische Oberflächen zu vermessen.

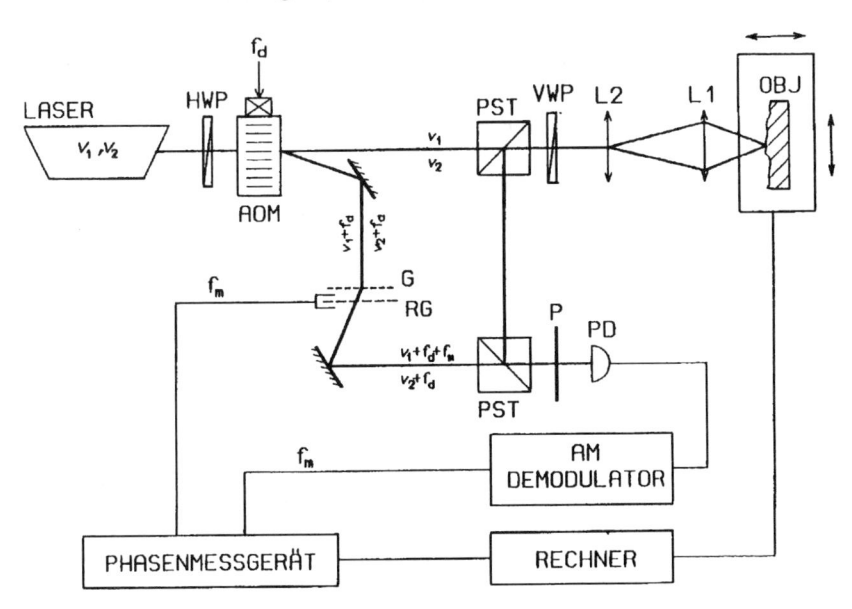

Bild 5.1.1.3.21: Zweiwellenlängen-Heterodyn-Interferometer AOM = akustooptischer Modulator G = festes Gitter RG = rotierendes Gitter

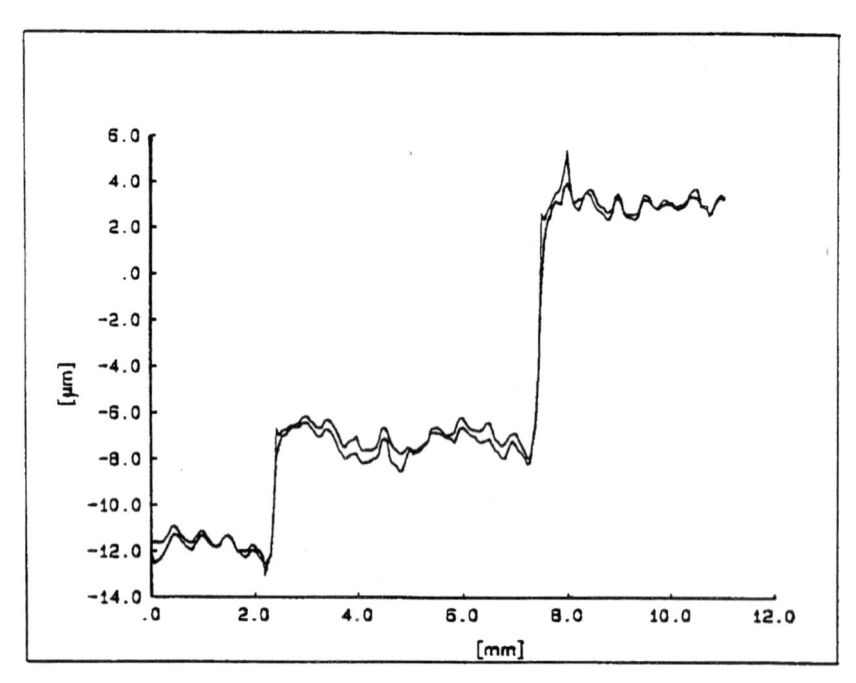

Bild 5.1.1.3.22: Vermesssung des Profils einer rauhen Al-Platte mit Zweiwellen-längen-Heterodyninterferometer

5.1.1.3.6 Zusammenfassung und Ausblick

Optische Methoden zur 3-D-Meßtechnik und Bildvorbereitung werden zukünftig vermehrt entwickelt und eingesetzt zur Topografiebestimmung und zur Robotik. Sie eignen sich zur schnellen, berührungslosen Erfassung der 3-D-Objektdaten, die nachher mit Methoden der Bildverarbeitung weiterverarbeitet werden können. Die Verbindung der optischen Sensoren mit der Datenverarbeitung zu einem Sensorsystem ist sehr zukunftsträchtig. Hybride Verfahren haben gute Zukunftsperspektiven.
Ein weiterer wichtiger Aspekt der optischen Verfahren und optischen Vorverarbeitung, z.B. für die 3-D-Meßtechnik und Sichtprüfung ist die Beleuchtungsanpassung. Eine wichtige Rolle wird zukünftig dabei auch eine variable Beleuchtung spielen. Dynamische Beleuchtungsverfahren können zu robusteren Auswertemethoden führen.
Die abschließende Zusammenstellung gibt eine Übersicht über Grenzen der Tiefenauflösung unterschiedlicher Verfahren. Die Liste erhebt keinen Anspruch auf Vollständigkeit. Auch stammen die Daten überwiegend aus unseren Arbeiten; sie sollen nur als Richtgrößen betrachtet werden.

OPTISCHE VERFAHREN ZUM BERÜHRUNGSLOSEN ANTASTEN	Δz

1) Radiometrische Verfahren:
  - Einkanal
  - Zweikanal
  - Weißlicht Fokussier-
    Verfahren
	30 nm

2) Astigmatische Fokussier- verfahren	0,1 µm
3) Auswertung der Kanten- steilheit im Bild	0,1 µm

4) Elektrooptische Symme-
    trierverfahren zur
    Fokussierung (Philips)
	0,1 µm

5) Lichtschnittverfahren	10 µm
6) Strukturierte Beleuchtung - Moiré	10 µm (0,5 µm)
7) Triangulation	1% v. Meßber.
8) Interferometrie	0,1 nm
9) Specklebewegung	1 µm

10) Radarverfahren
    - Laufzeitmessung
    - Phasenmessung
	1 mm
	0,3 mm

Tabelle 5.1.1.3.1: Auflösung der optischen Abstands- und Profilmeßverfahren

Kapitel 5.1.2.1

Industrielle Oberflächenprüfung mit Laserscan- oder Halbleiter-Kamera-Systemen

H. Schmalfuß

5.1.2.1 Industrielle Oberflächenprüfung mit Laserscan- oder Halbleiter-Kamera-Systemen
H. Schmalfuß

In vielen Bereichen der industriellen Fertigung muß in der Prozeßlinie Bahnenware auf die Einhaltung einer bestimmten Oberflächengüte hin kontrolliert werden. Typische Einsatzbereiche sind z.b. die Stahlindustrie, insbesondere das Kaltband, die Papierindustrie, die Herstellung von Filmen und Folien und die Textilindustrie. Hierbei sind Materialbahnen mit bis zu 7 m Breite und einer Geschwindigkeit von bis zu 700 m/min zu inspizieren.

Nachfolgend werden zwei Sensorsysteme, der Laserscanner und die CCD-Kamera, miteinander hinsichtlich ihrer Randbedingungen und Leistungsfähigkeit miteinander verglichen.

5.1.2.1.1 Sensorik

Im Bereich der Sensorik sind folgende Trends erkennbar:

- Einzeldetektoren mit hoher Empfindlichkeit, hoher Dynamik, hoher Signalgeschwindigkeit (GHz),
- Mehrwellenlängendioden zur Farberkennung bzw. Empfindlichkeitserhöhung,
- lineare Arrays mit ähnlichen Eigenschaften und
- 2D-Arrays mit hoher Pixelzahl (1024x1024, 1200x1900, 2048x2048)

Von abnehmender Bedeutung wird in diesem Bereich der Photomultiplier sein, obwohl eine spätere Betrachtung zeigen wird, daß er in manchen Fällen aus grundlegenden Gründen bisher nicht ersetzbar ist.

Der derzeitige technische Stand bei der Sensorik wird dadurch geprägt, daß in der Praxis nur die beiden Sensortypen Laserscanner mit Photomultiplier und CCD-Kamera mit einfacher Weißlichtbeleuchtung eingesetzt werden.

Bild 5.1.2.1.1 zeigt den Prinzipaufbau eines telezentrischen Laserscanners.

Der Laserscanner (LCS) besitzt prinzipiell einen Nachteil, er nutzt als Lichtquelle einen Laser, d.h. man wendet kohärentes, monochromatisches Licht an.

Die Monochromasie, d.h. die Tatsache, Licht mit einer bestimmten Wellenlänge zu benutzen, bringt natürlicherweise Probleme, wenn man an Farbton- oder Farbsättigungsfehler heran will.

Die zeitliche Kohärenz des Laserlichtes beeinflußt zusätzlich die Messung durch das Auftreten von Speckle-Rauschen. Das Speckle-Rauschen begrenzt den erreichbaren Signal-Rauschabstand.

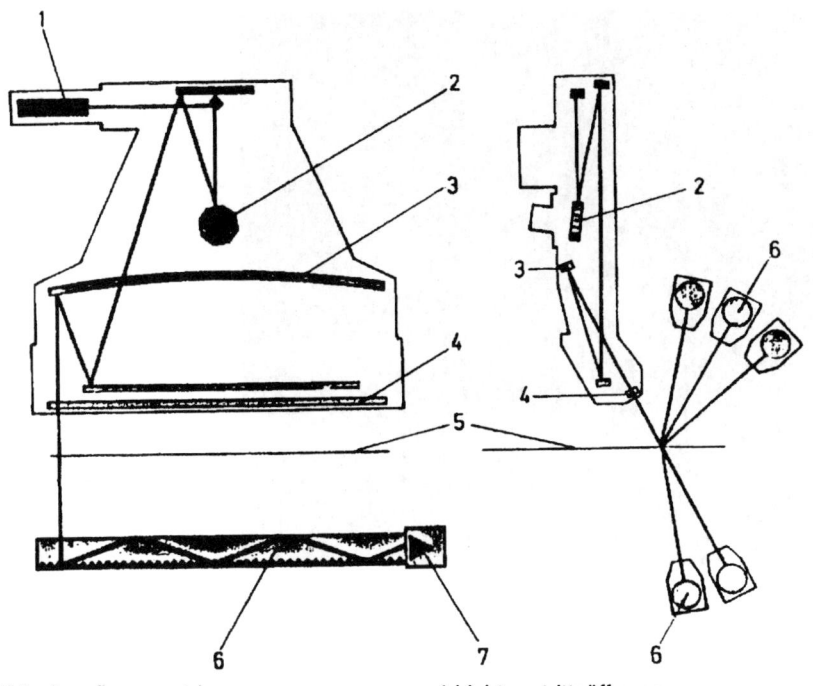

Prinzipaufbau: 1 Laser   4 Lichtaustrittsöffnung
               2 Polygonspiegelrad   5 Tast(Objekt)ebene
               3 sphärischer Spiegel   6 Photomultiplier

Bild 5.1.2.1.1: Telezentrischer Laserscanner

Die Telezentrie bei Scannern ist nur von Vorteil, wenn man dickere Objekte direkt in Transmission betrachten will oder sehr einfallswinkelempfindlich ist. Sie hat leider aber auch den Nachteil, daß man mehr und wesentlich größere optische Komponenten benötigt als bei den divergenten f-theta-Scannern.

Allen Inspektions-Scannern gemein sind Probleme mit der geometrischen Qualität ihrer aufgenommenen „Bilder".

Bild 5.1.2.1.2 zeigt den Unterschied zwischen einem schlechten und einem guten Scan-System.

Ein weiteres entscheidendes Kriterium bei der Wahl zwischen LSC und CCD ist die Frage nach der Beleuchtungsstärke schlechthin Zum qualitativen Vergleich berechnen wir den Energieeintrag in ein Objektpixel. Für den Laserscanner erhält man folgendes typische Ergebnis:

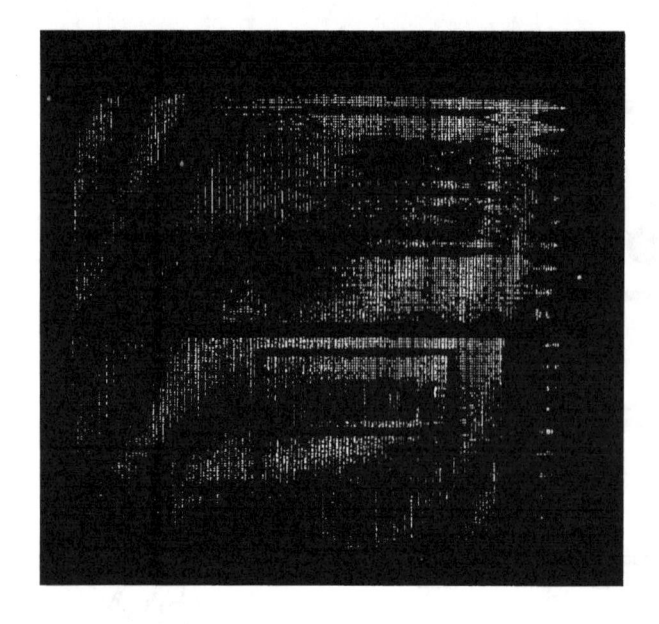

Bild 5.1.2.1.2:
Bildverzerrung
durch den Scanner

Randbedingungen:

Laserausgangsleistung	L_{Laser}	= 10	mW
Wirkungsgrad des Systems	β	= 0.1	
Leistung in der Tastebene	L_{obj}	= 1	mW
Scanbreite	B	= 1	m
Scanfrequenz	f_{line}	= 2	kHz
Auflösung/Strukturelement	R		
Dichte der Strukturlemente	D		
Pixelgröße dx, dy (dx=1/D*R)	dx=dy	= 0.5	mm

(Ein Strukturlement ist z.B. ein Faden in einem Gewebe. Auflösung pro Strukturelement bedeutet den Quotienten zwischen Pixelgröße und z.B. Fadenbreite. Die Dichte der Strukturelemente ist z.B. durch die Gewebedichte, d.h. Fäden pro cm, gegeben.)

Energie/Objektpixel:

$$E_{pix} = L_{Laser} * β / [B*D*R * f_{line}] = 2.5*10^{-10} \text{ Ws}$$

Als Empfänger werden bevorzugt Photomultiplier (PMT ... Photomultipher Tube) mit 50 mm Durchmesser zusammen mit einem Lichtleitstab eingesetzt.

Die Verwendung von PMTs ist nicht unkritisch, da dies ein teures und anfälliges Bauteil ist. Vorteilhaft ist die hohe Dynamik und der gute Verstärkungswirkungsgrad.

In der Vergangenheit sind viele Versuche unternommen worden, die Kombination Lichtleitstab/PMT durch andere, d.h. durch Halbleiterempfänger zu ersetzen.

Die Si-PIN-Dioden sind von der Fläche kleiner (10x10 mm), etwas langsamer und wesentlich (100–1000fach) unempfindlicher. Ein Ersatz des PMT durch Si-PIN-Arrays ist nicht möglich.

Vielversprechend wären Avalanchedioden, die schnell sind und einen Verstärkungsgrad ähnlich wie ein PMT aufweisen. Leider sind sie z.Zt. nur mit einem Durchmesser von maximal 5 mm erhältlich.

Alle Versuche, die physikalischen Bedingungen so zu optimieren, daß man mit einer sinnvollen Anzahl von Dioden den PMT ersetzen kann, schlugen fehl. Rechnungen zeigten, daß bei einer vergleichbaren empfangsseitigen Apertur ca. 100 Einzeldioden eingesetzt werden müßten. Dies ist genau der Flächenquotient zwischen dem PMT und einer Avalanchediode.

Es liegt daher die Vermutung nahe, daß man hier einer fundamentalen Begrenzung zum Opfer fällt. Verteilt man die 2000 mm² Empfängerfläche des PMT über zwei Meter Scanlänge und berücksichtigt den Abbildungsmaßstab des Lichtleitstabs mit den Zylinderlinsen, so erhält man objektseitig eine Linienbreite von ca. 0.5 mm.

Die 2D-CCD-Kameras erliegen zwei wesentlichen Einschränkungen. Zum einen ist ihre Auflösung z.Zt. noch gering, ca. 512x768 Pixel, zum anderen ist ihre Belichtungszeit für bewegtes Material zu lang. Abhilfe schafft hier der Einsatz von elektronischen Verschlüssen, damit steigt aber der Lichtbedarf automatisch linear an. Aneihungen von 10 und mehr Kameras, wie in der Literatur vorgeschlagen, bedeuten einen hohen Aufwand.

Kameras mit höherer Auflösung (1200x1900 Pixel [HDTV]) sind zwar zu erwarten, z.Zt aber noch recht teuer (>20 TDM).

1D-CCD-Kameras sind unserer Aufgabenstellung besser angepaßt, da z.Zt schon Zeilenlängen mit mehr als 6000 Pixel verfügbar sind. Die Pixelauslesegeschwindigkeit und der Lichtbedarf sind die begrenzenden Parameter.

Für die Beleuchtung gibt es folgende Alternativen:
- Digital angesteuerte DC-Halogen-Lampe mit externem Kontrollsensor und Einchipsteuerprozessor mit serieller Schnittstelle. Gerichtete „Köhler"-Beleuchtungsoptik.
- HF-modulierte Metalldampflampe(n) mit externem Kontrollsensor und digitaler Überwachung und Regelung in Modulbauweise bis 1 kW/m installierte elektrische Leistung.
Lichtführung über Lichtwellenleiter-Querschnittswandler und Spiegeloptik. Einsetzbar für spiegelnd und diffus reflektierende Objekte.

- HF-modulierte Hochleistungsleuchtstoffröhren mit bis zu 250 W elektrischer Leistung und 2 m Röhrenlänge

Diese drei Beleuchtungsarten lassen sich auf zwei Beleuchtungsprinzipien zurückführen:

- Die gerichtete Beleuchtung (Köhler'sche Beleuchtung)

  Die Beleuchtung ist insbesondere für hochreflektive oder transparente Materialien geeignet. Durch die Verwendung dieses Strahlengangs benötigt man nur sehr geringe elektrische Anschlußwerte für den Lampenmodul. Auf der Empfängerseite können im optischen Strahlengang sehr leicht Hell- und Dunkelfeldfilter und/oder Polarisations- oder Farbfilter eingesetzt werden.

  Die Lampenleistung wird natürlich gesondert überwacht und digital mit 12 Bit-Genauigkeit geregelt.

- Die Beleuchtung mit homogener Lichtlinienintensität

  Bei diffusrückstreuenden bzw. transluzenten Materialien ist der Querschnittwandlerbeleuchtung der Vorzug zu geben. Hierbei wird die Lichtquelle, vorzugsweise eine HF-modulierte Metalldampflampe, über einen faseroptischen Querschnittswandler und eine speziell gefräste Spiegeloptik in eine Lichtlinie mit homogener Lichtverteilung abgebildet.

  Für schnelle Materialbahnen wird eine elektrische Anschlußleistung von ca. 1 kW/m benötigt.

  Für einfache transparente Objekte ist auch eine einfache Leuchtstoffröhrenbeleuchtung mit HF-Versorgung ausreichend. Lampenlängen bis 2 m sind realisierbar.

Der Einsatz von CCD-Zeilenkameras hat im Vergleich zum Scanner folgende Vorteile:

- keine mechanisch bewegten Teile
- leichte Anreihbarkeit
- kompakte Mechanik
- Verwendung inkohärenten Weißlichts

Diese Vorteile werden, wie oben erwähnt, mit einem Nachteil, dem relativ hohen Lichtbedarf, insbesondere bei schnellen Materialbahnen, erkauft. Die Kameras lassen sich mit Sensoren verschieden hoher Auflösung und Auslesegeschwindigkeit bestücken.

Bild 5.1.2.1.3 zeigt eine CCD-Kamera und Bild 5.1.2.1.4 die Kombination dieser Kamera mit einer gerichteten Beleuchtung.

Was die Auslesetaktrate betrifft, so sind derzeit bei 2048-Pixeln 20 MHz Auslesetakt erzielbar.

Abbildungseinheit mit Fokus-Steuerung

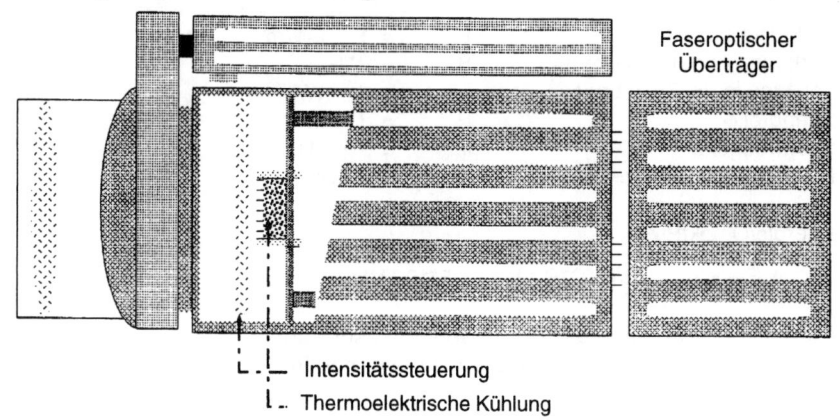

Faseroptischer Überträger

Intensitätssteuerung
Thermoelektrische Kühlung

Bild 5.1.2.1.3: CCD-Kamera

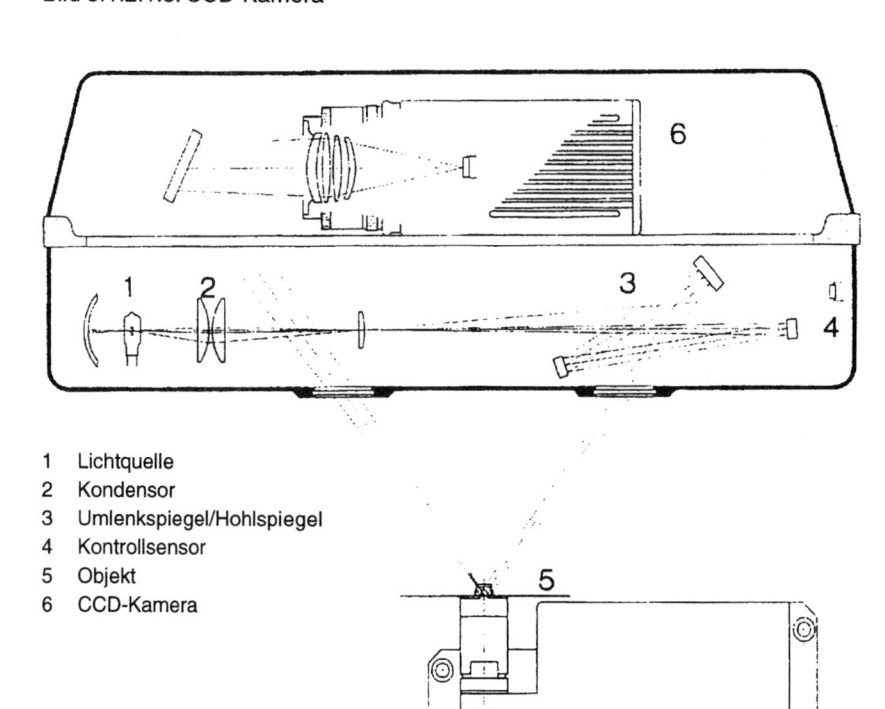

1 Lichtquelle
2 Kondensor
3 Umlenkspiegel/Hohlspiegel
4 Kontrollsensor
5 Objekt
6 CCD-Kamera

Bild 5.1.2.1.4:
CD-CCD-Kamera-Modul

Berechnen wir wieder die Energie/Objekt-Pixel:

Elektrische Leistung	L_{elekt}	= 1 kW/m
Wirkungsgrad des Systems	ß	= $2*10^{-3}$
Leistung in der Tastebene	L_{obj}	= 2 W/m
Scanbreite	B	= 1 m
Scanfrequenz	f_{line}	= 2 kHz
Pixelgröße dx,dy (dx=1/D*R)	dx=dy	= 0.5 mm

Energie/ObjektPixel:

$$E_{pix} = L_{elekt} * ß/[B*D*R * f_{line}] = 5*10^{-7} \text{ Ws}$$

Der Faktor 1000 zwischen beiden Werten (Laserscanner/CCD-Zeile) entspricht in etwa dem Empfindlichkeitsunterschied zwischen PMT und Si-Dioden.

Der Nachteil an der obigen Rechnung ist, daß z.Zt. noch kein Beleuchtungssystem in der Praxis existiert, das die genannte Leistung handhabbar erbringt.

Führt man die Rechnung für eine einfache HF-Leuchtstoffröhrenbeleuchtung durch, wie sie allgemein eingesetzt wird, so findet man:

Elektrische Anschlußleistung	L_{elekt}	= 125 W/m
Wirkungsgrad des Systems	ß	= $5*10^{-4}$
Leistung in der Tastebene	L_{obj}	= 0.063 W
Scanbreite	B	= 1 m
Scanfrequenz	f_{line}	= 2 kHz
Pixelgröße dx,dy (dx=1/D*R)	dx=dy	= 0.5 mm

Energie/ObjektPixel:

$$E_{pix} = L_{elekt} * ß/[B*D*R * f_{line}] = 1.6*10^{-8} \text{ Ws}$$

Der zwischen den beiden CCD-Beleuchtungen auftretende Faktor 30 verschlechtert nochmals das Ergebnis.

Man sieht also, daß man beim Einsatz von CCD-Zeilen entweder die Beleuchtung hinreichend optimieren oder vor den Kameras entsprechende Lichtverstärkungselemente (Microchannelplates) einsetzen muß. Hierdurch ist dann allerdings die Auflösung begrenzt und der Einstandspreis deutlich erhöht. Ein wahres Dilemma bei der Systemauslegung.

Gerätetechnik

Bei den analogen Komponenten sind in der Zukunft vermutlich nur die vorverstärker und AD-Wandler interessant, da sich die eigentliche Signalverarbeitung mehr und mehr in den rein digitalen Bereich verlagert hat und weiter verlagern wird.

Zwar ist allgemein der Trend zu schnelleren Komponenten mit hoher Dynamik unverkennbar, aber ist er auch immer sinnvoll?

Die Entwicklung der kommerziellen, digitalen Komponenten wird in den nächsten 5–10 Jahren sehr stark von dem High Definition Fernsehen (HDTV) geprägt werden. Die Tabelle zeigt einen Vergleich der Eckdaten:

	Standard-TV	HDTV
Bildfeldformat:	5:4 (H:V)	16:9
Pixelzahl:	683x587	(2222x1250)
		1822x1175
Bildfrequenz:	50/60 Hz	50/60 Hz
Bandbreite:	(7)/5.5 MHz	ca. 40–50 MHz

Man sieht, daß bei einer geplanten rein digitalen TV-Signalverarbeitung, Komponenten mit einer Datenrate von ca. 50 MHz verfügbar sein müssen. Weiterhin braucht man z.b. billige DRAM-Speicher von 16MBit oder mehr, um digitale Standbilder darstellen zu können.

Diese Entwicklung kommt uns sehr zustatten, da man in dem industriellen Feld aus Kostengründen weiterhin gezwungen sein wird, auf solche kommerziellen Produkte zurückzugreifen.

Weiter positiv ist die Entwicklung, daß die Grenzen zwischen reiner TV-Technik und den Rechnersystemen mehr und mehr schwinden wird. Auch dies sorgt für die Entwicklung von interessanten schnellen Komponenten, wie z.B. Transformationschips (Drehung, Fourier, Fuzzylogic, etc.).

Trotzdem ist das Problem der begrenzten Bandbreite noch nicht behoben.

Zwischen LSC und CCD ist hier ein fundamentaler Unterschied zu erwähnen. Der Laserscanner tastet in Scanrichtung das Objekt analog ab. Die Zeilenkamera sampelt in Zeilenrichtung das Objekt.

Bild 5.1.2.1.5 zeigt exemplarisch den Unterschied, wenn man sich der Auflösungsgrenze nähert.

Der Laserscanner ist prinzipiell in der Lage, Analogsignale mit einer Bandbreite von 40–100 MHz zu erzeugen. Für eine korrekte Digitalisierung waren also 8–10 Bit A/D-Wandler mit 80–200 MHz Abtastrate notwendig.

Die CCD-Kamera ist derzeit noch auf 20 MHz Pixeltakt begrenzt. Diese Taktrate reicht bei pixelsynchroner AD-Wandlung auch für den AD-Wandler aus.

Wie schnell man in Bandbreiteprobleme kommt, zeigt das Beispiel Textilinspektion:

Laser spot shape

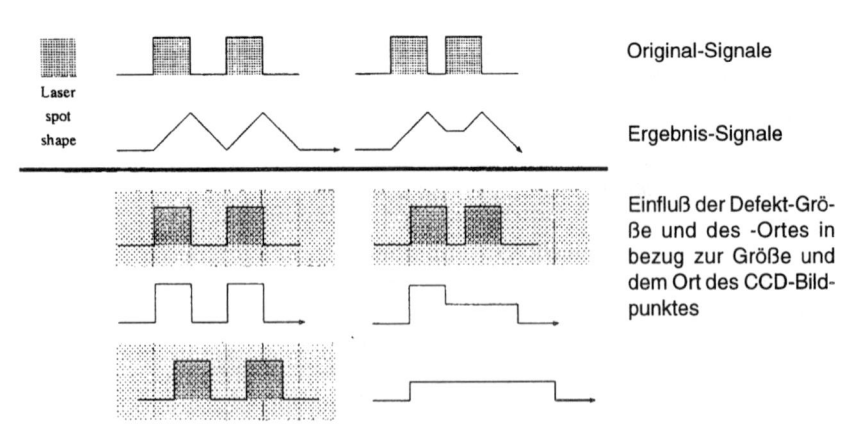

| | Original-Signale |
| | Ergebnis-Signale |

Einfluß der Defekt-Größe und des -Ortes in bezug zur Größe und dem Ort des CCD-Bildpunktes

Bild 5.1.2.1.5:

Folgende Parameter sind wesentlich:

Warenbreite B [m]	: bis zu 4 m
Gewebedichte D [Fäden/mm]	: 1–10 fd/mm
Warengeschwindigkeit v [m/sec]	: bis 2 m/sec

Diese Werte werden vom Kunden vorgegeben. Weiterhin ist ein weiterer wichtiger Parameter auszuwählen, die Ortsauflösung des Sensors:

Strukturauflösung R [Pixel/Faden] : 2 – 0.5 pix/fd

Die Ortsauflösung erhält man dann aus [1].

[1] Ortsauflösung $\quad dx = 1/(D*R) \quad$ [mm/pix]

Weitere interessante Werte erhält man wie folgt:

[2] Bildpunkte/Meter $\quad P_m = 1000*D*R$ [pix/m]
[3] Bildpunkte/Scan $\quad P_{scan} = P_m *B$ [pix]
[4] Scanfrequenz $\quad f_{line} = v*D*R$ [kHz]
[5] Pixelfrequenz $\quad f_{grenz} = v*B*(D*R)^2$ [MHZ]

Die Verwendung des Begriffs „Pixel" erscheint problematisch, wenn man bedenkt, daß beim Laserscanner ja zunächst ein reines Analogsignal durch die Faltung der Lichtfleckverteilung mit der Objektintensitätsverteilung entsteht. Trotzdem macht es Sinn, denn in jeder Verarbeitung sei sie binär, analog oder digital, kommt ein Zähl-, Sample- oder Pixeltakt vor. Diese Zeiteinheit auf Ortskoordinaten umgerechnet ist ein „Pixel".

Welche Strukturauflösung R soll man wählen?

Bei der Verwendung einer CCD-Zeile oder eines CCD-Arrays hat man es relativ einfach, die Auswirkungen abzuschätzen. Da das CCD-Element aus diskreten Empfängern aufgebaut ist, tastet man die Vorlage direkt in der Objektebene ab. D.h. für eine korrekte Vorlagenwiedergabe muß man das Samplingtheorem beachten. Dies würde bedeuten, daß man pro Faden mindestens zwei Pixel spendieren muß, d.h. $R=2$.

Durch Einsetzen dieses Wertes in die obigen Gleichungen sieht man sofort, daß die notwendige Systembandbreite von den jetzigen CCD-Komponenten nicht zu beherrschen ist, es sei denn, man läßt viele parallel arbeiten. Reduziert man R auf Werte von 1 oder 0.5, dann schlägt sich diese Unterabtastung so im Signal nieder, daß der Fehler, ein fehlender Faden, ein lageabhängiges Kontrastverhalten zeigt, siehe Bild 5.1.2.1.6 und 5.1.2.1.7. Durch eine pixelsynchrone A/D-Wandlung wird dieses Signal dann nicht weiter negativ beeinflußt.

Beschränkt man sich dann auf die binär-analoge Signalverarbeitung, d.h. man zählt beliebig kurze Schwellwertüberschreitungen mit mindestens einem Systemtakt, so erhält man zwar keine korrekte Fehlerbreitenaussage mehr, aber man detektiert ihn, wenn man denn eine Schwelle überhaupt einstellen kann.

Will man die Scannersignale digital weiterverarbeiten, so muß man bei der A/D-Wandlung auf jeden Fall das Abtasttheorem beachten, da die Sample-Pulsbreiten unterhalb einer Nanosekunde liegen, d.h. bei Unterabtastung können die Fehlstellen ganz aus dem Signal verschwinden. Bei Analogbandbreiten von größer 10 MHz kann man dieses Vorgehen zur Zeit vergessen.

Theoretisch und praktisch möglich wäre eine Kombination aus beiden Verfahren. Man spaltet dabei das Eingangssignal in ein niederfrequentes, d.h. korrekt A/D-wandelbares und in ein hochfrequentes Signal auf.

Aus dem Digitalsignal entfernt man durch einen Medianfilter alle Einzelpixelspikes. In dem hochfrequenten Signalteil detektiert man binäranalog Schwellwertüberschreitungen. Die Schwelle kann hierbei durch das D/A-gewandelte NF-Signal in Echtzeit nachgeführt werden.

Ist die Schwellenüberschreitung länger als zwei „Digitalpixel", so verwirft man das Ereignis. Kürzere Schwellenüberschreitungen werden in einen digitalen Grauwert umkodiert und in das Digitalsignal als Einzelpixel eingetastet. Die Ortszuordnung ist dann zwar um ± ein Pixel falsch, dies stört aber in der Praxis kaum.

Auf diese Weise kann man auch sehr hochfrequente Analogsignale in sauber und preiswert verarbeitbare Digitalsignale überführen. Man ist dann nicht genötigt bei der digitalen Verarbeitung in Frequenzbereiche größer 20 MSamples vorzustoßen.

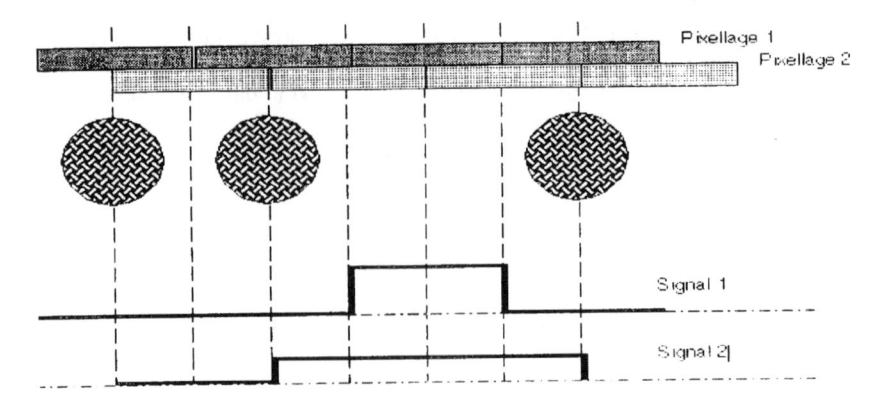

Bild 5.1.2.1.6: CCD-Sensor/Signalverläufe bei R=1

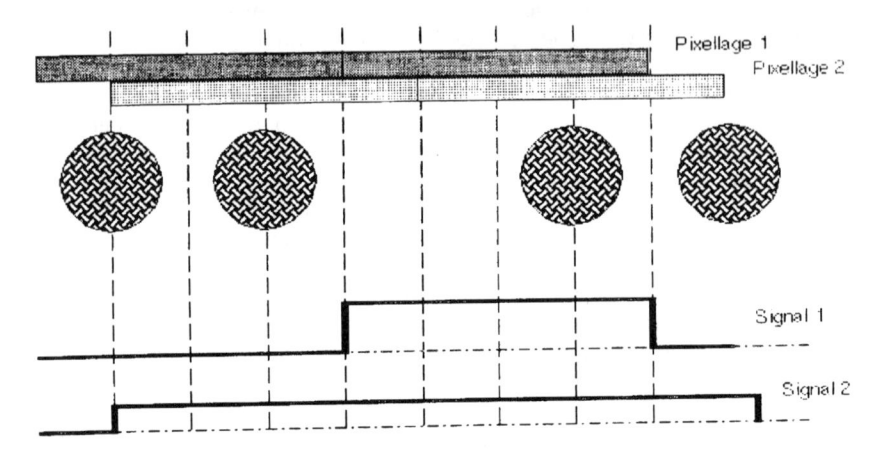

Bild 5.1.2.1.7: CCD-Sensor/Signalverläufe bei R=0.5

Algorithmen und Programme

Bei der Software sind derzeit ähnliche Entwicklungen abzusehen. Ganz stark im kommen sind derzeit „Neuronale Netze" und „Fuzzy-Logik". Hierbei versucht man den oben beschriebenen menschlichen „Denkvorgang" nachzubilden. Diese Systeme können zudem sehr leicht und einfach lernen.

Zur Zeit sind neuronale Netze noch sehr langsam, doch die rasche Entwicklung in dem Hardwarebereich wird dies in naher Zukunft ändern.

Weiterhin versucht man derzeit auch „klassische" Künstlicher Intelligenz (KI)-Methoden in der Bildverarbeitung einzusetzen. So wird vereinzelt in der Literatur von PROLOG- bzw. LISP-Programmen zur Bildklassierung berichtet.

Eine weitere aufregende Entwicklung ist die Bildcodierung mit fraktaler Mathematik. Hierdurch können sehr hohe Datenreduktionsraten erreicht werden. Diese Verfahren sollten auch Fortschritte beim Bildvergleich und bei der Beschreibung von Oberflächentexturen allgemein erwarten lassen.

Insgesamt lassen sich die Entwicklungen, die sich für die automatische Inspektion nutzen lassen, als ausnehmend zukunftsträchtig klassieren. Auch hier deutet alles auf eine Verbesserung der Leistungsdaten um Größenordnungen hin.

Objektanalyse

Doch nun wieder zurück zur Gegenwart.

Zunächst sollen die zu prüfenden Objekte in Klassen eingeteilt werden. Die kleinen Tabellen zeigen jeweils, wo die beiden Grundsensoren (LSC bzw. CCD) ihre Stärken (X) haben.

Folgende Objekteigenschaften sind zu berücksichtigen:

LSC	CCD	
X	X	Makro-Form
	X	Farbe
X X		Oberflächentextur
X		Mikro-Form (Welligkeit, Rauheit)

Gliedert man die Objekte nach ihrer Form, so bekommt man folgende Typklassen:

LSC	CCD		
	X	1	D-Objekte
X	X	2	D-Objekte
	X	2½	D-Objekte
X	X	3	D-Objekte

Als eindimensionale Objekte sind rotationssymmetrische, "unendlich" lange Körper, wie Drähte etc. zu verstehen.

Zweidimensionale Objekte sind flächig ausgedehnte Körper, wie z.B. Materialbahnen oder auch Stanz- oder Ätzteile, die im wesentlichen eine konstante Dicke aufweisen. Für unsere weiteren Betrachtungen werden wir uns auf diese Objektklasse beschränken.

Als zweieinhalbdimensionale oder 1D/2D-Objekte sind solche Körper zu verstehen, die in ihrer Längsachse asymmetrisch, aber sonst „unendlich" lang sind. Beispiele hierfür sind Extrusionsprofile, Walzprofile oder Stranggußteile.

In der Gruppe der dreidimensionalen Objekte werden alle übrigen Typen zusammengefaßt.

Gliedert man die Objekte nach ihren stofflichen Eigenschaften, so ergibt sich folgende Einteilung:

LSC	CCD	
X	X	durchsichtige Körper
X	X	opake Körper
X	X	Körper mit spiegelnden oder diffus remittierenden Oberflächen
	X	Körper mit stark strukturierten bzw. texturierten Oberflächen

5.1.2.1.2 Technischer Vergleich der Hauptsystemkomponenten

5.1.2.1.2.1 Lichtquellen

Wir beschränken uns dabei auf den Bereich der optischen Datenerfassung, d.h. auf den Teil des elektromagnetischen Spektrums, der das nahe UV, das sichtbare Licht und das nahe Infrarot umfaßt, also von 300 nm bis 1900 nm Wellenlänge reicht.

„Licht" in dem genannten Spektralbereich kann mit einem Prüfling auf folgende Arten wechselwirken:

- es kann absorbiert werden
- es kann reflektiert werden; hierbei muß man zwischen diffuser und spiegelnder Reflexion unterscheiden
- es kann absorbiert und in veränderter Form wieder emittiert werden (z.B. bei der Fluoreszenz)

Folgende Parameter können dabei variiert werden:

LSC	CCD	
X		Wellenlänge, -bereich (Farbe)
	X	Kohärenzgrad
X	X	Polarisation
	X	Lichtquellengröße (Punkt-, Flächenquelle)
	X	Zeitspanne (Dauerlicht, gepulstes (Blitz-)licht)
	X	Einfallswinkel (diffuses, gerichtetes Licht)
X	X	Lichtquellengröße auf dem Objekt (Punkt-, Linienbeleuchtung)
X	X	Referenzsignalüberlagerung (Holografie, Moiré)

Folgende technische Ausführungsformen sind für unsere Anwendungen interessant:

LSC CCD

	X	HF-Gasentladung (z.B. Na-Dampf)
	X	Faseroptiken (flexible Lichtführung, robust)
X	X	Laser (HeNe, Halbleiterlaser)

Zu der Lichtquellenthematik zählen wir auch die Möglichkeiten der Beobachtungsoptik bzw. die Möglichkeiten der optischen Vorverarbeitung:

LSC CCD

X	X	Hellfeld (Transmission, Remission)
X		Dunkelfeld (fern, nah)
X	X	Schlierenoptik

5.1.2.1.2.2 Sensorik

Das nächste Glied in der Kette nach Beleuchtung und Abbildungsoptik ist der optoelektronische Wandler. Folgende Gruppen sind hierbei zu unterscheiden:

LSC CCD

X		Einzeldetektoren (Photodioden, PMT, etc.)
	X	lineare Diodenarrays (CCD-Zeilen)
	X	2D-Diodenarrays (CCD-Kameras)

Grundsätzlich haben alle optische Sensoren die gleiche Aufgabe, sie setzen die auftreffende optische Information in dazu proportionale elektrische Information um, die dann weiterverarbeitet werden kann.

Folgende technische Daten sollen das Leistungsspektrum grob umreißen:

Einzeldetektoren:	Signalfrequenzen bis GHz hohe Verstärkung Zwei-Wellenlängen-Empfänger
Doppeldioden/ Quadrantenempfänger:	hochgenaue Positionsbestimmung (Nullpunktslage)
Positionsdioden:	hochgenaue (1:5000) Positionsvermessung eines Lichtquellenpunkts
lineare Arrays:	bis 8000 Bildpunkte/Zeile max. 20 MHz Bildpunkttakt
2D-Arrays:	ca. 500x500 Bildpunkte, 50–60 Bilder/sec normal: 2000 Bilder/sec (high-speed Kameras) 2000x2000 Bildpunkte (hochauflösend)

5.1.2.1.2.3 Auswertung

Folgende Produktgruppen werden derzeit geprüft:

- Papierbahnen
- Bleche und Metallfolien
- Textile Roh- und Fertigware (Unifarben)
- Glas
- Filme und Folien
- Compact Disks

Die zu detektierenden Fehler können so klassifiziert werden:

- Löcher, Lunker, Einschlüsse
- Schlieren, Blasen
- Kratzer, Risse
- Kett-, Schußfehler

Die Auswertung ist weitgehend unabhängig von der Sensorwahl. Es spielt also keine Rolle, ob Laserscanner oder CCD-Kameras verwendet werden. Die Möglichkeiten der Auswertung werden im wesentlichen von anderen Einschränkungen beeinflußt.

In den heute bestehenden Systemen beginnt die Fehleranalyse z.B. pro Empfangskanal in der Hardware mit einer Fehlerdetektion mittels programmierbaren positiven und negativen Amplitudenschwellen sowie mit einer individuell einstellbaren Breitenschwelle pro Amplitudenschwelle.

Die analogen Sensorsignale werden hierbei also nicht digitalisiert, sondern lediglich binarisiert. Eine Signalvorverarbeitung, wie Hoch- oder Tiefpaßfilterung erfolgt ebenfalls noch im analogen Teil der Elektronik oder wird gemischt digital/analog ausgeführt, wie z.B. bei einem rekursiven Filter.

Es folgt eine Fehlercodierung je Empfangskanal nach:

- Fehlerlängskoordinaten,
- Fehlerbreitenkoordinaten (Anfang, Ende),
- maximale Fehleramplitude und
- Fehleramplitudenvorzeichen.

Die Einzelinformationen der Scans werden per Software zu Fehlergeometrien zusammengefügt nach:

- maximaler Fehlerlänge,
- Fehlerbreite und -amplitude,
- Amplitudenvorzeichen,
- Fehlerlängsrichtung,
- Fehler-Längen-Breiten-Verhältnis,
- Fehlerfläche und Fehlerhäufigkeit pro Flächeneinheit.

Die Fehlerklassifizierung erfolgt mit Hilfe der Korrelation der Fehlermerkmale aller Empfänger in einer 4-Quadranten-Logik.

Nach kundenspezifischer Applikation werden bis zu 30 Fehlerfamilien aus den Fehlermerkmalskombinationen durch frei programmierbare Merkmal-Schlüssel gebildet. Das führt zu definierten Fehleraussagen (Ölfleck, Rostfleck, Loch usw.). Die einzelnen Fehlerfamilien können außerdem vollautomatisch als Periodenfehler (Walzenfehler) erkannt und klassifiziert werden.

Um die Inspektion unterschiedlicher Materialien nach verschiedenen Güteklassen zu ermöglichen, kann eine rechnergestützte Optimierung ganzer Parametersätze durchgeführt werden. Die netzausfallgesicherte Speicherung von bis zu 99 Parametersätzen mit codiertem Aufruf ist möglich.

Neuere technische Systeme digitalisieren die Sensorsignale, arbeiten dann aber zur Zeit fast ausschließlich bildpunktorientiert, d.h. der einzelne Bildpunkt oder nur ein ganz kleiner Umgebungsbereich (3x3, 5x5; 7x7 Pixel) werden zur Verarbeitung herangezogen. Das Sehsystem dagegen erarbeitet, wie vorne erwähnt, parallel mehrere Merkmalssätze, wie z.B. Kanten-, Ecken- und lokale Frequenzbildern und setzt diese dann zu einer Gesamtszene zusammen.

In der Nachbildung dieser Verfahren, die allerdings derzeit nur sehr eingeschränkt möglich ist, liegt eine wesentliche Weiterentwicklungsmöglichkeit der technischen Verfahren.

Prinzipiell werden zur Zeit zwei Konzepte technisch realisiert:
- die Pipelineverarbeitung
- und die Parallelverarbeitung mit Transputern

Die Piplineverabeitung orientiert sich an der klassischen Fließbandarbeitsteilung. Hierbei wird eine Signalverarbeitungsaufgabe in kleine Teilportionen zerlegt, die von einer schnellen Hardware in Echtzeit erledigt werden können. Die Abarbeitung der einzelnen Aufgaben erfolgt nacheinander, eben in einer Pipeline.

Hierdurch ist man in der Lage, sehr komplexe Aufgaben mit hoher Geschwindigkeit (ca. 10–20 MHz Bildpunktrate) zu erledigen. Die konstante Zeitverschiebung zwischen dem Dateneingang und dem Datenausgang ist in der Regel in technischen Systemen ohne Belang und kann toleriert werden.

Den Abschluß einer Pipeline bildet in der Regel ein lokaler Prozessor, der die Ausgangsdaten per Software weiter verarbeitet und verdichtet.

Gegebenenfalls können mehrere Pipelines nebeneinander bestehen, deren lokale Prozessoren über einen Host-Prozessor miteinander verknüpft sind.

Bei der anderen technischen Lösung, dem Transputer, rückt man dem Flaschenhals der Datenverarbeitung, dem von-Neumann-Rechner, mit einem prinzipiell einfachen Trick zu Leibe, indem man die Anzahl der von-Neumann-Rechner einfach ver-N-facht.

Hierdurch bekommt man nun Netzwerke von Prozessoren, die nun z.B. Bildbereichen zugeordnet sind. Treibt man dieses System auf die Spitze, so bekommt jeder Bildpunkt „seinen" Prozessor. In den USA hat man schon Konzepte im Labor verwirklicht und bis zu 256x256 (= 65 0000) Prozessoren miteinander verschaltet.

Bei dem derzeitigen technischen Stand ist abschließend festzustellen, daß beide Systemkonzepte ihre Lebensberechtigung haben.

Die Laserscanning-Systeme sind momentan sicher als technisch ausgereifter anzusehen, da sie bereits in Stückzahlen von mehren hundert Stück weltweit in Prozeßlinien mit Erfolg eingesetzt werden.

Die oft als Nachteil bezeichnete Mechanik, das Spiegelrad, kann nicht als Schwachstelle angeführt werden. Die Lebensdauern für die Spiegelräder und deren Motore liegen in der Regel bei 5 Jahren und darüber.

Ebenfalls auf der positiven Seite ist zu merken, daß gerade für hohe Prozeßgeschwindigkeiten die Laserbeleuchtung die größeren Leistungsreserven bereitstellt, da kommerziell bereits Laserdioden mit einer c_w-Ausgangsleistung größer als 1 kW angeboten werden.

Genau diese Beleuchtungseigenschaft ist auf der anderen Seite das Handikap der CCD-Kameras. Möchte man nämlich diese mit hohen Taktfrequenzen betreiben, so ist man auf sehr hohe Beleuchtungsstärken angewiesen. Diese zu realisieren ist derzeit noch ein Problem, das – wenn überhaupt – nur unter Einsatz von sehr vielen Optik-Kenntnissen zu lösen ist.

Langfristig gesehen sind aber dennoch die Entwicklungsmöglichkeiten der CCD-Systeme günstiger anzusehen, insbesondere deshalb weil hier noch weitere Technologiesprünge zu erwarten sind. Dies ist bei den Scansystemen nur dann zu erwarten, wenn die Technik der holografisch-optischen Elemente (HOE) entscheidend weiterentwickelt werden kann.

Die letzte Tabelle gibt einen Überblick über die Hauptvorzüge der beiden Systeme:

	LSC	CCD
Ortsauflösung	++	0
geometrische Stabilität	0	+
Objektgeschwindigkeit	+	0
mechanischer Aufwand	0	++
Empfindlichkeit	+	
Farberkennung	--	+
Objektlagetoleranz: Höhe	+	0
Breite	0	+
Einsatzerfahrung	++	+
Wartung	0	+
Preis	0	+

Kapitel 5.1.2.2

Dreidimensionale Datenerfassung und -verarbeitung für die Automatisierung visueller Prüfvorgänge

G. Häusler

5.1.2.2 Dreidimensionale Datenerfassung und -verarbeitung für die Automatisierung visueller Prüfvorgänge
G. Häusler

3D-Daten der Objektform sind wesentlich besser für die Automatisierung visueller Prüfvorgänge geeignet als die Daten über die lokale Reflektivität, wie sie zum Beispiel eine Video-Kamera liefert. Leider gibt es physikalische Probleme bei der 3D-Datenerfassung (bedingt durch die Wellengleichung), weiterhin technologische Probleme, hauptsächlich wegen des begrenzten Orts-Bandbreiteproduktes der opto-elektronischen Wandler. Es werden einige neue Sensoren vorgestellt, die diese Beschränkungen überwinden.

Es zeigt sich, daß eine an den Computer angeschlossene TV-Kamera kein sehr gutes Prüfsystem darstellt. Verfügbare Computer sind langsam und benötigen zur Reduzierung der Fülle von Eingangsdaten eine optische Vorverarbeitung, die eine Fernsehkamera nicht leistet.
Eine sehr effektive Möglichkeit der Vorverarbeitung ist die Gewinnung von Daten über die dreidimensionale (bzw. „2 1/2-dimensionale") Gestalt des Objekts (der Oberfläche). Der Hauptvorteil der 3D-(Form-)Daten gegenüber den 2D-(Intensitäts-)Daten besteht in der Invarianz der Objektform gegen Variation der Beleuchtung und Verunreinigung der Oberfläche.
Weiterhin ist bei industriellen Fragestellungen hauptsächlich die Objektform wichtig, und weniger die lokale Reflektivität (welche normalerweise in der Bildverarbeitung verwendet wird). Beide Argumente unterstützen die praktische Erfahrung, daß die Auswertung von 3D-Daten im allgemeinen einfacher und schneller ist als die von 2D-Daten. Ein weiterer Vorteil ist schließlich, daß mit einigen 3D-Sensoren mehr als 4000 verschiedene Tiefenstufen aufgelöst werden können, während 2D-Sensoren (TV-Kameras) meist weniger als 256 (Intensitäts-)Stufen liefern.

Leider wird die 3D-Datengewinnung mit gleichzeitiger hoher lateraler und longitudinaler Auflösung sowie mit einem großen Meßbereich durch physikalische und technologische Grenzen beschränkt [Häusler 1990a]. Die physikalischen Grenzen setzt die Wellengleichung, welche keine beliebigen Intensitätsverteilungen im Raum erlaubt: zum Beispiel ist eine dünne, lange Lichtnadel, wie sie für Laser-Scanner wünschenswert wäre, durch die Wellengleichung verboten. Ein anderes Beispiel: Um Löcher zu vermessen, benötigt man eine kleine Apertur. Das bedeutet jedoch, daß die Tiefenauflösung stark reduziert wird.
Die technischen Beschränkungen liegen im wesentlichen im begrenzten Orts-Bandbreite-Produkt der verfügbaren optisch-elektronischen Wandler. In [Dremel 1986, Bichel 1985, Häusler 1988–1990] werden diese Grenzen und mögliche Lösungen zur Überwindung genauer erörtert.

Es gibt einige technische Möglichkeiten [Strand 1985], die Form z (x, y) zu finden. Die meisten Verfahren benutzen Triangulation, Laufzeitmessung oder Interferometrie.

Interferometrie ist im industriellen Bereich, wo optisch rauhe Objekte geprüft werden sollen, zu empfindlich. Die Empfindlichkeit kann durch die Zwei-Wellenlängen-Interferometrie [Fercher 1985] angepaßt werden, dies ist jedoch technisch aufwendig. Laufzeitverfahren benötigen für eine Tiefenauflösung von 0.1 mm bis 1 mm aufwendige Elektronik.

In den folgenden Abschnitten werden kurz einige 3D-Sensoren vorgestellt, die einige der oben aufgezeigten Begrenzungen überwinden, oder auch "umgehen". Details sind aus der jeweils angegebenen Literatur zu entnehmen.

5.1.2.2.1 Triangulation mit großer Tiefenauflösung

Die meisten kommerziellen Sensoren basieren auf Triangulation. Laser-Triangulationssysteme projizieren dabei einen Laser-Punkt auf das Objekt und lokalisieren diesen Spot durch ein Abbildungssystem, dessen optische Achse gegenüber der Beleuchtungsachse um einen Triangulationswinkel Θ geneigt ist (s. z. B. Bild 5.1.2.2.1). Triangulation kann leicht implementiert und die Empfindlichkeit der Tiefenmessung einfach an die Anforderungen angepaßt werden. Allen Triangulationsmethoden gemeinsam ist jedoch das Problem des durch die Schärfentiefe der Abbildung begrenzten Meßbereiches in Verbindung mit der benötigten lateralen Auflösung (prinzipiell bedingt durch die Wellengleichung).

Ein weiteres Problem sind die verdeckten Punkte ("Abschattung"), die durch den Triangulationswinkel zwischen der Beleuchtungs- und Beobachtungsrichtung auftreten können. Die Wellengleichung verlangt, daß dieser Winkel groß für eine hohe Tiefenauflösung sein muß. Um die Tiefenauflösung der Triangulation zu verbessern, ist es nötig, das Abschattungsproblem und die Kopplung zwischen lateraler Auflösung und Tiefenmeßbereich zu reduzieren.
Abgeschattete Bereiche können nur durch eine Verringerung des Triangulationswinkels vermieden werden.

Um die Tiefenauflösung zu verbessern, muß das Punktbild auf dem Detektor genauer lokalisiert werden: in [Seitz 1988] wurde die Lokalisation einer scharfen Kante durch Interpolation 100 mal besser als der Pixelabstand des Detektors erreicht. Jedoch ist dies nur bei inkohärenter Beleuchtung möglich. Bei der Lasertriangulation, dem wohl häufigsten kommerziell benutzten Prinzip, wird allerdings räumlich (und zeitlich) kohärente Beleuchtung verwendet. Dadurch zeigt die von dem beleuchteten Objektpunkt ausgehende Welle Speckles, die prinzipiell eine statistische Meßunsicherheit der Tiefenkoordinate verursachen.
Durch Specklereduktionsmethoden kann die Meßunsicherheit stark reduziert werden [Dremel 1986]. In [Dremel 1986, Bichel 1985] wird ein Triangulations-

scanner vorgestellt, welcher 15.000 verschiedene Tiefenpositionen auflösen kann. Inzwischen wurde durch Verringerung der räumlichen und zeitlichen Kohärenz bei der Beleuchtung eine Tiefenauflösung von 1/100.000 des Meßbereiches erreicht. Allerdings muß man beachten, daß bei Verwendung geringer räumlicher Kohärenz eine gesteigerte Tiefenauflösung nur auf Kosten der lateralen Auflösung erreicht werden kann. Dies wird genauer in [Hänsler 1988c / 1990a] erklärt.

Die Abhängigkeit zwischen lateraler Auflösung und Meßtiefe kann durch die Verwendung eines Axicons im Beleuchtungsteil überwunden werden: Das Axicon erzeugt eine lange, dünne Lichtnadel. Das von uns benutzte Axicon (Bild 5.1.2.2.1), erzeugt eine Lichtnadel von ca. 50 µm Durchmesser und einer Länge von einigen Metern.

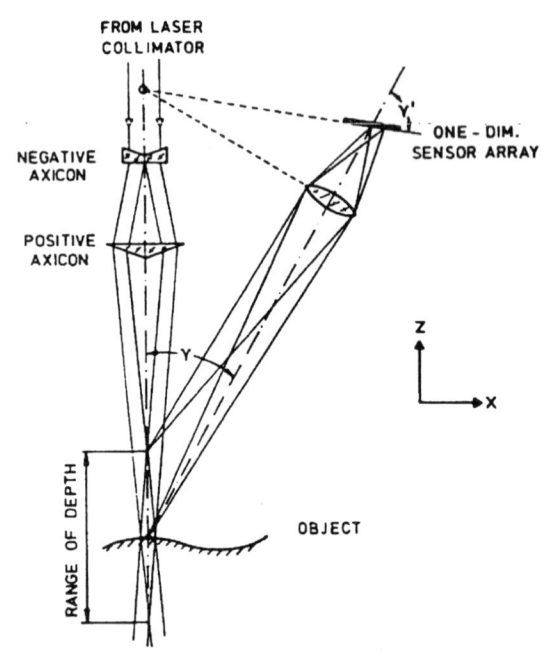

Bild 5.1.2.2.1: Triangulationssensorkopf
Das Axicon im Beleuchtungsteil und die Scheimpflug-Bedingung im Beobachtungsteil sorgen für gleichzeitig hohe Auflösung und großen Meßbereich.

5.1.2.2.2 Liniensensor mit hoher Auflösung und großem Meßbereich

Der nächste Sensor [Hänsler 1988a], der vorgestellt werden soll, basiert wiederum auf Triangulation mit einem Axicon. Durch die Modifikation des bekannten Lichtschnittverfahrens wird ein großer Meßbereich und gleichzeitig hohe Auflösung erreicht. Die wesentliche Idee ist, mit dem Axion und einem Scan-Spiegel

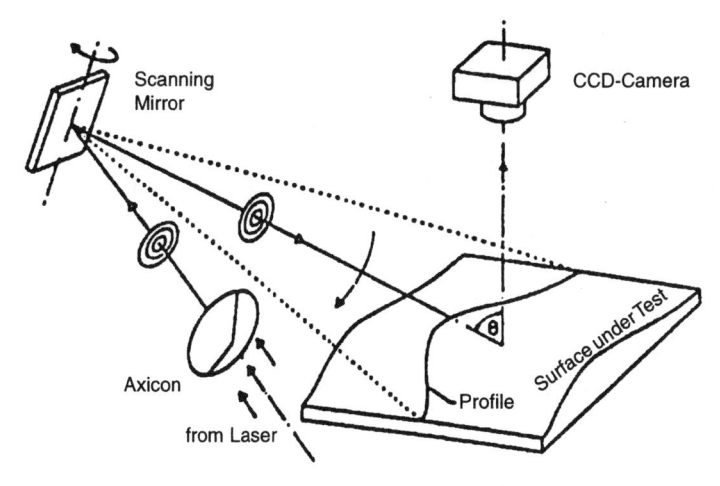

Bild 5.1.2.2.2: Prinzip des Lichtschnitts mit dem Axicon

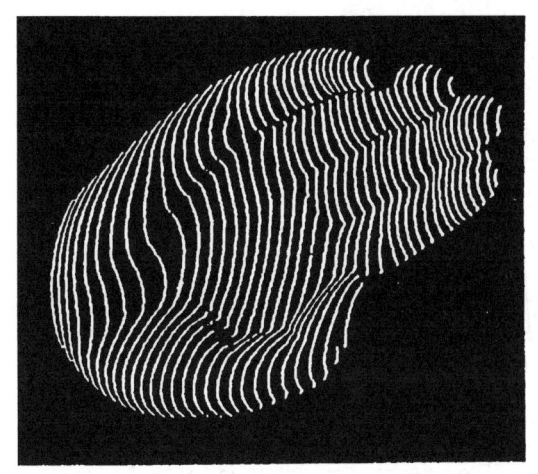

Bild 5.1.2.2.3: Meßergebnisse des Liniensensors

ein sehr dünnes (50 µm) und sehr langes (1.5 m) „Lichtmesser" im Raum zu erzeugen. Ein solches Lichtmesser kann nicht durch konventionelle Abbildung erzeugt werden. Wird das Testobjekt mit einem solchen Lichtmesser geschnitten, kann das so erzeugte Profil einfach mit einer TV-Kamera und einem Computer ausgewertet werden (Bild 5.1.2.2.2). Ein Ergebnis ist in Abb. 5.1.2.2.3 dargestellt. Die Tiefenauflösung beträgt ca. 100 µm in einem Volumen von 250^3 mm^3. Die Meßzeit beträgt 64 µs/Punkt, und es wurde bei kleinerem Gesichtsfeld auch bereits eine Meßunsicherheit von weniger als 10 µm erreicht [Hänsler 1990b].

5.1.2.2.3 Fokussuche

Ein weiteres Prinzip ist die Fokussuche, wobei die Empfindlichkeit eines Abbildungssystems gegenüber Defokussierung ausgenutzt wird. Wir verwenden, mit Modifikationen, das folgende in [Engelhardt 1988] detailliert erklärte Prinzip: Ein Gitter wird in das Objektvolumen mit sehr geringer Schärfentiefe projiziert. Aus dem lokalen Kontrast des beobachteten Gitters, das auf dem Objekt aufgenommen wird, entscheiden wir, welche Gebiete des Objekts im Fokus liegen (in einem bestimmten, durch das Abbildungssystem definierten Abstand). Während der Sensor entlang der optischen Achse bewegt wird, werden die Ergebnisse in einem digitalen Bildspeicher als Tiefen-Bild $z\,(x,\,y)$ abgespeichert und stehen für eine Weiterverarbeitung zur Verfügung. Das Verfahren ist parallel in x- und y-Richtung, sequentiell in z-Richtung. In einer TV-Periode (40 ms) können ungefähr vier Tiefenstufen gemessen werden. Bei einem Meßabstand von 300 mm ist die Meßunsicherheit etwa 0.2 mm. Ein Ergebnis ist in Bild 5.1.2.2.4 dargestellt.

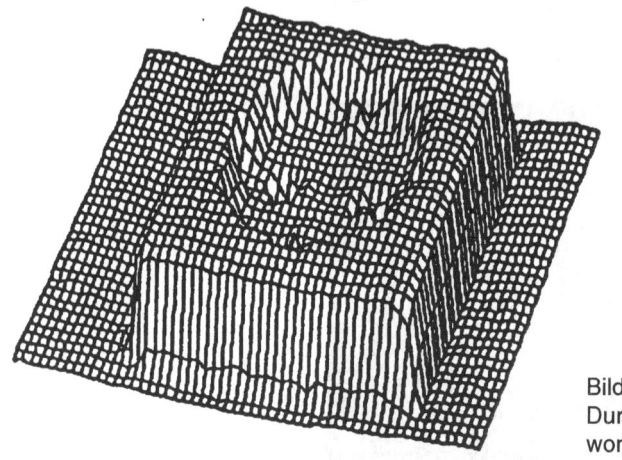

Bild 5.1.2.2.4:
Durch Fokus-Suche gewonnenes Tiefen-Bild

Diese Methode ist nicht sehr gut für extreme Tiefenauflösung geeignet, hat aber einige Vorteile: Es gibt keine verdeckten Punkte, insofern als jeder beleuchtete Ort auch gemessen werden kann. Die gewonnenen Daten sind sogar für Objekte größer als die Abbildungslinse telezentrisch, die 3D-Daten erscheinen als Parallel-Projektion.

5.1.2.2.4 3D-Abtastung durch Shearing Interferometrie

Zum Schluß wird ein weiteres Verfahren vorgestellt [Hänsler 1988b], basierend auf der Shearing Interferometrie (Bild 5.1.2.2.5): Ein kleiner Lichtpunkt wird auf die Oberfläche des Testobjekts projiziert. Die vom Objekt rückgestreute Welle codiert die Abstandsinformation in ihrem Radius. Wir messen diesen Radius in der Sensorebene.

Die genaue Messung des Radius geschieht durch Shearing Interferometrie: der Objektpunkt wird virtuell verdoppelt (z.B. durch eine Savart-Platte). Das entstehende Interferenzstreifenmuster beinhaltet die Abstandsinformation z.
Es gibt eine einfache Beziehung zwischen Abstand z und Streifenperiode p:

$$p = \lambda \cdot z/s \quad (s = \text{shear}, \lambda = \text{Wellenlänge})$$

Um eine hohe Entfernungsauflösung zu bekommen, ist eine genaue Auswertung des Streifenabstands nötig. Neben einer Fourier-Transformations-Methode [8] wird das Interferenzmuster auch mit "Heterodyning" ausgewertet. Dafür erzeugt man "laufende Streifen", die durch eine geeignet plazierte $\lambda/4$-Platte und einen rotierenden Analysator erzeugt werden (Bild 5.1.2.2.5). Schließlich benutzen wir zwei Photodetektoren mit definiertem Abstand in der Detektionsebene. Die laufenden Streifen bewirken, in Abhängigkeit vom Objektabstand z und vom Abstand d zwischen den Photodetektoren, eine Phasenverschiebung φ zwischen den Photodetektor-Signalen:

$$\varphi = 2 \cdot \pi \cdot s \cdot d / (\lambda \cdot z)$$

Diese Phasenverschiebung wird mit hoher Genauigkeit (elektrische Reproduzierbarkeit $\pi/50.000$) durch ein Phasenmeßsystem ermittelt.
Eine neue Variante der Phasenmodulation kommt ohne bewegte Teile aus und arbeitet mit akustooptischen Bauelementen. Damit sind Meßzeiten von weniger als 1 ms pro Punkt möglich [Hänsler 1990c].

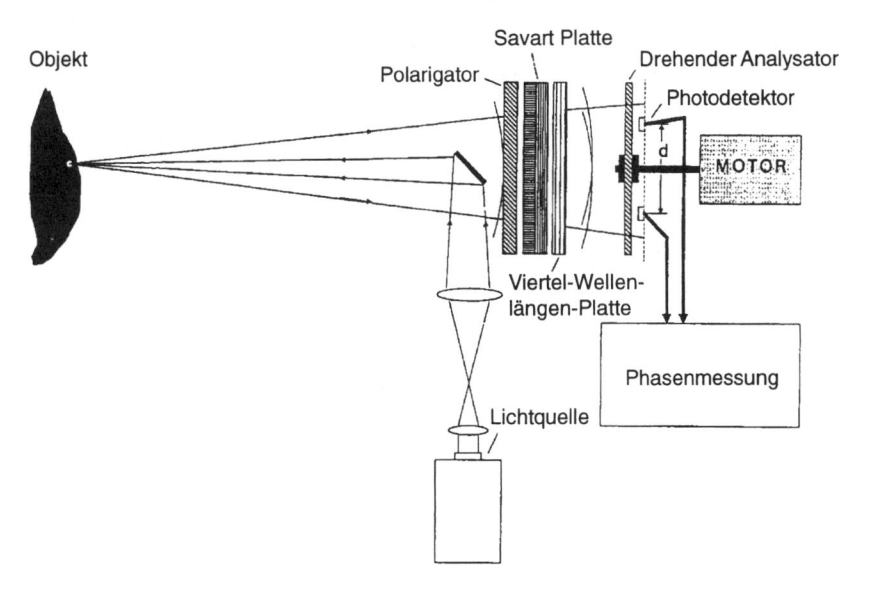

Bild 5.1.2.2.5: Prinzipieller Aufbau des Shearing Sensors

Die Apertur u der Beleuchtung und Beobachtung kann sehr klein gewählt werden (*sin u = 0.02*). Damit werden Abschattungseffekte minimiert, sogar das Messen in Bohrungen ist möglich (Bild 5.1.2.2.6, 5.1.2.2.7).

Für spiegelnde Objekte erreichen wir ein Meßunsicherheit 6σ *(rms)* von 10 µm bei einem Meßabstand von 300 mm (1:30.000). Bei diffus reflektierenden Objekten begrenzt wieder das Speckle-Rauschen die erreichbare Tiefenauflösung. Um eine höhere Tiefenauflösung als durch das Rayleigh-Kriterium gegeben zu erreichen, ist es nötig, das Speckle-Rauschen zu minimieren. Bis jetzt wurde bei rauhen Objektoberflächen eine Meßunsicherheit von 1/6000 des Arbeitsabstandes erreicht. Bei der gegebenen Apertur bedeutet das eine zehnfache Überauflösung gegenüber der Rayleigh-Tiefe.

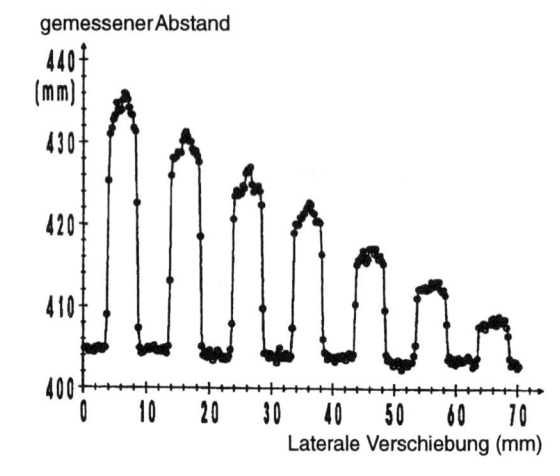

Bild 5.1.2.2.6:
Laterale Abtastung eines Objekts mit verschiedenen Bohrungen (Material: Holz)

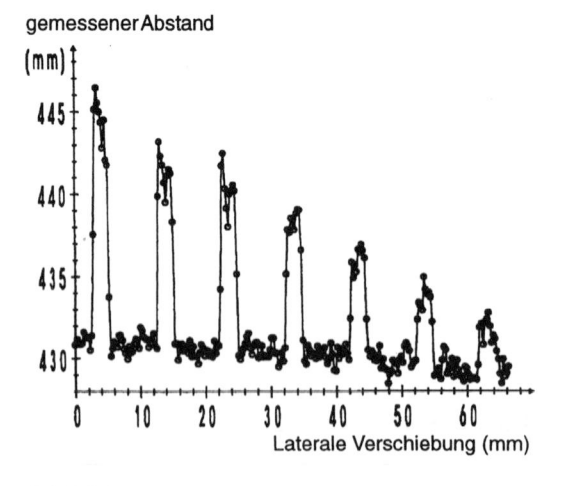

Bild 5.1.2.2.7:
Laterale Abtastung eines Aluminiumblocks mit verschiedenen Bohrungen

5.1.2.2.5 Objektlokalisation mit Abstandsdaten

Die 3D-Datenverarbeitung kann aus zwei Gründen wesentlich einfacher als die von 2D-Daten sein: 3-Daten sind gegen Störungen weitgehend invariant und besitzen eine höhere Tiefendynamik. Als ein Beispiel beschreiben wir die Objektlokalisation, z. B. eines Objektes auf einem Förderband, anhand von 3D-Daten.

Die Methode basiert auf der generalisierten Hough-Transformation und findet schnell und genau die Verschiebung und die Orientierung eines zuvor „gelernten" Objekts. Wir beschränken uns dabei auf drei Freiheitsgrade (2 für die Verschiebung, 1 für Rotation), was für die meisten industriellen Anwendungen ausreicht.

Im ersten (Lern-)Schritt wird das Objekt mit dem 3D-Sensor abgetastet und der Normalenvektor für jedes Oberflächenelement berechnet. Seine z-Komponente wird zusammen mit dem auf die z-Ebene projizierten Normalenvektor in einer Tabelle abgespeichert.

Die Lokalisation der unbekannten Position des gelernten Objekts geschieht nun durch die Unabhängigkeit der z-Komponenten der Normalenvektoren gegenüber Shift und Rotation. Um die Flächenelemente des Testobjekts zu identifizieren, muß lediglich in der Tabelle die richtige z-Komponente des Normalenvektors aufgesucht werden. Das Verfahren ist eindeutig, falls nur ein Flächenelement mit einer bestimmten z-Komponente vorkommt. Gibt es mehrere Elemente mit gleicher z-Komponente, benutzen wir ein Wahrscheinlichkeitsfeld, dessen Maxima die wahrscheinlichste Position und Orientierung angeben.

Diese Methode hat einige interessante Vorteile:
- sie funktioniert für eine große Klasse von Objekten, ohne Anpassung
- sie ist robust gegenüber einzelnen Meßfehlern und gegenüber Objekten, die nicht vollständig im Meßfeld sind
- Sie ist, wie viele Methoden, die auf der Hough-Transformation beruhen, empfindlich gegen Rauschen, aber die 3D-Daten haben ja eine hohe Dynamik, sind also für die Hough-Transformation sehr gut geeignet.
- es ist keine Vorverarbeitung nötig.
- Die Rechenzeit auf einem einfachen 68000-Rechner beträgt nur 1 sec, die Methode ist gut für Parallelisierung geeignet

In der nachstehenden Tabelle sind die oben beschriebenen Sensoren noch einmal mit ihren wichtigsten Eigenschaften zusammengefaßt:

Die Abkürzungen bedeuten: z = Arbeitsabstand, 6σ = Meßunsicherheit (*rms*), u = Apertur, $6t$ = Meßzeit/pixel.

	aktive Triangulation		Shearing Sensor	Fokussensor
	Punktsensor	Liniensensor		
z/6τ	≤ 10^5	1500	6000	1500
u	≈ 0.2	≈ 0.2	≈ 0.02	≈ 0.05
6t	1 ms/pix	≤ 64 µs/pix	≈ 1 ms/pix	≈ 20 µs/pix
spez. Eig.	großer Meßber. und hohe Aufl.	großer Meßber.	man kann in Bohrungen hineinsehen	telezentrisch auch für große Objekte

Darüberhinaus wurde in Erlangen ein Sensor entwickelt, der zwar nur etwa 300 verschiedene Tiefen unterscheiden kann, bei einer Meßzeit von etwa 1 ms, der Materialaufwand beträgt aber nur etwa 50,- DM.

Optik kann sehr effektiv sein, optische Vorverarbeitung benötigt jedoch Erfahrung, da meist keine Rezepte aus dem Lehrbuch zur Problemlösung herangezogen werden können. In Anbetracht der existierenden Zahl von Optik- und Computerexperten scheint es einfacher, einen Computerfachmann mit der Problemlösung zu beauftragen und den Optiker erst dann zu fragen, wenn ersterer keine Lösung finden kann.

Bis jetzt erscheint es aber, als ob jedes Problem seine eigene spezifische Lösung benötigt (in der Optik wie auch in der digitalen Verarbeitung). Dies ist eigentlich unbefriedigend und sollte durch eine Reihe von universellen, intelligenten optischen Sensoren verbessert werden. Universell heißt, daß jeweils ein Sensor für eine bestimme Klasse von Problemen eingesetzt wird.

Abstandssensoren, die unter wechselnder Beleuchtung invariante Objektdaten liefern, decken sicher einen großen Problemkreis ab. Auf jeden Fall ist die Entwicklung von genauen, schnellen Abstandssensoren mit geringer Apertur und den dazugehörigen Verarbeitungsmethoden, die die Vorteile der 3D-Daten nutzen, eine herausfordernde Aufgabe.

Kapitel 5.1.2.3

Automatische Inspektion mit Zeilenkamerasystemen

M. Dressler

5.1.2.3 Automatische Inspektion mit Zeilenkamerasystemen
M. Dressler

Automatische Inspektion soll möglichst berührungslos sein und eine 100 %-Qualitätskontrolle ermöglichen. Sie soll direkt in die Fertigung integriert sein und eine hohe Meßproduktivität haben. Bildverarbeitende Meßsysteme mit CCD-Zeilensensoren für die Spektralbereiche

   200 – 400 nm UV
   400 – 700 nm VIS
   700 – 3000 nm NIR

werden wegen ihrer hohen Ortsauflösung oder wegen hoher Abtastraten in der Meßtechnik immer häufiger eingesetzt. Zusammen mit Interfacekarten und Auswerterechnern auf PC-oder VME-Bus-Basis bilden sie leistungsfähige automatische Zeilenkamera-Meßsysteme. Da automatische Systeme leider nicht von selbst arbeiten, sondern mit viel Detailkenntnis aufgebaut und sorgfältig programmiert werden müssen, sollen im folgenden einige Grundlagen ihrer Arbeitsweise besprochen und praktische Hinweise für ihre Anwendung gegeben werden.

5.1.2.3.1 Aufbau und Wirkungsweise von Zeilenkameras

5.1.2.3.1.1 Sensoren

Die Sensoren für Zeilenkameras (Bild 5.1.2.3.1) sind Zeilen von lichtempfindlichen Elementen gleicher Form und Größe und mit gleichem Abstand. Am Anfang und am Ende einer Zeile sind stets einige Hell- und Dunkel-Referenzelemente, die bei der Berechnung der Zeilenfrequenz mitgezählt werden.

Die Sensorzeilen werden mit dem präzisen Masken-Stepper-Belichtungsverfahren der IC-Herstellung in dotiertem Silizium (oder InGaAs) erzeugt. Die einzelnen Elemente werden durch eine mäanderförmige Isolationsstruktur (channel stop) voneinander getrennt und durch eine SiO_2-Schicht abgedeckt. Die Belichtungs-Kennlinie ist linear bis in die Nähe der Sättigung. Das macht die Zeilen-Sensoren geeignet für genaue geometrische Messungen und für Lichtmessungen.

Zeilensensoren lassen sich in einige Gruppen aufgrund ihrer ursprünglichen Anwendung einteilen:

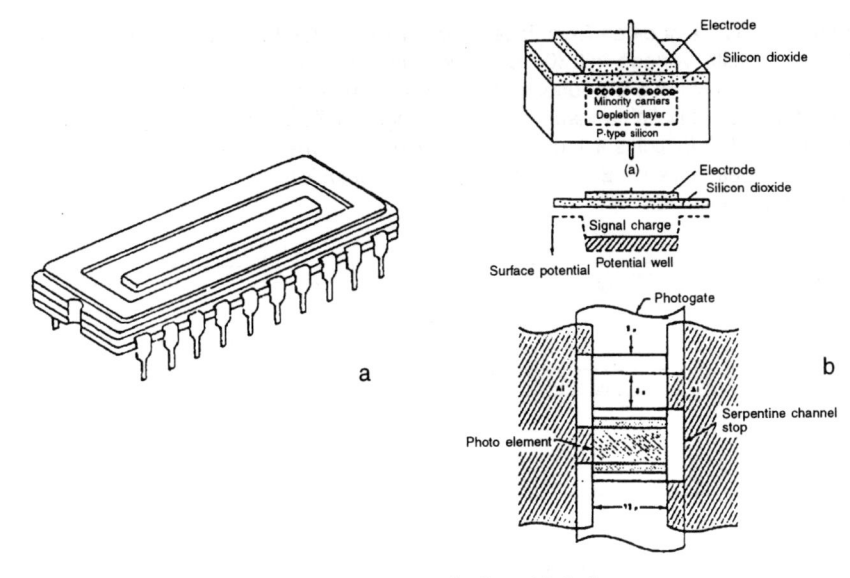

Bild 5.1.2.3.1: a) Zeilensensor auf Keramikträger b) Aufbau

5.1.2.3.1.1.1 Standard (Faksimile-Sensoren)

Diese Sensoren werden primär für OCR und Faksimile-Übertragung eingesetzt. Die Elemente sind fast quadratisch für gleiche Auflösung längs und quer zur Zeile. Es gibt Zeilensensoren für Kontakt-Scanning (Länge = Papierbreite) und für optische Verkleinerung. Die 2. Gruppe eignet sich gut für die industrielle Meßtechnik (kleiner Meßkopf in größerem Abstand zum Meßobjekt). Die maximalen Datenraten sind ca. 2 MHz bis ca. 20 MHz.

Faksimile-Standards und Zeilensensor-Auflösung:

Elemente	Linien/mm	Auflösung Linien/Zoll DPI=Dots/inch	Standard
256	1		OCR
512	2		OCR
1024		120	
1728		200	Int. Fax
2048	8		Jap. Fax
2592		300	Fax
3456		400	2x Int. Fax
4096	16		2x Jap. Fax

Bild 5.1.2.3.2 zeigt einen Belegleser, der mit einem 2592-Elemente-Sensor eine 216 mm breite Vorlage mit 300 DPI über mehrere Umlenkspiegel abtastet und das Videosignal mit 8 Bit Auflösung digitalisiert ausgibt. Eine Shading-Korrektur-Funktion gleicht Belichtungsunterschiede längs der Zeile aus. Mit einer Datenrate von 6 MHz läßt sich solch ein Zeilen-Kamerasystem auch für die automatische Inspektion einsetzen: z.B. in der Textilindustrie, beim Zeitungsdruck oder an Verpackungsmaschinen.

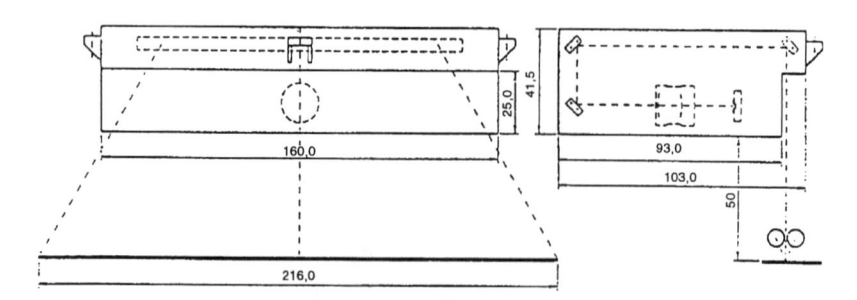

Bild 5.1.2.3.2: Beleg-Leser mit 2592-Elemente-Zeilensensor und Interfacekarte mit 8-Bit-A/D-Wandler

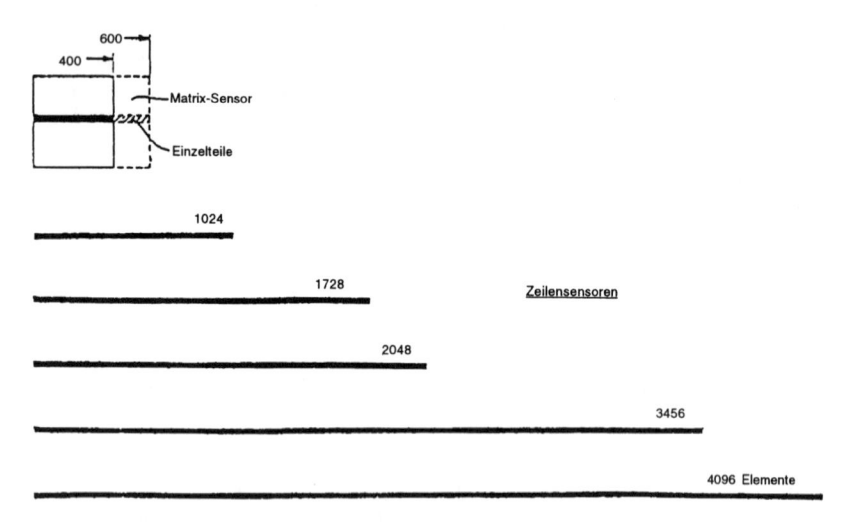

Bild 5.1.2.3.3: Auflösungs-Vergleich Matrix/Zeile

5.1.2.3-4

Einige Typen von Faksimile-Sensoren für optische Verkleinerung, die in der Meßtechnik eingesetzt werden:

Hersteller	Serie/Typ	Elemente Größe L x B [µm]	Periode [µm]	Anzahl	Bem.
EG & G RETICON	D lin.	7 x 13	13	256..2048	
	D tap[1]	10 x 18	18	256..1024	tap[1] alle 128 E.
	G	15 x 26	25	128..1024	PDC[2]
	H	7 x 15	16	1024,1728 2048	PDC
Loral Fairchild	CCD 112	13 x 13	13	256	
	123	13 x 10	10	1728	
	133A	13 x 13	13	1024	
	134	13 x 13	13	1024	AB[3]
	143A	13 x 13	13	2048	
	145	13 x 13	13	2048	AB[3]
	151	7 x 7	7	3456	
	153	13 x 13	13	512	20 MHz
	181	10 x 10	10	1024,1728 2048,2592	Länge wählb.
	191	10 x 10	10	6000	
	194	10 x 8,5	10	12000 (2x 6000)	
Thomson-CSF	TH 7801A . . TH 7811 TH 7803 TH 7807	13 x 13 10 x 13 11 x 11	13 10 11	256 . . 2048 1728 2592	

1) tap:"Ladungsabfluß" = Signalanschluß für Parallelauslesung von Zeilenabschnitten
2) PDC:Photodioden + Speicherkondensatoren (nicht CCD)
3) AB: Anti Blooming = Überbelichtungsschutz

Weitere Hersteller: NEC,Toshiba,Texas

5.1.2.3.1.1.2 Sonderformen

Anti Blooming (AB):
Manche Faksimile-Sensoren sind als AB-Versionen erhältlich, d.h. mit Ladungsträger-Abfluß in eine leitende Struktur parallel zur Sensorzeile. Wirkung: abknickende Belichtungskennlinie – verhindert Überbelichtung und Peak-Verbreiterung (=Meßwertverfälschung).
Hersteller: Fairchild, Reticon.

Erweiterter Dynamikbereich:
Wirkung ähnlich AB: Belichtungskennlinie vor Erreichen der Sättigung abgeflacht, verläuft aber asymptotisch, Lichtmessung mit verringerter Empfindlichkeit noch möglich. Erlaubt starke Stör-Lichtquellen im Meßbereich.
Hersteller: Dalsa.

Breite Elemente:
z.B. für die Spektroskopie zur simultanen Registrierung der Dispersionsbilder des Eingangsspalts. Signal/Rausch-Verhältnis viel besser als bei Fax-Sensoren. Erforderlich bei geringen Beleuchtungsstärken oder hoher Abtastrate.
Hersteller: Dalsa, Hamamatsu, Reticon Elementbreite bis 2,5 mm !

Mehrfach-Zeilen:
für Time Delay and Integration (TDI)-Technik geeignet. Durch Mehrfach-Scan (bis 96x) und Summation der Signale werden die Empfindlichkeit und das Signal/Rausch-Verhältnis verbessert. Effekt: höhere Abtastrate oder niedrigere Beleuchtungsstärke möglich. Die Objektbewegung muß präzise synchronisiert sein.
Hersteller: Reticon, Dalsa.

Hohe Abtastrate:
Durch einen separaten "tap" = Ladungsausgang für jeweils 64, 128 oder 256 pixel wird die Datenrate um ein Vielfaches bis in den GHz-Bereich erhöht. Dafür müssen die n Video-Signale n-fach parallel verarbeitet werden.
Hersteller: Dalsa, Reticon.

UV/IR-Empfindlichkeit:
für UV, Vakuum UV und weiche Röntgenstrahlung durch dünngeschliffene und von der Rückseite durchstrahlte Sensoren; IR 1,0 bis 1,7 µm durch InGaAs-Substrat statt Silizium.
Hersteller: Thomson-CSF.

Farb-Sensoren:
Die Masken-Herstellungsverfahren der Sensoren ermöglichen auch das präzise Aufdampfen von Interferenz-Farbteilerschichten; damit lassen sich 3-Zeilen-Sensoren mit RGB-Ausgangssignal für Farb-Scanner realisieren.
Hersteller: Kodak, Panasonic.

5.1.2.3.1.2 Verstärker- und Steuereinheit

Der Sensor-Chip (Blockschaltbild in Bild 4) enthält die Sensorzeile, Transportregister, Sample-and-Hold-Verstärker und Vorverstärker für 1 Videosignal (alle Elemente in ein Register ausgelesen) oder 2 Videosignale (gerade und ungerade Elementenummern in 2 parallele Register ausgelesen). Notwendige Stufen in der nachfolgenden Verstärker- und Steuereinheit:

- Clock- und Start-of-Scan- Signalwandler, z.B. von differentiell auf TTL. Die Clock bestimmt die Datenrate, Start-of-Scan die Zeilenfrequenz. Beide Signale müssen nicht zueinander synchron sein. Die Zahl der Clock-Pulse zwischen 2 Start-of-Scan-Pulsen muß aber ausreichen, alle Sensor- und Leerelemente auszulesen. Wenn ihre Zahl größer ist, wird die Belichtungszeit länger.
- Leitungstreiber, z.B. für 75 Ohm Koaxkabel, Video-Signal auf Gleichspannungspegel einige Volt über GND.

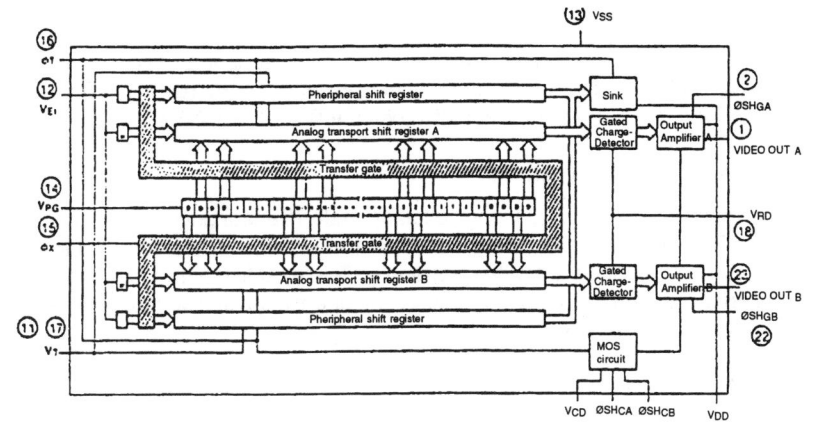

Bild 5.1.2.3.4: Zeilensensor, Blockschaltbild

5.1.2.3.1.3 Kamerakörper

Enthält Sensor, Sensorplatine, Verstärker- und Steuereinheit, hat Objektivanschluß und Justagemöglichkeiten. Sichert die mechanische Position des Zeilensensors zur optischen Achse (Bild 5.1.2.3.5).

5.1.2.3.1.3.1 Befestigung und Justage zum Objekt

Die Scanlinie auf dem Objekt (Bild des Zeilensensors) muß eine stabile Lage haben – dazu muß die Kamera vibrationsfest montiert sein. Die Orientierung der Scanlinie muß z.B. durch Verdrehen des Kamerakörpers präzise eingestellt werden können.

CCD-Kamera mit Montagewinkel

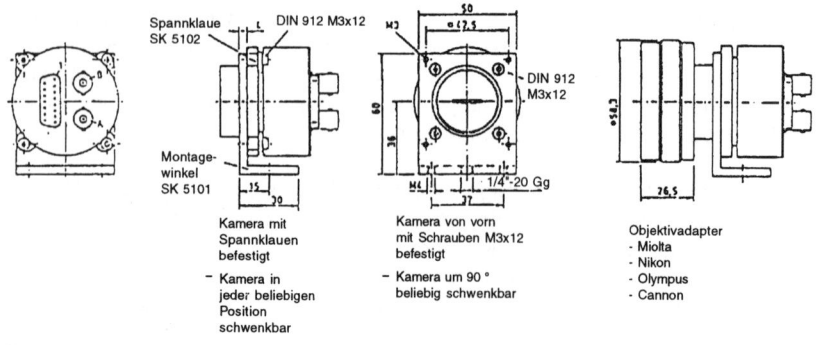

Bild 5.1.2.3.5: CCD-Zeilenkamera SK 1024 SR, Maßbild

5.1.2.3.1.3.2 Objektive

Das Objektiv bildet einen Objektbereich auf den Zeilensensor ab. Die Abbildung ist niemals ideal (evtl. sind Korrekturen bei der Auswertung erforderlich) und wird von der Beleuchtung und der Perspektive beeinflußt (vgl. 5.1.2.3.4.1).

5.1.2.3.1.3.2.1 Objektivtypen

Die Auswahl erfolgt nach Auflösung, Bilddiagonale (Sensorlänge), Abbildungsmaßstab, Bildwinkel, Verzeichnung und Spektralbereich. Es werden Objektive aus den Bereichen Video, Foto, Vergrößerung, Telefax, Mikrofilm und Mikroskopie eingesetzt. Manchmal sind Sonderkonstruktionen technisch oder ökonomisch vorteilhafter (Bild 5.1.2.3.6):

Beispiel für die Objektiv-Auswahl:
Sensor 2048 Elemente 13 x 13 µm, Periode 13 µm, d.h. Sensorlänge 26,6 mm; Verkleinerung 5fach (β'=-5):

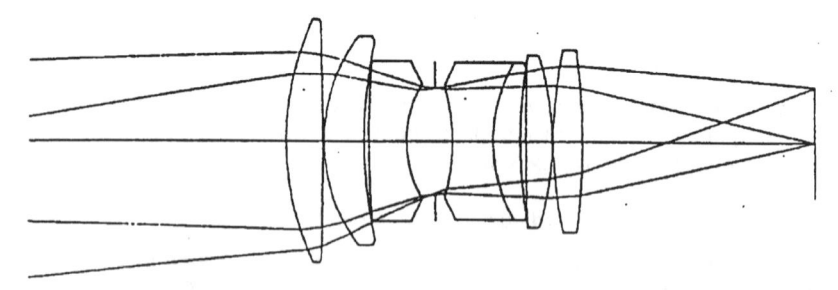

Bild 5.1.2.3.6: Objektiv-Sonderkonstruktion für Belegleser 1:2, 1/47 mm, vignettierungsfrei

5.1.2.3-8

Makro-Objektiv für Format 24 x 36 mm (Diagonale 43 mm zu 62 % ausgenutzt), z.B. f:3,5/50 mm. Ergibt Objekt-Sensor-Abstand OO'= 360 mm.
[oo'=f' (2-ß'-1/ß') +HH'; f'= Brennweite, HH'= Hauptebenenabstand]

5.1.2.3.1.2.3.2 Mechanischer Anschluß, Abdichtung

Die Bajonett-Kupplung ist weit verbreitet und für stationäre Anwendung ausreichend. Aber: sie ist oft mechanisch instabil, daher bei Vibration oder starker Beschleunigung durch Feingewindeanschluß mit Klemmung zu ersetzen. Ein Schutz vor Staub und Feuchtigkeit ist für den Kamerakörper relativ leicht mit Dichtelementen zu erreichen. Das Objektiv mit seinen Glasflächen muß durch Blenden, Schutzfenster oder Luftspülung vor Staub und Feuchtigkeit, evtl. auch durch Schutzgasfüllung (trockener Stickstoff) vor kondensierenden Wassertropfen geschützt werden, da sonst die Abbildung und damit die Meßgenauigkeit beeinträchtigt wird.

5.1.2.3.2 Auflösung, Rauschen und spektrale Empfindlichkeit

5.1.2.3.2.1 Auflösungsbegrenzende Faktoren

Das Meßsignal (Videosignal) wird in den drei Stufen
- optische Abbildung
- photoelektrische Wandlung
- elektrische Signalaufbereitung

erzeugt. Die optische Abbildung kann meist durch eine MTF (Modulations-Transfer-Funktion) charakterisiert werden: Sie ist wegen der begrenzten Objektiv-Öffnung und wegen der Wellenfront-Deformation eine Tiefpaß-Funktion, d.h. hohe Ortsfrequenzen (feine Objektdetails) werden gedämpft. Die MTF für ein Objektiv bei bestimmten Arbeitsbedingungen (Blende, Abbildungsmaßstab, Bildwinkel, Spektralbereich) kann gerechnet werden und ist von manchen Herstellern zu beschaffen. Dies erleichtert die Objektivauswahl erheblich. Auch für den Sensor kann eine MTF unter bestimmten Arbeitsbedingungen (Öffnungswinkel der Strahlung, Spektralbereich, Clockfrequenz) gemessen werden, z.B. durch Beleuchtung mit Sinus-Gittern von bekanntem Kontrast.

5.1.2.3.2.1.1 Pixelgröße

Die optischen Sensorelemente (Pixel) sind periodisch angeordnet mit der Ortsfrequenz Rs. Die Abtastfunktion ist in grober Näherung eine Rechteckfunktion. (Genauer: jedes Photoelement bildet eine Apertur mit trapezförmiger Aperturfunktion. Diese Trapezprofile überlappen sich). Es ist daher schwierig, die bekannten Abtasttheoreme von Nyquist und Shannon auf diese Aperturfunktion anzuwenden. In der Praxis zeigt sich, daß oft 3 Pixel ausreichen, um eine Periode eines sinusförmigen Signalverlaufs sicher zu erfassen.

5.1.2.3.2.1.2 Wellenlänge und Öffnungsverhältnis

Energiereiche, kürzerwellige Photonen erzeugen Elektronen-Lochpaare bereits nach einer kurzen mittleren freien Weglänge. Diese Strecke wächst mit der Wellenlänge, so daß langwellige Photonen bis in den Nachbar-Pixel-Bereich eindringen können (Bild 5.1.2.3.7a). Wegen des 3-dimensionalen Sensoraufbaus (Bild 5.1.2.3.7b) wächst die Wahrscheinlichkeit der Nachbar-Pixel-Belichtung mit der Eindringtiefe und dem Einfallswinkel (z.B. durch das Öffnungsverhältnis). Photonen mit zu großer Wellenlänge müssen also durch IR-Sperrfilter abgeblockt werden, das Öffnungsverhältnis sollte klein bleiben.

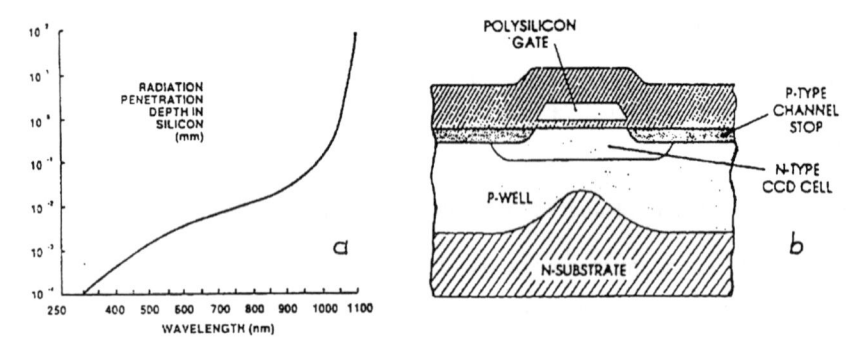

Bild 5.1.2.3.7: a) Photonen-Eindringtiefe in Si b) Sensor-Schnitt

5.1.2.3.2.1.3 Elektrische Modulationsübertragung

Aus der örtlichen Ladungsverteilung in den Pixeln wird durch den Auslesevorgang, die Sample-and-Hold-Verstärker und die Signalverstärker eine zeitliche Folge von Spannungspegeln (Videosignal) erzeugt. Das Signal muß noch eine Mindest-Modulationstiefe von z.B. 0,1 haben, um auswertbar zu sein. Wenn man für die elektrische Modulationsübertragung einen realistischen Wert von ca. 0,3 bei der halben Pixelfrequenz RS/2 zugrunde legt, ergibt sich für die optische Modulationsübertragung ein Minimalwert von ca. 0,3. Für die Objektivauswahl bedeutet dies z.B.: Bei einem Sensor mit 13 ~m Pixel-Periode ist die Sensor-Ortsfrequenz RVs/2 38,5 Linienpaare/mm. Das Objektiv sollte bei dieser Ortsfrequenz noch einen Kontrast von ca. 0,3 bei einem Hell-Dunkel-Objekt liefern.

5.1.2.3.2.1.4 Das TDI-Konzept

Die Mindest-Modulationstiefe für die Auswertung des Video-Signals von 0,1 geht von einem Rausch-Anteil des Signals von max. 1 bit von 8 bit des Sättigungs-Signals aus. Bei hohen Abtastraten oder niedriger Beleuchtungsstärke wird dieser Wert durch die notwendige Signalverstärkung schnell erreicht. Die Time Delay and Integration − Methode verringert den Rauschanteil des Signals durch ein Mehrfach-Scan-Konzept. Objekt und Sensor werden quer zur Zeilen-Richtung

relativ zueinander bewegt. Das Objekt wird mit einem Mehr-Zeilen-Sensor (Zeilenzahl n bis 96) abgetastet, und das Ladungspaket aus jedem Element einer Einzelzeile wird beim Zeilenauslesetakt in das entsprechende Element der nächsten Zeile überführt.
Durch Aufaddieren der n Bildsignale

$$V_{s1} + V_{s2} + ... + V_{sn} = n * V_{si}$$

und quadratisches Summieren der Rausch-Anteile

$$\sqrt{V_{r1^2} + V_{r2^2} + ... + V_{rn^2}} = \sim \sqrt{n * V_{ri^2}}$$

wird das Signal/Rausch-Verhältnis um den Faktor $\sqrt{n}$ verbessert.
Ein typischer TDI-Sensor hat z.B. 2048 x 96 Elemente, das Signal/Rausch-Verhältnis ist also $\sqrt{96}$ = 9,8 x besser, die Empfindlichkeit ist rund 80 x höher als bei einem 2048 x 1 Elemente-Sensor. Für eine sichere Funktion des TDI-Verfahrens müssen der Abtast- und Verzögerungstakt und die Objektbewegung genau aufeinander synchronisiert sein, sonst tritt Bewegungs-Unschärfe auf. Das Aufaddieren kann in 2 Richtungen erfolgen, so daß bidirektionale Abtastung möglich ist.

5.1.2.3.2.2 Spektrale Empfindlichkeit

Die Wellenlänge der Photonen beeinflußt über die Eindringtiefe die mögliche Ortsauflösung; über die Quantenausbeute im Sensor-Material bestimmt sie die elektrische Signalhöhe.

5.1.2.3.2.2.1 Standard(Si)-Empfindlichkeit VIS/NIR

Die Kurve a in Bild 5.1.2.3.8 zeigt die relative Quantenausbeute von Si-Photodioden im Vergleich zur Augen-Empfindlichkeit (Kurve b, 400–700 nm), auf die auch die Korrektur und Transmission der meisten erhältlichen Objektive abgestimmt ist.

Einige Sonderobjektive für Video-Überwachungsanlagen sind für den ganzen Si-Empfindlichkeitsbereich ausgelegt – sie sind daher auch für den Betrieb mit CCD-Zeilensensoren auf Si-Basis geeignet.

5.1.2.3.2.2.2 Sonderformen für UV und IR

Durch Verringerung der Sensor-Schichtdicke und Durchstrahlung von der Rückseite kann die thermische Absorption kurzwelliger Photonen vor Erreichen des lichtempfindlichen p/n-Übergangs verringert und damit die UV-Empfindlichkeit erhöht werden. Die IR-Empfindlichkeit läßt sich nur durch eine andere Halbleitermatrix wie GaInAs bis ca. 1,7 µm verschieben. Für die Spektralbereiche UV und IR müssen Sonderoptiken eingesetzt werden (z.B. Spiegelsysteme oder IR-Materialien)

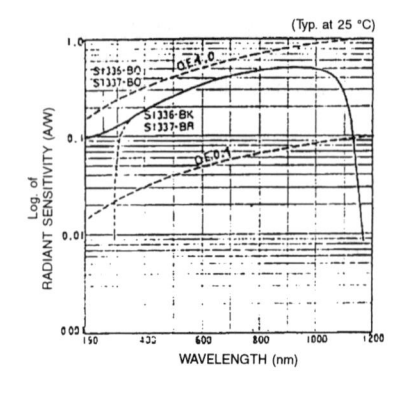

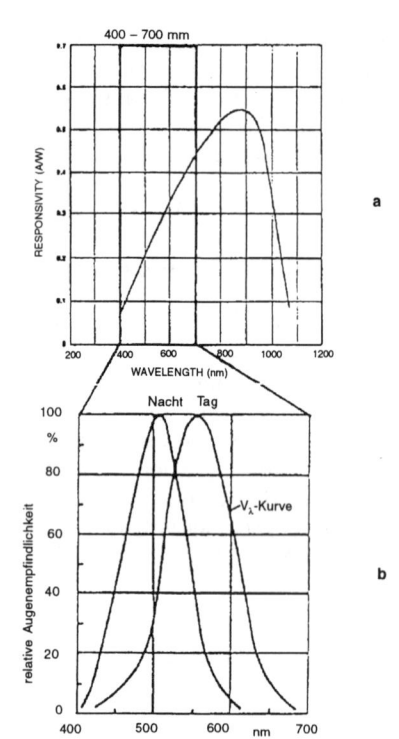

Bild 5.1.2.3.8:
a) Si-Quantenausbeute
b) Augen-Empfindlichkeit

5.1.2.3.3 Meßtechnik mit Zeilenkameras

Die Grundlage jeder optischen Messung sind die Wechselwirkung von Licht mit dem Meßobjekt und die optischen Abbildungsgesetze. Daher kommen der Perspektive, der Beleuchtung und den Kohärenzeigenschaften des Lichts große Bedeutung zu.

5.1.2.3.3.1 Perspektive und Beleuchtung

5.1.2.3.3.1.1 Arten der Perspektive, Entzerrung

Die meisten Meßobjekte haben eine Tiefenausdehnung. Es ist daher wichtig, wie die Objektbereiche außerhalb der Einstell- oder Schärfenebene dargestellt werden; dies wird durch die Wahl der Perspektive festgelegt. Bild 5.1.2.3.9 zeigt die wichtigsten Perspektivarten.

Bei der entozentrischen ("normalen") Perspektive werden entfernt liegende Objektbereiche kleiner dargestellt, bei der telezentrischen (Meßobjektive) gleich groß,

Bild 5.1.2.3.9: Perspektivarten

entozentrisch
(direkte Sicht, Fernrohr)

telezentrisch
(Meßobjektiv)

hyperzentrisch
(Lupe)

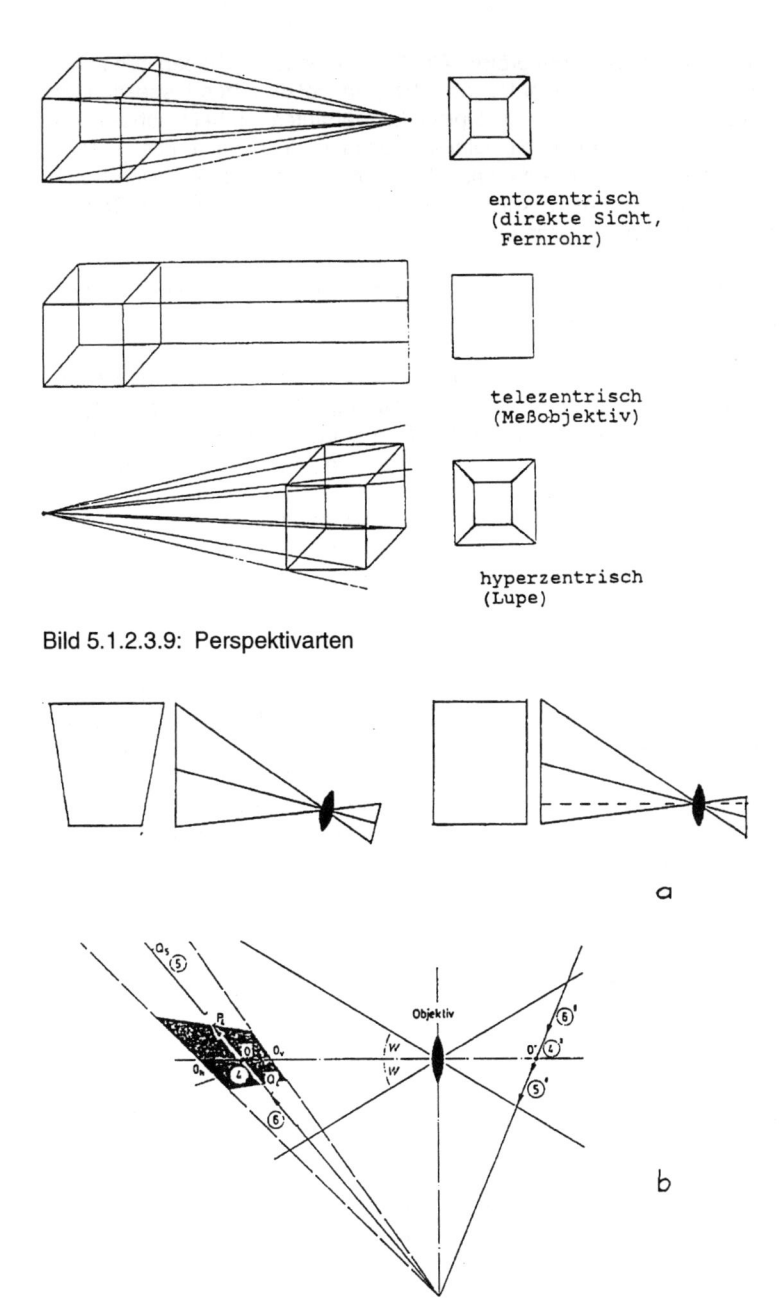

a

b

Bild 5.1.2.3.10: a) Trapez-Entzerrung b) Scheimpflug-Anordnung

bei der hyperzentrischen (Lupe) größer. Alle 3 Perspektivarten haben ihre speziellen Anwendungsbereiche: die entozentrische P. erlaubt die Innen-Inspektion von Hohlräumen, die telezentrische P. ist typisch für Meßaufgaben bei wechselndem Objektabstand oder an Kanten mit Tiefenausdehnung, die hyperzentrische P. erlaubt die allseitige simultane Außeninspektion prismatischer oder zylindrischer Objekte. Die Art der Perspektive wird durch die Blendenlage relativ zum Objektiv urd durch die Lichtführung bestimmt.

Entzerrung ist durch seitlichen Versatz oder Kippen der Objektivachse möglich (in Bild 5.1.2.3.10 a und b dargestellt):

a) *Trapez-Verzerrung* (wechselnder Abbildungsmaßstab längs der Sensorzeile), die bei schräg zur optischen Achse geneigten Objektflächen auftritt (Beispiel: Overhead-Projektion, Architekturfotografie), kann durch Verschiebung der Objektivachse gegen die Sensor-Normale korrigiert werden ("Standarten-Verstellung").
b) In der *Scheimpflug-Anordnung*, bei der die Objektfläche, Objektivmittelebene und Sensorfläche sich in einer Linie schneiden, werden nahe und ferne Objektpunkte gleichmäßig scharf abgebildet, bei starker Trapez-Verzerrung und daher wechselndem Abbildungsmaßstab längs der Sensorzeile.

5.1.2.3.3.1.2 Verzeichnung

Im Gegensatz zur Verzerrung, die von der relativen Lage von Objekt und Sensor abhängt, ist die Verzeichnung eine Objektiv-Eigenschaft. Die Verzeichnung ist die prozentuale Abweichung der Bildgröße in einem beliebigen Bildwinkel relativ zur Bildgröße auf der optischen Achse. Sie kann für ein Objektiv als Funktion des Bildwinkels und des Abbildungsmaßstabs als Kurvenschar gerechnet werden. Sie kann auch durch inkrementales Verschieben einer Kante sehr genau bestimmt werden, was bei Absolutmessungen sehr wichtig ist

5.1.2.3.3.1.3 Durchlicht, Auflicht

Mit der Art der Beleuchtung (Bild 5.1.2.3.11) kann man über die Größen

- Signalhöhe   – Kontrast
- Datenmenge   – Störsignale

entscheidend die Störsicherheit und Geschwindigkeit der automatischen Inspektion beeinflussen.

Durchlicht ermöglicht fast immer die höchste Pixelfrequenz, vermeidet bei undurchlässigen Objekten Störsignale und erzeugt die höchste Signalmodulation. Bei transparenten Objekten ist die Wirkung der Brechung zu berücksichtigen (manchmal von Vorteil, z.B. bei runden Gegenständen aus Glas; sie erhalten dunkle Konturen). Für eine gleichmäßige Ausleuchtung des Sensors muß die

Bild 5.1.2.3.11: Einige Beleuchtungsarten

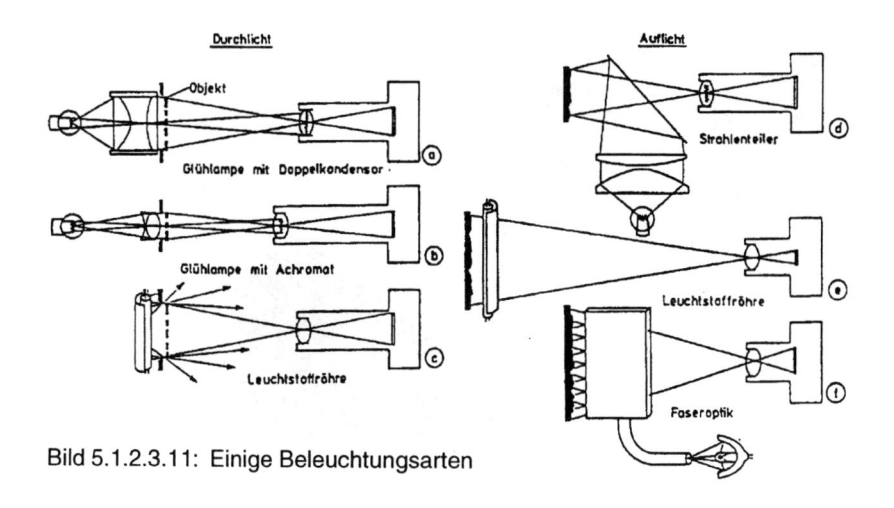

Lichtquelle ausgedehnt und homogen sein (Leuchtstofflampe) oder in die Objektiv-Pupille abgebildet werden (Punktlichtquelle wie Halogenlampe, LED, Laserdiode). Eine nützliche Variante ist die *Dunkelfeldbeleuchtung*. Dabei wird die Lichtquelle *neben* die Objektiv-Pupille abgebildet; nur gestreutes oder abgebeugtes Licht z.B. von Fehlstellen in transparenten oder reflektierenden Objekten gelangt in das Objektiv. Damit ist eine deutliche Datenreduktion möglich. Bei Auflicht muß die Schattenwirkung von Kanten beachtet und eventuell durch Beleuchtung von 2 oder mehr Seiten vermieden oder durch einseitige Beleuchtung verstärkt werden. Auch für *Auflicht* kommen Leuchtstofflampen, Halogenlampen, LEDs und Laserdioden in Frage. Außer bei Leuchtstofflampen kann die maximale spektrale Empfindlichkeit der Si-Sensoren um 800 nm gut genutzt werden.

Ein *Beispiel für Dunkelfeldbeleuchtung* ist die Innenwandprüfung von Bremszylindern (Bild 5.1.2.3.12), an der sich außerdem ein Spezial-Endoskop-Objektiv und eine leistungsstarke Laser-Beleuchtung (ca. 0,7 W von einer Laserdiode über Glasfaseroptik) demonstrieren lassen.

5.1.2.3.3.1.4 Kohärente, inkohärente Beleuchtung

Eine Leuchtstofflampe und eine mattierte Glühlampe sind typische inkohärente Lichtquellen: alle Elementar-Lichtwellen sind unabhängig und ohne feste Phasenbeziehung. Ein HeNe-Laser und eine Monomode-Laserdiode liefern kohärentes Licht: Wellenfronten mit fester Phasenbeziehung treffen das Objekt und sind interferenzfähig, d.h. sie können sich verstärkend oder löschend überlagern. Dies führt zu Interferenz-Ringen oder -Streifen oder zu Speckle (Granulationsmuster) an (mikrorauhen) Oberflächen oder am Ausgang von Multimode-Lichtwellenleitern. Diese Effekte können störend sein oder die Messung erst ermöglichen, wie bei der Beugung und Interferenz an dünnen Spalten und Drähten (Bild 5.1.2.3.18

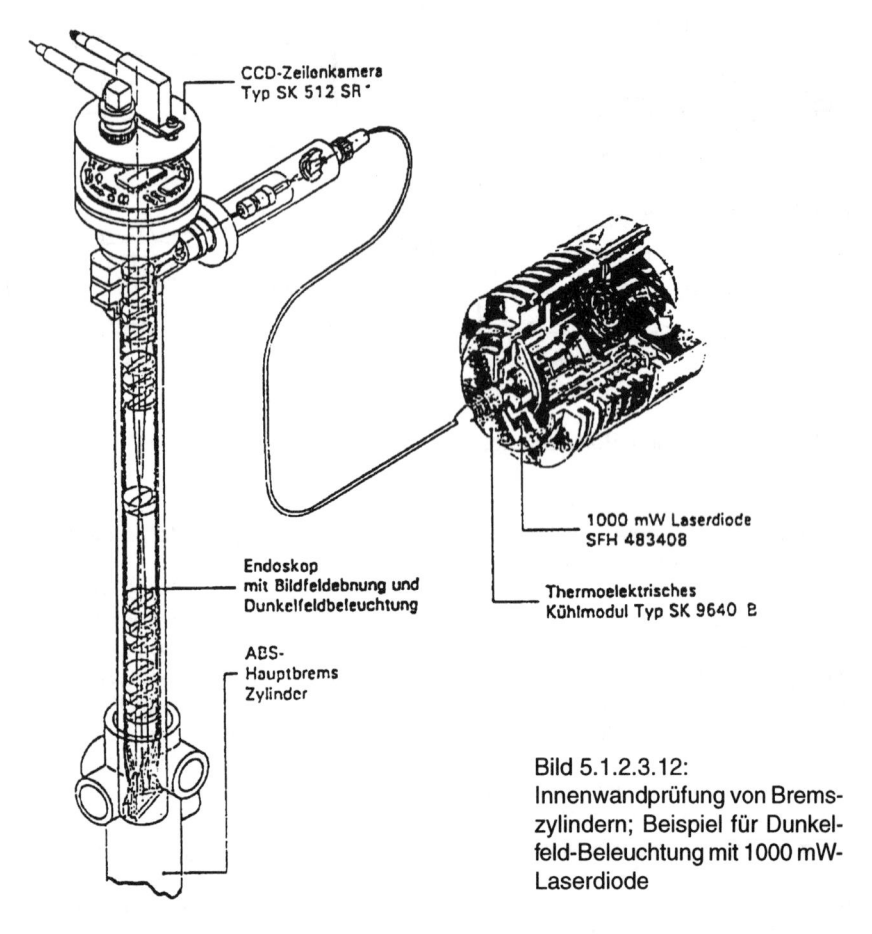

Bild 5.1.2.3.12:
Innenwandprüfung von Bremszylindern; Beispiel für Dunkelfeld-Beleuchtung mit 1000 mW-Laserdiode

Labels in figure:
- CCD-Zeilenkamera Typ SK 512 SR
- Endoskop mit Bildfeldebnung und Dunkelfeldbeleuchtung
- ABS-Hauptbremszylinder
- 1000 mW Laserdiode SFH 483408
- Thermoelektrisches Kühlmodul Typ SK 9640 B

auf Seite 16) oder bei der (Speckle-)Interferometrie. Zwischen den genannten Extremfällen kohärenter und inkohärenter Lichtquellen liegen fast alle anderen Lichtquellen: Halogen-, Xenon-, Metalldampflampen, LEDs. *Generell gilt:* je kleiner die Lichtquelle oder die Beleuchtungsapertur (Öffnungswinkel) ist, desto stärker werden Kohärenzeffekte.

5.1.2.3.3.2 Positionsmessungen

Positionsmessungen werden benötigt, um

- die Lage einer Kante als steigende oder fallende Flanke eines Zeilensignals,
- die Breite eines Gegenstandes als Abstand zweier Flanken eines dunklen oder hellen Zeilenbereichs oder

- den Ort einer Lichtverteilung („Lichtfleck") als Schwerpunktkoordinate x eines Signalverlaufs

zu bestimmen.

5.1.2.3.3.2.1 Position einer Kante

Im *Durchlicht* stellt eine Kante eine Rechteck-Objektfunktion dar. Das Bild einer Kante ist tiefpaßgefiltert, d.h. die Rechteckfunktion wird abgerundet. Die Flanken des Zeilensignals ermöglichen eine Lagebestimmung der Kante, auch wenn die Kante außerhalb des Schärfenbereichs der Optik liegt und die Signal-Flanke nicht steil ist. Im *Auflicht* sind Beleuchtungsrichtung und Hintergrund entscheidend für einen hohen Signalkontrast.

Praktische Bestimmung der Kanten-Position (Bild 5.1.2.3.13):

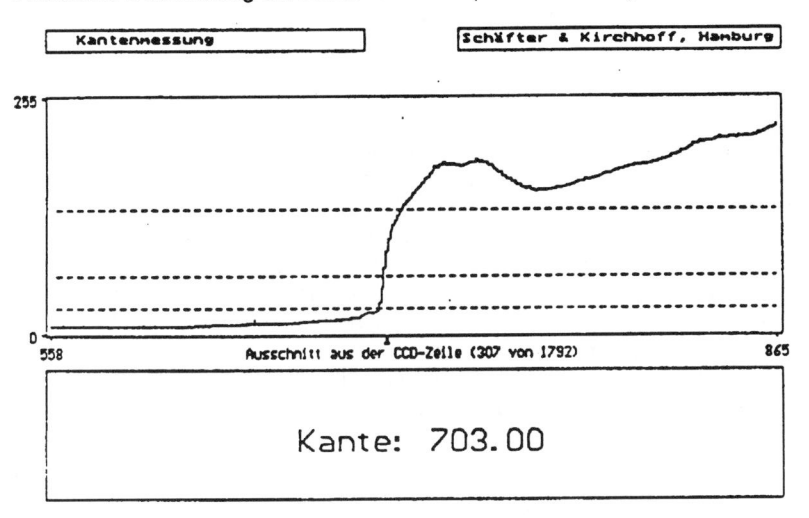

[Kantenmessung — Schäfter & Kirchhoff, Hamburg]

Ausschnitt aus der CCD-Zeile (307 von 1792), Bereich 558 bis 865

Kante: 703.00

Bild 5.1.2.3.13: Kanten-Positionsbestimmung mit mehreren Schwellen

Mehrere Schwellen werden in den Kantenverlauf gelegt. Die x-Koordinate der Kante wird aus dem Mittelwert der Pixelnummern für die Schwellenübergänge gebildet. Je steiler die Signal-Flanke ist, desto kleiner ist die Zahl der Pixel pro Graustufe (Schwellen-Intervall) und desto höher ist die Ortsauflösung.

Bei kohärenter Beleuchtung, kleiner Objektivblende oder starker Vergrößerung tritt *Beugung* des Lichts an der Kante auf (Bild 5.1.2.3.14): das gebeugte Licht hellt den Schattenbereich an der Kante auf (rechter Kurventeil) und interferiert mit dem ungebeugten Licht im hellen Randbereich der Kante (linker Kurventeil).

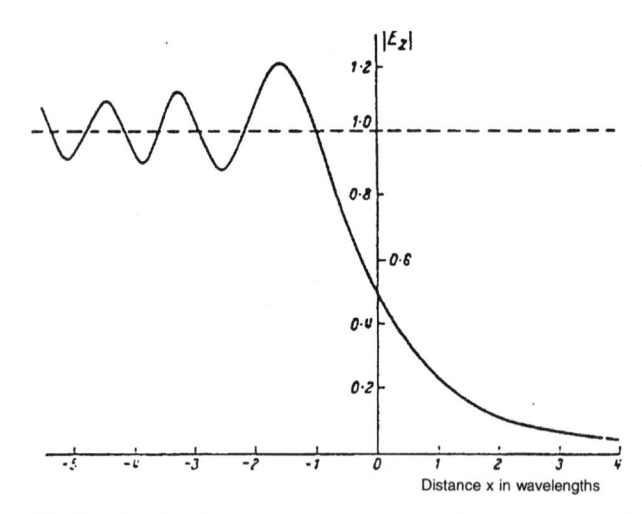

Bild 5.1.2.3.14: Beugung an einer Kante; Interferenz und Aufhellung

Dieser Verlauf der Feldstärke E(z) an der Kante ist die Grundlage für Algorithmen zur Bestimmung der Kantenposition. Als Näherung kann die Position mit einer Schwelle bei 50 % des mittleren Signalpegels außerhalb der Kante bestimmt werden. Kantenpositionen werden stets relativ zu einer Referenzkoordinate bestimmt, z.B. zum Zeilenanfang, oder zu einer Bezugskante, die innerhalb oder außerhalb des Sensorbereichs liegen kann. In jedem Fall müssen die Kamera und das Objektiv mechanisch stabil montiert sein. Für genaue Messungen muß die *Verzeichnung* der Abbildungsoptik bekannt sein oder in einer Eichprozedur gemessen werden, z.B durch definiertes Verschieben einer Kante im Objektfeld. Dann kann eine Korrekturfunktion bestimmt oder eine Korrekturtabelle angelegt werden.

5.1.2.3.3.2.2 Breitenmessung

Die Breite von Objekten kann als Differenz von Kantenkoordinaten bestimmt werden, wenn die beiden Kanten-Bildfunktionen sich nicht überlappen. Bei Objekten geringer Breite ist diese Bedingung nicht erfüllt, und es müssen besondere Meßmethoden angewandt werden. Große Ojektbreiten können mit hoher Auflösung mit 2 Kameras oder mit Bildteiler-Optiken gemessen werden.

5.1.2.3.3.2.2.1 mit einer Kamera (Auflösung, Perspektive)

Die Sensor-Pixelzahl wird entsprechend der geforderten Sensor-Auflösung für die beiden Kantenmessungen gewählt, plus Reserve-Pixel für eine Bewegung des Objekts. Für diese Art der Breitenmessung ist die Perspektive wichtig:
– hat das Objekt Tiefenausdehnung?
– werden die wichtigen Kanten dargestellt?
– hat das Objekt verschiedene Tiefenpositionen?

Entsprechend wird die endo-, tele- oder hyperzentrische Perspektive gewählt (siehe 5.1.2.3.3.1). Wenn eigentlich eine tele-zentrische Perspektive erforderlich wäre, kann auch mit großem Arbeitsabstand und langer Brennweite gearbeitet werden (Bild 5.1.2.3.15), damit der Bildwinkel und damit der Perspektiv-Fehler klein bleibt:

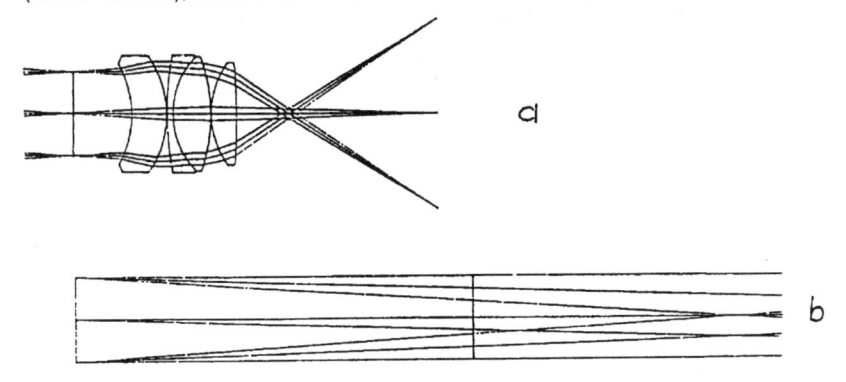

Bild 5.1.2.3.15: a) Telezentrisches Meßobjektiv, b) Alternative : lange Brennweite

Eine telezentrische Meßanordnung mit einem Minimum an Optik und großem Schärfenbereich ist die Laser-Profil-projektion (Bild 5.1.2.3.16 a). Dazu wird z.B. mit einem langbrennweitigen Laserdioden-Kollimator ein in Zeilenrichtung möglichst homogenes Parallel-Lichtbündel erzeugt und das Meßobjekt als Schatten auf den Zeilensensor projiziert. Mit einer Aufweitungs-Optik (Teleskop) kann der Durchmesser des Schattens auf die erforderliche Größe gebracht werden. Für die Messung von mehreren Durchmessern an Stranggut (Beispiel: Zigaretten-Industrie) können mehrere Meßkameras sternförmig angeordnet werden (Bild 5.1.2.3.16 b).

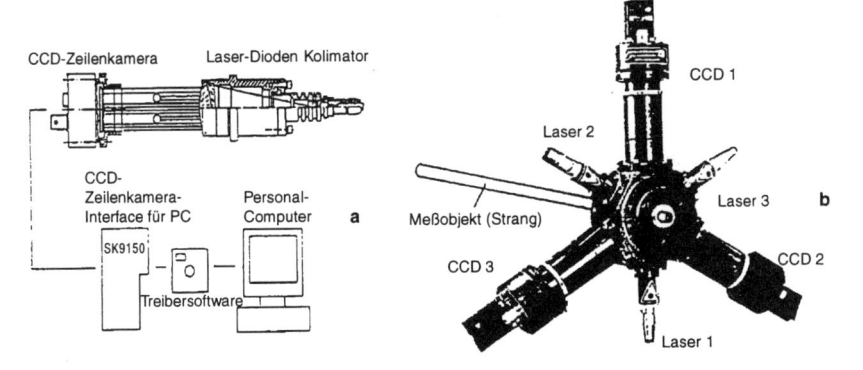

Bild 5.1.2.3.16: a) Laser-Profilprojektion auf Zeilensensor b) Durchmesser-Bestimmung aus 3 Richtungen (Beispiel: Zigarettenstrang) Wegen der starken Vibration des Stranggutes werden hier 3 Puls-Laserdioden-Kollimatoren eingesetzt

Große Breiten lassen sich geschickt mit einer Kamera und mit hoher Auflösung messen, wenn eine Bildteiler-Optik zwischengeschaltet wird (Bild 5.1.2.3.17). Die beiden Objektkanten-Bilder werden auf dem Zeilensensor nebeneinander dargestellt. Dabei müssen die Bilder sauber getrennt sein, und für jedes Bild muß die optische Achse die selbe Richtung wie die Objekt-Seitenfläche haben. Die Beleuchtung wird ebenfalls 2fach ausgeführt.

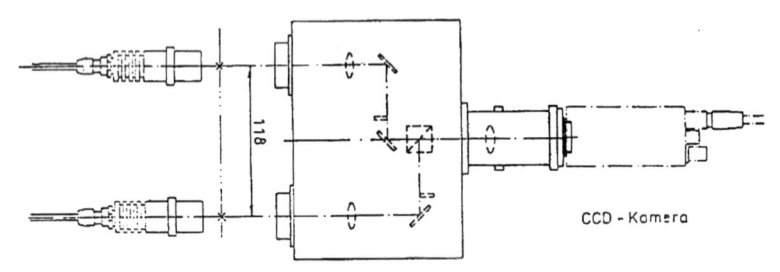

Bild 5.1.2.3.17: 2fach-Meßkamera

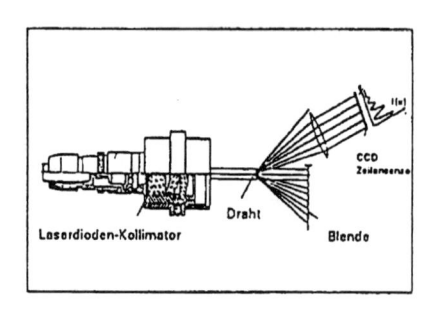

Optische Anordnung zur Laser-Drahtdickenmessung mit dem Meßsystem SK 9003

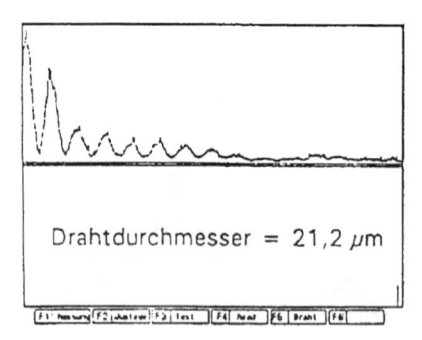

Drahtdurchmesser = 21,2 μm

Displayanzeige vom Meßsystem SK 9003 im Einzelbetrieb mit dem gemessenen Beugungssignal im Hintergrund als Kontrollanzeige

Solldurchmesser D0 = 20,00 µm

Gesamtanzahl Messungen	470	min < = x < soll	0,00%
Anzahl fehlerfreier Messungen	470	x = soll	0,00%
Mittelwert Drahtdurchmesser	21,41 µm	soll < x < = max	98,51%
Varianz Drahtdurchmesser	4,00 µm	fehlerhaft	0,00%
Standardabweichung	2,00 µm	außer (min, max)	1,28%

Displayanzeige vom Meßsystem SK 9003 im kontinuierlichen Meßbetrieb mit Anzeige der bereits gemessenen Durchmesserwerte in einem vorgewählten Toleranzbereich

Bild 5.1.2.3.18: Messung geringer Breiten: Beispiel Drahtmeßgerät

Schwieriger sind geringe Breiten zu messen, z.B. an Spalten und dünnen Drähten. Die Kanten-Bildfunktionen überlappen sich; die präziseste Meßmethode ist der Vergleich mit Test-Objekten genau bekannter Breite und ähnlicher Kantenstruktur. Bei sehr dünnen Spalten und Drähten überwiegt die Beugung; ab einem Breiten/Wellenlängen-Verhältnis von ca. 600 ist es sicherer, die Beugungsfigur mit kohärenter Beleuchtung kontrastreich darzustellen und mit einer Frequenzanalyse zur genauen Bestimmung der Grundfrequenz der Signal-Minima die Breite aus der Beugungsformel zu berechnen. Dafür muß die Wellenlänge der Beleuchtung genügend genau bekannt sein (Bild 5.1.2.3.18). Diese Meßmethode erlaubt eine Bewegung des Meßobjekts um geringe Beträge, da die Signal-Minima der Beugungsfigur nur ihre Position, aber nicht ihre Abstände ändern.

5.1.2.3.3.2.2.2 mit 2 Kameras (= 2 Kantenmessungen)

Diese Anordnung ist häufig weniger aufwendig als eine optische Bildteilung. Der Abstand der optischen Achsen muß bekannt und mechanisch stabil sein, ebenso die Lage der optischen Achse zur Sensormitte. Die optischen Achsen müssen die gleiche Richtung wie die Objekt-Seitenflächen haben. Die Beleuchtung wird ebenfalls verdoppelt. Die Kamerasignale sollten zum Vermeiden von Bewegungsfehlern synchron ausgelesen werden, auch wenn sie abwechselnd ausgewertet werden.

5.1.2.3.3.2.3 Positionsmessung einer Lichtmarke

Die Verteilung der Beleuchtungsstärke im Bild einer Lichtmarke kann alle Formen annehmen, von der idealen, zeitlich konstanten Rechteckverteilung über eine symmetrische Glockenkurve bis zu einem statistisch veränderlichen Speckle-"Gebirge" (Bild 5.1.2.3.19):

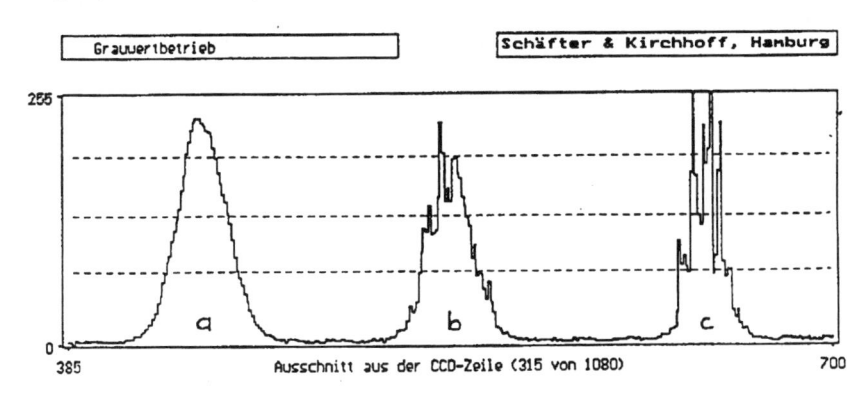

Bild 5.1.2.3.19: Signalverlauf bei Beleuchtung mit
          a) Multimode-Laserdiode + Singlemode-Glasfaser
          b) Monomode -Laserdiode + Singlemode-Glasfaser
          c) HeNe-Laser

Als Positionsmaß x für derartige Lichtverteilungen y = f (x) ist die senkrecht projizierte Position des Schwerpunkts x_S der Verteilung brauchbar:

$$x_S = \frac{\Sigma Y_n * n}{\Sigma Y_n}$$

Die Summe wird über die n belichteten Pixel gebildet. Die Schwerpunktskoordinaten bestimmen übrigens auch bei Positionsempfindlichen Detektoren (PSDs) die relativen Stromstärken zu den Elektroden und damit die Meßsignale.

5.1.2.3.3.3 Abstandsmessung

Mit Abstand ist die Entfernung eines oder mehrerer Objektpunkte senkrecht zur Sensorzeile gemeint. Für den Meßbereich von einigen Millimetern bis zu mehreren Metern hat sich die optische Triangulation bewährt, insbesondere die Laser-Triangulation. Aus Abstands-Meßwerten lassen sich abgeleitete Größen wie Dicke, Neigung oder Richtung, Profil und Volumen bestimmen.

5.1.2.3.3.3.1 (Laser-) Triangulation

Die Meßgeometrie ist ein Dreieck aus der Beleuchtungs- und Abbildungsrichtung sowie der Sensorzeile. Auf dem Meßojekt wird ein Lichtfleck erzeugt, z.B. mit einem gebündelten Laserstrahl – ein wichtiges Einsatzgebiet für Laserdioden (VIS und IR) mit Kollimatoroptik. Eine Abstandsänderung des Meßobjekts läßt das Bild der Lichtmarke auf der Sensorzeile wandern. Da gleichzeitig die Schärfenebene verlassen wird, ändert sich auch die Signalhöhe. Um den Schärfebereich zu erweitern und eine konstante Signalhöhe zu sichern, wird häufig die aus der Fotografie bekannte Scheimpflug-Anordnung angewandt (Bild 5.1.2.3.20):

Die Sensorgröße (Pixelzahl) und der Winkel α bestimmen den Meßbereich und die Auflösung:

kleines α: niedrige Auflösung, großer Meßbereich
großes α : hohe Auflösung, kleiner Meßbereich.

Typischer Winkelbereich: 30–60°. Die Auflösung ist nicht konstant im Meßbereich; sie nimmt proportional zum Abstandswert ab. Die Meßwerte müssen mit der Verzeichnung des Objektivs korrigiert werden, die entweder bekannt ist oder durch Eichung bestimmt wird. Der Lichtfleck sollte auf dem Zeilensensor stets die gleiche Größe haben, um die Auswertung zu vereinfachen. Da der Abbildungsmaßstab mit dem Abstand zunimmt, kann die Lichtmarkengröße auch mit dem Abstand zunehmen. Das Strahlprofil muß nicht rund sein – ein elliptisches Profil bzw. eine Linienmarke verringern die Anforderungen an die Justierung. Laserdioden im Dauerstrich (cw)- und Pulsbetrieb haben sich als Lichtquellen bewährt. Cw-Laserdioden sollten vom Multimode-Typ sein, damit der Specklekontrast ge-

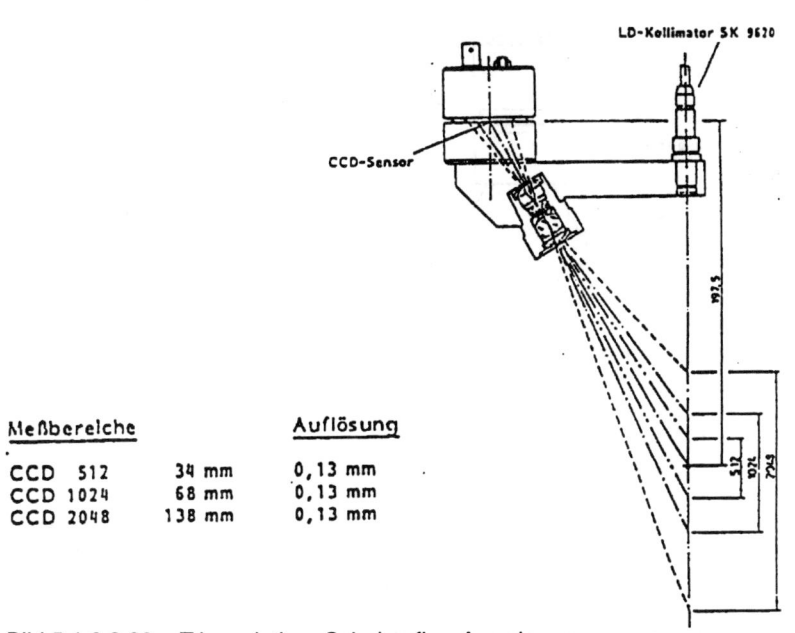

Meßbereiche		Auflösung
CCD 512	34 mm	0,13 mm
CCD 1024	68 mm	0,13 mm
CCD 2048	138 mm	0,13 mm

Bild 5.1.2.3.20: Triangulation, Scheimpflug-Anordnung
Beispiel: Meßkopf SK 9685 mit Optik und LD-Kollimator

ring ist. Puls-Laserdioden erzeugen nahezu speckle-freie Lichtmarken, die aber sehr lang sind (Seitenverhältnis typ. 200:1); für eine effektive Nutzung der Laser-Leistung muß die Linienlänge meist mit Zylinderoptik verkürzt werden.

5.1.2.3.3.3.2 Dicke, Neigung, Profil, Volumen

Für eine *Dickenmessung* wird die Abstandsmessung von 2 Seiten angewandt und die Differenz aus Sensorabstand und der Summe der Abstands-Meßwerte gebildet. Wegen der Differenzbildung müssen die Positionen der beiden Meßköpfe besonders stabil sein, z.B. durch Montage auf einem Granit-Träger. Das gleiche gilt für die *Neigung oder Richtung* einer geraden Objektseite, die aus der Differenz zweier Abstandswerte auf der gleichen Seite des Objekts und dem Abstand der Beleuchtungsachsen bestimmt wird.

Mit einem Zeilensensor können − anders als beim PSD-Sensor (Lateraleffekt-Photodiode) − 2 oder mehr Lichtmarken-Positionen simultan gemessen werden. Daraus ergibt sich die Möglichkeit der Profilmessung mit einer Reihe von Lichtmarken. Dabei muß man darauf achten, daß die Folge der Lichtmarken eindeutig bleibt, daß sich also die Einzel-Meßbereiche nicht überschneiden. Bild 5.1.2.3.21 zeigt als Beispiel eine Anordnung zur Profilmessung, bei dem die Meßmarken

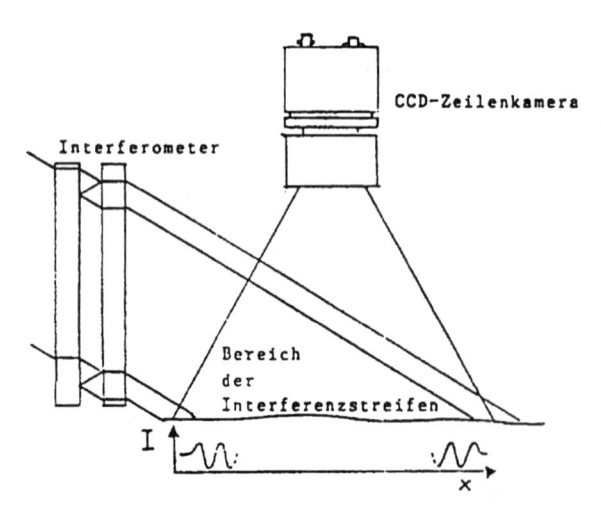

Bild 5.1.2.3.21: Laserinterferometrisches Profilmeßsystem; Meßraster mit Zweistrahl-Interferenzen erzeugt, fast streifende Projektion ergibt sehr große Höhenauflösung bei kleinem Meßbereich.

als Linienraster mit absolut konstanten Abständen von einem Zweistrahl-Interferometer mit Laserdioden-Kollimator erzeugt und fast streifend projiziert werden. Die Meßkamera sieht senkrecht auf die diffus streuende Meßobjekt-Oberfläche, auf der wegen des großen Winkels α schon Höhenunterschiede von wenigen µm deutliche Abstandsänderungen der Meßmarken ergeben.

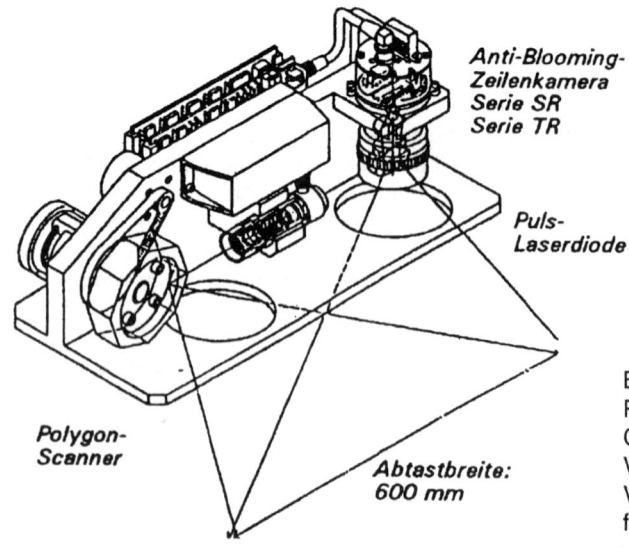

Bild 5.1.2.3.22: Profilmessung als Grundlage einer Volumenmessung: Volumenscanner für Fischfilets

Mehrere Profilmessungen können durch eine Relativbewegung von Meßobjekt und Meßkopf (Scanner) zu *Volumenmessungen* kombiniert werden. Bild 5.1.2.3.22 zeigt ein Applikations-Beispiel, den Volumen-Scanner. Die Lichtmarken werden hier sequentiell mit einer Puls-Laserdiode und Polygonspiegel aufgeblitzt (in 4 Gruppen zu jeweils 10 Marken).

5.1.2.3.3.5 Textur-Darstellung und -Analyse

Die Textur beschreibt die räumliche Oberflächenbeschaffenheit von Objekten. Sie umfaßt das Mikro-Profil bis in den Bereich der kristallinen Struktur und die damit verbundenen Reflexionseigenschaften. Die Beleuchtung bestimmt, welche Textur-Xomponenten hervorgehoben werden.

5.1.2.3.3.5.1 Schwellenoperationen

Eine oder mehrere (n) Grauwertschwellen reduzieren die möglichen Grauwerte des Bildes auf 2 oder n + 1. Für die Erfassung relativ grober Texturmerkmale wie Maschenform und -Größe von Geweben und Sieben reichen bei geeigneter Beleuchtung (Durchlicht) 2 bis 4 Graustufen; hierfür sind also Schwellenoperationen zur Datenreduktion und Steigerung der Meßgeschwindigkeit sehr geeignet, wie sie in den Abschnitten über Xanten- und Breitenmessung beschrieben sind (5.1.2.3.3.2.1 und 5.1.2.3.3.2.2).

5.1.2.3.3.5.2 Grauwertoperationen

Hierzu zählen Verfahren, die auch bei der 2D-Bildverarbeitung üblich sind: Gradientenbildung, Vereinzelung, Grauwertspreizung usw.. Sie sind häufig bei Auflicht-Methoden notwendig, um Strukturen, Kanten, Bohrungen etc. kontrastreich darzustellen. Grauwertoperationen können oft durch die Art der Beleuchtung vereinfacht oder durch Schwellenoperationen ersetzt werden.

5.1.2.3.3.6 (Laser-) Strahlprofilmessung

Der Profilprojektor für Messungen an Objektkonturen wurde bereits bei der Breitenmessung (5.1.2.3.3.2.2.1) beschrieben. Die gleiche Zeilenkamera-Anordnung kann mit oder ohne Aufweitungsoptik zur Strahlprofilmessung an beliebigen optischen Strahlquellen eingesetzt werden. Mit ruhender Zeilenkamera wird ein Schnitt durch das zu messende Profil dargestellt; wenn dabei die Kamera trotz maximaler Clockfrequenz übersteuert wird, muß ein Neutral-Grauglasfilter zwischengeschaltet werden. Zum 2-dimensionalen Scannen des Profils ist ein motorgetriebener Schlitten mit Synchronsignal (Winkel- oder Weggeber) für die Zeilenkamera erforderlich. Für die Darstellung und Analyse des Profils sind sowohl die Falschfarben-Codierung der Grauwerte als auch die perspektivische Profil-Darstellung (Bild 5.1.2.3.23) gebräuchlich.

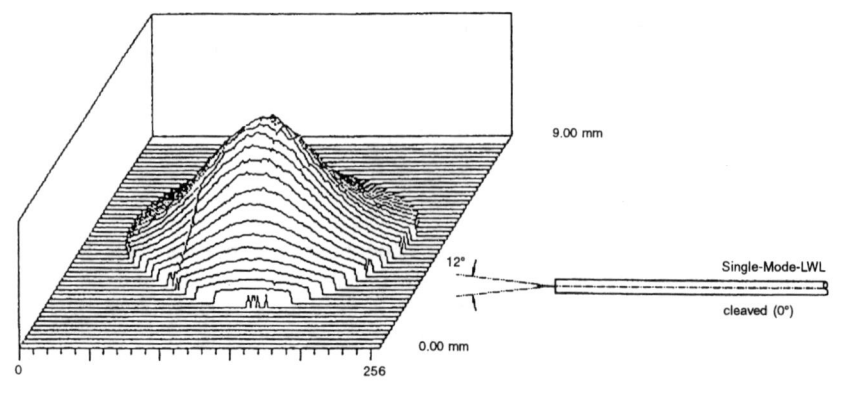

Bild 5.1.2.3.23: Perspektivische Strahlprofil-Darstellung: Single-Mode-Lichtwellenleiter 4,6 µm

5.1.2.3.4 PC-Interface, Treibersoftware, Signalprozessor

Die IBM- und IBM-kompatiblen PC sind als Standard-Werkzeug fast überall in der Meßtechnik vorhanden. Mit ihnen und den Interfacekarten SK 9150 und SK 9160 lassen sich Zeilenkameras mit Steuersignalen versorgen; das Videosignal kann digitalisiert, mit Hilfe der Treibersoftware SK 9150.XOS vorverarbeitet und zusammen mit dem Ergebnis dieser Vorverarbeitung grafisch dargestellt werden. Der Anwender kann sich also auf die eigentliche Meßaufgabe, auf die Beleuchtung und die Qualität der Abbildung konzentrieren. Weitergehende Signalverarbeitung, wie etwa FFT und Korrelation, läßt sich mit der Signalprozessor-Karte SK 9030 durchführen.

5.1.2.3.4.1 SK 9150 PC-Interfacekarte

Diese Karte arbeitet mit Zeilenkameras von 128 bis 6000 Pixel (z.B. Fairchild, Schäfter & Kirchhoff) – ein PC-AT mit 80286 Prozessor, 640 KB Hauptspeicher und EGA oder VGA Grafik, Festplatte oder Diskettenlaufwerk sind die Anforderungen an die Hardware. In der Betriebsart Grauwertverarbeitung wird das Video-Signal mit einem 8-Bit-A/D-Wandler mit max. 12 MHz in 256 Graustufen aufgelöst. In der Betriebsart Schwellenwertverarbeitung können 3 Schwellenwerte gesetzt werden. Die Pixelfrequenz kann um jeweils einen Faktor 2 geändert werden; die Belichtungszeit kann abhängig von Kamera und Pixelfrequenz zwischen 0,02 und 80 ms betragen. Störsignale auf dem Videosignal, z.B. durch Schmutzteilchen im optischen Strahlengang oder rauhe Oberflächen der Meßobjekte, werden ohne Minderung der Auflösung durch eine Störaustast-Logik unterdrückt. Die Grauwerte oder Schwellen-Daten (Pixeladresse+Zustands-Bits) werden in einem FIFO-Speicher von 8 bis 64 KByte bis zum Auslesen durch Auswerteprogramme zwischengespeichert. Alle Betriebsparameter werden vom PC aus programmiert (per Tastatur oder Programm) und am Bildschirm angezeigt (Bild 5.1.2.3.24):

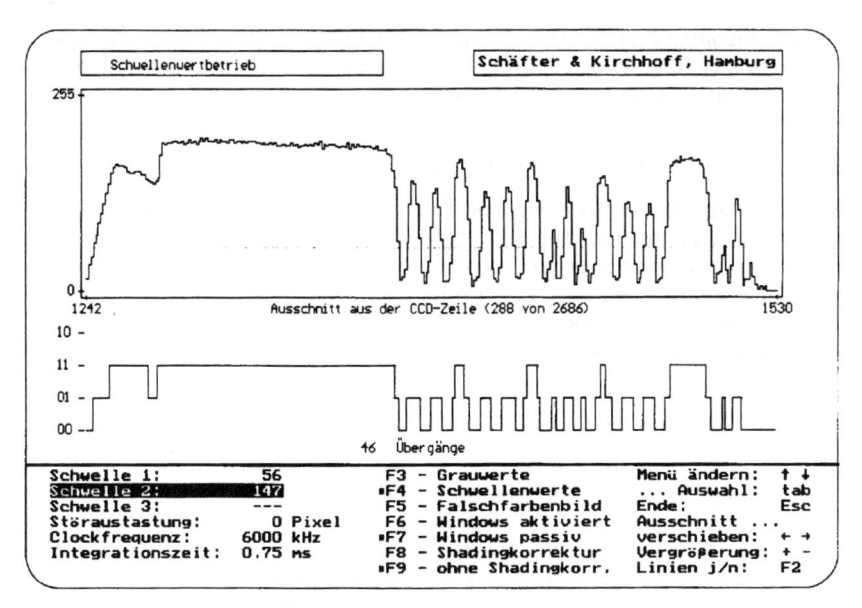

Bild 5.1.2.3.24: Videosignal-Grafik und Parameter-Anzeige der PC-Interfacekarten SK 9150/60

5.1.2.3.4.2 SK 9160 PC-Interface mit Shadingkorr. und Fenster

Die Shading-Korrektur-Funktion kompensiert ungleichmäßige Ausleuchtung, Photo Response Non-uniformity des Sensors, Ladungsträgerverluste im CCD-Sensor und Randabschattungen des Objektivs. Dies geschieht durch individuelle Verstärkungsfaktoren für jedes Pixel (bis 5-fach erhöht). Dadurch eignet sich die Karte auch zur Messung von Lichtintensitäten. Mit der Window-Funktion lassen sich auf der CCD-Zeile einzelne Aufnahme-Fenster definieren (Anzahl beliebig). Dadurch kann die Verarbeitungsgeschwindigkeit erheblich gesteigert werden.

5.1.2.3.4.3 SK 9152 Video-Schnittstellenkarte

Oft ist der PC-Bus zu langsam für die Video-Daten-Übertragung. Für diese Fälle kann in die Interfacekarten anstelle der FIFO-Bausteine eine kleine Schnittstellenkarte für die direkte Übergabe der Video-Daten an weitere Signalverarbeitungsstufen eingesetzt werden. Die FIFOs werden dann in die Sockel auf dieser Karte gesteckt.

5.1.2.3.4.4 SK 9150.XOS Treibersoftware

Mit dem Betriebsprogramm kann eine Zeilenkamera über die Interfacekarte sofort in Betrieb genommen werden. Das Programm ist vollständig durch Auswahlmenüs steuerbar. Das gesamte Software-Paket wurde mit Hilfe der mitgelieferten Toolbox in Turbo-PASCAL programmiert und ist ein anschauliches Beispiel für die Möglichkeiten der fertigen Routinen.

5.1.2.3.4.5 SK 9030 Signalprozessorkarte

Zusammen mit dem Entwicklungs- und Testsystem SK 9030.SDS können Signalverarbeitungsprogramme wie FFT, komplexe FFT, Leistungsdichtespektrum oder zyklische Autokorrelation vom PC aus aufgerufen werden und im Monitor-Betrieb getestet werden. Die Karte arbeitet mit dem Prozessor TMS 320C25 mit 40 MHz Takt – sie rundet das Angebot an leistungsfähigen Bild-und Signalverarbeitungswerkzeugen zum Aufbau von automatischen Inspektionssystemen ab.

5.1.2.3.5 Bildnachweis

2	Mannesmann-Tally
1a 1b 4 7 8a	Datenbücher Zeilensensor-und Photodioden-Hersteller
8b	Carl Zeiss, Handbuch f.Augenoptik
9	Haferkorn: Optik, Verlag H. Deutsch
10b	Schröder: Technische Fotografie Vogel-Verlag
12	Fraunhofer-Arbeitsgruppe für Integrierte Schaltungen/Erlangen, Schäfter & Kirchhoff/Hamburg
14	Born & Wolf: Principles of Optics Pergamon Press
alle übrigen	Schäfter & Kirchhoff/Hamburg

Kapitel 5.4.2

System zur dreidimensionalen Geometrieerfassung: 3D-Sensor SHAPE (Surface Height and Profile Evaluation)

R. Zumbrunn, L. Richner

5.4.2 System zur dreidimensionalen Geometrieerfassung: 3D-Sensor SHAPE (Surface Height and Profile Evaluation)
R. Zumbrunn, L. Richner

Die automatische Formbestimmung von Freiformflächen ist heute immer noch nicht befriedigend gelöst. Solche Flächen sind nicht durch eine beschränkte Zahl von geometrischen Primitiven wie Ebene, Zylinder, Kugel oder Kegel darstellbar. Eine intelligente Erfassung des Objektes besteht darin, die Punktdichte den Eigenschaften der Oberfläche wie Neigung, Krümmung oder Bruchkanten anzupassen; auch um nicht eine maßlose Menge von Speicherplatz zu belegen und die Weiterverarbeitung zeitlich zu blockieren. Das erfordert die Möglichkeit, die Punkte schnell und mit hoher Dichte zu erfassen. Anschließend kann zur Speicherung die Datenmenge, entsprechend der Oberfläche und der Aufgabe, reduziert werden. Für die weitere Verarbeitung wird der reduzierte Datensatz, z.B. für das Kopier-Fräsen, durch mathematische Modellierung der Oberfläche (Polynomentwicklung) so vorbereitet, daß er einer CNC-Fräsmaschine zur Verfügung gestellt werden kann.

Es existieren viele Ansätze für die Erfassung geometrischer Elemente eines Körpers. Die Verwendung von strukturiertem Licht (Projektion von parallele Streifen) in der Sensorik, zur Digitalisierung von diffus reflektierenden Oberflächen, ist als Technik bekannt. Die Auswertemethode „Digitale Phasenmessung" birgt aber einige Schwierigkeiten in sich, so z.B. das Entfernen der 2π-Sprünge in der Phasenfunktion, nicht zusammenhängende Oberflächenstücke, Diskontinuitäten in der Oberfläche und das Fehlen eines fixen Koordinatensystems.
Im Sensor SHAPE, entwickelt bei KERN & CO AG in Aarau (CH), kommen diese limitierenden Eigenschaften nicht mehr zum tragen. Der Grund liegt in der Verknüpfung von mindestens zwei Messungen bei verschiedenen Raumfrequenzen des verwendeten Streifenmusters und der vorhandenen Möglichkeit, bei reproduzierbarer Phasenlage messen zu können.

Im folgenden konzentrieren wir uns auf das Erfassen der Koordinatentripel von Oberflächenpunkten hoher Dichte, durch einen im Raum beweglichen Sensor.

5.4.2.1 Digitale Phasenmessung

Die Methode der Digitalen Phasenmessung in elektronisch aufgenommenen Bildern ist in der Interferometrie in den 70iger Jahren entwickelt worden [Koliopoulos 1981].

Auf die Oberfläche werden parallele Streifen, Quasi-Höhenkurven, projiziert, die quer dazu durch eine periodische Funktion im Intensitätsverlauf darstellbar sind.

Die Oberfläche wird mit einer CCD-Kamera unter einem Winkel α zur Streifenprojektionsrichtung beobachtet (Bild 5.4.2.1). Beide Richtungen bilden eine Ebene, die senkrecht zu den Streifenebenen steht. Die Berechnung der Höhe z an einem bestimmten Punkt *(x, y)*, gegeben durch die Lage eines Pixels in der CCD-Kamera, erfolgt durch die Messung der Phasenlage im periodischen Streifenmuster. Die Bezugsebene liegt parallel der Streifenebenen und die z-Richtung ist parallel zur Beobachtungsrichtung (Bild 5.4.2.2). In diesen Überlegungen wird ein telezentrisches optisches Projektions- und Empfangssystem vorausgesetzt.

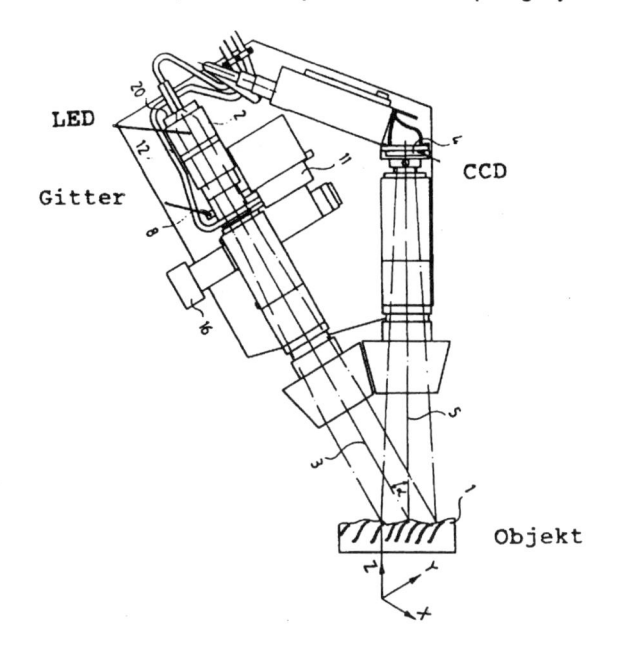

Bild 5.4.2.1:
Prinzip
Sensor SHAPE

Die Streifen werden senkrecht zur Streifenrichtung mit konstanter Geschwindigkeit verschoben. Der ganze Meßprozess findet während der Verschiebung der Streifen um eine Periode statt (mindestens vier Videozyklen). In dieser Zeit wird die Lichtintensität mit der CCD-Kamera nach folgendem Schema integriert (sogenannte Four-Bucket Methode) :

gesucht: Phasenfunktion $\varnothing$ (Phase auf 1 normiert) bei jedem Pixel.

T: Zeit, in der bei jedem Pixel eine Streifenperiode vorbeizieht.
i (t): vom CCD-Sensor aufgefangene Lichtintensität.
tu: = (n-1) * T/4; to: = tu + T/4

„Four-Bucket Methode" : $\quad I_n = \int_{tu}^{to} i\,(t)\,dt \qquad (n: = 1, 2, 3, 4)$

Bild 5.4.2.2: Phasenmessung

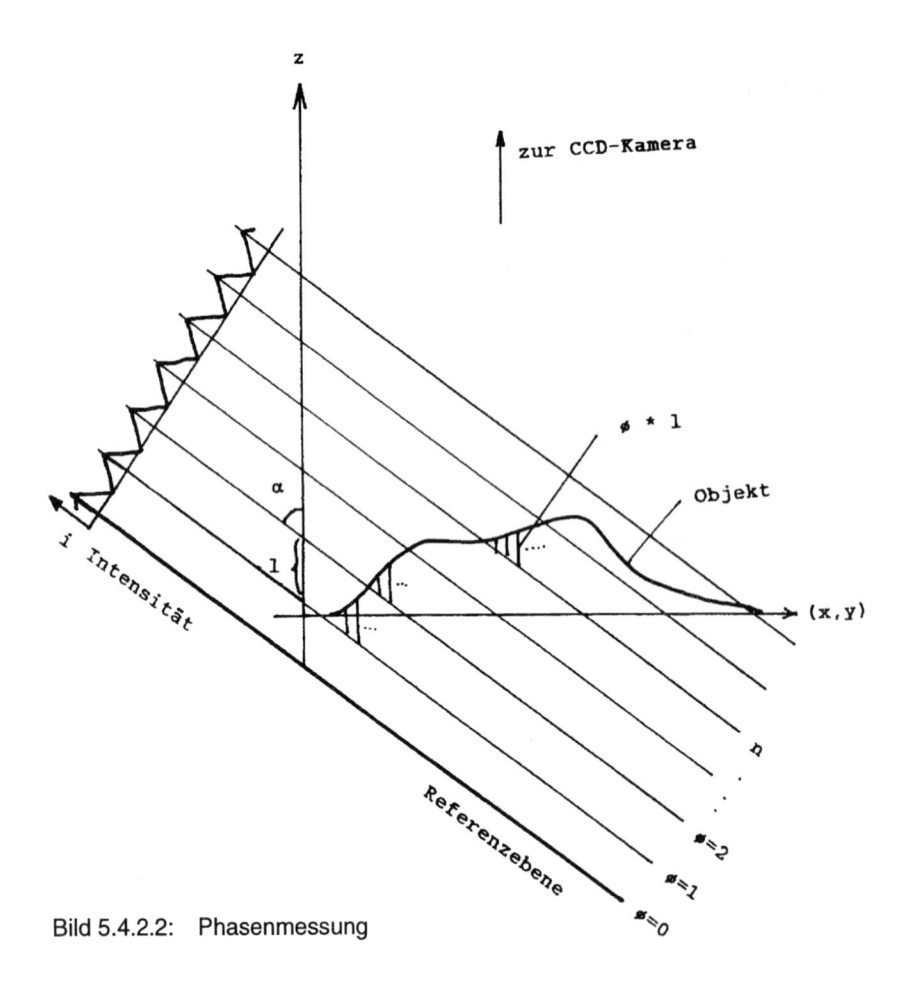

$I_1 .. I_4$: Lichtmengen, die während der Streifenschiebung um eine Periode im entsprechenden Viertelintervall aufintegriert wurden (z.B. über 4 Bilder pro Bucket).

Man bildet nun die Funktion $F: = (I_2 - I_4) / (I_1 - I_3)$.

Die Differenzen werden zeitlich parallel zum Bildeinzug ausgeführt. Die anschließende Division geschieht über logarithmische LUT's innerhalb von drei zusätzlichen Videozyklen.

Zwischen F und $\varnothing$ besteht folgender Zusammenhang:

bei Sinusstreifen $\qquad F_s(\varnothing) = \tan(2\pi\varnothing)$

bei Rechteckstreifen

$$Fr(\varnothing) = \begin{cases} 8\varnothing & ; \quad 0 \leq \varnothing < 1/8 \\ 1/(2-8\varnothing) & ; \quad 1/8 \leq \varnothing < 1/4 \end{cases}$$

Liegen andere periodische Funktionen vor (Filterung durch die optische und elektronische Übertragung), so muß die entsprechende Reihenentwicklung der Integrale in F eingesetzt werden [Zumbrunn 1987]. Der funktionale Zusammenhang kann auch experimentell bestimmt werden.

Der Vergleich der Funktionen F_s und F_R ist in Bild 5.4.2.4 dargestellt.
Die größten Abweichungen im Argument $\varnothing$ bei gegebenem F liegen bei etwa ± 1.2 % der Periodenlänge.

Zur Berechnung der Höhe z müssen die Diskontinuitäten in der Phasenfunktion (Sprünge bei $\varnothing = 1$) eliminiert und anschließend sämtliche Werte mit 1 (Periodenlänge) multipliziert werden.

Das Entfernen der Phasensprünge wird nach folgender Bedingung vorgenommen: Die Pixel werden sequentiell verknüpft bis alle einbezogen sind. Die Phasendifferenz ($\Delta\varnothing$) zweier benachbarter Pixel muß < 1/2 sein (Eindeutigkeit). Entsprechend dem Vorzeichen der Differenz wird dem nächsten Nachbarpixel zum Phasenwert der Wert n zugezählt, je nach der Summe der positiven (+1) und negativen (-1) Sprünge, die in der Sequenz vorgekommen sind.

Die eigentlichen Probleme basieren auf der ($\varnothing = 1$) – Diskontinuität in der Phasenfunktion:

1) Es muß ein erster Bildpunkt gefunden werden, dem man seinen Phasenwert beibehält. Die anschließende Sequenz von Verknüpfungen baut auf diesem Wert auf. Das heißt, die Phasenfunktion hängt von der Phase dieses ersten Pixelwertes ab und sie erfährt eine Translation, wenn ein anderer Pixel als Start gewählt wird.
Die Folge ist ein in z-Richtung verschiebbares Koordinatensystem.
2) Das Entfernen von Phasensprüngen bedingt eine der Nachbarschaftsbedingung entsprechende, *zusammenhängende Fläche.*
3) Die Bedingung ($\Delta\varnothing$) < 1/2 impliziert eine maximale Steigung der Fläche von 1/2 pro Pixel d. h., *Diskontinuitäten in der Oberfläche, die für die Phasenmessung größer als 1/2 sind, können nicht einbezogen werden.*

Im folgenden Abschnitt zeigen wir, wie mit einer einfachen Maßnahme die Einschränkungen umgangen werden können.

5.4.2.2 Phasenmessungen mit Streifen unterschiedlicher Perioden

Da die Zeit einer Phasenmessung, inklusive der Berechnung, kurz ist (< 1 sec. für 512*512 Pixel und 4 Bilder/bucket), ist eine zweite Messung mit anderer Periodenlänge vertretbar. Den Start der zweiten Messung legt man so, daß z.B. je eine Ebene mit der Phase $\varnothing = 0$ für beide Messungen zusammenfällt und die Lage dieser Referenzebene bezüglich der Sensormechanik fixiert bleibt. Damit keine Mehrdeutigkeiten entstehen (Bild 5.4.2.3), stimmt man die Periode der zweiten Messung so ab, daß das Verhältnis l_1/l_2 eine rationale Zahl ist und die Periode aus der Differenzfrequenz größer ist als die Tiefenschärfe der Optik. Der Kern der Überlegungen entstammt aus einem von (Bradsell 1972) in der Distanzmessung verwendeten Verfahren (im Mekometer ME 3000 von KERN realisiert).

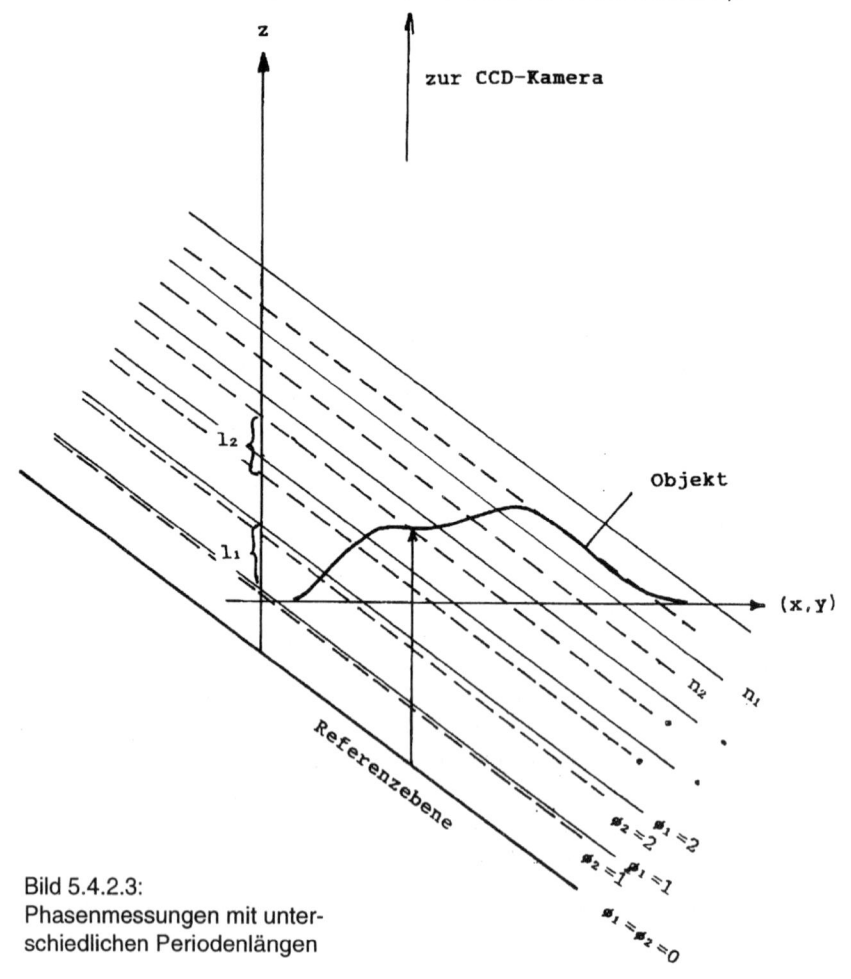

Bild 5.4.2.3:
Phasenmessungen mit unterschiedlichen Periodenlängen

Die Höhe z eines Punktes (x, y) bezüglich dieser Referenzebene wird nun wie folgt berechnet:

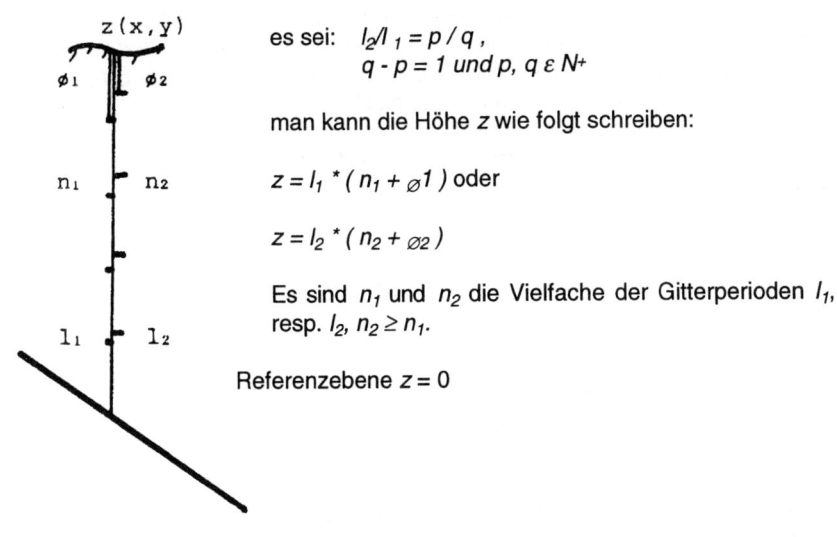

es sei: $l_2/l_1 = p/q$,
$q - p = 1$ und $p, q \in N^+$

man kann die Höhe z wie folgt schreiben:

$z = l_1 * (n_1 + \varnothing_1)$ oder

$z = l_2 * (n_2 + \varnothing_2)$

Es sind n_1 und n_2 die Vielfache der Gitterperioden l_1, resp. l_2, $n_2 \geq n_1$.

Referenzebene $z = 0$

Schränkt man den Meßbereich auf $0 \leq n_1 < p$ und $0 < n_2 < q$ ein (Eindeutigkeit), so wird

$$M_2 := n_2 - n_1 = \begin{cases} 0 \text{ falls } \varnothing_2 \geq \varnothing_1 \\ 1 \text{ falls } \varnothing_2 < \varnothing_1 \end{cases}$$

Man erhält für z:

$$z = l_1 * \underbrace{(p * M_2 - q * \varnothing_1 + p * \varnothing_2)}_{= n_1 \in N} + l_1 * \varnothing_1$$

Es sind p und M_2 natürliche Zahlen, also muß der Ausdruck $- q * \varnothing_1 + p * \varnothing_2$ auf eine ganze Zahl gerundet werden. Damit wird der Gesamtfehler in z durch die zweite Messung nicht vergrößert.

Das funktioniert, solange die Meßunsicherheit $(\Delta_\varnothing) < \dfrac{1}{2 * (p+q)}$ ist.

Beispiel: $p = 19$, $q = 20$ (Streifen)

Es muß $(\Delta_\varnothing) < 1/78$ einer Periode sein.

Bei 10 Pixeln pro Streifen erreicht man eine Reproduzierbarkeit von etwa $\Delta \varnothing = 1\%$.

Damit ist die gesuchte Höhe z, ohne Verwendung von Nachbarschaftsinformationen, vollständig bestimmt.

Schlußfolgerung

Wir haben gezeigt, daß die eingangs erwähnten Schwierigkeiten, die der digitalen Phasenmessung innewohnen, behoben werden können. Damit fallen Einschränkungen im allgemeinen Einsatz von Sensoren, die auf der Verwendung von strukturiertem Licht (Streifenprojektion) beruhen, weg. Die Bedingungen an die physikalischen Eigenschaften der Oberfläche, wie genügend diffuse Reflektion, bleiben bestehen.
Der Sensor SHAPE kann im Formen- und Modellbau wie in der Qualitätsprüfung sinnvoll eingesetzt werden [Senn 1987].

Digitalisierung von Freiformflächen

- Zur Erstellung eines CAD-Modells (Formen- und Modellbau)
- Zum Kopierfräsen

Qualitätsprüfung

- Punkt-, Profil- oder Flächenmessung
- Visionsystem zur Oberflächeninspektion (ohne Streifen)

Die geometrischen Spezifikationen können dem jeweiligen Einsatzgebiet angepaßt werden.

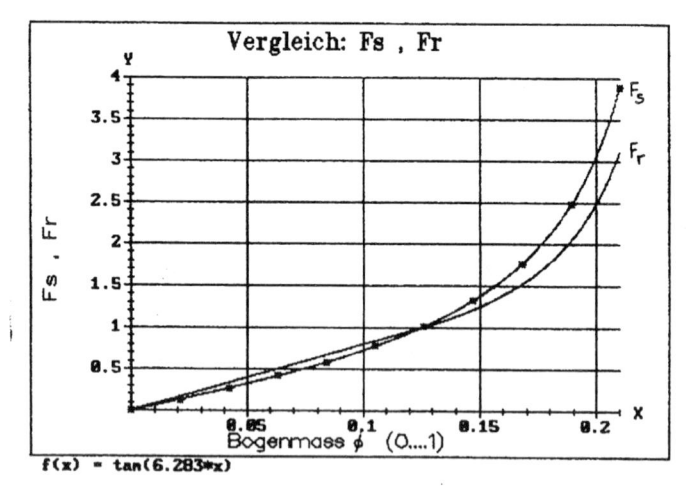

Bild 5.4.2.4:   Vergleich von F bei Sinus- oder Rechteckverteilung der Streifen

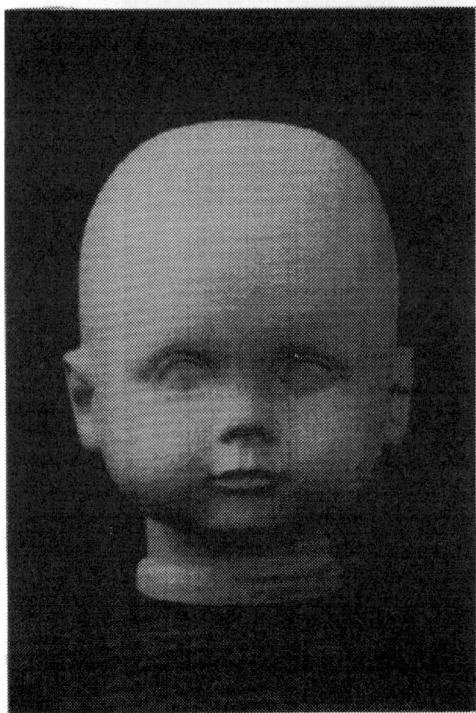

Bild 5.4.2.5: Prototyp SHAPE

Bilder 5.4.2.6 ...
Verschiedene Objekte mit unterschiedlichen Oberflächen. Bei zu kleinem Kontrast (Schatten oder Sättigung) bei der Bildaufnahme, werden weiße Punkte gezeichnet

Bild 5.4.2.6a:
Babyface,
Modell aus Holz

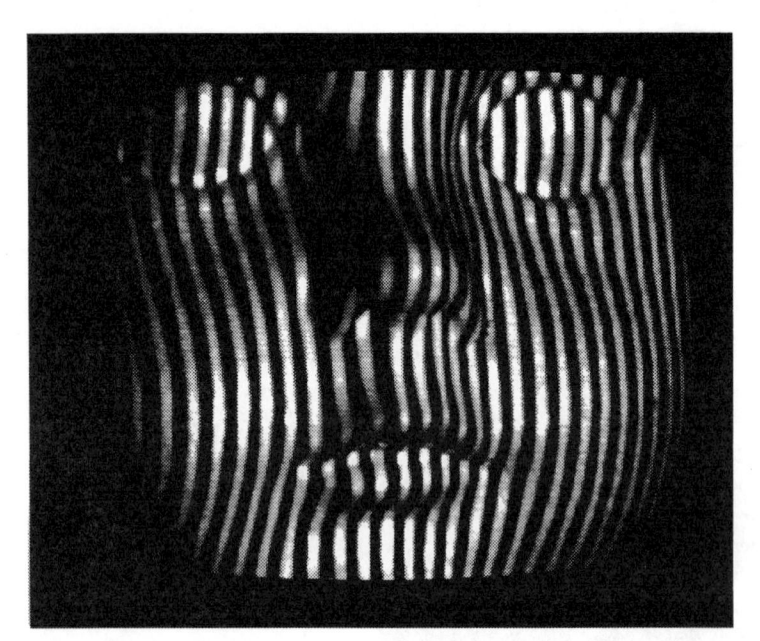

Streifenbild zu 5.4.2.6a

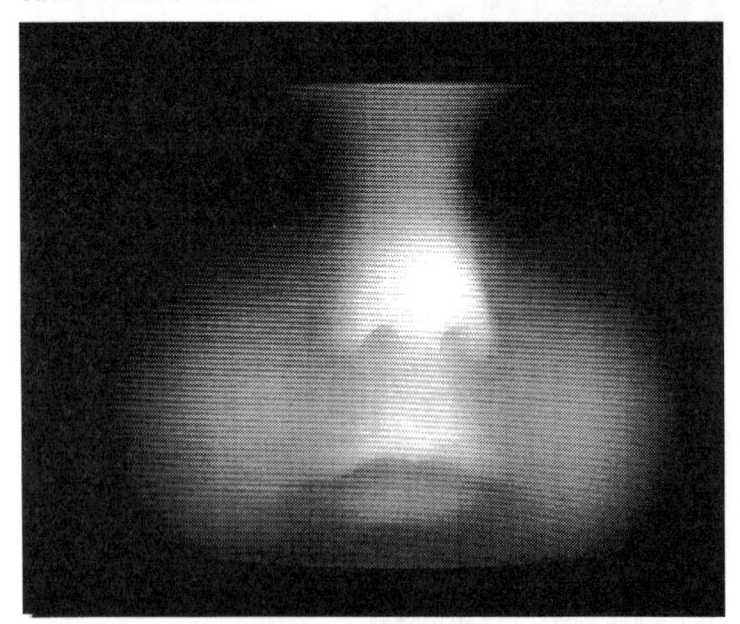

z (x, y) als Grauwerte dargestellt (Objekt 5.4.2.6a)

Bild 5.4.2.6b: Steinwolle (anspruchsvolle Oberfläche)

z (x, y) als Grauwerte dargestellt (Objekt 5.4.2.6b)

Bild 5.4.2.6c: Schneckenhaus (beachte die Farbverteilung)

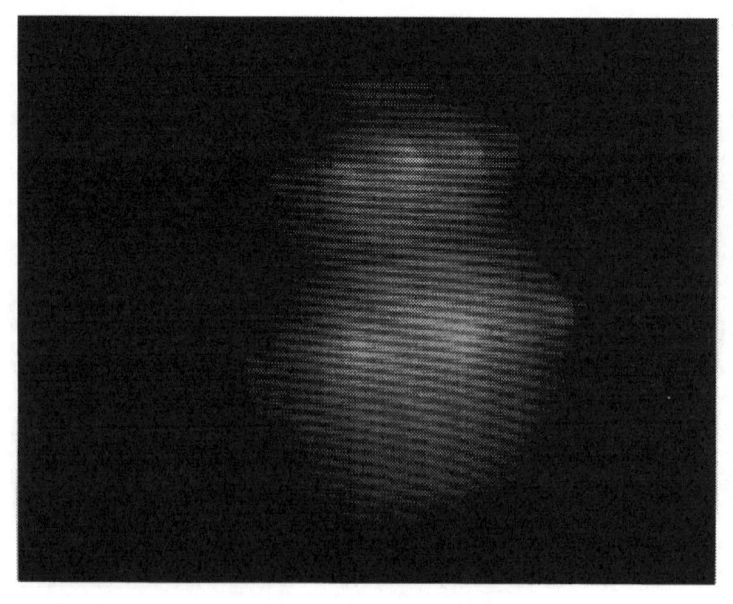

z (x, y) als Grauwerte dargestellt (Objekt 5.4.2.6c)

Bild 5.4.2.6d: Objekt mit Diskontinuitäten und nicht zusammenhängender Oberfläche

z (x, y) als Grauwerte dargestellt (Objekt 5.4.2.6d)

Kapitel 6

Literaturverzeichnis

6 Literaturverzeichnis

Abdel Aziz (1971)	Abdel Aziz, Y. J.; Karara, H. M.: Direct Linear Transformation from Comparator Coordinates into Object Space Coordinates in Close Range Photogrammetry, Symposium of the American Society of Photogrammetry on Close Range Photogrammety, Fall Church, Virginia.
Ahlers (1985)	Ahlers, R.-J.: Prüftechnik auf neuen Wegen, techno tip (1985).
Ahlers (1985a)	Ahlers, R.-J.; Schmidberger, E.; Strauch, R.: Robotergeführte Bildsensoren, wt Zeitschrift für industrielle Fertigung 75 (1985), Nr. 4, 225–228.
Ahlers (1985b)	Ahlers, R.-J.; Melchior, K.: New Aspects of Image Processing Systems in Flexible Production Proceedings of SPIE Vol. 595, Cannes/France, Dec.
Ahlers (1985c)	Ahlers, R.-J.; Melchior, K.; Schraft, R.-D.; Schreiber, L.: Applied Pattern Recognition in Sensor Systems for Quality Control and Automated Production Systems, Manufacturing Systems Proceedings of the CIRP Seminars, Tokio, Vol. 14, No. 3, 1985.
Ahlers (1986)	Ahlers, R.-J.: Qualitätssicherung mit Bildverarbeitung, ETZ Bd. 107, Heft 18/19, pp 845–856.
Ahlers (1986a)	Ahlers, R.-J.: Die optische Rauheitsmessung in der Qualitätstechnik, Springer Verlag 1986.
Ahlers (1987)	Ahlers, R.-J.: Industrie Roboter – Messen und Prüfen, GMA Bericht 14, VDI/VDE Gesellschaft Düsseldorf.
Ahlers (1987a)	Ahlers, R.-J.: Künstliche Intelligenz, automatische Bildverarbeitung und Industrieroboter aus /NN2/ Industrieroboter.
Ahlers (1988)	Ahlers, R.-J.; Melchior, K.: Einsatzbeispiele von Meß- und Prüfsystemen in einer CIM-Umgebung aus /NN3/.
Ahlers (1988a)	Ahlers, R.-J.; Kring, J.: Neue Aspekte der Qualitätsplanung und -prüfung, WGMA CAQ 88, Leipzig 1988.
Ahlers (1989)	Ahlers, R.-J.; Batchelor, B. G.; Snyder, M. A.; Waltz, F. M.: Automated Visual Inspection: Workshop SPIE, Philadelphia.
Ahlers (1989)	Ahlers, R.-J.: Bildverarbeitung - Forschen, Entwickeln, Anwenden, Eigenverlag Technische Akademie Esslingen 1989.
Ahlers (1989)	Ahlers, R. J. (Hrsg.): Bildverarbeitung - Forschen, Entwickeln, Anwenden, Tagungsband zum Symposium der Technischen Akademie Esslingen, 1989.
Ahlers (1989)	Ahlers, R.-J. (Hrsg.): Bildverarbeitung – Forschen, Entwicklen, Anwenden, Tagungsband zum Symposium der Technischen Akademie Esslingen, 1989.
Ahlers (1989a)	Ahlers, R.-J.: Opto elektronische Fehlererfassung an der Warenschau - Utopie oder Zukunft? DTB Symposium, München 1989.
Ahlers (1989a)	Ahlers, R.-J.; Rauh, W.: Koordinatenmeßtechnik mit Bildverarbeitung, VDI Z. 131, Heft 11, 1989.

Ahlers (1991)	Ahlers, R. J. (Hrsg.): Bildverarbeitung - Forschen, Entwickeln, Anwenden, Tagungsband zum Symposium der Technischen Akademie Esslingen, 1991.
Ahlers (1991)	Ahlers, R.-J. (Hrsg.): Bildverarbeitung – Forschen, Entwicklen, Anwenden, Tagungsband zum Symposium der Technischen Akademie Esslingen, 1991.
Ahlers (1992)	Ahlers, R.-J.; Warnecke, H. J.: Industrielle Bildverarbeitung, Addison-Wesley-Verlag 1992.
Ahlers (1992)	Ahlers, R.J.; Warnecke, H. J.: industrielle Bildverarbeitung, Addison-Wesley 1992.
Ahmed (1975)	Ahmed, N.; Rao, K. R.: Orthogonal Transforms for Digital Signal Processing, Springer Verlag 1975.
Aho (1988)	Aho, A. V.; Settm, R.; Ullman, J. D.: Compiler Bau Teil 1 + 2, Addison Wesley Publication Company 1988.
Aleksander (1986)	Aleksander, I.; Farreny, H.; Ghallab, M.: Decision and Intelligence Kogan Page Ltd. 1986.
Alfrey (1954)	Alfrey, T., Jr.; Bradford, E. B.; Vanderhoff, J. W.: Optical properties of uniform particle size latexes. – JOSA 44 (1954), 603–609.
Altschuler (1981)	Altschuler, M. D.; Altschuler, B. R.; Taboada, J.: Laser Electro Optic System for Rapid Three Dimensional Topographic Mapping of Surfaces. Opt. Eng., 20.
AMS	(Austria Mikro Systeme International GmbH), Schloß Premstätten, A-8141 Unterpremstätten.
Andrews (1970)	Andrews, H. C.: Computer Techniques in Image Processing, Academic Press, New York, San Francisco, London, 1970.
Appl. Opt. (1996)	Appl. Opt. 35 (1996)
Arbib (1988)	Arbib, A. M.; Amari, S.: Dynamic Interactions in Neural Networks: Models and Data, Springer Verlag 1988.
Arrathoon (1989)	Arrathoon, R.: Optical Computing: Digital and Symbolic, Marcel Dekker, Inc. 1989.
Artzner (1992)	Artzner, G.: Microlens arrays for Shack-Hartmann wavefront sensors. - Opt. Eng. 31 (1992), 1311–1322.
Aubert (1988)	Aubert, P.; Oguey, H. J. and Vuillemier, R.: "Monolithic optical position encoder with on chip photodiodes", IEEE J. Solid State Circ., Vol. 23 (2), pp. 465–473.
Baerveldt (1992)	Baerveldt, Albert Jan: "Singulation of Parcels with a Sensor Based Robot System" Institute of Robotics Swiss Federal Institute of Technology (ETH), Zürich Switzerland, 1992.
Baicsy (1988)	Baicsy R.: Active Perception, Proc. IEEE, 76, pp. 996–1005.
Barbe (1980)	Barbe D. F. (Ed.): "Charge Coupled Devices", Springer Verl., Berlin.
Bartley (1991)	Bartley, J.; Goltoos, W.: Laser ablation of refractive micro-optic lenslet arrays. Proc. SPIE 1544 (1991), 140–145.
Bäßler (1988)	Bäßler, R.: Integration der montagegerechten Produktgestaltung in den Konstruktionsprozeß, Springer Verlag 1988.
Bässmann (1989)	Bässmann, H.; Besslich, S.: Konturorientierte Verfahren in der digitalen Bildverarbeitung, Springer Verlag 1989.
Batchelor (1985)	Batchelor, B. G.; Hill, D. A.; Hodgson, D. C.: Automated Visual Inspection IFS Ltd. North Holland 1985.
Batchelor (1989)	Batchelor, B. G.: Integrating Vision and AI for Industrial Applications aus /AHL12/.

Batchelor (1989b)	Batchelor, B. G.: Automated Visual Inspection Part I aus /AHL 4/.
Batchelor (1995)	Batchelor, B. G.; Hill, D. A.; Hodgson, D. C.: Automated Visual Inspection, IFS (Publication) Ltd., North Holland, 1985.
Berlekamp (1968)	Berlekamp E. R.: Algebraic Coding Theory, McGraw-Hill Book Company.
Bermbach (1989)	Bermbach, R.: Einsatz der digitalen Bilcverarbeitung bei Problemstellung im industriellen Bereich, aus /AHL12/.
Bertero (1988)	Bertero, M.; Poggio, T. A.; Torre, V.: III Posed Problems in Early Vision, Proc. IEEE, pp. 869–889.
Bett (1995)	Bett, T. H.; Danson, C. N.; Jinks, P.; Pepler, D. A.; Ross, I. N.; Stevenson, R. M.: Binary phase zone-plate arrays for laser-beam spatial-intensity distribution conversion. – Appl. Opt. 34 (1995), 4025–4036.
Beyer (1987)	Beyer, H. A.: Some Aspects of the Geometric Calibration of CCD Cameras, Proceedings of the ISPRS Intercommission Conference on "Fast Processing of Photogrmmetric Data", Interlaken, June 24, pp. 68–81.
Beyer (1992)	Beyer, H.: Advances in Characterisation and Calibration of Digital Imaging Systems, International Archives of Photogrammetry and Remote Sensing, Com. V, Vol. XXIX, pp. 545–555, 17. ISPRS Kongreß Washington.
Bickel (1985)	Bickel, G.; Häusler, G.; Maul, M.: "Triangulation with expanded range of depth", Opt. Eng. 24, 975.
Bildaufnahmeröhren (1984/85)	Bildaufnahmeröhren - Datenbuch 1984/85, Heimann GmbH, Wiesbaden.
Binnie (1994)	Binnie, T. D.: Fast imaging microlenses. – Appl. Opt. 33 (1994), 1170–1175.
Bleicher (1986)	Bleicher, M.: "Halbleiter Optoelektronik", Dr. Alfred Hüthig Verlag GmbH Heidelberg.
Bleicher (1989)	Bleicher, M.: Halbleiter Optoelektronik, Dr. Alfred Hüthig Verlag GmbH 1986.
BMFT	Cooperative Project, Family of Fast Image Processing Systems, Bericht zur Präsentation, Brüssel, 18. November 1988.
Boden (1989)	Boden, M. A.: Artificial Intelligence and Natural Man, Basic Books, Inc. Publishers, New York 1977.
Böhringer (1988)	Böhringer, B.; Futo, T.: Wissensbasierte Systeme mit Chiopris, C. PROLOG Addison Wesley Publication Company 1988.
Bonet (1994)	Bonet, E.; Andrés, P.; Barreiro, J. C.; Pons, A.: Self-imaging properties of a periodic microlens array: versatile array illuminator realization. – Opt. Commun. 106 (1994), 39–44.
Bopp (1978)	Bopp, H.; Kraus, H.: Ein Orientierungs und Kalibrierungsverfahren für nichttopographische Anwendungen der Photogrammetrie, Allgemeine Vermessungs Nachrichten (AVN) 5/87, pp. 182–188.
Born (1986)	Born, M.; Wolf, W.: Principles of Optics Pergamon Press, Oxford, New York, Toronto, Sydney, Paris, Frankfurt 1980.
Borrelli (1985)	Borrelli, N. F.; Morse, D. L.; Bellman, R. H.; Morgan, W. L.: Photolytic technique for producing microlenses in photosensitive glass. – Appl. Opt. 24 (1985), 2520.
Bösemann (1990)	Bösemann, W.; Godding, R.; Riechmann, W.: Photogrammetric Investigation of CCD Cameras, ISPRS Symposium Com. V. Close

	Range Photogrammetry meets Machine Vision, Zürich, Proc. SPIE 1395, pp. 119–126.
Bosiers (1994)	Bosiers, B. et. al.: "A True Progressive Scan 640x480 FT CCD For Multimedia Applications", Proc. IEDM'94, Dec. II 15.
Boyle (1970)	Boyle, W. S. and Smith, G. E.: "Charge Coupled Semiconductor Devices", The Bell Systems Technisal Journal, Vol. 49, pp. 587–593.
Bradsell (1972)	Bradsell, R. H.: "Telemetry with Modulated Bears Short Range High Resolution Systems", in ALTA FREQUENZA, N.10, Vol .XLI, S. 759–770.
Brady	Brady, M.: Computer Vision Artificial Intelligence Laboratory M.I.T., Cambridge, MA, USA, North Holland, Amsterdam, New York, Oxford.
Bratko (1987)	Bratko, I.: PROLOG - Programmierung für Künstliche Intelligenz, Addision Wesley Publication Company 1987.
Brawer (1989)	Brawer, S.: Introduction to Parallel Programming, Academic Press Inc. 1989.
Brenner (1993)	Brenner, K.-H.; Singer, W.: Light propagation through microlenses: a new simulation. – SPIE 1983 (1993), 224–225.
Brenner (1993)	Brenner, K.-H.; Kufner, M.; Kufner, S.; Moisel, J.; Müller, A.; Sinzinger, S.; Testorf, M.; Göttert, J. and Mohr, J.: Application of three-dimensional micro-optical components formed by lithography, electroforming, and plastic molding. – Appl. Opt. 32 (19
Bretschi (1979)	Bretschi, J.: Intelligente Meßsysteme zur Automatisierung technischer Prozesse, R. Oldenbourg Verlag 1979.
Breyer (1984)	Breyer, K.-H.: Koordinatenmeßgeräte prüfen Maß, Form und Lage im fertigungsnahen Bereich, VDI Berichte Nr. 529, S. 279–296.
Brigham (1974)	Brigham, E. O.: The Fast Fourier Transform Prentice Hall, Englewood Cliffs New Jersey, 1974.
Brockhaus (1972)	Brockhaus ABC Optik, Verlag Werner Dausien, Hanau, 1972, 494.
Brodmann (1983)	Brodmann, R.: Optisches Rauheitsmeßgerät für die Fertigung, Feinwerktechnik und Meßtechnik 91, 1983.
Bronstein (1977)	Bronstein, I.N.; Semendjajew, K. A.: Taschenbuch der Mathematik, BSB B.G. Teubner Verlagsgesellschaft, Leipzig 1977, 152.
Brown (1966)	Brown, D.C.: Decentering distortion of lenses, Photogrammetric Engeneering, pp. 444–462.
Brown (1976)	Brown, D. C.: The Bundle Adjustment - Progress and Prospectives, International Archives of Photogrammetry 21 (III), paper 303041, Helsinki.
Brown (1982)	Brown, D. C.: STARS, A turnkey system for close range photogrammetry, International Archives of Photogrammetry, 24(V/1).
Brunner (1991)	Brunner, H.; Engelhardt, K.; Gale, M. T.; Lang, G. K.; Metzler, P.; Raynor, J. M.; Seitz, P.; Brissot, L.; Cilia, G.; Gadda, C. and Leone, V.: "High Fidelity, Programmable CCD Colour Camera for Desktop Publishing and the Graphic Arts", ESPRIT II Project 2.
Burkhardt (1979)	Burkhardt, H.: Transformationen zur lageinvarianten Merkmalerkennung, VDI Fortschritt Bericht, Reihe 10 (Angewandte Informatik), Nr. 7, VDI Verlag Düsseldorf, Okt..
Burkhardt (1979)	Burkhardt, H.: Transformation zur Lageinvarianten Merkmal- gewinnung", Habilitationsschrift, Universität Karlsruhe 1979, Fortschritt-

	bericht (Reihe 10, Nr. 7) der VDI Zeitschriften, VDI Verlage, Oktober 1979.
Burkhardt (1980)	Burkhardt, H.; Müller, X.: On Invariant Sets of a Certain Class of Fast Translation Invarant Transforms, IEEE Transactions, vol. ASSP 28, Nr. 5, October 1980.
Burkhardt (1985)	Burkhardt, H.; Barbosa, L. C.: Contributions to the Application of the Viterbi Algorithm, IBM Reasearch Report, RJ 3377 (40413) 1 /22/ 82, San Jose, Ca. und IEEE Trans. on Information Theory, Vol. IT 31, No. 5, S. 626–643.
Burkhardt (1986)	Burkhardt, H.: Methoden der Digitalen Signalverarbeitung in der Bildverarbeitung und Mustererkennung, 8. DAGM Symposium "Mustererkennung", Informatik Fachberichte Nr. 125, Springer Verlag, 1986. S. 43–55.
Buschendorf (1989)	Buschendorf, H.-G.: Licht- und Beleuchtungstechnik, VEB-Verlag, Berlin (1989).
Cantoni (1986)	Cantoni, V., Levialdi, S.: Pwramidal Systems for Computer Vision, Series F: Computer and Systems Sciences. Vol. 25, Springer Verlag 1986.
Carnes (1972)	Carnes, J. E. and Kosonocky, W. F.: "Noise Sources in Charge Coupled Devices", RCA Review, Vol. 33, pp. 327–343.
Castleman (1979)	Castleman, K. R.: Digital Image Processing Prentice Hall, Inc. Engle/Wood Cliffs, New Jersey, 1979.
Cattermole (1988)	Cattermole, K. W.: Statistische Analyse und Struktur von Information, VCH.
CCD Data Book (1988)	CCD Data Book Thomson Composants Militaires et Spatiaux 1988.
Chen (1987)	Chen, M. J. W.; Ahlers, R.-J.: Automated Inspection and High Speed Vision Architectures, SPE Proceedings Volume 849, 1987.
Chen (1988)	Chen, Y.; Hsu, W.: A modified fast parallel algorithm for thinning digital patternst, Pattern Recognition Letters, PRL 7, Feb. 1988, 99–106.
Chen (1994)	Chen, W.; Roychoudhuri, Ch. S.; Banas, C. M.: Design approaches for laser-diode material-processing systems using fibers and microoptics. – Opt. Eng. 33 (1994), 3662–33669.
Chia (1992)	Chia, T.; West, J. K.; Hench, L. L.: Fabrication of micro lenses by laser densification on gel silica glass. - in: Chemical Processing of Advanced Materials. John Wiley&Sons, New York (1992), 933–939, Eds: L. L. Hench, J. K. West.
Chinnock (1994)	Chinnock, C.: Micromirror projector nears commercialization. – Laser Focus World August 1994, 20.
CIM-Handbuch (1988)	CIM Handbuch der modernen Datenverarbeitung, Forkel Verlag Heft 139, 1988.
CIRP	16th CIRP International Seminar on Manufacturing Systems Utilization of Artificial Intelligence and Pattern Recognition Techniques in Manufacturing Engineering, 13-14 Juli, Tokyo.
Collings (1988)	Collings, N.: Optical Pattern Recognition, Electronic Systems Engineering, Series Addison Wesley Publishing Company, 1988.
Congress	Congress of the International Commission of Optics, Garmisch-Partenkirchen.
Conrady (1919)	Conrady, A.: Decentered Lens Systems, Royal Astronomical Society, Monthly Notices, Vol. 79, 1919, pp. 384–390.

Cooley (1965)	Cooley, J. W.; Tukey, J. W.: An Algorithm for the Machine Calculation of Complex Fourier Series, Math. Comput. 19, pp 297–301, 1965.
Cowan (1985)	Cowan, J. J.: The holographic honeycomb microlens. – Proc. SPIE Vol. 523 (1985), 251–259.
Cox (1986)	Cox, B. J.: Object Oriented Programming - An Evolutionary Approach, Addison Wesley, Reading Massachusetts.
Curry (1986)	Curry, S. et al.: Calibration of an Array Camera, Photogrammic Engineering and Remote Sensing, Vol. 52, May 1986, pp. 627–636.
Dähler (1987)	Dähler, J.: Problems in Digital Image Acquisition with CCD Cameras, as Beyer 87, pp. 48–59.
Debusschere (1990)	Debusschere, I.; Bronckaers, E.; Claeys, C.; Kreider, G.; Van der Spiegel, J.; Sandini, G.; Dario, P.; Fantini, F.; Bellutti, P. und Soncini, G.: "A Retinal CCD Sensor for Fast 2D Shape Recognition and Tracking", Sensors and Actuators, Vol. A 21-23, pp 456
Deng (1986)	Deng, X.; Liang, X.; Chen, Z.; Yu, W.; Ma, R.: Uniform illumination of large targets using a lens array. – Appl. Opt. 25 (1986), 572–575.
Devijer (1982)	Devijer, P. A.; Kittler, I.: Pattern recognition: a Statistical Approach, Prentice Hall International, Englewood Cliffs, London, Sydney, Tokyo, 1982.
Diehm (1990)	Diehm, A. L.; Gemmar, P.; Gray, M.: Konzeption und Realisierung paralleler Bildverarbeitung. In diesem Band, Seite ?
Diehm (1996)	Diehm, A. L.; Gemmar, P.; Gray, M.: Konzeption und Realisierung paralleler Bildverarbeitung. In diesem Handbuch der Bildverarbeitung.
Diffractive Optics and Micro-Optics (1996)	Diffractive Optics and Micro-Optics. – OSA Topical Meeting, April 29 - May 2, 1996, Boston, 1996 Technical Digest Series Vol. 5.
Dold (1994)	Dold, J.: Photogrammetrie in: Vermessungsverfahren im Maschinen- und Anlagenbau, Hrsg. W. Schwarz, Schriftenreihe des Deutschen Vereins für Vermessungswesen DVW, im Druck.
Domres (1983)	Domres, D. M.; Farlane, J. M.: Automatic Optical Inspection Techniques, Techniques for PWB's, Test & Measurement World, 1983.
Dremel (1986)	Dremel, W.; Häusler, G.; Maul, M.: "Triangulation with large dynamical range", Proc. of SPIE Conf. 665 on optical techniques for industrial inspection, Quebec City, Canada, p. 182.
Dreschler-Fischer (1987)	Dreschler-Fischer, L. S.; Faasch, H.: Konzeption einer virtuellen Maschine als Standardschnittstelle für die Bildbearbeitung, GI - 17. Jahrestagung: Computerintegrierter Arbeitsplatz im Büro, M. Paul (Hrsg.), Springer Verlag Berlin, Heidelberg, New York, London, Paris, Tokyo, 542–551.
Duda (1973)	Duda, R. O.; Hart, P. E.: Pattern Classification and Scene Analysis, Jon Wiley, New York 1973.
Duff (1986)	Duff M. J. B.: How not to Benchmark Image Processors, Evaluation of Multicomputers for Image Processing, L. Uhr et alt (ed.), Academic Press, Cambridge MA, USA, 3–12.
Ehrfeld (1993)	Ehrfeld, W.; Wegner, G.; Karthe, W.; Bauer, H.-D.; Moser, H.O. (Eds.): Integrated Optics and Micro-Optics with Polymers. – Teubner-Texte zur Physik Bd. 27, B.G. Teubner Verlagsgesellschaft Stuttgart 1993.
Encarnacao (1988)	Encarnacao, J.; Straßer, W.: Computer Graphics Oldenburg Verlag, 1988.

Engel (1989)	Engel, H.: Produktidentifikation mit Hilfe von Zeichenerklärungssystemen aus /WAR 8/.
Engelhardt (1988)	Häusler, G.; Engelhardt, R.: "Aquisition of 3D-data by focus sensing", Appl. Optics 27, 4684 Engelhardt.
Engelhardt (1988)	Engelhardt, K.; Häusler, G.: Acquisition of 3D-data by focus sensing, Appl. optics 27, 4684 (1988).
Engelhardt (1995)	Engelhardt, K.; Knop, K.: Passive focus sensor. – Appl. Opt. 34 (1995), 2339–2344.
ES2	(European Silicon Structures GmbH), Landsberger Straße 410, München.
Euro Vision (1985)	Euro Vision 1985, Tagungsunterlagen, Straßburg, 1985.
Eyes for Robots	Eyes for Robots. – Laser und Optoelektronik 25 (1993), 18.
Fabes (1992)	Fabes, B. D.; Zelinski, B. J. J.; Taylor, D. J.; Weisenbach, L.: Laser densification of optical films. – Proc. SPIE 1758 (1992), 227–234.
Fairchild (1984)	Fairchild Charge Couoled Device (CCD) Catalog.
Farn (1993)	Farn, M. W.; Stern, M. B.; Veldkamp, W. B.; Medeiros, S. S.: Color separation by use of binary optics. – Opt. Lett. 18 (1993), 1214–1216.
Faselec AG	Binzstraße 44, CH 8045 Zürich.
Fercher (1985)	Fercher, A. F.; Hu, H. Z.; Vry, U.: "Rough surface interferometry with a two wavelength heterodyne speckle interferometer", Appl. Opt. 24, 2181.
Finlan (1989)	Finlan, J. M.; Flood, K. M.: Collimation of Diode Laser Arrays Using Etched Cylindrical Computer-Generated Holographic Lenses. – SPIE Vol. 1052 (1989), 186–190.
Finlan (1989)	Finlan, J. M.; Flood, K. M.: Collimation of Diode Laser Arrays Using Etched Cylindrical Computer-Generated Holographic Lenses. – SPIE 1052 (1989), 186–190.
Flynn (1972)	Flynn M. J.: Some Computer Organizations and their Effectiveness, IEEE Transactions on Computers, Vol. 21, No. 9, 948–960.
Flynn (1980)	Flynn M. J. and Hennessey, J. L.: Parallelism and Representation Problems in Distributed Systems, IEEE Transactions on Computers, Vol. 29, No. 12, 1080–1086.
Fossum (1989)	Fossum, E. R.: "Architectures for focal plane image processing", Optisal Engineering, Vol. 28, pp. 865–871.
Fossum (1992)	Fossum, E. R.: "Active Pixel Sensors (APS) - Are CCDs Dinosaurs ?", Proc. SPIE. Vol. 1900, pp. 2–14.
Fraser (1992)	Fraser, C.; Shortis, M.: Variation of Distortion within the Photographic Field, Photogrammetric Engeneering and Remote Sensing Vol. 58 1992/,6, pp. 851–855.
Frischknecht (1989)	Frischknecht, A.: Beleuchtungseinrichtungen für die industrielle Bildverarbeitung, aus /AHL12/.
Fritzsch (1987)	Fritzsch, K.: Visuelle Sensoren, Akademie Verlag 1987.
Fryer (1986)	Fryer, J.; Brown, D. C.: Lense Distortion for Close-Range Photogrammetry, Photogrammetric Engeneering and Remote Sensing Vol. 52 1986/1, pp. 51–58.
Fryer (1989)	Fryer, J.: Camera Calibration in Non Topographic Photogrammetry, in: Handbook of Non Topographic Photogrammetry, American Society of Photogrammetry and Remote Sensing, 2. Aufl., pp. 51–69.
Fu (1974)	Fu, K. S.: Applications of Pattern Recognition, CRC Press 1974.

Fu (1984)	Fu, K. S.: VLSI for Pattern Recognition and Image Processing, Springer Verlag 1984.
Gemmar (1983)	Gemmar, P.: Prozessoren und Systeme für die Bildverarbeitung, VDE-Fachberichte, Nr. 35, VDE Verlag, Berlin - Offenbach, 179–196.
Gemmar (1989)	Gemmar, P.: Ein grundlegendes Operationsmodell für die strukturierte parallele Bildverarbeitung - Entwurf und Anwendung, Dissertation, Universität Karlsruhe (TH), Fakultät für Informatik.
Gemmar (1996)	Gemmar, P und Hofele, G.: Ein objektorientiertes Verarbeitungskonzept für die Ikonik, Handbuch der Bildverarbeitung 1996.
Gerdes (1993)	Gerdes, R.; Otterbach, R.; Kammüller, R.: Kalibrierung eines digitalen Bildverarbeitungssystems mit CCD Kamera, Technisches Messen 60 1993/6, pp. 256–261.
Gilbert (1982)	Gilbert, B. K. et alt: Advances in Processor Architecture, Device Technology, and Computer - Aided Design for Biomedical Image Processing, Multicomputers and Image Processing (ed. K. Preston Jr., L. Uhr), Academic Press, New York, London, 385–407.
GMD	Eurochip Sekretariat) Schloß Birlinghoven, Sankt Augustin.
Godding (1992)	Godding, R.; Luhmann, T.: Calibration and Accuracy Assessment of a Multi Sensor Online Photogrammetric System, International Archives of Photogrammetry and Remote Sensing, Com. V, Vol. XXIX, pp. 24–29, 17. ISPRS Kongreß Washington.
Godding (1993)	Godding, R. Ein photogrammetrisches Verfahren zur Überprüfung und Kalibrierung digitaler Bildaufnahmesysteme, Zeitschrift für Photogrammetrie und Fernerkundung, 2/93, pp. 82–90.
Gold (1969)	Gold, B.; Rader, C. M.: Digital Processing of Signals, McGraw Hill Inc., New York, 1969.
Goldberg (1983)	Goldberg, A.; Robson, D.: Smalltalk 80: The Language and its Implementation, Addison Wesley, Reading Massachusetts.
Goltos (1989)	Goltos, W.; Holz, M.: Binary micro-optics: An application to beam steering. – SPIE Vol. 1052 (1989), 131.
Gonzales (1987)	Gonzales, P. C.; Wintz, P.: Digital Image Processing, Addison Wesley Publishing Company 1987.
Goodman (1969)	Goodman, J. W.: Introduction to Fourier Optics, MC Graw Hill Book Company 1968.
Graebner (1969)	Graebner, K. E.: Sinnesorgane des Menschen, Umschau Verlag, 1969.
Gray (1990)	Gray, M.: A Distributed Memory Computing Structure for Iconic Processing, FIM Bericht Nr. 215, Forschungsinstitut für Informationsverarbeitung und Mustererkennung (FIM) FGAN e.V., Ettlingen.
Greivenkamp (1990)	Greivenkamp, J.: Color dependent optical prefilter for the suppression of aliasing artifacts, Applied Optics, Vol. 29, No. 5, February 1990, pp. 676–684.
Griffiths (1969)	Griffiths, M.: Techniques Algorithmiques pour l' Intelligence, Artificielle Hermes Publishing 1986.
Grimm (1988)	Grimm, E.; Nowak, W.: Lichtwellenleiter-Technik, VEB Verlag Technik, Berlin (1988).
Grimm (1990)	Grimm, W. D.; Stahs, T.; Curth, K.; Wahl, F.: "Computergestütztes 3D-Verfahren zur automatischen Modellanalyse in der Zahnheilkunde", 6. Treffen Medizintechnik, Freie Universität Berlin.

Grimm (1990)	Grimm, W. D.; Stahs, T.; Curth, K.; Wahl, F.: "Computergestütztes 3D-Verfahren zur automatischen Modellanalyse in der Zahnheilkunde", 6. Treffen Medizintechnik, Freie Universität Berlin, 1990.
Groch (1980)	Groch, W. D.: Automatisierung der Extraktion linienhafter Objekte aus Grauwertbildern, Dissertation, Universität Karlsruhe (TH), Fakultät für Elektrotechnik.
Grün (1987)	Grün, A.: Towards Real Time Photogrammetry, Invited Paper to the 41. Photogrammetric Week Stuttgart, September 14–19.
Grunwald (1994)	Grunwald, R.; Griebner, U.: Segmented solid-state laser resonators with graded reflectance micro-mirror arrays. – Pure Appl. Opt. 3 (1994), 435–440.
Grunwald (1995)	Grunwald, R.; Griebner, U.; Ehlert, R.: Microlens Arrays for segmented laser architectures. Proc. SPIE Vol. 2383 (1995), 324–333.
Grunwald (1996)	Grunwald, R.; Ehlert, R.; Woggon, S.; Pätzold, H.-J.; Witzmann, H.-H.: Microlens arrays formed by crossed thin-film deposition of cylindrical microlenses. - Diffractive Optics and Microoptics Topical Meeting, OSA, Boston April 29-May 2, 1996, Technical Di
Grunwald (1996)	Grunwald, R.; Schäfer, D.; Ehlert, R.; Woggon, S.; Witzmann, H.-H.: Herstellung von Mikrolinsen-Arrays mit hohem Füllfaktor durch gekreuztes Aufdampfen linearer Arrays. – Jahrestagung der DGaO, 28.5. - 1.6.1996, Neuchâtel, Schweiz, P 13, Abstracts, 102.
Gutsche (1991)	Gutsche, R.; Stahs, T.; Wahl, F.: "Path Generation with an Universal Sensor", submitted to 1991, IEEE Int. Conf. on Robotics and Automation", Sacramento/Kalifornien, USA.
Gutsche (1991)	Gutsche, R.; Wahl, F.: "The Integration of a 3d Sensor into a Robot Work Cell (video)", submitted to 1991, IEEE Int. Conf. on Robotics and Automation", Sacramento/Kalifornien, USA.
Gutsche (1991)	Gutsche, R.; Wahl, F.: "The Integration of a 3d Sensor into a Robot Work Cell (video)", submitted to 1991, IEEE Int. Conf. on Robotics and Automation", Sacramento/Kalifornien, USA, 1991.
Gutsche (1991)	Gutsche, R.; Stahs, T.; Wahl, F.: "Patin Generation with an Universal 3d Sensor", submitted to 1991, IEEE Int. Conf. on Robotics and Automation", Sacramento/Kalifornien, USA, 1991.
Haberäcker (1985)	Haberäcker, P.: Digitale Bildverarbeitung, Hanser Verlag, 1985.
Haferkorn (1984)	Haferkorn, H.: Optik, Deutscher Verlag der Wissenschaften 1984, S. 204.
Haken (1979)	Haken, H.: Pattern Formation by Dynamic Systems and Pattern Recognition, Springer Verlag 1979.
Haken (1988)	Haken, H.: Neural and Synergetic Computers, Springer Verlag 1988.
Hakkarainen (1991)	Hakkarainen, J. M.; Little, J. J.; Lee, H. und Wyatt, J. L.: "Interaction of algorithm and implementation for analog VLSI stereo vision", Proc. SPIE, Vol. 1473, pp. 173–184.
Hall (1979)	Hall, E. L.: Computer Image Processing and Recognition/Computer Science and Applied Mathematics, Academic Press, 1979.
Hall (1989)	Hall, E. L.: Illumination and Color in Computer Cenerated Imagery, Springer Verlag 1989.
Handbuch für Be-	
Haralick (1978)	Haralick, R. M.: Statistical and Structural Approaches to Texture, 4th International Joint Conf. on Pattern Recognition Kyoto, Japan, pp. 45–69, November 1978.

Haralick (1978)	Haralick, R. M.: Morphological Sampling Theorem SPE Proceedings 848 11.
Haralick (1987)	Haralick, R. M.; Zhuang, X.; Lin, C.; Lee, J. S. J.:
Häusler (1988)	Häusler, G.; Heckel, W.: "Light sectioning with large depth and high resolution", Appl. Opt. 27, 5165.
Häusler (1988)	Häusler, G.; Herrmann, J.: "Range Sensing by Shearing Interferometry: Influence of Speckle, Appl. Opt. 27, 4631.
Häusler (1988)	Häusler, G.; Hutfleß, J.; Maul, M.; Weißmann, H.: "Range sensing based on shearing interferometry", Appl. Opt. 27, 4638.
Häusler (1990)	Häusler, G.: "About fundamental limits of three dimensional sensing, or: nature makes no presents", Proc. of the 15th Congress of the International Commission of Optics, Garmisch-Partenkirchen.
Häusler (1990)	Häusler, G.; Schmidt, A.; Wachtler, R.; Waldmüller, J.: "Light sectioning with diffraction free planes of light?" Proc. of the 15th Congress of the International Commission of Optics, Garmisch-Partenk.
Häusler (1990)	Häusler, G.; Weißmann, H.: "Acquisition of 3D data by heterodyne shearing interferometer with photoelastic modulation", Proc. of the 15th.
Hayashi (1991)	Hayashi, S.; Kumamoto, Y.; Suzuki, T.; Hirai, T.: Imaging by polystyrene latex particles. – J. Colloid and Interface Sci. 144 (1991), 538–547.
Hayes-Roth (1983)	Hayes-Roth, F.; Watermann, D. A.: Building Expert Systems, Addison Wesley Publishing Company, INC. 1983.
Hecht (1980)	Hecht, E.; Zajac, A.: OPTICS, Addison Wesley Publication Company 1980.
Hillis (1985)	Hillis, D.: The Connection Machine, The MIT Press, Cambridge MA.
Hinksen (1989)	Hinksen L.: CAP, Ein Programm zur kombinierten Bündelausgleichung auf Personal Computern, Bildmessung und Luftbildwesen 57, 1989.
Hisakuni (1995)	Hisakuni, H.; Tanaka, K.: Optical fabrication of microlenses in chalcogenide glasses. – Opt. Lett. 20 (1995), 958–960.
Holdorf (1993)	Holdorf, M.: Höchstauflösende digitale Aufnahmesysteme mit Réseau Scanning und Line Scan Kameras, Symposium Bildverarbeitung '93, Technische Akademie Esslingen, pp. 45–51.
Hollingham (1984)	Hollingham, J.: Machine Vision - The Eyes of Automation IFS (Publications) Ltd., Springer Verlag 1984.
Horn (1977)	Horn, B. K. P.: Understanding Image Intensities, Artificial Intelligence 8 (1977).
Hornak (1987)	Hornak, L.: Fresnel phase plate lenses for through-wafer optical interconnections. – Appl. Opt. 26 (1987), 3649.
Hoyo (1991)	Hoyo, J.; Naito, Y.; Mori, H.; Fujikawa, K.; Kato, N.; Wakayama, T.; Komatsu, E. and Itasaka, M.: "A 1/3 in 510(H) x 492(V) CCD Image Sensor with Mirror Image Function", IEEE Trans. Electr. Dev., Vol. 38 (5), Pp 954–959.
Huang (1979)	Huang, T. S. ed.: Picture Processing and Digital Filtering, Topics in Applied Physics, Vol. 6, Springer Verlag 1979.
Huang (1991)	Huang, Z. und Ando, T.: "Image Sensor operafing in a persistenceintegration mode", Applied Opties, Vol. 30, pp. 4636–4642.
Hughes (1984)	Hughes, G. W.: "Electronic imaging with CCDs", RCA Engineer, Vol. 29, No. 6, pp. 4–10, Nov./Dec. 1984.

Hutfless (1994)	Hutfless, J.; Rebhahn, T.; Lutz, N.; Geiger, M.; Frank, M.; Streibl, N.; Schwider, J.: Mikrooptiken für die effiziente Materialbearbeitung mit Excimerlasern. – Laser und Optoelektronik 26 (1994), 50–57.
Ihlemann (1995)	Ihlemann, J.; Wolff-Rottke, B.: generation of micro-optical components by excimer laser ablation. – Key Technology Laser: Challenge for the Factory 2000, Proc. 12th Int. Congress (LASER'95), Ed.: M. Geiger, Bamberg, Meisenbach, 1995, 308–309.
Ikeuchi (1987)	Ikeuchi, K.: Determining a Depth Map Using a Dual Photometric Stereo, The International Journal of Robotics Research 6.
Image Analysis (1985)	Image Analysis, Principles & Practice Marquisway Team Valley Gateshead Tyne & Wear, England 1985.
Ingall (1986)	Ingall, D. H. H.: A Simple Technique for Handling Multiple Polymorphism, OOPSLA '86 Conference Proceedings, Portland, Oregon, September 29 - October 2, 1986, 347–349.
INMOS Ltd. (1987)	INMOS Ltd.: Occam 2 Reference Manual, Prentice Hall, Great Britain.
INMOS Ltd. (1988)	INMOS Ltd.: The Transputer Databook, INMOS, Bristol, Great Britain.
Inmos Ltd. (1988)	Inmos Ltd.: IMS A110 Image and Signal Processing Sub system, Inmos Limited, Juni 1988.
Iscoff (1985)	Iscoff, R.: Wire Bonding Systems, Review Semiconductor international, Juni 1985.
Jacobson (1982)	Jacobson, I.; Wechsler, H.: Paradigm for Invariant Object Recognition, Recognition of Brighness, Optical Flow and Binocular Disparity Images Pattern Recognition Letters, vol. 1, 1982.
Jähne (1989)	Jähne, B.: Digitale Bildverarbeitung, Springer Verlag 1989.
Jahns (1990)	Jahns, J.; Walker, S.: Two-dimensional array of diffractive microlenses fabricated by thin film deposition. – Appl. Opt. 29 (1990), 931–936.
Jahns (1994)	Jahns, J.; Sauer, F.; Tell, B.; Brown-Goebeler, K. F.; Feldblum, A. Y.; Nijander, C. R.; Townsend, W. P.: Parallel optical interconnections using surface-emitting microlasers and a hybrid imaging system. – Opt. Commun. 109 (1994), 328–337.
Jaliko (1985)	Jaliko, J. A.; Kim, R. C.; Case, S.K.: Three dimensional inspection using multistripe structured light, Optical Engineering 24, S. 966–974.
Janczer (1987)	Janczer, P.; Rauh, W.: Entwicklung und Integration eines Koordinatenmeßgerätes mit bildverarbeitenden Komponenten in die Qualitätssicherung, VDI/DGQ Arbeitskreis Messen und Prüfen, Stuttgart 12.11.1987.
Janesick (1987)	Janesick, J. R.; Elliott, T.; Collins, S.; Blouke, M. M. and Freeman, J.: "Scientific charge coupled devices", Optisal Engineering, Vol. 26 (8), pp. 692–714.
Janesick (1987)	Janesick, J. R.; Elliott, T.; Collins, S.; Blouke, M. M. und Freeman, J.: "Scientific charge coupled devices", Optisal Engineering, Vol. 26, pp. 692–714.
Janesick (1990)	Janesick, J.; Elliott, T.; Dingizian, A.; Bredthauer, R.; Chandler, C.; Westphal, J. and Gunn, J.: "New advancements in charge coupled device technology - sub electron noise and 4096x4096 pixei CCDs", Proseedings of the SPIE, Vol. 1242, pp. 223–237.

Järisch (1984)	Järisch, W.: Flatness and Distortion Measurements in Semiconductor Manufacturing Symposium on Measurement and Estimation Proceedings, Brixen (Italy) 1984.
Jay (1994)	Jay, T. R.; Stern, M. B.: Preshaping photoresist for refractive microlens fabrication. – Opt. Eng. 33 (1994), 3552–3555.
Ji (1995)	Ji, J.-K.; Kwon, Y.-S.: Conical microlens arrays that flatten optical-irradiance profiles of nonuniform sources. – Appl. Opt. 34 (1995), 2841–2843.
Johannsen (1982)	Johannsen, G.; Bille, J.: A Threshold Selection Method Using Information Measures Proceedings of the International Conf. on Pattern Recognition, München 1982.
Kager 1989	Kager, H., Orient: A Universal Photogrammetric Adjustment System, Optical 3D Measurement Techniques 1989, Wichmann Verlag, pp. 447–455.
Kahlert (1992)	Kahlert, H.-J.; Sarbach, U.; Burghardt, B.; Klimt, B.: Excimer laser Illumination and Imaging Optics for Controlled Microstructure Generation. – SPIE Vol. 1835 Excimer Lasers (1992), 110–118.
Kazmiercak (1980)	Kazmiercak, H.: Erfassung und maschinelle Verarbeitung von Bilddaten, Springer Verlag 1980.
Kazmierczak (1987)	Kazmierczak, H.: The Gap between Implementation and Hardware Realization of Image Processing, Conference Proceedings Comp Euro 87: VLSI and Computers (ed. W.E. Proebster and H. Reiner), Hamburg, IEEE 87CH2417 4, 126–131.
Keferstein (1988)	Keferstein, C.: Geometrieprüfung in der Fertigungsmeßtechnik mit bildverarbeitenden Systemen, Springer Verlag 1988.
Keferstein (1989)	Keferstein, C.; Braas, J.: Präzisionsmontage und Qualitätsprüfung, Flexibel mit Roboter und Bildverarbeitung, QZ 34, 1989, Heft 9.
KICBOX	für VAX und SUN workstations, Prof. Dr. U. Golze, Abt. Entwurf integrierter Schaltungen (E.I.S.), TU Braunschweig, Postfach 33 29, D-3300 Braunschweig, Tel. (0531) 391 2389.
Kille (1989)	Kille, K.: Parallelisierbarkeit von Algorithmen für die digitale Bildverarbeitung, Diplomarbeit, Universität Stuttgart 1989.
Kim (1995)	Kim, E.; Xia, Y.; Whitesides, G.: Polymer microstructures formed by moulding in capillaries. – Nature 376 (1995), 581–584.
Klein (1988)	Klein, M. V.; Furtak, T. E.: OPTIK, Springer Verlag 1988.
Knop (1986)	Knop, K.; Heeb, E.; Büchli, F.: Low Cost Smart Camera, SPIE Proceedings 701, 254, 1986.
Koch (1988)	Koch, K. P.; Peter, R.; Weisig, S.: Koordinatenmessung mit einem Triangulationstaster, Feinwerktechnik & Meßtechnik 96 (1988), S. 253–257.
Koch (1989)	Koch, C.: "Seeing Chips: Analog VLSI Circuits for Computer Vision", Neural Computation, Vol. 1, pp. 184–200.
Koch (1991)	Koch, C.; Moore, A.; Bair, W.; Horiuchi, T.; Bishofberger, B. und Lazzaro, J.: "Computing Motion Using Analog VLSI Vision Chips: An Experimental Comparison Among Four Approaches", Proc. 1991, IEEE Workshop on Visual Motion.
Kolb (1980)	Kolb, W.: "Möglichkeiten der optischen Abtastung von Oberflächengeometrien bei Werkstücken", Stud. Arb. am IKFF der UNI Stuttgart.
Kolb (1980)	Kolb, W.: "Möglichkeiten der optischen Abtastung von Oberflächengeometrien bei Werkstücken", Stud. Arb. am IKFF UNI Stuttgart, 1980.

Koliopoulos (1981)	Koliopoulos, C. L.: "Interferormetric Optical Phase Measurement Techniques", Ph. D Thesis, Univ.of Arizona.
Kramer (1992)	Kramer, J.; Seitz, P. and Baltes, H.: "Industrial CMOS technology for the integration of optical metrology systems (photo ASICs)", Sensors and Actuators A, Vol. 34, pp. 21–30.
Kramer (1993)	Kramer, J.; Seitz, P. and Baltes, H.: "Inexpensive range camera operafing at video speed", Applied Opties, Vol. 32, pp. 2323–2330.
Kramer (1995)	Kramer, J.: Photo Asics: Integrated Optical Metrology Systems with Industrial CMOS Technology, Dissertation Nr. 10186 der ETH, (1995).
Kramer (1995)	Kramer, J.: Integrated Optical Metrology Systems with Industrial CMOS Technology, Dissertation Nr. 10186 der ETH, Zürich, 1995.
Kruck1984	Kruck, E.: Bingo: Ein Bündelprogramm zur Simultanausgleichung für Ingenieuranwendungen - Möglichkeiten und praktische Ergebnisse, International Archives of Photogrammetry and Remote Sensing 25 (AS).
Kubo (1990)	Kubo, M.; Hanabusa, M.: Fabrication of microlenses by laser chemical vapor. – Appl. Opt. 29 (1990), 2755–2759.
Kuck (1973)	Kuck, D. et alt.: Measurement of Parallelism in Ordinary FORTRAN Programs, Sagamore Conference on Parallel Processors, Sagamore, N. Y.
Kufner (1995)	Kufner, M.; Kufner, S.; Chavel, P.; Frank, M.: Monolithic integration of microlens arrays and fiber holder arrays in poly(methyl methacrylate) with fiber self-centering. – Opt. Lett. 20 (1995), 276–278.
Kuhlow	Kuhlow, B.: OFDM-Vermittlung mit 3D-Raumstufen, Teilvorhaben "Holografisch-optische Elemente für optische Verbindungsnetzwerke" .– Jahresbericht Heinrich-Hertz-Institut Berlin, 27.
Kuhn (1983)	Kuhn, G.: Praxisbeispiele aus der Fertigungstechnik, Der Konstrukteur, 11, 1983.
Kuittinen (1995)	Kuittinen, M.; Herzig, H. P.; Ehbets, P.: Improvement in diffraction efficiency of gratings and microlenses with continous relief structures. – Opt. Commun. 120 (1995), 230–234.
Kumar (1994)	Kumar, A.; Whitesides, G. M.: Patterned Condensation Figures as Optical Diffraction Gratings. – Science 263 (1994), 60–62.
Kung (1989)	Kung, H.: Computational Models for Parallel Computers, Scientific Applications of Multiprocessors, Prentice Hall, Great Britain, 1–15.
Kuriyama (1991)	Kuriyama, T.; Kodama, H.; Kozono, T.; Kitahama, Y.; Morita, Y. and Hiroshima, Y.: "A 1/3 in 270'000 Pixel CCD image Sensor", IEEE Trans. Electr. Dev., Vol. 38 (5), pp. 949–953.
Kushner (1982)	Kushner, T.; Wu, A.; Rosenfeld, A.: Image Processing on ZMOB, IEEE Transactions on Computers, Vol. C 31, No. 10, Oct. 1982, 943–951.
L Edit	für Pcs, Tanner Research Inc., 180 N. Vinedo Avenue. USA Pasadena, CA 91107, Tel. (818) 792–3000, FAX (818) 792 0300.
Lang (1989)	Lang, B.: Ein paralleles Transputersystem zur digitalen Bildverarbeitung mit schneller Pipelinekopplung, 11. DAGM-Symposium "Mustererkennung", Informatik Fachberichte, Springer Verlag.
Largeau (1985)	Largeau, C.; Parent, M.: Les Machines de Vision en Productique, E.T.A. (France) Straßburg 1985.
Latimer (1992)	Latimer, P.; Crouse, R. F.: Talbot effect reinterpreted. – Appl. Opt. 31 (1992), 80–89.

Lattes (1991)	Lattes, A. L.; Munroe, S. C. and Seaver, M. M.: "Ultrafast Shallow Buried Channel CCD's with Built in Drift Fields", IEEE Electr. Dev. Lett., Vol. 12, pp. 104–107.
Lay (1992)	Lay, N.: "Roboter Handling von teilgeordneten Werkstücken", Technica 9 (1992), S.29–33.
Lay (1992)	Lay, N.: "Sortieren; Bildverarbeitungssystem zur intelligenten Steuerung von Robotern bei flexiblen Fertigungssystemen", Maschinenmarkt 98 (1992), S.56–61, Würzburg.
Lay (1992)	Lay, N.: "Roboter Handling von teilgeordneten Werkstücken", Technica 9 (1992), S.29–33.
Lay (1992)	Lay, N.: "Sortieren; Bildverarbeitungssystem zur intelligenten Steuerung von Robotern bei flexiblen Fertigungssystemen", Maschinenmarkt 98 (1992), S.56–61, Würzburg.
Lee (1980)	Lee, R. B.: Performance Bounds for Parallel Processors, Ph. D. Dissertation, Computer Systems Laboratory, Stanford University, Stanford, CA.
Lee (1994)	Lee, S. H. (Ed.): Diffractive and Miniaturized Optics. – Proc. Conf. 12-13 July 1993, San Diego, SPIE Optical Engineering Press, Critical Reviews of Optical Science and Technology, Vol. CR49, 1994.
Leger (1988)	Leger, J.; Holz, M.; Swanson, G.; Veldkamp, W.: Coherent Laser beam addition: An application to binary optics technology. - Lincoln Lab J. Vol. 1 (1988), 225.
Lenz (1987)	Lenz, R.: Linsenfehlerkorrigierte Eichung von Halbleiterkameras mit Standardobjektiven für hochgenaue 3D Messungen in Echtzeit, InformatikFachberichte 149, Proc. 9. DAGM Symposium 1987, Braunschweig, Sep.29- Oct.1, Springer Berlin ISBN 3 540 1 8375 2, pp.
Lenz (1988a)	Lenz, R. und Fritsch, D.: On the Accuracy of Videometry, Proceedings of the 16th Intern. Congress of the Society of Photogrammetry and Remote Sensing, Kyoto, July 2–10, Vol. 27, Part B5, pp. 335–345.
Lenz (1988b)	Lenz, R.: Zur Genauigkeit der Videometrie mit CCD Sensoren, Informatik Fachberichte 180, Proc. 10. DAGM Symposium 1988, Zürich, 27.-29. Sep., Springer Verlag Berlin, ISBN 3 540 50280 7, pp. 179–189.
Lenz (1989)	Lenz, R.: Digitale Kamera mit CCD Flächensensor und programmierbarer Auflösung bis zu 2994 x 2320 Bildpunkten pro Farbkanal, Informatik Fachberichte 219, Proc. 11. DAGM Symposium 1989, Hamburg, 2.-4. Okt., Springer Verlag Berlin, ISBN 3 540 51 748 0, pp.
Lenz (1989)	Lenz, R.: Gewinnung von Bilddaten mit CCD Sensoren in der Videometrie, aus Ahlers 1989.
Lenz (1989)	Lenz, R.; Gewinnung von Bilddaten mit CCD-Sensoren in der Videometrie aus Ahlers 1989, S. 8.1–8.13.
Lenz (1990)	Lenz, R.; Lenz, U.: Calibration of a color CCD camera with 3000*2300 picture elements, ISPRS Symposium Com. V. Close Range Photogrammetry meets Machine Vision, Zürich, Proc. SPIE 1395, pp. 104–111.
Lenz (1990)	Lenz, R.; Lenz, U.: New developments in high resolution image acquisition with CCD area sensors, Optical 3D Measurement Techniques II, Wichmann Verlag, Karlsruhe 1993, pp. 53–62.

Liau (1994)	Liau, Z. L.; Muli, D. E.; Dennis, C. L.; Williamson, R. C.; Waarts, R. G.: Large-numerical-aperture microlens fabrication by one-step etching and mass transport smoothing. – Appl. Phys. Lett. 64 (1994), 1484–1486.
Liau (1994)	Liau, Z. L.; Walpole, J. N.; Mull, D. E.; Dennis, C. L.; Missaggia, L. J.: Accurate fabrication of anamorphic microlenses and efficient collimation of tapered unstable-resonator diode lasers. – APL 64 (1994), 3368–3370.
Loral Fairchild	Loral Fairchild Imaging Sensor 1801 McCarthy Blvd., Milpitas, CA 95035, USA.
Luhmann (1987)	Luhmann, T.: On Geometric Calibration of Digitized Video Images of CCD Arrays, as Beyer 87, pp. 35–47.
Lutz (1983)	Lutz, E.; Tröndle, K.: Systemtheorie der optischen Nachrichtentechnik, Oldenbourg Verlag 1983.
MacFarlane (1994)	MacFarlane, D. L.; Narayan, V.; Tatum, J. A.; Cox, W. R.; Chen, T.; Hayes, D. J.: Microjet Fabrication of Microlens Arrays. – IEEE Photonics Technol. Lett. 6 (1994), 1112–1114.
MacFarlane (1994)	MacFarlane, D. L.; Narayan, V.; Tatum, J. A.; Cox, W. R.; Hayes, D. J.: Microlens arrays manufactured by microjets. – 10th Interdisciplinary Laser Science Conf. ILS-X Oct. 2-7, (1994) DallasTexas, TuS1.
Madelbrot (1983)	Madelbrot, B. B.: The Fractal Geometry of Nature Freeman and Company 1983.
Mahowald (1991)	Mahowald, M. A. und Mead, C.: "The Silicon Retina", Scientific Amerisan, Mai 1991, pp. 40–46.
Mak (1986)	Mak, A. A.; Mitkin, V. M.; Petrovsky, G. P.: Formation of gradient refractive index of glass by laser radiation. Dok. Akad. Sci. USSR 287 (1986), 845–849.
Malz (1988)	Malz, R.: Der Einsatz schneller Beleuchtungsoperationen für die robuste Merkmalsextraktion und Segmentierung in der industriellen Objekterkennung und Qualitätsprüfung, 10. DAGM Symposium, Zürich, Informatik Fachher. 180, Springer.
Malz (1989)	Malz, R.: "Adaptive Light Encoding for 3D Sensing with Maximum Measurement Efficiency", 11. DAGM Symposium Hamburg, Informatik Fachberichte 219, Springer Verlag.
Malz (1989)	Malz, R.: "Adaptive Light Encoding for 3D Sensing with Maximum Measurement Efficiency", 11. DAGM Symposium Hamburg, Informatik Fachberichte 219, Springer Verlag 1989.
Marko (1982)	Marko, H.: Methoden der Systemtheorie, Springer Verlag, Berlin, ISBN 3 540 11457 2.
Marr (1982)	Marr, D.: VISION, A Computational Investigation into Human Representation and Processing of Visual Information W. H. Freeman and Co. 1982.
Matsunaga (1991)	Matsunaga, Y. and Ohsawa, S.: "A 1/3 inch Interline Transfer CCD Image Sensor with a Negative Feedback Type Charge Detector", IEEE J. Solid State Circ., Vol. 26, pp. 1902–1906.
Matsushima (1995)	Matsushima, I.; Tomie, T.; Matsumoto, Y.; Okuda, I.; Miura, E.; Yashiro, H.; Takahashi, Eiichi; Owadano, Y.: Two-dimensional beam smoothing by broadband random-phase irradiation. – Opt. Comm. 120 (1995), 299–302.

Mattos (1986)	Mattos, Ph.: Program Design for Concurrent Systems, INMOS, Technical Note 5, INMOS, Bristol, Great Britain.
Mc Clelland (1986)	Mc Clelland, J. L.; Rumelhard, D. E.; Parallel Distributed Processing Volume 2: Psychological and Biological Methods MIT Press 1986.
Melchior (1984)	Melchior, K. W.; Pavel, G.; Optische Sensoren zur Automatisierung der Qualitätsprüfung, wt Zeitschrift für industrielle Fertigung 74, 1984, 475–478.
Mendlovic (1993)	Mendlovic, D.: Three-dimensional image sensing based on a zoneplate array. – Opt. Commun. 95 (1993), 26–31.
Mengel (1982)	Mengel, P.: Measuring and Alignment System through Random Access Image Processing Proc., 6th International Congress on Pattern Recognition, EEE, 1982.
Microlens Arrays (1993)	Microlens Arrays, Topical Meeting, 13-14 May 1993, National Physical Laboratory, Teddington, UK, in: Pure Appl. Opt. 3 (1994).
Microlens Arrays (1995)	Microlens Arrays, Topical Meeting, 11-12 May 1995, National Physical Laboratory, Teddington, UK.
Mihailov (1993)	Mihailov, S.; Lazare, S.: Fabrication of refractive microlens arrays by excimer laser ablation of amorphous Teflon. –Appl. Opt. 32 (1993), 6211–6218.
Morphological	Morphological Sampling Theorem
Motamedi (1994)	Motamedi, M. E.; Andrews, A. P.; Gunning, W. J.; Khoshnevisan, M.: Miniaturized micro-optical scanners. – Opt. Eng. 33 (1994), 3616–3623.
Motamedi (1994)	Motamedi, M. E.: Micro-opto-electro-mechanical systems. – Opt. Eng. 33 (1994), 3505–3517.
Motamedi (1995)	Motamedi, M. E.; Beiser, L. (Eds.): Micro-Optics / Micromechanics and Laser Scanning and Shaping. – Photonics West, 4-10 February 1995, San Jose, in: – SPIE Vol. 2383, (1995).
Mueller (1969)	Mueller, C. G.; Rudolph, M.: Licht und Sehen, Rowohlt Verlag 1969.
Müller (1982)	Müller, X.: Schnelle translationsinvariante Transformation zur Bearbeitung digitaler Grauwertbilder, Fortschrittberichte (Reihe 10, Nr. 7), VDI-Verlag 1982.
Müssigmann (1989)	Müssigmann, U.; Rueff, M.: Verfahren zur Analyse von Texturen aus Ahlers 1989.
Müssigmann (1989b)	Müssigmann, U.: DAGM Tagung, Hamburg 1989.
Musterverarbeitende	Musterverarbeitende Systeme in der Prüf- und Robotertechnik, 7. DAGMSymposium Erlangen, September 1985, Hrsg.: H. Niemann, Springer Verlag.
N. N.(1986)	N. N.: Optisches Tastsystem erweitert den Einsatzbereich der Koordinatenmesstechnik, Feinwerktechnik & Meßtechnik 94, S. 41–42.
N. N., (1987)	N. N.: Solid State Image Sensors and Peripheral Integrated Circuits, Philips Export B.V. 1987.
N.N. (1987)	N.N.: Solid-Stat Image Sensors and Peripheral Integrated Circuits, Philips Export B.V. 1987.
Nagel (1987)	Nagel, H. H.: Principles of (low level) Computer Vision, Fundamentals in computer understanding: speach & vision (ed. J.P. Haton), Cambridge University Press, Great Britain, 113–139.
Naumann (1992)	Naumann, H.; Schröder, G.: Bauelemente der Optik. – Carl Hanser Verlag, München/Wien 1992, S. 110.

Negoita	Negoita, C. V.: Expert Systems and Fuzzy Systems, The Benjamin/ Cummings Publishing Company, Inc.
Neumann (1988)	Neumann, H. J.; u.a.: CNC Koordinatenmeßtechnik, Kontakt & Studium, Band 172, Expert Verlag, Ehningen.
Neumann (1988)	Neumann, H. J.: Genauigkeitskenngrößen für Drehtische auf Koordinatenmeßgeräten, Qualität & Zuverlässigkeit 33, S. 523–528.
Nguyen (1982)	Nguyen, R. T.: Space Filling Curves ancl Texture Analysis, Proc. of 6th international Conf. of Pattern Recognition, München 1982.
Niederdrenk (1982)	Niederdrenk, K.: Die endliche Fourier und Walsh Transformation mit einer Einführung in die Bildverarbeitung, Vieweg & Sohn, Braunschweig/ Wiesbaden, 1982.
Niemann (1981)	Niemann, H.: Pattern Analysis, Springer Series in Information Science, vol. 4. Springer Verlag 1981.
Niemann (1983)	Niemann, H.: Klassifikation von Mustern, Springer Verlag 1983.
Nishi (1994)	Nishi, N.; Jitsuno, T.; Tsubakimoto, K.; Nakatsuka, M.; Nakai, S.: Improvement of the laser beam profile of the multi-lens array using Ji
Nussbaumer	Nussbaumer, H. J.: Fast Fourier Tranform and Convolution Al gorithms, Springer Series in Information Sciences, Ed.
Oda (1989)	Oda, E.; Nagano, K.; Tanaka, T.; Mutoh, N. and Orihara, K.: "A 1920(H)x1035(V) Pixel High Definition CCD Image Sensor", IEEE J. Solid State Circ., Vol. 24 (3), pp. 711–717.
Ogata (1989)	Ogata, S.; Sekii, H.; Maeda, T.; Goto, H.; Yamashita, T.; Imanaka, K.: Microcollimated laser diode with low wavefront aberration. – IEEE Photonics Technology 11 (1989), 354–355.
Ogata (1994)	Ogata, S.; Ishida, J.; Sasano, T.: Optical sensor array in an artificial compound eye. – Opt. Eng. 33 (1994), 3649–3655.
Ohba (1980)	Ohba, S.; Nakai, M.; Ando, H.; Hanmura, S.; Shimada, S.; Satoh, K.; Takahashi, K.; Kubo, M. and Fujita, T.: "MOS Area Sensor: Part II - Low Noise MOS Area Sensor with Antiblooming Photodiodes", IEEE J. Solid State Circ., Vol. 15 (4), pp. 747–752.
Optical Glass (1986)	Optical Glass, Schott Glass, Technologies Inc. 1986.
Optik (1988)	BI Lexikon: Optik, VEB Bibliographisches Institut 1988.
Orbit Semiconductor	Orbit Semiconductor Inc., c/o Eurocomp/E1, GmbH, Friedberg/H.
Ozaki (1989)	Ozaki, Y.; Takamoto, K.: Cylindrical fly's eye lens for intensity redistribution of an excimer laser beam. –Appl. Opt. 28 (1989), 106–110.
Ozaktas (1994)	Ozaktas, H. M.; Urey, H.; Lohmann, A. W.: Scaling of diffractive and refractive lenses for optical computing and interconnections. –Appl. Opt. 33 (1994), 3782–3789.
Passon (1996)	Passon, C.; Moisel, J.; McArdle, N.; Eckert, W.; Brenner, K.-H.; Kuijk, M.; Heremans, P.: –Appl. Opt. 35 (1996), 1205–1211.
Pavel (1982)	Pavel, G.: Längenmeßgeräte mit optischer Werkstückantastung, VDI Berichte 448, 1982.
Peipmann (1975)	Peipmann, R.: Grundlagen der technischen Erkennung, VEB Verlage Technik, 1975.
Person (1977)	Person, E.; King/Suns, F.: Shape Discrimination Using Forier Descriptors, EEE Trans on Systems, Man and Cybernetics, vol. SMC 7, Nr. 3, März 1977.
Pfeifer (1981)	Pfeifer, T.; Jobs, G.; Schwerhoff, U.: Halbleiterkameras übernehmen Ablesefunktionen an Profilprojektoren, F + M, 89 1981, 7.

Phillips (1991)	Phillips, N. J.; Barnett, Ch. A.: Micro-optic studies using photopolymers. – Proc. SPIE Vol. 1544 (1991), 10–21.
Platzer (1988)	Platzer, H.: Personal Communication at the author's institution.
Poitz (1993)	Poitz, H.: Die UMK SCAN von Carl Zeiss Jena, ein neues System für die digitale Industrie Photogrammetrie, Tagungsband zur DGPF Jahrestagung 1992 in Jena, DGPF, Berlin 1993.
Polychronopoulos (1988)	Polychronopoulos, C. D.: Compiler Optimizations for Enhancing Parallelism and Their Impact on Architecture Design, IEEE Transactions on Computers, Vol. 37, No. 8, 991–1004.
Popovic (1988)	Popovic, Z. D.; Sprague, R. A.; Neville Connell, G. A.: Technique for monolithic fabrication of microlens arrays. – Appl. Opt. 27 (1988), 1281–1284.
Pratt (1978)	Pratt, W. K.: Digital Image Processing, J. Wiley, Inc. 1978.
Pratt (1981)	Pratt, W. K.; Fangeras, O. D.; Gagalowicz, A.: Applications of Stochastic Field Models to Image Processing, Proceedings of the IEEE, pp. 542–551, May 1981.
Preston (1981)	Preston, K. (JR): Image Processing Software, a Survey in Progress in Pattern Recognition, vol. 1, Edited by L.N. Kanal A. Rosenfeld, North Holland, 1981.
Preston (1983)	Preston, K. Jr.: Progress in Image Processing Languages, (Computing Structures for Image Processing, Academic Press, London, 195–211.
Preston (1986)	Preston, K. Jr.: Benchmark Results, Evaluation of Multicomputers for Image Processing, L. Uhr et alt (ed.), Academic Press, Cambridge MA, USA, 23–54.
Preston (1989)	Preston, K. Jr.: The Abingdon Cross Benchmark Survey, IEEE Computer, Vol. 22, No. 7, July, 9–18.
Pritchard (1987)	Pritchard, D. et alt.: Practical Parallelism Using Transputer Arrays, Parallel Architectures and Languages Europe, Vol. 1, Parallel Architectures, Springer, 278–294.
Pugh (1983)	Pugh, A.: Robot Vision - International Trends in Manufacturing, Technik, IFS Publ. Ltd. & Springer Verlag 1983.
Raabe (1988)	Raabe, U.; Lobjinski, M.; Horn, M.: Verbindungsstrukturen für Multiprozessoren, Informatik Spektrum, 11/1988, S. 195–206.
Rabiner (1975)	Rabiner, L. R.; Gold, B.: Theory and Application of Digital Signal Processing, Prentice Hall.
Raj (1995)	Raj, K.; Athale, R. A.: Apodized pixel lenses in compact shadowcasting correlators. – Appl. Opt. 34 (1995), 1951–1956.
Rauh (1988)	Rauh, W.; Schreiber, L.; Koch, K. P.: Kombination optischer und mechanischer Antastung in der Koordinatenmeßtechnik, VDI Berichte Nr. 711, S. 153–165.
Raynor (1990)	Raynor, J. M. and Seitz, P.: "The Technology and Practical Problems of Pixel Syncrhonous CCD Data Acquisition for Optical Metrology Applications", Proc. SPIE, Vol. 1395, pp. 96–103.
Rechsteiner (1992)	Rechsteiner, M.: "Fast and precise 3D sensor insensitive to ambient lighting" submit to Optics, Illumination and Image Sensing for Machine Vision VII, Conference Chair: D. J. Svetkoff.
Rechsteiner (1992)	Rechsteiner, M.: "Fast and precise 3D sensor insensitive to ambient lighting" submit to Optics, Illumination and Image Sensing for Machine Vision VII, Conference Chair: D. J. Svetkoff, 1992.

Reichl (1994)	Reichl, H.; Heuberger, A., (Eds.): Micro System Technologies '94, 19–21 October 1994, Berlin.
Reichle (1989)	Reichle, H.: Halbleitersensoren, Expert Verlag, 1989.
Reitboeck (1969)	Reitboeck, H.; Brody, T. P.: A Transformation with Invarance under Cyclic Permutation for Applications in Pattern Recognition, Information and Controll 15, pp. 130–154, 1969.
Renshaw (1990)	Renshaw, D.; Denyer, P. B.; Wang, G. and Lu, M.: "ASIC Vision", Proc. IEEE 1990, Custom Integrated Cirsuits Conf, pp. 7.3.1.7.3.4.
Richard (1974)	Richard, C. W.; Hooshang, J. R.: Identification of Three-Dimensional Object Using Fourier Descriptors of the Boundary Curve, IEEE Trans. on Systems, Man and Cybernetics, vol. SMC 4, Nr. 4, July 1974.
Richards (1989)	Richards, J. A.: Remote Sensing Digital Image Analysis, Springer Verlag, 1986.
Richter (1993)	Richter, U.: Hardwarekomponenten für die Bildaufnahme mit höchster örtlicher Auflösung, Tagungsband zur DGPF Jahrestagung 1992 in Jena, DGPF, Berlin 1993.
Riechmann (1989)	Riechmann, W.: "Hochauflösende digitale Objekterfassung mit Hilfe einer Reseau Scanning Came" in Optical 3 D Measurement Techniques, A. Gruen und H. Kahmen (Eds.), Herbert Wichmann Verlag, Karlsruhe, 1989.
Riechmann (1992)	Riechmann, W.: Hochgenaue photogrammetrische on line Objekterfassung, Dissertation Braunschweig, 1993.
Roberts (1992)	Roberts, N. C.; Kirk, A. G.; Hall, T. J.: Binary phase gratings for hexagonal array generation. – Opt. Commun. 94 (1992), 501–505.
Robot Work Cell (1992)	Proceedings of the 1992 IEEE/RSJ International Conference on Intelligent Robots and Systems, Raleigh, USA, 1992.
Robotics-Handbuch (1987)	ROBOTICS Handbuch der modernen Datenverarbeitung, Forkel Verlag, Heft 134, 1987.
Rohrbach (1995)	Rohrbach, A.; Brenner, K.-H.: Surface-relief phase structures generated by light-initiated polymerization. – Appl. Opt. 34 (1995), 4747–4754.
Rose (1995)	Rose, T. S.; Hinkley, D. A.; Fields, R. A.: Efficient Collection and Manipulation of Laser Diode Output Using Refractive Micro-optics. – SPIE Vol. 2383 (1995), 273–277.
Rosenfeld (1969)	Rosenfeld, A.: Picture Processing by Computer Academic Press 1969.
Rosenfeld (1976)	Rosenfeld, A.; Kak, A. C.: Digital Picture Processing Vol. 1 Academic Press 1976.
Rosenfeld (1982)	Rosenfeld, A.; Kak, A. C.: Digital Picture Processing Vol. 2 Academic Press 1982.
Rosenfeld (1987)	Rosenfeld, A.: Computer Architectures for Machine Vision. Machine Vision (ed. H. Freeman), Academic Press, Inc., 97–101.
Rueff (1985)	Rueff, M.; Melchior, K. W.: BILDLIB, The Image Analysis Software at IPA, Journal of Roboter Systems 2 (2), 179–198, 1985.
Rueff (1985)	Rueff, M.; Melchior, K. W.; Schraft, R. D.:
Rueff (1988)	Rueff, M.: Unschreibbares wird klassifiziert, Industrieanzeiger 33, 1988.
Rüger (1978)	Rüger, Pietschner, Regensburger: Photogrammetrie - Verfahren und Geräte, VEB Verlag für Bauwesen, Berlin 1978.

Rumelhard (1986)   Rumelhard, D. E.; Mc Clelland, J. L.: Parallel Distributed Processing Volume 1: Foundations MIT Press 1986.

Sagerer (1985)   Sagerer, G.: Darstellung und Nutzung von Expertenwissen für ein Bildanalysesystem, Springer-Verlag 1985.

Sato (1987)   Sato, K.; Inokuchi, S.: Rangelmaging System Utilizing Nematic Liquid Crystal Mask, Proc. 1st Intern. Conf. on Computer Vision, London.

Schenker (1990)   Schenker, P. S. (Ed.): Conference on "Active Vision", in Proc. SPIE, Vol. 1198.

Schmalfuß (1989)   Schmalfuß, H.: In Process Oberflächeninspektion mit Laserscan und CCD Kamera Systemen aus Ahlers (1989).

Schmid (1990)   Schmid, S.; Sieger, E.; Lay, N.: "Gut zugeführt; Flexibles bereitstellen von Werkstücken in zeitgemäßen Einrichtungen für die Montage", Maschinenmarkt 98, S. 106–112, Würzburg.

Schmid (1992)   Schmid, S.; Sieger, E.; Lay, N.: "Gut zugeführt; Flexibles bereitstellen von Werkstücken in zeitgemäßen Einrichtungen für die Montage", Maschinenmarkt 98 (1992), S.106–112, Würzburg.

Schmutz (1989)   Schmutz, M.: Neuronale Netzwerke aus Ahlers (1989a).

Schröder (1977)   Schröder, G.: Technische Optik, Vogel Verlag, 1977.

Scott (1992)   Scott, G.; Henry, K.: Excimer laser processing of aerospace alloys. – SPIE Vol. 1835 Excimer Lasers (1992), 119–126.

Segen (1989)   Segen, J.: From Features to Symbols: Learning Relational Models of Shape aus Simon (1989).

Seitz (1986)   Seitz, G.; Tiziani, H. J.; Litschel, R.: 3 D Koordinatenmessung durch optische Triangulation, Feinwerktechnik & Meßtechnik 94, 7, S. 423–425.

Seitz (1988)   Seitz, P.: "Optical Superresolution using Solid State Cameras and Digital Signal Processing", Opt. Eng. 27, 535.

Seitz (1989)   Seitz, P. und Raynor, J. M.: "Optische Überauflösung mit CCD Kameras und digitaler Signalverarbeitung", OptEcal 3 D Measurement Techniques, pp. 35–46, A. Gruen und H. Kahmen (Hrsg.), Herbert Wichmann Verlag, Karlsruhe.

Seitz (1989)   Seitz, P.: Halbleiter Bildsensoren für jedermann aus Ahlers 1989.

Seitz (1989)   Seitz, P.: Halbleiter-Bildsensoren für jedermann aus Ahlers 1989, S. 5.1–5.12.

Seitz (1995)   Seitz, J. P.; Spirig, T.; Vietze, O. and Engelhardt, K.: "Smart sensing using custom photo ASICs and CCD technology", Optisal Engineering, to be published in the topival issue „Optics in Switzerland", July/August 1995.

Selen (1988)   Selen, W. von; Shaw, G.; Leinhos, U. M.: Organization of Neural Networks - Structures and Models VCH Verlagsgesellschaft mbH 1988.

Senn (1987)   Senn, E.; Zumbrunn, R.: "Dreidimensionale Multipunktmessung mit strukturiertem Licht", Technische Rundschau Nr.41/1987.

Serra (1982)   Serra, J.: Image Analysis and Mathematical Morphology, Academic Press.

Shannon (1949)   Shannon, C. E., Weaver, W.: Mathematical Theory of Communication, University of Illinois Press.

Shaw (1990)   Shaw, D. J.; King, T. A.: Densification of sol-gel silica glass by laser irradiation. Proc. SPIE 1328 (1990), 474–481.

Shimada (1994)	Shimada, J.; Ohguchi, O.; Sawada, R.: Focusing Characteristics of a Wide-Striped Laser Diode Integrated with a Microlens. – J. Lightwave Technol. 12 (1994), 936–942.
Shiray (1987)	Shiray, Y.: Three Dimensional Computer Vision, Springer Verlag 1987.
Sietmann (1992)	Sietmann, R.: Mikrooptik in der Kommunikationstechnik. - Phys. Bl. 48 (1992), 894ff.
Simon (1989)	Simon, J. C.: From Pixels to Features, Elsevier Science Publishers 1989.
Simonyi (1972)	Simonyi, K.: Physikalische Elektronik B. G., Teubner Verlag 1972.
Singer (1995)	Singer, W. R.: Entwicklung und experimentelle Überprüfung nichtparaxialer Wellenausbreitungsmethoden zur Analyse mikrooptischer Komponenten. – Dissertation, Friedrich-Alexander-Universität Erlangen-Nürnberg, Erlangen 1995.
Singer (1995)	Singer, W.; Testorf, M.; Brenner, K.-H.: Gradient-index microlenses: numerical investigation of different spherical index profiles with the wave propagation method. – Appl. Opt. 34 (1995), 2165–2171.
Sinzinger (1995)	Sinzinger, S.; Brenner, K.-H.; Moisel, J.; Spick, T.; Testorf, M.: Astigmatic gradient-index elements for laser-diode collimation and beam shaping. – Appl. Opt. 34 (1995), 6626–6632.
Slevogt (1974)	Slevogt, H.: Technische Optik. – Walter de Gruyter, Berlin 1974, 261–272.
Snyder (1989)	Snyder, M. A.: Optics and Lighting for Inspection aus Ahlers 1989b.
Snyder (1993)	Snyder, J. J.: Cylindrical micro-optics. – Miniature and Micro-Optics and Micromechanics, 14–15 July 1993, San Diego, in: SPIE Vol. 1992 (1993), 235–238.
Snyder (1993)	Snyder, J. J.; Cable, A. E.: Cylindrical microlenses improve laser-diode beams. – Laser Focus World Febr. 1993, 97–100.
Sony (1987)	Sony, Semiconductor IC, Data Book, Video Cameras & VTRs.
Stahs (1988)	Stahs, T.: "3D Sensorsysteme in der Robotik", Tagung "Automatisierung mit Industrierobotern" des Instituts für angewandte Mikrotechnik der UNI Braunschweig, Oktober.
Stahs (1988)	Stahs. T.: "3D Sensorsysteme in der Robotik", Tagung "Automatisierung mit Industrierobotern" des Instituts für angewandte Mikrotechnik der UNI Braunschweig, Oktober 1988.
Stahs (1990)	Stahs, T.; Wahl, F.: "Oberflächenvermessung mit einem 3D Roboter sensor", Zeitschrift für Photogrammetrie und Fernerkundung (ZPF), Nr. 6, S. 190–202.
Stahs (1990)	Stahs, T.; Wahl, F.: Fast and Robust Range Data Acquisition in a Low Cost Environment, Proceedings of the ISPRS Symposium "Close Range Photogrammetry Meets Machine Vision", Zürich 1990.
Stahs (1990)	Stahs, T.; Wahl, F.: "Oberflächenvermessung mit einem 3D Robotersensor", Zeitschrift für Photogrammetrie und Fernerkundung (ZPF), Nr. 6, 1990, S.190–202.
Stahs (1990)	Stahs, T.; Wahl, F.: Fast and Robust Range Data Acquisition in a Low-Cost Environment, Proceedings of the ISPRS Symposium "Close Range Photogrammetry Meets Machine Vision", Zürich 1990.
Stahs (1992)	Stahs, T.; Wahl, F.: "Fast and Versatile Range Data Acquisition in a Robot Work Cell", Proceedings of the 1992 IEEE/RSJ International Conference on Intelligent Robots and Systems, Raleigh, USA.

Stahs (1992)   Stahs, T.; Wahl, F.: "Object Recognition and Pose Estimation with a Fast and Versatile 3D Robot Sensor", Proceedings of the 11th IAPR International Conference on Pattern Recognition, The Hague, Netherlands.

Stahs (1992)   Stahs, T.; Wahl, F.: "Fast and Versatile Range Data Acquisition in a.

Stahs (1992)   Stahs, T.; Wahl, F.: "Object Recognition and Pose Estimation with a Fast and Versatile 3D Robot Sensor", Proceedings of the 11th IAPR International Conference on Pattern Recognition, The Hague, Netherlands, 1992.

Standley (1991)   Standley, D. L. und Horn, B. K. P.: "An Object Position and Orientation IC with Embedded Imagerota, Proc. Intl. Solid State Circ. Conf '91, pp. 38–39.

Steinmetz (1987)   Steinmetz, R.: OCCAM 2 - Die Programmiersprache für parallele Verarbeitung, Dr.Alfred Hüthig Verlag GmbH 1987.

Stern (1994)   Stern, M. B.; Jay, T. R.: Dry etching for coherent refractive microlens arrays. – Opt. Eng. 33 (1994), 3547–3551.

Sternberg (1980)   Sternberg, S. R.: Language and Architecture for Parallel Image Prozessing, Proceedings of the Conference on Pattern Recognition in Practice, Amsterdam May 21–23, 1980; North Holland.

Stevens (1991)   Stevens, E. G.; Burkey, B. C.; Nichols, D. N.; Yee, Y. S.; Losee, D.L.; Lee, T.; Tredwell, T. J. and Khosla, R. P.: "Al Megapixel, Progressive Scan Image Sensor with Antiblooming Control and Lag Free Operation", IEEE Trans. Electr. Dev., Vol. 38 (5), pp.

Stone (1971)   Stone, H. S.: Parallel Processing with the Perfect Shuffle, IEEE Trans. Comp., Vol. C 20, Febr. 1971, 153–161.

Stone (1987)   Stone, H. S.: High Performance Computer Architecture Addison, Wesley Publication Company 1987.

Strahlungsfeste   Strahlungsfeste diffraktive Optiken durch mikrogalvanische Abformung. – Laser und Optoelektronik 27 (1995), 54–61.

Strand (1971)   Strand, T. C.: Optical Three Dimensional Sensing for Machine Vision, Optical Engineering 24 (1985), S. 33–40.

Streibl (1991)   Streibl, N.; Nölscher, U.; Jahns, J.; Walker, S.: Array generation with lenslet arrays. – Appl. Opt. 30 (1991), 2739–2742.

Stroustrup (1987)   Stroustrup, B.: The C++ Programming Language, Addison Wesley Publishing Company, Reading (Massachusetts), Amsterdam.

Strutz (1992)   Strutz, T.; Riechmann, W.; Stahs, T.: "Tiefendatengewinnung mit dem Codierten Lichtansatz - Einsatzmöglichkeiten in der Automobilindustrie", Querschnittseminar Bildverarbeitung der Deutschen Gesellschaft für Zerstörungsfreie Prüfung e.V. Berlin, 1992.

Strutz (1993)   Strutz, T.: Ein genaues aktives optisches Triangulationsverfahren zur Oberflächenvermessung, Dissertation TU Magdeburg.

Strutz (1993),   Strutz, T.; Riechmann, W.; Stahs, T.: "Tiefendatengewinnung mit dem Codierten Lichtansatz - Einsatzmöglichkeiten in der Automobilindustrie", Querschnittseminar Bildverarbeitung der Deutschen Gesellschaft für Zerstörungsfreie Prüfung e.V. Berlin.

Strutz (1993)   Strutz, T.: Ein hochgenaues optisches Triangulationsverfahren zur Oberflächenvermessung, Dissertation TU Magdeburg 1993.

Suda (1992)   Suda, H.; Hanabusa, M.: Fabrication of microlenses by laser-induced vaporization. – Applied Optics 31 (1992), 5388–5390.

Sugimura (1987)   Sugimura, A.; Fukuda, Y.; Hanabusa, M.: Selective area deposition

	of silicon-nitride and silicon-oxide by laser chemical vapor deposition and fabrication of microlenses. – J. Appl. Phys. 62 (1987), 3222–3227.
Talbot	Talbot, H. F.: Facts relating to optical science No. IV. - Philos. Mag. 9 (1836), 401–407.
Tanigami (1989)	Tanigami, M.; Ogata, S.; Aoyama, S.; Yamashita, T.; Imanaka, K.: Low-wavefront aberration and high-temperature stability molded micro fresnel lens. – IEEE Photonics Technology 1 (1989), 384–385.
Tanner (1991)	Tanner, J. und Luo, J.: "A siegle chip imager and feature extractor", Proc. SPIE., Vol. 1473, pp. 76–87.
Tatari (1988)	Tatari, S.; Paul, D.: Verfahren und Geräte zur schnellen automatischen Prüfung texturierter Oberflächen, Technisches Messen, Heft 12, 1988.
Terwissen (1988)	Terwissen, B.: Grundsatzuntersuchungen zum Einsatz von Industrie-Robotern in der Fertigungsmeßtechnik - Möglichkeiten und Grenzen, Dissertation, WZL Aachen, 1988.
Thomson (1983)	Thomson: Datenblatt TEV 35, TH7861, CCD Bildsensor in Matrixform.
Thurn (1984)	Thurn, G.: Automatisierte Oberflächenprüfung durch rechnergestütztes Messen der Streulichtverteilung, Dissertation TU Berlin, 1984.
Tiziani (1987)	Tiziani, H. J.: Rechnerunterstützte Laser Meßtechnik, Technisches Messen tm 54.
Tiziani (1988)	Tiziani, H. J.: Automatisierung der optischen Qualitätsprüfung, Technisches Messen 55, S. 481–491.
Tiziani (1989a)	Tiziani, H. J.: Optische Abstandsmessung mit hoher örtlicher Auflösung, Microwaves and Optronics '89, Conf. Proceedings, Network GmbH.
Tiziani (1989b)	Tiziani, H. J.: Optical Methods for Precision measurements, Optical and Quantum Electronics 21, 253–282.
Tiziani (1994)	Tiziani, H. J.; Uhde, H.-M.: Three-dimensional analysis by a microlens-array confocal arrangement. – Appl. Opt. 33 (1994), 567–572.
Tooley (1995)	Tooley, F. A. P.; Prince, S. M.; Taghizadeh, M. R.; McCormick, F. B.; Derstine, M. W.; Wakelin, S.: Implementation of a hybrid lens. – Appl. Opt. 34 (1995), 6471–6480.
Tou (1984)	Tou, I. T.; Gonzales, R. C.: Pattern Recognition Principles, Addison Wesley, Reading, London, Sydney, Tokyo, 1974.
Transputer Instruction (1988)	Transputer Instruction Set, A compiler writer s guide Prentice Hall 1988.
Transputer Reference (1988)	Transputer Reference Manual, Prentice Hall 1988.
Tseng	Tseng, H. F.; Ambrose, J. R.; Fattahi, M.: Evolution of the Solid State Image Sensor, Journal of Imaging Science, Vol. 28 (1)
Tseng	Tseng, H. F.; Ambrose, J. R.; Fattahi, M.: Evolution of the Solid-State Image Sensor Journal of Imaging Science, Vol. 28 (1).
Uhr (1987)	Uhr, L.: Parallel Computer Vision, Academic Press, Boston.
Unger (1958)	Unger, S. H.: A Computer Toward Spatial Problems, Proceedings IRE, Vol. 46, 1744–1750.
VARISENSOR	DALSA Inc., 550 Parkside Dr., Waterloo, Ontario, Canada N2L 5V4.
VDI/VDE (1985)	Automatisierte Sichtprüfung - Beschreibung der Prüfaufgabe VDI/VDE Richtlinie 2628, Entwurf 1985.

Veiko (1986)	Veiko, V. P.; Predko, K. G.; Volkov, V. P.; Skiba, P. A.: Laser formation of micro-optical elements based on glass-ceramics materials. Dok. Akad. Sci. USSR 287 (1986), 845–849.
Veiko (1990)	Veiko, V. P.; Yakovlev, E. B.; Kostyuk, G. K.; Fomichev, P. A.; Chuiko, V. A.; Kozhukharov, V. S.: New Technology of optical components based on local laser thermo-consolidation of porous glasses and coats. Proc. SPIE 1328 (1990), 201–205.
Veiko (1991)	Veiko, V. P.; Yakovlev, E. B.; Frolov, V. V.; Chuiko, V. A.; Kromin, A. K.; Abbakumov, M. O.; Shakola, A. T.; Fomichev, P. A.: Laser heating and evaporation of glass and glass-borning materials and its application for creating MOC. Proc. SPIE 1544 (1991),
Veiko (1994)	Veiko, V. P.; Yakovlev, Y. B.: Physical fundamentals of laser forming of micro optical components. – Opt. Eng. 33 (1994), 3567–3571.
Veldkamp (1993)	W. B. Veldkamp: Wireless Focal Planes "On the Road to Amacronic Sensors". – IEEE J. QE 29 (1993), 801–813.
Velhagen (1963)	Velhagen, K.: Tafeln zur Prüfung des Farbsinnes, Georg Thiemig Verlag 1963.
Vischer (1992)	Vischer, D.: "Cooperating Robot with Visual and Tactile Skills", Mechatronics Lab, Swiss Federal institute of Technology (ETH), Zürich Switzerland".
Vischer (1992)	Vischer, Dieter: "Cooperating Robot with Visual and Tactile Skills", Mechatronics Lab, Swiss Federal Institute of Technology (ETH), Zürich Switzerland, 1992.
Vömel (1989)	Vömel, P. G.: Rechnereinsatz in der Prüftechnik aus Warnecke 1989.
Wagh (1977)	Wagh, M. D.; Kanektar, S. V.: A Class of Triangulation Invariant Transforms, IEEE Trans. on ASSP pp. 203–205, April 1977.
Wahl (1984)	Wahl, F. M.: Research Report, "A Coded Light Approach for 3 dimensional (3D) Vision", Zürich.
Wahl (1984)	Wahl, Friedrich M.: Research Report, "A Coded Light Approach for 3-dimensional (3D) Vision", Zürich 1984.
Wahl (1984)	Wahl, F. M.: Digitale Bildsignalverarbeitung, Springer Verlag 1984.
Wahl (1986)	Wahl, F. M.: "A Coded Light Approach for Depth Map Acquisition", 8. DAGM Symposium Paderborn, 1986, Springer Verlag.
Wahl (1986)	Wahl, F.: A Coded Light Approach for Depth Map Acquisition, Mustererkennung 1986, Informatik Fachberichte 125, Springer Verlag.
Wahl (1986)	Wahl, F.: Digitale Bildsignalverarbeitung, Springer Verlag.
Wahl (1986)	Wahl, Friedrich M.: "A Coded Light Approach for Depth Map Acquisition", 8. DAGM Symposium Paderborn, 1986, Springer Verlag 1986.
Wahl (1989)	Wahl, F.M.: Digitale Bildsignalverarbeitung, Springer Verlag 1989.
Wahl (1989)	Wahl, F. M.: Digitale Bildsignalverarbeitung, Springer Verlag 1989.
Wahl (1991)	Wahl, F.: Herausgabe und Editorial des Sonderheftes "Industrielle Bildanalyse", Oldenbourg, 1/91.
Wahl (1991)	Wahl, F.: Herausgabe und Editorial des Sonderheftes "Industrielle Bildanalyse", Oldenbourg, 1/91.
Wahrnehmung (1986)	Wahrnehmung und visuelle Systeme, Spektrum der Wissenschaft, Verlagsgesellschaft mbH & Co. 1986.
Waltz (1989)	Waltz, F.: Hardware based Image Processing aus Ahlers 1989b.
Wang (1973)	Wang, P. P.; Shiau, R. C.: Machine Recognition of Printed Chinese Characters via Transformation Algorithm, Pattern Recognition, vol. 5, pp. 303–321, 1973.

Wanner (1985)	Wanner, J.: Maßkontrolle an Kunststoffteilen mit Koordinatenmeßgeräten, Kunststoffe 75, S. 824–828.
Warnecke (1982)	Warnecke, H.-J.: Rationalization in visual inspection: the task of the eighties, Sensor Review, April 1982.
Warnecke (1983)	Warnecke, H.-J.: Opto elektronische Koordinatenmeßtechnik, wt Zeitschrift für industrielle Fertigung 73, 617–622, 1983.
Warnecke (1984)	Warnecke, H.-J.; Melchior, K. W.; Kring, J.; Ahlers, R.-J.: Handbuch der Qualitätstechnik, Verlag Moderne Industrie, 1984.
Warnecke (1985)	Warnecke, H.-J.: Entwicklung der Produktionstechnik - Automatisierung, Auftragsabwicklung, Arbeitsgestaltung OZ 30 Heft 6, 1985.
Warnecke (1987)	Warnecke, H.-J.; Ahlers, R.-J.; Kim, H.-S.: Einfluß der Oberflächenrauheit auf die optische Antastung, Werkstattstechnik 77, 307–310.
Warnecke (1987b)	Warnecke, H.-J.; Melchior, K. W.: Information und Qualität, wt Werkstattstechnik 77, 1987b.
Warnecke (1987c)	Warnecke, H.-J.; Oberdorfer, B.; Rauh, W.: Flexible Prüfzellen mit bildverarbeitungsgesteuertem Prüfroboter zur Einbindung in ein CIM Konzept, WT Zeitschrift Industrielle Fertigung, 75, Heft 4,5 S. 225–228, 1987c.
Warnecke (1989)	Warnecke, H.-J.: Herausforderung Qualität, 22. IPA-Arbeitstagung, Springer Verlag 1989.
Watermann (1989)	Watermann, D.: A Guide to Expert Systems, Addison Wesley Publishing Company 1986.
Watzlawick (1976)	Watzlawick, P.: Wie wirklich ist die Wirklichkeit? R. Piper & Co. Verlag 1976.
Weems (1989)	Weems C. C., et alt: The Image Understanding Architecture, Computer Vision, Vol. 2, No. 3, January, 251–282.
Weizenbaum (1977)	Weizenbaum, J.: Die Macht der Computer und die Ohnmacht der Vernunft, Suhrkamp-Verlag 1977.
Welsh (1995)	Welsh, B. M.; Ellenbroek, B. L.; Roggemann, M. C.; Pennington, T. L.: Fundamental performance comparison of a Hartmann and a shearing interferometer wavefront sensor. – Appl. Opt. 34 (1995), 4186–4195.
Wester Ebbinghaus (1980)	Wester Ebbinghaus, W.: Photographisch numerische Bestimmung der geometrischen Abbildungseigenschaften eines optischen Systems, Optik 3/1980, pp. 253–259.
Wester Ebbinghaus (1985a)	Wester Ebbinghaus, W., Bündeltriangulation mit gemeinsamer Ausgleichung photogrammetrischer und geodätischer Beobachtungen, Zeitschrift für Vermessungswesen 3/1985, pp. 101–111.
Wester Ebbinghaus (1985b)	Wester Ebbinghaus, W.: Verfahren zur Feldkalibrierung von photo grammetrischen Aufnahmekammern im Nahbereich, DGK Reihe B, Heft Nr. 275, pp. 106–114.
Wester Ebbinghaus (1989)	Wester Ebbinghaus, W.: Mehrbild Photogrammetrie - Räumliche Triangulation mit Richtungsbündeln, Symposium Bildverarbeitung '89, Technische Akademie Esslingen. pp. 25.1–25.13
Winston (1984)	Winston, P.H.; Horn, B. K. P.: LISP, Addison Wesley Publishing Company 1984.
Winthrop (1965)	Winthrop, J. T.; Worthington, C. R.: Theory of Fresnel Images. I. Plane Periodic Objects in Monochromatic Light. – JOSA 55 (1965), 373–381.
Wolf (1983)	Wolf, H.: "Ein Beitrag zur Objekterkennung und Formprüfung in drei

Wolf (1983)	räumlichen Achsen", Dissertation, Berichte aus dem IKFF der UNI Stuttgart. Wolf, Henning: "Ein Beitrag zur Objekterkennung und Formprüfung in drei räumlichen Achsen", Dissertation, Berichte aus dem IKFF der UNI Stuttgart, 1983.
Wolf (1990)	Wolf, H.: "Strukturierte Beleuchtung zur schnellen dreidimensionalen Vermessung von Objekten", 2. Transputer Anwender Treffen TAT'90, Klinikum Aachen.
Wolf (1990)	Wolf, H.: "Strukturierte Beleuchtung zur schnellen dreidimensionalen Vermessung von Objekten", 2. Transputer Anwender Treffen TAT'90, Klinikum Aachen, 1990.
Wolf (1992)	Wolf, H.: "Schnelle 3-dimensionale Bilderfassung mit dem codierten Lichtansatz", VDI Berichte 939, S. 393–398, VDI-Verlag.
Wolf (1992)	Wolf, H.: "Schnelle 3-dimensionale Bilderfassung mit dem codierten Lichtansatz", VDI Berichte 939, S. 393–398, VDI Verlag, 1992.
Wolffenbuttel (1991)	Wolffenbuttel, R. F. and van Drieenhuizen, B. P.: "Direct Electro Optical Actuation in Silicon", IEEE Conf. Transdusers '91, pp. 286–288.
Wolffenbuttel (1991)	Wolffenbuttel, R. und De Graaf, G.: "Performance of an Integrated Silicon Colour Sensor with a Digital Output in Terms of Response to Colours in the Colour Triangle", Sensors and Actuators, A21–23, pp. 574–580.
Woodham (1978)	Woodham, R. J.: Photometric Stereo: A reflectance map technique for determining surface orientation from image intensity, SPIE 155.
Wu (1980)	Wu, C. L.; Feng, T. Y.: On a Class of Multistage Interconnection Networks, IEEE Transactions on Computers, Vol. C 29, Aug. 1980, p. 694–702.
Wu (1980b)	Wu, C. L.; Feng, T. Y.: The Reverse Exchange Interconnection Network, IEEE Transactions on Computers, Vol. C Z9, Sept. 1980b, p. 801–811.
Yalamanchili (1985)	Yalamanchili, S. and Aggarwal, J. K.: Analysis of a Model for Parallel Image Processing, Pattern Recognition, Vol. 18, No. 1, 1–16.
Yalamanchili (1985)	Yalamanchili, S. and Aggarwal, J. K.: A System Organization for Parallel Image Processing, Pattern Recognition, Vol. 18, No. 1, 17–29.
Yalamanchili (1985)	Yalamanchit, S. et alt: Image Processing Architectures: A Taxonomy and Survey. Progress in Pattern Recognition 2, Elsevier Science Publishers B.V. (North Holland), 1–37.
Yao (1978)	Yao, S. K.; Anderson, D. B.: Shadow sputtered diffraction-limited waveguide Luneburg lenses. – Appl. Phys. Lett. 33 (1978), 307–309.
Yao (1979)	Yao, S. K.; Anderson, D. B.; August, R. R.; Youmans, B. R.; Oania, C. M.: Guided-wave optical thin-film Luneburg lenses: fabrication technique and properties. – Appl. Opt. 18 (1979), 4067–4079.
Yoshida (1985)	Yoshida, O.; Endo, Y.; Egawa, Y.; Hayashimoto, Y.; Tanuma, C.; Yokoyama, K. and Harada, N.: High Resolution CCD Imager with CCD Chip Shift Operation", J. Imaging Technology, Vol. 11 (5), pp. 205–209.
Yu (1991)	Yu, FTS; Yang, X.; Yin, S.; Gregory, D. A.: Mirror-array optical interconnected neural network. – Opt. Lett. 16 (1991), 1602ff.

Zarschizky (1994)	Zarschizky, H.; Stemmer, A.; Mayerhofer, F.; Lefranc, G.; Gramann, W.: Binary and multilevel diffractive lenses with submicrometer feature sizes. - Opt. Eng. 33 (1994), 3527–3536.
Zimmer (1994)	Zimmer, K.; Bigl, F.: 3D-Strukturierung von Polymeren durch Excimerlaserablation. – 1. Int. Mittweidaer Fachtagung Qualitäts- und Informationsmanagement 1994.
Zoboli (1991)	Zoboli, M.; Bassi, P.: Experimental characterization of microlenses for WDM transmission systems. – SPIE Vol. 1506 Micro-Optics II (1991), 160–169.
Zumbrunn (1987)	Zumbrunn, R.: Automatic Fast Shape Determination of Diffuse Reflecting Objekts at Close Range, by Means of Structured Light and Digital Phase Measurement. ISPRS intercommission Conf. on Fast Processing of Photogrammetnc Data, Interlaken, Switzerland, June.

7. Glossar

ADC
Analog to Digital Converter
Eine elektronische Schaltungseinheit, die dafür sorgt, daß einlaufende analoge Signale in eine entsprechende digitale Repräsentierung gewandelt werden. Dadurch wird beispielsweise einem Spannungssignal von 10 Volt ein Digitalsignal, z.B. der Zahlenwert 255, zugeordnet.

Adresse
engl. Addresse
Ein Zahlenwert, der den Speicherplatz innerhalb eines Rechners kennzeichnet. Durch Kenntnis der Adresse kann ein Prozessor den zugehörigen Inhalt (einen Zahlenwert) auslesen und weiterbearbeiten.

ALU
Arithmetic and Logic Unit
Elektronische Schaltungen, die arithmetische (Addition, Subtraktion) und logische Verknüpfungen (UND, ODER, NAND usw.) ausführen.

ANSI
American National Standard Institute
Nationales amerikanisches Gremium zur Erarbeitung von Standards. ANSI entspricht in etwa dem deutschen DIN.

Arbeitsspeicher
siehe RAM

ARCnet
Attached Resource Computer Network
In den siebziger Jahren wurde von der Firma DATAPOINT, Texas, ein Netzwerksystem entwickelt, das einer Pionierleistung gleichkam, da es eines der ersten anwendbaren Netzwerksysteme darstellte. Dieses Netzwerk kann sowohl stern- als auch busförmig ausgeführt werden. Die Übertragungsgeschwindigkeit beträgt 2,5 Mb/s. Der Nachfolger, ARCnet plus bezeichnet, besitzt eine Übertragungsgeschwindigkeit von 20 Mb/s.

Area Array
Flächige regelmäßige Anordnung lichtempfindlicher Elemente
s.array

Array
Feld oder regelmäßige Anordnung
Ein Array bezeichnet eine regelmäßige Anordnung von Bildelementen. Diese sind in verschiedenen Geometrien vorhanden. Ein linear array bezeichnet die Anordnung in einer Zeile. Ein area array charakterisiert die zweidimensionale Anordnung in einer Ebene.
Durch Erfolge im Bereich der dreidimensionalen optischen Aufnehmer (z.B. in der Holografie) wird auch zunehmend der Einsatz dreidimensionaler arrays möglich. Hierfür ist noch kein eindeutiger Begriff gewählt. Konsequenterweise sollte volume array gewählt werden.

Artificial Intelligence
Künstliche Intelligenz
Artificial Intelligence drückt die Möglichkeit aus, technische Systeme so zu realisieren, daß sie in der Lage sind, Informationen gezielt zu verarbeiten, eventuell sogar intelligentes Verhalten nachzubilden.
Die Übersetzung in die deutsch Sprache erfolgte etwas unglücklich durch Künstliche Intelligenz. Unglücklich deshalb, weil im angelsächsischen Sprachgebrauch intelligence nicht nur Intelligenz sondern auch die Beschaffung von Nachrichten und Informationen beschreibt. Im Deutschen kommt dem Begriff Intelligenz eine engere Bedeutung hat.

ASCII
American Standard Code for Information Interchange
Standardisierter Code zum Austausch von Informationen. So sind beispielsweise Buchstaben als Zahlenwerte definiert, um dadurch die eindeutige Übertragung und Nutzung von Daten in standardisierter Form zu erlauben.
Der Buchstabe A ist als Dezimalzahl 65 kodiert. Um nationale Zeichensätze zu berücksichtigen, gelten nationale Veränderungen des amerikanischen ASCII-Codes. Somit ist beispielsweise eine amerikanische Rechnertastatur anders belegt - und damit kodiert - , als eine deutsche.

Auflicht
Front Light
Die Beleuchtungseinrichtung und der Bildaufnehmer befinden sich auf der gleichen Seite des Objektes. Dadurch wird die Oberfläche sichtbar. Durch Wahl der Beobachtung in der direkten Reflexion (Hellfeldbeleuchtung) oder seitlich davon (Dunkel-

feldbeleuchtung) können Oberflächenstrukturen des Objektes gezielt optisch hervorgehoben werden.

Automatisierung Visueller Prüfvorgänge
Automated Visual Inspection

In der Praxis gibt es sehr viele Meß- und Prüfaufgaben, die visuell durchzuführen sind. Für diese Aufgaben hat sich der Begriff der Sichtprüfung eingeführt.

Sollen nun technische Systeme in die Lage versetzt werden, dies Aufgaben automatisierte durchzuführen, so hat sich der Begriff der Automatisierung visueller Prüfvorgänge eingeführt.

Beleuchtung
Lighting

Die Beleuchtung ist die Voraussetzung für eine gezielte Bildaufnahme. Abhängig von ihrer Ausgestaltung kann eine qualitativ sehr unterschieldiche Bildwiedergabe erfolgen. Je nach Aufgabenstellung sind die grunsätzlichen Möglichkeiten Auflicht, Durchlicht, Hell- und Dunkelfeld usw. zu unterscheiden.

Eine optimierte Form der Beleuchtung reduziert wesentlich den Anteil an notwendiger Bildauswertung in Form aufwendiger Programme und Algorithmen. Hinzu kommt, daß die Beleuchtung mit Lichtgeschwindigkeit Objektmerkmale hervorheben kann.

Benchmark
s.Benchmarking

Benchmarking
Vergleichende Betrachtung

Um vergleichbare Bedingungen zu schaffen, werden Referenzen festgelegt, die eine Leistungsbewertung erlauben. Die einfachste Form bezieht sich auf einen gegebenen Standard und die entsprechende Abweichung davon.

In der Rechnertechnik wird beispielsweise ein Prozessortyp zu 100% in seiner Rechenleistung festgelegt. Alle zu vergleichenden Prozessortypen werden dann im Vergleich dazu dargestellt, z.B. bewertet als 75%, wenn es sich um eine 25%ig schlechtere Leistung handelt, oder 130%, wenn eine entsprechende Leistungssteigerung um 30% im Vergleich zum Referenz-Prozessor gegeben ist.

Benchmarking setzt als Bewertungsinstrument immer die Vorgabe eines Standards oder Referenzwertes voraus, zu dem der Vergleich erfolgt.

Benutzeroberfläche
Man-Machine-Interface

s.Benutzerschnittstelle

Benutzerschnittstelle
Man-Machine Interface

Ein Bildverarbeitungssystem muß für den jeweiligen Benutzer zugreifbar sein. Dies bedeutet, daß seitens des Systems eine Schnittstelle zur Verfügung gestellt wird, über die der Bediener diesen Zugriff erreichen kann. Dabei ist der Begriff des Bedieners sehr weit zu fassen.

Handelt es sich um einen Programmierer, so muß er auf alle Ebenen des Systems zugreifen können. Die Benutzerschnittstelle eröffnet folglich die Möglichkeit, programmierend einzugreifen.

Ist der Bediener jedoch jemand, der die Grundfunktionalität des Systems beherrscht, so braucht er auch nur diese Funktionen zu kennen. Im einfachsten Fall, dem eines Turn-Key-Systems, muß nur der Schlüssel herumgedreht werden, und das System beginnt zu starten - ohne weitere Zugriffe des Bedieners.

Für alle diese Fälle muß also eine individuelle Benutzerschnittstelle vorhanden sein, über die der Bediener - nach dem Grad seiner Kenntnis, der Zugriffsberechtigung usw. - das System seinen Fähigkeiten entsprechend bedient.

Die Art des Zugriffs kann über Tastaturen, grafische Funktionen o.ä. erleichtert sein.

Betriebssystem
Operating System

Ein Betriebssystem stellt eine spezielle Software dar, die es erlaubt, ein Rechnersystem zu bedienen, ohne rechnerspezifisch programmieren zu müssen. In der Welt der Personal Computer war zunächst das unter dem Namen DOS bekannte System eingesetzt. Hierbei mußten die Betriebssystem-Befehle noch alphanumerisch eingegeben werden. Das Nachfolger-System, WINDOWS, nutzte bereits grafische Unterstützungen, um dem Bediener (User) das Arbeiten mit einem Rechner so komfortabel wie möglich zu gestalten.

Zunächst war die Entwicklung der Betriebssysteme sehr stark an der Entwicklung der Rechnerhardware orientiert. Für eine Rechnerplattform gab es ein entsprechendes Betriebssystem. Mit zunehmender Vernetzung und universeller gestalteten und einsetzbaren Prozessoren werden auch die Betriebssysteme immer universeller.

Bewegungssteuerung
navigational control
Mit Hilfe der Bildverarbeitung besteht die Möglichkeit, Bewegungsabläufe z.B. von Handhabungs- oder Robotersystemen zu synchronisieren. Dabei steht im Vordergrund die Eigenschaft einer Bildverarbeitungseinrichtung, Geometrie- und Bewegungsmerkmale festzustellen, aus denen dann eine gezielte Bewegung abgeleitet werden kann.

Bild
Picture, Image
Eine meist regelmäßige Anordnung von Bildpunkten in Zeilen-, Flächen- oder Volumenform. Die Bildpunkte selbst können dabei aufgrund unterschiedlicher physikalischer Größen gewonnen werden. Am bekanntesten sind die Bilder im optischen Bereich, wie sie auch vom menschlichen Auge wahrgenommen werden können. Im z.B. Röntgen-, Ultraschall-, Infrarotbereich gibt es ebenfalls die Möglichkeit, bildhaft Informationen zu erfassen. Die Definition eines Bildes ist folglich nicht spektral und vom physikalischen Prinzip her eingeschränkt.

Bild-zu-Bild-Verarbeitung
(s.Bildverarbeitung, ikonische)

Bildbearbeitung
Image Processing
Mit Bildbearbeitung wird der Vorgang der Bildverarbeitung bezeichnet, bei der ein Bild in ein anderes Bild z.B. durch Binarisierung oder Filterfunktionen verändert wird. Auch die Begrenzung der Dimension, z.B. zweidimensional in eindimensional fällt unter diese Bezeichnung.

Bildelement
picture element
s.pixel

Bildverarbeitung
Image Processing
Die Gesamtheit aller Vorgänge von der Bildaufnahme bis zur Auswertung und Informationsweiterleitung.
Für die anwendungsbezogene Betrachtung ist es sinnvoll, die möglichen Anwendungen der Bildverarbeitung zu unterteilen. Es hat sich als hilfreich erwiesen, diese Unterteilung folgendermaßen vorzunehmen:

(1) Meßtechnik,
(2) Automatisierung visueller Prüfvorgänge (Sichtprüfung) und
(3) Steuerung und Überwachung von Handhabungs- und Bewegungsvorgängen.

Bildverarbeitung, ikonische
iconic image processing
Bei der ikonischen Bildverarbeitung wird ein Eingangsbild so bearbeitet, daß wieder ein Bild als Ergebnis vorliegt. Ausgangsbild und Eingangsbild müssen nicht notwendigerweise die gleiche Größe oder Auflösung aufweisen. Voraussetzung ist nur, daß wieder Bilddaten vorliegen und nicht eine parametrische Beschreibung einzelner Bildinhalte oder -merkmale. Man spricht in diesem Fall auch von einer Bild-zu-Bild-Verarbeitung.

Bildverarbeitung, parametrische
parametric image processing
Bei der parametrischen Bildverarbeitung erfolgt die Auswertung der Information in einem Bild so, daß eine Beschreibung, z.B. in sprachlicher Form, vorliegt. Bei meßtechnischen Aufgaben der Bildverarbeitung werden die Bilddaten häufig zu ausgewertet, daß als Ergebnis der Radius eines Kreises, die Länge einer Kante o.ä. die parametrische Beschreibungsform darstellen.

Bildverarbeitung, wissensbasierte
knowledge based image processing
Mit wissensbasierter Bildverarbeitung wird ein Vorgang dann bezeichnet, wenn die Auswertung unter der Voraussetzung vorliegender Kenntnisse (Wissen) über den Inhalt oder die auszuwertenden Eigenschaften vorliegt.
Soll z.B. in einem Bild ein Fahrzeug erkannt werden, so muß die Eigenschaft dieses Fahrzeuges bekannt, beschreibbar oder abbildbar sein, um es im Rahmen der gesamten Bildinformation erkennen zu können.

Bildwandler
imaging sensor
Eine Komponente oder ein Teilsystem einer Bildverarbeitungseinheit, die es erlaubt, ein Bild - sei es ein-, zwei- oder dreidimensional - aufzunehmen und so zu wandeln, daß es in einem Rechner oder einer Auswerteeinheit zur Weiterbearbeitung - meist digital - vorliegt.

Binärbild
Binary Image
Ein Bild besteht nur noch aus Bildpunkten, die zwei Zustände unterscheiden. So z.B. nur noch schwarze bzw. weiße Bildpunkte. Dadurch wird eine wesentliche Datenreduzierung erreicht, bei gleichzeitigem möglichen Informationsverlust.

Bit
Binary Digit
Kleinste Einheit einer digitalen Information. "0" und "1" oder "H" und "L". Es besteht somit ein direkter Bezug zum binären Zahlensystem.

Blob (engl.)
Klumpen, Zusammenballung
Begriff, der häufig dazu verwandt wird, zusammenhängende Bildbereiche zu charkaterisieren. Z.B. zusammenhängende schwarze oder weiße Bildbereiche.

BMP
Bitmap Format
Ein spezielles Datenformat zur Abspeicherung von Bildern.

Bündelausgleichung
Dies ist ein Begriff, der in der Photogrammetrie benutzt wird. Die aufgenommenen Bilddaten sind meßtechnisch auszuwerten.
Um die optische Bildaufnahme kalibrieren zu können, ist es notwendig, ein entsprechendes Verfahren heranzuziehen. Hierzu dient der Bündelausgleich. Über ihn werden die entsprechenden Kameraparameter der Bildaufnahme bestimmt.

Bus
Ein Bus kennzeichnet eine Verbindung innerhalb eines Rechnersystems. Diese erlaubt es, neben dem zentralen Prozessor auch die peripheren Einheiten wie Speicher, Laufwerke usw. einheitlich zu verbinden.

CCD   Charge Coupled Devices
Ladungsträgergekoppelte Einheiten zur Lichtwandlung.

CCIR   Comité Consultatif International des Radiocommunications
Europäische Fernsehnorm. Dies schreibt die Bildwechslafrequenz auf 25 Voll- bzw. 50 Halbbilder fest. Pro Bild werden 625 Zeilen aufgelöst. Das Format Breite zu Höhe) ist im Verhältnis 4:3 aufgeteilt.

Client
Kunde, Klient
In einer Server-Architektur eines Netzwerkes sind die einzelnen Rechner, die die Server-Funktionalität nutzen, als Clients bezeichnet. Sie greifen auf die zentralen Funktionen des Servers zu, um dann individuell ihre Aufgaben auszuführen. Der Client greift nur wenn notwendig auf den Server zu. Ansonsten arbeitet er autonom und belastet dadurch nicht das Netzwerk.

CPU
Central Processing Unit
Zentrale Verarbeitungseinheit, die für den Ablauf von Programmen in geordneter Form sorgt. Die CPU ist der zentrale Teil eines Mikroprozessors oder Mikrorechners. Sie steuert, koordiniert und überwacht die Übertragung von Daten und Adressen.

Dilatation
Blow
Ein morphologischer Operator, der die Gestalt von Objektinformationen durch Vergrößern der Grundform verändert.
Ein Kreisscheibe wird dadurch z.B. in ihrem Radius vergrößert, wobei die Kreisform im wesentlichen erhalten bleibt.

DOS
Disk Operating System
Der Begriff DOS kennzeichnet ein Betriebssystem, das für PC Systeme entwickelt wurde. Disk bedeutet dabei, daß die ersten Versionen auf Disketten (Floppy Disks) zur Verfügung gestellt wurden, um sie dann in den Rechner zu laden.

DTP
Desk Top Publishing
DTP bezeichnet die Möglichkeit eines Rechnersystems mit dem entsprechenden Programm, Bilder mit Texten und Graphiken zu kombinieren. Der Benutzer wird dadurch in die Lage versetzt, eigenständig druckreife Vorlagen zu erstellen.

Durchlicht
Backlight
Eine bestimmte Art der Beleuchtung, bei der das

Objekt, in optischer Richtung gesehen, rückwärtig beleuchtet wird. Auf diese Art und Weise entstehen i.a. sehr kontrstreiche Bilder.

E-Mail
Elektronische Post
Abkürzung für Electronic-Mail. Eine Kommunikationsform, bei der alle Informationen auf rechnerischem Wege ausgetauscht werden, ohne die Zwischenstufe eines Ausdruckes. Die Informationen werden über ein Netzwerk gesandt. Durch entsprechende Ver- und Entschlüsselung gelangen die Daten vom Absender zum Empfänger. Die E-Mail Funktion ist weitgehend auf Textinformationen beschränkt. Sollen Bilder übertragen werden, so sind andere Kommunikationsformen zu wählen, die besser auf die großen Datenmengen von Bildern zugeschnitten sind.

Einmessen
Ein messendes Bildverarbeitungssystem ist häufig nicht in der Lage, absolut Geometrien zu erfassen. In solch einem Fall ist es notwendig, die Meßeigenschaften durch den Vorgang des Einmessens festzulegen. Nach diesem Vorgang sind dann die erhaltenen Meßwerte eindeutig festgelegt und auswertbar.

Elektronische Post
s.E-Mail

EMV
Elektro-Motorische Verträglichkeit
Elektronische Systeme sind so aufzubauen, daß sie einerseits selbst andere Geräte nicht stören, andererseits durch andere Geräte nicht gestört werden.
EMV bezeichnet dabei die Gesamtheit der Vorgaben und Richtlinien und die daraus erfolgenden Maßnahmen, die einzuhalten sind, um das o.g. Verhalten zu erzielen.

EPROM
Erasabel Programmable Read Only Memory
Ein nur lesbarer Speicherbaustein (-->ROM), der löschbar ist und wieder neu programmiert werden kann. Die Löschun erfolgt durch einen elektrischen Strom oder die Belichtung mit ultraviolettem Licht.

Erosion
Shrink Ein morphologischer Operator, der die Gestalt von Objektinformationen durch Verkleinern der Grundform verändert.
Ein Kreisscheibe wird dadurch z.B. in ihrem Radius verkleinert, wobei die Kreisform im wesentlichen erhalten bleibt.

ETHERNET
Ethernet bezeichnet ein Netzwerksystem, das Ende der achtziger Jahre von den Firmen DIGITAL Equipment, Intel und XEROX entwickelt wurde. Es beschreibt sowohl einen Hardware- als auch einen Softwarestandard, der sich starker Verbreitung erfreut.
Die Hardwareseite wird von dem busorientierten Thick Wire Ethernet angeführt. Dieses besteht aus einem standardisierten gelben Kabel mit den entsprechenden Transceivern. Das Thin Wire Ethernet bietet für kleinereNetzwerke eine interessante Alternative. Zunächst wird ein preiswertes Koaxialkabel benutzt mit den entsprechenden Kabelverbindungen. Zu jedem Rechner gehört eine sog. Ethernet-Karte, auf der die Transceiver zur Datenübertragung vorhanden sind. Jede Ethernet-Karte ist eindeutig codiert, so daß eine entsprechend eindeutige Adressierung in einem Netzwerk gegeben ist. Als weitere Alternative bietet sich das Twisted Pair Ethernet an, das die von der Telefonie her bekannten verdrillten Kabel benutzt.
Die Übertragungsrate liegt bei 10Mb/s und höher. Je höher das Sendeaufkommen der Rechner im Netzwerk ist, desto geringer wird diese Übertragungsrate.

Farbbild
Colour Image
Ein Bild, das die drei Grundfarben Rot, Grün und Blau repräsentiert.
In der Fernsehnorm legen diese drei Grundfarben den erreichbaren Farbraum fest.
Die Digitalisierung erfolgt mit mindestens drei Byte, d.h., das jeder Farbe acht bit zugeordnet sind.

Feature
(s.Merkmal)

Feret-Abstand
Feret-Distance
Beschreibung der größten eindimensionalen Ausdehnung eines Objektes im Bild. Aus historischer Sicht basiert die Nutzung des Feret-Abstandes auf der Tatsache, daß die Bilder nach der Fernsehnorm (CCIR, NTSC) zeilenweise eingelesen wurden. Beim

Einlesen der Bildinformation konnte bereits die Ausdehnung eine Objektes in Zeilenrichtung erfaßt werden, so daß am Ende der Bildaufnahme bereits das Ergebnis als Feret-Abstand in Anzahl von Bildpunkten vorlag. Mit modernen Bildauswertesystemen kann dieser Feret-Abstand auch in anderen Richtungen, als der Zeilen- bzw. Spaltenrichtung, ausgewertet werden.

Fernseh-Norm
Television-Standard
s. CCIR, NTSC

fixed pattern noise
Bedingt durch die elektronische Beschaltung von Bildwandlern entsteht ein störendes Bildmuster als Rauschen. Dieses kann durch sorgfältige Schaltungsmaßnahmen minimiert werden, so daß kein wesentlicher nachteiliger Effekt für die Bildaufnahme bestehen bleibt.

Framegrabber
Bildspeicher
Englische Bezeichnung für einen Bildspeicher. Im allgemeinen wird hiermit eine elektronische Schaltung bezeichnet, die als Platine für einen Rechner zur Verfügung steht, um Bilder in digitaler Form abzuspeichern.

Genauigkeit
Accuracy
Ein aus der Meßtechnik entlehnter Begriff, der Bewertung eines erhaltenen Meßwertes zuläßt.
Handelt es sich um einen stochastischen Vorgang, so ist die Genauigkeit aus den entsprechenden Wahrscheinlichkeitsrechnungen abzuleiten.

Goniometerverfahren
Verfahren zur Bestimmung der optischen Verzeichnung bei der Bildaufnahme. In der Bildebene wird dazu ein hochgenaues Gitter eingeführt. Die Gitterpunkte werden von der Objektseite her optisch angepeilt. Aus der objekt- und bildseitigen Ablage ergeben sich die Werte für die Verzeichnung.

Grauwertbild
Graylevel Image
Ein Bild, das aus einzelnen Bildpunkten besteht, die sich in ihrem Grauwert unterscheiden. Häufig ist dieser Grauwertbereich auf acht bit festgelegt, d.h., es sind 256 Grauwerte zu unterscheiden.
Moderne Bildwandler sind wesentlich empfindlicher, wodurch sich mehr als 256 Grauwerte ergeben.

Header
Kopfinformation
Bezeichnung für die Kopfzeile in Dateien bzw. Programmen.
Bei der Speicherung von Bilddaten werden entsprechende Formate gewählt, z.B. TIFF, PCX. Um nun die Bilddaten eindeutig beschreiben und interpretieren zu können, werden den Bilddaten Zusatzinformationen durch den Header mitgegeben. So z.b. ob das Bild komprimiert oder unkomprimiert vorliegt, wieviele Bits pro Bildpunkt vorgegeben sind, ob ein Farb- oder Grauwertbild vorliegt. Erst mit Hilfe der Header-Information ist es dann möglich, die Original-Bilddaten wiederzugewinnen.

Host
Wirt   Der Host stellt eine Rechnereinheit dar, die mit anderen Rechnern so verbunden ist, daß diese auf ihn direkt zugreifen können. Auf diese Weise wird eine Art Zentralrechner definiert, an den in seiner einfachsten Funktion Terminals angeschlossen werden, die dann dezentral genutzt werden.
In einem Netzwerk mit Host-Anbindung kann jeder Arbeitsplatz (Workstation) eine Verbindung direkt zum Host aufbauen.

IEEE
Institute of Electronic and Electrical Engineers
Eine US-amerikanische Institution, die dem deutschen VDE vergleichbar ist. Sie veröffentlicht nationale und international akzeptierte Normen und Richtlinien.

IPX
Internetwork Package Exchange
Ein von der amerikanischen Firma NOVELL entwickeltes Netzwerkprotokoll, das den Austausch von Datenpaketen in einem Netzwerk schnell und sicher ermöglicht.

ISDN
Integrated Services Digital Network
Digital Form der Informationsübertragung im Telefonnetz. Mit diesem System ist es möglich, sowohl Telefonate zu führen als auch Daten zu übertragen. Aufgrund der hohen Verarbeitungsgeschwindigkeit und der digitalen Funktionalität ist ISDN sehr geeignet für die Vernetzung im Internet und dee E-

Mail Funktionalität. Bilder können somit schnell übertragen und über große Entfernungen ausgetauscht werden.

Kameramodell
Modellhafte Beschreibung einer Kamera als Bildaufnehmer. Daraus abgeleitet werden entsprechende Paramter die Berechnung von Abbildungseigenschaften und Veränderungen hinsichtlich der Bildaufnahme.

Kameraorientierung
Bezeichnung für die Orientierung einer Kamera im Raum. Meist jedoch auch benutzt, um alle sechs Freiheitsgrade der Raumlage zu beschreiben, d.h. der Orientierung und der Position. Die sechs Freiheitsgrade beschreiben die drei Translations- und die drei Rotationsachsen.
Durch die Angabe der sechs Freiheitsgrade ist der Bildwandler, i.a. eine Kamera, vollständig bestimmt, wenn zusätzlich seine Geometriedaten bekannt sind.

Ketten-Codierung
Chain-Coding
Codierverfahren, bei dem benachbarte Bildpunkte einer Objektkante gemäß ihrer Lage zueinander festgehalten werden. Hierzu werden Zahlenwerte definiert, die die Richtung des benachbarten Bildpunktes der Kante genau wiedergeben. Z.B. die Zahl 0 für die Nordrichtung, die Zahl 2 für die Westrichtung.

Klassifizierung
Classification
Der Vorgang, bei dem Muster, die mit Hilfe bildverarbeitender Methoden gewonnen wurden, in bestimmte Klassen eingeteilt werden.

Künstliche Intelligenz
s. Artificial Intelligence

LAN
Local Area Network
LAN ist die Abkürzung für ein lokal vorliegendes Netzwerk. Die lokalen Eigenschaften bedeuten eine Begrenzung des Nutzungsbereichs z.B. auf ein Firmengrundstück. Die vernetzte Firma bzw. Institution ist verantwortlich für die gesamte Verfügungsgewalt des Netzwerksystems. Ein LAN sollte in seinen Eigenschaften so strukturiert sein, daß die Übertragungsgeschwindigkeit im Netzwerk den Nutzern keine allzu großen Wartezeiten abverlangt und eine komfortable Benutzeroberfläche zur Verfügung steht.

Laptop
Bezeichnung für tragbare Rechner, die sozusagen auf dem Oberschenkel (Laptop) bedient werden können. Laptops bezitzen normalerweise aufklappbare Bildschirme und sind bezüglich der Peripherie-Geräte, z.B. Festplatte, Ton-Ausgabe, ähnlich ausgerüstet wie entsprechende Standardrechner.

Linear Array
Lineare regelmäßige Anordnung lichtempfindlicher Elemente
s. array

Merkmal
Feature
Beschreibende Eigenschaft eines Bildobjektes. Als Merkmal kann z.B. die Farbe eines Objektes, dessen Geometriedaten o.ä. genutzt werden. Werden mehrere Merkmale geordnet zur Bildbeschreibung herangezogen, so bilden diese einen Merkmalsvektor.

Merkmalsvektor
Feature Vector
Eine Anordnung von einzelnen Merkmalen eines Objektes in Vektorform. Die Elemente eines solchen Vektors können beispielsweise durch die Farbe, Geometriemerkmale usw. beschrieben sein.

Meßtechnik
metrology
Für die Meßtechnik erfolgt die Auswertung von Bildinhalten bezüglich erwarteter geometrischer Merkmale. Da diese weitgehen standardisiert sind, z.B. als Kreise, Geraden, ist auch ihre Auswertung seitens der Bildverarbeitung standardisiert vornehmbar.

Meßunsicherheit
measuring uncertainty
Begriff aus der Meßtechnik.

Monitor
Bildschirm
Bei vielen Bildverarbeitungssystemen sind die Bilddaten und die entsprechenden Ergebnisse darzustellen. Diese Visualisierung erfolgt über entsprechend hochauflösende Bildschirme, Monitore genannt. Ihre Funktion ist ähnlich der eines Fernsehgerätes. Zeile für Zeile werden die Bildinforma-

tionen auf den Bildschirm dargestellt.

mos
Metal Oxide Semiconductor

Multitasking
Mehrfach-Aufgaben
Multitasking beschreibt die Eigenschaft eines Rechners mit dem entsprechenden Betriebssystem mehrere Aufgaben gleichzeitig ablaufen und abarbeiten zu lassen. Dabei sind die Aufgaben je nach Funktion mit entsprechenden Prioritäten zu versehen, um wichtige Aufgaben zuerst, unwichtige zuletzt zu bearbeitetende Funktionen zu beschleunigen.
Die Ausführungsformen dieser Workstations sind dabei sehr unterschiedlich. Zum einen sind es Standardrechner mit den o.g. Funktionserweiterungen für die Bildverarbeitung. Zum anderen sind es Rechnersysteme, die für ihren Einsatzbereich in besondere Weise aufgebaut sind. So z.B. für den rauhen industriellen Einsatz, bei dem die mechanischen und elektrischen Fuktionen den besonderen Anforderungen und Normen entsprechen müssen.

WORM
Write Once Read Multiple
Ein Speichermedium, bei dem große Datenmengen einmalig eingeschrieben werden können. Die Daten können beliebig oft ausgelesen, aber nur ein einziges Mal eingeschrieben werden.
Dieses Speichermedium kann als nahezu dokumentenecht bezeichnet werden, da der Einschreibevorgang nicht mehr löschbar ist.

X.400
Schnittstellendefinition
Ein standardisiertes System zur Übertragung von E-Mail Informationen.

Kapitel 8

Sachregister

8 Sachregister

A/D-Wandlung 1.3.3-12
Abbildung 1-13
Ablaufsteuerung 3.2.1-10
Abschattung 5.1.2.2-3
Absolutes Meßverfahren 2.1.3-3
Absorptionseigenschaften der Halbleitermaterialien 1.3.2-5
Active vision 1.3.2-3
Affinitätsfaktor 5.1.1.1-5
Aktive strukturierte Beleuchtung 2.1.3-2
Algorithmen für die Bildverarbeitung 3.2.1-4
Algorithmusparallelität 3.2.2-5
Amacronische Sensoren 2.1.4-16
Analoge Signalübertragung 1.3.3-12
Analoges Schieberegister 1.3-6
Analysator 2.1.1-14
Anamorphotische Optik 5.1.1.3-6
Aperturfunktion 5.1.2.3-9
Array-Prozessor 4.1.1-10
Asynchrones Auslesen 1.3-9
Asynchronous Scanning 1.3-9
Asynchronous Scanning or Reset 1.3-9
Aufgabenkatalog 4.1.1-5
Auflösung 1.3.2-17, 1.3.3-8
Auftraggeber 4.1.1-5
Auftragnehmer 4.1.1-5
Auslesegeschwindigkeit 1.3.2-19
Austrittsluke 1-9
Austrittspupille 1-9
Autofokus 5.1.1.2-9
Autokollimation 5.1.1.3-11
Averaging 4.1.1-12
Axicon 5.1.2.2-4

Bedienungskomfort 4.1.1-7
Beleuchtungs-Bild-Funktion 2.1.2-9
Beleuchtungseinrichtung 2.1.1-2
Beleuchtungstechnische Komponenten 2.1.1-4
Benchmark 3.2.2-27
Benutzerführung 4.1.1-14

Benutzeroberfläche 4.1.1-14
Bestrahlung 1-20
Bestrahlungsstärke E 1-20
Betriebssoftware 4.1.1-2
Betriebssystem 4.1.1-14
Beweglicher Ladungsträger 1.3.2-2
Bild-Signal 1.3.2-7
Bildaufnahme-Röhren 1.3-3
Bildaufnahme 4.1.1-6
Bildausgabe 4.1.1-13
Bildbündeln 2.1.1-15
Bildebene der Kamera 5.1.1.1-6
Bildeinzug 4.1.1-13
Bildfunktionen 3.2.1-4
Bildhauptpunkt 5.1.1.1-8
Bildkoordinatensystem 5.1.1.1-6
Bildmengen 3.2.1-19
Bildserien 3.2.1-19
Bildspeicher 4.1.1-6
Bildverarbeitungsprozeß 4.1.1-6
Bildverbunde 3.2.1-19
Bildwiedergabeeinheit 4.1.1-6
Binokulare Stereo-Betrachtung 5.1.1.3-2
Blende 1-9
Blendensystem 2.1.1-6
Blendenzahl 1-10
Blitzbeleuchtung 1.3.3-5
Blitzlicht 1-22
Blooming 1.3.3-11
Brechung 1-4
Brechungsindex 1-3
Brennweiten 2.1.4-6

Candela 1-21
CCD 1.3-3
CCD-Technologie 1.3.2-2
CCD-Zeilensensoren 5.1.2.3-2
CCIR- oder nach der amerikanischen NTSC-Norm 1.3-4
CCPD 1.3-3
Charge injection devices 1.3.3-2
CID 1.3-3

Codierte Lichtansatz 2.1.3-3
Computer-generierte Hologramme (CGH) 2.1.4-10

Datenkanäle 4.1.1-7
Datenobjekte 3.2.1-16
Datenparallele Bildverarbeitung 3.2.2-6
Datenparallelität 3.2.2-5
Datentransfer 4.1.1-14
Dicke Linse 2.1.4-6
Dielektrische Filter 1-15
Diffraktionsbegrenzte Mikrolinsen 2.1.4-5
Diffraktive mikrooptische Elemente (DOE) 2.1.4-10
Diffuse Beleuchtung 2.1.1-9
Digitales Schieberegister 1.3-5
Direkte Lineare Transformation 5.1.1.1-19
Dispersion 1-4
Doppelpuls als Lichtquelle 2.1.2-13
3D-Bildaufnahme 2.1.3-2
3D-Bildsensoren 2.1.4-15
Dunkelfeld-Auflicht 5.1.1.2-6
Dunkelstrom 1.3.2-6
Dünne Linse 1-6, 2.1.4-6
Dünnschichtlinsen 2.1.4-7
Durchlicht-Meßysteme 5.1.1.2-3

Echtzeitfähige Beleuchtungssynthese 2.1.2-5
Effektive photosensitive Fläche 1.3.2-16
Eigenentwicklung 4.1.1-4
Eindringtiefe 5.1.2.3-10
Einfallslot 1-3
Einkoppeloptik 2.1.1-7
Einkopplung 2.1.1-6
Eintrittsluke 1-9
Eintrittspupille 1-9
Electronic shutter 1.3-8
Electronic windowing 1.3-10
Elektroden 1.3.2-11
Elektronen-Loch-Paare 1.3.2-3
Elektronischer Verschluß 1.3-8
Empfindlichkeiten 1.3.2-10, 1.3.3-11
Endoskope 2.1.1-15
Entdeckbare Parallelität 3.2.2-5
Entladungslampen 2.1.1-5
Entwicklungssysteme 4.1.1-3
Expertensysteme 4.1.1-18
Explizite Parallelität 3.2.2-5

Faltung 4.1.1-11
Farbfilter 2.1.1-14
Farbpixel 1.3.2-23
Farbwiedergabe 1.3.3-9
Faserbündel 2.1.1-4
Faseroptische Systeme 2.1.1-5
Faseroptische Beleuchtungskomponenten 2.1.1-2
Fernsehtechnik 1.3-2
Firmware 4.1.1-2, 14
Fixed pattern noise 1.3.2-10, 1.3.3-11
Flexible Programmentwicklung 4.1.1-7
Flexibles Endoskop 2.1.1-15
Fouriertransformation 4.1.1-11
Frame Transfer 1.3.2-13, 1.3.3-2, 1.3-6
Frame-Interline-Transfer 1.3.2-15
Fresnel-Zahl 2.1.4-5
Füllfaktor 2.1.4-7

Gegenstandsweiten 1-7
Gemeinsames Koordinatensystem 5.1.1.2-11
Geometrische Abmessung 1.3.3-5
Geometrische Genauigkeit 1.3.3-8
Geometrische Parallelität 3.2.2-11
Gerichtete Beleuchtung 5.1.2.1-6
Giant Micro Optics (GMO) 2.1.4-16
Glasfaser-Lichtleiter 2.1.1-4
Glühlampen 1-22
Graphische Bilder 3.2.1-20
Grauwertinterpolation 5.1.1.2-8
Gray-Code 2.1.3-3
Grenzen 1.3.3-8
Grenzschichten 1-14
Größe eines Bildpunktes 1.3.2-5
Grundsoftware zum Systembetrieb 4.1.1-6

Halbbilder 1.3-4
Halbleiter-Bildsensor 1.3.2-2
Halogenlampen 2.1.1-5
Hardwarenahe Software 4.1.1-14
Hauptebenen 1-8
Hauptpunkte 1-9
HDTV-Technologie 1.3.2-17
HDTV-Vorverarbeitung 2.1.4-16
High-level-Bildverarbeitung 4.1.1-18
Höhenprofilmessung 2.1.2-11
Holografie 5.1.1.3-14

Homogene Bestrahlungsstärken 2.1.1-9
Hybride Verfahren 5.1.1.3-2

Ikonik 3.2.1-3
Ikonisch 4.1.1-18
Ikonische Operationen 3.2.2-10
Inhomogenitäten 1.3.3-11
Inkohärentes Verfahren 5.1.1.3-3
Inkohärente Beleuchtung 1-14
Interferentielle Eigenschaften 1-15
Interferenzstreifenmuster 5.1.2.2-7
Interferometrische Profilmeßgeräte 5.1.1.3-10
Interline Transfer 1.3.3-2, 1.3.2-13
Internationale Kerze 1-21

Kalibrierung 5.1.1.1-2
Kaltlichtquellen 2.1.1-7
Kameraorientierung 5.1.1.1-3
Kleinbildformat 1.3.2-17
Knotenpunkte 1-9
Kohärente Verfahren 5.1.1.3-3
Köhler-Beleuchtungsoptik 5.1.2.1-5
Kollimation von Laserdioden 2.1.4-17
Kollimatorverfahren 5.1.1.1-12
Kollimiert 1-13
Kombinierte Meßabläufe 5.1.1.2-4
Komplettlösung 4.1.1-4
Kondensor 2.1.1-6
Konfokales Mikroskop 5.1.1.3-12
Konjugiert 1-9
Kontextgesteuerter Bildoperator 3.2.2-17
Kontextlisten 3.2.2-15
Kontrast 2.1.1-3
Kontrastverbesserungen 2.1.1-14
Koordinatenmeßtechnik 5.1.1.2-2
Korrelation 4.1.1-11
Kugellinsen 2.1.4-6
Kühlung 1.3.2-19

Ladungstransfers 1.3.2-10
Laser 2.1.1-6
Laserscanner 5.1.2.1-2
Laufzeitmessung 5.1.1.3-3
LC-Projektions-TV 2.1.4-16
Lebensdauer 1-22
Leistungsverlust 2.1.1-5
Leuchtdioden 2.1.1-6
Leuchtkörper 2.1.1-5
Lichtausbreitungsrichtung 1-20

Lichtdetektion 1.3.2-6
Lichtebene 2.1.3-3
Lichtquelle 2.1.3-3
Lichtquellen-Module 2.1.1-7
Lichtschnittverfahren 2.1.3-2, 5.1.1.3-5
Lichttechnische und stahlungsphysikalische Größen 1-17
Lichtverlust 1-6
Lineare Polarisation 1-15
Linearität 1.3.3-11
Links 3.2.2-19
Linnik-Interferenzmikroskop 5.1.1.3-15
Lokale Nachbarschaft 3.2.2-7
Löschfunktion 1.3-11
Low-Level-Mode 1.3-10
Low level vision 3.2.1-3
Low-level-Bildverarbeitung 4.1.1-18
Luke 1-9
Lumen 1-21
Lumineszenzstrahler 1-22

Maschinensehen 1.3.2-26, 3.2.1-3
Maschinensprache 3.2.2-5
Mathematische Morphologie 4.1.1-11
Matrix-Transfer 1.3-6
Maxwell-Gleichungen 1-6
Mechanisches Tastsystem 5.1.1.2-5
Mehrkanalbilder 3.2.1-19
Mehrprozessorsystem 3.2.2-6
Message-Passing-Systemen 3.2.2-23
Meßfunktionen 5.1.1.2-9
Mikro-opto-elektro-mechanische Systeme 2.1.4-3
Mikrolinsen 1.3.2-16, 2.1.4-3
Mikrolinsen-Arrays 2.1.4-4
Mikrooptik 2.1.4-4
Mikroprofil 5.1.1.3-19
Modulations-Transfer-Funktion 2.1.4-5, 5.1.2.3-9
Moiré-Verfahren 5.1.1.3-14
Moore-Nachbarschaft 3.2.1-6
MOS-Arrays 1.3.2-2
MOS-Kapazität 1.3.2-7
Multifunktions-Beleuchtungssystem 5.1.1.2-5

Nachbarschaft 3.2.1-5
Nachbarschafts- o. Operatorebene 3.2.2-4
Neuronale Netze 4.1.1-11
Normalenrichtung 1-20

NTSC-Norm 1.3-4
Numerische Apertur 1-10, 2.1.4-5

Oberflächenprüfung 2.1.2-11
Objekt angepaßte Beleuchtung 2.1.1-2
Objekt- und Gegenstandsweiten 1-7
Objektive 5.1.1.2-5
Objektpunkt 1-9
OCCAM 3.2.2-19
On-chip Signalverarbeitung 1.3.2-23
Operationen 3.2.1-23
Operatorobjekte 3.2.1-21
Optische Markierung 2.1.2-20
Optische Merkmalsextraktion 2.1.2-4
Optische Systeme 1-3
Optische Abbildung 1-3
Optische Achse 1-8
Optische Antastung 5.1.1.2-2
Optisches Tastsystem 5.1.1.2-5
Overlaymöglichkeiten 4.1.1-13

Panorama-Detektion 2.1.4-16
Parallelarbeit auf Algorithmusebene 3.2.2-4
Parallele Bildoperationen 3.2.2-3
Parallelen Rechnerstrukturen 3.2.2-2
Parallelverarbeitung auf Bildebene 3.2.2-4
Paraxial-Näherung 1-3
Peripherieobjekte 3.2.1-32
Phasenmeßprinzip 5.1.1.3-3
Phasenshiftverfahren 2.1.3-5
Photo-ASIC 1.3.2-21
Photodioden 1.3.2-7
Photodiodenarray 1.3.2-7
Photogrammetrischen Bündelausgleichung 5.1.1.1-13
Photographischer Film 1.3.2-17
Photomultiplier 5.1.2.1-4
Pipelineprozessor 4.1.1-11
Pixels 1.3.2-7
Plankonvexe dünne Linsen 2.1.4-7
PLL 1.3.3-13
Plumb-Line Methode 5.1.1.1-18
Point Spread Function (PSF) 2.1.4-5
Polarisationseigenschaften 1-4
Polarisator 2.1.1-14
Position einer Kante 5.1.2.3-17
Positionsempfindliche Diode 1.3.2-21
Positionsmessungen 5.1.2.3-16
Positionsmessungen 5.1.2.3-16

Poynting-Vektor 1-5
Problemspezifische Lösung 4.1.1-3
Profilmessung 5.1.2.3-24
Profilschnitt 2.1.2-11
Programme 4.1.1-2
Programmgesteuerte Objektbeleuchtung 2.1.2-2
Programmierbare optische Liniengitter 2.1.3-2
Programmierte Leuchtdichtefunktionen 2.1.2-4
Programmpakete 4.1.1-2
Progressive scanning 1.3-9
Prozessoren 4.1.1-10
Punktförmige Lichtquelle 1-21
Punktquelle 2.1.2-9
Pupillen 1-10

Quantenausbeute 1.3.2-4
Quantisierungsrauschen 1.3.3-14
Quellsprache 3.2.2-5
Querschnittswandler 2.1.1-9

Radiale Beleuchtungsverteilungen 2.1.1-13
Radialsymmetrische Verzeichnung 5.1.1.1-8
Radian 1-18
Randabfall 2.1.1-11
Raumwinkel 1-18
Raumwinkel W 1-18
Raumzeitliche Beleuchtungsdynamik 2.1.2-27
Rauschen 1.3.2-18, 1.3.3-11
Rauschpegel 1.3.2-10
Rechenzeitgewinn 3.2.2-28
Rechnergesteuerte Lichtquelle 2.1.1-8
Referenzbild 2.1.3-4
Reflektivität 1-5
Reflektor 2.1.1-6
Reflexion 1-4
Reflexionskoeffizienten 1-5
Rekombinieren 1.3.2-7
Replikationsverfahren 2.1.4-10
Reseau-Gitter 1.3-12
Réseauscanning 5.1.1.1-4
Ringbeleuchtung 5.1.1.2-6

Savart-Platte 5.1.2.2-7
Schaltbare Gitter 2.1.3-8

Schärfentiefe 1-11
Scheimpflug-Anordnung 5.1.2.3-13
Scheitelpunkte 1-8
Schlüsselfertige Lösung 4.1.1-3
Schnelle Bildverarbeitung 4.1.1-7
Schneller Busse 4.1.1-7
Schnittstelle 4.1.1-14, 4.1.1-7
Sehende Chips 1.3.2-3
Selbstabbildung 2.1.4-8
Selbstoptimierende Antastung 5.1.1.2-8
Selfoc-Linse 2.1.1-15
Sensor dump 1.3-11
Sensorelementen 1.3.3-2
Sensoroberfläche 1.3.2-14
Shack-Hartmann-Sensoren 2.1.4-17
Shading-Korrektur 4.1.1-13, 5.1.2.3-4
Shearing Sensor 5.1.2.2-7
Sicherheit gegen Ausfälle 4.1.1-8
Signaldynamik 1.3.2-18
Skalierungsfaktoren 1.3.3-12
Smart Pixel SLM 2.1.4-16
Speckle- und Moiré-Verfahren 5.1.1.3-14
Spektrale Empfindlichkeitskurve 1-18
Spezialprozessoren 4.1.1-7
Spezifische Ausstrahlung 1-20
SSPD 1.3-3
Stahlungsphysikalische Größen 1-17
Standardlösung 4.1.1-3
Standbildaufzeichnung 1.3-13
Starres Endoskop 2.1.1-15
Steradian 1-18
Steuerbare Brennweite 2.1.4-16
Steuerleitungen 4.1.1-7
Steuerung der Lichtintensität 2.1.1-6
Still Video 1.3-13
Strahldichte L 1-20
Strahlstärke I 1-19
Strahlungsenergie 1-18
Strahlungsfluß 1-18
Strahlungsleistung 1-18
Strehl Ratio 2.1.4-5
Streifenprojektionstechniken 5.1.1.3-6
Strukturierte Beleuchtung 2.1.2-21, 5.1.1.3-5
Subpixel-Technik 1.3.2-18
Subpixeling 5.1.1.2-8

Subpixelverfahren 2.1.3-5
Symbolische Bilder 3.2.1-20
Symbolisches Verfahren 4.1.1-18
Systemkalibrierung 5.1.1.1-3

Tabellenoperationen 2.1.3-5
Talbot-Distanz 2.1.4-8
Talbot-Effekt 2.1.4-4
Tasterwechseleinrichtung 5.1.1.2-5
Telezentrischer Strahlengang 1-12
Telezentrisches Meßobjektiv 5.1.2.3-19
Temperatur- u. Lumineszenzstrahler 1-22
Thermische Stabilität 1.3.3-5
Totalreflexion 1-5
Transfereffizienz 1.3.2-11
Transferverlust 1.3.2-11
Transmission 1-5
Transputer 3.2.2-19, 4.1.1-11
Trapez-Verzerrung 5.1.2.3-14
Triangulation 5.1.1.3-2
Triangulationsverfahren 2.1.3-2
Tunnelmikroskop 5.1.1.3-10

Überparametrisierung 5.1.1.1-10
Unentdeckbare Parallelität 3.2.2-5
Universelle Ladungsdetektoren 1.3.2-20
UV/IR-Empfindlichkeit 5.1.2.3-6
UV/IR-Empfindlichkeit 5.1.2.3-6

Vergrößerung 1-7
Verteilte Datensegmente 3.2.2-14
Verzeichnung 5.1.1.1-4, 5.1.1.1-8
Verzeichnungskoeffizient 5.1.1.1-10
Videohalbbild 1.3.2-13
Videorate 3.2.2-3
Vignettierung 1-10
Vorzeichenkonventionen 1-6

Wärmeschutzfilter 2.1.1-7
Windowtechnik 4.1.1-14

Zeilen-Jitter 1.3.3-12
Zeilensprungverfahren 1.3-4
Zentralprojektion 5.1.1.1-5
Zirkulare und lineare Polarisation 1-15

Formelzeichen

A	Amplitude eines Wellenfeldes
a_B	Bildseitige Gegenstandsweite
AL	Austrittsluke eines optischen Systems
a_o	Objektseitige Gegenstandsweite
AP	Austrittspupille eines optischen Systems
α	Lichteinfallswinkel
α_G	Öffnungswinkel einer Lichtleitfaser
B	Bandbreite
B	Basislänge eines Triangulationssystems
B	Bildpunkt einer optischen Abbildung
β	Vergrößerung optisch
β_G	Grenzwinkel der Totalreflexion
c	Lichtgeschwindigkeit
C	Eingangskapazität eines Verstärkers
D	Aktiver Durchmesser einer Linse
dr_{sym}	radialsymmetrische Verzeichnungskorrektur
d_T	Talbot-Distanz
$\Delta\phi$	Phasenhub
Δu	Unschärfescheibchen einer optischen Abbildung

Δw	Winkelauflösung eines optischen Meß-Systems
Δz	Auflösung eines optischen Meß-Systems
E	Beleuchtungsstärke
E	Elektrischer Wellenvektor
EL	Eintrittsluke eines optischen Systems
EP	Eintrittspupille eines optischen Systems
η	Lichtausbeute
f	Brennweite
F	Fläche
f_b	Bildseitige Brennweite
F_b	Bildseitiger Brennpunkt
f_o	Objektseitige Brennweite
F_o	Objektseitiger Brennpunkt
f_p	Abtastfrequenz eines Bildsignals im Bildspeicher
f_s	Abtastfrequenz eines Bildsensor-Elementes
g	Transconductance
h	Linsenhöhe
H	Belichtung
H_B	Hauptpunkt bildseitig
H_O	Hauptpunkt objektseitig
I	Beleuchtungs-Bildfunktion
I	Intensität, Lichtstärke

k	Blendenzahl
L	Beleuchtungsfunktion
L	Leuchtdichte
$l_{x,y}$	Lichtempfindliche x- bzw. y-Ausdehnung eines Sensorelements (Bildwandler)
λ	Lichtwellenlänge
M	Anzahl der Prozessoren in einem Netzwerk
M	Spezifische Lichtausstrahlung
MÜF	Modulationsübertragungsfunktion eines (optischen) Systems
$M_{x,y}$	Moore-Nachbarschaft
n	Brechungsindex
n	Wertigkeit einer Codierung
N	Fresnel-Zahl
N.A.	Numerische Apertur eines optischen Systems
O	Objektpunkt einer optischen Abbildung
Ω	Raumwinkel
P	Periode der Streifen eines Interferenz- oder Linienmusters
P	Strahlungsleistung
$P_{x,y}$	Abstand zweier benachbarter Bildpunkte in x- bzw. y-Richtung
φ	Phasenverschiebung
ϕ	Lichtstrom
Q	Lichtmenge
r	Reflexionskoeffizient

R	Radius
R	Reflektivität
S	Beleuchtungs-Objektfunktion
S_B	Bildseitiger Scheitelpunkt
S_o	Objektseitiger Scheitelpunkt
SR	Strehl-Ratio (Mikrolinsen)
S.T.	Schärfentiefe
s_x, s_y	Periodenlänge in x- bzw. y-Richtung eines Sensorelements (Bildwandler)
T	Temperatur
T	Transmission
$t_{shutter}$	Elektronische Verschlußzeit eines Bildwandlers
w	Stelligkeit einer Codierung
x_s	Schwerpunkt einer statistischen Verteilung
ξ, η	Koordinaten in der Bildebene
Y_B	Bildgröße
y_O	Objektgröße
Z	Länge einer Code-Sequenz
Z_B	Bildweite (Newtonsche Abbildungsgleichung)
Z_O	Objektweite (Newtonsche Abbildungsgleichung)

Software

Bedienungsanleitung Demonstrationsprogramm Quick-Image/Development - Bibliotheken

G. Linß
P. Brückner
D. Volk
U. Nehse

Bedienungsanleitung Demonstrationsprogramm
G. Linß, P. Brückner, D. Volk, U. Nehse

Einleitung

Industrielle Bildverarbeitung, Messtechnik, Qualitätssicherung und Automatisierungstechnik sind Gebiete, die in der modernen arbeitsteiligen und spezialisierten Produktion und bei Dienstleistungen immer enger zusammenwachsen.
Mit modernen Bildverarbeitungsverfahren können konventionelle Messungen und Prüfungen substituiert werden und völlig neue Anwendungsgebiete in Verfahren und Produkten erschlossen werden.
Standardsoftware-Werkzeuge, die eine preisgünstige und schnelle Fertigstellung von anwendungsspezifischen Lösungen unabhängig von der eingesetzten Bildverarbeitungshardware ermöglichen, haben eine hervorragende Bedeutung (short time to market).

Das Software-Entwicklungswerkzeug **Quick-Image/Development** besteht aus:

1. Image-Development-tool
2. Light-tool
3. Objective-tool
4. In-/Output-tool
5. Drive-tool
6. Focus-tool
7. Database-tool
8. Report-tool
9. Quality-tool
10. Macro-tool

Hinweise und Systemreferenz

Die Systemvoraussetzung für die korrekte Arbeitsweise des Programms:
- Bildschirmauflösung: 800 x 600 Pixel
- Farbauflösung des Bildschirmes: 256 Farben
- Eingabemedium: Tastatur, Maus

Wie die korrekten Einstellungen vorgenommen werden können, ist dem Windows-Handbuch oder der Online-Hilfe von Windows zu entnehmen.
- Betriebssysteme: Windows 3.11, Windows 95, Windows 98, Windows NT 4.0
- Compiler: Borland C++ 5.0x oder Microsoft Visual C++ 5.0

Installation des Programms

Zur Installation des Programms muß zuerst die Diskette in das 3,5"-Laufwerk eingelegt werden. Anschließend ist mit Hilfe des Windows-Explorer das Programm 'Setup.exe' auf der Diskette zu starten. Das Programm kann auch über den Menüpunkt 'Aus-

Bedienungsanleitung Demonstrationsprogramm
G. Linß, P. Brückner, D. Volk, U. Nehse

führen...' des 'Start'-Menüs gestartet werden. Nachfolgend ist den Anweisungen des Setup-Programms zu folgen. Im einfachsten Fall ist jeder Dialog mit 'Weiter' zu bearbeiten.

Start des Programms

Zum Start des Programms gibt es verschiedene Möglichkeiten. Eine Möglichkeit besteht darin, es mit dem Windows-Explorer aufzurufen. Zu diesem Zweck muß in das Verzeichnis gewechselt werden, in dem das Demoprogramm installiert wurde. Standardmäßig ist dies der Pfad 'c:\qimgdemo'. Nun ist durch Doppelklick auf das Programm 'qimgdemo.exe' das Programm zu starten.
Eine weitere Möglichkeit besteht darin, daß das Programm über die 'Start'-Leiste aufgerufen wird. Hierzu ist das 'Start'-Menü zu aktivieren. Anschließend ist in den Ordner 'Programme' und 'QUICK-IMAGE/DEVELOPMENT' zu wechseln. Dort ist dann das Programm zu starten.

Bedienung des Programms

Nach dem Start des Programms erscheint kurzzeitig eine Programminformation. Sollte die Bildschirmauflösung zu niedrig gewählt sein, so erscheint ein Meldungsfenster mit einem Hinweis, und das Programm wird selbständig beendet.

Das Programm wird über ein Menü (siehe folgende Abbildung) bedient, welches am oberen Rand zu finden ist. Der Aufruf der einzelnen Menüs erfolgt Windows-typisch mittels Maus oder Tastatur.

| Datei | Ausgleich | Messung | Koordinatensystem | Optionen | ? |

Durch die einzelnen Punkte der Menüs können auszugsweise die wichtigsten Funktionen der Quick-Image/Development- Bibliotheken ausgewählt werden. Sie werden nachfolgend kurz erläutert.

Datei-Menü

Bild laden
Mit Hilfe dieses Menüpunktes kann ein Bild aus einer BMP-Datei geladen werden. Es muß beachtet werden, daß es sich um ein 256-Farben-Bitmap handelt, wobei die Palette der Graustufen von 0 (schwarz) bis 255 (weiß) repräsentiert wird.

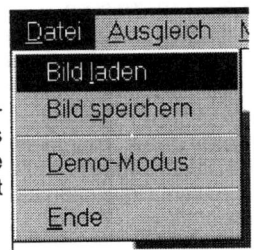

Bild speichern
In diesem Menüpunkt kann das dargestellte Bild in einer BMP-Datei gespeichert werden. Die Wahl des Dateinamens erfolgt Windows-typisch über eine Dialogbox.

Bedienungsanleitung Demonstrationsprogramm
G. Linß, P. Brückner, D. Volk, U. Nehse

Demo-Modus
Durch Wählen dieses Menüpunktes ist es möglich, einen Demo-Modus zu starten. Hierfür werden alle Bitmaps benötigt, welche bereits standardmäßig installiert sind. Weiterhin muß beachtet werden, daß der aktuelle Pfad dem Installationspfad des Programms entspricht, da sonst bei Ablauf des Demos die unterschiedlichen Bilder nicht aktualisiert werden können. Dies kann man durch Aufruf des Menüpunktes *'Datei' - 'Bild laden'* überprüfen. In der folgenden Dialogbox ist der aktuelle Pfad zu erkennen.
Im Demo-Modus sind alle anderen Menüpunkte deaktiviert. Aus diesem Grund können keine anderen Aktionen während des laufenden Demo-Modus ausgeführt werden.
Zum Ausschalten des Demo-Modus muß der Menüpunkt wieder ausgewählt werden.

Ende
Mit diesem Menüpunkt kann das Programm verlassen werden.

Ausgleich-Menü
Die Funktionen in diesem Menü demonstrieren die Verknüpfung von einzelnen Punktkoordinaten zu einem ausgewählten Formelement.

Punkte eingeben
Nach dem Betätigen dieses Menüpunktes können Punkte auf dem Bild angeklickt werden. Die Punkte sind bis zum nächsten Aufruf des Menüpunktes aktiv und können für die Berechnung verschiedener Formelemente benutzt werden. Zu diesem Zweck muß der entsprechende Menüpunkt ausgewählt werden, welche nachfolgend beschrieben werden.

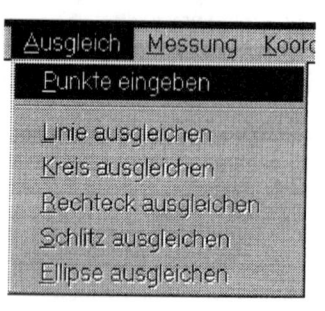

Linie ausgleichen
Kreis ausgleichen
Rechteck ausgleichen
Schlitz ausgleichen
Ellipse ausgleichen
Beim Betätigen eines dieser Menüpunkte wird aus den eingegebenen Punkten das entsprechende Formelement mittels Ausgleichsrechnung berechnet. Das Ergebnis wird in der Statuszeile am unteren Rand ausgegeben. Ist ein Fehler aufgetreten, wird zusätzlich ein Meldungsfenster angezeigt. Wenn eine Umwandlung des Ergebnisses in ein anderes Koordinatensystem gewünscht wird, muß der entsprechende Menüpunkt im Menü *'Koordinatensystem'* ausgewählt werden.
Weichen die eingegebenen Punkte zu stark von dem Formelement ab, erfolgt ebenfalls eine Fehlermeldung.

Bedienungsanleitung Demonstrationsprogramm
G. Linß, P. Brückner, D. Volk, U. Nehse

Messung-Menü
Mit dem Funktionen in diesem Menü werden verschiedene Formelemente nach automatischer Punktantastung in einem ausgewählten Bildbereich berechnet. Der mausgeführte Algorithmus zur Auswahl der Bildbereiche wird in den einzelnen Funktionen nachfolgend kurz dargestellt.

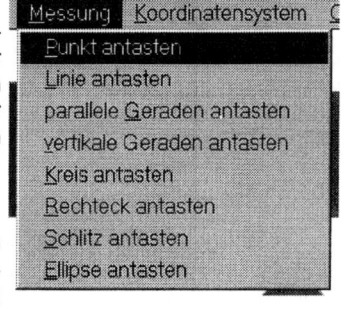

Punkt antasten
Nach Auswahl dieses Menüpunktes sind 2 Punkte im Bild anzuklicken. Diese bilden den Anfangs- und Endpunkt eines Suchstrahles, auf dem ein Konturpunkt mit dem gewählten Antastverfahren angetastet wird. Die Antastverfahren sind unter dem Menüpunkt *'Optionen'* - *'Meßoptionen'* auszuwählen.

Linie antasten
Mit diesem Menüpunkt kann eine Gerade im Bild angetastet werden. Zu diesem Zweck sind 2 Punkte im Bild anzuklicken. Durch die beiden Punkte wird ein Rechteck bestimmt, in welchem die Linie angetastet wird. Ein Beispiel ist dem linken Bild zu entnehmen. In welcher Reihenfolge und welche Diagonalpunkte angeklickt werden, ist unerheblich.

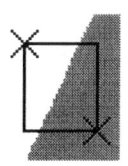

parallele Geraden antasten
vertikale Geraden antasten
Durch Wahl dieser Menüpunkte können entweder parallele oder vertikale Geraden angetastet werden. Hierzu sind 4 Punkte im Bild anzuklicken. Die ersten 2 Punkte definieren ein Rechteck, in dem die 1. Gerade angetastet werden soll. Die zweiten 2 Punkte definieren das Rechteck für die 2. Gerade. Ein Beispiel für die Definition eines Rechteckes ist der Beschreibung des Menüpunktes *'Linie antasten'* zu entnehmen.

Kreis antasten
Rechteck antasten
Schlitz antasten
Ellipse antasten
Mit Hilfe dieser Menüpunkte können weitere Formelemente angetastet werden. Hierbei ist jeweils ein Rechteck durch 2 Punkte zu definieren, in dem das Formelement angetastet wird.

Koordinatensystem-Menü
Durch Wahl eines der folgenden Menüpunkte wird das entsprechende Formelement in die verschiedenen Koordinaten-systeme transformiert. Es ist jedoch nur möglich, das zuletzt ausgeglichene oder angetastete Formelement umzuwandeln. Wurde z.B. als letztes eine Linie angetastet, so ist nur der Menüpunkt *'Linie umwandeln'* aktiv geschaltet. Die anderen Menüpunkte sind deaktiviert (siehe Bild) und können aus diesem Grund nicht ausgewählt werden.

Bedienungsanleitung Demonstrationsprogramm
G. Linß, P. Brückner, D. Volk, U. Nehse

Punkt umwandeln
Linie umwandeln
parallele Geraden umwandeln
vertikale Geraden umwandeln
Kreis umwandeln
Rechteck umwandeln
Schlitz umwandeln
Ellipse umwandeln

Mit Hilfe der nachfolgenden Menüpunkte ist es möglich, ein neues Objektkoordinatensystem zu definieren.
OKS definieren über 2 Punkte
OKS definieren über 3 Punkte
OKS definieren über 4 Punkte
OKS definieren über 5 Punkte
OKS definieren über 6 Punkte
Hierbei ist die entsprechende Anzahl der Punkte auf dem Bild anzuklicken. Die folgende Tabelle zeigt die Definitionsmöglichkeiten.

Anzahl der Punkte	Beschreibung		Skizze
2	1. Punkt: 2. Punkt:	Koordinatensystemursprung Richtung der X-Achse	
3	1. und 2. Punkt: 3. Punkt:	Richtung der X-Achse Lot auf X-Achse durch diesen Punkt ergibt die Y-Achse	
4	1. und 2. Punkt: 3. und 4. Punkt:	Richtung der X-Achse Definition einer Geraden, der Schnittpunkt dieser mit der X-Achse ergibt den Koordinatensystemursprung	

Bedienungsanleitung Demonstrationsprogramm
G. Linß, P. Brückner, D. Volk, U. Nehse

5	1., 2., u. 3. Punkt:	Definition eines Kreises, Kreismittelpunkt ist der Koordinatensystemursprung	
	4. und 5. Punkt:	Richtung der X-Achse	
6	1., 2., u. 3. Punkt:	Definition eines Kreises, Kreismittelpunkt ist der Koordinatensystemursprung	
	4., 5. u. 6. Punkt:	Definition eines Kreises, Gerade durch beide Kreismittelpunkte bestimmt Richtung der X-Achse	

Optionen-Menü

Messoptionen
Unter diesem Menüpunkt können die Parameter zur Antastung der Konturpunkte verändert werden. Beim nächsten Start des Demos werden wieder die Standardparameter verwendet. Folgende Einstellungen können vorgenommen werden:
- Algorithmus - Suche Konturpunkte
- Kantenkriterium bei der Antastung
- Subpixelverfahren
- Ausgleichsverfahren für Kreis und Rechteck
- Kreisarten bei Tschebyschew-Ausgleichsverfahren

Schwellwert einlernen
Mit Hilfe dieses Menüpunktes ist es möglich, den Schwellwert für das Kantenkriterium 'Schwellwert' einzulernen. Zu diesem Zweck muß ein Punkt im Hellbereich und ein weiterer Punkt im Dunkelbereich des Bildes angeklickt werden. Der neue Schwellwert wird durch Mittelwertbildung der Grauwerte beider Punkte berechnet.
Achtung! Wird der Schwellwert nicht korrekt eingestellt, werden die Punkte nicht korrekt angetastet. Dadurch ergeben sich große Meßfehler, oder die Formelemente können nicht ausgeglichen werden.
Dieser Menüpunkt ist nur aktiviert, wenn das Kantenkriterium 'Schwellwert' eingeschaltet ist.

Schwellwert eingeben
Unter diesem Menüpunkt kann der erforderliche Schwellwert direkt eingegeben werden. Er kann im Bereich von 0 bis 255 liegen. In der Statuszeile wird angezeigt, ob der

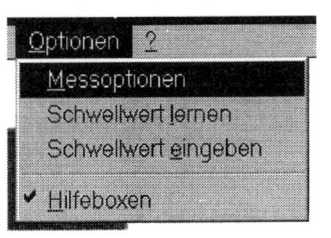

Bedienungsanleitung Demonstrationsprogramm
G. Linß, P. Brückner, D. Volk, U. Nehse

Schwellwert korrekt übernommen wurde. Weitere Hinweise sind dem Menüpunkt *Schwellwert einlernen* (siehe oben) zu entnehmen.

Hilfeboxen
Durch Aktivieren dieses Menüpunktes können die Hilfeboxen ein- bzw. ausgeschaltet werden.

Weitergehende Informationen wie z.B. die Adresse des STZ Suhl sind dem Demonstrationsprogramm zu entnehmen.

Autorenverzeichnis

Dr.-Ing. Rolf-Jürgen Ahlers
ASG Luftfahrttechnik und
Sensorik GmbH
Weinheim

Dr.-Ing. Karl-Hermann Breyer
Carl Zeiss
Oberkochen

Dr.-Ing. P. Brückner
Institut für Präzisionstechnik und
Automation
Technische Universität Ilmenau

Dipl.-Math. Axel L. Diehm
FIM/FGAN e. V.
Ettlingen

Dr. Max Dressler
Schäfter & Kirchhoff
Hamburg

Dr. Albert Frischknecht
Lengnau/Schweiz

Prof. Dr. rer. nat. P. Gemmar
FH Rheinland-Pfalz
Trier

Dipl.-Ing. R. Godding
Rollei Fototechnic
Braunschweig

Michael Gray
St. Ann, Missouri/U.S.A.

Dr. Rüdiger Grunwald
Max-Born-Institut für
Nichtlineare Optik
und Kurzzeitspektroskopie
Berlin

Prof. Dr. Gerd Häusler
Physikalisches Institut
Universität Erlangen-Nürnberg

Dipl.-Inform. G. Hofele
FIM/FGAN e. V.
Ettlingen

Dr. Klaus-P. Koch
Carl Zeiss
Oberkochen

Dr. B. Lang
MAZ GmbH
Hamburg-Harburg

Prof. Dr.-Ing. habil. Reimar Lenz
Lehrstuhl für Nachrichtentechnik
TU München

Prof. Dr.-Ing. habil. Gerhard Linß
Institut für Präzisionstechnik und
Automation
Technische Universität Ilmenau

Dipl.-Ing. R. Malz
FH Stuttgart

Dipl.-Ing. U. Nehse
Institut für Präzisionstechnik und
Automation
Technische Universität Ilmenau

Dr. L. Richner
Leitz Kern & Co. AG
Aarau / Schweiz

Dr. Harald Schmalfuß

Dipl.-Ing. Peter Schwarzmann
IPE
Universität Stuttgart

Dr. Peter Seitz
CSEM - Centre Suisse
d'Electronique
et de Microtechnique SA
Zürich/Schweiz

Prof. Dr. H. J. Tiziani
Institut für Technische Optik
Universität Stuttgart

Dipl.-Wirtsch.-Inf. D. Volk
Institut für Präszisionstechnik und
Automation
Technische Universität Ilmenau

Dr.-Ing. Henning Wolf
ABW Dr. Henning Wolf GmbH
Frickenhausen

Dr. R. Zumbrunn
LEICA Heerbrugg AG
Unterendfelden / Schweiz